北京大学经济学教材系列 | 经济学系列

2nd Edition
AN INTERMEDIATE
COURSE IN
MICROECONOMICS

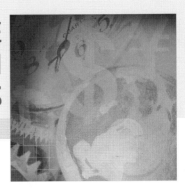

微观经济学
中级教程（第二版）

张元鹏 编著

图书在版编目(CIP)数据

微观经济学:中级教程/张元鹏编著. —2版. —北京:北京大学出版社,2015.3
(北京大学经济学教材系列)

ISBN 978-7-301-25621-3

Ⅰ.①微… Ⅱ.①张… Ⅲ.①微观经济学—高等学校—教材 Ⅳ.①F016

中国版本图书馆 CIP 数据核字(2015)第 059397 号

书　　　名	微观经济学(中级教程)(第二版)
著作责任者	张元鹏　编著
责 任 编 辑	郝小楠
标 准 书 号	ISBN 978-7-301-25621-3
出 版 发 行	北京大学出版社
地　　　址	北京市海淀区成府路 205 号　100871
网　　　址	http://www.pup.cn
电 子 信 箱	em@pup.cn　　QQ:552063295
新 浪 微 博	@北京大学出版社　@北京大学出版社经管图书
电　　　话	邮购部 62752015　发行部 62750672　编辑部 62752926
印 刷 者	北京圣夫亚美印刷有限公司
经 销 者	新华书店
	730 毫米×980 毫米　16 开本　29 印张　675 千字
	2007 年 8 月第 1 版
	2015 年 3 月第 2 版　2023 年 7 月第 6 次印刷
印　　　数	11001—12000 册
定　　　价	49.00 元

未经许可,不得以任何方式复制或抄袭本书之部分或全部内容。
版权所有,侵权必究
举报电话:010-62752024　电子信箱:fd@pup.pku.edu.cn
图书如有印装质量问题,请与出版部联系,电话:010-62756370

总　序

当今世界正经历百年未有之大变局,新一轮科技革命和产业变革深入发展,国际力量对比深刻调整,各种经济活动和经济现象不是趋于简单化,而是变得越来越复杂,越来越具有嬗变性和多样性。面对党的二十大擘画的新时代新征程宏伟蓝图使命,如何对更纷繁、更复杂、更多彩的经济现象在理论上进行更透彻的理解和把握,科学地解释、有效地解决经济活动过程中已经存在的和即将面对的一系列问题,不断回答中国之问、世界之问、人民之问、时代之问,是现在和未来的各类经济工作者需要高度关注的重要课题。

北京大学经济学院作为教育部确定的"国家经济学基础人才培养基地""全国人才培养模式创新实验区""基础学科拔尖学生培养计划 2.0 基地"以及北京大学经济学"教材研究与建设基地",一直致力于不断全面提升教学和科研水平,不断吸引和培养世界一流的学生,不断地推出具有重大学术价值的科研成果,以创建世界一流的经济学院。而创建世界一流经济学院,一个必要条件就是培养世界一流的经济学人才。我们的目标是让学生能够得到系统的、科学的、严格的专业训练,深入地掌握经济学学习和研究的基本方法、基本原理和最新动态,为他们能够科学地解释和有效地解决他们即将面对的现实经济问题奠定基础。

基于这种认识,北京大学经济学院在近年来深入总结了人才培养各个方面的经验教训,在全面考察和深入研究国内外著名经济院系本科生、硕士研究生、博士研究生的培养方案以及学科建设和课程设置经验的基础上,对本院学生的培养方案和课程设置等进行了全方位改革,并组织编撰了"北京大学经济学教材系列"。

编撰本系列教材的基本宗旨是:

第一,学科发展的国际经验与中国实际的有机结合。在教学的实践中我们深刻地认识到,任何一本国际顶尖的教材,都存在一个与中国经济实践有机结合的问题。某些基本原理和方法可能具有国际普适性,但对原理和方法的把握则必须与本土的经济活动相联系,必须把抽象的原理与本土鲜活的、丰富多彩的经济现象相联系。我们力争在该系列教材中,充分吸收国际范围内同类教材所承载的理论体系和方法论体系,在此基础上,切实运用中国案例进行解读,使其成为能够解释和解决学生遇到的经济现象和经济问题的知识。

第二,"成熟"的理论、方法与最新研究成果的有机结合。教科书的内容必须是"成熟"或"相对成熟"的理论和方法,即具有一定"公认度"的理论和方法,不能是"一家之言",否则就不是教材,而是"专著"。从一定意义上说,教材是"成熟"或"相对成熟"的理论和方法的"汇编",所以,相对"滞后"于经济发展实际和理论研究的现状是教材的一个特点。然而,经济活动过程及其相关现象是不断变化的,经济理论的研究也在时刻发生着变化,我们要告诉学生的不仅是那些已经成熟的东西,而且要培养学生把握学术发展最新动态的能力。因此,在系统介绍已有的理论体系和方法论基础的同时,本系列教材还向学生介绍了相关理论及其方法的创新点。

第三,"国际规范"与"中国特点"在写作范式上的有机结合。经济学在中国发展的"规范化""国际化""现代化"与"本土化"关系的处理,是多年来学术界讨论学科发展的一个焦点问题。本系列教材不可能对这一问题做出确定性的回答,但是在写作范式上,却争取做好这种结合。基本理论和方法的阐述坚持"规范化""国际化""现代化",而语言的表述则坚守"本土化",以适应本土师生的阅读习惯和文本解读方式。

为深入贯彻落实习近平总书记关于教育的重要论述、全国教育大会精神以及中共中央办公厅、国务院办公厅《关于深化新时代学校思想政治理论课改革创新的若干意见》,发挥好教材育人工作,我们按照国家教材委员会《全国大中小学教材建设规划(2019—2022年)》和教育部《普通高等学校教材管理办法》《高等学校课程思政建设指导纲要》等文件精神,将课程思政内容融入教材,以坚持正确导向,强化价值引领,落实立德树人根本任务。

本系列教材的作者均是我院主讲同门课程的教师,各教材也是他们在多年教案的基础上修订而成的。自2004年本系列教材推出以来至本次全面改版之前,共出版教材24本,其中有6本教材入选国家级规划教材("九五"至"十二五"),9本教材获选北京市精品教材及立项,多部教材成为该领域的经典,取得了良好的教学与学术影响,成为本科教材中的力作。

为了更好地适应新时期的教学需要以及教材发展要求,我们持续对本系列教材进行改版更新,并吸收近年来的优秀教材进入系列,以飨读者。当然,我们也深刻地认识到,教材建设是一个长期的动态过程,已出版教材总是会存在不够成熟的地方,总是会存在这样那样的缺陷。本系列教材出版以来,已有超过三分之一的教材至少改版一次。我们也真诚地期待能继续听到专家和读者的意见,以期使其不断地得到充实和完善。

十分感谢北京大学出版社的真诚合作和相关人员付出的艰辛劳动。感谢经济学院历届的学生们,你们为经济学院的教学工作做出了特有的贡献。

将本系列教材真诚地献给使用它们的老师和学生们!

北京大学经济学院教材编委会

前　言

　　一个教师上好一个班级的课，或许只能使几十位或上百位学生受益，而若写出一本好的教材，则可以使几千、几万乃至几十万读者受益。可见，对于一个以传道授业解惑为己任的教师来说，能够写出一本好的教材，既是其敬业爱岗、教书育人的一种具体体现，又是对其所从事的教育事业所具有的崇高使命感和光荣感的一种升华表现。

　　从1996年秋季起，我就一直在北京大学经济学院为在校本科生讲授"中级微观经济学"课程。将近二十载的风风雨雨中，既经历了与无数天资聪颖、勤奋好学的北大学子们"教学相长"的思想碰撞，又使自己对微观经济学这门号称经济学科体系中最严密、精妙且不失勃勃生机的学科有了更深刻的认识与升华。基于教学和研究的需要，于2003年我完成了本书的初稿，并作为内部教材在北大课堂上使用。其后，通过大量的课堂教学实践及教学中学生使用本书初稿的反馈信息，一直在修改和充实本教材。2007年8月作为北京大学经济学院教材建设项目由北京大学出版社正式出版。可以说，目前呈现在读者面前的这本《微观经济学（中级教程）》是近二十年来我讲"中级微观经济学"课程内容的总结，它既反映了我对微观经济理论的研究逐步深化和提高的过程，也是我思考有关微观经济学教学体系的阶段性结果。

　　本书自第一版出版以来，得到许多读者的肯定和热情洋溢的评价，特别是一些读者直言不讳的批评并诚恳指出书中的不足之处使我产生了重新修订本书的动力和想法。我在新版修订中，参考了大量目前国内外优秀的同类教材，并在此基础上结合我国理论经济学的教学实际需要进行内容的充实和完善。本次再版修订重点体现在如下几个方面：

　　第一，对第三章"消费者行为理论"部分进行了全面修订。作为中级水平的微观经济学教材，不仅要使学生对基本概念和基本原理知其然，而且要知其所以然。在新版中强调研究消费者行为要从消费者偏好的基本假设出发，来推导出无差异曲线和效用函数等概念的性质和含义。对消费者均衡的代数解析部分也进行了重新安排与修改。

　　第二，第九章"一般均衡理论和福利经济学"中的第三节加入"经济核"和"纯交换经济下竞争性均衡的实现"等问题，并由此引出福利经济学第一定理和第二定理。这使得一般均衡理论的分析更加完善和系统。

　　第三，对本书各章节的习题进行了全面更新和重新编排，在习题数量和难易程度与各章节所要求的学习内容的契合度上都大大增加。这些习题有些是近些年我在北大课堂上反复使用的例题的移植，有些是从国外著名教材中精挑细选过来的。我相信，读者在学习过程中通过大量做这些难度适中的习题，不仅会加深对有关经济概念和理论的理解，更能够培养以经济思维分析现实经济现象与问题的能力。

　　第四，应广大读者的要求，新版中给出了几乎所有章节中"实时测验"和"复习思考题与计算题"的参考答案。需要指出的是，这些答案中有些只是给出了具体的解题思路和技巧，而有些相对简单的题目就只给出了结果。之所以这样做就是希望读者在做课后习题的时候能够有自己的思考空间和发挥余地。要想得出有关习题的完整答案就需要读者自己认真学习有关章节的知识内容并掌握相应的解题技巧。

需要说明的是，本书虽然在层次上属于中级《微观经济学》教材，但从章节的安排以及各个章节具体概念和原理的表述上尽量详细和准确，对那些基础尚好或对经济问题有一定了解的读者，可直接作为《经济学原理》的入门教材。当然，一些非经济专业如商业、管理和政治学以及理工科的学生或工程技术工作者，如果想要了解一些经济理论，本书也是一个最好的入口。

值此本书第二版出版之际，我要感谢我的硕士导师范家骧教授和博士导师刘文忻教授多年来对我学业的支持和帮助，特别是与刘文忻教授一起在北大近二十年共同讲授"中级微观经济学"的过程中，我不但从刘老师的身上体验到了慎言大度的处事风格与力量，而且刘老师严谨求实、对学术问题敏锐的直觉洞察力和清晰缜密的分析能力都对我影响极大。刘老师在与我共同使用本教材的过程中对本书的有关内容和结构提出了许多宝贵的修改意见和建议，在此一并表示感谢。当然，我还要感谢多年来为我讲授的"中级微观经济学"课程辛苦批改作业和上习题课的助教们，他们是李琼、胡翠、刘桥镇、陈飞、孙爽、耿纯和姚家锐等，特别是耿纯博士细致地阅读了本书的全部内容，并指出了本书前一版的许多错误和不足，她的建议已经在本书中得到了体现。

最后，我还要感谢北京大学出版社的有关编辑和文稿校对人员，特别是本书责任编辑郝小楠女士，她一直在统筹协调本书的再版工作，并对本书的有关内容的修改提出了宝贵的意见，在此一并表示衷心的感谢。

常言说，人无完人，书也无完书。虽然几经努力认真地修订和更正，但本书难免还会有不足甚至错误之处。所以希望广大读者仍然一如既往、直言不讳地对本书提出宝贵意见和建议，您的意见和建议我都会认真阅读和研究，并在下次再版时进行改正。有关意见和建议可以直接发送到我的电子邮箱：zyp@pku.edu.cn。您也可以登录本书的微信公共平台直接与我沟通，本书微信公众订阅号为：pku_micro，欢迎关注。

张元鹏
2014 年 11 月 20 日于北京大学燕东园

目 录

第一篇 微观经济学导论

第一章 微观经济学是什么 (3)
- 第一节 稀缺性与经济学 (3)
- 第二节 微观经济学的研究对象、内容及其基本假设 (5)
- 第三节 微观经济学的基本原理 (8)
- 第四节 微观经济学的研究方法 (12)
- 第五节 微观经济学的历史演进脉络及其发展 (17)
- 第六节 如何学习与使用本书 (23)
- 本章总结 (24)
- 复习思考题与计算题 (25)

第二章 需求、供给与市场均衡 (26)
- 第一节 需求函数与需求法则 (26)
- 第二节 需求弹性 (32)
- 第三节 供给函数与供给法则 (39)
- 第四节 供给弹性 (42)
- 第五节 市场均衡与均衡价格 (44)
- 第六节 应 用 (47)
- 本章总结 (52)
- 复习思考题与计算题 (53)

第二篇 完全竞争环境下的微观经济运行

第三章 消费者行为理论（Ⅰ） (59)
- 第一节 消费者偏好与无差异曲线 (60)
- 第二节 消费者偏好与效用函数 (71)
- 第三节 预算线与预算集 (77)
- 第四节 消费者最优选择与消费者均衡 (82)

第五节　收入、价格的变动和需求——比较静态分析 …………………… (90)
　　第六节　替代效应与收入效应 ……………………………………………… (98)
　　第七节　收入补偿的需求曲线与普通的需求曲线 ……………………… (108)
　　第八节　应用 ……………………………………………………………… (111)
　　本章总结 …………………………………………………………………… (114)
　　复习思考题与计算题 ……………………………………………………… (115)

第四章　消费者行为理论(Ⅱ) …………………………………………………… (120)
　　第一节　显示性偏好理论 ………………………………………………… (120)
　　第二节　消费者在收入和闲暇之间的选择——劳动供给曲线 ………… (127)
　　第三节　消费者跨时选择理论 …………………………………………… (133)
　　本章总结 …………………………………………………………………… (135)
　　复习思考题与计算题 ……………………………………………………… (135)

第五章　生产者行为理论(Ⅰ) …………………………………………………… (138)
　　第一节　生产技术与生产函数 …………………………………………… (138)
　　第二节　对生产函数的假定与规模报酬 ………………………………… (141)
　　第三节　短期分析——具有一种可变生产要素的生产函数 …………… (143)
　　第四节　长期分析——等产量曲线 ……………………………………… (149)
　　第五节　投入要素的最佳组合 …………………………………………… (153)
　　第六节　扩展线 …………………………………………………………… (158)
　　第七节　生产弹性 ………………………………………………………… (161)
　　第八节　线性生产函数的特性 …………………………………………… (164)
　　本章总结 …………………………………………………………………… (169)
　　复习思考题与计算题 ……………………………………………………… (169)

第六章　生产者行为理论(Ⅱ) …………………………………………………… (173)
　　第一节　成本的性质与成本函数 ………………………………………… (173)
　　第二节　要素需求函数与成本函数 ……………………………………… (176)
　　第三节　短期成本分析 …………………………………………………… (180)
　　第四节　长期成本的分析 ………………………………………………… (188)
　　第五节　规模经济与规模报酬 …………………………………………… (193)
　　本章总结 …………………………………………………………………… (196)
　　复习思考题与计算题 ……………………………………………………… (196)

第七章　竞争性市场分析：产品市场 …………………………………………… (199)
　　第一节　完全竞争市场的基本条件 ……………………………………… (199)
　　第二节　完全竞争厂商的需求曲线和收益曲线 ………………………… (200)
　　第三节　完全竞争厂商的短期均衡 ……………………………………… (202)
　　第四节　完全竞争厂商及行业短期的供给曲线 ………………………… (205)

第五节 完全竞争厂商的长期均衡 ………………………………………… (207)
第六节 完全竞争行业的长期供给曲线 …………………………………… (210)
第七节 完全竞争市场的经济效率 ………………………………………… (212)
第八节 应用与例题 ………………………………………………………… (213)
本章总结 ………………………………………………………………………… (218)
复习思考题与计算题 …………………………………………………………… (218)

第八章 竞争性市场分析：要素市场 …………………………………………… (222)
第一节 产品市场和要素市场的关系 ……………………………………… (222)
第二节 厂商使用要素的原则 ……………………………………………… (223)
第三节 完全竞争条件下要素的需求曲线 ………………………………… (226)
第四节 劳动市场均衡与厂商的雇佣量 …………………………………… (232)
本章总结 ………………………………………………………………………… (232)
复习思考题与计算题 …………………………………………………………… (233)

第九章 一般均衡与福利经济学 ………………………………………………… (236)
第一节 一般均衡分析与经济效率 ………………………………………… (236)
第二节 生产的一般均衡及其帕累托最优境界 …………………………… (238)
第三节 产品交换的一般均衡及其帕累托最优境界 ……………………… (241)
第四节 生产、交换同时实现一般均衡与帕累托最优 …………………… (248)
第五节 完全竞争市场与经济效率 ………………………………………… (253)
本章总结 ………………………………………………………………………… (254)
复习思考题与计算题 …………………………………………………………… (255)

第三篇 不完全竞争环境下的微观经济运行

第十章 完全垄断理论 …………………………………………………………… (261)
第一节 形成完全垄断的条件及其原因 …………………………………… (261)
第二节 完全垄断厂商面临的需求曲线与收益曲线 ……………………… (262)
第三节 垄断厂商的短期均衡 ……………………………………………… (264)
第四节 垄断厂商无供给曲线 ……………………………………………… (266)
第五节 垄断厂商的长期均衡 ……………………………………………… (267)
第六节 多工厂垄断 ………………………………………………………… (270)
第七节 价格歧视 …………………………………………………………… (271)
第八节 垄断的政府管制 …………………………………………………… (276)
本章总结 ………………………………………………………………………… (277)
复习思考题与计算题 …………………………………………………………… (278)

第十一章　垄断竞争理论 (281)
   第一节　垄断竞争市场的含义及其基本假设 (281)
   第二节　垄断竞争厂商的需求曲线 (282)
   第三节　垄断竞争厂商的短期均衡 (283)
   第四节　垄断竞争厂商的长期均衡 (285)
   第五节　广告对厂商行为的影响 (286)
   第六节　超额能量定理 (289)
   本章总结 (289)
   复习思考题与计算题 (290)

第十二章　寡头市场 (292)
   第一节　寡头市场概述 (292)
   第二节　无勾结下的寡头市场——猜测变量模型 (294)
   第三节　联合利润最大的模型 (308)
   第四节　非利润最大化的寡头垄断模型 (310)
   本章总结 (312)
   复习思考题与计算题 (312)

第十三章　博弈论与厂商的策略性行为 (316)
   第一节　博弈论概述 (316)
   第二节　纳什均衡及其精炼 (320)
   第三节　子博弈精炼纳什均衡 (328)
   第四节　重复博弈 (337)
   本章总结 (341)
   复习思考题与计算题 (341)

第十四章　不完全竞争下的要素价格理论 (346)
   第一节　卖方垄断条件下的要素价格决定 (346)
   第二节　买方垄断条件下的要素价格决定 (348)
   第三节　完全垄断条件下的要素价格决定 (349)
   第四节　要素价格决定理论专题 (350)
   第五节　应用：人力资本与培训 (356)
   本章总结 (358)
   复习思考题与计算题 (359)

第四篇　不确定性、信息与市场失灵

第十五章　不确定性、风险与信息非对称性 (365)
   第一节　风险与期望效用 (365)

第二节　风险与保险 …………………………………………………… (375)
　　第三节　信息的非对称性 ……………………………………………… (379)
　　本章总结 ………………………………………………………………… (387)
　　复习思考题与计算题 …………………………………………………… (387)

第十六章　市场失灵、外部性与公共物品 ………………………………… (392)
　　第一节　市场失灵的含义 ……………………………………………… (392)
　　第二节　垄断与市场失灵 ……………………………………………… (393)
　　第三节　外部性与市场失灵 …………………………………………… (394)
　　第四节　环境污染及其治理措施 ……………………………………… (398)
　　第五节　公共物品与搭便车者 ………………………………………… (405)
　　第六节　应用 …………………………………………………………… (412)
　　本章总结 ………………………………………………………………… (416)
　　复习思考题与计算题 …………………………………………………… (417)

附录　本书主要经济学术语英汉对照表 …………………………………… (421)

实时测验与课后习题部分参考答案 ………………………………………… (429)

第一版后记 …………………………………………………………………… (449)

第二版后记 …………………………………………………………………… (451)

第一篇 微观经济学导论

在第一篇中,我们将回顾初级微观经济学①课程中的一些基本内容,其目的是为读者学好本书的内容提供良好的知识准备。本篇包括两章的内容:

第一章重点介绍微观经济学的研究对象及其研究方法。其中对于经济理论与经济模型的关系作了较为深入的探讨,以培养学生自觉观察经济现象,利用所学理论建立经济模型并分析现实经济现象的能力。

第二章为读者介绍微观经济学最基本的分析工具——供求模型。利用供求模型可以清晰地把握微观经济学的理论脉络,理顺各个微观经济主体(消费者、生产者和政府)与各种市场(产品市场和要素市场)之间的关系。

总之,本篇的内容学习起来并不难,但它却是打开经济学理论殿堂之门的钥匙。

---

① 目前,经济学教学与科研中,对于初级、中级与高级微观经济学这三个层次之间的界限并没有一个权威的划分标准。一般认为,初级水平的微观经济学教科书以曼昆(N. Greyory Mankiw)所著的《经济学原理》(国内已经翻译第 7 版,北京大学出版社 2015 年版)和保罗·萨缪尔森与威廉·诺德豪斯所著的《经济学》(国内已经翻译第 18 版,人民邮电出版社 2008 年版)为代表;中级水平的微观经济学教科书以范里安(Hal R. Varian)所著 *Intermediate Microeconomics*(中译名《微观经济学:现代观点》,上海三联书店 1994 年版)和尼科尔森(W. Nicholson)所著 *Microeconomic Theory:Basic Principles and Extensions*(中译名《微观经济学基本原理与扩展》,北京大学出版社即将出版)为代表;高级水平的微观经济学教科书一般公认的是安德鲁·马斯-克莱尔、迈克尔·D.温斯顿、杰里·R.格林所著的《微观经济学》(中国社会科学出版社 2001 年版)。本书在写作过程中是以本书作者所著的初级水平的《微观经济学教程》(中国发展出版社 2005 年版)作为对应的参照教材来安排相应的内容的,这样做的目的主要是有利于国内读者学习的需要。

第一章　微观经济学是什么

▎**本章概要**▎

作为本书的导言,本章要向读者介绍学习微观经济学的一些预备知识,包括微观经济学的研究对象及其内容、利用模型进行经济学研究的方法,最后还要对微观经济学的历史演进脉络进行一番梳理。

▎**学习目标**▎

学完本章,你将能够了解:
1. 稀缺性的含义及其与经济学的关系
2. 微观经济学的研究对象及其基本假设
3. 微观经济学的基本原理
4. 微观经济学的研究方法
5. 微观经济学的历史演进脉络及其最新发展

你要掌握的基本概念和术语:
稀缺性　经济学　微观经济学　实证分析　规范分析　静态分析　比较静态分析　动态分析　经济理论　经济模型

第一节　稀缺性与经济学

任何一个生活在现实世界中的人,每时每刻都会面临着一个不可避免的事实:总是无法得到自己想要的一切东西。比如,当你只有 10 万元而想买 20 万元的轿车时,你就会因为手中的钱不够而无法拥有你心仪已久的轿车;当你在某段时间只有一个晚上的空闲却既想看一场电影又想参加一个 party 时,你就面临着时间上的不充裕;当一个政府既想大兴土木进行经济建设又想为了国家的安全需要扩张军备时,该政府就面临着财政预算的制约。总之,用经济学术语来说,我们生活在一个充满"稀缺性"的世界里。

自从人类社会产生以来,没有哪一个社会能摆脱稀缺性的困扰,也没有哪一个时期不面临稀缺性问题。稀缺性之所以无处不在、无时不有,是因为在任何社会,即使资源再多,但相对于人们的无穷欲望来说,也总是有限的。因此我们可以将"稀缺性"定义为:稀缺性就是指人们的欲望总是超过了能用于满足其欲望的资源的状态。这里的欲望(wants),又称为需要(needs),是指人们想要得到任何一种东西的要求。人们的欲望既有物质上的,又有精神上的,而这一切都要依托一定的资源来实现。无限性是欲望的基本特征。旧的欲望满足了,新的欲望又会产生。美国著名心理学家马斯洛(A. Maslow)曾把人的需要分为生理需要、安全需要、社交的(或感情的)需要、尊重的需要和自我实现的需要等五个层次。① 这五个层次的需要由低到高,较低层次的需要总是首先得到满足,而既定需要的满足或一定程度的满足,又总是伴随着新的需要而产生。无限的、不断涌现的欲望正是社会进步和发展的动力。

用来满足人类需要的资源可分为两类:自由取用的物品(free goods)和经济物品(economic goods)。前者相对于人类的欲望来说,其数量是无限的,取用时不需要花费任何代价,其价格为零,如自然界中的空气、水等;而经济物品②相对人类无限多样性的需要或欲望而言,其数量是有限的,取用时需要付出一定的代价。通常只有经济物品才要纳入经济学分析的范畴。

当然,我们对于稀缺资源的认识要从动态的观点来分析。历史上许多资源曾经被视为自由取用的资源,但随着时间的推移和社会需要的变化也会变得越来越稀少。比如,原来人们认为空气和水是取之不尽、用之不竭的自由物品,但由于人类工业化的发展、环境污染的加剧,现在日常生活中新鲜的空气和清洁的水却不再充裕,为了得到它们,人们往往要付出一定代价。此外,由于大量的噪音污染,在许多地方,宁静舒适的居住环境已成为一种奢求。

由于稀缺性是任何社会和任何时期人类所面临的一个基本事实,它反映了人类欲望的无限性和资源的有限性之间的矛盾。正是这种矛盾引起了人类的各种各样的经济活动,并产生大量的经济问题。归纳起来,人们所面临的经济问题主要有以下三个方面:

(1) 生产什么。面对稀缺的经济资源,人们需要权衡各种需要的轻重缓急,确定生产什么物品、生产多少、何时生产,以满足比较强烈的需要。

(2) 如何生产。由于各种生产要素一般都有多种用途,各种生产要素之间也大多存在一定的技术替代关系,因此同一种产品的生产往往可以采用多种方法,但它们的生产效率不尽相同。经济主体必须在各种可供选择的资源组合中,选择成本最低、效率最高的组合方式。

(3) 为谁生产。因为存在稀缺性,没有人能获得他想要的一切。每个社会都必须建立某种机制来为其成员分配产品。

上面三个问题是人类社会必须解决的基本经济问题,亦被称为资源配置问题。正是为了解决这些问题,才产生了经济学。

那么,如何给经济学下定义呢?迄今为止,并不存在一个被所有经济学家都一致接受的经济学的定义。较为流行且为多数经济学家所接受的是英国经济学家莱昂内尔·罗宾斯(Lionel Robbins,1898—1984)在其名著《论经济科学的性质和意义》(1935)中所下的定义,即"经济学是一门把人类行为作为目的与可以有不同用途的稀缺性资源之间的关系来研究的科学"。这里的"目的"指无限的欲望,"稀缺性资源"就是有限的资源。因此,我们把经济学定义如下:

经济学(economics)是研究如何将稀缺的资源有效地配置于相互竞争的用途之中以

---

① 参见 A. 马斯洛:《动机与人格》,华夏出版社1986年版。
② 这里所说的经济物品除了时间和信息这两种资源外,还有其他三种:人力资源(指能够并愿意参与生产过程的人)、自然资源(如土地、矿藏等)和资本资源(指在长期内能够产生现金流量的资本存量,如机器、厂房等)。

使人类欲望得到最大限度满足的科学。

自从莱昂内尔·罗宾斯于1935年对经济学下了上述定义以来,这个定义就一直在英美等国教科书中占据统治地位。时下经常见诸国内报刊及经济学文献的"现代西方经济学"一词,大多也都是在这个意义的基础上使用。

第二节 微观经济学的研究对象、内容及其基本假设

自从凯恩斯的名著《就业、利息和货币通论》于1936年发表之后,人们对经济学的研究便分为两个部分——微观经济学与宏观经济学,其中微观经济学是整个经济学的基础。

一、微观经济学的研究对象及其内容

"微观经济学"(microeconomics)中的前缀词"微观"(micro)源于希腊语,意为"小的"。通常,这些"小的"经济单位包括消费者、工人、投资者、土地所有者、厂商等①,事实上,包括了任何参与我们经济运行的个人或实体。微观经济学阐述这些经济单位为什么和如何做出经济决策,例如,它解释了消费者怎样做出购买的决策以及其决策怎样受变化不定的价格和收入的影响,微观经济学还解释了厂商怎样决定雇用工人数以及工人们怎样决定工作地点和工作量等。

微观经济学另一个重要的研究内容则涉及这些经济单位是怎样相互作用从而形成更大的经济单位——市场和行业。例如,微观经济学会告诉我们一个国家的汽车制造业为什么这样发展,厂商和消费者又是怎样在汽车市场上相互作用的;它还解释了汽车价格、汽车制造公司对新工厂的投资额以及汽车每年的产量是怎样确定的。通过分析个别厂商和消费者的行为及其相互作用,微观经济学揭示了行业和市场是怎样运作和演变的、它们为什么彼此相异,以及它们怎样受政府政策和全球经济环境的影响。

总之,微观经济学主要是以单个经济主体(作为消费者的单个家庭或个人、作为生产者的单个厂商或企业以及单个产品或要素市场)为研究对象,研究这些单个经济主体面对既定的资源约束时如何进行选择以实现其最优配置的科学。

相比之下,经济学的另一重要分支——宏观经济学(macroeconomics)——则以整个国民经济为研究对象,其主要着眼于对经济总量的研究,如国民生产总值(GNP)的水平及其增长率、利率、失业以及通货膨胀等。因此,宏观经济学研究的是总体经济行为与总量经济的关系。

下面我们对微观经济学与宏观经济学作一比较,请参见下表。

---

① 这些所谓"小的"经济单位只是一个相对概念,比如,在美国,位于世界500强前列的通用汽车公司、国际商用机器公司、埃克森石油公司和微软公司等,虽然也算微观经济单位,是微观经济学的研究对象,但其年销售额都大于许多小国的国民生产总值。

	微观经济学	宏观经济学
研究对象	家庭、厂商等经济个体单位	一国经济活动(亦包括国与国间的经济活动)
基本假设	资源稀缺、市场出清和信息完全等	认为资源不具有稀缺性,短期间有失业现象
主要目标	消费者追求其欲望极大化,生产者追求其利润极大化,社会福利极大化	经济和谐、稳定增长、充分就业和国际收支平衡
主要内容	消费者欲求其满足的最大,而生产者欲求其利润的最大,在两者行为发生冲突的情况下,须通过价格机制来实现其均衡,因此又称为价格理论	由于所分析的变量,如国民收入、失业率、物价水平、收入分配、利率、汇率等都与国民收入有密切关系,故一般又称为收入理论

尽管在理论分析上,经济学划分为微观经济学和宏观经济学,但是,近年来,随着经济发展的需要,宏观经济学和微观经济学的界限也越来越模糊,这是因为宏观经济学同样也涉及了对市场的分析,如对商品和劳务、劳动力以及公司债券的总体需求。要了解这些总体意义上的市场是怎样运行的,必须首先了解厂商、消费者、工人以及投资者的行为,正是他们组成了这些市场。因此,宏观经济学家们越来越关注总体经济现象的微观经济基础;而且,宏观经济学中的许多内容其实也是微观经济分析的延伸。

二、微观经济学的基本假设

如前所述,微观经济学是研究稀缺资源有效配置的理论,而这些理论都是以一些基本的假设前提作为其分析经济问题的出发点。同时,也正是这些基本假设,才使得经济学能够运用数学方法加以研究,并把数学工具用得得心应手。

1. 利己主义(egoism)假设

该假设有时又称为"经济人"(economic man)假设,其含义是指经济活动中的任何个体都是以利己为动机,总是力图以最小的经济代价去追逐和获取自身最大的经济利益。这样人们做出经济决策的出发点就是私人利益,每个人都寻求个人利益极大化,而不会做出于己无利的事情。比如,消费者总是为了追求自身的最大满足才会到市场上购买商品,而生产者同样也是为了实现自身的利润最大化才会到要素市场上购买要素来安排生产经营活动。

但是,大家需要注意的是,利己主义假设并不等于通常意义上所说的"自私自利",即该假设并不意味着这些经济活动个体只会关心自己的钱袋子,相反,他们会在孜孜以求地追求自己最大利益的过程中,自然地,或者说必然地为社会提供最优的产品和服务,从而客观地实现一定的社会利益。

其实,早在两百多年前,英国著名经济学家亚当·斯密(Adam Smith)就曾断言:人们在追求自己的私人目的时,会在一只"看不见的手"的指挥下,去尽力实现一个并非他本意想达到的增进社会福利的社会目的。现代经济学家将亚当·斯密的上述观点发展成为一个更加精致的"定理":在一定的前提假设下,单个的微观经济个体在竞争性市场中,通过自己的最优化行为将导致一个有利于整个社会的帕累托最优状态[①],这就是著名的

---

① 有关帕累托最优的问题,请参阅本书第九章的有关内容。

"看不见的手"原理。

2. 合乎理性行为(rational behavior)假设

经济学家在分析人类个体的经济行为时,通常会假定人的行为是合乎理性的。疯子、傻子不能算作经济人,因为这类人没有理性。现实中,个人的理性行为可分为两个层次:其一,人的理性表现在确立其所追求的目标的过程中;其二,一旦目标选定,理性表现在实现目标的过程中。经济学所研究的理性行为,主要是实现既定目标过程中的理性行为。它一般不研究选择、确定目标过程中的理性行为。① 比如,在微观经济学中,所谓理性行为,对于消费者来说,是指消费者具有一个很好定义的偏好或效用函数,在面临一定预算约束条件下能够最大化自己的效用;对于生产者来说,在面临一定约束的情况下能够最大化自己的利润。总之,理性人总是在条件允许的范围内追求利益最大化。

3. 资源稀缺性(resource scarcity)假设

经济学家研究和分析问题的出发点都是因为现实中存在稀缺性的经济资源。在经济学家看来,只有稀缺性的东西,才值得人们花费代价和精力去追求,才要精打细算来进行决策。所以,稀缺性既是现实中存在的普遍现象,也是经济学家研究经济问题的前提假设。

在追求利益最大化的过程中,理性人之间可能发生相互合作,以实现合作的潜在利益。当需要相互合作,而合作中又存在着相互冲突或矛盾时,理性人发明了各种各样的制度来规范他们的行为。价格制度,或者说市场机制,是人类为了实现合作的潜在利益和解决合作中的矛盾冲突而发明的一种最重要的制度。传统的新古典经济学就是以价格制度为研究对象,故又称为价格理论,它有两个基本假定②:一是假定市场是竞争性的(competitive),即市场上有大量的交易双方;二是假定每个市场参与者掌握的信息都是完全的。这就刻画了一种理想的价格制度——任何个人都无法对市场价格施加影响,每个市场参与者只能听从价格的安排,依据既定的价格行事。我们称这种价格制度为"背靠背"的交易制度。为什么说这种价格制度是实现合作的潜在利益和解决合作中的矛盾冲突的重要制度呢?经济学家对此作了深刻的研究。首先,这种价格制度下经济所达到的结果能够让每个市场参与者都实现个人利益最大化。其次,这种价格制度下的交易结果等同于"面对面"的交易结果。实际上,市场参与者在交易过程中会叫价拍卖、讨价还价,即交易是"面对面"地进行。但是在竞争性市场上,由于市场参与者数不胜数,任何个人交易量都只是整个市场交易量的微不足道的一部分,因而最终形成的那种对每个参与者都有利的交易结果实际上等同于依据价格行事的"背靠背"的交易结果。最后,合作中的矛盾冲突通过帕累托改进得到有效解决,从而实现了全社会的福利最大化。基于上述三个方面的原因,价格制度是实现合作和解决矛盾冲突的有效途径。③

然而,现实中的市场并不符合传统的新古典经济学对市场的基本假定,即现实市场

---

① 经济学并不探讨个人的某种"偏好"或"欲望"是如何产生的。比如,某消费者为什么喜欢看足球甚于喜欢欣赏芭蕾舞,或者为什么喜欢甜味而不太喜欢咸味。从经济学角度看,这些问题有较大的主观任意性,也许这些问题可以从心理学、社会学、宗教信仰等角度去解释。但是,在探讨经济学问题时,通常要假定个人的偏好在一定时期内既定不变,以此为基础来研究和预测人们的消费行为。

② 这两个基本假定也可看作是微观经济学的另外两个基本假设。

③ 关于竞争性市场条件下实现社会帕累托最优和社会福利最大化的问题是本书第二篇分析的内容。

是不完全竞争市场。① 在这样的市场中,理性人之间的行为相互影响,相互作用。理性人在决策时要考虑其他人的反应,所以理性人的行动实际上是一种博弈。另外,理性人掌握的信息是不完全的,存在信息不对称问题。这种不完全的信息,使得价格制度往往不是实现合作和解决冲突的最有效途径,政府对经济活动予以调控可能会更加有效地促进合作和解决合作中的矛盾冲突问题。②

第三节　微观经济学的基本原理

在"初级微观经济学"中,我们已经学习了一些微观经济学的基本知识。为了研读本书的方便,在这里我们把"初级微观经济学"课程中大家已经学过的一些微观经济学原理进行总结。

一、机会成本原理

在充满稀缺性的世界里,用稀缺资源生产或消费某种物品都是有代价的,这正是"世上没有免费的午餐"的原因。简而言之,世界上没有无须支付代价的选择与决策。当我们把一种资源用于生产某种物品时就必然会放弃另外一些物品的生产,这样,那些被我们所放弃的其他物品的生产所能产生的最大利益就是目前你所进行选择的机会成本(opportunity cost)。

机会成本是经济学的一个基本概念,经济学中有关成本的含义都是从机会成本的角度来理解的,它是指导人们进行科学决策、优化资源配置的思维基石。机会成本产生于任何一种选择行为。例如,人们对时间的选择与利用就存在机会成本的问题。今天你用你宝贵时间(24 小时)中的一个小时来学习微观经济学课程,你就会少一个小时去看电视、读杂志、外出做家教、睡觉,或者学习其他经济学课程,假若在你放弃的这些选择中,做家教是你评价最高的选择,那么,现在你学习微观经济学的代价或成本就是为了得到所选择的行动而放弃的做家教所可能获取的收入。

我们还要认识到,无论谁来支付生产物品或劳务的费用,"机会成本原理"都是正确的。在许多国家,各种正规教育并不向学生收费。但是,从机会成本角度看,这种向社会提供的正规教育并不是免费的。用于提供正规教育的稀缺资源(例如建筑物、设备和教师的技能),也可以用来提供更多的康复、娱乐、住房或者其他服务,正规教育的成本(或机会成本)是现在必须放弃的评价最高的选择,因为把资源用于提供正规教育就不能用于生产其他东西。

> **实时测验 1-1**
>
> 　　想一想,你来上大学的机会成本是什么?能不能对该成本进行量化?如何来判断目前你所进行的这项人力资本投资是否有利?

---

① 本书第三篇将介绍不完全竞争环境下的微观经济学理论。
② 本书第四篇分析市场失灵和政府在解决市场失灵中的作用。

二、最优化行为原理

在经济活动中,个人的选择是有目的的,他们努力要用其有限的资源获得最大利益。这就是最优化行为(optimalizing behavior)原理。最优化行为在经济学中又称为经济化行为(economizing behavior),指人们一旦认识到他们能获得的资源(收入、时间、才能等)有限,他们就将努力选择能最好地达到其个人目的的选择,而不会故意浪费自己有价值的资源。反过来,个人做出的选择也反映了个人的目标和偏好。经济化行为是有目的的(理性的)决策的直接结果。经济化的个人将追求以最小的代价达到目标。当在带来相同利益的事情中选择时,经济人将会选代价最小的那一个。例如,你想请你的同学在外面的餐馆饱餐一顿,如果你们预期一顿川菜、粤菜或者西餐能带来同样的利益(包括大嚼时的快乐享受),那么最优化或经济化行为意味着你们会选择最便宜的,也许是川菜。同理,在成本相同的不同用途选择中,经济人会选择利益最大的。例如,如果上面那几种大餐价钱都一样,作为经济人的你就会选择最喜欢的,亦即给你带来最大利益的,比如粤菜。

有目的的选择意味着决策者对各项选择是有某种评价基础的。经济学称这种评价为效用(utility)——个人预期从特定选择中得到的利益或满足。不同选择的效用是极其主观的,不同的人有很大的不同。能给一个人带来享受的烤肉,对另一个人(例如素食者)可不是什么美味。

三、边际原理

这个原理与最优化行为原理密切相关。对经济推理和最优化行为来说,人们所考虑的最为重要的事情是为改变现状而做出的决定将会有什么影响。经济学家把这种决策过程及其决策原则称为"边际原理"(marginal principle)。边际选择总是涉及对现状的净增加或净减少有什么影响。事实上,通常用"增加的"(incremental)这个词来代替"边际的"。比如说,我们会问:"每增加一单位产量的边际成本(或增加的成本)是多少?"

边际决策可以包括或大或小的变动。"多一单位"可以是一个工厂,或者是一枚别针,称为边际是因为涉及增加的成本和增加的收益。在现有条件下,新建一个工厂的边际收益(例如增加的销售收益)有多大?建这个工厂的边际成本是多少?回答这些问题将能决定建这个新工厂是不是一个好的决策。

另外,分清平均和边际这两个概念是重要的。某厂商现在生产某种汽车的平均成本(总成本除以到现在为止生产的汽车量)是2万元,但多生产1辆汽车(或者1 000辆车)的边际成本可能要少得多,比如说每辆车是5 000元。无论厂商生产1 000辆、1万辆,还是10万辆汽车,研究、测试、设计费用以及模型、重型设备和其他与生产要素相关的费用都会发生。这些费用显然会计入生产1辆汽车的平均成本。但是,由于厂商为生产现在的产量水平已经进行了这些活动,因此多生产一些汽车不会改变多少成本投入。这样,每增加1辆汽车的边际成本就会大大低于平均成本。应该扩大还是缩小生产呢?这种决策应该由该决策引起的总成本变动量的边际成本,而不是现在的平均成本决定。

专栏1-1

边际原理作为经济学思考方法的一个部分已有很长的历史了。阿尔弗雷德·马歇尔在其名著《经济学原理》(1890)中对此作了形象的描述:"当一个男孩采摘黑莓吃的时候,吃给他带来的快乐足以抵偿采摘的麻烦。但是,当他吃掉了很多黑莓之后,想吃更多黑莓的渴望变小了;同时,采摘的工作开始变得让人厌倦……当他由对采摘工作的厌倦而产生对玩的渴望与对吃的渴望相等时,就达到了均衡,他从采摘黑莓所得到的满足已达到了最大。在此之前,每采摘一个黑莓所带来的困倦不能完全夺去从这个果实所得到的快乐;而在此之后,任何采摘工作都将全部夺走从果实中得到的快乐。"

现实中,我们经常面临对现状做出某种可能变动的决策。与选择相关的边际利益和边际成本将决定我们决策的智慧。因此,边际量的变动是用经济学思维考虑问题时的一个重要因素。

在实际决策中,边际原理建立在某一活动的边际收益与边际成本相比较的基础上。边际收益是增加一个单位的某种活动所带来的额外收益。例如,你经营一家社区超市,边际收益就是你让超市多营业一小时所产生的收入。同样,边际成本是增加一单位的这种活动所要额外花费的成本,比如,让超市多营业一小时所要额外花费的成本。根据边际原理,如果某项经济活动的边际收益大于边际成本,那么,你多进行这样的活动将会是有利的,因此,你应当继续增加这样的活动,直到边际收益等于边际成本为止。换句话说,只要这样的改变能使你的处境变得更好,你就应当继续调整你的决策。值得强调的是,边际原理是建立在边际收益与边际成本的基础上的,而不是以总收益与总成本为基础的。

▶观念澄清

为了正确运用边际原理,作为决策者,你必须认真计算你的成本。关于成本,有两个重要思想值得一提。

(1) 不考虑固定成本。固定成本被定义为随活动水平的改变而不发生变化的成本。对于你来说,固定成本就是随着超市的营业时间加长而不发生变化的成本。你不必考虑超市的月租金,因为租金是固定的:不论你每天营业8个小时还是10个小时,租金都不会改变。在经济学分析里,一个通常的错误是把固定成本包含在边际成本里。相比之下,可变成本是随活动水平的变化而变化的成本,例如,你的时间机会成本及所缴纳的电费。

(2) 应算入所有的机会成本。虽然作为店主,你没有给自己支付小时工资,但你的确是发生了成本,因为如果你不经营超市,你可干一些其他的事。在成本计算中一个通常的错误是只计算显性成本,即直接以货币支付的成本,而忽略了隐性成本,即非购买投入的机会成本。在成本计算中,你通过把你的时间机会成本算进成本中,计算了直接以货币支付的成本和不直接以货币支付的经济成本总量。

四、边际报酬递减原理

当我们试图在现存的生产设备(一个工厂、一个仓库、一个办公室或一个农场)条件下通过增加工人数量来提高产量时,就涉及边际报酬递减原理了。当我们给设备多增加一个工人时,每个工人的生产率就会变小,因为他在工作时所拥有的生产设备变少了:有更多的工人来共用机器、设备及工厂空间。当我们把越来越多的工人塞到工厂里,虽然总产量增加了,但却是以递减的速度增加。

因此,边际报酬递减原理阐述了生产过程中的一个重要特征,这个特征与生产所有的产品和劳务都有关。

- 边际报酬递减原理:假定用两种或多种投入要素进行某种产品的生产,在其他投入要素数量不变的情况下,连续将某一生产要素的投入量增加到一定数量之后,总产量的增量,即边际产量将会出现连续下降的状况。

要正确理解边际报酬递减规律,需要注意以下几点:

(1) 随着某种投入要素的连续增加,边际产量变化要经历递增、递减,最后变为负数的全过程。递增是因为固定投入在可变投入很少时潜在效率未充分发挥出来。一旦固定投入潜在效率全部发挥出来了,边际产量就开始出现递减。但是,边际产量递增并不与报酬递减律相矛盾。因为这个规律的意义在于:当一种投入连续增加时,迟早会出现边际产品递减的趋势,而不是规定它一开始就递减。

(2) 边际报酬递减规律只适用于可变投入比例的生产函数。如果投入要素比例是固定的,这个规律也不成立。①

(3) 报酬递减规律的前提条件是技术水平不变。若技术水平发生变化,这个规律就不存在。在历史上,英国经济学家马尔萨斯正是没有考虑到长期的技术进步,错误地预计了人口增加带来的后果。

实时测验 1-2

1. 当一个桌子制造商雇用了第 20 个工人之后,工厂的产量每月增加 5 张桌子。如果该厂再多雇用 2 个工人,你是否期望产量会每月增加 10 张桌子?

2. 判断正误并解释:根据边际报酬递减原理,增加一个工人将使总产量减少。

五、外部性原理

在经济活动中,当处于决策过程之外的人受到决策的影响时,外部性效应就产生了。

- 外部性原理:当某人从事某种经济活动给其他人带来某种危害或利益,而此人又没有因为这一后果向其他人支付赔偿或得到报酬的情况。

外部性效应说明,某些决策的成本或收益将会涉及处于决策过程之外的人。

让我们分别来考察外部性成本和外部性收益。先从外部性成本开始。请看这样一个例子:一个造纸企业向河里排放化学废物,影响了居住在造纸厂下游的人们的健康。

---

① 关于这个问题的分析请参见本书第五章的有关内容。

生产纸张的费用由这家企业决定，但生产纸张的一些成本却发生在居住于下游的人们身上。如果每吨纸产生的化学废物足以使水处理(使之更适于饮用)的成本增加10元，则每吨纸的外在成本为10元。但这家造纸企业是以自身的成本(例如，劳动力及原材料共花费30元)为基础来做出生产决策，而忽略了10元的外部性成本。大多数外部性成本与空气和水污染有关。但也仍有其他类型的外部性成本：

（1）氟利昂从空调机里泄漏出来，给空调机的所有者增加了成本(他必须更换氟利昂)，并给市民们也增加了成本(氟利昂泄漏到空气中，破坏了有保护作用的臭氧层)。

（2）你的邻居筹划了一场热闹的晚会，而你正打算学习。

（3）当你驾驶小汽车时，排放了造成城市烟雾的污染物。

在上述的每一个例子中，决策者都遇到了一些与决策有关的成本。正如我们将在本书第十六章所讲到的，政策制定者所面临的挑战，就是要确保把每一个受决策影响的人都包括到该决策的制定过程中。

一些产品产生外部性收益而非外部性成本。例如，假设一个农民想在河上修建一个河堤或小型的防涝水坝，水坝的成本为10万元。如果该农民从水坝所获得的收益仅为4万元，那么他就不会修建这个坝了。然而，其他农民却可从中受益。如果他们的收益加起来至少有6万元，则建坝对他们来说是明智的。为了做出正确决策，我们必须让所有的潜在受益者都加入到决策过程中来。例如，如果10个农民每人出资1万元作为修坝基金，那么坝就可以修建了。还有很多产品都能产生外部性收益：

（1）如果一个人给公共电视事业捐款，那么每一个看这些频道的人都将从改进了的节目中获益。

（2）如果一个科学家发现了治疗某种普通疾病的方法，那么每个患这种疾病的人都将受益。

（3）如果你拿到了大学学位，你将成为一个更好的职员和一个更好的公民，因而你的同事和其他公民都将受益。

在每一个例子中，一些收益外在地作用于那些不包括在决策制定过程中的人身上，因而决策的制定者可能会反对做出一个有益于社会的决策。

实时测验1-3

以下的每一个例子中是发生了外部性收益还是外部性成本？

（1）你的室友在宿舍里播放令人讨厌的音乐。

（2）露天开采会导致石油与可燃气体进入地下水系统。

（3）一个人在住宅区收集并堆放旧车。

（4）一个家庭为一个在节假日给穷人提供食品的组织捐赠了500元。

（5）一个村民保存了一大片古树，却为干坏事的猫头鹰(或某种有害物种)提供了栖息地。

第四节 微观经济学的研究方法

任何一门学科都有自己的研究方法。经济学家在研究社会经济问题时会采用多种分析手段和分析方法。这里我们主要介绍人们在研究微观经济问题中所普遍使用的几种方法。

一、经济模型

虽然微观经济学是以微观经济个体(如企业和个人)的经济行为为研究对象的,但是,现实中每个市场上都会有成千上万的企业和消费者,他们每时每刻的行为都在发生变化,当我们试图来分析这些消费者和企业的纷繁复杂的经济行为及其选择时却会感到无从下手,即使竭尽全力也不可能描绘出这些复杂经济活动的方方面面。这样,经济学家就试图走一条捷径:利用所设定的经济模型来研究经济是如何运转的,而经济模型是对从现实世界的具体事件中抽象出来的现象的简单描述。通过对具体事件的抽象化,人们可以有意识地略去那些对所要了解的现象无关紧要的细节,而集中精力去关注那些真正重要的要素。利用模型来研究经济现象就像人们利用一幅交通地图来旅行一样。假如你想开车从北京去上海旅行,你不会需要在地图上对北京到上海途中的每条路、每所房子、每座山的位置都描述得十分详细,这样的地图太复杂反而派不上用场;相反,你只需要一个按一定比例缩小出来的地图,其上只标明主要的公路和它们交叉的位置,就可以到达目的地了。

通常,一个完整的经济模型由两部分组成:前提假设和假说。

1. 前提假设(assumptions)

前提假设是指某一理论模型的使用条件和范围,它是建立模型所依据的基础,具体来说,是一种关于哪些条件重要、哪些可以忽略的说明。经济学家在分析问题、建立模型时特别重视前提假设条件,离开了一定的假设条件,分析与结论都是毫无意义的。经济理论的扩展和深化往往是放宽某些前提假设的结果,是一种更加逼近现实情况的理论。

在建立经济模型中,一般都以下面四个假设作为其共同的前提条件:每个人的偏好是既定的;人们所拥有的资源与技术状态是既定的(这就是稀缺性的含义);人们的选择是理性的,且以利益最大化为目标(这就是斯密的经济人假设);人们的选择最终是协调的、和谐均衡的。各种理论模型都以这四个假设为前提来分析经济现象。

▶观念澄清

我们在构建经济模型时,一般会有"假设其他条件为不变"或其他类似的语句。有些读者对此不理解,认为既然假设条件并不现实,那么由此引出的理论有什么意义呢?这种理解是不正确的。首先,并不是所有的假设都不现实,许多假设都是对现实的一种抽象,在总体上是符合实际的。例如,关于理性选择的假设。尽管有些人的选择并不是理性的(例如吸毒的人的选择),但就整体而言,人的选择是理性的。因此,不能根据个别的非理性选择而断言理性选择的假设是不现实的。其次,假设是为了把复杂的现象简单化,只有这样才能得出有意义的结论。自然科学中也应用这种研究方法。在实验室里的各种严格条件下所做的实验,就是把那些条件作为假设。经济现象十分复杂,不做出相关的假设就无法研究现象背后的规律。例如,如果不假设人的偏好是既定的,就无法研究消费者行为的决定。最后,假设在理论形成中的重要性说明了,只有某些假设

> 条件具备,以这些假设为前提的理论才有适用性。任何理论都不会是放之四海而皆准的,这就是理论的相对性。如果假设条件不具备或发生了变化,就要对理论进行修正。例如,在垄断出现之后,以完全竞争为假设条件的价格理论就进行了重大修正。垄断理论、寡头理论、垄断竞争理论都是对不完全竞争条件下价格理论的发展。同样,要把一种理论运用于实际也要考虑基本假设条件是否具备,这正是我们不能照搬西方经济学理论的原因所在。本书所介绍的大多数经济学原理是以发达国家的现实为假设条件的。这些条件我国不一定完全具备,所以,运用时就要谨慎。

2. 假说(hypothesis)

假说是指在一定的假设下进行推理或总结后用来说明各种变量之间关系的理论结构,也就是未经证明的理论。这种假说往往是对某些现象的经验性概括或总结,但要经过检验才能说明它是否能成为具有普遍意义的理论。在经济学中,一般有两种检验途径:一种是直接检验,即检验理论模型的基本假定和描述是否有合理的现实依据;另一种是间接检验,即检验所揭示的规律和论断(即假说)是否与实际经验相符。如果实践检验与理论推测不相符,则否定这个模型或加以修改。

具体来说,建立模型需要以下几个步骤,如图1-1所示。

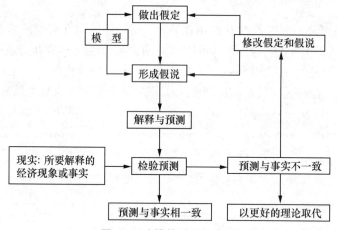

图1-1 建模的过程与步骤

(1) 确定所要考察的问题并定义有关变量。虽然经济现象复杂多变,但需要从中找出我们要研究的主要问题并作为我们研究的对象。比如,某种特定的经济行为为什么发生?是如何发生的?当经济环境发生变化时,决策者的行为如何调整,这些调整又会产生什么影响?

在确定了所要研究的问题后,为了进行数量分析,就需要对影响经济活动变化的因素(或变量)进行定义。变量是某项特定经济活动中的一些可以取不同数值的变量,在经济分析中常用的变量有内生变量与外生变量。内生变量(endogenous variable)是理论内所要解释的变量,可以通过模型的求解过程计算出来;而外生变量(exogenous variable)是在理论内影响其他变量,但本身由该理论外的因素所决定的变量。内生变量又称因变量,外生变量又称自变量。内生变量和外生变量有时是一个相对的概念,当研究对象和前提假设条件变化的时候,两者也会发生角色转换。

(2) 设定前提假设(assumption)。假设是建立一个模型的前提条件。在现实的经济生活中,经济现象纷繁复杂。一个经济变量往往直接或间接地受到许多因素的影响,而在一个经济模型内不可能对它们进行逐一分析,因而有必要提出假设,以限定讨论的范围。因此,对同一个经济问题,可以建立起许多不同的模型。

(3) 形成假说(hypotheses)。形成假说就是寻找所考察的经济现象的规则和秩序。这是建立模型的核心部分和关键步骤。一个假说就是对行为的因果(cause-effect)的尝试性或试验性(tentative)解释。比如,厂商是根据边际收益等于边际成本的原则确定其产量的,商品的需求量与商品的价格负相关,等等,都是经济学家提出的重要假说或命题。

这里要注意的是,假说不同于假设。前提假设是假说赖以提出的必要前提。在形成假说的过程中,经济学家往往设定许多相关的假设以便使所研究的问题简化。

(4) 解释(explanation)和预测(prediction)。这是模型的应用环节,也是经济模型的主要功能。人们在建立经济模型后,就可以根据模型的假说对现实经济活动或现象做出解释或进行预测。比如,根据供求定理,人们可以预测,如果美国对伊朗发动战争,那么世界石油市场的石油价格将上涨;油价上涨必然导致工农业生产成本增加,从而会影响产品供给;也就是说,该模型解释了为什么这些影响会在过去发生,并且能预测它们将来在同样环境下会再次发生。

(5) 对经济模型进行检验(verification)。经济学家虽然可以利用其建立的模型分析问题和解决问题。但并非所有的经济模型都是好的,有用的模型,都需要经过检验。但究竟如何检验经济模型的有效性,经济学家的认识并不一致。

一种观点认为应该根据一个模型的前提假定是否具有现实性来判定该模型是否有效。这种观点遭到许多经济学家的反对。虽然模型的假定应该与现实有一定的联系,但多数经济学家认为,不能根据假定的现实性来判断模型的有效性。因为建立模型的目的不是复制现实世界,而是对现实世界进行抽象。假定的本意就在于简化,任何模型都是建立在非现实的假定基础上的,而许多具有非现实假定的模型却运行良好。例如,假定太阳和其他星球围绕地球转,这显然是不真实的,但在此假定前提下建立的全球导航模型却运行良好。所以,判断一个模型的好坏要根据建立该模型的目的是否能实现,而不能根据该模型的假定是否具有现实性。

另一种观点强调应对经济模型的预测能力和对现实的解释能力进行检验以确定经济模型的有效性。这种观点认为一个模型应能推出对未来有预测性的可检验的命题。如果一个模型不能根据预测条件做出准确的预测,该模型就是无效的。也就是说,经济模型无论在原理方面还是在实践方面,都要像实验科学中的理论那样通过检验。同时,经济模型还应对现实具有一定的解释力,并能科学地验证经济活动发展的规律。从科学的角度看,解释力和预测力是经济模型功能的两个方面,虽然没有预测的解释是不够的,但没有解释的预测也是无结果的。因此,被提升的预测力是具有前后一致解释力的副产品。在具有同等解释力的模型中,预测能力最强的模型是最好的。

(6) 根据检验结果放弃、修改或接受模型。经济模型的有效性和有用性取决于它是否能够成功地解释和预测它旨在解释和预测的经济现象。根据这一检验标准,可能有部分经济模型被接受,部分被放弃,还有部分经济模型会经过修改或进一步完善,这一检验和完善经济模型的过程对于经济学发展成一门科学是至关重要的。

二、静态分析、比较静态分析和动态分析

在建立经济模型来分析经经济问题时,按照是否考虑时间因素,可以有静态分析、比较静态分析和动态分析三种分析方法。现分述如下:

静态分析(static analysis)就是完全抽象掉时间因素和经济均衡状态形成的过程,而专门分析任一时点上某一经济现象的均衡状态以及有关的经济变量处于均衡状态所必须具备的条件。例如,在需求理论中分析收入变动和需求的关系时,并不考虑一定的收入是怎样决定商品需求的,而仅考察一定的收入水平对商品需求产生的最终结果。静态分析是一种静止地、孤立地分析经济问题的方法。

比较静态分析(comparative static analysis)就是指当已知条件变化后,将变化后的静态均衡结果与变化前的均衡结果进行比较分析的方法,其中还要涉及有关经济变量达到新的均衡状态时相应的变化。显然,比较静态分析只是对个别经济现象一次变动的前后以及两个或两个以上的均衡位置进行比较分析,而舍弃掉对变动过程本身的分析。简言之,"比较"静态分析,就是对经济现象一次变动后,均衡位置及经济变量变动的前后状态进行比较。在微观经济学中,无论是分析个别商品的供求均衡,还是个别厂商的价格和生产的均衡状态,大都采用了以上两种方法。

动态分析(dynamic analysis)的特点在于引入了时间因素。动态分析是对所有均衡状态向新的均衡状态变动过程的分析,其中包括分析有关经济变量在一定时间内的变化、经济变量在变动过程中的相互关系和相互制约的关系以及它们在每一时点上变动的速率等。具体地说,动态分析将着重研究那些在静态分析中通常假定不变的因素(如劳动和资本数量、生产技术、消费偏好等)随着时间的变化,将如何影响一个经济体系的变动。动态分析要求经济变量所属的时间必须被明确地表示出来,并且认为某些经济变量在某一时点上的数值受前一时点有关变量数值的影响,这就需要把经济活动过程划分为连续的分析期间,以便考虑有关变量在连续各个时期的变动情况。在微观经济学中,蛛网理论就是动态分析的一个例证,而在宏观经济学中,动态分析常常用来研究经济增长和经济周期波动等问题。

三、实证分析与规范分析

在经济学研究中,经济学家的基本任务有两个方面:一是建立科学的经济模型,对经济活动进行科学的描述和分析,并对现实提供合乎逻辑的论断和预测,这就是通常所说的"实证分析"(positive analysis)。实证分析方法就是描述经济现象"是什么"以及社会经济问题实际上是如何解决的。这种方法旨在揭示有关经济变量之间的函数关系和因果关系。用实证分析方法来研究经济问题时,首先要提出用于解释经济现象的理论,然后用事实来检验理论,并根据理论做出预测。

二是经济学家利用其经济理论对经济系统应该怎么运行发表意见并提出改进建议。这就是所谓"规范分析"(normative analysis)。规范分析就是研究经济活动"应该是什么"以及社会经济问题应该是怎样解决的。这种方法通常要以一定的价值判断为基础,提出

某些准则作为经济理论的前提和制定政策的依据,并考察如何才能符合这些准则。

其实,在实际的经济研究中,实证分析与规范分析是无法分割的。首先,规范分析并不能独立于实证分析。经济学家凡是倡导、赞同或反对某一经济政策,其论据都来自对该政策的实证分析。尽管不同的经济学家可以强调不同的侧面因而对政策有不同的主张,但他们的结论一般都是运用普遍接受的经济理论,通过对政策的社会经济效益的分析比较而得出的。另一方面,经济学家在分析、寻求经济活动的客观规律时,不可避免地受到其个人的经济地位、价值观念等的影响。毕竟,经济学家研究的是人类的活动,经济学家作为社会成员之一,很难不偏不倚,超然于经济利益之外,像研究自然科学一样客观地研究经济科学。他们的价值判断会不自觉地在实证分析中产生影响。例如经济学家总是以效率尺度来衡量经济活动的成败得失。这就隐含着,在经济学家的价值系统中,效率准则高于其他社会准则。在涉及公共政策的经济分析时,如市场调节、税收补贴、财政货币政策、社会福利等,实证研究和规范研究是很难分开的。

第五节 微观经济学的历史演进脉络及其发展

历史是一面镜子。我们要学习经济学,不仅要透彻理解现有的经济理论,而且还要从历史的角度看待有关经济学理论的历史演进过程,从中找出理论演化的轨迹,为今后深入研究经济理论打下坚实的基础。本节重点分析微观经济学的历史发展过程,并对近些年微观经济学的最新进展作一前瞻性的介绍。

一、微观经济学的早期萌芽阶段(1662—1817 年)——古典劳动价值论

从历史渊源看,微观经济学的发端最早可以追溯到 17 世纪古典经济学家所进行的价值论研究。那时,古典经济学家在研究整个社会的经济活动时,也把个别商品价值的形成和决定、个别市场价格的决定和变动作为重要的研究对象。

威廉·配第在其所著的《赋税论》(1662)中,最先提出了劳动价值论的一些根本命题,认识到劳动是商品价值的源泉,从而为古典经济学奠定了基础。他在书中区分了"自然价格"和"政治价格",前者实际上是指商品的价值,后者则指商品的市场价格。他认为"自然价格"即商品的价值,是由生产它所耗费的劳动量决定的;并且开始用劳动时间来测量商品价值量,这也可以说是配第对微观经济理论的一大贡献。

作为古典经济学的杰出代表,亚当·斯密在其名著《国富论》(1776)中,既对国民财富的性质和原因作了全面的宏观考察,又对劳动价值论作了更深入的微观分析与研究,从而把古典政治经济学发展成为一个完整的体系。斯密进一步发展了劳动价值论,明确区分了使用价值和交换价值的概念,并确认劳动决定商品的价值,认为劳动是衡量一切商品交换价值的真实尺度。这是斯密在经济学上的主要功绩。但是,斯密同时提出生产费用价值说,他认为在资本主义社会中,商品的价值不再由耗费的劳动决定,而由能购买到的或能支配的劳动决定,并且这种能购买到的或能支配的劳动量由工资、利润和地租三种收入构成,这就是所谓的"斯密教条"。

李嘉图进一步发展了斯密关于劳动决定价值的学说,他在 1817 年发表的《政治经济学及赋税原理》中,认为商品的价值是由生产商品所耗费的劳动量来决定的,这为劳动价

值论的科学体系奠定了基础。李嘉图又认为政治经济学的中心问题是分配问题,他特别着重分析了工资、利润和地租的数量比例关系以及它们之间的相互矛盾。李嘉图的分配理论后来也成为微观经济分析的主要对象。

总之,在经济学的发展初期,微观经济问题和宏观经济问题是经常被混合在一起研究的,两者之间没有明确的界限。在西方,"经济"(economics)一词,源于希腊文"oeconomicus",意指"家庭管理",这显然是一种微观概念。早期古典经济学家虽大多从国富、国民收入、货币流通总量等入手进行宏观考察,但在其分析经济问题的过程中,又常常涉及一种商品的价值和价格如何决定、各类收入如何分配和决定等微观分析。总之,这一时期的经济分析是宏微不分或宏微兼用的。

二、微观经济学的产生阶段(1818—1932年)——边际分析革命

19世纪初期到20世纪中叶,资本主义由自由竞争向垄断和垄断竞争阶段发展。企业在经济活动中的作用和地位日益重要,如何从微观角度研究企业行为,如企业成本的降低、消费者需求的状况及市场定价等问题,都给经济学家提出了现实的要求。

从这一时期起,经济学开始向微观和宏观两端发展,宏、微观经济分析各自逐渐走向互有联系但又互有区别的独立体系。特别是以边际分析的价值论、均衡市场价格论和边际生产力分配论等为核心的微观经济理论,可说已经在这一时期奠定了基础,在系统化方面比宏观经济理论走前了一步。

1. 边际效用理论

边际效用理论是现代微观经济学的基础,其代表人物有瓦尔拉斯(L. Walras)、杰文斯(W. S. Jevons)、戈森(H. H. Gossen)、门格尔(C. Menger)、埃奇沃思(F. Y. Edgeworth)、马歇尔(A. Marshall)、费雪(I. Fisher)、克拉克(J. B. Clark)以及庞巴维克(E. von Bohm-Bawerk)等人。边际效用学派对边际概念给出了解释和定义,当时瓦尔拉斯把边际效用叫作稀缺性,杰文斯把它叫作最后效用,但不管叫法如何,说的都是微积分中的"导数"和"偏导数"。

边际效用论者认为,主观效用是商品价值的源泉,边际效用是衡量价值的尺度,他们提出了"基数效用论"和"效用价值论"。这一原理后来被西方经济学流派广泛接受,并与古典学派的"生产费用论"结合在一起构成了现代微观经济学供求理论的两大理论支柱,且成为现代微观经济学的核心理论。边际分析方法也成为现代经济学研究的基本分析方法。

2. 数理分析与均衡分析法

经济学中的数理分析是指运用数理符号和数理方法来表述、研究和论证经济现象及其相互依存关系的方法,而边际分析法是数理分析中最为重要的工具。在微观经济学的产生阶段,真正比较系统地运用边际分析来研究经济问题的是法国经济学家、数理经济学派最重要的先驱者和奠基者——古诺(A. A. Cournot)。他在1838年出版的《财富理论的数学原理的研究》一书中,对于"垄断"、"双头垄断"、"寡头垄断"以及"无限制竞争"(即以后所谓的"完全竞争")等不同条件下价格的决定,给出了数学上的解答。作为现

代微观数理经济学理论的创始人,古诺对微观经济学的主要贡献是提出了企业理论和单一市场上企业与消费者的相互作用论。古诺企业理论的基本假定是企业追求利润最大化,他对完全竞争和寡头垄断作了严格定义和研究。

均衡分析法是数理分析的重要内容。作为均衡分析的创始人,瓦尔拉斯在他的《纯粹政治经济学纲要》(1874)一书中,考察了两种商品的交换问题之后,又继续运用数理方法,在边际效用分析的基础上,进一步考察了全部商品包括消费品和生产要素的交换问题,并考察了所有商品的供给和需求同时达到均衡状态时的价格决定问题,创建了所谓"一般均衡理论"。瓦尔拉斯认为,在现实生活中,一切商品的价格都是互相联系、互相影响和互相制约的,任何一种商品的价格必须同时和其他商品的价格联在一起来决定。只有当所有商品的价格都达到供给与需求相等的程度时,才处于市场的一般均衡状态。

与瓦尔拉斯的"一般均衡分析"相对应,英国剑桥学派的代表人物马歇尔在其所著《经济学原理》(1890)一书中则提出了"局部均衡分析法",他把供求论和上述边际效用论、生产费用论融合成一体形成了一个调和的均衡价值论。马歇尔认为,所谓"均衡价格",是指一种商品在市场上的供求达到均衡时的价格。他从均衡价格论出发,分别考察了个别市场或个别商品的需求问题和供给问题,以及这些市场或商品的市场价格均衡问题。在需求方面,他研究了消费者行为和需求规律,包括效用和个人选择、消费者剩余、需求表和需求曲线、需求的价格弹性和收入弹性等。在供给方面,他研究了生产成本和供给规律,包括成本和收益、短期成本和长期成本、收益递增和递减规律、替代原理、供给表和供给曲线、供给弹性等。马歇尔的均衡价格论以及关于需求和供给两方面的分析,至今仍是现代微观经济学的理论基础和主要内容。

3. 边际生产力论

"边际生产力论"也是现代微观经济学分配问题的主要理论支柱。"边际生产力论"的概念首先是由德国农学家约翰·海因里希·冯·屠能(Johann Heinrich von Thünen)在1850年提出的。但"边际生产力论"的系统化及其广泛传播,则要归功于美国经济学家克拉克。在1899年出版的《财富的分配》一书中,克拉克运用"收益递减规律",将这种规律扩展到各个生产要素上去,提出所谓"生产力递减规律",然后,综合边际分析方法形成"边际生产力分配论"。克拉克的"边际生产力论"为当代微观经济学广泛使用,是说明生产要素需求规律的基本理论支柱。

三、微观经济学的发展和成熟阶段(1933—1960年)——公理化的微观经济学

在20世纪30年代之前,以微观理论为主要内容的马歇尔经济学说体系在西方经济学界一直居于支配地位。到了20世纪30年代初期至第二次世界大战结束,微观经济理论又有了重大的突破和新的发展。比如,包括张伯伦的"垄断竞争理论"和罗宾逊夫人的"不完全竞争理论"在内的垄断竞争理论的产生与厂商理论的确立、无差异曲线的引用与对需求理论的修正和发展、一般均衡分析对局部均衡分析的补充以及福利经济学的建立,这些微观经济理论的突破性发展,使现代微观经济学得以真正确立,并初步建立起自己的理论体系。

与此同时，以往的边际分析法已不能适应现实中分析新问题的需要，迫使经济学家不得不去开创新的经济分析法，集合论与线性模型就是在这样的情况下进入经济学大门，替代了原来的微积分。以集合论为基础的经济理论更具有广泛性和一般性，原来的"光滑性"要求现在可以去掉；线性模型也是用来研究光滑性所不能解释的经济现象。当时，集合论方法的主要工具是数学分析、凸分析和拓扑学，线性模型的主要工具是线性代数和线性规划。

虽然瓦尔拉斯早在1874年就提出了一般经济均衡问题，但他却对一般经济均衡的存在性给出了一个不正确的证明——仅仅依据方程个数与未知数个数相等就断言方程组有解。其实在瓦尔拉斯时代，是不可能证明一般经济均衡的存在性的，因为证明中必需的关于集值映射的角谷静夫不动点定理到了1941年才问世。

沃尔德(A. Wald,1933,1934)首次严格分析了一般经济均衡问题，而突破性的进展则是由阿罗(K. J. Arrow)和德布鲁(G. Debreu)于1954年取得的，他们二人用集合论方法，通过公理化分析，重建了瓦尔拉斯一般经济均衡理论大厦，给出了一般经济均衡存在性的令人满意的严格数学证明。这一光辉成就为经济学的发展树立了一块里程碑，尤其是1959年德布鲁的《价值理论》一书的出版，正式宣告了公理化经济学的诞生。这部著作分7章详细论述了基于集合论的微观经济理论体系，展示了公理化分析的巨大威力，用德布鲁的话说：

> 经济理论公理化的好处不胜枚举。公理化对理论假设的完全明确化，可用来稳当地判断理论对具体情况的适用范围。公理化还可以在发现了原始概念的新解释时，对新问题轻松地作出回答……经济理论公理化还以另一方式帮助了经济工作者们，它向经济工作者提供了能够接受的高度有效的数学语言，使得他们可以相互交流，并以非常经济的方式进行思考。

与一般均衡相联系的许多问题在这一时期都得到了深入研究。首先是阿罗和德布罗(1951,1954)用集合论和凸分析重新研究了竞争均衡的最优境界问题，阿罗还用集合论方法研究了社会选择问题，得到了令人吃惊的社会选择不可能性定理。其次是在对效用理论重新研究的基础上形成的两套公理体系，一套是德布鲁1954年提出的确定环境下的效用函数公理化体系，另一套是不确定环境下的效用函数公理化体系，归功于拉姆齐(F. P. Ramsey,1926)、冯·诺伊曼和摩根斯坦(John von Neumann and O. Morgenstern,1947)、马歇尔(1950)、赫斯坦和米尔诺(I. N. Herstein and J. Milnor,1953)等人。

四、微观经济学的重要进展(1961年至今)——方法汇合

从20世纪60年代起，微观经济学进入了相对稳定的发展时期。在这一时期，几乎在传统微观经济理论框架内的每一领域，如消费者理论、生产者理论、市场理论、一般均衡理论、福利经济学等，都进行了重塑和补充，并出现了一系列新的理论，如交易成本、产权、非均衡、X效率、资产组合、资产定价、寻租、非对称信息、次优、机会选择、显示偏好、对偶性等。

与此同时，在微观分析方法上，数理和计量分析手段大为加强。在集合论、拓扑学、博弈论等大量数学工具被成功地引入和应用于经济学中的同时，经济学也开始影响数学，其典型的例子就是角谷定理、集值映射的积分理论、近似不动点计算的算法以及方程

组的近似解的算法。数学思想开始全面向经济学渗透,经济学也在不断地为自己铸造新的武器,各种经济分析方法汇集一堂,出现了经济学发展史上的大汇合时期。

下面介绍自 20 世纪 60 年代以来微观经济学的一些重要进展。

1. 不确定性与信息经济学理论

在经济现实中,由于许多意外因素的存在,人们面临的是大量的不确定性,因而不可能拥有完全的信息,或者不同经济行为者并不拥有对等的信息。在不确定性分析方面,美国芝加哥学派创立者弗兰克·奈特(Frank H. Knight)教授做出了开创性贡献,明确地把不确定性与风险作为一种经济问题来分析。他在 1921 年出版的《风险、不确定性和利润》一书,至今仍被认为是这一领域的经典之作。大约从 20 世纪 60 年代起,这一问题开始引起经济学界和一些数学大师的广泛关注,其中杰出的代表人物有阿罗、萨维奇(L. J. Savage)、德布鲁、安斯考伯(F. J. Anscombe)、奥曼(R. J. Aumann)、雷法(H. Raiffa)、萨缪尔森(P. Samuelson)、阿莱(M. Allais)等。他们的主要成就包括:运用概率论来度量风险和描述不确定性,运用数学公理化方法刻画不确定性环境下人们的经济行为(决策理论),引入精细的决策树(game tree)分析,以及将不确定性分析融入一般均衡模型之中。此外,对回避风险、减少不确定性的途径等问题,也有相当多的探讨。

不确定性的产生在很大程度上源于人们对经济信息的把握程度。1959 年马夏克(J. Marschak)发表了"信息经济学评论"一文,首次正式使用了"信息经济学"这一概念。几乎与此同时,西蒙(H. Simon)的《管理决策新科学》(1960)、施蒂格勒(G. Stigler)的《信息经济学》(1961)、马克卢普(F. Machlup)的《美国的知识生产与分配》(1962)、阿罗的《保险、风险与资源配置》(1965)以及希尔(H. Theil)的《经济学与信息论》(1967),分别从管理与统计决策、信息搜寻、知识产业、信息社会和信息论角度,奠定了信息经济学作为一门独立学科的基础。四十多年来,在微观领域,信息经济学有两个重要的研究分支:一是在不完全信息(imperfect information)条件下的经济分析,关心的是"信息成本"(由于信息是不完全的,要获取信息就必须付出成本)和最优的信息搜寻(search)。二是在非对称信息(asymmetric information)条件下的经济分析,这是现代信息经济学研究的核心内容之一。西方学者往往把非对称信息条件下市场参与者的经济关系称为委托人—代理人(principal-agency)关系,因而非对称信息经济理论被称为委托人—代理人理论。在众多的委托人—代理人关系中,有两类现象极为典型,即逆向选择(adverse selection)和道德风险(moral hazard)。人们为了减少逆向选择带来的负效用,一般通过大量发出信号(signalling)来实现;对于道德风险,则设计最优契约,以有效地显示信息。此外,在激励与机制设计(incentives and mechanism design)的主题下,一些成就引起了经济学界的高度重视。例如由维克里(W. S. Vickrey)开创的拍卖问题的研究,以及由他奠基并由米尔里斯(J. Mirreless)精细化的最优税制问题的探讨,受到经济学界一些人的青睐,此二人因此荣获 1996 年诺贝尔经济学奖。

2. 经济核与无限维经济学

"核"的概念最早源于埃奇沃思 1881 年提出的契约曲线及其猜想。1962 年,德布鲁和斯卡夫(H. E. Scarf)把"核"概念运用到经济学中,研究埃奇沃思猜想,提出了"经济核"(economic core)概念。奥曼在1964年提出了经济连续统,并在经济连续统中证明了埃奇沃思猜想。近年来对于经济核的研究又拓展到动态与无限维经济学中来。动态方面涉及价格调整、最优计划过程及均衡的稳定性等问题。无限维经济学涉及不确定性、信息及市场的不完全性等问题。

20世纪80年代,经济学家成功地把阿罗-德布鲁模型推广到无限维经济系统中,无限维竞争均衡的存在性与帕累托最优性得到了证明,但不定性问题仍未解决。世代交替模型是一种特殊的无限维经济模型,其一般均衡的存在性已经在很一般的条件下得到证明,但均衡不是有效的,而且可能是不定的。总之,无限维经济学很不同于有限维经济学,虽然无限维继承了有限维的一些结论,但无限维问题的难度颇大,情况十分复杂。由于无限维经济学把不确定性、风险、金融、动态问题等都纳入到一个统一的分析框架之中,因而引起了众多经济学家和数学家的关注与兴趣,成为目前在国际上十分活跃的研究领域。

3. 交易成本与产权理论

传统的微观经济学一般都是在"具有明晰产权界定的私有财产制度"这一既定的制度假设前提下分析企业与市场的交易活动,也就是说,追求利益最大化的市场行为者不存在任何产权制度上的摩擦和纠纷,因而具有零交易成本。按照阿罗的说法,交易成本就是市场经济制度的运行费用,而威廉姆森(Oliver Williamson,1975)则把交易成本比作物理学中的摩擦力。事实上,现实世界中存在着大量的经济运行费用和摩擦力,这些问题又会严重影响到企业行为和市场资源配置的效果。科斯(Ronald M. Coase,1960)把这一问题的根源归结为市场组织的产权界区含混不清,因此,在考察经济行为者的利益最大化行为时必须把产权和交易成本纳入考察范围,而不能简单地把既定前提排除在分析视野之外。从此以后,交易成本概念频繁出现在经济学文献中,以至于孕育了一大批经济学的崭新课题。如产权经济学、法与经济学(科斯,1960)、新经济史学、新制度经济学(诺斯,1973)、公共选择理论(布坎南,1954,1962)、市场和等级组织学说、公司理论(威廉姆森,1975)、团队理论(阿尔钦,1974)等。在这些学派的学者看来,在有限理性、机会主义行为以及未来不确定性几种因素综合发生作用时,市场作为交易管理机制就会失效。

4. 博弈论

从学科渊源来讲,博弈论应是数学的一个分支,而不是经济学的一个分支。但是,博弈论在经济学中的应用最广泛、最成功。博弈论的许多结果都是借助经济学的例子发展起来的,经济学家对博弈论的贡献也越来越大。

1944年,冯·诺伊曼和摩根斯坦在《博弈论与经济行为》一书中首次系统地把博弈论引入经济学,认为人类的大多数经济行为都可以用博弈论来分析。到了20世纪50年代,纳什(J. F. Nash)在多篇关于博弈论的研究论文中,明确提出了"纳什均衡"的概念,证明了纳什均衡的存在性,并阐明了博弈论与经济均衡的内在联系,为非合作博弈论的形成和发展奠定了坚实的理论基础,使得后续的理论研究主要围绕"纳什均衡"的精练而展开。

到了20世纪60年代,泽尔腾(Selten,1965)对纳什均衡进行动态分析,提出了"精练纳什均衡"的概念;海萨尼(J. C. Harsany,1967,1968)又把不完全信息引入博弈论的研究之中。80年代，克瑞普斯和威尔逊(D. M. Kreps and R. B. Wilson,1982)二人共同研究了动态不完全信息博弈，发表了重要文章。动态分析与不完全信息进入博弈论，这是经济学家在推动博弈论发展方面做出的巨大贡献。

从20世纪80年代起，博弈论才逐渐融入经济学研究中，成为现代微观经济学的重要研究方法和组成部分。许多经济学家以博弈论为基础，重新构建了现代经济学的理论体系，在使之公理化、完善化方面，做了大量的工作。例如梯若尔(J. Tirole)的《产业组织理论》(1988)、克瑞普斯的《微观经济学教程》(1990)等，都是以博弈论为基础写成的，可说是以博弈论为基础重新构造经济学理论体系的有益尝试。

第六节 如何学习与使用本书

"微观经济学"是高等院校经济类专业的必修课程，也是整个经济学学科体系的基础课程。近年来，我国经济学教育界在微观经济学教学和研究等方面取得了不少成果；在翻译和出版了许多国外微观经济学著名教材的基础上，也编写了适合我国学生学习需要的教材。本书最初成稿于1996年，当时以油印版本作为北京大学经济学院的本科生学习微观经济学的教科书。后来经过修订于2002年由中国经济出版社正式出版。

本书自出版以来，得到许多读者热情洋溢的评价，特别是一些读者直言不讳的批评使我产生了重新修订本书的动力，同时，近年来，我们的"微观经济学"教学水平提高很快，为了适应发展的需要，就对2002年版本进行了全面的修订。在修订过程中，作者根据目前我国西方经济学的教学水平和学生学习微观经济学的实际情况，既从"面"上照顾到目前国外流行的《微观经济学》教科书的体系，又从"点"上对某些重要而又令多数学生在学习过程中感到头痛的理论难点进行了透彻的分析，并举了一些应用例子加以深刻说明，使读者在学习枯燥的经济理论的同时，能学会把一些理论灵活地应用到对社会现象的分析中，从而达到理论与社会实践相结合的目的。

通过对本书的学习，读者会加深对经济理论的理解并掌握新的知识，更主要的是培养以经济思维分析现实经济现象的能力。本书虽然在深度和层次上属于一本中级教材，但基础较好或对经济问题有一定了解的读者，可直接将它作为入门教材。一些非经济专业如商业、管理和政治学以及理工科的学生或工程技术工作者，如果想要了解一些经济理论，本书也是最好的入口。

经济学教材不同于经济学专题论文。在经济学教科书中不仅要强调所有理论的来龙去脉，而且要用多种形式来表述一个理论或问题。本书在阐述经济理论时强调经济思维和分析，并辅以图解或数学模型。所有的命题和结论，一定先从经济角度来解释。若用到数学模型的，一定会解释数学公式或解答的经济含义。作者根据教学经验，要提醒数学基础较好的读者学会用经济学语言来解释数学模型的结论，而不要仅满足于用数学公式来表达经济命题。

本书为了方便读者自学的需要，在章节、体例、内容编排上，作了匠心独运的安排。首先，在介绍一些微观经济学概念或理论问题的过程中，都以"●"为标志用简短的语言作了醒目的总结；其次，在每节结束时，根据读者学习时可能遇到的难点，优选一些"实时测验"给读者以提醒和思考，及时解决学习过程中遇到的问题；另外用"观念澄清"澄清一些容易使读者混淆的观点与概念。

学习微观经济学,在熟练掌握经济理论的同时,应适当作一些练习题,本书在每章后面都安排了一定数量的习题,供读者在学习之余作复习之用,希望通过这些练习题来加深读者对经济理论的掌握和理解。

本章总结

1. 稀缺性是指人们的欲望总是超过了能用于满足欲望的资源时的状态。现实世界中稀缺性无处不在,无时不有。稀缺性使得人们所面临的三个主要经济问题是:(1) 生产什么;(2) 如何生产;(3) 为谁生产。

2. 经济学是研究如何将稀缺的资源有效地配置给相互竞争的用途以使人类欲望得到最大限度满足的科学。经济学分为两个部分——微观经济学与宏观经济学。其中微观经济学是整个经济学的基础。

3. 微观经济学是以单个微观经济主体为研究对象,研究他们面对既定的资源约束时如何进行选择的科学。经济学的另一重要分支——宏观经济学是以整个国民经济为研究对象,主要研究诸如国民生产总值、利率、物价总水平、失业及通货膨胀等总体经济行为与总量经济的关系的科学。

4. 经济理论都是以一些基本的假设前提作为其分析经济问题的出发点。这些假设有:(1) 利己主义假设;(2) 合乎理性行为假设;(3) 资源稀缺性假设。

5. 微观经济学原理主要有:机会成本原理、最优化行为原理、边际原理、边际报酬递减原理和外部性效应原理。利用这些原理我们可以分析经济活动中的大多数问题。

6. 经济学家在研究中会基于一定的前提假定,建立一套科学的、抽象的经济模型来描述各种经济现象,探求这些现象背后的原因,以此寻求经济运行的内在规律。一旦经济模型经过检验和实证研究证明了其科学合理性后,就可以依据这个模型提出相应的经济理论。

7. 建立经济模型的步骤如下:(1) 确定所要考察的问题并定义有关变量;(2) 形成假说;(3) 根据假说对现实经济活动或现象做出解释或进行预测;(4) 对经济模型进行检验;(5) 根据检验结果放弃、修改或接受模型。

8. 实证分析是指描述经济现象"是什么",或社会经济问题实际上是如何解决的;而规范分析是研究经济活动"应该是什么"以及社会经济问题应该是怎样解决的。在实际的经济研究中,实证分析与规范分析是无法分割的。

9. 静态分析就是完全抽象掉时间因素和经济均衡状态形成的过程,而专门分析任一时点上某一经济现象的均衡状态以及有关的经济变量处于均衡状态所必须具备的条件。

比较静态分析就是指当已知条件变化后,将变化后的静态均衡结果与变化前的均衡结果进行比较分析的方法。动态分析的特点在于引入了时间因素,对所有均衡状态向新的均衡状态变动过程的分析。

10. 从历史的角度看,微观经济学经历了如下几个阶段:(1) 1662—1817 年早期萌芽阶段;(2) 1818—1932 年的边际分析革命阶段;(3) 1933—1960 年公理化的微观经济学阶段;(4) 1961年至今方法论汇合阶段。

复习思考题与计算题

1. 请判断下列说法是否正确,并说明理由:
(1) 任何不对其索取价格的物品都是自由取用物品。（ ）
(2) 稀缺物品一定有一个直接以货币支付的价格。（ ）
(3) 如果你得到两张免费的奥运会参观券,它们可以看作是自由取用物。
（ ）
(4) 如果某种资源免费供应时社会成员所需要的多于现有的,那么,这种资源就是稀缺的。（ ）
(5) 说一种理论是实证的,并不意味着它必然是正确的。（ ）
(6) 经济学家既采用理论分析,又采用实证分析。（ ）
(7) 中国的劳动力是充足的,而资源是稀缺的。（ ）
(8) 沙特阿拉伯可以开采出它所需要的全部石油。因此,石油在沙特是免费的。
（ ）
(9) "人们的收入差距大一点好还是小一点好"的命题属于实证经济学问题。
（ ）
(10) 经济模型对于我们解释现实世界的价值是极为有限的,因为这些模型是从复杂多变的现实世界中抽象出来的。（ ）

2. 经济学中的稀缺与我们平时所谈论的短缺有何区别?在一个不受管制的市场经济中,稀缺是否存在?短缺是否存在?

3. 请评价"天下没有免费的午餐"的经济意义。

4. 如何理解"理性的经济人"假设?你能否举出一些现实中"非理性"的现象?

5. 判断下列命题属于实证分析还是规范分析:
(1) 最低工资率法律增加了青年工人和非熟练工人的失业率。
(2) 20世纪70年代世界油价暴涨主要是由垄断力量达成的。
(3) 政府在扩大就业方面还应起到更大的作用。
(4) 政府开支已经超过了应有的水平。
(5) 在美国,收入最高的10%的家庭的收入占了总收入的25%,而最低的20%的家庭的收入在总收入中仅占11%,这样的收入分配是不合理的。
(6) 治理通货膨胀比增加就业更重要。
(7) 利率上升有利于增加储蓄。
(8) 经济发展过程中出现收入差别扩大是正常的。
(9) 效率比平等更重要。
(10) 效率就是生产率的提高。

6. 你认为经济学的科学性体现在哪些方面?如何用实证分析和规范分析来体现这种科学性?经常有学生在发表观点或写作论文时宣称自己的理论观点是纯粹经济学的,不夹杂任何意识形态的东西,你如何看待这种说法?

7. 请你谈一下经济学家为何经常存在意见分歧。

第二章 需求、供给与市场均衡

▍本章概要▍

　　生活中,大家可能面对许多困惑或问题,比如,为什么高校周围的房租比城市其他地方要贵很多?为什么玫瑰花在情人节比在一年中其他时候价格高?为什么职业足球运动员比职业篮球运动员收入高?为什么经济学专业的学生比许多其他专业的学生收入高?经过本章的学习,大家就会知道上述困惑或问题以及其他许多经济问题都可归结为市场的供给和需求问题,通过分析市场的供求关系及其规律就可以得到相应的答案。

　　本章将介绍需求和供给的基本理论,并说明在竞争性市场中需求和供给是如何相互作用的。需求和供给是经济学家工具箱中最基本和最有效的工具,利用它们可以解释我们这个世界上的很多经济问题。

▍学习目标▍

学完本章,你将能够了解:
1. 需求和需求规律、供给和供给规律的含义
2. 影响需求和供给变动的因素
3. 需求弹性和供给弹性及其经济含义
4. 市场上的均衡价格和均衡数量是如何决定的
5. 需求理论和供给理论在现实经济中的应用

你要掌握的基本概念和术语:
个人需求　市场需求　需求规律　需求变动　需求量的变动　个人供给
市场供给　供给规律　需求弹性　供给弹性　市场均衡　均衡价格

第一节　需求函数与需求法则

一、个人需求

　　经济学中,需求是一个很宽泛的概念,不同的研究出发点会对其有不同的定义。要真正了解需求的含义,要先从对个人需求的分析开始。

　　个人需求(individual demand)是指一个人在某一特定时期内,在各种可能的价格下,愿意而且能够购买的某种商品的各种数量。个人对于某种商品产生需求必须具备两个条件:第一,个人具有购买意愿;第二,个人具有支付能力。没有支付能力的购买意愿只是一种需要(need)而不构成需求。

　　对于个人需求,我们可用下列函数式表示:

$$q_x^d = d_x(P_x, P_x^c, P_x^s, I, T, P^e, S, \cdots)$$

其中，q_x^d——某个人对 x 商品的需求数量；

P_x——x 商品本身的价格；

P_x^c——与 x 商品具有互补关系的 c 商品的价格；

P_x^s——与 x 商品具有替代关系的 s 商品的价格；

I——消费者的个人收入水平；

T——消费者个人的嗜好；

P^e——消费者对未来价格的预期；

S——心理因素。

显然，上述需求函数是一个多元函数，它反映了某个消费者对某种商品的需求量与影响该需求量的各种因素之间的函数关系。多元需求函数分析起来比较复杂。为了研究上的方便，通常在分析需求函数时，只研究比较简单的一元函数，即重点分析某商品的需求量（q^d）与该商品自身价格（P）之间的关系，而这时要假定影响消费者需求的其他因素不变。一元需求函数的一般表达式为：

$$q^d = d(P)$$

在分析具体问题时，需求函数可以是线性形式的，也可以是非线性形式的，如：

$$q^d = a - bP \quad （线性需求函数）$$
$$q^d = aP^{-\alpha} \quad （非线性需求函数）$$

其中，a、b、α 为大于零的常数。

通常，需求关系除了可用函数形式表达外，还可以用需求表或需求曲线的形式来表达。下面我们举一实例予以说明。

例如，某消费者在一星期内对牛肉的需求情况如表 2-1 所示。

表 2-1　某消费者一星期内牛肉的需求表

价格 P(美元/磅)	需求量 q(磅)
2	14
3	12
4	10
5	8
6	6

表 2-1 即为一需求表。需求表是指某个消费者在某特定时间内，在其他条件不变的情况下，对某商品在不同价格水平下所形成的需求量的表列（schedule）。对于表 2-1 来说，该需求表表达了消费者的一个购买计划，即在一星期内当牛肉价格为每磅 2 美元的时候，该消费者愿意购买 14 磅；每磅 3 美元的时候，愿意购买 12 磅；以此类推。该消费者有了购买计划以后，当其实际购买时即能以调整购买量为手段讨价还价，从而使其在有限的收入下获得最大的满足。

这里有一点需要大家注意，在经济学中，"需求"总的来说是一个表列概念，而不是单一的数量。同时，需求表也并不表明实际的市场价格是多少，只是说明在不同价格水平下，消费者打算购买的商品数量将是多少。

上述的需求表若以坐标图中的一条曲线来表示即形成所谓的需求曲线(demand curve)。就上一例而言,其需求曲线如图 2-1 所示。

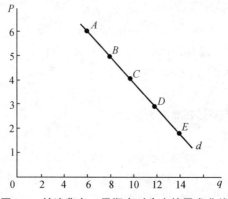

图 2-1　某消费者一星期内对牛肉的需求曲线

在图 2-1 中,纵轴表示价格 P,横轴表示需求数量 q。表 2-1 中的价格与需求量的每一个组合,均可在坐标图中决定一点,比如表 2-1 中的五个价格—数量组合决定了五点(A、B、C、D 和 E)。把这五点以曲线(直线为曲线中的一种特殊情形)连接,即得到所谓的需求曲线 d。由此可知,所谓需求曲线,实际上即为需求表以图形表示的结果,两者毫无区别。

事实上,通过观察会发现上例的需求关系还呈现线性的函数关系,因此,我们同样以函数关系可表示为 $q^d = 18 - 2P$。

另外有一点值得读者注意:我们在对需求曲线定义时,一般要假设"在某一特定期间内"才能成立,但是,这段"期间"究竟有多长呢? 由于每个人的环境条件不同,这段期间的长短对于每个人来说也不一样。而且在讨论需求函数时这段"特定期间"乃指每个人其他条件(如 $P_x^c, P_x^s, I, T, S, \cdots$)不变的期间。

> **实时测验 2-1**
> 　　如果在 10 万元的价格上小王愿意并且能够购买某种品牌的轿车,他会实际购买吗?

二、需求规律及其反例

在一般情况下,不管是线性的需求曲线,还是非线性的需求曲线,它们都有一个共同的特征:向右下方倾斜。这一特征揭示了需求函数的一个重要规律:需求量与商品价格之间呈反方向变化,这一规律被称为需求规律(law of demand)。

- 需求规律:在其他条件不变的情况下,随着某种商品的价格上升(或下降),会导致对该商品的需求量的减少(或增加);也就是说,商品的价格与其需求量呈反方向变化关系,以代数形式可表示为:$\dfrac{\mathrm{d}q_d}{\mathrm{d}P} < 0$。

现实生活中大多数商品都会满足需求规律,但也会有例外的情况发生,有些商品并不遵循需求规律。对于违背需求规律的商品,我们可区分为两大类:

(1) 吉芬品(Giffen goods)。1854年英国经济学家罗伯特·吉芬(Robert Giffen)在爱尔兰发现,由于当地发生的大饥荒而使得土豆的价格大幅度上涨之时,人们对土豆的需求量也增加了,其需求曲线如图2-2所示。这种现象显然违背需求规律,因而称为吉芬之谜(Giffen Paradox)。后来,人们就把那种随着价格的上升其需求量也增加的低档物品称为吉芬品。

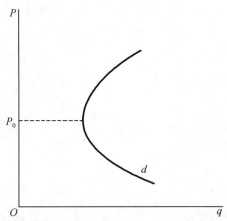

图2-2 P_0 上方可能为吉芬品或炫耀性物品的需求曲线,P_0 下方为一般的需求曲线

之所以会发生吉芬之谜这种现象,其原因在于当时由土豆价格上涨所引起的替代效应远远低于其收入效应。① 说得通俗一些,也就是因为当时人们太穷了,平时人们所能消费的肉类不太多,如今土豆涨价了,相对来说他们更穷了,穷到买不起原本消费肉类的数量,结果只好增加对土豆的购买。

(2) 炫耀性物品(conspicuous goods)。指那些用来满足人们虚荣心的物品(如钻石等),这类物品常因价格上涨,更能显示出其珍贵及拥有者的社会地位,因此,往往这类商品价格越高,对其需求量反而会越大。

> **实时测验 2-2**
> 若某种商品对某位消费者而言是吉芬品,当该商品价格上涨时,整个社会对该商品的需求量是否会增加呢?

三、需求量的变动与需求的变动

正如前面所强调的,需求曲线是以其他因素不变为前提来研究需求量与商品自身价格的关系的。但由于影响需求的因素很多,假如其中一个因素发生了变化,需求曲线将如何表示这种变化呢?这里就有必要区分两个重要的概念:需求的变动和需求量的变动。

我们知道,需求量是消费者在某一价格下愿意购买的某种商品的数量,在需求曲线上则是指某一点的横坐标。因此,需求量的变动(change in quantity demanded)是指在其他条件(如 $P_x^c, P_x^s, I, S, \cdots$)不变的情况下,当商品自身的价格发生变动时,所引起的需

---

① 有关替代效应与收入效应的问题将在第三章详述。

求量的变动,这里特指的是在同一条需求曲线上各点的变动。如图 2-3 所示,当价格由 P_0 下降至 P_1 时,需求量由 q_0 增至 q_1(即在同一条需求曲变线上,由 A 点移至 B 点)。

需求则是消费者在各个可能的价格下愿意购买的某种商品的各种数量,它是指整个需求曲线。因此,需求的变动(change in demand)指的是在商品自身的价格不变的条件下,由于其他因素(比如 $P_x^c, P_x^s, I, T, S, \cdots$)中的任一因素的变化所引起的需求数量的变化,也就是说,需求的变动是同一价格下需求量的变化,表现为整条需求曲线的移动。如图 2-4 所示,因为消费者收入水平由 I_0 提高到 I_1 时,需求曲线 $d(I_0)$ 向右移至 $d'(I_1)$。

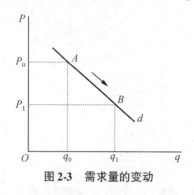
图 2-3　需求量的变动

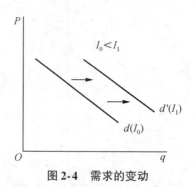
图 2-4　需求的变动

现实生活中,从来都是所有要素一起影响需求变化的,因此,我们有必要对除商品自身价格以外的其他因素对需求的影响作一具体的分析。

(1) 互补品(complements)的价格(P_x^c)。所谓互补品是指需要一起消费才能满足消费者某种需求的两种商品。

在其他条件不变的情况下,某种商品的互补品的价格上涨,会导致对该商品需求的减少,从而引起需求曲线左移;相反,如互补品的价格下降,会引起需求曲线右移。例如,在其他条件不变的情况下,墨水价格上涨,不但会引起对墨水的需求减少,同时也会造成作为墨水互补品的钢笔的需求减少。

(2) 替代品(substitutes)的价格(P_x^s)。所谓替代品是指能够满足人们某种类似需求或者愿望的两种商品。

在其他条件不变的情况下,对某一特定商品而言,如其替代品的价格上涨,则会造成对此特定商品的需求的增加,引起相应的需求曲线右移;如其替代品的价格下降,则会导致其需求曲线左移。例如,猪肉的价格上涨,则对猪肉的需求量下降了,但间接地也导致对其替代品——牛肉的消费增加了。

(3) 消费者的收入水平。在其他条件不变的情况下,人们的收入水平提高,会引起某种商品的需求增加,从而引起需求曲线右移;反之,则需求曲线左移。

(4) 消费者对未来市场价格的预期 P^e。如预期未来的物价会上涨,则需求会增加,从而需求曲线右移;如预期未来价格会下降,则需求会减少,需求曲线左移。

(5) 消费者的偏好 T。当消费者对某种商品的偏好程度增强时,该商品的需求会增加,需求曲线右移;相反,偏好程度减弱时,相应的需求量就会减少,需求曲线左移。

(6) 其他因素。比如,天气状况、社会风俗习惯、政府的消费政策等也都会影响消费者需求。以天气状况为例,夏天人们为降温消暑多用空调等降温设备,这会导致对电的需求增加;相反,冬天人们会减少对电的需求。

导致需求曲线移动的各种情况总结在图 2-5 中。

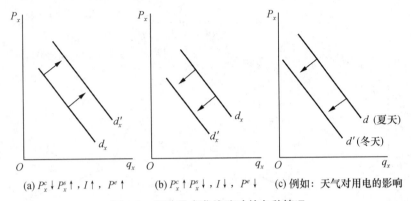

图 2-5 导致需求曲线移动的各种情况

另外,我们也应注意需求的变化与需求量的变化的关系。根据需求和需求量的定义,需求的变化都将引起需求量的变化。但是,需求量的变化不一定引起需求的变化。例如,当需求量随着价格的上升而减少时,需求可以不变。

> **实时测验 2-3**
> 某经济学杂志今年价格比去年上升 20%,销售量却比去年增加了 30%,这不符合需求法则。该种说法是否正确?

四、市场需求

我们在前面的分析中讨论的是个人的需求曲线,那么对于市场的需求曲线,我们又如何求得呢?

市场需求是指在某一特定市场和某一特定时期内,所有消费者在各种可能的价格下将购买的某种商品的各种数量。

因此,市场需求是个人需求加总的结果。假定市场上有 n 个消费者,$q_{x_i}^d$ 为第 i 个消费者对于 x 商品的需求,则 x 商品的市场需求为:

$$Q_x^d = \sum_{i=1}^{n} q_{x_i}^d$$

下面,我们可举一例来说明市场需求曲线的形成。

例题 2-1 假若某市场上只有 A 与 B 两个人,其需求函数分别为:

$$q_A = 100 - P_A$$
$$q_B = 90 - \frac{1}{2}P_B$$

试求该市场的需求函数。

解 显然,从图 2-6 可以看出,在市场价格高于 100 时,A 对商品不会产生需求量,此时整个市场只有 B 的需求量;当价格小于 100 时,市场的需求量才是两者需求之和。由于 A、B 两人在同一个市场上购买同样的商品,则市场需求量就是在价格 ($P_A = P_B = P$) 相同时对 A、B 两人的个人需求水平加总,即

$$Q = \begin{cases} q_B = 90 - \dfrac{1}{2}P & (P > 100) \\ q_A + q_B = 190 - \dfrac{3}{2}P & (P \leqslant 100) \end{cases}$$

由以上可知,该市场需求函数为两段式函数。

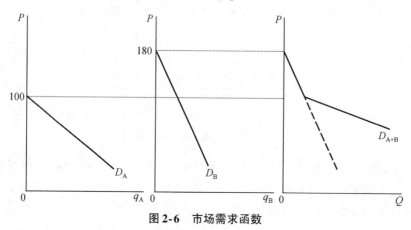

图 2-6 市场需求函数

既然市场的需求是由个人需求加总而成,由此可知,影响需求函数的因素会比个人需求函数多了一个因素,即消费者个数(N),因此市场的需求函数为:$Q_x^d = D_x(P_x, P_x^c, P_x^s, I, T, S, N, \cdots)$

> **实时测验 2-4**
>
> 从例题 2-1 中,我们可知若市场只有两个人,其需求函数为两段式函数(图形被分成两段,如图 2-6 所示),由此可思考一下,当市场人数很多时,其市场需求曲线的形状将会是什么样的呢?

第二节 需求弹性

前一节的分析表明,在其他条件不变的情况下,消费者对某种商品的需求量随价格的变动而反方向变动。但是,如果进一步考察,便会发现,随着价格的变动,商品的需求数量的变动程度又会因商品的不同而不同,即使同一商品在不同价格下需求量对于价格变动的敏感程度也不一样。因此,为了准确地度量和说明各种影响需求的因素发生的变动对需求量变动的影响程度,在经济分析中通常会引入弹性的概念。依据影响需求的因素的不同,有关需求的弹性有需求的价格弹性、需求的收入弹性和需求的交叉弹性等。本节重点分析需求的价格弹性。需求的其他弹性将在第三章中介绍。

一、需求的价格弹性的含义和性质

需求的价格弹性可简称为需求弹性,我们对其定义如下:

需求的价格弹性(price elasticity of demand)是指需求量变化的百分率与价格变化的百分率之比,它用来测度商品需求量变动对于商品自身价格变动反应的敏感性程度。其表达式为：

$$e_d = -\frac{需求量变动百分率}{价格变动百分率} = -\frac{\frac{\Delta Q}{Q}}{\frac{\Delta P}{P}} = -\frac{\Delta Q}{\Delta P} \cdot \frac{P}{Q}$$

或者，

$$e_d = -\frac{\mathrm{d}Q}{\mathrm{d}P} \cdot \frac{P}{Q} = \frac{P}{Q} \cdot \frac{1}{|斜率|}$$

由上述公式可看出，需求的价格弹性的经济含义为"当价格变化百分之一的时候，需求量平均可有百分之几的变化"。由此可知，需求的价格弹性是一个相对的数字，不但价格与数量是相对的，同时价格本身及数量本身亦是相对的。这样可以避免因计量单位的不同而使同一商品的 e_d 值不一致的现象。根据 e_d 的具体数值，可以比较不同商品以及同一商品的不同价格水平上的需求弹性的大小。

在一般情况下，依据需求规律，需求量与价格呈反方向变化，即 $\Delta Q/\Delta P$（或 $\mathrm{d}Q/\mathrm{d}P$）为负数，而 P/Q 恒为正数，因此所求得的弹性系数为负数。但为了分析和比较的方便，一般取需求弹性系数的绝对值，即在需求弹性系数的前面加一负号。

二、需求弹性的计算

为适应不同的情况，需求弹性的计算公式有三种大同小异的形式，分别介绍如下：

1. 需求的弧弹性（arc elasticity of demand）

需求的弧弹性表示需求曲线上两点之间的弹性，它是用来表示某商品的需求曲线上两点之间的需求量的相对变动对于价格的相对变动的反应程度。

如图 2-7 所示，取需求曲线的一段，该段为一个弧，有两个端点，令其坐标为 $A(P_1, Q_1)$ 及 $B(P_2, Q_2)$。假定 $A(P_1, Q_1)$ 为价格及需求量变化前的坐标，$B(P_2, Q_2)$ 为变化后的坐标。若以变化前的坐标代表线段的初始位置，则需求曲线上 AB 这段弧上的需求弹性系数的计算公式如下：

$$e_d = -\frac{\frac{\Delta Q}{Q}}{\frac{\Delta P}{P}} = -\frac{\frac{Q_2 - Q_1}{Q_1}}{\frac{P_2 - P_1}{P_1}} = -\frac{Q_2 - Q_1}{P_2 - P_1} \cdot \frac{P_1}{Q_1}$$

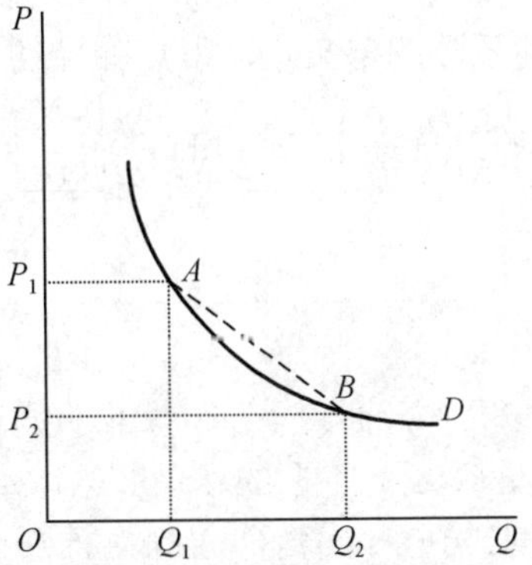

图 2-7　弧弹性的形成

2. 需求的平均弹性(average elasticity of demand)

该方法与第一种方法大体相似,只是线段的位置不是以变化前的坐标为代表,而是取变化前及变化后两坐标点的平均价格及平均数量的坐标点为代表,即

$$\left(\frac{P_1+P_2}{2}, \frac{Q_1+Q_2}{2}\right)$$

这样,需求弹性的计算公式就变为:

$$e_d = -\frac{\frac{\Delta Q}{Q}}{\frac{\Delta P}{P}} = -\frac{Q_2-Q_1}{\frac{Q_1+Q_2}{2}} \bigg/ \frac{P_2-P_1}{\frac{P_1+P_2}{2}} = -\frac{Q_2-Q_1}{P_2-P_1} \cdot \frac{P_1+P_2}{Q_1+Q_2}$$

由于代表线段位置的坐标点,其价格及数量分别取变化前后的平均数,故所求得的弹性系数称为平均弹性。当变化前后的两个坐标点相距较远时,宜用平均弹性的计算公式求需求弹性系数,否则其结果因坐标点的不同将有较大的差异。

3. 需求的点弹性(point elasticity of demand)

当需求曲线上的两点之间的变化量趋向于零时,需求弹性要用点弹性来表示。因此需求点弹性表示的是需求曲线上某一点的弹性。

如果需求曲线是一条连续的、平滑的曲线,即可求算其点弹性。取曲线上的一点,令其坐标为(P,Q),曲线在该点切线的斜率为dQ/dP。其情形见图2-8。

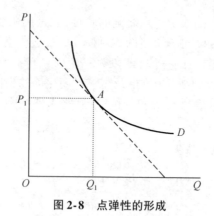

图2-8 点弹性的形成

将有关数值代入需求弹性系数的定义式即得点弹性的计算公式,其式如下:

$$e_d = \lim_{\Delta P \to 0}\left(-\frac{\Delta Q}{\Delta P} \cdot \frac{P}{Q}\right) = -\left(\lim_{\Delta P \to 0}\frac{\Delta Q}{\Delta P}\right)\frac{P}{Q} = -\frac{dQ}{dP} \cdot \frac{P}{Q}$$

实时测验 2-5

1. 一场足球赛的票价为80元一张时,某人打算购买两张,但票价涨到100元时,他决定在家里看电视转播。请问这场球赛票的需求弹性是多少?

2. 设汽油的需求价格弹性为0.15,其价格现在为每加仑1.20美元,试问汽油价格上涨多少才能使其消费量减少10%?

例题 2-2 个人需求弹性与市场需求弹性：根据例题 2-1 的有关资料，试求当市场价格为 50 时，A 及 B 需求弹性各为多少？市场需求弹性为多少？两者之间有何关系？

解 根据需求弹性的定义 $e_d = -\dfrac{P}{q^d} \cdot \dfrac{dq^d}{dP}$

可求得

$$e_d^A = -\frac{P}{q_A^d} \cdot \frac{dq_A^d}{dP} = -\frac{50}{50}(-1) = 1$$

$$e_d^B = -\frac{P}{q_B^d} \cdot \frac{dq_B^d}{dP} = -\frac{50}{65}\left(-\frac{1}{2}\right) = \frac{5}{13}$$

$$e_d = -\frac{P}{Q} \cdot \frac{dQ}{dP} = -\frac{50}{115}\left(-\frac{3}{2}\right) = \frac{15}{23}$$

（注：q_A^d 和 q_B^d 分别表示 A 和 B 两人对商品的需求量，Q 表示市场需求量。）

个人需求弹性与市场需求弹性之间的关系可视为两消费者在市场需求量的份额乘其需求弹性之和

$\because q_A^d = 50 \quad q_B^d = 65 \quad Q = 115$

$\therefore \dfrac{q_A^d}{Q} e_d^A + \dfrac{q_B^d}{Q} e_d^B = \dfrac{50}{115} \cdot 1 + \dfrac{65}{115} \cdot \dfrac{5}{13} = \dfrac{75}{115} = \dfrac{15}{23} = e_d$

数学证明如下：

$\because Q = q_A^d + q_B^d$

$\therefore e_d = -\dfrac{P}{Q}\dfrac{dQ}{dP} = -\dfrac{q_A^d}{Q} \cdot \dfrac{P}{q_A^d}\dfrac{dq_A^d}{dP} - \dfrac{q_B^d}{Q} \cdot \dfrac{P}{q_B^d}\dfrac{dq_B^d}{dP} = \dfrac{q_A^d}{Q} \cdot e_d^A + \dfrac{q_B^d}{Q} \cdot e_d^B$

实时测验 2-6

1. 若市场上每个消费者的需求弹性皆大于 1，则市场需求弹性是否恒大于 1？
2. 若市场上每个消费者的需求弹性皆小于 1，则市场需求弹性是否恒小于 1？

三、需求弹性的几何意义

首先我们介绍需求曲线为一直线时，线上任一点的需求弹性的几何测度方法。如图 2-9 所示，以点 A 的需求弹性为例。

根据点弹性的计算公式，可得下列等式：

$$e_d = -\frac{dQ}{dP} \cdot \frac{P}{Q} = \frac{P}{Q} \cdot \frac{1}{-\dfrac{dP}{dQ}} = \frac{P}{Q} \cdot \frac{1}{|斜率|}$$

所以，

点 A 的需求弹性 = 点 A 至原点的斜率乘以点 A 切线斜率绝对值的倒数

$$= \frac{AC}{OC} \cdot \frac{1}{\dfrac{AC}{CE}} = \frac{CE}{OC} = \frac{AE}{AF} = \frac{OB}{BF}$$

由上面的分析，我们可进一步对线性需求曲线的每一点弹性进行分析，如图 2-10 所示。当 A 为中点时（即 $AF = AE$），其需求弹性等于 1；当 A 点往 F 点移动时，其需求弹性

将更大;反之,当 A 点往 E 点移动时,其需求弹性将更小,这是因为需求弹性 $= \dfrac{P}{Q} \cdot \dfrac{1}{|斜率|}$,需求曲线为直线型时,直线上每一点的斜率相同,而越靠近 F 点,到原点的连线斜率 $\left(\dfrac{P}{Q}\right)$ 越大,故其需求弹性越大。

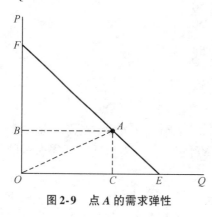

图2-9 点 A 的需求弹性

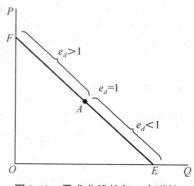

图2-10 需求曲线的每一点弹性

- 线性需求曲线上需求弹性的几何意义表明:需求曲线上各点的价格弹性是不同的。需求曲线中点的点弹性 $e_d = 1$,即为单位弹性;中点以下部分任何一点的点弹性 $e_d < 1$,即为缺乏弹性;中点以上部分任何一点的点弹性 $e_d > 1$,即为富有弹性。

至于非线性需求曲线上某一点的需求点弹性的几何求法,可以先过该点作需求曲线的切线,让该切线延伸至与两坐标轴相交,然后再用与求线性需求曲线的点弹性相类似的方法来求得。具体求法这里不再赘述。

实时测验 2-7

1. 如图(a)(b)(c)(d)所示,需求曲线上各点的需求弹性大小的关系如何?
2. 在一个横轴代表数量、纵轴代表价格的坐标图上,有两条分别具有不同斜率的线性需求曲线,这两条需求曲线的相交之点的弹性是否相等?

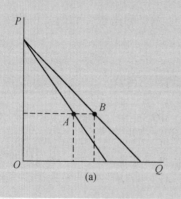

(a)

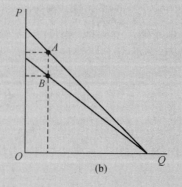

(b)

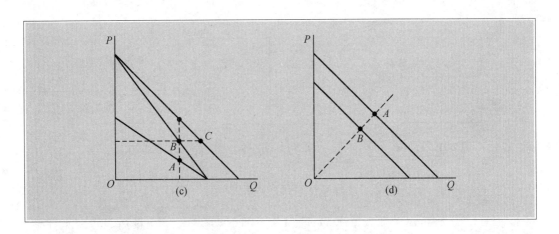

四、具有常数弹性的需求曲线

介绍了需求弹性以后,我们也许会想一个问题:是否有可能需求曲线上的每一点的需求弹性皆会相同呢?答案是肯定的,此种情况就被称为常数需求弹性,现分下列三种情况来说明。

1. 需求曲线呈水平状时,$e_d = \infty$

在需求曲线呈水平状态时,$e_d = \infty$,表示不管需求量 Q 如何变动,价格 P 始终会维持在 P^0 的水平上,如图 2-11 所示。证明如下:

$$\because e_d = \frac{P}{Q} \cdot \frac{1}{|斜率|}$$

又因为斜率在需求曲线呈水平时会为零,

$$\therefore e_d = \frac{P}{Q} \cdot \infty = \infty$$

2. 需求曲线垂直时,$e_d = 0$

在需求曲线呈垂直状态时,$e_d = 0$,表示不管价格 P 如何变动,需求量仍维持不变,如图 2-12 所示。证明如下:

$$\because e_d = \frac{P}{Q} \cdot \frac{1}{|斜率|}$$

又因为斜率在需求曲线呈垂直时会为 ∞,

$$\therefore e_d = \frac{P}{Q} \cdot \frac{1}{\infty} = 0$$

3. 当需求曲线为一等轴双曲线时,$e_d = 1$

在需求曲线为一等轴双曲线时,其线上任一点的弹性皆等于1,如图 2-13 所示。证明如下:

假设需求曲线为 $Q = a/P$,则

$$e_d = -\frac{P}{Q} \cdot \frac{\mathrm{d}Q}{\mathrm{d}P} = -\frac{P}{a/P} \cdot \frac{\mathrm{d}}{\mathrm{d}P}\left(\frac{a}{P}\right) = -\frac{P^2}{a} \cdot \left(-\frac{a}{P^2}\right) = 1$$

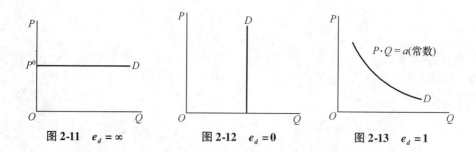

图 2-11 $e_d = \infty$ 图 2-12 $e_d = 0$ 图 2-13 $e_d = 1$

实时测验 2-8

若张三每周花 300 元去看电影,试问在下列情况之下,张三对电影的需求弹性如何?

(1) 若电影票价上涨之后,张三每周改花 320 元去看电影。
(2) 若电影票价上涨之后,张三每周改花 290 元去看电影。
(3) 若电影票价上涨之后,张三每周仍花 300 元去看电影。
(4) 若张三从来不看电影。

五、应用:需求的价格弹性与总支出的关系

弹性理论在分析人们的经济活动中应用广泛。不论企业的营销策略,还是个人的消费决策,甚至政府一些政策的制定,都可以应用弹性理论来分析。下面,我们主要介绍需求弹性与总支出(或总收益)的关系。其实,收益和支出是同一问题的两个不同方面,收益是某种商品的价格乘以其销售量,它是由卖者得到的,而支出则是某物品的价格乘以其购买量,它是由买者付出的。在一定条件下,两者在数量上是相等的。因此,下面我们重点说明需求弹性与总支出的关系。

假设某消费者的需求函数为 $P = P(Q)$,其总支出 $TE = P(Q) \cdot Q$,因此,

$$\frac{dTE}{dP} = Q + P\frac{dQ}{dP} = Q\left(1 + \frac{P}{Q}\frac{dQ}{dP}\right) = Q\left[1 - \left(-\frac{P}{Q}\frac{dQ}{dP}\right)\right] = Q(1 - e_d)$$

从上式中可得出结论如下:

当 $e_d > 1$,即该商品富有弹性时,$dTE/dP < 0$,这说明商品的价格与总支出呈相反方向变动,即 $P\uparrow$ 时,则 $TE\downarrow$;$P\downarrow$ 时,则 $TE\uparrow$。

当 $e_d < 1$,即该商品缺乏弹性时,$dTE/dP > 0$,这说明商品的价格与总支出呈相同方向变动,即 $P\uparrow$ 时,则 $TE\uparrow$;$P\downarrow$ 时,则 $TE\downarrow$。

当 $e_d = 1$ 时,$dTE/dP = 0$,这说明不论价格如何变动,其总支出不会变动。

第三节 供给函数与供给法则

在介绍有关需求的问题之后,我们将进入有关供给问题的学习。因为供给和需求是市场上相对应的两个方面,因此,我们可以依照介绍需求的次序,来分析供给函数的有关问题。

一、个人供给

研究供给问题,我们同样从分析个人供给开始。个人供给(individual supply)是指在某特定期间(或其他条件不变的情况下),生产者对某商品在各种价格下,其所愿提供且能够提供的各种数量。若以函数关系可表示如下:

$$q_x^s = s_x(P_x, P_x^S, P_x^C, P_f, P^e, t, \cdots)$$

其中,q_x^s——生产者对 x 商品的供给数量;

P_x——x 商品自身的价格;

P_x^S——与 x 商品相互替代的商品的价格;

P_x^C——与 x 商品互为补充的商品的价格;

P_f——用于生产的投入要素的价格;

P^e——生产者对未来价格的预期;

t——技术水平。

上述供给函数也是个多元函数。为了分析问题的方便,通常假定其他因素不变,只研究商品的供给量(q^s)与商品自身价格(P)之间的函数关系,于是,我们可得到一元的供给函数,其一般形式为:

$$q^s = s(P)$$

在实际应用中,该供给函数也可有许多具体形式,如:

$$q^s = -c + dP \quad (线性供给函数)$$

$$q^s = \alpha P^\beta \quad (非线性供给函数)$$

其中,c、d、α 和 β 都是大于零的常数。

供给关系除了可以用函数形式来表达外,还可以用供给表或供给曲线的形式来表达。

同需求一样,供给也是一个表列概念,而不是单一的数量。所谓供给表是指某个生产者在某特定时间内,对某物品在不同价格下所形成的供给量的表列。例如某牧场一星期内对牛肉的供给如表 2-2 所示。

表 2-2 某牧场一星期内对牛肉的供给表

价格 P(美元/磅)	供给量 q(磅)
2	8
3	9
4	10
5	11
6	12

注意:上述整个表列称为"供给",而不是指某一特定价格水平下的某一个特定的"供给量"。该供给表列为该牧场的一个销售计划,牧场有了销售计划以后,当其实际销售时即能以调整销售为手段讨价还价,从而使其在有限的资源下获得最大的利润。

把上述的供给表列以坐标图中的一条曲线表示即形成所谓的供给曲线(supply curve)。就上一例题而言,其供给曲线如图 2-14 所示。

显然,利用供给曲线表示商品价格与供给量之间的关系不但一目了然,而且进行分析亦比较方便。

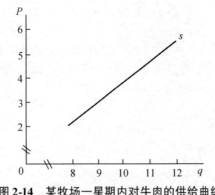

图 2-14 某牧场一星期内对牛肉的供给曲线

上例中,供给量和价格之间呈线性关系,因此,我们同样可用函数形式来表示为:

$$q_x^s = 6 + P_x$$

二、供给规律及其反例

在其他条件不变的情况下,物品的供给量与其价格呈同方向变化,这就是所谓的供给规律(law of supply)。例如,上述某牧场对牛肉的供给即符合这一规律,即牛肉价低的时候,供给量减少;价高的时候,供给量增多。供给规律由边际报酬递减法则而来,这个问题将在第五章中说明。

虽然现实经济中,大多数商品的供给都会满足供给规律,其供给曲线向右上方倾斜,但也有例外的情况。比如,劳动力的供给就属于这种情况。在工资水平提高后,劳动力的供给会增加。但当工资水平上升到一定限度(如 W_0)后,可能由于劳动者对货币收入的需要不像以前那样迫切,相反需要有更多的闲暇时间,从而工资再上升,劳动力的供给也不会增加,甚至还可能减少。这使劳动的供给曲线可能成为一条先递增,后垂直,最后向后弯曲的供给曲线①,如图 2-15 所示。再如古董、名画、古玩、名贵邮票等珍贵商品,价格上升到一定限度后,持有者意识到这是值钱的东西,会待价而沽,反而使供给减少。证券、黄金这类商品的供给,也常出现这种情况,价格的大幅度升降使供给出现不规则变化。

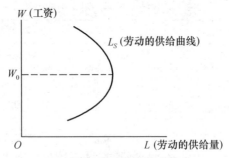

图 2-15 劳动的供给曲线

三、供给量的变动与供给的变动

同样,在供给曲线中,供给量的变动与供给的变动也是不相同的,供给量的变动

---

① 有关劳动力供给曲线的详细分析和推导,读者可阅读本书第四章第二节。

(change in quantity supplied)是指在其他因素(如 $P_f, P_x^S, P_x^C, P^e, t, \cdots$)不变的情况下,当商品本身的价格发生变动时,所引起的供给量的变动,这里特指的是在同一条供给曲线上各点的变动。如图 2-16 所示,当价格由 P_0 上升至 P_1 时,供给量由 q_0 增至 q_1(即在同一条供给曲线上,由 A 点移至 B 点)。

而供给的变动(change in supply)指的是在商品本身的价格不变的条件下,其他因素(如 $P_f, P_x^S, P_x^C, P^e, t, \cdots$)发生改变而导致整条供给曲线的移动。如图 2-17 所示,由于技术进步,供给曲线 s_0 向右移至 s_1。

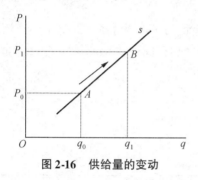

图 2-16 供给量的变动

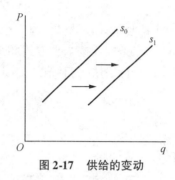

图 2-17 供给的变动

现实中,影响供给变动的因素很多,我们对不同因素影响供给变动的情况总结如下:

(1) 生产技术水平。生产技术水平高,商品的供给就增多;反之,商品的供给就会减少。

(2) 生产要素的价格。生产要素价格的高低直接影响到商品的生产成本。在商品价格不变的条件下,生产要素的价格越高,产品成本就越高,利润就越少,商品的供给也就越少;反之,商品的供给就越多。

(3) 其他商品的价格。如果生产者生产的商品价格不变,但其他商品的价格提高了,或者生产者生产的商品价格有所提高,但赶不上其他商品价格提高的幅度,那么,生产者就会转而生产其他商品,生产者原来生产的商品的供给就会减少;反之,生产者原来生产的商品的供给就会增加。

(4) 生产者对未来的价格预期。如果生产者预计自己商品的价格不久会上涨,就会囤积居奇,待价而沽,这种商品现期的供给就会减少;反之,商品现期的供给就会增加。

(5) 时间的长短。时间越长,生产者越容易重新配置资源,商品的供给就越多;反之,商品的供给就越少。

实时测验 2-9

1. 在下列时段中,某一城市的住房供给曲线看起来会是什么样的?
    (1) 在接下来的 10 个小时中;
    (2) 在接下来的 3 个月中。
2. 如果发生下列情形,供给曲线会有什么变化?
    (1) 销售者的数量减少;
    (2) 对产品生产征收产品税;
    (3) 相关资源的价格下降。

四、市场供给

有了个人供给函数,我们就可以得到市场的供给函数。市场供给是指在某一特定时期内,在各种可能的价格下所有生产者愿意而且能够提供的某种商品的各种数量。

实际上,市场供给是单个厂商个人供给的加总之和。假定市场上有 n 个生产者, $q_{x_i}^s$ 为第 i 个生产者对于 x 商品的供给,则 x 商品的市场供给为:

$$Q_x^s = \sum_{i=1}^n q_{x_i}^s$$

假定一个社会中只有甲、乙、丙三个生产者,对某一物品而言,每个生产者均有其个人供给曲线,将三条曲线按水平方式相加,即分别在同一价格水平下将三个个别供给量加起来,即得市场供给曲线,其情形如图 2-18 所示。

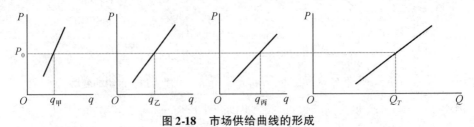

图 2-18　市场供给曲线的形成

$$OQ_T = Oq_甲 + Oq_乙 + Oq_丙$$

市场供给形成的方式与市场需求完全相同,无须赘述。同理,求取市场供给的目的在于据此与市场需求共同决定市场价格。

实时测验 2-10

1. 假设有一农场主想在明年增加其生产收入,想通过扩大面积以增加香蕉的生产,请问此举是否正确?

2. 假设所有的农场主均想在下一年度以扩大生产面积来增加其收入,请问此举是否正确?

第四节　供给弹性

一、供给弹性的含义和性质

供给弹性,亦指供给的价格弹性(price elasticity of supply),是指商品供给量变化的百分率与价格变化的百分率之比,它被用来测定某商品价格的变动而引起供给量变动的敏感性程度。可用数学式表示如下:

$$供给弹性 e_s = \frac{供给量变动百分率}{价格变动百分率} = \frac{\dfrac{dQ_s}{Q_s}}{\dfrac{dP}{P}} = \frac{P}{Q_s} \cdot \frac{dQ_s}{dP} = \frac{P}{Q_s} \cdot \frac{1}{斜率}$$

依据供给规律,商品的价格与其供给量呈同方向变化。由弹性计算公式可看出,因 dQ_s/dP 及 P/Q_s 均为正值,故 e_s 为正值。

二、供给弹性的几何意义

根据供给弹性公式,我们可知:

$$e_s = \frac{P}{Q_s} \cdot \frac{dQ_s}{dP} = \frac{P}{Q_s} \cdot \frac{1}{斜率}$$

这样,供给曲线上每一点的供给弹性可以表示为:

$$e_s = 供给曲线上某点到原点的斜率 \times 供给曲线斜率的倒数$$

至于供给弹性是否会大于1、等于1或小于1,我们可经由供给曲线上该点切线与纵轴或横轴相交的情况来判定,如图2-19所示。

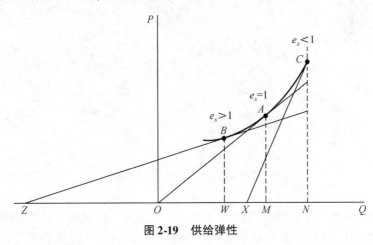

图2-19 供给弹性

(1)A点切线通过原点时,供给弹性等于1。

∴ 点A供给弹性 $= \dfrac{AM}{OM} \times \dfrac{OM}{AM} = 1$

(2)B点切线与横轴相交于原点左侧时,供给弹性大于1。

∴ 点B供给弹性 $= \dfrac{BW}{OW} \times \dfrac{ZW}{BW} = \dfrac{ZW}{OW} > 1$

(3)C点切线与横轴相交于原点右侧时,供给弹性小于1。

∴ 点C供给弹性 $= \dfrac{CN}{ON} \times \dfrac{XN}{CN} = \dfrac{XN}{ON} < 1$

正如前面几节所述,需求曲线有常数的需求弹性,那么,供给曲线是否也有呢?答案是肯定的,现分下列三种情况由图2-20、图2-21和图2-22来说明。

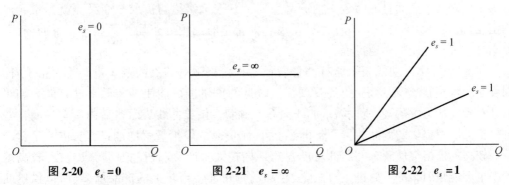

图2-20 $e_s = 0$ 图2-21 $e_s = \infty$ 图2-22 $e_s = 1$

- 当供给曲线垂直时,其线上每一点的供给弹性皆为零($e_s = 0$);

  当供给曲线为一水平线时,其线上每一点的供给弹性为无穷大($e_s = \infty$);

  当供给曲线为直线且经过原点时,其线上每一点的供给弹性皆为1。

实时测验 2-11

如下图所示,$A/S_1, A/S_2, B, C, D, E$ 等六点的供给弹性,其大小顺序如何?

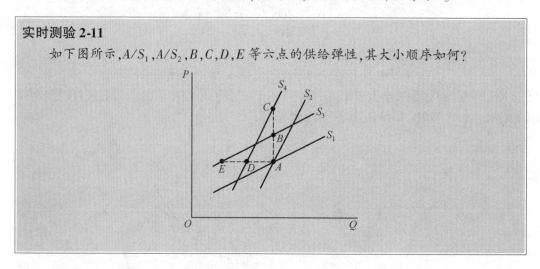

第五节 市场均衡与均衡价格

前面几节分别介绍了供给与需求的有关理论。作为产品供给者的生产者,其目标是追求利润的最大化,而消费者则追求其效用的最大化,这样,在自由竞争的市场制度下,就必然存在生产者和消费者的供求矛盾,从而导致双方的利益冲突。在双方利益冲突之下,可以通过市场价格机制这只"看不见的手"来解决。也就是说,如果通过市场价格机制的调节能达到市场供给量与市场需求量相等的情况,则这个时候没有剩余的商品,亦无商品的不足,此时供求双方的利益达到最恰当的均衡状况。本节把需求和供给理论结合起来分析市场均衡的有关问题。

一、均衡价格及其形成

供给与需求是构成市场的主要因素,供求矛盾也是市场的主要矛盾。不论供过于求或求大于供,都使市场处于不稳定的状态。在完全竞争的市场条件下,会经过价格的自动调节,使供求处于均势,达到均衡。因此,市场均衡就是指生产者愿意提供的商品量恰好等于消费者愿意而且能够购买的商品量时的状况。供给与需求的交叉点就是市场的均衡点,它表示供给与需求两种力量在市场的特定时间内处于均等的状态。下面,我们就来分析市场均衡的实现过程。

如前所述,需求曲线表示所有消费者在各种价格下对商品的购买量。若价格上升,则商品的购买就减少;反之,购买就增加。较低的价格也可能使某些原来没有能力购买的消费者有能力去购买,所以需求曲线向右下倾斜。供给曲线表示产业内所有厂商在各种价格下愿意提供的商品数量。若价格上升,则商品的供给量就增加;反之,供给量就减少。较高的价格会使现有的厂商可能在短期内扩大生产,或者在长期扩大规模,较高的价格也可能吸引新的厂商进入。总之,较高的价格会使市场上的产品增多,所以供给曲线向上倾斜。

在竞争性市场条件下,市场均衡价格和均衡数量的形成是市场供求双方力量自发作用的结果。达到均衡时,生产商品的所有生产者愿意接受的价格与愿意提供的数量等于消费这一商品的所有消费者愿意支付的价格与愿意购买的数量。任何脱离均衡点 E 的状况就被称为失衡。在失衡情况下,市场上的供求力量还会自发起作用,并最后导致重新实现均衡。如图 2-23 所示,当市场价格为 P_1 时,消费者按此价格愿意购买的数量为 OQ_1,生产者按此价格愿意提供的数量为 OQ_2,供给量大于需求量,超额供给量为 Q_1Q_2。生产者之间的竞争会迫使生产者降低要价,而无法在此价格下成交。当市场价格为 P_2 时,商品的需求量为 OQ_3,供给量为 OQ_4,需求量大于供给量,超额需求量为 Q_4Q_3。这时,消费者为了能够买到他们所希望购买的数量而愿意支付更高的价格,生产者也发现提高商品的价格是有利的,从而迫使价格上升。只有当市场价格为 P_0 时,商品的需求量与供给量同为 OQ_0,市场上既不短缺也不过剩,在这个价格下,愿意支付价格 P_0 的消费者可以购买到所需要的数量,而生产者也愿意按这一价格售出他们的商品。无论是消费者还是生产者均没有理由改变他们的行为,市场价格在 P_0 水平上保持均衡稳定状态。

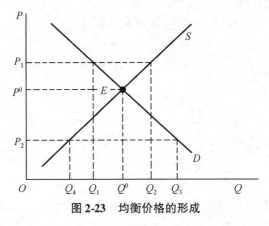

图 2-23 均衡价格的形成

我们也可以利用代数形式来求得均衡价格和均衡数量。假定需求曲线和供给曲线均为线性,即

$$Q_d = a - bP \quad (需求函数)$$
$$Q_s = -c + dP \quad (供给函数)$$
$$Q_d = Q_s \quad (均衡条件)$$

在上面的三个方程中,a、b、c、d 是决定这些线性曲线的截距和斜率的参数。有三个未知数(P, Q_d, Q_s)且有三个方程,则可解得均衡价格和均衡数量为:

$$P^0 = \frac{a+c}{b+d}, \quad Q^0 = \frac{ad-bc}{b+d}$$

▶观念澄清

在此我们特别要澄清一个观念:在前述所提及的所谓需求量与供给量,乃是一种"事前"的概念,即"打算买"及"打算卖"的数量。因此假若我们说,消费者购买的数量等于生产者销售的数量,则这个时候的价格及数量即为均衡价格及均衡数量。这种说法

是否正确呢？答案是否定的，因为事后的购买量恒等于销售量，而非事前情况。

同样如图 2-23 所示，价格为 P_1 时，生产者所愿提供的数量为 OQ_2，需求量为 OQ_1；但供给量 $OQ_2 \neq$ 需求量 OQ_1，所以并非均衡状况，然而这时候的消费者购买量会等于生产者的销售量（Q_1），因此，OQ_1 并非均衡数量，P_1 亦非均衡价格。

实时测验 2-12

某商品价格为 10 元时，其供给量为 50 单位，需求量为 100 单位。价格每上升 1 元，供给量增加 5 单位，需求量下降 5 单位。请问该商品的均衡价格和均衡数量各是多少？

二、均衡点的变动——比较静态分析

如前所述，均衡价格和均衡数量取决于需求和供给的状况。只要需求和供给分别发生变化，或者两者同时发生变化，均衡价格和均衡数量就会变动。图 2-24 说明了均衡价格和均衡数量发生变动的 8 种不同情形。其中情形（a）—（d）描述了由供给和需求分别变动所引起的 4 种基本变化；情形（e）—（h）描述了供给和需求同时发生变化所引起的 4 种共同变化。

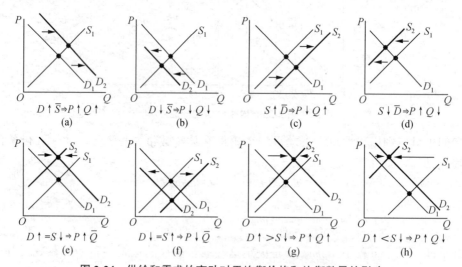

图 2-24 供给和需求的变动对于均衡价格和均衡数量的影响

（a）需求上升（需求曲线向右移动），供给保持不变（供给曲线不发生移动）。均衡价格上升，均衡数量也同时上升。

（b）需求下降，供给保持不变。均衡价格下降，均衡数量也同时下降。

（c）供给上升，需求保持不变。均衡价格下降，均衡数量上升。

（d）供给下降，需求保持不变。均衡价格上升，均衡数量下降。

（e）需求上升，供给下降，两者变化量相等。均衡价格上升，均衡数量不变。

（f）需求下降，供给上升，两者变化量相等。均衡价格下降，均衡数量不变。

（g）需求上升的幅度大于供给下降的幅度。均衡价格和均衡数量同时上升。

（h）需求上升的幅度小于供给下降的幅度。均衡价格上升，均衡数量下降。

实时测验 2-13

为什么某些商品，如西瓜和苹果，在消费最多的那几个月价格会一直下跌？而其他商品，比如海边别墅，其价格却反而上升？

第六节 应 用

一、应用 1：税收负担与供求弹性

很多人认为，如果政府对于某种商品的卖方（即生产者）征税，那么卖方就要承担相应的税负。但是，在大多数情况下，税收负担并不会停留在它最初发生作用的地方，而是会发生税负转嫁（shifting），即法定纳税人会设法将自己法定的税负转移到别人身上，由别人承担。因此，税收的缴纳和实际承担税负之间是有差异的，进一步说，缴纳税收并不一定保证要承担税负。对于税负转嫁问题，可以有多种理论解释。

首先，我们假定政府对某种商品的生产者征税。在市场上，课税前的供给与需求曲线分别为 S 和 D，如图 2-25 所示。税前市场均衡价格和均衡数量分别为 20 元和 12 单位。

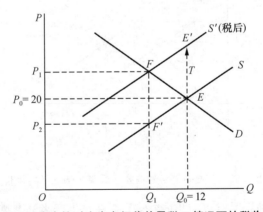

图 2-25 政府直接对生产者征收从量税 T 情况下的税收负担

现在假设政府对每单位商品课税 T 元。此时，生产者如欲维持 12 单位的生产量，市场价格必须提高到 $(T+20)$ 元。

从图 2-25 可看出，生产者在纳税后如欲维持 $Q_0 = 12$ 的产量，会在原供给曲线上的点 E 垂直上移至点 E'，同理，课税后供给曲线上的每一点均会上移 T 元。因此，由于政府征税，供给曲线会由 S 移动至 S'。需求曲线假定不变，市场均衡点就会由点 E 移至点 F，市场价格会由 OP_0 上移至 OP_1。据此可知，在课税前，消费者每单位只需支付 OP_0 即可，但在课税后购买每单位商品却需支付 OP_1，增加了 P_0P_1，故此 P_0P_1 可视为消费者负担税额的部分。从代数角度看，消费者承担的税收份额可表示如下：

$$t_b = \frac{OP_1 - OP_0}{T}$$

至于生产者,由于每单位产品税前可收入 OP_0,但在税后则只实收 OP_2(因为虽然税后每单位负担可收入 OP_1,但必须缴 $FF' = T$ 的税额),所以生产者相当于每单位负担 P_0P_2 的税额。这样生产者承担的税收份额可表示如下:

$$t_s = \frac{OP_0 - (OP_1 - T)}{T}$$

由此我们可知,生产者和消费者两方所负担税额之和应等于 $T(= P_0P_1 + P_0P_2)$,当然 $t_b + t_s = 1$。

以上是假设政府直接对生产者征税,其结果是生产者会将一部分税负转嫁到消费者身上。现在,可换个角度,假设政府不再对生产者征税,而直接对消费者征税,情况又如何呢?

假设政府对消费者购买的每单位商品课税 T 元,税后消费者的需求曲线会垂直下移 T 单位,如图 2-26 所示,D' 曲线即为生产者可从消费者手中净得的销售收入,因此,可知新均衡点将由 E 点移至 F 点,此时,消费者实际付出每单位 OP_1,而生产者实际只收到 OP_2,其中的差额即为纳税的部分。这样,消费者税前只需支付 OP_0,但税后却需支付 OP_1,消费者每单位产品负担了 P_0P_1 的税;同理,生产者也负担了 P_0P_2。同样我们可知,双方所负担税额之和应等于 $T(= P_0P_1 + P_0P_2)$。

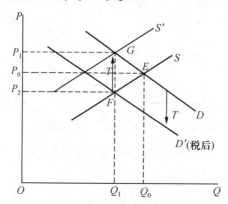

图 2-26 政府直接对消费者征收从量税 T 情况下的税收负担

从前面所述的两种状况可以看出,政府无论是对生产者还是对消费者征收从量税,其最后的征税效果都是一样的,即生产者与消费者所负担的部分完全相同。其实,读者不难从图 2-26 中看出,若供给线垂直向上移动 T 单位后,其交点 G 所对应的产量仍为 OQ_1,这与图 2-25 相同,因此两者所产生的效果相同。

虽然我们可以利用供求曲线直观地说明税负的转嫁及其最后的归宿,但是,假若我们要进一步了解买卖双方各自负担的税额大小为什么是这样一种比例,就需要结合供求弹性理论来进一步说明。

首先,我们利用几何图形来直观了解税收负担与供求弹性之间的关系。

(1) 需求弹性的大小与税收负担的大小的关系。

假设政府对生产者征税。如图 2-27 所示,S 和 S' 分别是税前和税后的供给曲线,D 和 D' 分别表示两条弹性不同的需求曲线,其中需求曲线 D 的弹性要小于 D' 的弹性。

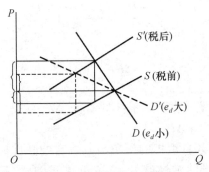

图 2-27 需求弹性与消费税

从图 2-27 中可直观地看出,当 e_d 很小(即 D 曲线)时,消费者负担越大,生产者负担越小。反之,当 e_d 很大(D' 曲线)时,消费者负担越小,生产者负担越大。由此结果可推知:日常生活中的必需品需求弹性较小,需求弹性小的物品,其价格不论如何上涨,需求仍在,故其税负转嫁的能力就较大,消费者的负担也较大。

(2) 供给弹性的大小与消费税负担的关系。

假设政府对消费者征税。如图 2-28 所示,D 和 D' 分别是税前和税后的需求曲线,S 和 S' 分别表示两条弹性大小不同的供给曲线,S 的弹性要小于 S' 的弹性。从图 2-28 中可知,当 e_s 很小(即 S 曲线)时,消费者负担越小,生产者负担越大。反之,当 e_s 很大(S' 曲线)时,消费者负担越大,生产者负担越小。

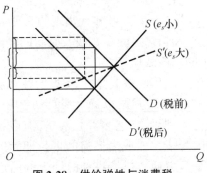

图 2-28 供给弹性与消费税

其次,我们还可以利用代数推导的形式来分析从量税的税收归宿和供求弹性的关系问题。

假设供给弹性为 e_s,需求弹性为 e_d,税前均衡价格和产量分别为 P_0 和 Q_0,税收引起的供给量的变动为 ΔQ_s,需求量变动为 ΔQ_d;生产者净价格的变动为 ΔP_s,消费者支付的价格变动为 ΔP_d。

依据弹性的定义,可得:

$$e_s = \frac{\Delta Q_s}{\Delta P_s} \cdot \frac{P_0}{Q_0} \Rightarrow \Delta Q_s = \frac{e_s \cdot \Delta P_s \cdot Q_0}{P_0}$$

$$e_d = -\frac{\Delta Q_d}{\Delta P_d} \cdot \frac{P_0}{Q_0} \Rightarrow -\Delta Q_d = \frac{e_d \cdot \Delta P_d \cdot Q_0}{P_0}$$

当税后实现均衡时,可有 $\Delta Q_s = -\Delta Q_d$。因此,

$$\Delta Q_s = \frac{e_s \cdot \Delta P_s \cdot Q_0}{P_0} = \frac{e_d \cdot \Delta P_d \cdot Q_0}{P_0} = -\Delta Q_d$$

整理后可得:

$$\frac{\Delta P_s}{\Delta P_d} = \frac{e_d}{e_s}$$

由于均衡实现后,ΔP_s 就是生产者承担的税负,ΔP_d 就是消费者承担的税负,且两者之和刚好等于税额 T,即 $\Delta P_s + \Delta P_d = T$。

从上式可知,供求双方各自承担的税负与其各自的弹性成反比,即生产者供给弹性越小,其税负越高;生产者供给弹性越大,其税负越低;消费者需求弹性越小,其税负越高;消费者需求弹性越大,其税负越低。这与前述利用几何图形分析法得出的结论一致。

> **实时测验 2-14**
> 1. 若考虑物价上涨问题,对必需品或奢侈品课税,何者较严重?
> 2. 若需求曲线为水平线或垂直线,则消费者是否会被转嫁税负?
> 3. 若供给曲线为水平线或垂直线,则消费者是否会被转嫁税负?
> 4. 若政府对于生产者给予每单位产品一定补贴(subsidy),此时市场价格对生产者及消费者影响如何(补贴可视为负的税)?

二、应用 2:蛛网理论——动态分析

蛛网理论(cobweb theory)是 20 世纪 30 年代出现的一种早期动态分析理论。它考察了像农牧业那样的产业在生产和销售之间存在较长时间间隔的情况下,产品价格波动对产量的影响以及由此而产生的均衡波动。

农牧业生产有如下特点:当产品价格上升时,生产者往往会增加其产量,但产量的增加并非一蹴而就,而需经过一定生产过程,也就是我们要考虑时间滞后的因素。譬如,猪肉价格上涨,养猪户为追求更大利润,必然多养几头猪,但市场的猪肉供应量,并不因养猪户增加养殖而立刻增加,因为猪在养成出售前的生长期大约有六个月,所以市场猪肉供给量的增加,必须等到六个月以后。供给这种时间上的滞后性,造成价格的波动有三种不同的类型,即收敛型、发散型和封闭型。在作分析以前,我们假设如下:

第一,当期的供给量决定于上一期的价格,即 $Q_t^s = S(P_{t-1})$;

第二,当期的需求量决定于当期的价格,即 $Q_t^d = D(P_t)$;

第三,供给曲线、需求曲线皆为一直线。

1. 收敛型蛛网:供给弹性小于需求弹性[①]

当供给弹性小于需求弹性时,供给变动对价格变动的反应程度小于需求变动对价格变动的反应程度,即价格变动对供给的影响小于需求,此时,价格波动对产量的影响越来越小,价格与产量的波动越来越弱,最后自发地趋向于均衡水平。这种蛛网波动称为收

---

① 这里讲的供给弹性和需求弹性大小的比较是指这两种弹性的绝对值大小的比较。另外,在需求曲线或供给曲线为直线的条件下,需求(或供给)弹性(绝对值)的大小分别与它们的斜率(绝对值)的大小成反比,即需求(供给)曲线越陡直,其斜率越大,相应的弹性越小,反之亦然。当然,这里说的弹性只是指弧弹性。

敛型蛛网。

在图 2-29 中，S 为供给曲线，D 为需求曲线，供给曲线比需求曲线陡峭，表明供给弹性小于需求弹性。供给曲线与需求曲线相交于 E 点，决定了均衡价格为 P_e，数量为 Q_e。这是正常情况下的均衡状态。若现在价格高于均衡价格(P_e)，设为 P_0，生产者愿意提供 OQ_1^s 的产量，但由于此种供给具有时间的滞后，直到下一期（如以养猪业而言，是在六个月以后）市场的供给量才有 OQ_1^s，若政府禁止出口猪肉，生产者要想售完 OQ_1^s 的产量，价格势必要下跌至 P_1。但在 P_1 价格下，生产者愿提供 OQ_2^s，同理，因为时间的滞后，到第二期的供应量减为 OQ_2^s，此时市场的价格又会上升至 P_2。如此循环下去，我们可以发现，价格在偶数期上升，在奇数期会下跌，而其波动幅度则越来越小。如图 2-29 所示，长期之下，市场的价格会趋向均衡价格 P_e。

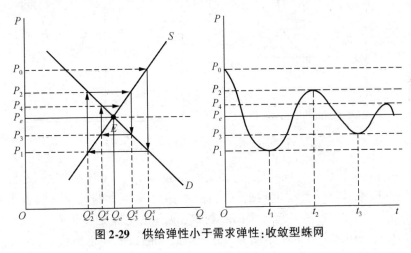

图 2-29　供给弹性小于需求弹性：收敛型蛛网

2. 发散型蛛网：供给弹性大于需求弹性

当供给弹性大于需求弹性时，供给变动对价格变动的反应程度要大于需求变动对价格变动的反应程度，即价格变动对供给的影响大于需求，此时，价格波动对产量的影响越来越强，最后离均衡越来越远。这种蛛网波动称为发散型蛛网。

在图 2-30 中，需求曲线比供给曲线陡峭，表明供给弹性大于需求弹性。在此情况下，价格变动的轨迹与图 2-29 恰好相反，是由内向外的变动，从波动的程度而言，是越来越大，因而呈现发散型。

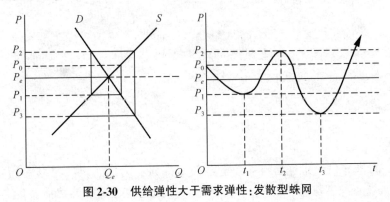

图 2-30　供给弹性大于需求弹性：发散型蛛网

3. 封闭型蛛网:供给弹性等于需求弹性

供给弹性等于需求弹性,意味着供给变动对价格变动的反应程度与需求变动对价格变动的反应程度相等,即价格与产量的波动始终保持相同的程度,既不趋向均衡点,也不远离均衡点。这种蛛网波动称为封闭型蛛网。

如图 2-31 所示,当需求曲线的斜率等于供给曲线的斜率时,意味着供求弹性相等。实际产量和价格会始终按同一幅度围绕均衡点上下波动,既不进一步偏离均衡点,也不逐步地趋向均衡点,此情况也被称为非稳定均衡。

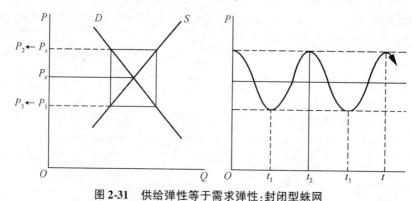

图 2-31　供给弹性等于需求弹性:封闭型蛛网

一般而言,对于那些生产周期较长,且无特定技术要求的产品的生产和经营常会发生蛛网理论的现象。如果是稳定均衡的情况,对国计民生影响较小。但若为不稳定均衡,由于价格波动很大,容易引起经济的不稳定,政府在此情况下必须加以引导,其方法有:① 设立专门机构来负责产品市场的调查,加以引导,以避免供需数量差距过大;② 通过国家储备物资的调整来调节价格波动;③ 必要时加大出口配额来调节供求。

实时测验 2-15

试分析以下两图,何者为稳定均衡,何者为非稳定均衡?

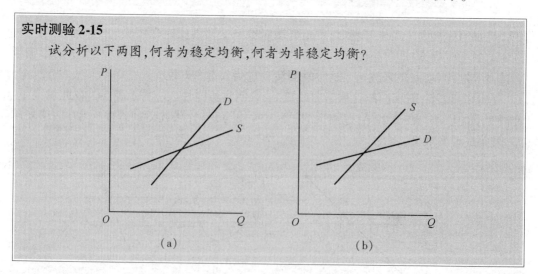

本章总结

1. 需求和供给是理解有关经济学问题的强有力的工具。需求是指在某一特定时期内,在各种可能的价格下,消费者愿意而且能够购买的某种商品的各种数量;而供给是指在某特定期间(或其他条件不变的情况下),生产者对某商品在各种价格下,愿意提供且能够提供的各种数量。

2. 在需求曲线中,需求的变动与需求量的变动是不相同的。需求量的变动是指在其他条件不变的情况下,当商品本身的价格发生变动时,所引起的相应需求量的变动;而需求的变动指的是在某商品本身价格不变的条件下,其他条件发生改变而导致的整条需求曲线的移动。

3. 需求规律反映的是在其他条件不变的情况下,某种商品或劳务价格的上升(或下降),会导致对该商品或劳务需求量的减少(或增加);也就是说,商品与劳务的价格与其需求量成反比。供给规律反映的是供给量与产品价格的同方向变动关系。

4. 需求的价格弹性是指需求量变化的百分率与价格变化的百分率之比,它用来测度商品需求量变动对于商品自身价格变动反应的敏感性程度。而供给弹性被用来测定某商品供给量变动对于该商品自身价格变动反应的敏感性程度。

5. 供给与需求是构成市场的主要因素,供求矛盾也是市场的主要矛盾。不论供过于求还是求大于供,都使市场处于不稳定的状态。在完全竞争的市场条件下,会经过价格的自动调节,使供求处于均势,达到均衡状态。

6. 市场均衡就是指生产者愿意提供的商品量恰好等于消费者愿意而且能够购买的商品量。而均衡价格就是需求价格与供给价格相一致时的价格。现实中,市场价格会随着供求状况的变动始终围绕着均衡价格波动,并逐渐趋向于供求相等的均衡价格。

复习思考题与计算题

1. 请判断下列说法是否正确,并说明理由:

(1) 口香糖的价格每支下降1角钱需求量增加1倍,而汽车价格下降1 000元需求量增加1辆。因此口香糖的需求比汽车的需求更富有弹性。( )

(2) 陡峭的线性需求曲线的弹性小,而平坦的线性需求曲线的弹性大。( )

(3) 如果商品的需求价格弹性小于供给弹性,则销售税主要由购买者负担。
( )

(4) 若商品供给量与价格无关,则对商品征收销售税时不影响消费者所付价格。
( )

(5) 经济学家认为,依据供给定律,价格降低一定会使供给量下降。但是这个规律也有例外的情形。例如,2000年一台笔记本电脑要卖25 000元,而到2010年只卖到5 000元左右,然而销售量却增加了5倍。可见,降低价格不一定会使供给量下降。( )

(6) 低档品的需求一般来说缺乏价格弹性,而正常品的需求要富有价格弹性。
( )

(7) 任何情况下面向卖方和面向买方征收销售税,税收都将由需求者和供给者共同负担。( )

2. 下图中,在相同的价格下,D_1 所表示的数量为 D_2 的三倍,试求 A、B、C 三点需求弹性的倍数关系。

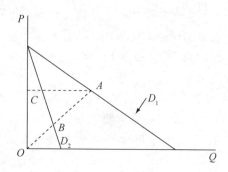

3. 有篇报道指出,尽管 2012 年北京房地产市场的商品房价格一路攀升,比 2011 年提高了 23%,但商品房的销售仍然火爆,其成交额远远大于上年同期水平,这表明需求规律并不适用于北京房地产市场的情况。请问,该篇报道在对需求定理的理解上犯了什么样的错误?你怎么解释上述情况?

4. 一般商品的需求曲线的特性是:当价格上升时,消费者的需求量会降低。在旅游旺季,飞机票价通常要高出平时票价的三成,请说明:为何在旅游旺季飞机票仍是一票难求?

5. 设需求曲线是自左向右下方倾斜(纵轴为价格轴)的直线。

(1) 假设在一个坐标图中有两条向右下方倾斜的直线,一条比较平坦,一条比较陡直,那么,在相同的价格条件下,是否陡直的需求曲线一定比平坦的需求曲线弹性小?

(2) 假设一个坐标图中有两条形状为直线但斜率不同的需求线,在这两条需求线相交之点的弹性是否相等?何者较大?

(3) 假定上述两条相交的需求线不是直线,而是曲线,它们在交点上的弹性是否相等?

6. 若某产品市场有 A 与 B 两类消费者,共 100 人,其中 A 类有 25 人,B 类有 75 人,设每个 A 类消费者的消费量皆相同,且为 B 类消费量的 2 倍,如果 A 类消费者个人的需求弹性为 3/4,而 B 类消费者个人的需求弹性为 2,则整个市场的需求弹性为多少?

7. 设某产品市场只有两个消费者 A 与 B,其需求函数分别为 A: $P = 150 - 6q$,B: $P = 180 - 2q$。试求:(1) 市场的需求函数为多少?(2) 当 $P = 30$ 时,e_d^A、e_d^B 及市场的需求弹性各是多少?

8. 已知消费者对某商品的需求函数为 $Q_d = (P+1)^{-2}$。

(1) 请求出该商品需求的价格弹性。

(2) 在什么价格下,消费者的支出额为最大?在此价格下,价格弹性是多少?

9. 某地的一个旅游景区的游客通常由当地游客和外地游客组成,且这两类游客的需求均为线性函数。当门票价格为 100 元时,一天当中会有 267 位当地游客进入该景区,而外地游客为 237 人。当门票价格为 110 元时,当地游客和外地游客进入该景区的人数均为 127 人。试求当门票价格等于 100 元时,该景区的需求价格弹性是多少?

10. 假定一厂商将其产品的价格从目前的 1 美元调整到 1 美元以上,该产品的需求弹性将非常大;若将价格调整到 1 美元以下,需求弹性则非常小。要求:(1) 试画出需求曲线;(2) 请解释厂商为何不希望调整产品价格。

11. 考虑一个不变弹性需求函数 $Q = AP^{-b}$,其中 $A > 0, b > 0$。

(1) 求反需求函数 $P(Q)$,并计算需求的价格弹性。

(2) b 的值为多少时,需求是富有弹性的? 多少时,需求是无弹性的?

(3) 证明反需求函数与边际收益函数之比 $P(Q)/\text{MR}(Q)$ 独立于产出 Q。

12. 在商品 X 市场中,有 10 000 个相同的个人,每个人的需求函数均为 $Q_d = 12 - 2P$;同时又有 1 000 个相同的生产者,每个生产者的供给函数均为 $Q_s = 20P$。

(1) 求商品 X 的市场需求函数和市场供给函数以及市场均衡价格和均衡产量。

(2) 在同一坐标系中,绘出商品 X 的市场需求曲线和市场供给曲线,并表示出均衡点。

(3) 假设每个消费者的收入有了增加,其个人需求曲线向右移动了 2 个单位,求收入变化后的市场需求函数以及均衡价格和均衡产销量,并在坐标图上予以表示。

(4) 假设某个生产者的生产技术水平有了很大提高,其个人供给曲线向右移动了 40 个单位,求技术变化后的市场供给函数以及均衡价格和均衡产销量,并在坐标图上予以表示。

(5) 假设政府对售出的每单位商品 X 征收 2 元的销售税,而且对 1 000 名销售者一视同仁,这个决定对均衡价格和均衡产销量有何影响? 实际上谁支付了税款? 政府征收的总税额为多少?

(6) 假设政府对生产出的每单位商品 X 给予 1 元的补贴,而且对 1 000 名商品 X 的生产者一视同仁,这个决定对均衡价格和均衡产销量有什么影响? 商品 X 的消费者能从中获益吗?

13. 设某产品市场供求如下:$P = 180 - Q, P = 20 + 10Q$。对于每单位商品课征 5 元从量税时,试求:(1) 征税导致物价上涨了多少? 消费者负担与生产者负担各为多少? (2) 税前供需弹性各为多少? 哪一个较大?

14. 假设(1) X 商品的需求曲线为直线:$Q_X = 40 - 0.5P_X$;(2) Y 商品的需求函数亦为直线;(3) X 与 Y 的需求线在 $P_X = 8$ 的那一点相交;(4) 在 $P_X = 8$ 的那个交点上,X 的需求弹性之绝对值只有 Y 的需求弹性之绝对值的 1/2。请根据上述已知条件推导出 Y 的需求函数。

15. X 商品的需求函数为 $P_X = 25 - 0.005Q_X + 0.15P_Y$,其中 P_X 代表 X 商品的价格,Q_X 代表 X 商品的销售数量,P_Y 代表另一种商品 Y 的价格。X 商品的供给函数为 $P_X = 5 + 0.04Q_X$。

(1) 假设 $P_Y = 10$,请计算 X 商品的均衡价格和均衡数量。

(2) 请问 X 和 Y 是相互替代品还是相互补充品。

第二篇 完全竞争环境下的微观经济运行

在自然科学研究中,科学家一般都是以一种理想化的状态作为出发点来展开其研究的,比如,化学或生物学研究都会首先从真空状态下研究分子或生物体的运动和变化过程,然后再扩展到复杂的自然状态下的情况;机械力学都会先在毫无摩擦力的情况下研究机械或动力运动,然后再研究有摩擦力条件下的机械运动状态。同样,经济学作为一门社会科学,人们对它的研究也是先从理想化的"完全竞争"状态出发,研究微观经济主体(消费者、生产者等)行为特征及运行规律,然后逐步放宽完全竞争假设,深入到现实中研究垄断、不完全信息、风险以及公共物品等问题。

在第二篇中,我们将介绍完全竞争环境下的微观经济运行过程。完全竞争是指市场上有无数个买者和卖者,每个买者或卖者都是市场价格的被动接受者。在这种完全竞争市场上,经济资源完全自由流动,市场信息对买卖双方完全对称且无代价,而且产品完全同质。这样,通过市场价格机制的自发作用,市场供求会自动实现均衡,最后整个微观经济运行处于一种和谐稳定的状态,即所谓的帕累托最优境界。本篇包括七章的内容:

第三章介绍消费者行为理论,其中消费者最优选择以及如何从消费者行为最优化模型中推导需求曲线是该章的学习重点。

第四章进一步分析消费者行为理论,如显示性偏好理论、跨期选择理论和作为劳动力市场供给者的消费者的行为理论等。

第五章进入生产者行为理论的学习,重点介绍生产函数及其特性、生产者的最优选择模型。

第六章介绍成本函数,其中如何从生产者行为最优化模型中推导成本函数以及短期和长期成本函数的特性是该章的学习重点。

第七章介绍竞争性条件下产品市场的均衡理论,其中学习的重点是厂商实现短期和长期均衡的条件、如何推导完全竞争下的厂商和行业的供给曲线以及完全竞争条件下的社会福利评价问题。

第八章重点学习完全竞争条件下的要素市场均衡理论。在学习该章的内容时要注意要素需求的派生特性,并结合产品市场来推导要素的需求曲线。

第九章利用帕累托最优的概念,结合产品市场和要素市场,分析一般均衡及福利经济学问题。

第三章　消费者行为理论（Ⅰ）

▌本章概要▐

在第二章中，我们了解到一般商品的需求曲线具有向右下方倾斜的特征，但并没有说明形成这种特征的原因。这就要求我们透过现象来研究问题的本质，即在本章中深入到需求曲线的背后研究消费者的最优选择行为，并从消费者最优消费决策中推导出需求曲线。

微观经济学中有关消费者行为的理论主要是着重于效用理论的分析，一般可分为早期的基数效用（cardinal utility）及现代的序数效用（ordinal utility）分析，前者认为效用是可以用基数数字如 1,2,3,… 来测量人们消费商品或劳务所获取的主观上的满足程度，而后者则认为效用是无法以数字来测量的，只能根据满足程度的大小按顺序排列。本章以序数效用论来分析消费者行为，并据以推导相应的需求曲线。

▌学习目标▐

学完本章，你将能够了解：
1. 偏好、效用函数、无差异曲线和预算线的含义和特征
2. 消费者均衡的条件，并会求解最优消费数量
3. 收入—消费线，并推导恩格尔曲线
4. 价格—消费线，并推导需求曲线
5. 不同性质商品的替代效应与收入效应

你要掌握的基本概念和术语：
基数效用　序数效用　消费者均衡　消费者剩余　无差异曲线　边际商品替代率
预算线　收入—消费线　恩格尔曲线　价格—消费线　替代效应　收入效应

如第一章所述，作为微观经济主体——消费者（或家庭）时时面临着稀缺性（scarcity）问题。比如，对某个消费者来说，或许他希望拥有一套像样的房子，一辆看得过去的车子，平日吃穿不要太失面子，每个月出去下几次馆子，最好每年能出去旅游一次，然而，与此同时，他又不得不面对每月有限的收入。所以，作为一个消费者个体，他想要的似乎永远超过他所可能负担的。现在问题来了——在面对这种稀缺性的现实下，消费者如何将自己所（可能）拥有的有限资源作最合理的分配与使用，亦即能否依事情的"轻重缓急"而将资源有效地配置到最有利的方面，以经济学术语来讲，就是所谓消费者的理性选择（rational choice）。因此，为了系统地分析消费者这种理性选择的问题，我们首先必须定义、描绘消费者对不同的可选择事物（或消费对象）的评价，并对这些可选择事项的优先顺序进行"主观排列"。经济学中将消费者对不同的可选择事物的主观排列称为消费者的偏好（preferences），这是本章首先要探讨的一个问题。有了消费者偏好之后，我

们将接着介绍消费者所面对的"客观限制",以便反映稀缺性的问题。这个客观的限制在消费者理论中一般称为预算约束(budget constraint),有时也称为消费可能性集合(consumption possibility set)。然后,我们将消费者的主观偏好与其所面对的"客观限制"结合在一起,探讨消费者均衡(consumer equilibrium)的概念,从而回答上面所提的如何合理使用有限资源的问题。最后,我们将用比较静态分析的方法推导消费者对商品的需求曲线,并分析导致需求量变动的因素——替代效应和收入效应。

第一节 消费者偏好与无差异曲线

一、消费者偏好及其表达

如前所述,消费者主观愿望的表达总是体现在他对所消费的可选择事项的优先顺序的排列上,而这些可选择事项有哪些?经济学上又如何表达呢?

对于每一个消费者来说,他不可能只消费一种商品,而是消费由几种商品所形成的商品组合,这个商品组合被称为消费束(a bundle of goods)。一般地,假设某消费者消费 n 个商品,则该消费者的一个消费束(或消费组合)就可以表示为 $X = (X_1, X_2, \cdots, X_n)$。当然,对于消费束中的每一个元素都要求是非负的。

为简便起见,我们有时假设只有两种商品可供人们消费,比如以 (X, Y) 来表示消费者所消费的一个商品束①,这样,我们就可将消费者所面对的所有由 X 和 Y 的非负消费量组成的消费束的集合称为消费集(consumption set),记为:

$$S = \{(X, Y) \mid X \geq 0, Y \geq 0\}$$

如果我们要对消费集以表格来表达的话,它就是一个包含两个数字的表列。例如,某消费者在某个时期对其所消费的 X 和 Y 商品的几个商品组合如表 3-1 所示。

表 3-1 可供消费者选择的商品组合

商品组合	X 商品的数量	Y 商品的数量
A	20	30
B	10	50
C	40	20
D	30	40
E	10	20
F	10	40

在表 3-1 中,商品组合 A 里有 20 个单位的 X 商品和 30 个单位的 Y 商品,而在商品组合 B 里有 10 个单位的 X 商品和 50 个单位的 Y 商品,等等。

当然,我们也可以在图形中表达消费束或消费集。如图 3-1 所示,在一个以商品 X 和 Y 的数量为坐标系的第一象限中的一个点就可以表示一个消费束 (X, Y),而消费集 S 则

---

① 在此,首先要说明的是,本书大部分章节为分析的方便都使用二元要素分析模型。显而易见,我们将产品或要素的种类简化成两种与现实生活中有相当大的差距,但事实上这种简化并不如表面上那么严重。比如,本章中我们大可将商品组合 (X, Y) 解释成"X 商品"与"X 以外的所有其他商品 Y"。在这样的解释下,或许就不会觉得这种简化太脱离现实了。不过,更重要的是,由这两种商品模型所得到的许多结果,在所分析的商品种类增加之后仍然成立。

刚好就是包括两轴在内的第一象限。图 3-1 中 A、B、C、D、E、F 点即是代表上述表格中 6 个消费束。

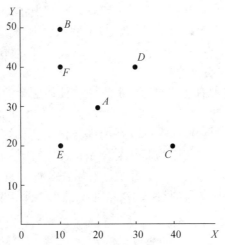

图 3-1　消费束和消费集在坐标空间中的表达

对于这些拥有不同数量的 X 和 Y 商品的商品组合 $A,B,C\cdots$，一个理性的消费者会按照其喜好的程度对上述商品组合进行排列，这种排列的结果就是消费者偏好。

- 消费者偏好就是指消费者根据自己的意愿对其所消费的可能的商品组合所进行的喜好顺序的排列。

消费者按照所获得的满足程度的大小对不同商品组合排序并进行选择，我们用表示偏好关系的符号"$\succeq$"来概括这种排序。如果消费者认为商品组合 (X_1, Y_1) 至少和 (X_2, Y_2) 一样好，我们就说，(X_1, Y_1) 弱偏好于 (X_2, Y_2)，可写成 $(X_1, Y_1) \succeq (X_2, Y_2)$。

从这种弱偏好关系出发，我们可以推出另外两种偏好关系。第一，如果消费者认为 (X_1, Y_1) 弱偏好于 (X_2, Y_2)，即 $(X_1, Y_1) \succeq (X_2, Y_2)$，但不认为 (X_2, Y_2) 弱偏好于 (X_1, Y_1)，我们就可以认定消费者认为 (X_1, Y_1) 严格偏好于 (X_2, Y_2)。也就是说如果让他在 (X_1, Y_1) 和 (X_2, Y_2) 之间进行选择的话，他一定会选择 (X_1, Y_1)，这种偏好关系可以写成 $(X_1, Y_1) \succ (X_2, Y_2)$。

第二，如果消费者认为 (X_1, Y_1) 弱偏好于 (X_2, Y_2)，同时认为 (X_2, Y_2) 也弱偏好于 (X_1, Y_1)，即 $(X_1, Y_1) \succeq (X_2, Y_2)$，且 $(X_2, Y_2) \succeq (X_1, Y_1)$，则我们说消费者认为 (X_2, Y_2) 和 (X_1, Y_1) 是无差异的，或者喜欢它们的程度相同，写成 $(X_1, Y_1) \sim (X_2, Y_2)$。

二、关于消费者偏好的公理与理性消费者

我们已经知道如何表达消费者的偏好关系，那么，消费者按照什么样的规则来排列其偏好顺序，并保证这种排列的一致性(consistency)呢？经济学中要求消费者的偏好必须满足如下三个"公理"(axiom)[①]：

---

① 所谓公理，是指不需经过证明就可以被接受的一些假设。本章中，在我们分析消费者行为之前，预先设定某些合理的假设，而后方能对相关问题作进一步讨论与分析。这在分析许多经济问题时经常要用到，请读者注意。

1. 完备性(completeness)

这个性质要求消费者对任意两个商品组合(X_1,Y_1)和(X_2,Y_2),依据其偏好必然能排列它们的优劣次序。他或是喜好(X_1,Y_1)超过(X_2,Y_2),即$(X_1,Y_1)\succ(X_2,Y_2)$,或是喜好(X_2,Y_2)超过(X_1,Y_1),即$(X_2,Y_2)\succ(X_1,Y_1)$,或是认为两个商品组合毫无差异,即$(X_1,Y_1)\sim(X_2,Y_2)$。

这个公理意味着消费者有能力对这个世界上的任何两个商品组合进行排序和比较。比如表3-1中组合A里有20个单位的X商品和30个单位的Y商品,而组合B里有10个单位的X商品和50个单位的Y商品,如果没有关于消费者偏好的设定,我们无法判断消费者究竟会喜欢A还是B。这是因为商品组合A有较少的Y,但是有更多单位的X,而商品组合B虽然X数量减少了,但是Y上升了。有了完备性公理,就要求消费者对A和B两个组合做出是喜欢A甚于B,还是偏好B超过A,或者两个组合无差别这三种选择其中之一。

2. 反身性(reflexivity)

这个性质表示任何一商品组合至少与它本身一样好。以上面所介绍的符号来表示的话就是$(X_1,Y_1)\succsim(X_1,Y_1),(X_2,Y_2)\succsim(X_2,Y_2)$。

3. 传递性(transitivity)

假定有三个商品组合$(X_1,Y_1),(X_2,Y_2)$和(X_3,Y_3),且$(X_1,Y_1)\succ(X_2,Y_2),(X_2,Y_2)\succ(X_3,Y_3)$,则必然得到$(X_1,Y_1)\succ(X_3,Y_3)$。换句话说,如果消费者认为$(X_1,Y_1)$比$(X_2,Y_2)$好,而$(X_2,Y_2)$比$(X_3,Y_3)$好,则他必然认为$(X_1,Y_1)$比$(X_3,Y_3)$好。同理,若$(X_1,Y_1)\sim(X_2,Y_2),(X_2,Y_2)\sim(X_3,Y_3)$,则必然有$(X_1,Y_1)\sim(X_3,Y_3)$的结果。

一般而言,完备性和反身性并无太多争议,因为如果完备性不满足,消费者在某些情况下就无法排列某些商品组合之间的优劣次序,那么偏好最根本的意义就不存在了。至于反身性,几乎是不证自明的,而且更多具有数学上的意义,这里不必多加解释。然而,传递性在现实生活中是否真的成立就值得存疑,尤其是有关"$\sim$"的传递性,或许你可举出不少反例来说明它可能不会成立。现实中,谁违背传递性,谁就会吃大亏。假设某甲认为在商品组合A和B之间更偏好A,在B和C之间更偏好B,但他又认为C比A好。既然他认为A比B好,他一定愿意以B加上一定的钱换你的A。然后,你可以用C跟他换A,他也一定愿意给你一点钱,因为他认为C比A强。接下来,你用B去换他的C,你还能得到钱。如此这般循环几十轮,甲便会彻底破产。可见,传递性也是理性选择必不可少的基本性质。

专栏 3-1

传递性真的存在吗

有大量关于人和动物的研究表明偏好通常是具有传递性的。Weinstein(1968)用一个实验来观察人的这种传递性反应。所有的实验对象都不知道这个实验的目的是什么,10种商品,两两任意组合,这些实验对象要在每一种可能的组合中做出他们的选择。为了不让商品的货币价值影响个人的计算,他们还被告知所有商品的价值都是 3 美元。Weinstein 发现,在 18 岁以上的成年人中,有 93.5% 的反应是可传递的;可是在 9—12 岁的儿童中,只有 79.2% 的反应具有这一特征。

心理学家用人们对颜色、脸部的特写照片等方法来对传递性进行检验。Bradbury 和 Ross(1990)发现,让不同年龄的人群在三种颜色之间选择,不符合传递性特征的行为在 4—5 岁的儿童中接近一半,在 11—13 岁的人群中占 15%,而在成年人中只占 5%。两位研究者指出,多数非传递性的选择可以由新奇性(novelty,即对一种新颜色的偏爱)来加以解释,在儿童中尤其如此。

根据这些研究的结果,有人会认为,"成年人的经济决策基本上都符合传递性"这个假设是合适的,当研究的对象是儿童或者引入了特征明显的商品时,就应该对这个假设进行修正。

经济学家通常认为,应该允许理性人自己做出决策来最大化其自身的效用;不过,有人认为,儿童的行为缺乏传递性和理性,这表明对年轻人进行政治、经济限制(或保护)完全有必要,如很多政府都明令禁止年轻人饮酒。

当消费者的偏好满足上述完备性、反身性和传递性时,该消费者的偏好事实上就已完全决定,因而他可依据这个偏好进行"理性选择"。利用我们所介绍的符号,我们可将理性选择明确地加以定义:

- 如果消费者从其消费集合 S 中选取商品组合 (X,Y),则对任何 S 中的商品组合 (X',Y'),均满足 $(X,Y) \succ (X',Y')$ 或 $(X,Y) \sim (X',Y')$。

换句话说,消费者必须永远从其消费集合中选取他最喜好的商品组合,这才是理性的选择,该消费者也才是理性消费者。

> **实时测验 3-1**
> 在判断 A、B 和 C 三人之间的身高关系时,如果我说"某人至少与另一人一样高",我的这种判断身高关系的说法是传递的吗?是完备的吗?为什么?
> 如果我说了"某人的确比另一人高",我的这种判断身高关系的说法具有完备性、反身性和传递性吗?为什么?

三、无差异曲线及其特征

虽然,从理论的观点来看,满足上述三个公理的偏好,就可以进行有关消费者理性选择的分析,但为了将来有效地运用各种数学工具进行数理分析,并能够科学地建立实证检验,在微观经济理论中通常在前述三个公理之外,再另外加上四个消费者行为"假设"(assumption)。

1. 连续性(continuity)

这个性质是指当 $(X_1,Y_1) \succ (X_2,Y_2)$ 时,若 (X_3,Y_3) 与 (X_2,Y_2) 足够靠近的话,则 $(X_1,Y_1) \succ (X_3,Y_3)$ 一定成立。简单地说,当消费者认为商品组合 (X_1,Y_1) 较 (X_2,Y_2) 好时,他

必然认为(X_1,Y_1)较(X_2,Y_2)附近的任何其他商品组合好。当然,连续性也包括当$(X_1,Y_1)\sim(X_2,Y_2)$且(X_3,Y_3)与(X_2,Y_2)足够靠近时,必然有$(X_1,Y_1)\sim(X_3,Y_3)$的结果。

实质上讲,这里所说的连续性和我们在微积分课程中所了解到的连续性是一样的含义。以图3-1来说,虽然图中标出了代表性的6个商品组合,但其实该坐标系中纵横两轴代表消费集中两种产品X和Y的数量都可无限细分,因此消费集S中的商品组合均紧密地连接在一起。加上连续性以后,我们立即可通过排列的方式,将消费集合中没有任何差异的点聚集在一起,形成无差异曲线(indifference curve)。

如图3-2所示,虽然在X—Y坐标空间中会有无数个商品组合,但依据连续性假设,我们总是可以找出一些点,比如经过点B、A和C作一条无差异曲线U_1,该曲线表示,消费者对这三个商品组合的偏好是无差异的。它告诉我们,如果消费者从商品组合A移向B,放弃了10个单位的商品X而多获取了20个单位的商品Y,那么,他既不会感到情况有所好转,也不会感到情况有所恶化。同样,在点A和C(即放弃10个单位的Y而多获得20个单位的X商品)之间,消费者的偏好是无差异的。另一方面,在A和F之间,消费者偏好A,因为F在U_1的下面。同样E组合所代表的偏好小于A组合,而D点表达的偏好要大于A点。

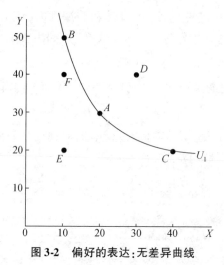

图3-2 偏好的表达:无差异曲线

- 无差异曲线(indifference curve)是指在某特定期间内,某消费者为维持一个相同的效用水平,对其所消费两种商品各种不同组合所形成的点的轨迹。

为了描绘某消费者对X和Y商品的所有组合的偏好,我们可以绘制一组无差异曲线,它被称为无差异曲线簇(indifference map)。

图3-3描绘出两组无差异曲线簇图,各图中U_1、U_2和U_3分别代表三条无差异曲线。图上的箭头指的是喜好程度增加的方向,因此,若(X_i,Y_i)在U_i上,其中$i=1,2,3$,则我们有$(X_3,Y_3)>(X_2,Y_2)$,$(X_2,Y_2)>(X_1,Y_1)$的偏好关系。图3-3(a)和图3-3(b)有一个明显的不同,图3-3(a)中显示的三条无差异曲线中,U_3能带来最高程度的满足,后面依次为无差异曲线U_2和U_1,亦即偏好的强度随两种商品数量增加而不断增加,但在图3-3(b)中,b点所代表的商品组合则是该消费者认为最好的商品组合。从b点出发,不论X或Y增加或减少,消费者均认为所得到的商品组合不如b点的商品组合好。因此,我们常将b

点称为极乐点(bliss point),或者叫餍足点,这在图3-3(a)中是不存在的。

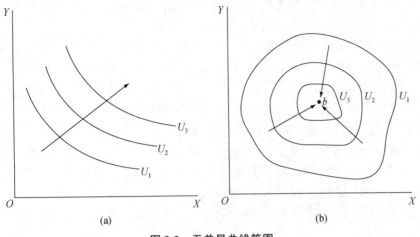

图3-3 无差异曲线簇图

同时,无差异曲线还有一个重要的性质,即任何两条无差异曲线不能相交。这可利用图3-4来说明。

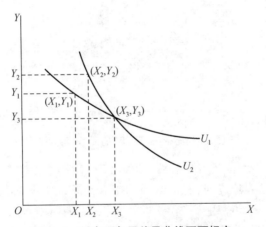

图3-4 任意两条无差异曲线不可相交

假定图3-4中,(X_1, Y_1)和(X_2, Y_2)两点有$(X_2, Y_2) > (X_1, Y_1)$的偏好关系,则(X_1, Y_1)和(X_2, Y_2)必然分别在两条不同的无差异曲线U_1和U_2上。现在假定U_1、U_2相交于(X_3, Y_3),则由无差异曲线的定义知,$(X_1, Y_1) \sim (X_3, Y_3)$,且$(X_3, Y_3) \sim (X_2, Y_2)$,再由传递性假设得知$(X_1, Y_1) \sim (X_2, Y_2)$。但这与$(X_2, Y_2) > (X_1, Y_1)$的假设彼此矛盾,因而得知$U_1$和$U_2$不可能有交点或共同点。

2. 未饱和性(nonsaturation 或 monotonicity)

考虑两个商品组合(X_1, Y_1)和(X_2, Y_2),如果$X_1 \geq X_2$,$Y_1 \geq Y_2$,且两者中至少有一个等号不成立,则未饱和性告诉我们$(X_1, Y_1) > (X_2, Y_2)$。简单地说,这个性质告诉我们,消费者永远认为X和Y两种产品都是越多越好:两种产品都是名副其实的"好产品"(goods),而不是"坏产品"(bads)。这个假设最重要的结果是,它可以排除图3-3(b)中的极乐点b。问题是,为什么我们不希望有极乐点出现呢?这就必须回到经济学的本质——稀缺性。因为,只要极乐点存在,则当消费者拥有的资源足以消费极乐点的商品组合时,就不再有稀缺性,因而也就不再有经济问题了。但是,我们知道,在绝大部分情况下,经济问题或稀缺性永远是存在的。

未饱和性的假设除了可排除极乐点外,还可以进一步告诉我们无差异曲线的两个重要性质:第一,无差异曲线必然仅为一"很细"的曲线,不可能具有任何"带状"的部分;第二,无差异曲线必然是负斜率。第一个性质可以用图 3-5 来说明,图中无差异曲线 U_0 在灰色部分成为"带状"。在这种情况下,对于"带状"部分的任何一点,如图中 a 点,我们永远可以在其邻近找到另外一个商品组合 b,使得该商品组合至少有一种产品比 a 的商品组合多,而另外一种产品则至少相等。如此一来只要未饱和性假设成立,则消费者必然认为 b 比 a 好,那么 a 和 b 就不可能在同一条无差异曲线上。同样的推论可说明在 c 点附近必然可以在"带状"内找到一个比 c 好的点,而在 d 点附近,也必然可以在"带状"内找到一个比 d 差的点。由此可知,在未饱和性假设下,这种"带状"的无差异曲线是不可能出现的。

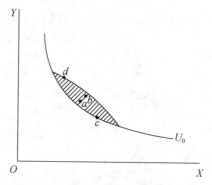

图 3-5 不存在"带状"的无差异曲线

接着来看第二个性质,无差异曲线必为负斜率。我们考虑图 3-6 中通过 a 点的无差异曲线。当未饱和性假设成立时,我们知道图中 a 点东北方向灰色区域中(包括经 a 点的垂直与水平虚线)任一商品组合均较 a 点好,而 a 点的西南方向灰色区域中(包括经 a 点的水平与垂直虚线)任一商品组合均较 a 点差。因此,通过 a 点的无差异曲线必然穿过 a 点的西北与东南两个区域,而成为图中的负斜率曲线 U_0。

我们也可以从另一个角度来看这个性质。假定消费者原先的商品组合在图 3-6 中 a 点,如果多给消费者 1 单位的 X,即 $\Delta X = 1$,则消费者将移到图中 b 点。因 b 点与 a 点有同样多的 Y,但 b 点较 a 点多 1 单位的 X,由未饱和性假设得知,消费者必然认为 b 点比 a 点好,故 b 点并不在通过 a 点的无差异曲线上。如果我们要将 X 维持在 b 点的水平,而又有与 a 点相同的偏好程度,唯一的方法就是减少 Y 的数量。假设由 b 点往下移动 ΔY 单位后,新商品组合为图 3-6 中的 c 点。如果消费者认为 a 和 c 所代表的商品组合没有差异,则 c 点就如图中所示,和 a 点在同一条无差异曲线 U_0 上面。这样 $\Delta Y/\Delta X$ 正是代表无差异曲线 U_0 在 a 点的斜率。这里的重点是,在未饱和假设下,在同一条无差异曲线上,只要 $\Delta X > 0$,则 $\Delta Y < 0$;反之,只要 $\Delta X < 0$,则 $\Delta Y > 0$,因此 $\Delta Y/\Delta X < 0$。换句话说,无差异曲线永远为负斜率。

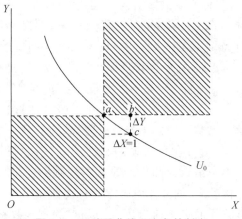

图 3-6　无差异曲线必有负的斜率

经济学中将无差异曲线的斜率取负值称为边际替代率(marginal rate of substitution, MRS), 即

$$\mathrm{MRS}_{XY} = -\frac{\Delta Y}{\Delta X}$$

- 边际替代率是指在维持偏好程度不变的前提下"额外"①增加 1 单位的 X 产品后, 消费者所愿意放弃的 Y 产品的数量。或者说, 在维持偏好程度不变的情况下, "额外" 1 单位的 X 所可"替代"的 Y 的数量。

关于边际替代率,在此有几点必须特别强调:第一,它是一个纯粹主观的概念,因此,即使面对相同的商品组合,每个人的边际替代率也不一定相同。事实上,我们可利用这个性质来比较不同消费者对这两种产品喜好程度的强弱。第二,除非无差异曲线为一直线,否则无差异曲线上不同点的斜率并不相同。因此,当我们在某一条无差异曲线上移动时,边际替代率也会不断改变。第三,上面解释边际替代率时,我们特别将"额外"两字加上引号,这是要凸显这个替代率是针对该"额外" 1 单位 X 而言,而不是指"平均"每一单位 X。

由上面的讨论,我们也立刻得知,在未饱和假设下(或者说在 X 和 Y 均为"好产品"的假设下),如果我们将整个无差异曲线簇画出来,则越往东北方向的无差异曲线上的点代表越好的商品组合。换句话说,偏好强度的增加方向与图 3-3(a)相同,由西南向东北不断上升。

3. 凸性(convexity)

未饱和性假设虽然确定了无差异曲线的斜率与偏好强度增加的方向,但并未告诉我们无差异曲线的形状或弯曲情形如何。但如果我们不对无差异曲线的形状加以适当限制的话,很可能会得到一些非常奇怪的消费行为。为了解决这个问题,并考虑实际生活

---

① 在经济学上,任何关于这种"额外" 1 单位的变量所引起的变化,都会加上"边际"(marginal)两个字,这就是这里所定义的替代率为"边际替代率"的原因所在。在本书中,我们将会一再碰到有关"边际"的概念,因此必须事先知道其真正的意义所在。

中消费者倾向于同时消费多种产品的事实,经济学上遂有偏好必须满足凸性的假设。

为了解释凸性偏好(convex preferences),我们先来介绍凸集合(convex set)的概念。假定 A 为一任意集合,且 $X_1 \in A, X_2 \in A$,若 X_1 与 X_2 的加权平均仍在 A 中,则我们称 A 为一凸集合。更明确地说,若 $X_1 \in A, X_2 \in A$,且 $\lambda X_1 + (1-\lambda) X_2 \in A, 0 \leq \lambda \leq 1$,则 A 为一凸集合。现在回到消费集合 S,我们先定义下面的集合:

$$B = \{(X,Y) \mid (X,Y) > (X_0, Y_0) \text{ 或}(X,Y) \sim (X_0, Y_0), (X,Y) \in S, (X_0, Y_0) \in S\}$$

换句话说,集合 B 为消费集合中的子集,亦即那些所有比 (X_0, Y_0) 好或和 (X_0, Y_0) 一样好的商品组合所形成的集合。这里所说的凸性偏好,指的就是集合 B 必须为一凸集合。在二维空间中,一个集合是否为凸集合非常容易判断:只要我们在集合中任意找两个点,再用一直线将其连接起来,如果任何这样的直线都在原来的集合中,那这个集合就是一个凸集合。反之,若有任何一条连接集合中两点的直线没有完全在原来的集合中,那么这个集合就不是凸集合。

图3-7中,我们描绘了两个 B 集合(灰色部分,包括通过 (X_0, Y_0) 的无差异曲线)。很明显,图3-7(a)中 B 内任意两点的连线都在 B 之内,因此图3-7(a)中的 B 为一凸集合。反之,在图3-7(b)中,连接 (X_0, Y_0) 和 (X_1, Y_1) 的直线有一部分落在集合 B 之外,故图3-7(b)中的 B 并不是一个凸集合。我们假定偏好必须满足凸性,就是将分析的重点集中在类似图3-7(a)的这种情况。

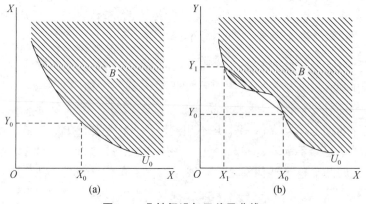

图3-7　凸性假设与无差异曲线

在此必须再指出一点,即凸性又有严格凸性(strict convexity)和一般凸性之分。所谓严格凸性,指的是该集合不仅为一凸集合,而且该集合的边缘还不能有直线部分。以集合 B 来说,若图3-7(a)中的无差异曲线 U_0 并不与两轴相交,则图中的集合 B 即为一严格凸集合。

图3-8中两个 B 虽然都是凸集合,但在图3-8(a)中,B 的边缘在 a、b 两点之间为直线,而图3-8(b)中的无差异曲线与两轴相交,故两个图中的集合 B 的边缘均含有直线部分,所以都不是严格凸集合。

从经济学的观点来看,偏好为凸性和严格凸性的主要差别在于,当偏好为严格凸性时,消费者必会同时消费 X 和 Y 两种产品;反之,在偏好为凸性,但不是严格凸性的状况下,消费者仍可能仅消费 X 或 Y 某一种产品。这一点在我们讨论消费者均衡时将会更为清楚。

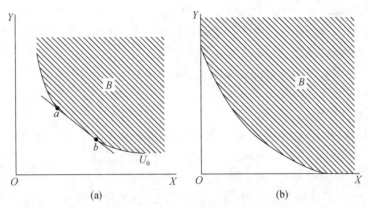

图 3-8　无差异曲线的凸性与严格凸性

由上面的介绍,我们也知道,集合 B 的边缘事实上就是一条无差异曲线,因此我们可将 B 为凸性的概念与前面所定义的边际替代率的概念加以结合。由图 3-7(a)和图 3-8,我们清楚地看到,只要偏好为凸性,那么除非无差异曲线为直线,否则当我们沿某一无差异曲线由左上方往右下方移动时,无差异曲线的斜率的绝对值将会不断减小。换句话说,凸性偏好与边际替代率递减(diminishing marginal rate of substitution)事实上是等价的。这也是在许多微观经济学教科书中将偏好为凸性的假设叙述成边际替代率递减的原因所在。

4. 可微分性(differentiability)

严谨地说,可微分性指的是无差异曲线上任何一点的边际替代率都是唯一确定的。粗略地说,可微分性就是无差异曲线必须是一平滑的曲线。

这个假设的主要目的是使分析能利用微积分中的各种工具来进行。在本书中,除非遇到特别的问题,我们将直接接受这个假设。需要在此指出的是,即使偏好满足严格凸性,也不代表可微分性必然成立。比如在一条无差异曲线中的某点有一"折弯点"(kink),这时即使该无差异曲线代表的偏好满足严格凸性,但无差异曲线在这一折点斜率就无法唯一确定,因而该偏好就是不可微的。

一般来说,经济学中把满足上述三个"公理"与四个"假设"的偏好称为具有"良好性状的偏好"(well-behaved preferences),这种偏好将是本书主要讨论的对象。因此,我们可以对那些表达性状良好的偏好的无差异曲线的特性总结如下:

- 无差异曲线的斜率为负。
- 任意两条无差异曲线互不相交。
- 任何一点必有一条无差异曲线通过。
- 离原点越远的无差异曲线代表的满足程度越高。
- 无差异曲线的形状凸向原点(convex to the origin)。

四、特殊形式的偏好及其无差异曲线

虽然性状良好的偏好具有较强的理论意义,但是一些未满足所有假设的偏好,却具有更重要的现实经济意义,因此我们仍不能完全加以忽略。在此,我们将利用图解方式,说明一些具有特殊含义的无差异曲线。

图 3-9 中的两种无差异曲线可视为具有良好性状偏好的无差异曲线图的两个极端。我们前面提过,具有良好性状偏好的一个重要特性为边际替代率递减。换句话说,X 产品可以在某种程度上取代 Y 产品而不减损消费者的偏好程度,但这种替代能力随着 X 的持续增加而不断下降。同样,Y 产品也可以在某种程度内取代 X 产品而不减损消费者的偏好程度,但这种替代能力随着 Y 的持续增加而不断下降。观察图 3-9 中的图(a)和图(b)我们发现,这种边际替代率递减的性质并不存在。由偏好强度增加方向显示,在图 3-9(a)中,当 X 和 Y 两产品依同比例增加时,消费者的满足程度会提高。例如由 a 点到 b 点,X 产品增加比例为 X_2/X_1,刚好等于 Y 产品增加比例 Y_2/Y_1,故 b 在较高的无差异曲线 U_2 上,代表较大的满足程度。反之,若由 a 点出发,只增加 X 或 Y 产品,则新的商品组合与 a 一样,位于同一条无差异曲线 U_1 上,消费者并未因而增加满足程度。

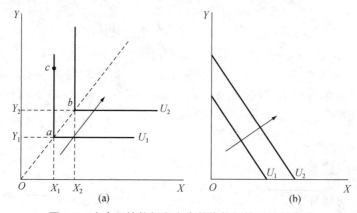

图 3-9 完全互补偏好和完全替代偏好的无差异曲线

以图 3-9(a)中的 c 点为例,虽然其较 a 点有较多的 Y 产品,但 a 和 c 均在无差异曲线 U_1 上,表示较多的 Y 产品并未为消费者带来任何额外的满足,因而也就无法取代任何 X 产品而不使其满意程度下降。换句话说,在图 3-9(a)的情况下,X 和 Y 产品间无法互相替代,而只能在两产品之间维持固定的比例消费才有意义。由于这个缘故,我们称该消费者主观上认为 X 和 Y 这两种产品为互补品(complements)①,或完全互补品(perfect complements)。

图 3-9(b)中的无差异曲线的特征为直线,代表不管 X 和 Y 两种产品的消费水平是多少,它们之间永远可以一定的比例(此比例即是边际替代率)彼此互相替代。如果一消费者的偏好真如图 3-9(b)中无差异曲线所示,那么对该消费者而言,X 和 Y 两产品乃是完全替代品(perfect substitutes)②。

图 3-10(a)中的无差异曲线为一组水平直线,显示此消费者的偏好或满意程度完全

---

① 教科书中,最常提到的互补品的例子为"左脚鞋"与"右脚鞋"。这当然没错,但这个例子很容易造成误解,以为只有像这种"客观上"不得不如此使用的产品才是互补品。事实并非如此,我们必须谨记,偏好完全是"主观概念",因此,虽然一般人可能认为一杯二锅头要配几粒花生并不重要,但如果有人非要一杯二锅头配 30 粒花生不可,那么对此人来说二锅头与花生就是 1∶30 的互补品,而他的无差异曲线也就会是如图 3-9(a)所示的形状了。

② 与完全互补品的情形相同,两产品是否为完全替代品也是主观的。例如,对某些人而言,一张十元钞票和一张百元钞票为 1∶10 的完全替代品,但也有人会认为它们并非完全替代,因而无差异曲线并不是像图 3-9(b)中的直线形状。

决定于 Y 产品的消费量。因此，尽管图中商品组合 b 中 X 数量较商品组合 a 多，但因两者 Y 的数量相同，所以也就在同一条无差异曲线 U_1 上，代表相同的满足程度。换句话说，X 产品对此消费者完全是可有可无的，因而对他而言，X 是一种中性产品（neutral good）。读者应可轻易推知，若 Y 为中性产品，无差异曲线将是垂直线。

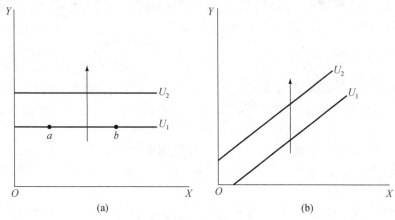

图 3-10 中性产品和坏产品的无差异曲线

图 3-10（b）表现为无差异曲线具有正斜率。根据前面有关无差异曲线的意义的解释，我们立即可以知道，X 和 Y 两种产品中，必然有一种是"好产品"，另一种则是"坏产品"。至于到底 X 或 Y 何者为"坏产品"，那就得看偏好增强的方向。如果消费者满意的程度在水平方向随 X 之增加而提高，则 X 就是"好产品"，Y 为"坏产品"。反之，若消费者满意程度在垂直方向随 Y 之增加而提高，则 Y 就是"好产品"，X 为"坏产品"。

另外，在图 3-10（b）中我们将无差异曲线绘成直线，因而边际替代率是固定的。读者也可将其描绘成曲线形状，而且是具有正斜率的无差异曲线，并尝试解释其经济意义。

> **实时测验 3-2**
> 1. 假若香烟和白酒对某人来说都是厌恶品，那么这个人对这两种商品的无差异曲线的斜率是正的还是负的？
> 2. 你能举出某人对两种商品的偏好是凹状的例子吗？

第二节 消费者偏好与效用函数

前面我们详细介绍了偏好的概念。尽管我们接受了一些公理与假设，但我们应该认识到，在偏好概念中，最重要的性质在于消费者能对不同的商品组合进行逻辑上不产生矛盾的比较，从而实现理性选择的目的。从这个观点来看，利用偏好概念就足以进行一切的消费者行为分析。

然而这种"理论上"的可行性，有时在实际操作中却不那么简单。或许，在一简化的两商品世界中，比较两种商品组合之间的优劣并不太困难。但在有十种甚至百种商品时，恐怕就没那么简单。于是，是否有一种较为简单的方法，同样能达到比较不同商品组合之间优劣次序的目的，就成为我们非常值得尝试的方向。最直觉的想法就是，是否有办法就消费集中的每一商品组合"赋予"一个"数值",而不同商品组合之间这些数值的大小,刚好也反映这些商品组合在该消费者偏好中的优劣次序。如果能系统地发展出这种赋予商品组合数值的方法,那么消费者进行理性选择的问题将大为简化。因为,不管产品种类有多少,每一商品组合的好坏最后都只用一个数值来表示,那么消费者的理性选择就成为从消费集中找出该"数值"最大的商品组合。现在的问题是,有这样一种方法吗?

一、效用函数的存在性

非常幸运,上述问题的答案是肯定的。事实上,学过相关数学知识的读者应该会发现,在上一节中介绍有关消费者偏好的三个公理和连续性的假设正是实数(real number)的基本性质。完备性告诉我们,实数线上每一个点都可以赋予一特定数值;反身性则是说相同点必须赋予相同的数值;至于传递性假设则隐含着若 $X > Y, Y > Z$,则 $X > Z$。最后,连续性乃是指当 $X > Y$ 时,不管 X 和 Y 如何接近,在 X 和 Y 两数之间必然存在 Z,使得 $X > Z$。

我们已经知道,最一般化的偏好只要满足三个公理即可,因此由上面的讨论可知,只要满足三个公理,我们就可以将偏好以实数(或实值函数)来表示。如果再加上连续性,我们就可将偏好以连续实数函数来描述。更明确地说,我们可在消费集合 S 中定义如下的连续实数函数:

- 如果在消费集 S 中存在如下实值函数

$$U: S \to R$$

而且此函数满足下列两个性质:

(1) 当且仅当 $(X_1, Y_1) > (X_2, Y_2)$,则 $U(X_1, Y_1) > (X_2, Y_2)$;

(2) 当且仅当 $(X_1, Y_1) \sim (X_2, Y_2)$,则 $U(X_1, Y_1) = (X_2, Y_2)$。

这样的函数在经济学中被称为总效用函数(total utility function),简称效用函数(utility function),其函数值 $U(X, Y)$ 则称为效用(utility)。

上述效用函数定义中的两个性质相当容易理解:

(1) 表示只要消费者认为商品组合 (X_1, Y_1) 较 (X_2, Y_2) 好,效用函数 U 就必须赋予 (X_1, Y_1) 较高的函数值或效用;反之,如果我们由效用函数知道商品组合 (X_1, Y_1) 的效用较 (X_2, Y_2) 的效用高,这就代表消费者对 (X_1, Y_1) 的偏好较 (X_2, Y_2) 强。

(2) 的意义与(1)基本上相同,只不过适用于消费者认为毫无差异的两个商品组合。因此,两个无差异的商品组合的效用必然相等;反之,若两商品组合提供相等的效用,则这两商品组合在消费者心中必然完全相同。

根据效用函数的性质(2),我们立即知道,前面所定义的无差异曲线正是所有产生相同效用的商品组合所形成的集合。因此,无差异曲线 U 可写成:

$$U = \{(X, Y) \mid U(X, Y) = U_0, (X, Y) \in S\}$$

上式中,U_0 为一常数。在实际运用时,我们常将无差异曲线直接写成如下的隐函数形式:$U(X, Y) = U_0$。

二、边际效用和边际替代率

现在,我们进一步将效用函数限定为可微分函数(即满足可微分性假设),那么利用

微积分中有关隐函数微分的性质,我们得无差异曲线的斜率为

$$\frac{dY}{dX} = -\frac{\partial U/\partial X}{\partial U/\partial Y}$$

其中 $\partial U/\partial X$ 和 $\partial U/\partial Y$ 分别为效用函数 $U(X,Y)$ 对 X 和 Y 的偏微分。我们知道,偏微分 $\partial U/\partial X$ 意指在 Y 值固定不变的状况下,增加 1 单位 X 对效用函数 $U(X,Y)$ 的函数值的影响。也就是说,$\partial U/\partial X$ 代表了在 Y 的消费量不变的情况下,增加 1 单位的 X 所带来的"额外"效用,我们称这一额外效用为 X 商品的边际效用(marginal utility)。同样,$\partial U/\partial Y$ 是 Y 的边际效用。

- 边际效用是指在消费者的偏好和其他商品的消费数量保持不变的条件下,消费者连续消费某种商品,当其消费数量增加到最后一单位时所引起的总效用的增加量。用代数式表示如下:

$$MU_X = \frac{\partial U(X,Y)}{\partial X}, \quad MU_Y = \frac{\partial U(X,Y)}{\partial Y}$$

上一节中我们曾介绍过边际替代率的概念,其表达了为维持效用水平不变要增加一种商品的消费数量而必须放弃的另外一种商品的数量,似乎其大小只是与两商品的消费数量增量有关。其实,无差异曲线上某点的边际替代率更应该反映的是人们主观偏好的比较与变化情况,这样,依据边际替代率的定义,边际替代率其实就是无差异曲线斜率的绝对值,即其可重新表示成:

$$MRS_{XY} = -\frac{dY}{dX}\bigg|_{U=常数} = \frac{\dfrac{\partial U}{\partial X}}{\dfrac{\partial U}{\partial X}} = \frac{MU_X(X,Y)}{MU_Y(X,Y)}$$

我们也可利用边际效用和边际替代率的概念,来说明消费者偏好的未饱和性和凸性。我们知道,未饱和性是指对一产品消费越多就越好。根据边际效用的定义,这正是指该产品的边际效用恒为正值。因此,在未饱和性的假设下,我们得到 $\partial U/\partial X > 0, \partial U/\partial Y > 0$。如此一来,在未饱和假设下,无差异曲线永远是负斜率,这和我们前面由偏好分析所得的结果一致。反之,如果 X 为一坏产品,而 Y 为一好产品,则 $\partial U/\partial X < 0, \partial U/\partial Y > 0$,无差异曲线将成为正斜率,如图 3-10(b)所示。

接着来看凸性。前面已经提过,如果我们不考虑直线型无差异曲线,则所谓凸性偏好与边际替代率递减根本就是同一回事。换句话说,所谓(严格)凸性,可表示成:

$$\frac{dMRS_{XY}}{dX} < 0$$

利用前面边际替代率的表达式(且令 $\partial U/\partial X = U_X(X,Y), \partial U/\partial Y = U_Y(X,Y)$)以及隐函数微积分理论,可得:

$$\frac{dMRS}{dX} = \frac{d}{dX}\left(\frac{U_X(X,Y)}{U_Y(X,Y)}\right)$$

$$= \frac{U_Y\left(U_{XX} + U_{XY}\dfrac{dY}{dX}\right) - U_X\left(U_{YX} + U_{YY}\dfrac{dY}{dX}\right)}{U_Y^2}$$

$$= \frac{U_Y^2 U_{XX} - 2U_X U_Y U_{XY} + U_X^2 U_{YY}}{U_Y^3}$$

上式中 U_{XX}、U_{YY} 和 U_{XY} 分别为 $U(X,Y)$ 的二阶偏导数。另外,在上式的最后结果中,我们利用了前述的 $dY/dX = -U_X/U_Y$ 及 $U_{XY} = U_{YX}$ 两个恒等式。

在未饱和性假设下,我们知道 $U_X > 0, U_Y > 0$,故满足(严格)凸性的条件为:
$$U_Y^2 U_{XX} - 2U_X U_Y U_{XY} + U_X^2 U_{YY} < 0$$

这样,我们就可以清楚看到,边际效用递减规律和边际替代率递减并没有直接关系。因为边际效用递减指的是 $U_{XX} < 0, U_{YY} < 0$,但这只能使上式中的第一项和第三项成为负值。在 U_{XY} 的符号确定前,仍无法保证上式成立。反之,要使上式成立,只要 $-2U_X U_Y U_{XY}$ 为负值,且绝对值够大,边际替代率递减就不必要求边际效用一定要递减。简单地说,边际效用递减既不是边际替代率递减的充分条件,也不是必要条件。对这一点的理解和领会对初学微观经济学的读者尤其重要。

经过上面的讨论,我们知道,在第一节有关偏好的假设下,我们可以利用效用函数来描述消费者的偏好。利用效用函数来描述消费者偏好有一个最大的好处,就是可以利用微积分的技巧来分析消费者最优化问题,从而简化各种理论分析,这正是本书所要采用的方法。

实时测验 3-3

1. 边际效用递减规律的存在是否表明无差异曲线必定凸向原点?
2. 试说明下列三个效用函数是否具有边际效用递减及边际替代率递减的性质。
   (1) $U_X(X,Y) = XY$
   (2) $V(X,Y) = X^{1/2} Y^{1/2}$
   (3) $W(X,Y) = X^2 Y^2$

三、效用函数的唯一性问题:序列效用与基数效用

根据前面的讨论,我们知道效用函数是用来描述消费者偏好的一种方法。紧接着会让人想到的一个问题是,用来描述某一特定偏好的效用函数是否唯一? 实际上,如果偏好和效用函数之间有一一对应关系的话,那就再好不过了;但如果不是一一对应的关系,那又怎么办呢? 为了说明这些问题,我们回到效用函数的定义。我们知道,效用函数除了要求对偏好相同的商品组合赋予相同的效用外,最重要的是对消费者认为较好的商品组合必须赋予"较高的效用"。但我们得特别留意,这里只要求较好的商品组合要有较高的效用,却不曾要求确定"高多少"。比如,消费者认为 A、B、C 三个商品组合间的偏好关系为 $A > B > C$,则效用函数 $U(A) = 30, U(B) = 20, U(C) = 10$ 和效用函数 $V(A) = -100, V(B) = -200, V(C) = -300$ 都可用来描述该消费者的偏好。因为,用效用函数 U 来排列三个商品组合,我们得知 $U(A) > U(B) > U(C)$,故 $A > B > C$。同样,我们也有 $V(A) > V(B) > V(C)$,因而还是得到 $A > B > C$ 的结果。由此可知,一种偏好可以有一个以上(事实上,可以有无穷多个)的效用函数来加以描述和表达。

这个效用函数"非唯一"的性质有一个很重要的含义,就是效用函数值或效用本身除了用来比较大小外,没有任何其他意义。例如,根据效用函数 U,或许我们会说,消费者认为商品组合 A 比商品组合 B 多带来 10 单位的效用,因为 $U(A) - U(B) = 10$。但如果以效用函数 V 来衡量的话,会得到 $V(A) - V(B) = 100$,故 A 商品组合比 B 商品组合多带

来 100 单位效用。然而,我们已经知道,不管效用函数 U 还是 V 都是在描述同样的偏好。也就是说,若让消费者在 A 和 B 两个商品组合之间作选择,他会选 A 这个事实而已。因此,到底 A 比 B 多带来 1 单位效用还是 1 万单位效用都是一样的。就好像百米赛跑,我们只给第一位到达者颁金牌,第二位到达者颁银牌,第三位到达者颁铜牌,而不必去管第一名比第二名快几秒,第二名又比第三名快几秒一样。由于这个缘故,我们在消费者偏好理论中所采用的效用函数的主要功能就是排列商品组合的优劣次序,所以经济分析中将其称为序列效用(ordinal utility)。

当我们将分析的重点集中在序列效用时,上面所提的效用函数的"非唯一"问题就可以得到某种程度的解决。为什么呢?这是由于这些描述同一偏好的不同效用函数之间存在着一定的关系。以上面的 U 和 V 两效用函数为例,我们可将两者间的关系描绘成图 3-11 中的 a、b、c 三点。如果我们进一步将 U 和 V 之间的关系想象成连续的,即可得到图中通过 a、b、c 三点的直线。这条直线最明显的特性就是具有正的斜率。同时,图 3-11 告诉我们,变量 U 和 V 之间具有单调递增变换(positive monotonic transformation)关系。这是一个非常重要的结果。虽然任何一个偏好可以用无穷多种效用函数来描述,但只要这些效用函数代表相同的偏好,那么它们之间必然具有单调递增变换关系。反过来说,只要两个效用函数彼此间具有单调递增变换关系,则这两个函数对不同商品组合优劣次序的排列必然相同,因而也代表相同的偏好。如果我们将彼此互为单调递增变换的效用函数视为相同的效用函数,那么偏好和效用函数之间就会有一一对应关系,而前面所提的"非唯一"问题也就迎刃而解了。

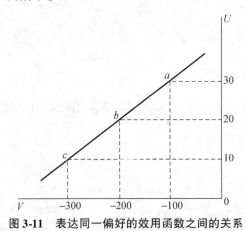

图 3-11 表达同一偏好的效用函数之间的关系

当 U 和 V 之间具有单调递增转换关系时,我们可明确地将其表示成:
$$U = f(V), f'(V) > 0 \text{ 或 } V = g(U), g'(U) > 0$$

前面我们提过,偏好可用无差异曲线来表示。现在我们已知道,彼此互为单调递增变换的效用函数代表相同的偏好。将这两个结果结合在一起,我们即刻发现,单调递增变换只不过是将赋予各条无差异曲线的效用水准加以改变,但维持原来的大小次序而已。

既然无差异曲线不因效用函数作单调递增变换而改变,那么利用彼此互为单调递增变换的不同效用函数所算出的某一特定点的边际替代率也就应该完全相同。我们这里可以更一般化地证明这个结论。假定效用函数 U 和 V 之间有单调递增变换关系,由效用函数 U 可得:

$$\mathrm{MRS}_{XY}^{U} = \frac{U_X(X,Y)}{U_Y(X,Y)}$$

另一方面,由效用函数 V 可得

$$\mathrm{MRS}_{XY}^{V} = \frac{V_X(X,Y)}{V_Y(X,Y)} = \frac{g'(U)U_X(X,Y)}{g'(U)U_Y(X,Y)} = \frac{U_X(X,Y)}{U_Y(X,Y)}$$

由此可知,$\mathrm{MRS}_{XY}^{U} = \mathrm{MRS}_{XY}^{V}$,亦即由效用函数 U 和效用函数 V 计算所得的边际替代率完全相同。这个结果并不意外,毕竟,不管 U 还是 V,它们所描绘的都是同一偏好。

这个结果还有一个重要的用途,即确定两效用函数是否代表相同偏好。我们已经知道,只要能证明某一效用函数为另一效用函数的单调递增变换,那就表示它们代表了同一偏好。然而,对某些较为复杂的效用函数,有时要证明它们之间是否存在单调递增变换关系相当困难。在这种情况下,我们就可查看它们的边际替代率是否相同,如果不同,我们马上知道两者之间并不存在单调递增变换关系,因而代表不同偏好。但读者必须特别小心,即使由两个效用函数所算出的边际替代率相同,也不一定代表两者所描述的偏好是一样的。我们必须进一步查验,这两个效用函数效用增加的方向相同,方可确定它们代表相同的偏好。[①]

实时测验 3-4

试说明下列三个效用函数 U、V 和 W 是否描述相同的偏好。

(1) $U_X(X,Y) = XY$

(2) $V(X,Y) = X^{1/2}Y^{1/2}$

(3) $W(X,Y) = X^2Y^2$

四、几个效用函数的例子

下面我们给大家介绍一些在经济分析中经常使用的效用函数的例子。

1. 柯布-道格拉斯效用函数

其表达式为:

$$U = U(X,Y) = X^{\alpha}Y^{\beta}$$

其中,α 和 β 为正的常数,表示了商品 X 和 Y 对于消费者的相对重要程度。由于该效用函数分析方便,且代表良性偏好,因此,这种效用函数在经济分析中最为常见。读者可以自行检验这一函数满足我们前面对于偏好的各种假设,其无差异曲线呈现上一节描述的凸向原点的形式。

2. 线性效用函数

其表达式为:

$$U = U(X,Y) = aX + bY$$

---

① 读者可轻易验证,"实时测验 3-4"中三个效用函数不但边际替代率相同,而且效用增加的方向也一样,因此它们代表相同的偏好。反之,读者可自行查证效用函数 $U(X,Y) = -XY$,虽然和上述三个效用函数具有相同的边际替代率,但因其效用增加的方向不同,因而不可能代表相同的偏好。

其中，$a>0,b>0$。该效用函数表示商品之间是完全替代的，在几何图形上，完全替代偏好的无差异曲线是一条直线(参看图3-9(b))，无差异曲线的斜率为$-a/b$。所以商品的边际替代率不是递减的，而是常数。除了不满足边际替代率递减之外，其余对于偏好的假设，该效用函数都满足。

3. 固定比例效用函数

其表达式为：
$$U = U(X,Y) = \min\{aX, bY\}$$

如果对该效用函数从纯数学表达的角度来理解，以为是指在aX和bY中选择最小的那一个商品来消费，那显然是不对的。其实这个效用函数要表达的是要求消费者成对地使用商品X和Y，且要a单位的X和b单位的Y一起配合使用才最合适。例如，某人早餐吃一碗豆浆和两根油条就饱了，现在你即使给他十根油条，对该消费者来说，还是一碗豆浆和两根油条给他带来的效用，受限于一碗豆浆的数量，十根油条并不会增加他的满足程度。因此，这种效用函数表达的偏好要求商品之间不能相互替代，而是搭配使用，从而是互补的。该效用函数相对应的无差异曲线呈L形，如图3-9(a)所示。

4. 拟线性效用函数

其表达式为：
$$U = U(X,Y) = v(X) + Y$$

这种效用函数对商品Y来讲是线性的，但对商品X而言却是非线性的，因而被称为拟线性(quasi-linear)的效用函数，有时也称为局部线性效用函数。这种效用函数表示的无差异曲线都是相互之间垂直平移得到的，即所有无差异曲线都是一条无差异曲线垂直移动的结果。

5. 常替代弹性效用函数

其表达式为：
$$U = U(X,Y) = (\alpha X^{\delta} + \beta Y^{\delta})^{1/\delta}$$

有时也可以表示成另外一种形式：
$$U = U(X,Y) = \begin{cases} \dfrac{X^{\delta}}{\delta} + \dfrac{Y^{\delta}}{\delta} & \text{如果 } \delta \neq 0 \\ \ln X + \ln Y & \text{如果 } \delta = 0 \end{cases}$$

该效用函数应用广泛，而且就其本质来说，包含了上面介绍的一些效用函数。读者可以证明：如果$\delta=1$，则该效用函数就变为完全替代偏好的效用函数；若$\delta=0$，则变为柯布-道格拉斯偏好的效用函数；$\delta = -\square$时，则变为完全互补偏好的效用函数。同时，$1/(1-\delta)$又被称为替代弹性(有关替代弹性的概念将在第五章生产者理论中介绍)。

第三节 预算线与预算集

一、预算线与预算集的含义

对于消费者来说，要实现真正的购买行为，就要看其是否有足够的货币收入去购买给定价格的商品。这本质上就是一个预算约束的问题。下面,我们就首先介绍一个重要的概念——预算线(budget line)。

现实中,由于每个人的经济环境不同,其消费行为亦相应地受到限制。比如,消费者都只能在其所拥有的货币数量额度内选择他能买得起的商品。那么,如何来描述消费者"买得起"与"买不起"呢?

假设某个消费者有固定收入 I,其所要选择的商品有 X 和 Y,相应地,这两种商品的价格为 P_X 与 P_Y。这样,消费者的选择就必须满足如下约束:

$$\begin{cases} P_X X + P_Y Y \leq I \\ X \geq 0 \\ Y \geq 0 \end{cases}$$

当等式成立时,消费者的收入正好用完,即

$$P_X X + P_Y Y = I$$

上式所表达的就是消费者的预算线。因此,预算线就是指在消费者的货币收入和商品价格既定的条件下,消费者所能购买到的两种商品不同组合点的轨迹。

有了预算线的概念,下面我们来定义预算集。如图 3-12 所示,图中阴影部分是 $P_X X + P_Y Y \leq I$ 的几何表示,称为预算集,它表示消费者有能力购买预算集内所有的商品组合。在预算集内部,消费者的支出不超过收入。而阴影区域的斜线边界称为预算线。消费者可以选择预算线上所有的商品,这时总支出等于总收入。

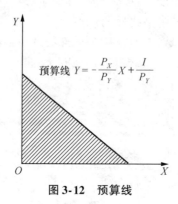

图 3-12 预算线

上述预算线可以改写成:

$$Y = \frac{I}{P_Y} - \frac{P_X}{P_Y} X$$

预算线的截距表示在 $X=0$ 时消费者最多可购买多少商品 Y,斜率的绝对值为两种商品价格之比。

二、预算线的变动

如前所述,预算线的形状是由消费者的货币收入和商品的价格决定的。如果收入或价格变动了,预算线会发生什么样的变化呢?

1. 收入变化

假设商品的价格不变,当收入 I 变动时,预算线斜率不变,而截距发生变化。这意味着预算线随着收入的变动而平行移动。例如,当收入增加时,预算线将向右移动,反之,收入减少则向左移动,如图 3-13(a)所示。

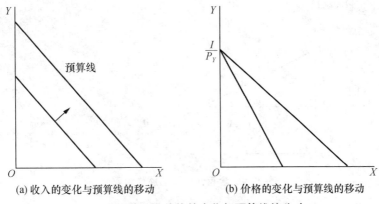

(a) 收入的变化与预算线的移动　　(b) 价格的变化与预算线的移动

图 3-13　收入和价格的变化与预算线的移动

2. 价格变化

当价格变动时,会影响预算线斜率的变化,此外还可能影响截距的变化。假定 P_Y 不变,P_X 发生变化,这时预算线在纵轴上的截距不变,只有斜率变化。当 P_X 提高时,预算线将会更陡,因为这时斜率增大。相反,当 P_X 降低时,预算线将会因其斜率变小而变得平缓,如图 3-13(b)所示。

关于 P_X 不变,P_Y 发生变化,读者可进行类似的讨论。读者还可分析一下如果收入与价格同时变动,那又会是什么样的情形。

三、包含两种以上商品的预算线

迄今为止,我们讨论的消费者预算中都假定只能消费两种商品。现实中选择范围如此狭窄的消费者屈指可数。一般而言,消费者的预算困难不是在两种商品中选择,而是在 N 种不同商品前的犹豫不决,N 可以无限大。我们知道,只有两种商品($N=2$)的情况下,预算约束是一条直线。三种商品($N=3$)时,它是一个平面。多于三种商品时,预算约束变成了数学家所谓的超平面(hyperplane),或称多维平面(multidimensional plane)。不过,真正的困难是用几何方法把这个多维平面表示出来。通常大于二维的面,我们就画不出来。

19 世纪的英国经济学家阿尔弗雷德·马歇尔提出了一个解决这个问题的简单办法:把商品分成两类,一类是一种单独的商品,记为 X;而另一类是其他商品的混合(an amalgamation of other goods),记为 Y,这个混合一般称为合成品(composite goods)。消费者就在这两类商品中进行选择。我们可以把合成品看成消费者购买商品 X 后剩余的收入数量。也就是说,它是消费者花在除 X 之外的其他商品上的金额。在我们讨论的所有例子中,我们暂且假定消费者会花光自己的收入。

为了说明合成品这个概念是如何使用的,假定消费者收入水平是 I 元,X 的价格是 P_X。如图 3-14 所示,消费者的预算约束可以用 (X,Y) 平面上的一条直线表示。为了简化,合成品的单位价格规定为 1,因此,如果消费者没在 X 上花钱,那么他就可以购买 I 单位的合成品。也就是说，如果他不买 X，那他就有 I 元花在其他商品上。相反，如果他把所有的钱都花在 X 上，那么他所购买的商品组合是 $(I/P_X, 0)$。既然 Y 的价格被假定为 1 元，预算约束的斜率就是 P_X。

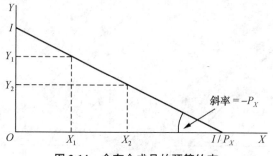

图 3-14　含有合成品的预算约束

和从前一样，预算约束描述了消费者花光所有收入购买的商品组合。如图 3-14 所示，消费者可以购买 X_1 单位 X 和 Y_1 单位合成品，也可以购买商品组合 (X_2, Y_2)，或者位于预算约束线上的任意其他组合。

四、非线性特征的预算线

前面所讨论的预算线都是线性的，但现实经济生活中，由于人们的消费活动受到各种各样条件的约束，因此，预算线会呈现非线性的情形。下面，我们介绍几种情况。

1. 数量配给的预算线

在某些特定时期，由于某些客观的原因使得人们对某些商品的消费量受到控制和约束，规定不能超过某个数量。例如，在我国改革开放之前，由于经济短缺，政府曾经对粮食、猪肉、布匹等商品实行配给供应制度，即通过发放限制数量的票证来控制这些商品的购买量。假设商品 X 是实行配给供应的商品，则一个消费者对商品 X 的购买量不能多于 X_0，该消费者的预算集将被"砍"去一块，在这种情况下，预算集就成为如图 3-15 所示的阴影部分。这时消费者预算约束就变成如下形式：

$$\begin{cases} P_X X + P_Y Y \leq I \\ X \leq X_0 \end{cases}$$

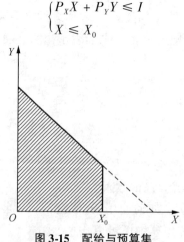

图 3-15　配给与预算集

2. 实物补贴的预算线

在有些情况下,政府也可能采用实物补贴的方式来分配商品。比如灾区救助往往是将食品、衣物直接发给灾民。还有政府给低收入家庭发放免费食品购买券,这种食品券只能用来购买食品。我们以横轴代表食品的消费,以 X 表示;纵轴表示对所有其他商品的消费,以 Y 表示。假定政府发放的食品数量为 X_0。对某消费者来说,当他对食品的消费低于 X_0 时,他可以把所有的货币花在其他商品上;当他对食品的消费超过 X_0 时,他就会按市价购买一部分食品,这样,购买其他商品的货币就会减少。该消费者的预算线如图 3-16 所示。

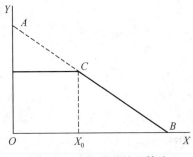

图 3-16 实物补贴的预算线

3. 数量加价和数量折扣条件下的预算线

在现实生活中,某些商品的价格因购买量的不同而不同,比如,有些城市为了节约用水,对消费者的用水量给予某种限制;消费者可以按价格 P_X^1 消费 X_0 数量的自来水,对于超过 X_0 的所有用水量必须支付更高的价格 $P_X^2(P_X^1 + \Delta P, \Delta P > 0)$,这样,消费者的预算线变得更陡。该消费者的预算线如图 3-17(a) 所示。

相反,在某些情况下,为了鼓励消费者增加某种商品的消费量,比如鼓励居民用电,对超过一定消费量的每单位商品降低价格。该消费者的预算线如图 3-17(b) 所示。

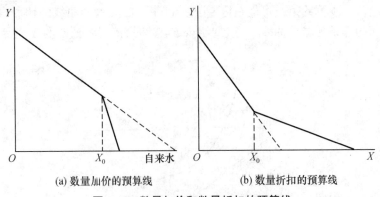

(a) 数量加价的预算线　　(b) 数量折扣的预算线

图 3-17 数量加价和数量折扣的预算线

另外,政府的某些税收也会影响消费者预算约束。例如政府征收数量税,对消费者购买的每单位商品 X 征收的税为 t,对于消费者,这等于提高价格,也就是说,征税前价格为 P_X^1,征税后为 $P_X^1 + t$,这时预算线必然会更陡。

如果政府征收从价税,即对消费者购买的价值征税,也就是说,消费者购买 1 单位商品时,除了付给商家 P_X^1 之外,另外付给政府 tP_X^1。对消费者来说,商品 X 的价格变成 $(1+t)P_X^1$,因而也同样引起预算线变陡。这两种情况下的预算线可参照上述数量加价情况下的预算线,读者自绘之。

> **实时测验 3-5**
>
> 某电力公司为了鼓励居民用电,对居民每月购买的前 1000 度电收费为 0.5 元/度,但对超额部分只收费 0.2 元/度。假设某消费者的月收入为 1000 元。请画出该消费者的预算约束。

第四节 消费者最优选择与消费者均衡

在分析消费者行为时,一般假定在各种可供选择的商品或劳务中,消费者总是选择和购买那些能够使他们得到最大限度满足的商品。但是,人们的货币收入总是有限的。一个理性的消费者在用其有限的货币收入购买各种商品或劳务时,不仅满足了自己的各种需要,而且使各种商品的效用总和达到最大化,这时他就实现了消费者均衡。因此,消费者均衡是指在一定收入和一定价格条件下,购买各种商品的一定数量的消费者所能获得的总效用达到最大值的状态。

一、消费者均衡的实现

如前所述,无差异曲线代表的是消费者对不同商品组合的主观态度,而预算约束线则显示了消费者有支付能力的商品消费的客观范围,将两者放在一起,就能决定消费者的最优选择。

图 3-18 给出了预算约束线 AB 和三条无差异曲线 U_1、U_2 和 U_3。由于有预算约束,消费者只能在 OAB 围成的三角形区域内进行选择,那么,消费者如何在 AB 线上寻找一个均衡点以使自己达到最高的效用水平呢?从图 3-18 中可以看到,追求效用极大化的消费者的均衡点应该是预算约束线可能"碰"到的最高水平的无差异曲线的切点,也就是与预算约束线相切的那条无差异曲线 U_2 上的切点 E。此时,消费者消费的 X 商品数量为 X^e,

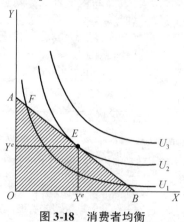

图 3-18 消费者均衡

Y 商品的数量为 Y^e。虽然 U_3 曲线的效用水平高于 U_2，但是，U_3 上任何一点的商品组合都是消费者的收入无法承担的，消费者可望不可即；反之，如果消费者选择了 F 点，虽然 F 点是他可以承受的，但是，他还没有做到效用极大化，因为 F 点所代表的效用显然低于 E 点。

让我们来看一下消费者最后选择的均衡点 E 有什么特点。由于 E 点是预算约束线 AB 和无差异曲线 U_2 的切点，因此 AB 线和 U_2 线在 E 点的斜率是相同的，回顾我们前面对预算线和无差异曲线的介绍可知，AB 是直线，在任何一点的斜率都为两种商品价格之比，即 P_X/P_Y；而 U_2 作为无差异曲线，其斜率为某一点上两种商品的边际替代率 MRS_{XY}，而我们又知道边际替代率等于两种商品边际效用之比，即 $\mathrm{MRS}_{XY} = \mathrm{MU}_X/\mathrm{MU}_Y$，综合这两个结论，我们可以得到：

$$\frac{P_X}{P_Y} = \mathrm{MRS}_{XY} = \frac{\mathrm{MU}_X}{\mathrm{MU}_Y}$$

即在消费者的均衡点上，两种商品的价格之比等于边际替代率，等于两种商品的边际效用之比。如果我们把商品的价格之比看作是市场对商品的客观评价，而把边际效用之比看作是消费者对商品的主观评价，那么当客观评价与主观评价正好相符时，消费者达到了效用极大化。

有时候，我们把 $P_X/P_Y = \mathrm{MU}_X/\mathrm{MU}_Y$ 这一结论写成如下形式：

$$\frac{\mathrm{MU}_X}{P_X} = \frac{\mathrm{MU}_Y}{P_Y}$$

二、边角均衡解

在前面的分析中，消费者均衡的条件是建立在无差异曲线凸向原点并且与预算线相切的基础之上的，此时，可以得到消费者唯一的最优消费组合，并且该组合是一个内点解。但是，如果无差异曲线不是凸向原点，而是凹向原点；或者，尽管凸向原点，可是在任何地方却都比预算线更陡峭或平坦，那么，其相应的均衡解又如何呢？

1. 无差异曲线凹向原点及其均衡解

无差异曲线凹向原点，意味着消费者拥有某种商品的数量越多，他越愿意花更大的代价来进一步增加这种商品，如图 3-19 所示。

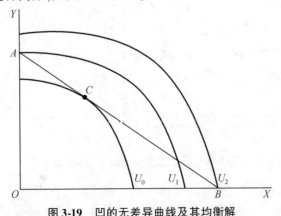

图 3-19　凹的无差异曲线及其均衡解

在图 3-19 中,凹的无差异曲线 U_0 虽然与预算约束线 AB 相切于点 C,但 C 点并不是消费者均衡点。事实上,U_0 是消费者花尽所有收入所能达到的最低效用水平,在 AB 线上过 C 点以外的任何一点所达到的效用水平均高于 U_0。我们还可以看出,虽然预算线在 A 点与 U_1 相交,且 U_1 所代表的效用水平高于 U_0,但这还不是消费者达到的最高效用水平。该消费者要花光其全部收入所能达到的最高水平无差异曲线为 U_2,且与预算线相交于 B 点,这时,消费者才达到最大的满足水平,因此,B 点是该消费者的均衡点,这是个边角均衡点。显然,只要无差异曲线是凹的,均衡点肯定在预算约束线的某一端点上,意味着消费者只消费一种商品。

> ▶ **观念澄清**
>
> 换个角度,我们从上述均衡的结果可以进一步说明为什么凹的无差异曲线不太可能存在。现实的经验观察告诉我们,每个人在其日常生活中都会消费许多种商品,而不会单独消费一种商品。就算是战争狂人,其在"大炮"和"黄油"的选择中也没有将全部资源都用于前者,这说明人们的无差异曲线应该是凸的,从而其均衡点代表了不同商品的组合。

2. 无差异曲线在任何地方都比预算线平坦或陡峭的情况及其均衡解

即使消费者对其所消费的商品组合选择具有凸向原点的无差异曲线,也可能存在角解的情况。如图 3-20(a)所示,凸的无差异曲线 U_1、U_2 和 U_3 在任何地方都比预算线 AB 平坦,而 U_2 是消费者将其全部收入用于购买食物所能达到的最高满足水平的无差异曲线。这里的 A 点所代表的消费者均衡就是所谓的边角均衡,而这种借助预算线端点求解消费者最大满足程度的方法,就是均衡的边角解法。

如果无差异曲线在任何地方都比预算线陡峭,如图 3-20(b)所示,那么,U_1 是消费者将其全部收入用于购买 X 商品所能达到的最高满足水平的无差异曲线。因为预算线的 B 点在横轴上,这意味着消费者把其全部收入都花在商品 X 上,所以这也是一种边角解。

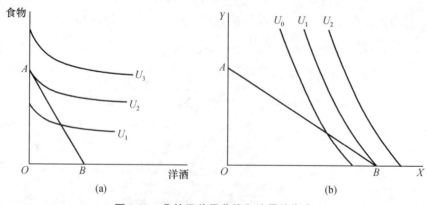

图 3-20 凸的无差异曲线和边界均衡点

其实,对于上述现象也并不难以理解。现实中的消费者由于某种原因可能并不会消费所有的商品。比如,某位消费者希望拥有一辆奔驰车,或想去喝价值好几百元的洋酒,但实际上他却没有消费这些商品,为什么呢?这并不因为他的无差异曲线是凹的,而是可能有其他原因:一种可能是该消费者的所有收入还不足以购买 1 单位的某种商品,比如说 1 辆奔驰车,而在多数情况下,消费者的均衡应该是整数解,无法消费 1/10 辆奔驰车或 1/2 件衣服,所以他不得不将奔驰车从可能选择中排除;另一种可能原因则不同,比如洋酒的价格虽是消费者的收入可以承担的,而他没有消费这种商品是因为第 1 个单位的该商品带来的效用就不足以抵偿它的成本——价格。在图 3-20(a)中,预算约束线 AB 所能达到的最高水平无差异曲线是 U_2,均衡点是 A,消费者所有收入都用于食物,因为在 A 点,无差异曲线的斜率要小于预算约束线,意味着对消费者来说,喝洋酒带来的效用不足以抵偿它带给消费者的支出——洋酒价格。

所以,从以上的分析可以看出,$P_X/P_Y = \text{MRS}_{XY}$ 是消费者均衡的充分条件而不是必要条件,只有当消费者同时消费两种商品时,这一等式才是消费者均衡的充要条件。

▶**观念澄清**

在本章的学习中,细心的读者可能注意到,最优化问题的一阶条件通常只是必要条件,而不是充分条件。我们怎么能保证由一阶条件所求得的解确实使消费者的效用达到最大呢?

依据数学最优化理论,如果目标函数是凹的,那么一阶条件不仅是最大化的必要条件,而且是充分条件。所以,要保证一阶条件确实给出了使效用最大化的解,必须要求效用函数为凹。我们自然要问,既然效用函数的几何表示为无差异曲线,那么,效用函数的凹性与无差异曲线的凸性有何关系?

在本章第三节中,我们知道效用函数的凹性正对应于无差异曲线的凸性。例如,一阶条件是最优解的必要条件而不一定是充分条件的情况,正对应于预算直线与无差异曲线的切点不一定是最优解的情况。而且,如果无差异曲线不是严格凸的,那就可能出现多个最优解。同样,要是效用函数不是严格凹的,一阶条件也可能有多个解。因此,要保证消费者决策的问题只有一个解,我们还要求效用函数是严格凹的。关于凹函数和凸无差异曲线之间的关系以及它们与最优化问题的关系问题,读者可参考詹姆斯·M. 亨德森等著的《中级微观经济理论——数学方法》(北京大学出版社 1988 年版)中的附录部分。

例题 3-1 完全互补品的均衡解

解 对于完全互补品,消费者会以固定比例消费两种商品,消费者的最优选择必然出现在对角线上,如图 3-21 所示。本着最优选择的原则,无论价格是多少,消费者都必须按固定比例购买两种商品,即 $X/Y = a/b$。我们可得到如下方程组:

$$\begin{cases} P_X X + P_Y Y = I \\ X/Y = a/b \end{cases}$$

解方程组,得到最优解:

$$X^* = \frac{aI}{aP_X + bP_Y}$$

$$Y^* = \frac{bI}{aP_X + bP_Y}$$

例题 3-2 完全替代品的最优解

解 图 3-22 表示的是完全替代品的无差异曲线和预算约束线。完全替代品的一个重要特点是消费者愿意以固定比例用一种商品替代另一种商品。

在完全替代的情况下，消费者对商品的相对价格的变动非常敏感，一般会购买价格较低的那种商品。因此，最优选择点通常在边界上，亦即存在边角解。显然，边角解不满足边际替代率与价格比率相等的条件。如果商品 X 的价格低于商品 Y，对商品 X 的需求为 $X = I/P_X$。如果商品 X 的价格高于商品 Y，则商品 X 的需求为零。如果两种商品具有相同的价格，就会有一系列的最优选择，满足预算约束的任何数量的两种商品都是最优的。

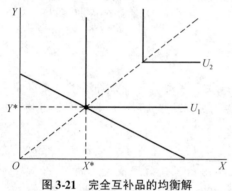

图 3-21 完全互补品的均衡解

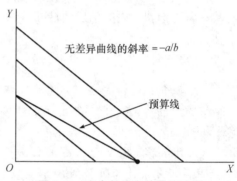

图 3-22 完全替代品的最优选择

实时测验 3-6

假定西蒙吃饭时总是在每片面包上放两小块黄油。

（1）如果面包的价格是 0.10 美元/片，黄油是 0.20 美元/块，而西蒙每月有 12 美元可以花在面包和黄油上，那么，西蒙每月的最佳消费计划是什么？

（2）假定西蒙开始担心胆固醇增高，于是在每片面包上只放一块黄油。那么他每个月消费多少面包和黄油？

三、消费者均衡的代数推导

对于消费者均衡的实现，我们已经通过图形的方式进行了介绍，但是，为了更严谨地讨论消费者最优选择问题，我们需要从严密的代数推导的角度来进行分析。

依据前面的消费者均衡的定义，消费者的目标就是在其预算约束下追求其最大效用。为了分析的方便，我们假设消费者消费两种商品，其效用函数为 $U = U(X_1, X_2)$，其中 X_1 和 X_2 分别是这两种商品的消费数量，它们相应的价格分别为 P_1 和 P_2，消费者的收入为 I。由此，我们可构造消费者模型如下：

$$\max_{X_1, X_2} U = U(X_1, X_2)$$
$$\text{s.t.} \quad P_1 X_1 + P_2 X_2 = I$$

为了求得这个模型的最优解，我们可构造拉格朗日函数（其中 λ 是拉格朗日乘数）：

$$L(X_1, X_2, \lambda) = U(X_1, X_2) + \lambda[I - (P_1 X_1 + P_2 X_2)]$$

求解效用最大化的一阶条件:

$$\frac{\partial L(X_1,X_2,\lambda)}{\partial X_1} = \frac{\partial U(X_1,X_2)}{\partial X_1} - \lambda P_1 = 0 \qquad (3\text{-}1)$$

$$\frac{\partial L(X_1,X_2,\lambda)}{\partial X_2} = \frac{\partial U(X_1,X_2)}{\partial X_2} - \lambda P_2 = 0 \qquad (3\text{-}2)$$

$$\frac{\partial L(X_1,X_2,\lambda)}{\partial \lambda} = I - P_1 X_1 - P_2 X_2 = 0 \qquad (3\text{-}3)$$

把(3-1)、(3-2)和(3-3)式联立求解可得消费者均衡条件下的最优解:

$$X_1^* = X_1^*(P_1,P_2,I)$$
$$X_2^* = X_2^*(P_1,P_2,I)$$

这一最优解(X_1^*,X_2^*)就相当于前面我们通过图形分析(如图3-18所示)得到的无差异曲线与预算线相切时的最优消费组合(X^e,Y^e),它们都表达了在预算约束下消费者花光其全部收入,从而实现其效用极大所做出的最优选择。

在我们得到最优解的同时,还可以利用效用极大化的一阶条件[①]得出一些更有意义的结论。很明显,(3-3)式表示了最优解(X_1^*,X_2^*)必须满足预算限制,或必须是预算线上的一个点。接着我们可将(3-2)、(3-3)两式中的负项移到等号右边,再将两式上下相除,即得:

$$\frac{\partial U(X_1^*,X_2^*)/\partial X_1}{\partial U(X_1^*,X_2^*)/\partial X_2} = \frac{P_1}{P_2}$$

显然上式的左边正好就是消费者在(X_1^*,X_2^*)这一点的边际替代率,因此有:

$$\text{MRS}_{12} = \frac{\partial U(X_1^*,X_2^*)/\partial X_1}{\partial U(X_1^*,X_2^*)/\partial X_2} = \frac{\text{MU}_1}{\text{MU}_2} = \frac{P_1}{P_2}$$

这一结果与前面图形分析中无差异曲线与消费者预算线相切点所得到的消费者均衡实现的条件完全相同。

下面我们讨论拉格朗日乘数λ的经济含义。

在上面利用(3-1)—(3-3)式解出消费者均衡解(X_1^*,X_2^*)的过程中,实际上我们也可以同时解出λ^*,而且与X_1^*、X_2^*一样,λ^*的值也是决定于P_1、P_2和I三个参数值。现在,我们将解得的X_1^*、X_2^*代回到效用函数$U=U(X_1,X_2)$中,并明确将其与三个参数的关系写出,可得:

$$V(P_1,P_2,I) = U[X_1^*(P_1,P_2,I),X_2^*(P_1,P_2,I)]$$

$V(P_1,P_2,I)$代表消费者拥有货币收入I,在面对商品价格P_1、P_2时所能达到的最大效用,经济学上称其为间接效用函数(indirect utility function),以便与(直接)效用函数$U(X_1,X_2)$相区别。

因消费者所能达到的最大效用决定于P_1、P_2和I,故我们可以看一看,当P_1、P_2固定且货币收入增加1单位时,最大效用会改变多少。

---

① 本章中除非特别说明,一般我们在求解效用极大化问题时都假定二阶条件满足,集中精力讨论一阶条件的经济学含义。对于二阶条件的讨论读者可以参见《中级微观经济理论——数学方法》(亨德森、匡特著,北京大学出版社1988年版)中的有关内容。

将上述间接效用函数 $V(P_1, P_2, I)$ 表达式对 I 进行全微分可得：

$$\frac{\partial V}{\partial I} = \frac{\partial U}{\partial X_1^*} \cdot \frac{\partial X_1^*}{\partial I} + \frac{\partial U}{\partial X_2^*} \cdot \frac{\partial X_2^*}{\partial I}$$

因 X_1^*、X_2^* 由前述效用极大化求解的一阶条件(3-1)—(3-3)式联立解出，故它们必然满足(3-1)和(3-2)式。从(3-1)和(3-2)式中可得，$\frac{\partial U}{\partial X_1^*} = \lambda^* P_1$，$\frac{\partial U}{\partial X_2^*} = \lambda^* P_2$，将此两式代入上式，则有：

$$\frac{\partial V}{\partial I} = \lambda^* P_1 \cdot \frac{\partial X_1^*}{\partial I} + \lambda^* P_2 \cdot \frac{\partial X_2^*}{\partial I} = \lambda^* \left(P_1 \cdot \frac{\partial X_1^*}{\partial I} + P_2 \cdot \frac{\partial X_2^*}{\partial I} \right)$$

将效用极大化的一阶条件中(3-3)式对 I 作全微分（这里切记 P_1、P_2 为固定，且 X_1^*、X_2^* 为 P_1、P_2 和 I 的函数），我们可得到：

$$1 - P_1 \cdot \frac{\partial X_1^*}{\partial I} - P_2 \cdot \frac{\partial X_2^*}{\partial I} = 0 \Rightarrow P_1 \cdot \frac{\partial X_1^*}{\partial I} + P_2 \cdot \frac{\partial X_2^*}{\partial I} = 1$$

因此我们将得到：

$$\frac{\partial V}{\partial I} = \lambda^*$$

此式告诉我们，在消费者达到均衡时，拉格朗日乘数 λ^* 表示了货币收入增加 1 单位对消费者最大效用水平的影响。也正因这个缘故，在消费者行为分析中，拉格朗日乘数常被称为代表货币收入的边际效用（marginal utility of income），即 $MU_I = \frac{\partial V(P_1, P_2, I)}{\partial I} = \lambda^*$。另外，在此需特别指出，这个名词并不表示货币收入本身能直接提供效用，而是指当消费者货币收入增加后，再经过一次追求效用极大化的过程，在新的最优选择下消费者实现的最大效用与货币收入增加前的最大效用之间的差异。因此，效用变动的直接原因还是对 X_1 与 X_2 两产品消费的改变，货币收入改变只是间接地影响效用而已。

利用 λ^*，我们可重新诠释消费者均衡一阶条件的经济意义。(3-1)式中，$\partial U/\partial X_1 = MU_1$，即它表示在实现消费者均衡时额外增加 1 单位 X_1 所能带给消费者的边际效用。但为多消费这 1 单位 X_1，消费者必须付出 P_1 的额外支出，故 $\lambda^* P_1$ 代表消费者为多购买 1 单位 X_1 所必须支出的效用。当由多消费 1 单位 X_1 所获得的效用超过因而所必须支出的效用时，即 $MU_1(X_1^*, X_2^*) > \lambda^* P_1$，消费者多购买 1 单位 X_1 会让其总效用提高，因此就会购买此 1 单位 X_1。只要这种不等式的关系继续存在，消费者就会持续增加对 X_1 的购买以提高效用。这个过程只有在 $MU_1(X_1^*, X_2^*) = \lambda^* P_1$ 达到时方会停止。反之，只要 $MU_1(X_1^*, X_2^*) < \lambda^* P_1$ 成立，消费者购买此 1 单位 X_1 会让其总效用下降，就不会购买该单位的 X_1，且只要这种关系持续存在，消费者就得不断减少 X_1 的购买以提高效用，直到 $MU_1(X_1^*, X_2^*) = \lambda^* P_1$ 成立时方会停止减少 X_1 的购买。因此，消费者均衡的条件之一为 $MU_1(X_1^*, X_2^*) = \lambda^* P_1$。同样推论可援引到 X_2 商品而得知 $MU_2(X_1^*, X_2^*) = \lambda^* P_2$ 亦为消费者均衡的条件。这样我们就可以得到：

$$\frac{MU_1(X_1^*, X_2^*)}{P_1} = \frac{MU_2(X_1^*, X_2^*)}{P_2} = \lambda^*$$

上式告诉我们,当消费者达到均衡时,他花在 X_1 与 X_2 商品上的最后一块钱会带来相同的边际效用,且此边际效用刚好等于货币的边际效用。这就是所谓的能保证消费者最优选择实现的"等边际法则"。

前面讨论的是实现消费者均衡的内点解的条件。如果是角点解,那么就需要适当修改条件,变为:

$$\frac{\partial L(X_1, X_2, \lambda)}{\partial X_i} = \frac{\partial U(X_1, X_2)}{\partial X_i} - \lambda P_i \leq 0, \quad i = 1, 2$$

根据互补松弛条件,如果 $\partial L/\partial X_i = \partial U/\partial X_i - \lambda P_i < 0$,那么 $X_i = 0$。这就意味着:

$$P_i > \frac{\partial U/\partial X_i}{\lambda} = \frac{\mathrm{MU}_i}{\lambda}$$

即消费者不会购买任何价格超过其对于消费者边际价值的商品,这与两种商品的角点解相同(参见图 3-20)。

当 P_1、P_2、I 中的任何一个变量发生变化时,预算线都要改变,从而均衡点也会改变。但是有一个例外,就是当三者同时发生相同比例的变化时,消费者的预算线和预算集都不改变,这样消费者均衡也不会改变,即

$$X_1^*(\lambda P_1, \lambda P_2, \lambda I) = X_1^*(P_1, P_2, I)$$
$$X_2^*(\lambda P_1, \lambda P_2, \lambda I) = X_2^*(P_1, P_2, I)$$

显然,从数学角度看,消费者均衡是 P_1、P_2、I 三者的零次齐次函数。这是消费者均衡的一个非常重要的性质,即当所有物价和消费者货币收入都以相同比例上升或下降时,消费者的最优选择都会受到影响。经济学上把这种现象称为"货币幻觉"(money illusion)。

例题 3-3 假设消费者的效用函数为柯布-道格拉斯偏好的效用函数 $U(X_1, X_2) = X_1^\alpha X_2^\beta$。试求解消费者的最优选择。

解 构造拉格朗日函数(其中 λ 是拉格朗日乘数):

$$L(X_1, X_2, \lambda) = X_1^\alpha X_2^\beta + \lambda[I - P_1 X_1 - P_2 X_2]$$

求解效用最大化的一阶条件:

$$\frac{\partial L}{\partial X_1} = \alpha X_1^{\alpha-1} X_2^\beta - \lambda P_1 = 0 \tag{3-4}$$

$$\frac{\partial L}{\partial X_2} = \beta X_1^\alpha X_2^{\beta-1} - \lambda P_2 = 0 \tag{3-5}$$

$$\frac{\partial L}{\partial \lambda} = I - P_1 X_1 - P_2 X_2 = 0 \tag{3-6}$$

整理 (3-4)、(3-5) 式可得:

$$\frac{\alpha X_2}{\beta X_1} = \frac{P_1}{P_2} \rightarrow P_2 X_2 = \left(\frac{\beta}{\alpha}\right) P_1 X_1$$

代入 (3-6) 式后可得:

$$I = P_1 X_1 + \left(\frac{\beta}{\alpha}\right) P_1 X_1$$

这样可以得到两种商品的最优消费量为:

$$X_1^* = \frac{\alpha}{\alpha+\beta} \cdot \frac{I}{P_1}, \quad X_2^* = \frac{\beta}{\alpha+\beta} \cdot \frac{I}{P_2}$$

假设 $\alpha+\beta=1$,则有:

$$\frac{P_1 X_1}{I} = \alpha, \quad \frac{P_2 X_2}{I} = \beta$$

这就意味着消费者在每种商品上消费的支出比重是固定的,即总收入 I 中 α 部分消费商品 1,β 部分消费商品 2。但是,现实经济活动中,我们会发现收入中配置到某种商品上的比率会经常随着经济条件的变化而改变,所以柯布-道格拉斯效用函数在对实际消费行为的解释力上有局限性。我们需要更加一般的效用函数。

例题 3-4 假设消费者的效用函数为 CES 效用函数,即 $U(X_1, X_2) = X_1^{0.5} + X_2^{0.5}$,试求该消费者的最优消费组合。

解 构造拉格朗日函数(其中 λ 是拉格朗日乘数):

$$L(X_1, X_2, \lambda) = X_1^{0.5} + X_2^{0.5} + \lambda[I - P_1 X_1 - P_2 X_2]$$

求解效用最大化的一阶条件:

$$\frac{\partial L}{\partial X_1} = 0.5 X_1^{-0.5} - \lambda P_1 = 0 \tag{3-7}$$

$$\frac{\partial L}{\partial X_2} = 0.5 X_2^{-0.5} - \lambda P_2 = 0 \tag{3-8}$$

$$\frac{\partial L}{\partial \lambda} = I - P_1 X_1 - P_2 X_2 = 0 \tag{3-9}$$

整理(3-7)、(3-8)式可得:

$$\left(\frac{X_2}{X_1}\right)^{0.5} = \frac{P_1}{P_2} \Rightarrow X_2 = \left(\frac{P_1}{P_2}\right)^2 X_1$$

代入(3-9)式后可得到两种商品的最优消费量为:

$$X_1^* = \frac{I}{P_1[1 + P_1/P_2]}, \quad X_2^* = \frac{I}{P_2[1 + P_2/P_1]}$$

由上面所得到的均衡解又可以得出:

$$\frac{P_1 X_1^*}{I} = \frac{1}{1 + P_1/P_2}, \quad \frac{P_2 X_2^*}{I} = \frac{1}{1 + P_2/P_1}$$

显然,本题中消费者对两个商品的消费支出在总收入中的比重就不再是常数,而是相对价格的减函数,亦即当商品相对便宜的时候,各商品的消费支出金额在总收入中的比重上升。而这与人们的一般常识较为吻合,具有一定的现实意义。

第五节 收入、价格的变动和需求——比较静态分析

在上一节我们分析消费者均衡时曾假定消费者偏好、收入和商品的价格不变,但是,实际上这三个因素都会发生变化。而且,只要其中一个因素发生变化,就会导致无差异曲线或预算线的变动,从而形成新的消费者均衡。本节将利用比较静态分析法分析收入、价格的变动对消费者均衡的影响,并推导相应的需求曲线。

一、收入—消费线与恩格尔曲线

1. 收入—消费线

在消费者偏好和商品价格不变,而仅有消费者收入发生变化时,就会引起消费者的最优消费组合均衡点的变化,由此可以得到收入—消费线。

如图 3-23 所示,在价格(即 P_X 与 P_Y)不变条件下,当收入 I 增加时,将使得预算线由 A_1B_1 移至 A_2B_2,至 A_3B_3,…,相应地,消费均衡点也跟着由 C_1 往上移至 C_2,至 C_3,…,连接这些消费均衡点(C_1,C_2,C_3,…)即可得一条曲线,我们称之为收入—消费线(I.C.C. 线)。收入—消费线是指在商品价格不变的条件下,与不同的收入水平相联系的商品购买量组合点的轨迹。由 I.C.C. 线的变动,我们可进一步判断哪种商品是低档品,哪种是正常品或中性品。

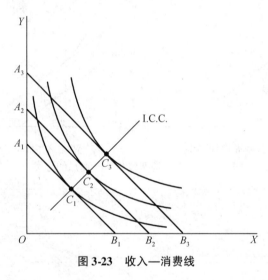

图 3-23 收入—消费线

在进行判断分析之前,有必要先介绍一下正常品、低档品与收入中性品的概念:

- 正常品(normal goods):在其他条件不变的情况下,当收入增加(或减少)时,对商品的需求亦会增加(或减少);即收入和对商品的需求呈同方向变动的商品称为正常品。
- 低档品(inferior goods):在其他条件不变的情况下,当收入增加(或减少)时,对商品的需求反而减少(或增加);即收入和对商品的需求呈反方向变动的商品称为低档品。
- 收入中性品(income-neutral goods):在其他条件不变的情况下,对商品的需求不会受收入变动影响的商品称为收入中性品。

从图 3-24 可得知:当收入增加,I.C.C. 曲线向右上方移动时,其斜率为正,此时 X 商品与 Y 商品均为正常品,如图(a)所示;当 I.C.C. 线向右下方移动时,其斜率为负,此时 X 商品为正常品而 Y 商品为低档品,如图(b)所示;当 I.C.C. 线向左上方移动时,X 为低档品而 Y 为正常品,如图(c)所示;当 I.C.C. 为垂直线时,X 为收入中性品,而 Y 为正常品,如图(d)所示。

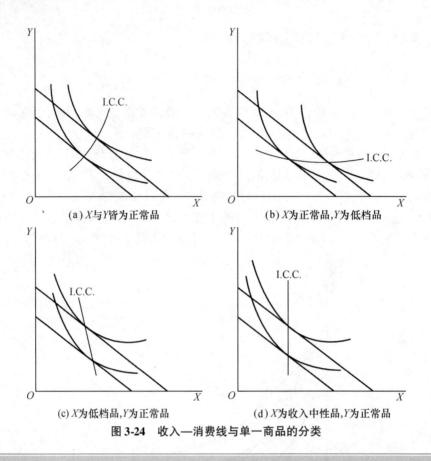

图 3-24 收入—消费线与单一商品的分类

实时测验 3-7

是否可绘出 X 与 Y 皆为低档品的 I.C.C. 曲线？

▶ **观念澄清**

多数初学者往往以为两无差异曲线是两条平行的曲线，这种观点是错误的，因为曲线之间并无平行的定义，它和直线不同；对直线而言，其不平行必相交（在同一平面上），但曲线却无此特性。

---

2. 从收入—消费线导出恩格尔曲线

通过 I.C.C. 曲线，我们将进一步导出恩格尔曲线（Engel curve）。首先，我们对恩格尔曲线下个定义：恩格尔曲线表示了在其他条件不变的情况下，收入水平变动与由收入变动所引起的某一商品消费量变动关系的曲线。

我们先假设 P_X，P_Y 不变，而收入则由 I_1，I_2，…逐渐增加，由此可得 C_1，C_2，…消费均衡点。从这些收入的改变所导致的均衡点的变化中，我们可得知收入变化与 X 消费变动的关系，比如，当收入为 I_1 时，与均衡点 C_1 相对应，消费者的最优消费量为 X_1，当收入为 I_2 时，最优消费量为 X_2，等等，将这些收入—消费组合描绘在 X—I 坐标系中所形成的曲线即为恩格尔曲线，如图 3-25 所示。

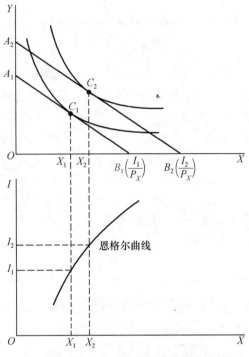

图 3-25　由 I.C.C. 曲线导出恩格尔曲线

在第二章中,我们考察了需求量与商品自身价格的弹性关系,现在,我们探讨需求量和收入的弹性关系。首先,我们对需求的收入弹性定义如下:

- 需求的收入弹性(income elasticity of demand)是指在某特定时间内,某商品或劳务需求量变动的百分比与消费者收入变动的百分比之比。它被用来测度某种商品或劳务需求量的相对变动对于消费者收入相对变动的敏感性程度。其计算公式如下:

$$e_I = \frac{需求量变动百分率}{收入变动百分率} = \frac{I}{Q_d} \cdot \frac{dQ_d}{dI}$$

式中 e_I 代表收入弹性系数。

通过需求的收入弹性的大小,我们可以把商品进一步分类:

(1) 若 $e_I > 1$,表示某商品消费量的增加率超过收入的增加率,这种产品属于"奢侈品"。

(2) 若 $0 < e_I < 1$,表示某商品消费量的增加率低于收入的增加率,这种产品属于"必需品"。

(3) 若 $e_I < 0$,表示收入增加时,消费量反而减少,这种产品属于"低档品"。

奢侈品及必需品均为"正常品",其收入弹性均大于零,而低档品为"非正常品",其收入弹性小于零,是一种不为消费者欢迎的产品。

专栏 3-2

恩格尔定律

普鲁士时代的经济学家恩格尔(Ernst Engel,1821—1896)在研究比利时的家庭消费行为时发现食物开支占收入的比例随着收入的提高而降低,即低收入家庭的食物开支占收入的比例大于高收入家庭食物开支占的比例,这就是所谓恩格尔定律。这一定律后来为成百个研究所证实,并得以在国际上推广,并被进行历史性比较。也就是说,不发达国家花在食物上的收入部分高于发达国家花在食物上的收入部分。从历史上看,随着经济发展和收入水平的提高,用于食物的收入比例逐步下降。例如,在 19 世纪,美国人在食物上的开支接近收入的 50%,而现在,他们在食物上的开支平均为收入的 15%。

注意,恩格尔定律并没有说食物是低档品。随着收入的增加,食物的开支一般也增加,只是不如收入增加得那么快而已。所以,恩格尔定律只是说食物需求的收入弹性小于 1。

同时,我们也应注意,上述把商品分为奢侈品、必需品或低档品的做法都带有时间性。随着时间的推移,人们收入的增加,奢侈品可能变为必需品,必需品也可能成为低档品。大家可以在日常生活中找出许多例子来说明这一现象。

▶**观念澄清**

(1) 收入需求弹性主要用于预测某产业将来的发展潜力。因为当收入弹性大于 1 时,表示需求量增加的速度大于收入增加的速度。假设每年国民收入增加,这样就可以利用收入需求弹性来预测某种产业未来发展的方向。

(2) 恩格尔曲线与宏观经济学中的消费函数(consumption function)不同,恩格尔曲线是针对某产业消费量与收入的关系,而消费函数则是指全国消费量或金额与收入的关系。

二、价格—消费线与需求曲线

1. 价格—消费线及其与需求弹性的关系

在消费者偏好和收入不变,仅有某一种商品价格发生变化时,也会引起消费者的最优消费组合均衡点的变化,由此可以得到价格—消费线。

在图 3-26 中,假设 I、P_Y 不变,而当 P_X 由 P_X^1 下降至 P_X^2,再由 P_X^2 下降至 P_X^3 时,预算线将由 A_1B_1 移至 A_1B_2,再由 A_1B_2 移至 A_1B_3,至此可得消费均衡点 C_1、C_2、C_3,将这些消费均衡点连接起来,便可得出价格—消费线,简称 P.C.C. 线。价格—消费线是指在消费者货币收入不变的条件下,由于消费者所购买的两种商品的相对价格发生变化而引起的均衡商品购买量组合点的轨迹。

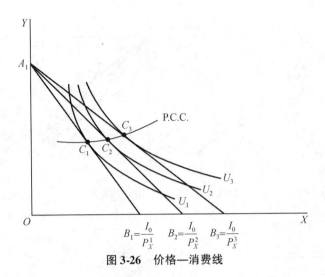

图 3-26　价格—消费线

接下来,我们要进一步介绍 P.C.C. 线与需求弹性之间的关系。

在图 3-27 中,纵坐标表示货币收入或其他商品的支出,横坐标表示对 X 商品的消费量,OA 表示消费者的所有货币收入,OB 表示以 OA 的收入全部用来购买 X 商品所可以购买得到的数量。因此,$\dfrac{OA}{OB}$ 即为 X 商品的价格(因为总支出除以购买量即为价格),因而 AB 线的斜率为 $-P_X\left(-\dfrac{P_X}{P_I}=-\dfrac{P_X}{1}\right.$,而 I 为货币收入,其货币的价格为 $1\bigg)$。此时消费者会在点 C 消费(即消费者会拥有 OF 的 X 商品及 FC 的收入)。因此,图 3-27 说明了消费者在 P_X 的价格下,也会以 EC 的货币收入来购买 OF 的 X 商品。

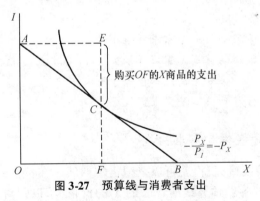

图 3-27　预算线与消费者支出

由以上的观点,我们可利用 P.C.C. 线来说明需求弹性的大小。现详述如下:

在图 3-28(a)中,C_1E_1 表示在 P_X^1 之下对 X 商品的消费支出,同理,C_2E_2 和 C_3E_3 分别表示在 P_X^2、P_X^3 之下对 X 商品的消费支出,从图(a)中,可以看出 $C_1E_1 > C_2E_2 > C_3E_3$,当 X 商品的价格为 P_X^1 时,消费点为 C_1,此时,消费者 X 商品的支出为 C_1E_1,而当 X 商品价格下降至 P_X^2 时,其支出反而减少为 C_2E_2。根据第二章中需求弹性与总支出的关系可推断,该商品的需求弹性小于 1(价格下降,总支出下降);同理可证得,图(b)及图(c)中商品的需求弹性分别为大于 1 及等于 1。至于图(d)则表示:当 P_X 价格下跌时,对 X 商品的需求量反而减少,此乃违反需求规律,故其需求弹性小于零,但不能以价格与总支出变动的关系来判断其需求弹性为多少。

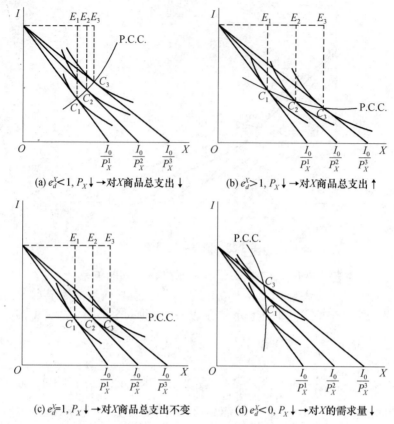

图3-28　P.C.C. 曲线与需求弹性之间的关系

- 当 X 商品的价格下跌：

  P.C.C. 向右上方移动 $\Leftrightarrow$ X 需求弹性小于 1

  P.C.C. 向右下方移动 $\Leftrightarrow$ X 需求弹性大于 1

  P.C.C. 为一水平线 $\Leftrightarrow$ X 需求弹性等于 1

  P.C.C. 向左上方移动 $\Leftrightarrow$ X 需求弹性小于 0

2. 从价格—消费线推导需求曲线

得到了价格—消费线后，我们就可以获得需求曲线。在价格—消费线上，取各个均衡点下 X 的数量及通过各点预算线所代表的 X 的价格，予以配对形成价格—需求量组合，把这些组合连接起来即可绘成需求曲线，其情形见图3-29。

由该图形可看出，d_1 点的横坐标为 C_1 点所决定的 X 的数量 X_1，纵坐标为通过 C_1 点的预算线所代表的 X 的价格，即 P_1；d_2 点的横坐标为 C_2 点所决定的 X 的数量 X_2，纵坐标为通过 C_2 点的预算线所代表的 X 的价格，即 P_2；其余以此类推。连接 d_1、d_2、d_3 等各点即可形成需求曲线 D。

下面利用 P.C.C. 线导出的需求曲线判断其需求弹性，如图3-30 所示。从图3-30 的图(a)、(b)、(c)、(d) 中，可以找出 X 商品的价格与其消费量的关系，即为需求曲线，并且不难观察出图(b)的需求曲线比图(a)的需求曲线平坦，因此图(b)的需求弹性也较图(a)为大。

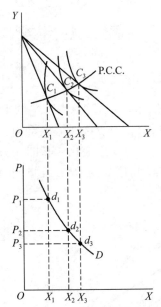

图 3-29　由 P.C.C. 曲线导出需求曲线

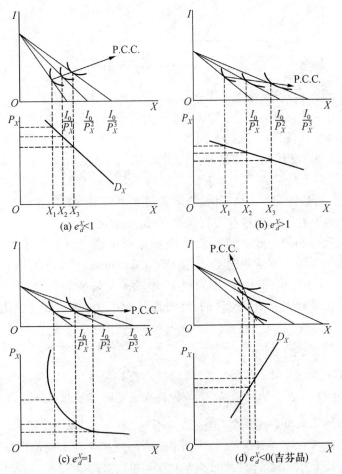

(a) $e_d^X < 1$　　(b) $e_d^X > 1$

(c) $e_d^X = 1$　　(d) $e_d^X < 0$(吉芬品)

图 3-30　由 P.C.C. 曲线导出需求曲线与需求弹性的关系

第六节　替代效应与收入效应

一、替代效应与收入效应的含义

上一节我们分别考察了价格和收入变动对需求量的影响。事实上,这两种变动对消费者需求的影响往往是不可分割的。当价格发生变动时,即使货币收入不变,消费者的真实购买力或者说真实收入也会相应发生变化。在图3-31中,当X商品的价格从P_1下降到P_2时,X商品的需求量便从OX_1增加到OX_3,所增加的需求量X_1X_3是价格变动的结果,被称为价格效应(price effect)。

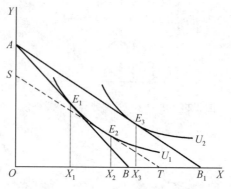

图3-31　收入效应和替代效应

但进一步分析就会发现,增加的需求量是两种因素共同作用的产物。一是X商品价格下降后,虽然Y商品的价格不变,但意味着Y商品价格相对提高,消费者势必用相对便宜的X商品来替代价格相对较高的Y商品,从而增加了对X商品的需求量;反之,如果X商品价格上涨,消费者必然用Y商品来替代X商品。二是在消费者名义货币收入不变的情况下,X商品价格下降会提高消费者的真实购买力,进而使消费者以同量的货币支出购买更多的X商品,最后使得对X商品的需求增加。前一种影响被称为替代效应(substitute effect),而后一种影响则被称为收入效应(income effect)。

在上面替代效应和收入效应的定义中,我们未对价格变动后,所谓"真实收入不变"的提法加以明确的说明。下面我们将介绍斯勒茨基(Slutsky)和希克斯(Hicks)两位学者分别对"真实收入不变"所下的两种不同定义:斯勒茨基是从购买的组合成本来分析,而希克斯则是从满足或效用方面来探讨的,现代微观经济理论则广泛地引用了希克斯的观点来作分析。

- "真实收入不变"的定义:

  斯勒茨基的定义:在价格变动后,欲维持原购买的组合所必须付出的金额。

  希克斯的定义:在价格变动后,欲维持原来满足的程度所必须付出的最小金额。

我们以一个例子来对上述两个"真实收入不变"定义予以说明。

设原来某消费者有收入100元,其所消费的两种商品X和Y的价格分别为$P_X=4$,$P_Y=2$,预算线为AB,C为均衡点(设此时$X=10$,$Y=30$),如图3-32所示。

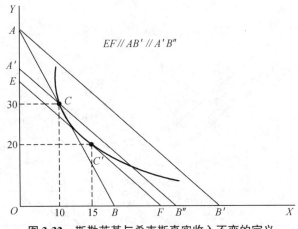

图 3-32 斯勒茨基与希克斯真实收入不变的定义

当 X 商品价格下降至 $P_X = 3$ 时,预算线会向右移至 AB'(因为若全部用来购买 X 商品的数量会增加)。此时若过 C 点作 AB' 的平行线,此平行线 $A'B''$ 即为斯勒茨基所指的真实收入不变的预算线。斯勒茨基以后来的价格购买原来消费组合的数量所需支付的金额视为真实收入不变,在此处其金额为 $3 \times 10 + 2 \times 30 = 90$;而希克斯所用的观点则是以后来的价格去购买能维持原来满足水平的金额最少的商品组合,如图中 $EF(EF /\!/ AB')$ 即为所称的真实收入不变的预算线,此时的消费点在点 C',令 C' 点为 $X = 15$,$Y = 20$,则希克斯所指的真实收入不变的金额应为 $3 \times 15 + 2 \times 20 = 85$,即 P_X 价格下跌后,斯勒茨基认为真实收入增加了 10 元,而希克斯则认为增加了 15 元。

> **实时测验 3-8**
> 如图 3-32 所示,希克斯的真实收入是否一定会比斯勒茨基的真实收入小?

二、不同商品的收入效应和替代效应——希克斯分析法

现在,我们可以基于真实收入的定义分析商品的替代效应和收入效应。由于对"真实收入不变"所作的解释不同,因而有两种不同的分析方法——希克斯分析法和斯勒茨基分析法。下面我们先用希克斯分析法来逐一介绍正常品、低档品和吉芬品的收入效应和替代效应。

1. 正常品的收入效应和替代效应

假定某消费者消费两种商品 X 和 Y,其价格分别为 P_X 和 P_Y,再假定 X 为正常品。如图 3-33 所示,在 P_Y 和 I 不变的条件下,当 X 的价格从 P_X^0 上升到 P_X^1 时,预算线由 AB 变为 AC,最优均衡点从 E_0 变为 E_1,从而 X 的消费量由 OX_0 减少至 OX_1,所减少的消费量为 X_0X_1,这个 X_0X_1 就是由于价格变化所产生的总效应。那么现在问题的关键在于:如何从价格上涨所产生的消费量变化的总效应中分解出所减少的需求量中有多少是产生于购买力的下降(即收入效应 IE),又有多少是由于 X 比以前变得相对昂贵而使消费者愿意用 Y 替代 X 的量(即替代效应 SE)。

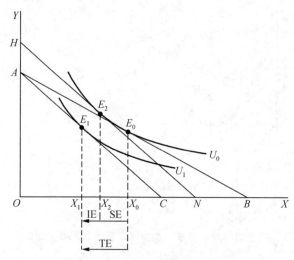

图 3-33 正常品的收入效应和替代效应

于是,希克斯提出了收入补偿变量法,其含义是,当 X 价格上升时,需要增加(或称"补偿")消费者多少货币收入,才能使之在新的价格下,保持原效用水平 U_0 不变呢? 对这个问题的答案就是:作一条"虚拟"的预算线(亦称补偿预算线)HN 与新的预算线 AC 平行(这就保证了在新的价格水平上购买),并使之与原无差异曲线 U_0 相切(这就保证了消费者的原效用水平不变),这样便得到 E_2 点。E_1E_2 的水平距离 X_1X_2 便是由于价格上升而使真实收入下降所引起的需求减少量,这便是收入效应。同时,E_0E_2 的水平距离 X_0X_2 表示的是,保持原有的效用水平不变,在新的价格水平下,消费者愿意用 Y 来替代 X 的减少量,这就是替代效应。所应该"补偿"的收入,或者说真实收入的变化,可以用 Y 轴的 $(HA \cdot P_Y)$ 来度量,或用 X 轴上的 $(CN \cdot P_X)$ 来度量。所谓"补偿"是指,当价格上升时,真实收入减少,应增加多少收入才能使消费者原效用水平保持不变;当价格下降时,真实收入增加,应剔除多少收入才能使消费者的原效用水平保持不变?

从图 3-33 中可知,当 P_X 上升时,总效应(TE)、收入效应(IE)和替代效应(SE)均为负。很显然,当 P_X 下降时,各种效应均为正,请读者自行分析当 P_X 下降时的各种效应。

2. 低档品的收入效应和替代效应

图 3-34 分析了低档品的收入效应和替代效应。这里仍假定消费者消费两种商品 X 和 Y,其中 X 为低档品,即收入增加,对 X 的需求量反而减少。在 P_Y 和 I 不变的条件下,当商品 X 的价格 P_X 下降时,会导致消费者的真实收入增加,其对 X 的需求量减少(即收入效应为负),而当 P_X 上升时,真实收入减少,需求量增加(即收入效应为正),总之,当 X 为低档品时,其价格变化方向与收入效应方向相同。

现在我们来具体分析作为低档品的 X 的收入效应和替代效应。如图 3-34 所示,当 P_X 下降时,预算线从 AB 变为 AC,均衡点从 E_0 变为 E_1,因此,E_0E_1 的水平距离 X_0X_1 即为由于 X 的价格下降而产生的总效应(TE>0)。作一条虚拟预算线 HN 与 AC 平行并与 U_0 相切于 E_2 点,所以,E_2E_1 的水平距离 X_2X_1 为收入效应(IE<0),而 E_0E_2 的水平距离 X_0X_2 为替代效应(SE>0)。由于对于低档品来说,其替代效应一般会大于其收入效应,因此最后的总效应 X_0X_1 为正值。

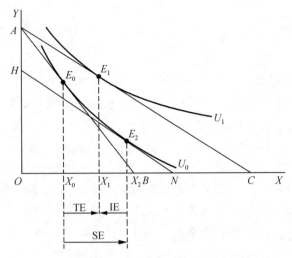

图 3-34　低档品的收入效应和替代效应

同样,读者亦可以自行分析低档品价格上升时的替代效应、收入效应和总效应的大小。

3. 吉芬品的收入效应和替代效应

图 3-35 展示了吉芬品价格下降时的收入效应、替代效应和总效应。假设商品 X 为吉芬品,Y 为正常品。作为吉芬品的 X,应同时满足:

$$dX/dI < 0 \quad dX/dP_X > 0$$

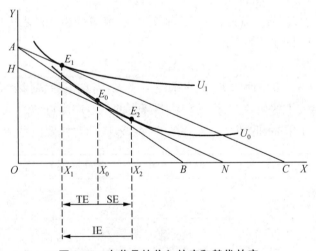

图 3-35　吉芬品的收入效应和替代效应

吉芬品满足式 $dX/dI<0$ 表明,如果 P_X 下降,导致真实收入增加,需求量反而减少,即收入效应为负;P_X 上升,导致真实收入减少,需求量反而增加,即收入效应为正,这与低档品的收入效应相同。因此,吉芬品必为低档品。

而吉芬品满足式 $dX/dP_X>0$ 则表明,如果 P_X 下降,即使收入不变,需求量亦要减少,即总效应为负。这与低档品不同,即低档品不一定是吉芬品。

专栏 3-3

现实中存在吉芬品吗

你能否举出一些现实中的吉芬品的例子呢?很遗憾,即使你冥思苦想也找不出来。

如前所述,吉芬品是由英国人罗勃特·吉芬(Robert Giffen)发现的。在19世纪中叶爱尔兰大饥荒时期,爱尔兰人对土豆的需求因价格上升而增加。这一现象的经济解释如下:土豆在当时乃是爱尔兰农民的主食,其开支占去农民的大部分收入。土豆价格上涨时,农民的真实收入大大减少,于是只好削减其他食品如牛肉的消费。牛肉少了,为了填饱肚子,他们不得不多吃土豆,这就引起对土豆需求的增加。① 后来的经济学家如马歇尔等人,出于学术上的好奇,指出在理论上存在违背需求法则的可能性,并常用吉芬的发现作为佐证,于是关于吉芬品的讨论便流行起来,目前几乎没有一本经济学教科书不提到它。

但是,不少经济学家对现实生活中是否存在吉芬品表示怀疑。实证研究一般都不能对这一问题做出明确肯定的答复。吉芬品的存在一般得具备两个条件:一是相近的替代品很少,因而替代效应很弱;二是其开支占收入的比重很大,因而收入效应很强。在现代较为发达的经济中,具有这两个特点的商品寥寥无几。因此,尽管吉芬品在逻辑上可能存在,但在现实生活中,我们一般可以忽略吉芬现象而假定所有的商品都符合需求法则,即需求随其本身价格的下降而提高。

现在我们具体分析吉芬品的收入效应和替代效应。

如图 3-35 所示,作为吉芬品,当 X 价格下降时,预算线由 AB 变为 AC,相应地,均衡点从 E_0 变为 E_1,$E_0 E_1$ 的水平距离 $X_0 X_1$ 为总效应(TE < 0)。同样,作一条"虚拟"预算线 HN,既平行于新预算线 AC,又相切于原无差异曲线 U_0 于 E_2 点,这样,$E_2 E_1$ 的水平距离 $X_1 X_2$ 为收入效应(IE < 0),而 $E_0 E_2$ 的水平距离 $X_0 X_2$ 则是正的替代效应。对于吉芬品来说,其收入效应要大于替代效应,因而价格下降下的总效应为负值。

最后,我们对正常品、低档品和吉芬品的收入效应和替代效应总结如下:

商品类别	价格变动方向	SE	IE	|SE|与|IE|的关系	TE
正常品	−	+	+		+
	+	−	−		−
低档品	−	+	−	|SE| > |IE|	+
	+	−	+		−
吉芬品	−	+	−	|SE| < |IE|	−
	+	−	+		+

---

① 这是人们对吉芬品现象的经典解释。但是,也有人对上述经济学解释表示怀疑,认为当年大饥荒的原因是土豆作物因病害蔓延而大规模死亡。如果土豆价格的上升是由于产量的减少,那么消费量又怎么可能增加呢?而且,爱尔兰人大多是农民,土豆价格的上升应该同时增加他们的收入。

▶ 观念澄清

如前所述,正常品的收入效应与替代效应往往是同方向变动的,如图3-33所示。如此说来,正常品就不会有违反需求法则的情况发生吗?其实不然,有些正常品,如炫耀性的商品仍会违反需求法则。在一般的商品中,人们满足欲望的大小,只决定于他们所拥有商品数量的多少,即$U(X,Y)$;但炫耀性的商品则不同,人们对其满足欲望的大小,除了拥有商品数量的多少以外,其价格的高低也是主要因素之一。因为炫耀性的商品往往在价格上升以后,会使消费者自觉身价提高而增加了其满足的程度,即$U(X,Y,P_X)$;而且$\frac{\partial U}{\partial P_X}>0$(价格上升,效用增加)。如图3-36所示,当价格在P_X^0时,其无差异曲线为实线部分,但当P_X价格变动以后,其无差异曲线可能会成为虚线部分的形状。也正因如此,正常品在价格下降后,其需求量也可能会减少,如图3-37所示。

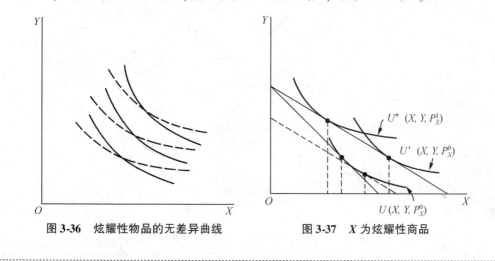

图3-36 炫耀性物品的无差异曲线　　图3-37 X为炫耀性商品

实时测验3-9

无差异曲线在下列三种情况下,其替代效应与收入效应如何?请画出来。

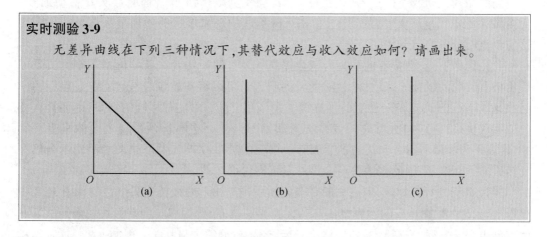

三、斯勒茨基的替代效应和斯勒茨基方程

如前所述,替代效应是指商品相对价格变化后,使消费者在真实收入不变的情况下所引起的商品需求量的变化。希克斯把"真实收入不变"定义为效用水平不变,即使消费

者在价格变化前后保持在同一条无差异曲线上,我们将之称为希克斯替代效应。替代效应还有另一种定义——斯勒茨基替代效应。

在斯勒茨基替代效应中,"真实收入不变"是指消费者在价格变化后能够买到价格变动以前的商品组合。为此,当两种商品的相对价格发生变动时,必须调整货币收入使购买力保持不变。

现在我们讨论收入固定并且商品 Y 价格不变时,商品 X 价格下降后的斯勒茨基替代效应。可以利用图 3-38 说明斯勒茨基替代效应,并与希克斯替代效应进行比较。

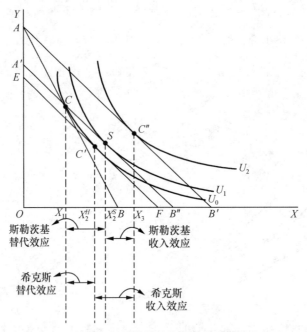

图 3-38 希克斯和斯勒茨基的收入效应和替代效应

当商品 X 的价格下降后,初始预算线 AB 绕 A 点旋转到 AB',均衡点从 C 移动到 C'',对商品 X 的需求量从 X_1 增加到 X_3,价格下降引起的总需求量的增加量为 $\Delta X = X_3 - X_1$。这与希克斯分析的结果相同。

商品价格下降,消费者的购买力就会提高。为了使消费者在新的价格下刚好买到原有价格下的商品组合 C,必须减少消费者的收入。可以将初始预算线 AB 绕 C 点旋转并与预算线 AB' 平行,这条转动后的预算线 $A'B''$ 同预算线 AB' 具有相同的斜率,因而具有相同的相对价格,但它们所对应的货币收入却是不同的。这两条预算线之间的垂直距离 AA' 代表了为保持消费者购买力不变而必须剔除的货币收入。由于原来的消费组合仍在旋转后的预算线上,因此该消费组合恰好是可支付得起的。

尽管 C 仍是可支付的,但它一般并非旋转后预算线上的最佳购买组合。从图 3-38 中可以看出,S 点是旋转后的预算线 $A'B''$ 与无差异曲线 U_1 的切点。消费者更愿意购买 S 点的商品组合。这样,当商品 X 的价格下降后,商品 X 的需求量从 X_1 增加到 X_2^S。这种因相对价格变动而增加的需求量就是斯勒茨基替代效应,即 $\Delta X^S = X_2^S - X_1$。

在图 3-38 中,通过画一条与预算线 AB' 平行并与原无差异曲线 U_0 相切的补偿预算线 EF,从而得到希克斯替代效应 $X_1 X_2^H$。显然,希克斯总效应和斯勒茨基总效应是一样的,希克斯替代效应与斯勒茨基替代效应、希克斯收入效应与斯勒茨基收入效应的差别是由于两者的补偿预算线不同,从而均衡点不同所引起的。当商品 X 为正常品时,就同一价格变动而言,比如当 X 商品价格下降时,斯勒茨基替代效应大于希克斯替代效应,而希克斯收入效应反而比斯勒茨基的收入效应要大。当价格变动较小时,这两种替代效应几乎是相同的。

$$
\begin{array}{cccc}
\text{价格效应} = & \text{替代效应} & + & \text{收入效应} \\
(C - C'') & \text{希克斯}: C - C' & & \text{希克斯}: C' - C'' \\
& \text{斯勒茨基}: C - S & & \text{斯勒茨基}: S - C''
\end{array}
$$

我们可以用代数式讨论斯勒茨基总效应,并推导斯勒茨基方程。

假设某消费者的效用函数为 $U = U(X_1, X_2)$,其中 X_1、X_2 为消费者所消费的两个商品,相应的价格为 P_1、P_2,消费者的收入为 I。消费者在 $P_1 X_1 + P_2 X_2 = I$ 的预算约束条件下,实现其效用最大化的最优均衡解满足以下一阶条件:

$$
\begin{cases}
U_1(X_1, X_2) = \lambda P_1 \\
U_2(X_1, X_2) = \lambda P_2 \\
P_1 X_1 + P_2 X_2 = I
\end{cases}
\tag{3-10}
$$

这里 $U_1 = \partial U / \partial X_1$,$U_2 = \partial U / \partial X_2$,$\lambda$ 为拉格朗日乘数,为了求出价格或收入变动对消费量的影响程度,令所有的变量同时变动,对方程组(3-10)全微分可得:

$$
\begin{cases}
U_{11} dX_1 + U_{12} dX_2 - P_1 d\lambda = \lambda dP_1 \\
U_{21} dX_1 + U_{22} dX_2 - P_2 d\lambda = \lambda dP_2 \\
- P_1 dX_1 - P_2 dX_2 = - dI + X_1 dP_1 + X_2 dP_2
\end{cases}
\tag{3-11}
$$

将方程组(3-11)改写为矩形形式:

$$
\begin{pmatrix} U_{11} & U_{12} & -P_1 \\ U_{21} & U_{22} & -P_2 \\ -P_1 & -P_2 & 0 \end{pmatrix} \begin{pmatrix} dX_1 \\ dX_2 \\ d\lambda \end{pmatrix} = \begin{pmatrix} \lambda dP_1 \\ \lambda dP_2 \\ -dI + X_1 dP_1 + X_2 dP_2 \end{pmatrix}
\tag{3-12}
$$

令 D 为矩阵方程式中左边矩阵的行列式,并以 D_{11} 代表第一行和第一列元素的余子式,以 D_{12} 代表第一行和第二列那个元素的余子式,其余以此类推。那么,根据克莱姆法则有:

$$
dX_1 = \lambda dP_1 \frac{D_{11}}{D} + \lambda dP_2 \frac{D_{21}}{D} + (-dI + X_1 dP_1 + X_2 dP_2) \frac{D_{31}}{D}
\tag{3-13}
$$

$$
dX_2 = \lambda dP_1 \frac{D_{12}}{D} + \lambda dP_2 \frac{D_{22}}{D} + (-dI + X_1 dP_1 + X_2 dP_2) \frac{D_{32}}{D}
\tag{3-14}
$$

对(3-13)式两边同除 dP_1,且假定 P_2 和 I 不变(即 $dP_2 = dI = 0$),可得:

$$
\frac{\partial X_1}{\partial P_1} = \frac{\lambda D_{11}}{D} + X_1 \frac{D_{31}}{D}
\tag{3-15}
$$

在其他情况不变的条件下(即如 $dP_1 = dP_2 = 0$),X_1 相对于收入的变化率可以从(3-13)式中导出:

$$
\frac{\partial X_1}{\partial I} = - \frac{D_{31}}{D}
\tag{3-16}
$$

现假定 P_1 变化，P_2 不变。当 P_1 变化时，真实收入会有相应的变化。如欲保证消费者能保持原有的效用水平不变（即 $dU = U_1 dX_1 + U_2 dX_2 = 0$），因为 $U_1/U_2 = P_1/P_2$，所以 $P_1 dX_1 + P_2 dX_2 = 0$ 也成立。因此，当 $dP_2 = 0$ 时，有 $-dI + X_1 dP_1 = 0$，从而(3-13)式中最后一个括号项为零，这样：

$$\left.\frac{\partial X_1}{\partial P_1}\right|_{U^0} = \frac{\lambda D_{11}}{D}$$

因此，仅 P_1 变化的总效应可写成：

$$\frac{\partial X_1}{\partial P_1} = \frac{\lambda D_{11}}{D} + X_1 \frac{D_{31}}{D} = \left.\frac{\partial X_1}{\partial P_1}\right|_{U^0} - X_1 \left.\frac{\partial X_1}{\partial I}\right|_{P^0}$$

上式便是著名的斯勒茨基方程。其中 $(\partial X_1/\partial P_1)$ 为马歇尔需求曲线的斜率，$(\partial X_1/\partial P_1)|_{U^0}$ 为补偿需求曲线的斜率。

对上述斯勒茨基方程的两边同乘以 $(-P_1/X_1)$，并对最后一项乘以 (I/I)，便得到弹性形式的斯勒茨基方程：

$$-\frac{\partial X_1}{\partial P_1} \cdot \frac{P_1}{X_1} = -\frac{\partial X_1^S}{\partial P_1} \cdot \frac{P_1}{X_1} + \frac{P_1 X_1}{I} \cdot \frac{\partial X_1}{\partial I} \cdot \frac{I}{X_1}$$

$$e_1 = e_1^S + S_1 e_I$$

其中，e_1——一般需求曲线的价格弹性；
e_1^S——补偿需求曲线的价格弹性；
S_1——花在 X_1 上的支出占总收入的份额；
e_I——一般需求曲线的收入弹性。

如果 X_1 为正常品，则 $e_I > 0$，从而有 $e_1 > e_1^S$，即一般需求曲线比补偿需求曲线更有弹性。

实时测验 3-10
当 X 为低档品时，希克斯的替代效应是否仍小于斯勒茨基的替代效应？

四、交叉弹性与两种商品间的关系

1. 交叉弹性的含义

- 需求的交叉弹性（cross elasticity of demand）是指在某特定时间内，一种商品或劳务需求量变动的百分率与另一种商品或劳务价格变动的百分率之比。它被用来测度某种商品或劳务需求量的相对变动对于另一种商品或劳务价格的相对变动的敏感程度。其表达式为：

$$e_{XY}^d = \frac{Y \text{ 商品需求量变动的百分率}}{X \text{ 商品价格变动的百分率}} = \frac{P_X}{Q_Y} \cdot \frac{\partial Q_Y}{\partial P_X}$$

2. 利用交叉弹性判断商品间的关系

任何两种商品间的关系可分为下列三种情况：第一种是替代关系，例如，牛肉与猪肉;第二种是互补关系,例如,钢笔与墨水;第三种是独立关系,例如,飞机与铅笔。利用交叉弹性的性质可以判断任何两种商品间的关系。

当 $e_{XY}^d > 0$ 时,两种商品 X 与 Y 互为总替代关系(gross substitute);

当 $e_{XY}^d = 0$ 时,两种商品 X 与 Y 互为独立品(independent);

当 $e_{XY}^d < 0$ 时,两种商品 X 与 Y 互为总补充关系(gross complement)。

例如,大家都认为牛肉与猪肉互为替代品,牛肉的价格上升,将使得牛肉的需求量减少,而消费者会以猪肉来替代牛肉,因此造成了对猪肉的需求量增加而导致猪肉的价格上涨,这样牛肉价格与猪肉需求量成正比(牛肉价格上升,对猪肉需求量也增加),故其交叉弹性必大于零。又如,钢笔与墨水互为补充品,当钢笔的价格上涨,将会引起对钢笔的需求量下降,连带地也减少了对墨水的需求,最后导致墨水的价格也下降,因此钢笔的价格与墨水的需求量便成反比,故其交叉弹性小于零。

3. 总替代与总互补、净替代与净互补

虽然商品间的关系可以用交叉弹性来判断,但这种判断一般建立在价格变动时同时考虑替代效应和收入效应的基础之上,因而被称为总替代和总互补关系。倘若所考察的商品 X 为吉芬品,而且 X 与 Y 互为替代品,此时其交叉弹性是否仍会大于零呢? 换言之,当交叉弹性大于零时,是否便可肯定 X 与 Y 互为替代品呢? 这是值得探讨的话题。因为当 X 为吉芬品时,若 X 的价格上升,其需求量反而增加,相对地会取代对 Y 的消费,导致 Y 的需求量反而减少,其结果是交叉弹性小于零,而并非大于零,为解决这个问题,希克斯提出了他的看法。希克斯认为价格变动时不应同时考虑替代效应和收入效应作为判断两商品间关系的依据,只应以考虑替代效应一项来作为判定的准则,他认为,在满足程度不变(即真实收入不变)的情况下,若 P_X 上升,而导致对 Y 需求量的增加,则称 X 与 Y 为净替代(net substitute)。

- $\left.\dfrac{\partial Q_Y}{\partial P_X}\right|_{U不变} > 0$,商品 X 与商品 Y 为净替代;

  $\left.\dfrac{\partial Q_Y}{\partial P_X}\right|_{U不变} < 0$,商品 X 与商品 Y 为净互补。

例题 3-5 证明不可能社会上所有的商品都为净互补关系。

证明 设社会上只有三种商品 X、Y、Z,当 X 的价格上涨时,因为 $\left.\dfrac{\partial X}{\partial P_X}\right|_{U不变} < 0$($U$ 不变表示效用不变)恒成立,亦即 P_X 上升,对 X 的需求量将会下降。

若 Y 与 Z 都为 X 的净互补品,则根据定义:

$\left.\dfrac{\partial Y}{\partial P_X}\right|_{U不变} < 0$,　即对 Y 的需求量下降;

$\left.\dfrac{\partial Z}{\partial P_X}\right|_{U不变} < 0$,　即对 Z 的需求量下降。

因此,当 P_X 上升后,若 Y 与 Z 都为 X 的净互补品,则对三种商品的需求量都会下降,

这与上述假设效用不变互相矛盾(依据"非饱和性假设",消费者所消费的商品数量越少,其获取的效用就越小)。因此,整个社会上不可能所有商品都为净互补品。

> **实时测验 3-11**
>
> 小刘消费蛋糕和面包,他对蛋糕的需求函数为 $Q_d^c = I - 30P_c + 20P_b$,其中 I 表示收入,P_c 和 P_b 分别表示蛋糕和面包的价格。
>
> 请问对小刘来说,面包是蛋糕的替代品还是互补品?为什么?

第七节 收入补偿的需求曲线与普通的需求曲线

在本章第五节中,我们曾从 P. C. C. 曲线导出需求曲线,从而导出了价格变动与需求量变动的关系。然而价格的变动所引发的效应包括了收入效应及替代效应。同时考虑了这两种效应导出的需求曲线,我们称之为普通需求曲线,但若只考虑替代效应所导出的需求曲线,便称之为收入补偿的需求曲线。

- 收入补偿的需求曲线是指真实收入不变之下(但名义收入会变动)所导出的需求曲线,换言之,它强调价格变动与替代效应的关系,而对收入效应不予考虑。
- 普通的需求曲线是指名义收入不变之下(但真实收入会变动)所导出的需求曲线,当价格变动时,它同时考虑了收入效应与替代效应。

一、几何图形表示的两类需求曲线

如图 3-39 所示,假设 X 为正常品,当 P_x 价格下跌至 P_x' 时,消费者的均衡点由 C 移到 C'',相应的需求曲线可由下半幅图中的 DO 表示,这条需求曲线是同时考虑了收入效应和替代效应后所推导出来的,因而被称为普通需求曲线。

但是,若只考虑替代效应,则依据消费者的最优选择可得到相应的补偿需求曲线。根据希克斯对真实收入不变的定义,当 P_x 价格下跌至 P_x' 时,X 的消费点将由点 C 增至点 C',而若依斯勒茨基对真实收入不变的定义,对 X 的消费由点 C 增至点 S',其增加量较希克斯的增加量要大,因此,斯勒茨基的收入补偿需求曲线 DS 的斜率较希克斯的收入补偿需求曲线 DH 要平坦,但与普通的需求曲线 DO 相比,由于普通需求曲线又多了一个收入效应(在正常品之下,其效应为正,对 X 的需求量增加更多),因而普通的需求曲线又比斯勒茨基的收入补偿需求线平坦些。在这三条需求曲线中,普通需求曲线最为平坦。

在图 3-39 中,AF 及 AE 分别表示希克斯与斯勒茨基的收入补偿变量(income compensated variation)。所谓收入补偿变量是指当价格上升(或下降)时,为维持真实收入不变,所必须增加(或减少)的收入额。

> **实时测验 3-12**
>
> 1. 当 X 为低档品时,图 3-39 会如何变动?
> 2. 收入补偿的需求曲线斜率是否一定为负?

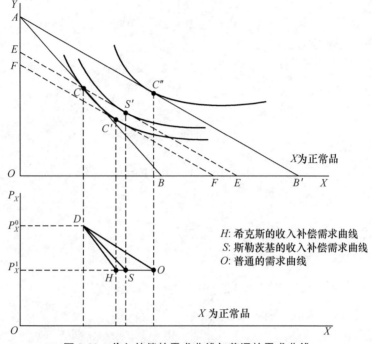

图 3-39 收入补偿的需求曲线与普通的需求曲线

二、两类需求曲线的代数推导

若从代数推导的角度来看,收入补偿的需求曲线与普通的需求曲线之所以不相同,是因为前者在真实收入不变(根据希克斯的定义是指效用不变)的情况下,在各种价格变动时求价格与成本最小的消费量的关系;而后者则是在名义收入不变的情况下,在各种价格变动时求价格与效用最大的消费量的关系。因此,这两种情况可以写成如下模型。

模型一

目标函数:$\max U(X,Y)$

约束条件:s.t. $P_X \cdot X + P_Y \cdot Y = I_0$

通过求解模型一的最优化解即可得到普通需求曲线。

模型二

目标函数:$\min P_X \cdot X + P_Y \cdot Y$

约束条件:s.t. $U(X,Y) = U_0$ 常数

通过求解模型二的最优化解即可得到补偿需求曲线。

例题 3-6 设某消费者的效用函数为 $U(X,Y) = \sqrt{XY}$,该消费者现有收入 100 元,而 $P_X = 4(元), P_Y = 2(元)$,试求:

(1) X 商品的普通需求曲线;

(2) X 商品的收入补偿需求曲线;

(3) 当 X 由 4 元下降至 2 元时,其替代及收入效应各为多少?

解 (1) X 商品普通需求曲线可由下式求得:

$$\max U(X,Y) = \sqrt{XY}$$
$$\text{s. t.} \quad P_X \cdot X + 2Y = 100$$

构造拉格朗日函数为：
$$L = \sqrt{XY} - \lambda(P_X \cdot X + 2Y - 100)$$

$$\frac{\partial L}{\partial X} = \frac{1}{2}(XY)^{-\frac{1}{2}} \cdot Y - P_X\lambda = 0 \tag{3-17}$$

$$\frac{\partial L}{\partial Y} = \frac{1}{2}(XY)^{-\frac{1}{2}} \cdot X - 2\lambda = 0 \tag{3-18}$$

$$\frac{\partial L}{\partial \lambda} = -(P_XX + 2Y - 100) = 0 \tag{3-19}$$

由(3-17)、(3-18)式可得：
$$Y = \frac{1}{2}P_X \cdot X$$

代入(3-19)式得：
$$2P_X \cdot X = 100 \Rightarrow P_X = \frac{50}{X}$$

当 $P_Y = 2$ 不变的，X 的普通需求曲线为：
$$P_X = \frac{50}{X}$$

(2) 因为已知 $P_X = 4$，故可知现在该消费者的消费均衡点为 $X = 12.5$, $Y = 25$（从(1)中可求知），因此，可知消费者的满足程度为 $U(12.5, 25) = 25/\sqrt{2}$。

设 $P_Y = 2$ 不变，X 的收入补偿需求曲线可由下式求得：
$$\min P_X \cdot X + 2Y$$
$$\text{s. t.} \quad U = \sqrt{XY} = \frac{25}{\sqrt{2}}$$

同理，构造拉格朗日函数为：
$$L = P_X \cdot X + 2Y - \lambda\left(XY - \frac{625}{2}\right)$$

$$\frac{\partial L}{\partial X} = P_X - \lambda Y = 0 \tag{3-20}$$

$$\frac{\partial L}{\partial Y} = 2 - \lambda X = 0 \tag{3-21}$$

$$\frac{\partial L}{\partial \lambda} = -\left(XY - \frac{625}{2}\right) = 0 \tag{3-22}$$

由(3-20)、(3-21)式可知：
$$\lambda = \frac{P_X}{Y} = \frac{2}{X}$$

代入(3-22)式得：
$$\frac{P_X \cdot X^2}{2} = \frac{625}{2}$$

所以 $X = \dfrac{25}{\sqrt{P_X}}$ 即为 X 的收入补偿需求曲线。

(3) 因为 $P_X = 4$ 时, $X = \dfrac{50}{4}$, 而 $P_X = 2$ 时, $X = \dfrac{50}{2}$, 所以可知当 X 由 $P_X = 4$ 下降至 $P_X = 2$ 时, 总价格效应为:

$$\Delta X = \frac{50}{2} - \frac{50}{4} = \frac{50}{4} = \frac{25}{2}$$

又因为 $P_X = 4$ 时, $X = \dfrac{25}{2}$, 而 $P_X = 2$ 时, $X = \dfrac{25}{\sqrt{2}}$, 可知其替代效应为:

$$\Delta X_1 = \frac{25}{\sqrt{2}} - \frac{25}{2} = \frac{25}{2}(\sqrt{2} - 1)$$

故其收入效应为:

$$\Delta X_2 = \Delta X - \Delta X_1 = 25 - \frac{25}{2}\sqrt{2}$$

第八节 应 用

一、应用1:直接补贴与间接补贴

政府为了鼓励社会公众多消费某种商品,通常会采用如下两种补贴政策:① 给予现金(直接补贴);② 给予半价优惠(间接补贴)。试比较这两种补贴政策的优缺点。

如图 3-40 所示,设某消费者收入 OA, 其预算线为 AB, 则 AB 线的斜率为 $-P_X$。若政府对 X 给予半价优惠,这如同 X 的价格下降了一半,因而预算线向右移至 AB'。设原来的消费点为 C, 效用为 U_0, 当政府给予补贴之后,消费者会以 EC' 的收入来购买 OG 的 X。而在给予补贴之前,该消费者欲购买 OG 的 X, 势必得花费 EF 的收入才能得到,其差额 FC' 即为政府所补贴的金额。

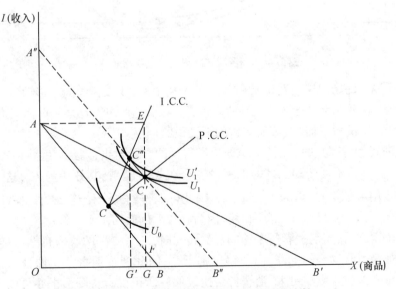

图 3-40 直接补贴与间接补贴的效果比较

在政府付出相同金额(FC')的情况下,把间接补贴改为直接补贴,亦即给予消费者FC'数额的现金,则预算线会通过C'点而与AB线平行(因为此时X价格不会变动,如图3-40中$A''B''$所示);此时新的预算线$A''B''$会与一条满足水平更高的无差异曲线相切,故消费者的消费会移至点C''',而消费者的效用会增加至U'_1,比间接补贴的效用更大。这个现象的产生是由于在直接补贴之下,消费者能有更多的选择自由,而不会把补贴的金额全数用来购买X,故所能获得的效用也比间接补贴要大。

综上所述,我们可以得到如下结论:在政府付出的金额相同的情况下,消费者偏好直接补贴,因为可获得更高的效用;但站在政府的立场上,则间接补贴的效果较大,因为能让消费者多消费X(因为$OG > OG'$)。

二、应用2:消费税与所得税

政府预算收入的来源很多,消费税与所得税的课征均为其采取的方法。在消费者该缴纳的税额相同的情况下,课征消费税或所得税两个中哪一个较佳?

设某消费者的收入为OA,预算线为AB,消费点为点C,效用为U_0,如图3-41所示。

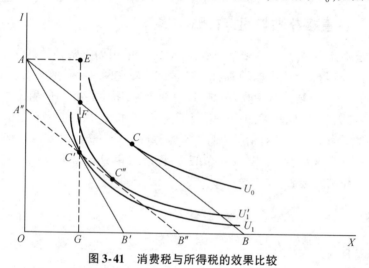

图3-41 消费税与所得税的效果比较

若政府对X课税(即课消费税),引起X的价格上涨,使预算线向左移动(至AB'),而消费会移至点C',效用会减至U_1,此时的消费者会以EC'来购买OG的X,而只需付出FE的收入,其中的差额FC'即消费者所支付的消费税的金额。

但假使消费者将同样的金额(FC')改以所得税的方式付出,则预算线将由AB向左平移至$A''B''$(因为物价不会变动);此时的消费者会在C''点消费,其效用为U'_1,这比起课征消费税后的效用水平要大(因为$U'_1 > U_1$)。因此可以得到一个结论:在消费者缴纳的税额相同的情况下,它们会比较偏好所得税,因为其税后的效用水平要高些。

从另一个角度看,当消费者所缴纳的税款相同时,其可支配的收入自然一样,但由于消费税的课征会引起物价的上涨,而所得税则不会,因此课征消费税比课征所得税对消费者的实际可支配收入影响更大,消费者会比较偏好所得税。从图形中亦可以看出课征所得税时,消费者购买X的数量(点C'')比课征消费税时多。

三、应用3：消费者剩余及其衡量

在实际生活中,我们可能不知道消费者具体出于什么原因购买某种商品,但有一点可以肯定,在一种购买行为发生后,消费者一定会觉得与购买前相比,其境况改善了,否则,理性的消费者就不会让这种购买行为发生。"消费者剩余"这一概念就是用来描述消费者从购买和消费某种商品中所得到的福利水平的重要指标。所谓消费者剩余(consumer's surplus)就是指消费者为消费某种商品而愿意付出的代价与他购买该商品实际付出的代价的差额。

根据消费者均衡条件,消费者愿意按照商品的边际效用支付价格。某消费者愿意支付或愿意接受的最高价格通常被认为是他的保留价格,而需求曲线上每一点都代表消费者对一定数量的商品愿意支付的最高价格。当商品的市场价格既定时,消费者在购买商品时,对每一单位商品只按照最后一单位商品的效用支付货币。但是根据边际效用递减规律,前面每一单位商品的效用都大于最后单位商品的效用。这样,消费者便从前面每一单位商品中得到了效用的剩余。

如图 3-42 所示,当市场价格为 P_0 时,消费者购买 q_0 单位的商品,他愿意支付的代价是 OP_2Eq_0 的面积,但实际支付的代价是 OP_0Eq_0 的面积。因此,消费者剩余就相当于需求曲线 D 以下、市场价格线 P_0 以上的阴影部分面积。

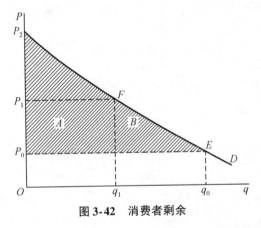

图 3-42　消费者剩余

设需求函数为 $P = P(q)$,当市场价格为 P_0,需求量为 q_0 时,图 3-42 中的消费者剩余 $S(q_0)$ 可用积分方法求解:

$$S(q_0) = \int_0^{q_0} P(q)\,\mathrm{d}q - P_0 q_0$$

如果商品的价格从 P_0 变动到 P_1,消费者剩余会发生什么变化?

在图 3-42 中,我们可以看到,当价格从 P_0 变动到 P_1 时,消费者剩余的变化是两个近似于三角形的区域之间的差,即相当于梯形区域 P_0P_1FE 的面积: $\Delta S = A + B$。A 表示了消费者对他继续消费的所有单位支付更多的货币而造成的损失;B 表示了消费者减少消费而造成的损失,因而矩形区域 A 和近似三角形区域 B 两者之和表示的是消费者剩余的损失。

价格从 P_0 变动到 P_1 时所引起的消费者剩余的变化,仍可用积分方法求解:

$$\Delta S = S(q_0) - S(q_1) = \int_{q_1}^{q_0} P(q)\,\mathrm{d}q + (P_1 q_1 - P_0 q_0)$$

以上我们考察的都是单个消费者的消费剩余情况。如果我们把每一个消费者的剩余都加在一起,就可以得到包括所有消费者在内的总的消费者剩余。

消费者剩余是经济学中的重要概念。它是对消费者从交换中所得净利益的一种货币度量,因此,这一概念常常被用来测度消费者福利的变化,以及评价政府的税收与公共支出政策等。

我们以下面的例题,通过两种不同类型的资料(即间断型与连续型)来说明消费者剩余的计算方法:

例题 3-7 间断型资料

设某消费者的需求情况如下表所示:

q	1	2	3	4	5	6
P	20	18	16	14	12	10

若市场价格 $p=14$,则此消费者会购买多少数量及其消费者剩余为多少?

解 由上表可知,当 $p=14$ 时消费者会购买 4 单位商品。

该消费者所愿支出货币额 $=20+18+16+14=68$;

其实际支出的货币额 $=14 \times 4 =56$;

故消费者剩余为 $68-56=12$。

例题 3-8 连续型资料

设市场供求函数:
$$P = 180 - 2q$$
$$P = 30 + q$$

供求曲线由图 3-43 所示,试求均衡价格及消费者剩余。

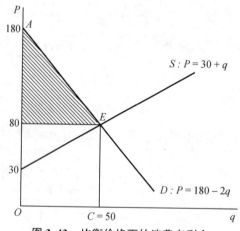

图 3-43 均衡价格下的消费者剩余

解 均衡时:
$$P = 80, \quad q = 50$$

消费者剩余为:
$$\int_0^{50}(180-2q)\mathrm{d}q - 80 \times 50 = \int_0^{50} 180 \mathrm{d}q - \int_0^{50} 2q \mathrm{d}q - 4\,000 = 2\,500$$

(需求曲线所围成的面积 $AOCE$ 可视为消费者所愿支出的金额。)

本章总结

1. 一个理性的消费者总是按照其喜好的程度对其所消费的商品组合(或消费束)进行排列,这种排列的结果就是消费者偏好。

2. 消费者的偏好排序一定要遵循三个基本公理:完备性、反身性和传递性。只有这样,才能够保证其选择的逻辑一致性和科学合理性。

3. 有了消费者的三个基本行为公理,就可以把消费者的偏好以图形的形式表达出来,这就是所谓的无差异曲线。无差异曲线是指在某特定时期内,某消费者为维持一个相同的效用水平,对其所消费的两种物品的各种不同组合所形成的点的轨迹。

4. 无差异曲线有五个基本特性:无差异曲线各点切线的斜率均为负数;任何两条无差异曲线不可能相交;平面上任一点必有一条唯一的无差异曲线通过;离原点越远的无差异曲线所代表的效用水平越高;无差异曲线凸向原点。

5. 偏好还可以以代数形式来表示,即效用函数。通过单调变换的方式,某一偏好关系可以用许多个效用函数来表达。

6. 边际效用是指在某特定期间,消费者每增加1单位商品的消费所增加(或减少)的效用。假定消费者对其他商品的消费保持不变,则消费者从连续消费某一特定商品中所得到的满足程度将随着这种商品消费量的增加而递减。这就是边际效用递减规律。

7. 预算线是指在消费者的货币收入和商品价格既定的条件下,消费者所能购买到的两种商品不同组合点的轨迹。

8. 消费者均衡是指消费者在既定的货币收入和商品价格条件下,从购买一定数量的商品组合中可以得到最大的满足的状态。在几何图形上,消费者均衡表现为预算线与无差异曲线图中的某一条无差异曲线相切的切点,此时满足消费者均衡实现的条件:$MRS_{XY} = P_X/P_Y$。

9. 收入—消费线是指在商品价格不变的条件下,与不同的收入水平相联系的商品购买量组合点的轨迹。利用收入—消费线可推导恩格尔曲线。

10. 价格—消费线是指在消费者收入不变的条件下,与不同的价格水平相联系的最优商品购买量组合点的轨迹。通过价格—消费线可以推导需求曲线。

11. 当价格发生变动时,会引起消费者对商品的需求量变动,其结果被称为价格效应。但进一步分析就会发现,变动的需求量是两种因素共同作用的产物。其一是收入效应,即由商品的价格变动所引起的真实收入水平变动,进而由真实收入水平变动所引起的商品消费量的变动。其二是替代效应,即由商品的价格变动所引起的商品的相对价格变动,进而由商品的相对价格变动所引起的商品需求量的变动。

12. 消费者剩余是指某消费者为购买某种商品而愿意支付的总价格与其实际购买该商品时所花费的总支出的差额。它是边际效用递减规律起作用的直接结果。

复习思考题与计算题

1. 请判断下列说法是否正确,并说明理由:

(1) 如果一个消费者的偏好满足非饱和性假设,那么他的边际效用总是大于零

的。 ( )

(2) 若某个消费者的偏好可由效用函数 $U = 10(X^2 + 2XY + Y^2) - 20$ 来描述,那么对此消费者而言,商品 X 和商品 Y 是完全替代的。 ( )

(3) 由于消费者的消费行为具有边际效用递减规律的特征,其无差异曲线一定会凸向原点。 ( )

(4) 对某人来说,如果白酒和猪肉都是厌恶品,那么,此人对这两种商品的无差异曲线的斜率是正的。 ( )

(5) 假如商品 X 的价格上涨了一倍,商品 Y 的价格上涨了两倍,消费者的预算线变平缓了。 ( )

(6) 一辆自行车和一把车锁总是在一起被消费的,消费者对自行车(X_1)和车锁(X_2)的效用函数可以表示为 $U(X_1, X_2) = X_1 + X_2$。 ( )

(7) 对拟线性偏好 $U(X_1, X_2) = X_1^{1/2} + X_2$ 来说,X_2 的恩格尔曲线是一条从原点出发的直线。 ( )

(8) 假定消费者对两种商品的消费的偏好是完全替代型的,当价格变化时,其总效应就会等于替代效应。 ( )

(9) 如果一个消费者只消费两种商品,假设是 X 和 Y,那么它们不可能都是低档品。 ( )

(10) 当牛奶价格为 2 元/瓶,包子价格为 1 元/个时,小李买 3 瓶牛奶和 2 个包子,小张买 2 瓶牛奶和 3 个包子。因此,小李对于牛奶和包子的边际替代率大于小张。 ( )

2. 画出如下消费者对啤酒与可乐两种商品偏好的无差异曲线。

(1) 消费者 A 喜欢啤酒但不喜欢可乐,他总是喜欢有更多的啤酒,不管他有多少可口可乐。

(2) 消费者 B 认为在任何情况下,三瓶可乐与两瓶啤酒无差别。

(3) 消费者 C 喜欢一半啤酒与一半可乐一起喝,他从不单独只喝啤酒或只喝可乐。

(4) 消费者 D 喜欢喝啤酒,但讨厌喝可乐。

(5) 消费者 E 讨厌喝啤酒,但对喝可乐无所谓。

3. 请分别画出下列效用函数所对应的无差异曲线,并判断该效用函数是否性状良好。

(1) $U(X, Y) = \sqrt{XY}$

(2) $U(X, Y) = X^2 Y^2$

(3) $U(X, Y) = \min\{2X + Y, 2Y + X\}$

(4) $U(X, Y) = \max\{2X + Y, 2Y + X\}$

(5) $U(X, Y) = X + Y^2$

(6) $U(X, Y) = X + \sqrt{Y}$

(7) $U(X, Y) = \min\{X, Y^2\}$

4. 请回答如下有关单调变换的问题:

(1) 效用函数 $U(X_1, X_2) = X_1^{1/2} X_2^{1/2}$ 表示了哪一种偏好?请问 $V(X_1, X_2) = X_1^2 X_2$

和 $W(X_1, X_2) = X_1^2 X_2^2$ 都是效用函数 $U(X_1, X_2)$ 的单调变换吗？它们是否表现了相同的偏好关系？

(2) 效用函数 $U(X_1, X_2) = X_1^{1/2} + X_2$ 表达了什么偏好类型？效用函数 $V(X_1, X_2) = X_1 + 2X_1^{1/2} X_2 + X_2^2$ 表达了什么偏好类型？为什么？

(3) 效用函数 $U(X_1, X_2) = (X_1 + X_2)^{1/2}$ 表达了什么偏好类型？而效用函数 $V(X_1, X_2) = 18X_1 + 18X_2$ 表达了什么偏好类型？为什么？

(4) 若某个消费者的偏好可以由效用函数 $U(X_1, X_2) = (X_1 + X_2)^3 - 5$ 表示，那么对于该消费者而言，X_1 和 X_2 是完全替代品。请问这个说法正确吗？为什么？

5. 什么叫边际效用递减规律？你能举出边际效用递减规律的反例吗？

6. 某消费者的效用函数为 $U(X,Y) = \dfrac{Y}{100 - X}, X < 100$。

(1) 该消费者对两商品的偏好满足非饱和性假设吗？为什么？

(2) 请画出对应于效用 $U = 1/2$, $U = 1$ 和 $U = 2$ 的无差异曲线。

(3) 怎样描述该消费者的无差异曲线？

7. 一个消费者每月用 200 元购买两类食品：肉制品 X_1 平均每磅 4 元，豆制品 X_2 平均每磅 2 元。

(1) 请画出他的预算线。

(2) 如果他的效用函数为 $U(X_1, X_2) = X_1 + 2X_2$，为使效用最大化，X_1 与 X_2 各是多少？

(3) 如果商家对豆制品采取买 20 磅送 10 磅的销售办法，试画出新的预算线。

(4) 如果豆制品价格提到 4 元，并取消优惠政策，那么新的预算线又怎样？效用最大的 X_1 与 X_2 各是多少？

8. 某消费者消费两种商品 X 和 Y，两种商品的价格分别用 P_X 和 P_Y 来表示（且 $P_X > P_Y$），消费者收入为 I。

(1) 若商家规定每购买一单位商品 Y 必须同时购买一单位商品 X（即商品 Y 不单卖，进行搭售），请分析该促销政策对预算集的影响。

(2) 若商家进行促销，规定每购买一单位商品 Y，则免费搭送一单位商品 X（价格仍为 P_Y），请分析该促销政策对预算集的影响。

9. 某消费者的效用函数为 $U(X,Y) = \min\{X + 2Y, Y + 2X\}$，如果该消费者选择消费束 $(5,6)$，那么商品 X 和 Y 的价格 P_X 和 P_Y 必须满足什么关系？

10. 假如某消费者认为啤酒与可乐是完全可替代的（其替代比例为 $1:1$）：

(1) 试画出这个消费者关于这两种商品的无差异曲线。

(2) 如果每瓶啤酒 3 元，每瓶可乐 2 元，消费者每月准备用 30 元购买这两种商品，那么他将怎样做出选择？试用图表示。

11. 若某人消费食物、衣服和汽车三种物品（分别用 X_1、X_2 和 X_3 表示），它们的价格分别为 $P_1 = 1, P_2 = 2, P_3 = 2000$，假定此人共有 9 000 元的收入可花费在这三种物品上，且汽车只能以完整的单位消费（即不能买半部汽车），如消费者的效用函数是 $U = 5\ln X_1 + 4\ln X_2 + \ln(1 + X_3)$，请问该消费者将如何安排其消费才算合理？

12. 某消费者的效用函数是 $U(X,Y) = \min\{X, 5Y+2Z\}$。其中 X 的价格是 1 元,Y 的价格是 15 元,Z 的价格是 7 元。已知该消费者的收入是 44 元,问消费者最后会选择消费 X、Y、Z 分别为多少?(消费者只消费 X、Y、Z 这三种物品。)

13. 某消费者的效用函数是 $U(X,Y) = X^2 + Y$,X、Y 表示商品 X 和商品 Y 的消费量。该消费者的收入为 32 元,商品 X 的价格是 16 元,商品 Y 的价格是 1 元。请问:

(1) 该消费者的收入为 32 元,该消费者会如何选择其消费组合?

(2) 如果消费者的收入提高到 8 000 元,价格保持不变,则商品 2 的消费量会发生什么变化?

14. 某消费者消费三种商品,效用函数为 $U(X,Y,Z) = X + \sqrt{Y+Z}$。若该消费者收入 $I = 100$,三种商品价格 $P_X = 1$,$P_Y = 2$,$P_Z = 1$,求消费者的最优选择。

15. 当商品 X 的价格上涨时,商品 Y 的消费不变。

(1) 试绘出相应的 P.C.C. 曲线。

(2) 请判断 X 和 Y 分别为低档品还是正常品,为什么?

16. 若 X、Y 的 I.C.C. 曲线为垂直线,则我们可从中得出哪些推论?

17. 若电影票价上涨,则某人将花更少的钱去看电影,试绘出他的 P.C.C. 线。

18. 某消费者消费 X 和 Y 两种商品,其无差异曲线的斜率为 Y/X。

(1) 请说明对 X 的需求与 Y 商品的价格无关,且 X 商品的需求价格弹性为 1。

(2) $P_X = 1$,$P_Y = 3$,该消费者实现效用最大化时的 MRS_{XY} 是多少?

(3) X 的恩格尔曲线形状如何?对 X 的需求的收入弹性是多少?

19. 某消费者的收入为 I,其只消费商品 X 和商品 Y 两种商品,价格记为 P_X 与 P_Y,该消费者的效用函数为 $U(X,Y) = \ln X + Y$。请画出该消费者的收入—消费曲线、恩格尔曲线、商品 X 价格变化时对应的价格—消费曲线及需求曲线,注意标出关键点坐标。

20. 某消费者对 X、Y 商品的效用函数为 $U = 2X + Y$。商品 X、Y 的价格 P_X、P_Y 给定,消费者的收入亦给定。

(1) 请绘出该消费者对这两种商品的无差异曲线。

(2) 当消费者收入增加时,如果 X 商品的价格小于 Y 商品的价格,请画出该消费者对商品 X 的收入—消费曲线和恩格尔曲线。

(3) 当消费者的收入 I 给定时,如果 X 商品的价格小于 Y 商品的价格,试求该消费者对商品 X 的需求函数。

21. 设某消费者对 X、Y 两种商品消费的效用函数为 $U(X,Y) = \ln(X^2 Y^3)$。

(1) 试求出该消费者的普通需求曲线。

(2) 若 $P_X = 4(元)$,$P_Y = 6(元)$,$I = 120(元)$,该消费者会消费多少 X 及 Y?

(3) 求该消费者对 Y 商品的收入补偿需求曲线?

22. 某消费者的效用函数为 $U = XY$,$P_X = 1(元)$,$P_Y = 2(元)$,收入 $I = 40(元)$,现在 P_Y 突然下降到 1 元。试问:

(1) Y 价格下降的替代效应,使他买更多还是更少的 Y?

(2) Y 价格下降对 Y 需求的收入效应相当于他增加或减少多少收入?收入效应使他买更多还是更少的 Y?

(3) Y 价格下降的替代效应使他买更多还是更少的 X？收入效应使他买更多还是更少的 X？Y 价格下降对 X 的需求的总效应是多少？对 Y 需求的总效应是多少？

23. 老王喜欢喝白酒，当其他商品价格固定不变时，他对白酒的需求函数为 $q = 0.02I - 2P$，其中 q 为白酒的数量（瓶）。开始时老王的收入 $I = 7\,500$ 元，白酒的价格 $P = 30$ 元。现在白酒的价格上升到 40 元，试问对老王来说价格上涨的价格效应是多少瓶酒？其中替代效应是多少瓶？收入效应是多少瓶？

24. 消费 X、Y 两种商品的消费者的效用函数为：$U = XY$，X、Y 的价格均为 4，消费者的收入为 144。试求：

(1) 该消费者的需求及效用水平。

(2) 若 X 的价格上升为 9，对两种商品的需求有何变化？

(3) X 价格上升为 9 后，若要维持当初的效用水平，消费者的收入最少应达到多少？

(4) 当 X 价格上升为 9 时，所带来的替代效应和收入效应。

25. 假设消费者的效用函数为 $U(X_1, X_2) = X_1 + X_2$，X_1 的价格是 $P_1 = 2$，X_2 的价格 $P_2 = 1$，消费者收入 $I = 100$。

(1) 计算当 P_1 从 2 变到 1/2 时对 X_1 的需求的变化。

(2) 计算该变化的斯勒茨基替代效应和收入效应，并画图予以表示。

26. 请证明当一个商品为吉芬品时，它一定是低档品；而当一个商品为低档品时，它不一定是吉芬品。

27. 假定效用函数为 $U = X^{0.5} + 2M$，X 为消费的商品数量，M 为消费者手中持有的货币额。试求：

(1) 商品的需求函数及其反需求函数。

(2) 求 $P = 0.05$，$X = 25$ 时的消费者剩余。

(3) 当市场价格在 $P = 0.05$ 的基础上提高 10% 时，消费者的福利水平会发生什么样的变化？

28. 消费者对商品 X 和在其他商品上的开支 Y 的效用函数为：

$$U(X, Y) = X - \frac{1}{2}X^2 + Y$$

(1) 市场上有完全相同的消费者 100 人，写出市场需求函数。

(2) 该如何定价使销售收入最大？此时价格弹性是多少？

29. 为了刺激消费，政府拟在以下两种方案中选择其一：对购买的每单位某种商品均补贴 r（比例补贴），或者给予消费者收入补贴 R（定额补贴）。假定这两种不同补贴的总金额相同。请用图比较这两种不同补贴方案会对消费者的选择和效用有什么影响。说明政府采取哪一种方案更能提高消费者的效用水平。

第四章 消费者行为理论（Ⅱ）

▮本章概要▮

上一章中，我们已经深入到需求曲线的背后研究消费者的行为选择问题，并从消费者行为的分析中推导出需求曲线来。但是，现实中，消费者的行为呈现多种形态，对于这些不同形态的行为，我们都可以用消费者行为理论来进行分析。本章作为上一章的继续，主要介绍一些消费者行为理论的扩展与应用。

▮学习目标▮

学完本章，你将能够了解：
1. 显示性偏好理论，并学会由此推导无差异曲线
2. 如何推导劳动的供给曲线
3. 消费者跨时选择理论

你要掌握的基本概念和术语：
直接显示性偏好　间接显示性偏好　显示性偏好弱公理　显示性偏好强公理
支出指数　拉氏指数　帕氏指数　劳动供给曲线　可保证收入　跨时选择理论

第一节 显示性偏好理论

在第三章中，我们曾利用序数效用理论在消费者的既定偏好和预算约束下求解最优消费组合并推导其需求曲线。这种分析方法的背后存在一个基本的逻辑关系，即偏好关系→效用函数（或无差异曲线）→需求函数。但是，在现实生活中，偏好只是存在于每个人的脑子中，是很难直接被观察到的，这样也就更不能用具体的函数形式表达出来。那么，有没有其他具体可行的方式来描述人们的偏好呢？美国著名经济学家1971年诺贝尔经济学奖得主保罗·萨缪尔森（P. A. Samuelson）认为，虽然偏好无法被观察到，但作为理性消费者的最后选择倒是可以被观察到的，这样，在研究需求规律时，我们大可不必去寻找人们需求背后的效用函数，只要从可观察到的人们的消费（或购买）行为中，就可以推断有关消费者偏好的情况，这种方法被称作显示性偏好理论（revealed preference）。

一、何谓显示性偏好

在给出显示性偏好的概念前，我们先作如下假定：

假设4-1 人们的偏好在观察期内保持不变，且具有一致性。该假设意味着：如果观察到消费者显现出其对 A 组物品的偏好大于 B 组，则其对 B 组物品的偏好绝对不能再大

于或等于 A 组。

假设 4-2 人们的偏好具有传递性。该假设意味着：假如消费者对 A 组物品的偏好大于 B 组，且对 B 组物品的偏好大于 C 组，则我们可判断该消费者对 A 组物品的偏好必大于 C 组物品。

假设 4-3 偏好具有凸性。对于消费者的任何两个偏好组合 A 和 B，这两个组合的加权平均所形成的新的偏好组合均大于其中的任何一个组合。

假设 4-4 消费者作为理性的人始终追求其效用最大化。

有了以上的假设，我们来介绍显示性偏好的概念。

假设某消费者消费两种商品 X_1 和 X_2。如图 4-1 所示，假定商品组合 $A(X_1^1, X_2^1)$ 为消费者在收入和价格约束下所选择的消费组合，而 $B(X_1^2, X_2^2)$ 是在同等条件下可供选择但未被选择的消费组合。这样，按照该消费者显示出来的偏好事实，他对于消费组合 $A(X_1^1, X_2^1)$ 一定比预算集中其他任何一点都更为偏好，具体来说，消费者对 $A(X_1^1, X_2^1)$ 的偏好胜于对 $B(X_1^2, X_2^2)$ 的偏好。

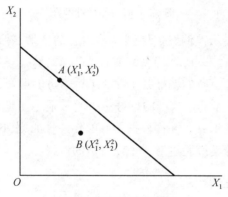

图 4-1 直接显示性偏好

如果将上述偏好关系用代数形式来表达，可有如下表示：

令 (X_1^1, X_2^1) 为消费者在收入 I 并以价格 (P_1, P_2) 所购买的最佳消费组合，(X_1^2, X_2^2) 是在同等收入和价格条件下能够支付但未被选择的消费组合，且 $(X_1^1, X_2^1) \neq (X_1^2, X_2^2)$，这就意味着 (X_1^2, X_2^2) 满足：

$$P_1 X_1^2 + P_2 X_2^2 \leqslant I$$

由于 (X_1^1, X_2^1) 是在同等约束条件下的实际购买量，它必须满足：

$$P_1 X_1^1 + P_2 X_2^1 = I$$

从而，有：

$$P_1 X_1^1 + P_2 X_2^1 \geqslant P_1 X_1^2 + P_2 X_2^2$$

由此认为，$A(X_1^1, X_2^1)$ 是显示地被偏好于 $B(X_1^2, X_2^2)$，而且，这是一种直接显示性偏好。

对于上述情形，我们还可用更通俗的语言来说明：如果消费者在现行价格下用既定的收入既可以买得起 A 组合，又买得起 B 组合，而消费者在实际购买中选择了 A 组合，对消费者来说，A 组合显示出优于 B 组合，消费者更为偏好 A 组合。

与直接显示性偏好概念相联系，还有另外一个重要概念——间接显示性偏好。假定某消费者在一定的收入和价格下，面临三组由 X_1 与 X_2 两商品所构成的消费组合，分别是:$A(X_1^1,X_2^1)$,$B(X_1^2,X_2^2)$ 和 $C(X_1^3,X_2^3)$。如图 4-2 所示。如果该消费者的最后购买行为直接显示出他对 $A(X_1^1,X_2^1)$ 的偏好胜过对 $B(X_1^2,X_2^2)$ 的偏好,而且同时还直接显示出他对 $B(X_1^2,X_2^2)$ 的偏好又胜于对 $C(X_1^3,X_2^3)$ 的偏好,根据偏好的传递性原则,该消费者的这种选择行为间接显示出该消费者对 $A(X_1^1,X_2^1)$ 的偏好胜过对 $C(X_1^3,X_2^3)$ 的偏好。

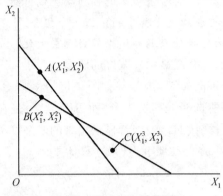

图 4-2 间接显示性偏好

我们还可以把间接显示性偏好扩展到 n 种组合的情形。假定某消费者面对 n 种消费组合:$X^1(X_1^1,X_2^1)$,$X^2(X_1^2,X_2^2)$,$X^3(X_1^3,X_2^3)$,…,$X^n(X_1^n,X_2^n)$。如果消费者的最后购买行为直接显示出他对 $X^1(X_1^1,X_2^1)$ 的偏好胜于对 $X^2(X_1^2,X_2^2)$ 的偏好,并且直接显示出他对 $X^2(X_1^2,X_2^2)$ 的偏好又胜于对 $X^3(X_1^3,X_2^3)$ 的偏好……直接显示出他对 $X^{n-1}(X_1^{n-1},X_2^{n-1})$ 的偏好又胜于对 $X^n(X_1^n,X_2^n)$ 的偏好。同样根据偏好的传递性原则,这种选择行为间接显示出该消费者对 $X^1(X_1^1,X_2^1)$ 的偏好胜过对 $X^n(X_1^n,X_2^n)$ 的偏好。

二、显示性偏好公理

我们先看这样一种消费者选择的例子。在图 4-3 中,消费者有可能选择 $A(X_1^1,X_2^1)$ 和 $B(X_1^2,X_2^2)$。根据显示性偏好的含义,假如他选择 A 放弃 B,则表明他更偏好 A;但在另一组价格的情况下,他有选择 A 的可能性,但他弃之而选择了 B,表明他更偏好于 B。依照显示性偏好的逻辑,从中可以得到以下两个结论:(1) 消费者对 A 的偏好大于 B;(2) 消费者对 B 的偏好又大于 A。这显然是个矛盾。

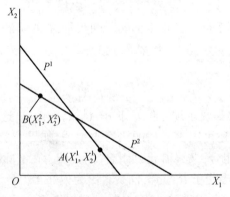

图 4-3 消费者选择矛盾的例子(违反 WARP)

为什么会产生这一矛盾呢？也许是因为他根本就没有选择他所能购买的最佳消费组合(即 A 和 B 均不为最佳消费组合)；也许是因为选择问题的某一个方面已经发生了变化，而又未被观察到；也许是消费者的兴趣或者经济环境的某些因素已经发生了变化。无论如何，这种结果与消费者选择理论是不一致的。

消费者选择理论意味着以上结果是不可能发生的。如果消费者选择了他所能购买的最佳消费组合，其他可能购买但又未被购买的消费组合一定要比他已经选择了的消费组合更差。这就是说，如果 A 和 B 都在消费集之内，且 $U(A) > U(B)$，按消费者选择理论的假设，他应该选择 A。但他偏要反其道而行之——选择 B。这就只能把他视为一个非理性消费者——一个不以效用极大化为目标的人，而经济学只研究理性的消费者。

因此，为了避免以上情况，作为理性的消费者，在追求效用最大化的过程中，其作出的选择将服从以下两个有关显示性偏好的公理。

公理4-1 显示性偏好弱公理(weak axiom of revealed preference, WARP)

如果 $A(X_1^1, X_2^1)$ 直接显示出比 $B(X_1^2, X_2^2)$ 更被消费者所偏好，而且 $(X_1^1, X_2^1) \neq (X_1^2, X_2^2)$，则不可能有 $B(X_1^2, X_2^2)$ 直接显示出比 $A(X_1^1, X_2^1)$ 更被消费者所偏好。

同样，如用数学公式来加以表达，则显示性偏好弱公理可以被表述如下：

假定商品组合 $A(X_1^1, X_2^1)$ 是在价格 $P^1(P_1^1, P_2^1)$ 下购买的，商品组合 $B(X_1^2, X_2^2)$ 是在价格 $P^2(P_1^2, P_2^2)$ 下购买的。如果有：

$$P_1^1 X_1^1 + P_2^1 X_2^1 \geq P_1^1 X_1^2 + P_2^1 X_2^2 \tag{4-1}$$

就不可能有：

$$P_1^2 X_1^2 + P_2^2 X_2^2 \geq P_1^2 X_1^1 + P_2^2 X_2^1 \tag{4-2}$$

换言之，B 是消费者在 P^1 价格下可以买得起但实际上被拒绝了的消费组合，这就显示了消费者认为 A 比 B 要好而偏好 A 组合。而且对 A 的偏好大于 B 这种偏好关系是不会随时间而改变的。所以，当消费者在 P^2 条件下选择了 B 而没有选 A，那不是由于 A 不如 B，而一定是由于消费者在 P^2 条件下买不起 A。

现在我们可以看出，图4-3中反映的消费者选择违背了 WARP，即它显示了相互矛盾的结论：消费者对于 A 的偏好大于对 B 的偏好，而消费者对于 B 的偏好又大于对 A 的偏好。而且，在图4-3中，不可能画两条既相切于 A 和 B 的，同时又互不相交且严格凸向原点的无差异曲线，因此认为，该消费者的行为不是效用极大化的，他违反了 WARP。而图4-4(a)和(b)则满足 WARP。图4-4(a)中，在 P^1 的条件下能够买得起商品组合 B，但是，

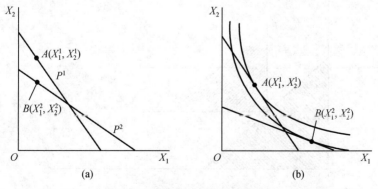

图4-4 消费者选择满足 WARP

消费者选择了商品组合 A，表明 $A(X_1^1,X_2^1)$ 直接显示优于 $B(X_1^2,X_2^2)$。若消费者选择了商品组合 B 而不是 A，则表明消费者所面临的预算线是 P^2，在此新的预算线下，消费者买不起 A 的商品组合。图4-4(b)中可以画出既相切于 A 和 B，同时又互不相交且严格凸向原点的无差异曲线，而且 $U(A) \geqslant U(B)$。

公理 4-2 显示性偏好强公理（strong axiom of revealed preference, SARP）

如果 $A(X_1^1,X_2^1)$ 直接或间接地显示出比 $B(X_1^2,X_2^2)$ 更被消费者所偏好，而且 $(X_1^1,X_2^1) \neq (X_1^2,X_2^2)$，则不可能有 $B(X_1^2,X_2^2)$ 直接或间接地显示出比 $A(X_1^1,X_2^1)$ 更被消费者所偏好。

如前所述，显示性偏好弱公理是说，如果 A 是被显示性地偏好于 B，那么，反过来，B 被偏好于 A 是不可能的。而显示性偏好强公理是说，如果 A 是被显示性地偏好于 B，B 又被显示性地偏好于 C，那么，反过来，C 被偏好于 A 是不可能的。因此，弱公理是关于"两项一致性"的问题，而强公理则是关于三项乃至"n 项一致性"的问题。所以，从这一点可以认为，强公理是弱公理的一般表达形式。显示性偏好强公理是建立在偏好的传递性假设基础之上的。现实中，如果消费者的行为遵从 SARP，则我们就可以通过观察消费者的市场行为构造出消费者的偏好，画出其无差异曲线来。

三、从显示性偏好到无差异曲线

从第三章分析消费者均衡的理论中，我们知道序数效用条件下的无差异曲线分析法较之于基数效用函数理论所需要的信息更少，但它依然需要不少信息，因为这一理论指望消费者能够在所有可能的消费组合中理性地、一致性地将之排列出偏好顺序。

萨缪尔森的显示性偏好理论并不要求消费者将其偏好排序，或者就其趣味、爱好给出其他任何信息。在一些假定的前提下，显示性偏好理论允许人们仅仅从观察在不同价格下所选择的消费组合来构造他的无差异曲线。这些假定包括：(1) 他的选择是一致性的；(2) 他的爱好在观察期内不变；(3) 他喜欢更多的商品（即非饱和性假设）。

利用显示性偏好理论来推导无差异曲线，其方法是对某一消费者所偏好的许多消费点中，将偏好较高的点及偏好较低的点去掉，而剩下的点便构成了无差异曲线。

我们由前面对消费者偏好的假设中可得知：在一定的条件下，每个消费者皆有其预算线存在，如图4-5中的 LM 线，换言之，我们可在预算线左边的区域（面积 LOM 部分）上的任何一点进行消费，假如该消费者选择了点 A 来消费，则我们可判断该消费者对点 A

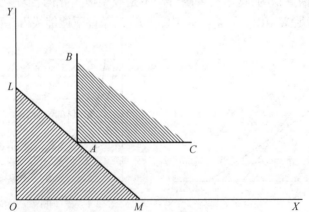

图4-5 LOM 区域为偏好较低之点，BAC 区域为偏好较高之点

的偏好大于 LOM 面积上的任何一点(点 A 除外)。因为点 A 的成本并不比 LOM 区域上的任何一点便宜,而该消费者却偏偏选点 A 来消费,根据上述的原理可知:若消费者在两组物品 A 与 B 中,选择 A 的组合来购买,若不是因为 A 组物品比 B 组便宜,便是由于他对 A 组物品的偏好大于 B 组,由此可知,既然点 A 在 LOM 区域中并非比较便宜的,那么该消费者选择点 A 来购买,便是因为他对点 A 的偏好大于 LOM 区域中的其他各点(点 A 除外),我们亦可推断对点 A 的偏好在 LOM 区域中是最大的。至于 BAC 区域上的任何一点,其偏好必定大于点 A(因为 BAC 区域上的 X 与 Y 组合一定比点 A 的多),但 BAC 区域上的点却是该消费者所达不到的,因为这些点已在预算线之上(在 LM 预算线的经济约束下,无法达到对这些点的消费)。

根据前述内容,要找出通过点 A 无差异曲线的方法,就要将偏好较高的点及偏好较低的点除去。我们现在先从除去偏好较高的点着手,试图找出偏好较高点的边界线(boundary)。如图 4-6(a)所示,当 X 的价格上涨,令新的预算线 QR 通过点 A,这时由于 P_X 的上涨,消费者会少买 X 商品,而多买 Y 商品,而若消费者选择在点 G 购买,则点 G 的偏好必定比点 A 大(因为点 G 不比点 A 便宜,而与点 A 在同一条预算线上,既然消费者选择了点 G,表示其对点 G 的偏好必然大于点 A)。同样,若 X 商品的价格下跌,全新的预算线 NT 也会通过点 A,此时由于 P_X 的下跌,消费者会多买 X 商品而少买 Y 商品,设消费者选择在点 K 购买,则表示消费者对点 K 的偏好必定大于点 A。

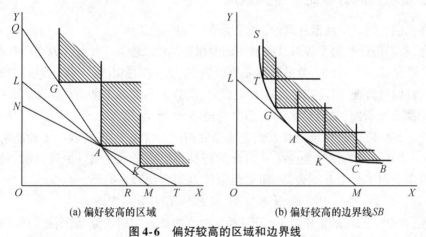

(a) 偏好较高的区域   (b) 偏好较高的边界线 SB

图 4-6 偏好较高的区域和边界线

以此类推,我们可找出无穷多点出来,如图 4-6(b)中的点 T、G、K、C 等,这些点便构成了偏好较高的边界线(SB),而在此线上方区域的点均比点 A 的偏好高。

我们找出偏好较高的界线之后,紧接着再寻求偏好较低的边界线。在预算线为 LM 时,我们已知点 A 是在△LOM 区域中偏好最高的点。现在我们再假设,若相对价格发生变动,则存在一相对价格,其预算线 VW 的消费点恰好为点 D,如图 4-7(a)所示。

我们可断定点 D 在△VOW 区域中偏好最大,但又已知在△LOM 区域中点 A 的偏好最大,因此我们可推定点 A 的偏好比点 D 大,而在△VOW 区域中的任何一点的偏好皆会比点 A 小,同样依照此法,我们可找出类似情况的点 C、D、E、U 等,将这些点连线便可导出偏好较低的边界线 IB,而在 IB 下方的区域皆为比点 A 偏好低的点。

由以上的分析,我们已找出偏好较高的边界线 SB[图 4-6(b)]及偏好较低的边界线 IB[图 4-7(b)]。现在我们只要把边界线 SB 上方偏好较高的区域及边界线 IB 下方偏好

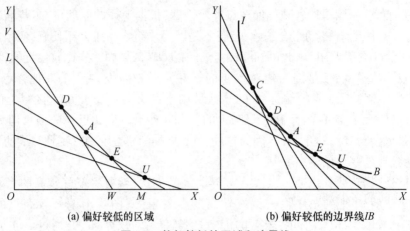

(a) 偏好较低的区域　　　　(b) 偏好较低的边界线 IB

图 4-7　偏好较低的区域和边界线

较低的区域剔除，剩下来的组合便可产生与点 A 偏好相同的无差异曲线了。而且，我们进一步分析会看到，随着价格连续变动的幅度越来越小，偏好较高的边界线与偏好较低的边界线就越来越接近，得到的无差异曲线就越来越精确。

四、显示性偏好理论与替代效应

现在我们利用显示性偏好理论，来说明替代效应必定为负。

首先，我们假设某消费者对其要消费的两组物品（即组合 C 及组合 D）有相同的偏好水平。C 组合是由 X_C 与 Y_C 数量的商品所组成，D 组合则是由 X_D 与 Y_D 数量的商品所组成。并且我们再假设，当消费者选择 C 组合时，商品 X 与商品 Y 的价格为 P_X^C 及 P_Y^C，而当消费者选择 D 组合时，其商品 X 与商品 Y 的价格为 P_X^D 及 P_Y^D。

因此在我们假设对 C 组合及 D 组合的偏好相同的情况下，消费者在 X 商品与 Y 商品的价格为 P_X^C 及 P_Y^C 时，竟然会选择 C 组合的商品。根据显示性偏好原理，我们可判断 C 组合的成本必定不会比 D 组合高（即 C 组合较 D 组合便宜），亦即

$$P_X^C \cdot X_C + P_Y^C \cdot Y_C \leq P_X^C \cdot X_D + P_Y^C \cdot Y_D \tag{4-3}$$

同理，在 P_X^D 及 P_Y^D 的价格之下，消费者竟然会选择 D 组合的商品，则我们可判断 D 组合的成本必会比 C 组合低，亦即

$$P_X^D \cdot X_D + P_Y^D \cdot Y_D \leq P_X^D \cdot X_C + P_Y^D \cdot Y_C \tag{4-4}$$

由 (4-3)、(4-4) 式整理可得：

$$P_X^C(X_C - X_D) + P_Y^C(Y_C - Y_D) \leq 0 \tag{4-5}$$

$$P_X^D(X_D - X_C) + P_Y^D(Y_D - Y_C) \leq 0 \tag{4-6}$$

再把 (4-5)、(4-6) 式相加，即得：

$$(P_X^C - P_X^D)(X_C - X_D) + (P_Y^C - P_Y^D)(Y_C - Y_D) \leq 0 \tag{4-7}$$

若只有 X 商品的价格变动，Y 商品的价格维持不变（即 $P_Y^C = P_Y^D$），则 (4-7) 式变成：

$$(P_X^C - P_X^D)(X_C - X_D) \leq 0 \Rightarrow \Delta P_X \cdot \Delta X < 0$$

（因为 X 商品价格与数量皆变动，等式不成立。）

即

$$\left.\frac{\Delta X}{\Delta P_X}\right|_{U=\text{常数}} < 0 \tag{4-8}$$

(4-8)式即为希克斯所示当 X 商品价格变动所产生的替代效应,其效应必定为负。

第二节 消费者在收入和闲暇之间的选择——劳动供给曲线

在前述有关消费者行为的理论中,我们都是在既定的收入下研究消费者最优选择的。然而,我们应该认识到,人们的收入并不是既定的,而是在相当程度上取决于他愿意付出劳动时间的多少和劳动强度的大小。这样消费者就面临着如何在收入和闲暇之间取舍的问题。比如,每天只有24小时,一个人就必须决定把这既定的时间多少用于劳动,多少用于休闲(包括睡觉)。因此,消费者现在面临的问题是如何来分配每天的时间以获得最大限度的满足。

一、收入和闲暇之间的无差异曲线

在既定的时间(比如24小时)约束下,人们首先要考虑如何将时间在工作和闲暇(leisure)之间进行分配,而这一决策决定人们会获取多少收入。一方面,工作是获得收入的途径,收入通过购买行为转化成商品,进而给劳动者带来效用。另一方面,工作或者说获得收入的机会成本就是闲暇。闲暇可以看作是非工作活动的统称,通常假定它可以享受,能为人们带来效用。此时,消费者的效用函数就是收入和闲暇的函数,即

$$U = U(H, I)$$

式中,H 代表闲暇,I 代表收入。

假设工人对于每天的工作时间具有选择的灵活性,理性的劳动者会选择最大化自己效用的工作—闲暇组合。

下面,我们说明消费者关于收入与闲暇选择的无差异曲线。因为当收入减少时,消费者的效用必然会减少,从而用增加休闲时间来弥补,这样收入和闲暇之间存在互为替代的关系,其无差异曲线和正常商品的无差异曲线一样会凸向原点。

如图4-8所示,A 点与 B 点位于同一条无差异曲线 U_1 上,表明消费者在 A 点与 B 点获得的效用水平相同,消费者在 A 点获得的闲暇较少,但取得的收入较高;而在 B 点取得

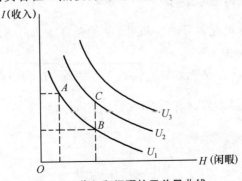

图 4-8 收入和闲暇的无差异曲线

的收入较低,但获得的闲暇较多。而对于图中的 C 点,消费者在此点取得的收入比 B 点高,而获得的闲暇则与 B 点一样多,显然,消费者在 C 点达到了更高的效用水平,C 点位于离原点更远的一条无差异曲线 U_2 上。图 4-8 中向右下方倾斜的曲线表明,对于消费者而言收入与闲暇是可以替代的。闲暇对收入的边际替代率为:

$$\mathrm{MRS}_{HI} = -\frac{\mathrm{d}I}{\mathrm{d}H} = \frac{\partial U}{\partial H} \bigg/ \frac{\partial U}{\partial I} = \frac{U_H}{U_I}$$

二、收入和闲暇的预算约束

人们工作所获取的收入的大小取决于两个因素:劳动时间和单位劳动时间的工资率。假设一个人总的时间为 T,比如,$T = 24$ 小时,其用于闲暇的时间为 H,则此人的劳动时间 $L = T - H$。又假设单位时间的工资率为 w,这样这个人的预算约束为:

$$I = w(T - H) = wL$$

上式可视为消费者收入和闲暇的预算线,如图 4-9 所示,图中横坐标代表闲暇时间;纵坐标代表收入,用货币单位衡量。消费者的预算线为 AB,OA 代表了消费者可以利用的时间总量 T,OB 则代表了消费者将全部时间投入工作可得到的收入。预算线 AB 的斜率(绝对值)代表了工资率,即消费者每工作单位时间可得的收入。当工资率越高时,其预算线的斜率也越陡,即预算线由 AB 变化为 AB'。这样,闲暇可以作为一种能够带来效用的商品,工资率的变化可以理解为闲暇这一商品价格的变化。因此,前面关于价格变化对消费者均衡影响的分析,完全适用于劳动者对于工作和闲暇的选择。

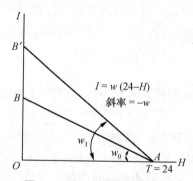

图 4-9 收入和闲暇的预算线

三、收入和闲暇的最优选择

现在,我们将图 4-8 的无差异曲线和图 4-9 的预算线结合起来,便可得到消费者效用最大化的均衡点,如图 4-10 所示。

在图 4-10 中,均衡点 E 是无差异曲线 U 与预算线 AB 的切点,它应该满足什么条件呢?由于无差异曲线的斜率绝对值为 $\mathrm{MRS}_{HI} = \frac{U_H}{U_I}$,而预算线 AB 斜率的绝对值为工资率 w,则在切点 E 处,有:

$$\mathrm{MRS}_{HI} = \frac{U_H}{U_I} = w$$

这就是消费者在收入和闲暇之间实现最优选择的条件,当实现消费者均衡时闲暇与

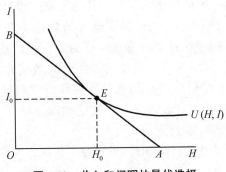

图 4-10 收入和闲暇的最优选择

收入的最优选择为 (H_0, I_0)。

当然,上述最优选择也可以通过构造一个代数模型来推导。

目标函数:max $U = U(H, I)$

约束条件:s.t. $I = w(T - H) = wL$

我们可以把上述有条件的极值问题转化为无条件的极值问题。

把 $I = wL$ 和 $H = T - L$ 代入目标函数可得:

$$U = U(H, I) = U(T - L, wL)$$

为求效用最大,使上式关于 L 的导数等于零,得:

$$\frac{dU}{dL} = -\frac{\partial U}{\partial H} + \frac{\partial U}{\partial I} w = 0$$

整理后可得:

$$\mathrm{MRS}_{HI} = \frac{\dfrac{\partial U}{\partial H}}{\dfrac{\partial U}{\partial I}} = w$$

上式说明了收入对闲暇的替代率等于工资率,在图形上表现为收入和闲暇的无差异曲线与预算线相切于一点 E。同时上式还表明 L 和 w 的关系是建立在单个消费者的最优行为基础上的,因此,它是消费者对劳动的供给曲线,表明在各个工资率水平上他将会做多少工作。

四、劳动的供给曲线的几何推导

与前述我们利用 P.C.C. 线推导普通需求曲线一样,这里我们将用收入与闲暇的 P.C.C. 线推导劳动的供给曲线。

假若让工资率连续变动,我们即可推导出收入和闲暇的 P.C.C. 曲线,如图 4-11(a) 所示。

图 4-11(a) 的 P.C.C. 线表示消费者在各种不同的工资率下所选择的最适当的组合。同时,我们可通过这条 P.C.C. 线找出该消费者工资与工作小时的关系 (S_L),曲线 S_L 便称为劳动的供给曲线。一般劳动的供给曲线可分成两个部分:一个部分的斜率为正(如 AD 部分),另一个部分的斜率为负(如 DH 部分)。斜率之所以会为负的原因,我们可通过收入效应和替代效应来说明。

与普通商品一样,作为闲暇价格的工资的变化亦会带来两种效应——替代效应和收入效应。我们来考察工资上升的情形。工资上升意味着闲暇这种商品变得更加昂贵了，假定劳动者的总效用水平(有时又称为"真实收入")保持不变,这时他们会减少闲暇消费,转向消费更多的其他商品,在这里即增加工作时间,获取更多的收入,此即工资率的替代效应。可以看出,替代效应导致工资率与工作时间呈同方向变化,与闲暇时间呈反方向变化。与此同时,工资率上升使劳动者的预算线绕它与横轴的交点向右上方旋转[见图4-11(b)],这意味着劳动者收入上升。假定相对价格不变,收入上升会使劳动者增加对各种商品的消费,包括闲暇,此即工资率的收入效应。可以看出,收入效应导致工资率与工作时间呈反方向变化,与闲暇时间呈同方向变化。

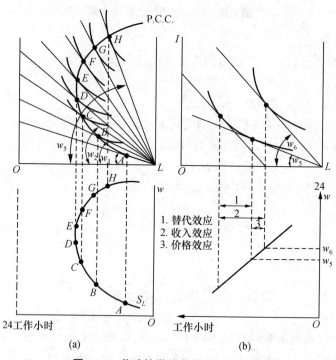

图4-11 劳动的供给曲线的几何推导

替代效应与收入效应是完全相反的。当替代效应大于收入效应时,工资率的增加会导致劳动量供给的增加,这时劳动的供给曲线向右上倾斜。那么,工资的收入效应是否会超过替代效应呢? 对于一般商品,收入效应通常要小于替代效应。对于闲暇商品,情况却有所不同。一般消费者收入的绝大部分来自工资,假定其他条件不变,闲暇价格——工资的上升会大大增加消费者的收入水平,因此闲暇价格的收入效应很大。当工资水平较低时,工资水平上升的收入效应不会抵消替代效应,但是,当工资水平上升到一定高度之后,继续上涨带来的收入效应会超过替代效应,导致劳动供给量的减少,供给曲线向后弯曲。下面,我们用图4-11来具体说明。

设刚开始的工资非常低(如 w_1、w_2),当工资上涨时,消费者将会以更多的工作来替代闲暇,即其收入效应与替代效应会呈同方向变动,因此供给曲线会有正的斜率。然而若工资达到 w_5 后若再提高(如 w_6、w_7),因为收入水平已经相当高了,这时此人反而会减少其工作小时而以更多的闲暇来替代(即其替代效应与收入效应呈反方向变动,且替代效应为收入效应所抵消,此时的供给曲线斜率为负,闲暇对此人而言则是为正常品(因为收人越多,其闲暇亦会越多)。

综上,我们不难了解:每个人均有其愿意工作的最多小时数,如图4-11(a)中,当工资为 w_5 时,便是此人最多的工作时数[$H(w_5)$];此时若是提高工资,则反而会下降其工作的意愿,因此对公司而言,若想要职员加班或工作更长的时间[比 $H(w_5)$ 多],并不是光靠提高工资便可达到的。

五、加班加点情况下的劳动供给

以上的分析都是假定工资率为常数,即不管消费者的工作时间有多长,单位时间所获得的工资收入都是相同的。下面我们考虑工资率发生变动时的情况。假定消费者的工作时间分为两个部分,一部分是正常工作时间,另一部分是加班加点时间。正常工作时间的工资率一般要小于加班加点情况下的工资率。我们用图 4-12 来分析在加班加点时可享受较高工资率情况下的消费者选择。

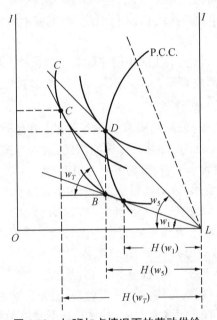

图 4-12 加班加点情况下的劳动供给

假使原来的工资为 w_1 时,消费者愿意工作 $H(w_1)$ 小时,而此人每天最大的工作数为 $H(w_5)$ 小时,此时的工资为 w_5。若公司希望此人的工作时间数能超过 $H(w_5)$,可采取的方法是:当此人的工作小时超过点 B 时(以点 B 为起点),再另外多付加班费(w_T),此时的预算线变成 LBC,则此人会愿意提供更多的工作时数(到点 C),这时公司所付出的收入(在点 C)会比原先不多给加班费时(在点 D)的代价为高;而对消费者而言,其在点 C 之下工作的效用却比在点 D 工作的小(点 D 为此人愿意工作的最高时限)。不过大体上而言,过点 B 后通过多付加班费,公司希望提高工作时数的目的也算达到了。

六、应用与例题

例题 4-1 假定某人效用函数的规定时期为一天,即 $T = 24$ 小时,效用函数为 $U = 48H + HI - H^2$。此人的劳动供给曲线是什么?具有什么特征?

解 因为总的时间为 T,劳动时间假设为 L,工资率为 w,则 $H = T - L, I = wL$。代入效用函数可得:

$$U = 48(T - L) + (T - L)wL - (T - L)^2$$

为保证效用最大,令效用函数对 L 的偏导数等于零,即

$$\frac{\mathrm{d}U}{\mathrm{d}L} = -48 - Lw + w(T - L) + 2(T - L) = 0$$

整理可得:

$$L = \frac{T(w + 2) - 48}{2(w + 1)}$$

同时,保证效用最大化的二阶条件亦可满足,因为对任何正的工资,有:

$$\frac{\mathrm{d}^2 U}{\mathrm{d}L^2} = -2(w + 1) < 0$$

从上述例子中,我们可以总结出劳动供给曲线有如下特性:

(1) 由于总的可利用时间 $T = 24$ 小时,因此,当工资率等于零时,消费者将一点工作都不做。

(2) 由于 $\mathrm{d}L/\mathrm{d}w > 0$,因此,工作的小时将随着工资的提高而增加。

(3) 不论工资多高,消费者每天的工作时间绝不会超过 12 小时,因为 $\lim_{w \to \infty} L = 12$。

应用 可保证的收入与工作效率

在西方发达国家,政府所采取的福利措施很多,其中有一项重要的福利措施——可保证的收入(guaranteed income),即凡是一国的国民,政府保障其收入维持在某一水平以上。对低于这一保证的收入水平者,政府将补贴其差额。

说明 如图 4-13(a)所示:劳动者愿意工作 L_1 小时以获取 I_1 的收入,但此时若政府的保证收入在 I_g,大于劳动者的收入 I_1,其间的差额(AB)由政府补贴,则劳动者会提高其效用(由 U_0 升至 U_1),可是,若此劳动者完全不工作亦同样能领 I_g 的保证收入,且其所能获得的满足水平更大(U_3)。由此可知,保证收入对贫困者而言无疑是一大福音,但对整个社会的工作效率却无异于是一大挑战(因为在保证收入之下,没有贫困者愿意工作)。

再看 4-13 图(b),对一些次贫困的劳动者而言,原先劳动者愿意在点 E 工作,其所能获得的收入(I_2)也较保证收入(I_g)为大,此时政府是不会给予补贴的,但假使此劳动者完全不工作而领取保证收入,虽然 I_g 的收入要比原来有工作时所获得的收入 I_2 低,但此时

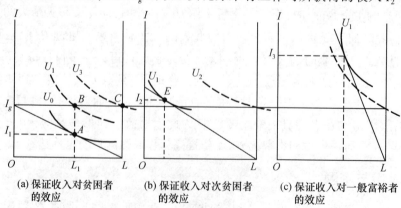

(a) 保证收入对贫困者的效应 (b) 保证收入对次贫困者的效应 (c) 保证收入对一般富裕者的效应

图 4-13 保证收入与工作效率

不必工作而闲暇增多了,其可获取的效用也会比原先有工作时大($U_2 > U_1$)。这样次贫困的劳动者亦不愿意去工作,这对整个社会的工作效率又是一项浪费。因此,政府这时对使用保证收入的福利措施就要慎重考虑;至于保证收入对富裕者而言,则毫无影响,如图4-13(c)所示。

第三节 消费者跨时选择理论

到目前为止,我们所探讨的都是在一个时期内的消费选择理论,亦称静态的消费者选择理论。该理论的一个基本假设就是,消费者在仅有的"一个时期"(即生命周期)内,用尽所有的收入,选择最佳的商品组合,没有储蓄,也不能借款。本节将把静态理论转向动态的消费者选择理论。为了简便起见,同时又不失一般性,假定消费者的生命周期有两个时期(记为时期1和时期2),在每个时期支出(C)和收入(I)可以不等,$(C_t - I_t) > 0$意味着消费者在t时期($t = 1,2$)为借款者,$(I_t - C_t) > 0$则意味着他在t时期为储蓄者。然而,在整个生命周期之内,收入之和必须等于支出(或消费)之和,即$\sum_{t=1}^{2} C_t = \sum_{t=1}^{2} I_t$。我们还假定,消费者的效用是关于时期1和时期2消费的连续可导的递增函数,即

$$U = U(C_1, C_2), \quad U_1 > 0, \quad U_2 > 0$$

下面介绍两个时期的预算线的概念。

首先,假定某消费者决定在时期1为一个储蓄者,即$C_1 < I_1$,在这种情况下,他的储蓄$(I_1 - C_1)$将以r的利息率赚取利息,其数量为$r(I_1 - C_1)$。在第二个时期内,他所能使用的消费量可表示为:

$$\begin{aligned} C_2 &= I_2 + (I_1 - C_1) + r(I_1 - C_1) \\ &= I_2 + (1 + r)(I_1 - C_1) \end{aligned} \tag{4-9}$$

上式表示该消费者在时期2的消费必须等于他在时期2的收入加上他在时期1的储蓄以及利息所得。

如果该消费者在时期1为借款者,即$C_1 > I_1$,那么,他在时期2的消费必须等于他在时期2的收入减去他在时期1的借款以及所付利息,即

$$\begin{aligned} C_2 &= I_2 - (C_1 - I_1) - r(C_1 - I_1) \\ &= I_2 + (1 + r)(I_1 - C_1) \end{aligned} \tag{4-10}$$

(4-9)式完全等同于(4-10)式,它还可写成:

$$(1 + r)C_1 + C_2 = (1 + r)I_1 + I_2 \tag{4-11}$$

或者

$$C_1 + \frac{C_2}{1 + r} = I_1 + \frac{I_2}{1 + r} \tag{4-12}$$

(4-11)式是用未来价格表示的预算约束,而(4-12)式则是用现价表示的预算约束,其预算线见图4-14。纵轴(C_2)的截距为$[I_2 + I_1(1 + r)]$,横轴(C_1)的截距为$[I_1 + I_2/(1 + r)]$,斜率为$-(1 + r)$。

下面用图示法研究动态效用极大化问题。在图4-14中,该消费者的收入点为W(确定了I_1和I_2),如果不允许储蓄,消费者只能在W点消费。从动态上看,这显然不能实现效用极大化,因为E点要优于W点。实际上,E点为效用极大化点。在这一点上,效用函数$U = U(C_1, C_2)$的导数与预算线的斜率$-(1 + r)$相等,从而决定了最佳消费组合(C_1^*,

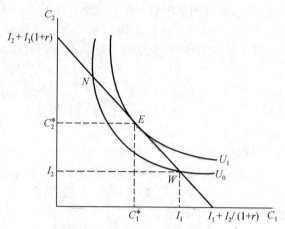

图 4-14　跨时情况下的最优选择

C_2^*），且有 $C_1^* < I_1, C_2^* > I_2$，说明他在时期 1 为一储蓄者。

从以上分析可知，每一时期最佳消费选择依赖于预算线，而预算线又要取决于 I_1、I_2 和 r 的大小。很显然，在给定效用函数的情况下，不影响预算线的任何变化均不会影响到最佳消费组合的决定。例如，假定消费者的收入点不是 W，而是 N，即他在时期 1 的收入减少，而在时期 2 的收入增加，但总收入不变，这样，预算线并不改变，因而最佳消费组合依然为 E。为此，他必须在时期 1 借款。

一般来说，在动态的消费理论中，如果消费者预期在 t_2 的收入大幅度上升的话，他很有可能在 t_1 内借款消费；相反，如果他预期在 t_2 内收入明显下降，则有可能储蓄。

现在讨论利息率变化对消费行为的影响。这里有两种情况。

第一，假如消费者开始为一储蓄者（或贷款者），如果利息率上升，收入不变的话，他将依然是个储蓄者，并可享受到更高的效用。图 4-15 说明了这种情形。在原有的收入和利息率的情况下，他的最佳消费组合为 E_0 点。当收入不变、利息率上升时，新的预算线通过 W 点且变得更陡。这样，他可以改变自己过去的消费结构。新的最佳消费组合为 E_1 点，它与更高的一条无差异曲线相切。

第二，假如消费者起初为借款者，如果利息率上升，收入不变，他依然选择成为一个借款者，但境况变得更糟（即从 E_0 点到 E_1 点），如图 4-16 所示。

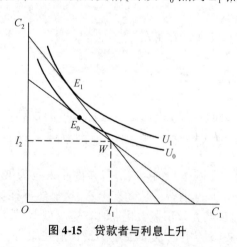

图 4-15　贷款者与利息上升

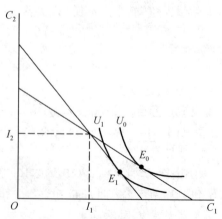

图 4-16　借款者与利息上升

在以上的讨论中,隐含了另一个重要的假设:时期 1 的价格水平(P_1)和时期 2 的价格水平(P_2)保持不变且等于 1,即 $P_1 = P_2 = 1$,换言之,不存在通货膨胀或通货紧缩。这一假设显然与实际经济生活不符,现取消这一假设,(4-10)式便变成:

$$P_2 C_2 = P_2 I_2 + (1+r) P_1 (I_1 - C_1) \tag{4-13}$$

为方便起见,现假定 $P_1 = 1, P_2/P_1 = 1 + \pi$,如果 $\pi > 0$,便为通货膨胀率;如果 $\pi < 0$,则为通货紧缩率。这样,(4-13)式便可写成:

$$C_2 = I_2 + \frac{1+r}{1+\pi}(I_1 - C_1) \tag{4-14}$$

现定义 $1 + \rho = \dfrac{1+r}{1+\pi}$ 为名义利息率,ρ 为真实利息率。这样,(4-14)式又可写成:

$$C_2 = I_2 + (1+\rho)(I_1 - C_1)$$

现假定出现通货膨胀,从而真实利率 ρ 变小,因此,预算线的斜率更小。与名义利息率上升的效果相反,如果消费者在时期 1 为一贷款者,通货膨胀将使他变得更糟;如果消费者在时期 1 为一借款者,通货膨胀将使他变得相对更好些。请读者自己作图理解以上两点。

本章总结

1. 在研究需求规律时,不必去寻找人们需求背后的效用函数,只要从可观察到的人们的消费(或购买)行为中,就可以推断有关消费者偏好的情况,这种方法被称作显示性偏好理论。

2. 显示性偏好是指这样一种情况,即如果消费者在现行价格下用既定的收入既可以买得起 A 组合,又可以买得起 B 组合,而消费者在实际购买中选择了 A 组合,对消费者来说,A 组合显示出优于 B 组合,消费者更为偏好 A 组合。

3. 显示性偏好弱公理是说,如果 A 是被显示性地偏好于 B,那么,反过来,B 被偏好于 A 是不可能的。而显示性偏好强公理是说,如果 A 是被显示性地偏好于 B,B 又被显示性地偏好于 C,那么,反过来,C 被偏好于 A 是不可能的。因此,弱公理是关于"两项一致性"的问题,而强公理则是关于三项乃至"n 项一致性"的问题。

4. 利用显示性偏好理论来推导无差异曲线,其方法是在某一消费者所偏好的许多消费点中,将偏好较高的点及偏好较低的点去掉,剩下的点便构成了无差异曲线。

5. 一般消费者收入的绝大部分来自工资,假定其他条件不变,闲暇价格——工资的上升会大大增加消费者的收入水平,因此闲暇价格的收入效应很大。当工资水平较低时,工资水平上升的收入效用不会抵消替代效应,但是,当工资水平上升到一定高度之后,继续上涨带来的收入效应会超过替代效应,导致劳动供给量的减少,供给曲线向后弯曲。

复习思考题与计算题

1. 请判断下列说法是否正确,并简要说明理由:

(1) 显示性偏好弱公理表示:如果一个消费者在他能够买得起消费束 y 的时候选择了消费束 x,同时在他能够买得起消费束 x 的时候选择了消费束 y,那么他的收入在这两个观察期必然改变。( )

(2) 某消费者行为为理性偏好,且他的偏好不会随着时间而改变。某一年,他在能买得起 x 消费束的时候却买了 y 消费束。另一年,如果他买了 x 消费束,那么说明他当时一定买不起 y 消费束。( )

(3) 显示性偏好强公理表示:如果一个消费者在他能够买得起 y 的时候选择了 x,在他能够买得起 z 的时候选择了 y,那么在他能买得起 z 的任何时候他会买 x。( )

(4) 有两种商品:香蕉和土豆。香蕉的价格上升,土豆的价格下降。如果在这种价格变化以后,一个消费者(其偏好满足显示性偏好弱公理)正好能够买得起旧的消费束,那么即使土豆是吉芬品,她将至少消费和以前一样多的土豆。( )

(5) 某消费者对闲暇—消费偏好的效用函数为柯布-道格拉斯函数,除了劳动所得之外没有其他的收入来源,则工资上涨不会改变他的劳动供给选择。( )

(6) 某消费者具有一个向后弯曲的劳动供给曲线。在工资为 5 元/小时的时候他每星期工作 50 小时。老板希望他每星期能够工作更多时间,所以规定开始的 50 个小时给他 5 元/小时的工资,工作 50 小时后工资为 7 元/小时。但是基于该消费者具有向后弯曲的供给曲线,这一政策可能会使他选择更少的工作时间。( )

(7) 某消费者同时打两份工,他的第一份工作收入为固定工资,且每天工作 8 小时(不多也不少,就像上班);他的第二份工作平均每小时工资率比第一份工作低,但是他可以选择工作时间。如果第一份工作的工资上升,他一定会减少第二份工作的工作时间。( )

(8) 利率上升必然引起给定正收入流现值的减少。( )

(9) 在以现在的消费为横轴、未来的消费为纵轴的跨期消费空间图中,预算约束线的横轴截距等于两个时期总收入的现值。( )

(10) 如果通货膨胀率加倍,名义利率不变,实际利率就会减半。( )

2. 若某消费者对 A 组与 B 组物品的偏好相同,而已知 A 组含 5 个 X 及 16 个 Y,B 组含 8 个 X 及 10 个 Y,若 $P_X=5, P_Y=8$,则该消费者会购买哪一组?

3. 已知 A 组含 10 个 X 及 8 个 Y,B 组含 8 个 X 及 12 个 Y,当 $P_X=5, P_Y=8$ 时,若某消费者选择 B 组,则是否表示该消费者偏好 B 组?

4. 以 q^i 表示某消费者所购买商品的组合,而 p^i 表示相对应的价格组合。假设 $p^1=(20,10), q^1=(40,50), p^2=(25,15), q^2=(30,40)$,则该消费者是偏好 q^1 还是 q^2?

5. 假定只有三种商品 X、Y、Z,考虑下列三种组合:

$A: X=3, Y=4, Z=4; B: X=2, Y=1, Z=4; C: X=5, Y=2, Z=2$

假定当价格 $P_X=2, P_Y=2, P_Z=2$ 时,消费者选择 A 组合;当价格 $P_X=2, P_Y=3, P_Z=1$ 时,消费者选择 B 组合;当价格 $P_X=1, P_Y=3, P_Z=3$ 时,消费者选择 C 组合。请问按显示性偏好公理,如何排列这三种组合?这种排列是否遵从传递性?

6. 如果观察到一个消费者在 $p_1=2, p_2=6$ 时,购买商品 1 和 2 的数量为 $x_1=20, x_2=10$;而当价格变为 $p_1=3, p_2=5$ 时,他的购买量为 $x_1=18, x_2=4$。请问该消费者的行为符合显示性偏好弱公理吗?

7. 假设 q^i 表示某消费者所购买商品的组合,p^i 表示相对应的价格组合。当 $p^1=(4,1)$ 时,$q^1=(10,20)$;当 $p^2=(1,4)$ 时,$q^2=(4,14)$,而当 $p^3=(p_1,p_2)$ 时,$q^3=(20,$

10)。如果这个消费者的偏好满足显示性偏好定理,那么(p_1,p_2)必须满足什么样的关系?

8. 当价格是$(p_1,p_2)=(1,2)$时,消费者需求是$(x_1,x_2)=(1,2)$,当价格$(q_1,q_2)=(2,1)$时,消费者需求是$(y_1,y_2)=(2,1)$。这种行为同最大化的行为模型相一致吗?

9. 当价格是$(p_1,p_2)=(2,1)$时,消费者需求是$(x_1,x_2)=(1,2)$,当价格$(q_1,q_2)=(1,2)$时,消费者需求是$(y_1,y_2)=(2,1)$。请问:(1)这种行为同最大化的行为模型相一致吗?(2)消费者偏好哪一个消费束,消费束x还是消费束y?

10. 考察一个对物品1和物品2有需求的消费者。当物品价格为$(2,4)$时,其需求为$(11,2)$;当价格为$(6,3)$时,其需求为$(2,1)$,在没有其他重要的变化时,请问该消费者是否是效用最大化者?

11. 试绘图说明"不管工资高低,我一天只要工作8小时"。

12. 某公司有两位职员甲与乙,甲从来不请假,而乙常请假,若公司提高工资后,甲却常请假乙反而不请假,试绘图说明。

13. 某公司为了提高员工的工作效率,准备了一笔奖励基金,奖励方式有两种:(1) 提高工资;(2) 发年终奖金。请问哪种方式较好?

14. 假设工人的工资率为$w=10$元/小时,他没有其他收入来源,只能通过工作赚取工资购买消费品。他关于闲暇和消费的效用函数为$u(H,C)=CH^2$,其中C是他的消费水平,H是他每天工作之外的闲暇时间。试求:(1) 此人的预算方程。(2) 此人每天会工作多少小时?每天在消费上花费多少钱?

15. 老李的效用函数为$U=(CH)^{1/2}$,其中C表示消费,H表示闲暇。当他一天工作14小时他获得最大效用$U=20$。如果王女士给他5元,想请他放弃一小时闲暇时间驱车送王女士去机场,老李愿意做这件事吗?

16. 大学生张明对他未来的工作学习生活进行决策。假设未来有两期时间可供决策,第一期他在读书,没有收入;第二期他开始工作,收入是8 800元。他在第一期可以以10%的利率向学校借款;用c_1表示第一期的消费,用c_2表示第二期的消费,他的跨期效用函数为$u(c_1,c_2)=c_1c_2$。假定没有通货膨胀,请问他应该向学校借多少款?

17. 某消费者的效用函数为$u(c_1,c_2)=c_1^{1/2}+2c_2^{1/2}$,其中$c_1$、$c_2$分别是他在时期1与时期2的消费量。他在每个时期都可以赚得100单位的消费品,并可以按10%的利率进行借贷。试问:(1) 该消费者的预算方程是什么?(2) 若该消费者不进行借贷,则他对现在与未来消费品的边际替代率是多少?(3) 若该消费者进行最佳数量的借款或者储蓄,则他在时期2的消费与时期1的消费的比率是多少?

18. 某消费者的效用函数为$u(c_1,c_2)=c_1^{1/2}+0.87c_2^{1/2}$,其中$c_1$、$c_2$分别是他在时期1与时期2的消费量。若他在时期2的收入是时期1的两倍,则利率是多少时,在两个时期他会选择相同的消费量?

第五章　生产者行为理论（Ⅰ）

▎本章概要▎

在消费者行为理论（即第三、四章）中，我们已对影响需求方面的因素作了深入的探讨；在消费者行为理论中，我们假定市场的供给状况为既定。从本章开始，我们则要对影响供给的种种因素（其中主要是生产技术和成本等）进行分析。与消费者行为相似，生产者的决策也取决于两方面的因素：一是物质生产的技术状况；二是生产要素的成本。本章着重分析生产的技术状况及有关问题，而下一章则着重于成本分析。需要提醒读者注意：我们仍然是在完全竞争环境下进行讨论。

▎学习目标▎

学完本章，你将能够了解：
1. 生产技术和生产函数的含义
2. 短期生产函数——TP、AP 与 MP 的关系
3. 如何利用等产量曲线分析生产者均衡
4. 如何求解投入要素的最适组合
5. 扩展线、规模报酬的含义
6. 规模报酬固定生产函数的特性

你要掌握的基本概念和术语：
生产技术　生产集　生产函数　总产量　平均产量　边际产量
边际报酬递减规律　等产量曲线　边际技术替代率　脊线　等斜线　成本线
扩展线　规模报酬

第一节　生产技术与生产函数

一、企业及其生产技术

生产活动的主体是企业(enterprise)，也叫厂商(firm)，它是指可以对生产和销售做出统一决策，且努力将若干种投入转化为产出的经济单位。经验告诉我们，企业生产的投入和产出间存在着某种数量关系。比如，为了生产某一给定的产出量，需要多少投入品；投入一定量的生产要素，可以生产出多少数量的产品？这些投入与产出间的数量关系都反映了企业在一定时期内的技术关系或状况。

读者应注意，这里所讲的技术不是指企业生产过程中的技术细节，而是指企业将投入转化为产出的能力。从经济学上来研究企业的生产问题时，一般把企业从整体上看作一个"黑箱"，经济学家只关心这个黑箱的两头，其中一头是投入，另一头是产出。人们不

关心黑箱内部(即企业生产的具体过程)是如何运作的,因为那是机械工程学或管理学研究的对象。经济学中只抽象地研究企业生产中的投入和产出关系。

在实际的生产活动中,生产一定量的产出所需要的投入很多,在经济分析中,通常把这些投入归结为劳动、资本、土地和企业家才能等。劳动是生产过程中劳动者所提供的劳务,其实质是劳动者脑力、体力的消耗;资本是资本家的投资,其实物形态就是生产中使用的厂房、机器、设备、原材料等;土地是生产过程中所使用的各种自然资源,其中包括矿藏、水源等;企业家才能指生产经营者对生产过程中的组织与管理以及所能承担风险的能力。只有通过企业家的组织与管理,才能使劳动、资本、土地等自然资源得到合理的组合配置,提高经济效率。

二、生产集

在完全竞争的假定下,企业产出的多少归根到底取决于企业的技术能力,即将投入品转化为产出品的能力,这种能力可以用生产集来描述。所谓生产集(production set)是指一定技术条件下企业的投入与产出之间的各种组合的集合。比如,某个企业只用一种生产要素 L 来生产一种产出品 Q,那么,该企业的生产集就如图 5-1 所示。

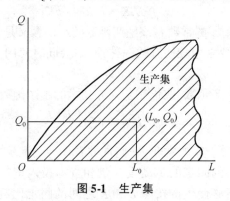

图 5-1 生产集

在图 5-1 中,横轴表示投入 L,纵轴表示产出 Q,阴影部分描述了在给定投入量的情况下,该企业所能够生产出的相应的产量的集合。从图中可以看出,对应于一定的投入量,比如 L_0,会有相应的产出水平 Q_0 与之对应;当然,不限于 Q_0,也还会有其他产出水平可能与之对应,因此,生产集反映了企业所面临的所有可能的技术选择,比如,给定产出水平 Q,你可以选择投入多少要素 L,或者,在给定投入 L 的前提下,你可以选择多少产出量 Q。你既可以选择 $Q=0$(不生产),也可以选择 Q_0,但最终的选择都有个限度,即不可能使产出量超出生产集所允许的范围。

三、生产函数

任何生产集都有个范围,或者叫边界,企业只能在这个边界内进行选择。生产集的上边界点的集合就叫生产函数。它表明在现有的生产技术条件下,一定的生产投入品所带来的最大可能产量的集合。因此,生产函数本身表明有效利用了生产技术与生产投入品,从而达到了生产的最大效率。生产集内的各点为生产的可行点,但没有充分发挥生产投入的效率。而生产集以上的任意点则是在既有的生产技术水平的情况下不可能实现的点。

设某厂商为生产某种产品,使用 n 种投入要素。现用 Q 表示其产出的数量,用 x_i 表示第 i 种生产要素的投入数量,那么,生产函数一般可表述为:

$$Q = f(x_1, x_2, \cdots, x_n)$$

该生产函数可以告诉我们:(1) 对于任一给定的生产要素投入量,现有的生产技术给出了一个最大的产出量;(2) 对于任一给定的产出量 Q,每一投入组合的使用量为最小。

为简化分析,对于投入我们一般只考虑劳动(L)和资本(K)两个要素,因此,简化后的生产函数可表示为:

$$Q = f(L, K)$$

读者应注意,企业生产中所使用的投入要素的单位品质并不相同,因此,为了分析方便,我们假定每个劳动或资本设备的品质或素质皆相同,企业所生产产品的产量多少仅取决于投入的数量多少。

四、常见的生产函数的形式

(1) 线性生产函数,或称完全替代技术的生产函数,其表达式为:

$$Q = f(L, K) = aL + bK$$

其中,a 和 b 均为大于零的常数。该生产函数的经济含义是,按这种生产函数安排生产时,企业只会使用两种要素中较便宜的一种,而不会同时使用两种投入要素,即两种要素之间可以完全替代。

(2) 固定投入比例生产函数,或称完全互补技术的生产函数,其表达式为:

$$Q = f(L, K) = \min\left\{\frac{L}{a}, \frac{K}{b}\right\}$$

其中,a 和 b 分别为大于零的常数,它们常被看作劳动和资本的技术系数,分别表示了生产一单位产量所需要的固定的劳动投入量和资本投入量。该生产函数的经济含义是要使生产有效率地进行必使生产按照 L 和 K 之间的固定比例,即 a/b 进行,当一种投入固定时,另一种投入增加得再多,也不能增加产量。因此生产中这两种投入要素缺一不可,因而这两种投入要素具有完全互补性。

(3) 柯布-道格拉斯生产函数,其表达式为:

$$Q = f(L, K) = AL^{\alpha}K^{\beta}$$

其中 A、α 和 β 均为大于零的常数。且 $0 < \alpha < 1, 0 < \beta < 1, \alpha + \beta = 1$。

柯布-道格拉斯生产函数常被人们称为性状良好的生产函数,因为利用它可以较好地研究生产过程中的投入和产出问题。α 和 β 分别表示劳动和资本在生产过程中的相对重要性,或者说是表示劳动所得和资本所得在总产量中所占的份额;A 用来表示技术进步因素。根据柯布和道格拉斯两人对美国 1899—1922 年有关经济资料的分析和估算,α 值约为 0.75,β 值约为 0.25。这说明,在这一期间的总产量中,每增加 1% 的劳动所引起的产量增加将三倍于每增加 1% 的资本所引起的产量增加。这一结论与美国工资收入与资本收益之比(3∶1)大体相符。

(4) 常数替代弹性(constant elasticity of substitution)生产函数,简称为 CES 生产函数,其表达式为:

$$Q = f(L, K) = A[\alpha L^{-\rho} + (1-\alpha)K^{-\rho}]^{-\frac{1}{\rho}}$$

其中，A 为规模参数（或称效率参数），或可代表技术状况，$A>0$；α 为分配参数或产出弹性，代表该生产要素在所生产的产量中的贡献份额，$0<\alpha<1$；ρ 为替代参数，$-1<\rho\neq 0$。

五、短期和长期生产函数

在生产过程中，当一个厂商改变其产出水平时，它的投入要素通常也要变化。比如劳动这个要素，随着产出量的变化可以相对较快地进行调整。而其他投入，如资产设备的调整则比较困难。考虑到这些投入要素的调整特点，我们可以从时间上把生产函数分为如下两个类型：

（1）短期生产函数，指至少有一个生产要素（一般为资本 K）无法随产量的变化而进行调整（或变动）的生产函数，其表达式为：

$$Q = f(L, \bar{K}) = f(L) \quad (\bar{K} \text{表示资本固定})$$

（2）长期生产函数，指所有生产要素皆会随着产出量的变动而进行调整的生产函数，其表达式为：

$$Q = f(L, K)$$

一般来说，这里的长期和短期只是一个相对的时间概念。比如由于要研究的企业的性质不同，长期的含义会有所不同。对于一个外科医生来说，获得新的手术激光设备或找到买主卖掉自己的旧设备或找一个合适的办公场所，都需要花费几个月的时间。此时，对这个外科医生来说，长期的概念是指几个月的时间。而对于一个洗车店来说，购买和安装新的洗车生产线或出售旧的洗车生产线可能需要一年的时间。因此，对洗车店来讲，长期是指超过一年的时间。

第二节 对生产函数的假定与规模报酬

一、对生产函数的若干假定

如前所述，生产函数不仅刻画了厂商的生产技术状况，而且由于生产函数被定义为厂商使用各种生产要素时能达到的最大产量，因此，它良好地体现了厂商所受到的技术约束。为了今后分析的方便，我们对形如 $Q=f(x_1,x_2,\cdots,x_n)$ 的生产函数作了一些基本假定。当然，这些假定原则上都建立在对现实所作的观察之上。

假设 5-1 $x_i \geq 0, i=1,2,\cdots,n$，即生产函数中所有的生产要素投入量不得为负数。

假设 5-2 $Q \geq 0$，即与一定投入要素相对应的产出量不得小于零。

假设 5-3 生产函数 $Q=f(x_1,x_2,\cdots,x_n)$ 是个单调连续且存在着一阶和二阶偏导的函数。

满足上述假定的生产函数同时还会有如下两条公理。

公理 5-1 生产函数的一阶偏导数在其经济区域内不小于零。

经济学上，对生产函数中的某一生产要素的一阶偏导数被称为这种生产要素的边际产量（marginal production），记为 MP，即

$$\text{MP}_{x_1} = \frac{\partial f}{\partial x_1} > 0$$

$$\mathrm{MP}_{x_2} = \frac{\partial f}{\partial x_2} > 0$$

$$\cdots\cdots$$

$$\mathrm{MP}_{x_n} = \frac{\partial f}{\partial x_n} > 0$$

上列式子说明,当生产中其他生产要素的使用量不变,而 x_i 的使用量从 x_i 增加到 $x_i + \Delta x_i$,且 $\Delta x_i > 0$ 时,只有当产量 Q 增加时才有经济意义,否则便失去了经济意义。也就是说,如果 $\mathrm{MP}_i > 0, x_i$ 便处于经济区域;如果 $\mathrm{MP}_i = 0, x_i$ 便处于经济区域和非经济区域的边界;如果 $\mathrm{MP}_i < 0, x_i$ 便处于非经济区域。通常人们研究的兴趣在于经济区域,而不在于非经济区域。

公理 5-2 在相应的经济区域内,生产函数的二阶偏导矩阵,或称海赛矩阵为一负定矩阵。

$$H(X) = \frac{\partial^2 f}{\partial X^2} = \begin{bmatrix} \frac{\partial^2 f}{\partial x_1^2} & \frac{\partial^2 f}{\partial x_1 \partial x_2} & \cdots & \frac{\partial^2 f}{\partial x_1 \partial x_n} \\ \frac{\partial^2 f}{\partial x_2 \partial x_1} & \frac{\partial^2 f}{\partial x_2^2} & \cdots & \frac{\partial^2 f}{\partial x_2 \partial x_n} \\ \vdots & \vdots & \ddots & \vdots \\ \frac{\partial^2 f}{\partial x_n \partial x_1} & \frac{\partial^2 f}{\partial x_n \partial x_2} & \cdots & \frac{\partial^2 f}{\partial x_n^n} \end{bmatrix} = \begin{bmatrix} f_{11} & f_{12} & \cdots & f_{1n} \\ f_{21} & f_{22} & \cdots & f_{2n} \\ \vdots & \vdots & \ddots & \vdots \\ f_{n1} & f_{n2} & \cdots & f_{nn} \end{bmatrix}$$

换言之,生产函数 $Q = f(x_1, x_2, \cdots, x_n)$ 在其经济区域内为一严格凹函数,并且从中可以得知,海赛矩阵的主对角元素小于零,即

$$\frac{\partial^2 f}{\partial x_i^2} = \frac{\partial \mathrm{MP}(X)}{\partial x_i} < 0$$

上式是边际报酬递减规律的数学表达式。也就是说,当我们固定其他生产要素投入量不变,而仅仅增加 x_i 的投入量时,随着 x_i 数量的增加,我们必将最后达到这一经济区域的边界。

依据有关的微积分理论[①],如果 $H(X)$ 为一负定矩阵,$f(X)$ 便是一个严格凹函数;如果 $H(X)$ 为一半负定矩阵,则 $f(X)$ 便是一个(准)凹函数。而 $f(X)$ 是一个(准)凹函数,便能保证等产量曲线凸向原点,从而保证生产函数为一性状良好的生产函数。这与效用函数的有关特征类似。

二、生产函数与规模报酬

从生产函数中,我们可进一步分析投入增加的倍数和产出增加的倍数之间的关系,这种关系被称为规模报酬(returns to scale)。所谓规模报酬是指生产中所有的投入要素以相同的比例变动时,所引起的产出量的变动比例。通常,规模报酬有如下三种类型:

假定某厂商的生产函数为 $Q = f(L, K)$,则:

[①] 请参阅詹姆斯·M. 亨德森、理查德·E. 匡特《中级微观经济学——数学方法》(北京大学出版社 1988 年版)一书的附录。

(1) 如果所有投入要素增加 λ 倍,产出增加大于 λ 倍,即
$$f(\lambda L, \lambda K) > \lambda Q$$
则该生产函数属于规模报酬递增(increasing return to scale)。

(2) 如果所有投入要素增加 λ 倍,产出亦增加 λ 倍,即
$$f(\lambda L, \lambda K) = \lambda Q$$
则该生产函数属于规模报酬不变(constant return to scale)。

(3) 如果所有投入要素增加 λ 倍,而产出增加少于 λ 倍,即
$$f(\lambda L, \lambda K) < \lambda Q$$
则该生产函数属于规模报酬递减(decreasing return to scale)。

现实中,有些行业的生产合乎规模报酬递增的特点,如钢铁、汽车业等,但有些行业则合乎规模报酬不变,而有些产业则合乎规模报酬递减,如手工业。如何判别某种行业属于哪种类型的规模报酬,通常可用计量经济学来测定,本章不拟介绍。

下面,我们将举出一些经常使用的生产函数来说明规模报酬。

例题 5-1 柯布-道格拉斯(C-D)生产函数,其一般形式为:
$$Q = f(L, K) = AL^{\alpha}K^{\beta}$$
若所有投入要素皆增加 λ 倍,则用 λL 及 λK 代替原来的 L、K,可求得:
$$f(\lambda L, \lambda K) = A(\lambda L)^{\alpha}(\lambda K)^{\beta} = \lambda^{\alpha+\beta}AL^{\alpha}K^{\beta} = \lambda^{\alpha+\beta}Q(\lambda > 1)$$
(1) $\alpha + \beta > 1$ 时,为规模报酬递增(因为产出的增加大于 λ 倍);
(2) $\alpha + \beta = 1$ 时,为规模报酬不变(因为产出的增加等于 λ 倍);
(3) $\alpha + \beta < 1$ 时,为规模报酬递减(因为产出的增加小于 λ 倍)。

例题 5-2 常数替代弹性(CES)生产函数,其一般形式可写为 $Q = A[\alpha L^{-\rho} + (1-\alpha)K^{-\rho}]^{-\frac{1}{\rho}}$,请讨论该生产函数的规模报酬。

解 因为 $f(\lambda L, \lambda K) = A[\alpha(\lambda L)^{-\rho} + (1-\alpha)(\lambda K)^{-\rho}]^{-\frac{1}{\rho}}$
$$= \lambda A[\alpha L^{-\rho} + (1-\alpha)K^{-\rho}]^{-\frac{1}{\rho}} = \lambda Q$$
所以,CES 为规模报酬不变的生产函数。

实时测验 5-1

假设某生产函数为 $f(L, K) = 4L^{0.6}K^{0.4}$
(1) 试证明此生产函数为规模报酬不变。
(2) 求该生产函数的 AP_L、AP_K、MP_L、MP_K。

第三节 短期分析——具有一种可变生产要素的生产函数

下面我们介绍在短期下具有一种可变生产要素的生产函数的有关特性。诚如先前所言,在短期下,产量的多少只决定于劳动量的多少,即 $Q = f(L, \bar{K}) = f(L)$(资本固定)。在此我们讨论在短期下产出变化与投入要素(即劳动)变化之间的关系,通常这里要涉及三个重要概念:总产量、平均产量和边际产量。

一、总产量、平均产量和边际产量及其相互关系

1. 定义

总产量(total product,TP)是指短期内在某特定生产规模下,利用一定数量的某种生产要素(如劳动 L)所生产产品的全部数量,其表达式为:

$$Q = \text{TP}_L = f(L)$$

平均产量(average product,AP)是指总产量除以某要素投入量之商,即平均每一单位可变要素的产量,其计算公式如下:

$$\text{AP}_L = \frac{\text{TP}_L}{L}$$

边际产量(marginal product,MP)是指增加一单位可变要素的投入所引起的产出增量,其计算公式如下:

$$\text{MP}_L = \frac{\Delta \text{TP}_L}{\Delta L}$$

或

$$\text{MP}_L = \lim_{\Delta L \to 0} \frac{\Delta \text{TP}_L}{\Delta L} = \frac{\text{d}\text{TP}_L}{\text{d}L}$$

2. 总产量曲线的几何图形描述

图 5-2 表示了总产量(TP)与劳动量(L)的关系。刚开始生产时,随着劳动投入量的逐步增加,相应的产量增加的速度会特别快,这反映在图形上是总产量 TP_L 呈向上凹的形状,当劳动量从 0 增至 L_0 时,TP_L 线上各点的斜率有逐渐增加的趋势。可是当劳动投入量增加到某一数量(如 L_0)之后,产量增加的速度会渐渐慢下来,如图中 L_0 至 L_2 的部分,其图形必会向下凹,此时 TP_L 线上的各点的斜率有递减的趋势,与 L_0 对应的 A 点即为拐点(inflection point)。等到劳动投入量超过某饱和点(如 C 点)时,即呈现所谓"人多手杂,越帮越忙"的情况,此时劳动投入越多,产量就会越少,如图中 L_2 以后的部分。至此,我们可大致了解到 TP 和劳动量 L 的关系。

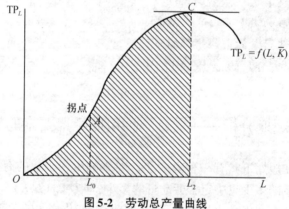

图 5-2 劳动总产量曲线

另外,通过观察图 5-2,我们会发现总产量曲线 TP_L 与横轴之间的部分 OCL_2 就是所谓的生产集。生产集中的内点为现有技术约束下生产的可行点,但是,在这些点上进行生产并没有充分发挥生产要素的效率。而在生产集以上的任意点则是在现有生产技术水平的情况下不可能实现的点。只有生产集的上边界点的集合,即总产量线 TP_L,才是在现有的技术条件下一定的投入所能带来的最大产量的集合。

3. 平均产量曲线与边际产量曲线及其相互关系

在了解了总产量曲线之后,就可以利用总产量曲线的变化特征来推导平均产量曲线和边际产量曲线。我们先利用总产量曲线来说明边际产量曲线的几何形状。从图 5-3 中的总产量(TP_L)与劳动量(L)的关系中,我们可看出在 TP_L 线上任一点的切线斜率,即为 MP_L。在 L_0 以前,因为 TP_L 曲线的形状是向上凹的,所以其斜率递增,因此,其 MP_L 也递增。然而到了 L_0 至 L_2 的部分,TP_L 的形状往下凹,因而其切线斜率(即 MP_L)递减,即此时劳动量增加时,产量增加的速度延缓了,最后当劳动量达到 L_2 以后,因为已达到饱和点,所以此时的 MP_L 乃呈现负的状况,这意味着当劳动量增加时,产量反而会减少。

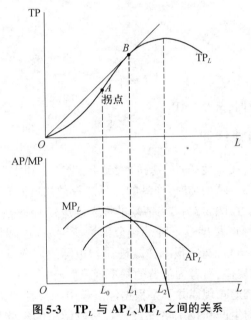

图 5-3　TP_L 与 AP_L、MP_L 之间的关系

对于平均产量曲线的形状,我们也可以从总产量曲线的变化特征中获取。由于平均产量 $AP_L = \dfrac{TP_L}{L}$,因此,连接总产量曲线上任何一点和坐标原点的线段的斜率就表示该点的平均产量。如图 5-3 所示,TP_L 曲线上在 L_1 之前的各点与原点连线的斜率(即 AP_L)随着 L 的增大而变大,这在图中表现为 AP_L 处于上升阶段;到了 L_1,AP_L 达到最高点;在 L_1 之后,TP_L 上各点与原点连线的斜率变小,相应地,AP_L 处于下降阶段。

从图中还可以看出 MP_L 与 AP_L 之间的关系。在 L_1 之前,AP_L 会永远小于 MP_L,且此时的 AP_L 呈递增的趋势;而在 L_1 以后,AP_L 却反而会大于 MP_L,且此时的 AP_L 呈递减的趋势;因此 AP_L 在 $L = L_1$ 处达到最大,此时 MP_L 恰好等于 AP_L。

为了更清楚地说明 AP_L 与 MP_L 的关系,我们不妨再找一实例来说明。设某一班级学生的平均身高为 160 cm（相当于 AP_L），若转入一位新同学，其身高大于 160 cm，设为 170 cm（相当于 MP_L），即原先全班的平均身高小于转入者（$AP_L < MP_L$），因此，后来全班的平均身高增加（相当于 AP_L 递增）；反之，若班上转入一位新同学，其身高为 150 cm（相当于 MP_L），比原班上的平均身高小（$MP_L < AP_L$），则该班上新的平均身高会下降（即 AP_L 此时递减）。

因此我们可将 AP_L 与 MP_L 的关系综合如下：

- （1）当 $MP_L > AP_L$ 时，则 AP_L 递增；
- （2）当 $MP_L < AP_L$ 时，则 AP_L 递减；
- （3）当 AP_L 达到最高点时，则 $AP_L = MP_L$。

例题 5-3 试以数学证明 MP_L 线通过 AP_L 线的最高点。

解 $\because AP_L = \dfrac{Q}{L}$

当 AP_L 达到最高时，AP_L 的导数应等于零，故 $\dfrac{\partial AP_L}{\partial L} = \dfrac{L\dfrac{\partial Q}{\partial L} - Q \cdot 1}{L^2} = 0$

$\therefore \dfrac{\partial Q}{\partial L} = \dfrac{Q}{L} = AP_L$

又 $\because \dfrac{\partial Q}{\partial L} = MP_L$

$\therefore MP_L = AP_L$

即 AP_L 达到最高点时，$MP_L = AP_L$。

二、边际报酬递减规律

由上面的分析可知，在其他条件不变的情况下，生产者利用一种生产要素生产一种产品的时候，当要素投入不断增加时，产品的边际产量最初可能有短暂的增加，其后即不断减少，直到出现负数。在图 5-3 中，当劳动的投入量达到 L_0 之后，劳动的边际产量开始下降，直到 L_2。这种边际产量持续下降的现象即为所谓的"边际报酬递减规律"（law of diminishing marginal return）。边际报酬递减规律与边际效用递减规律非常相似，区别仅在于前者为生产的基本规律，后者为消费的基本规律而已。

一般认为，边际报酬递减规律并不是根据经济学中的某种理论或原理推导出来的规律，它只是根据对实际的生产和技术情况进行观察所做出的经验性的概括，反映了生产过程中的一种纯技术关系。同时，该法则只有在下述条件具备时才会发生作用：(1) 生产技术水平既定不变；(2) 除一种投入要素可变外，其他投入要素均固定不变；(3) 可变的生产要素投入量必须超过一定点。也就是说，投入要素不是完全替代品。比如，在农业生产中，第一单位的劳动与一些农业机械及一块耕地结合时，开始总产量可能有明显增加，但随着劳动投入增加，过了某一点之后，下一单位劳动投入所生产的农产品数量将小于前一单位劳动投入所生产的产量。

三、生产的三个阶段及生产的合理区域

前面我们已分析了 MP_L 与 AP_L 的关系，然而在何种情况中才算是具有经济效率的区域呢？在图 5-4 中，以 AP 曲线的最高点及 MP = 0 为界，将要素投入量 L 的范围划分为三

个阶段：

第Ⅰ阶段：$O—L_1$，此时，$MP_L > AP_L$，即 AP_L 呈递增的阶段。

第Ⅱ阶段：$L_1—L_2$，此时，$AP_L > MP_L > 0$，即 AP_L 呈递减的阶段。

第Ⅲ阶段：$L_2—\infty$，此时，$MP_L < 0$，即 TP_L 呈递减的阶段。

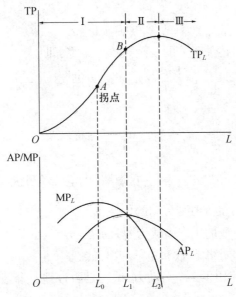

图 5-4　生产的三个阶段及生产的合理区域

对于厂商来说，为了达到经济效率，应在哪个阶段进行生产呢？现分析如下：

(1) 在阶段Ⅰ中，AP_L 不断上升，这表示生产要素的生产力尚能不断提高，因此生产不应停留在此阶段内，应该继续投入要素，以争取更高的生产力，这样可使产品的单位成本降低。阶段Ⅰ可称为生产力尚未充分发挥的阶段。

(2) 在阶段Ⅲ中，$MP < 0$，TP 开始下降，这表示生产要素投入过多，非但不能增加生产，反而使总产量减少，使生产者蒙受双重损失，一是资源的浪费，二是总产量的减少。阶段Ⅲ可称为生产不经济的阶段。

(3) 在阶段Ⅱ中，AP 虽开始下降，但仍相当高；同时 $MP > 0$，继续投入，仍有额外的产出。阶段Ⅱ可称为生产的有效率阶段，亦可称为生产的合理区域。

综上所述，可知阶段Ⅰ中要素的生产力尚未充分发挥，不是最有利的生产阶段。阶段Ⅲ中要素的边际产量为负，总产量开始下降，此种情形非但不利，反而有害，因此也不是有利的生产阶段。阶段Ⅱ则无上述两阶段的缺点，故为生产的合理区域。至于厂商在实际生产中选取阶段Ⅱ中的哪一点，要看生产要素的价格，如果相对于资本的价格而言，劳动的价格较高，则劳动的投入量靠近 L_1 点对于生产者较有利；若相对于资本的价格而言，劳动的价格较低，则劳动的投入量靠近 L_2 点对于生产者较有利。无论如何，都不能将生产维持在阶段Ⅰ或推进到阶段Ⅲ。

四、短期内生产企业的最优决策

如前所述，在短期中，企业会在阶段Ⅱ生产。但在阶段Ⅱ中，究竟哪一点才是企业的最优决策点？或者说能否找出一点是劳动的最优投入量呢？答案显然是肯定的。

企业进行生产的目的就是追求利润最大化，因此，短期内的最优决策或最优的劳动投入量就是指使企业利润最大的劳动投入量。

假设企业利润 π 等于企业总收益减去总成本。设劳动的价格为 w，资本的价格为 r，生产产品的价格为 P（完全竞争条件下市场价格为一常数），短期内资本投入量固定为一常数量 $\bar{K}$，则：

$$\pi = PQ - wL - r\bar{K}$$

为使 π 最大，要求上述关于 L 的一阶导数等于零，即

$$\frac{\mathrm{d}\pi}{\mathrm{d}L} = \frac{\mathrm{d}(PQ)}{\mathrm{d}L} - w = P\frac{\mathrm{d}Q}{\mathrm{d}L} - w = 0$$

整理后可得：

$$P\frac{\mathrm{d}Q}{\mathrm{d}L} = w$$

由于 $\frac{\mathrm{d}Q}{\mathrm{d}L}$ 是劳动边际产量 MP_L，因此，在短期，决定劳动最优投入量的必要条件是 $P \cdot \mathrm{MP}_L = w$，即劳动的边际产量价值与劳动的价格相等。

例题 5-4 已知某企业的生产函数为 $Q = 21L + 9L^2 - L^3$

（1）求该企业的平均产出函数和边际产出函数。

（2）如果企业现在使用了 3 个劳动力，试问是否合理？合理的劳动使用量应在什么范围内？

（3）如果该企业产品的市场价格为 3 元，劳动力的市场价格为 63 元。那么，该企业的最优劳动投入量是多少？

解 （1）平均产出函数为：$\mathrm{AP}_L = \frac{Q}{L} = 21 + 9L - L^2$

边际产出函数为：$\mathrm{MP}_L = 21 + 18L - 3L^2$

（2）我们首先确定合理投入区间的左端点。令 $\mathrm{AP} = \mathrm{MP}$，即

$$21 + 9L - L^2 = 21 + 18L - 3L^2$$

可解得 $L = 0$ 与 $L = 4.5$，$L = 0$ 不合理，可以舍去。

所以，合理区间的左端点应在劳动力投入为 4.5 处。

再定合理区域的右端点。令 $\mathrm{MP}_L = 0$，即

$$21 + 18L - 3L^2 = 0$$

可解得 $L = -1$（舍去）与 $L = 7$。

所以，合理区域的右端点为 $L = 7$。

这样合理区域为 $4.5 \leq L \leq 7$，目前的使用量 $L = 3$，所以是不合理的。

（3）劳动投入最优的必要条件为 $P \cdot \mathrm{MP}_L = w$。所以，

$$3 \times (21 + 18L - 3L^2) = 63$$

容易解出 $L = 0$（舍去）或 $L = 6$。

因此，$L = 6$，即使用 6 个劳动力最优。

第四节 长期分析——等产量曲线

在长期内,所有要素皆可以变动,即不仅 L 可以变动,K 也可以变动,因此,长期生产函数可表示为 $Q=f(L,K)$。对这类生产函数可以用等产量曲线来描述。

一、等产量曲线及其特征

我们在此首先介绍有关等产量曲线的含义与特性。

- 等产量曲线(isoquant curve)是指在技术不变条件下,生产同一产量所必须使用的两种投入要素的各种不同组合的轨迹。

从任意给定的两种可变投入要素的生产函数中,我们可以推导出表示某一既定产量水平的等产量曲线。假定生产某种产品需要劳动和资本两种可变要素,这两种要素之间可以互相替代。例如,生产函数为 $Q=4L^{0.5}K^{0.5}$,则要生产 400 单位的产量,所需使用的 L 与 K 可能为 $(100,100)$,$(1,10\,000)$,…将这些可能组合的点连接起来,则可得到一条曲线,该曲线即为等产量曲线,如图 5-5 所示。

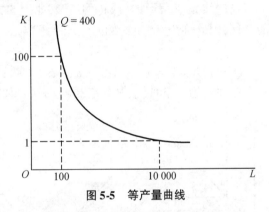

图 5-5 等产量曲线

对于任一生产函数来说,其等产量曲线并不唯一。当 Q_0 为一给定的常数时,唯有一条等产量曲线与之对应;当 Q_0 为另一给定的常数时,又会有另一条等产量曲线与之对应。我们将出自同一个生产函数但取不等的产量参数所得到的若干条等产量曲线称为等产量曲线簇。图 5-6 给出了三条等产量曲线 Q_1、Q_2 和 Q_3,且 $Q_1<Q_2<Q_3$。

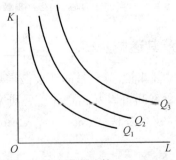

图 5-6 等产量曲线簇:$Q_1<Q_2<Q_3$

一般来说,"性状良好"的等产量曲线(例如前面介绍的 C-D 生产函数或 CES 生产函数等)会具有一些共同的特征。

- 等产量曲线的特性:
  (1) 在生产有效率的阶段,等产量曲线的斜率为负,即 $dK/dL < 0$;
  (2) 等产量曲线凸向原点;
  (3) 任两条等产量曲线不可相交;
  (4) 任一点必有一条等产量曲线通过;
  (5) 越往右上方的等产量曲线,其产量会越大。

我们会发现,等产量曲线的特征和消费者行为理论中的无差异曲线相似,故不再赘述。

还有一些生产函数的等产量曲线并不完全具备以上性质,比如固定投入比例生产函数和线性生产函数。

(1) 固定投入比例生产函数:

$$Q = f(L,K) = \min\left\{\frac{L}{a}, \frac{K}{b}\right\}$$

这类生产函数的等产量曲线是直角形的,或称"L"形,如图 5-7(a)所示。这种生产函数不允许生产要素的替代,因此称为"固定比例的生产技术"。

(2) 线性生产函数:

$$Q = f(L,K) = aL + bK \quad (a,b > 0)$$

这类生产函数的等产量曲线为一条直线,其斜率为 $(-a/b)$,如图 5-7(b)所示。

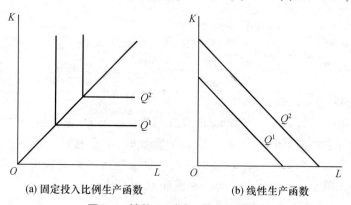

(a) 固定投入比例生产函数　　(b) 线性生产函数

图 5-7　性状"不良好"的生产函数

二、边际技术替代率及其递减规律

根据等产量曲线的特性,一般来说,等产量曲线会凸向原点,且斜率为负。从直觉上看这是为维持同一产量水平,要素间可以互相替代。要研究要素间的替代关系,就需要引入一个重要的概念——边际技术替代率(marginal rate of technical substitution),简称 $MRTS_{LK}$。

- 边际技术替代率是指在技术不变的条件下,为维持相同的产量,在放弃一单位的劳动后,所必须弥补的资本数量。其代数表达式为:

$$\text{MRTS}_{LK} = -\frac{\Delta K}{\Delta L}$$

边际技术替代率又可写成：

$$\text{MRTS}_{LK} = \lim_{\Delta L \to 0}\left(-\frac{\Delta K}{\Delta L}\right) = -\frac{dK}{dL}$$

边际技术替代率的几何意义是等产量曲线上任一点的边际技术替代率等于该点切线斜率的负值。之所以取斜率的负值是为了保证边际技术替代率是一个正值，如图 5-8 所示。

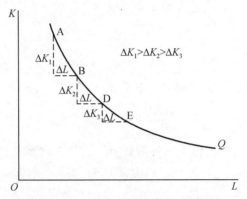

图 5-8　边际技术替代率及其递减规律

对于凸状的等产量曲线来说，我们还会发现它有如下规律：当我们连续不断地增加一种要素 L 的投入量并想保持产量不变时，随着 L 数量的增加，每单位 L 能够替代另一要素 K 的数量却不断减少，即边际技术替代率是递减的。也就是说，当我们沿着一条等产量曲线不断增加 L 的投入量时，等产量曲线斜率的绝对值逐渐变小。反之，沿着一条等产量曲线增加 K 的投入量时，则等产量曲线斜率的绝对值就会增大。这种现象被称为边际技术替代率递减规律。

- 边际技术替代率递减规律是指在维持产量不变的前提下，当一种生产要素的投入量不断增加时，每一单位的这种要素所能替代的另一种生产要素的数量呈递减的趋势。

从图 5-8 中，我们可以清楚地看出，在同一条等产量曲线上，当要素 L 连续不断地增加时，另一个要素 K 却在逐渐递减，相应的斜率也在逐步变小。之所以存在边际技术替代率递减规律，是因为边际报酬递减法则的作用。因此，我们先分析边际技术替代率与边际产量的关系。

对 $Q = f(L, K)$ 进行全微分可得：

$$dQ = \frac{\partial f}{\partial L} \cdot dL + \frac{\partial f}{\partial K} \cdot dK = \text{MP}_L \cdot dL + \text{MP}_K \cdot dK$$

令 $Q = Q^0$，即假设在同一条等产量曲线上，$dQ = dQ^0 = 0$，便有：

$$\text{MP}_L \cdot dL + \text{MP}_K \cdot dK = 0$$

所以 $\text{MRTS}_{LK} = -\dfrac{dK}{dL} = \dfrac{\text{MP}_L}{\text{MP}_K}$

这就是说,两种投入要素之间的边际技术替代率等于投入要素的边际产量的比值。边际技术替代率之所以递减,是因为随着一种投入 L 对另一种投入 K 的替代不断增加,L 的边际产量趋于下降,而 K 的边际产量趋于增加。这样,随着 L 对 K 的不断替代,作为不断下降的劳动 L 的边际产量与逐步上升的资本 K 的边际产量之比的边际技术替代率是递减的。另外,还要注意到,边际技术替代率递减与边际产量递减之间具有密切联系但并不完全相同。边际产量递减强调的是当我们增加一种投入数量而使其他投入量保持不变时,边际产量会怎样变化;边际技术替代率递减则是指当我们增加一种投入数量并相应减少另一种投入数量以使产出量保持不变时,边际产量的比率或等产量曲线的斜率会怎样变化。

> ▶观念澄清
>
> 边际技术替代率递减规律可以用代数式表达为:
>
> $$\frac{\mathrm{dMRTS}_{LK}}{\mathrm{d}L}<0, \quad 或\frac{\mathrm{d}^2K}{\mathrm{d}L^2}>0$$
>
> 从数学上说,如果生产函数是个凹函数,那么,边际技术替代率递减规律的条件便得到满足。同时,我们知道,如果生产函数是凹的,那么,其二阶偏导小于零,等产量曲线便凸向原点。从这种意义上说,"生产函数为一凹函数"、"生产函数的二阶偏导小于零"、"等产量曲线凸向原点"和"边际技术替代率递减规律"都是一些等价的命题。希望读者在学习中加深理解。

三、生产的经济区域——脊线分析

由于等产量曲线是由生产函数导出的,而生产函数又可分为三个阶段,那么我们是否可以由等产量曲线中找出生产的三个阶段呢?

在图5-9中,我们可在等产量曲线 Q_1 上,找出斜率为零的一点 D,亦即 MRTS_{LK} 为零:

∵ $\mathrm{MRTS}_{LK} = \dfrac{\mathrm{MP}_L}{\mathrm{MP}_K} = 0$

∴ $\mathrm{MP}_L = 0$

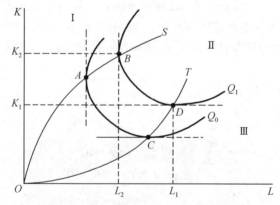

图5-9 等产量曲线与生产的经济区域

由此可知在点 D 时,其资本 $K=K_1$,而配合资本 K_1 所使用的劳动 L_1 会使产量 TP_L 最大(因为 $MP_L=0$);而若我们沿 K_1D 线由点 D 向右移,此时劳动 L 的投入增加了,但总产量却下降了,亦即此时 $MP_L<0$。因此,依据本章第三节生产三个阶段的区分法,由点 D 向右移动便进入了劳动生产的阶段Ⅲ,以此类推,我们可在不同的等产量曲线上找出其斜率为零(即 $MRTS_{LK}=0$)的点出来,再连接这些点,即可得出一条曲线 OT,我们称此为脊线(ridge line)或等斜线(isocline)。在等斜线 OT 右侧的 L 与 K 的组合处于劳动生产的阶段Ⅲ。

同理,我们可在等产量曲线 Q_1 上找出一点 B,而点 B 的斜率为 ∞,亦即 MRTS 等于 ∞:

$$\because MRTS_{LK}=\frac{MP_L}{MP_K}=\infty$$

$$\therefore MP_K=0$$

由此可知在点 B 时,其劳动 $L=L_2$,而配合劳动 L_2 所用的资本 K_2 会使产量 TP_K 最大(因为此时 $MP_K=0$);而若我们沿着 L_2B 线由点 B 向上移动,此时资本投入增加了,但总产量却下降了,亦即此时 $MP_K<0$。因此,我们亦可在不同的等产量曲线上找出其斜率为无穷大的点,将这些点连接起来,亦可得到一条 OS 的等斜线。凡处于等斜线 OS 上方的 L 与 K 的组合皆为资本生产的阶段Ⅲ。

由此可推知,凡介于等斜线 OT 与等斜线 OS 之间的区域皆同时有 $MP_L>0$ 和 $MP_K>0$,因此被称为生产的经济区域。而其他的区域,比如在等斜线 OT 的右方,虽然 MP_K 大于零,但 MP_L 小于零,这说明劳动 L 的增加会导致产量的下降,相应的只有增加资本 K 才能弥补 L 增加太多所导致的产量损失,以保持产品水平不变,这样 OT 线右方的区域就被称为生产的不经济区域;同样,在等斜线 OS 的上方,虽然 MP_L 大于零,但 MP_K 却小于零,因而这一区域也不是合乎经济效率的生产区域。

总之,在脊线 OT 和 OS 之间的区域为生产的经济区域,在两条脊线以外的区域为生产的不经济区域。理性的生产者总是会在两条脊线之间的经济区域安排其生产经营活动。

> **实时测验 5-2**
> 若劳动与资本的边际生产率递减,是否表示等产量曲线必凸向原点?

第五节 投入要素的最佳组合

我们知道,等产量曲线给出了企业生产的技术约束——两种要素的所有组合都能生产出给定产量 Q,但是,这并不能解决生产者的最优决策问题。因为生产者的最优决策不仅取决于生产技术方面的可能性,还取决于经济方面的合理性——生产成本问题。因此,要探讨生产者的最佳行为,我们必须先了解等成本线的概念。

一、等成本线

- 等成本线(isocost curve)是指在某一特定的时期,在既定的要素价格条件下,厂商花费同样的总成本所能够购买的两种要素使用量的所有可能的组合的轨迹。

如图 5-10 所示,若以 w、r 分别表示要素 L 与 K 的价格,而以 L、K 分别表示使用要素的数量,C^0 表示总成本,则在要素价格不变的条件下,等成本线可写成:

$$w \cdot L + r \cdot K = C^0$$

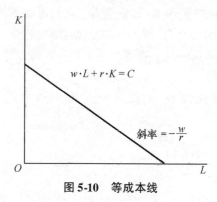

图 5-10　等成本线

上式还可进一步变为:

$$K = \frac{C^0}{r} - \frac{w}{r}L$$

从上式可看出,等成本线为一条直线,其斜率等于要素的相对价格比(w/r),该等成本线与需求的预算线非常类似。

- 在要素价格比固定下,等成本线为一直线,其斜率等于其要素的相对价格比(负号)。

二、最优要素组合

对于生产者而言,要素能否得到最佳的使用,是利润极大化的必要条件之一。因此,下面我们要讨论要素在何种条件之下,才算达到最佳的组合。

- 要素最佳组合的条件是指在其他条件(如技术)不变之下,花最后一元钱在各种不同生产要素上,其所能增加的产量皆相同,即

$$\frac{MP_L}{w} = \frac{MP_K}{r}$$

在厂商追求利润最大的目标下,可能遇到两种可能的情况:一种是在厂商产量既定的目标之下(如有订单时),如何求取其成本的最小;另一种是厂商在既定的成本下,求产量最大。不管哪种情况,其所需的条件皆相同,亦即为等产量曲线与等成本线相切之点,如图 5-11 中的点 A。至于该条件如何得到满足?我们加以推导。

因为等产量线的斜率为 $MRTS_{LK} = \frac{MP_L}{MP_K}$,而等成本线的斜率的绝对值为 $\frac{w}{r}$。因此,点 A 满足:

$$\frac{MP_L}{MP_K} = \frac{w}{r} \Rightarrow \frac{MP_L}{w} = \frac{MP_K}{r}$$

上式即表示为花最后一元钱在劳动或资本上,其所增加的产量皆相等;因此,从图 5-11 中的点 A 可知,厂商应使用的生产要素(L 和 K)的最佳结合是 L_0 的劳动与 K_0 的资

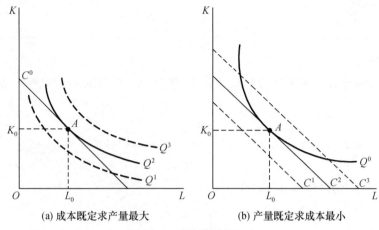

(a) 成本既定求产量最大　　　　(b) 产量既定求成本最小

图 5-11　要素的最佳组合

本的组合。

对于上述讨论的生产要素的最优组合,我们还可以把它们转化为数学模型来加以严密推导和分析。

1. 成本约束下产量最大化模型

假设某厂商的生产函数为 $Q=f(L,K)$,其使用的两要素 L 和 K 的价格分别为 w 和 r。如果厂商在目前的成本 C^0 约束下追求产量最大化,则该厂商的生产要素的最优组合问题要由下面这个条件极值问题来求解。

$$\max_{L,K} Q = f(L,K)$$
$$\text{s.t.} \quad C^0 = wL + rK$$

首先构造拉格朗日函数,令 μ 为拉格朗日乘子,且 $\mu > 0$,则:

$$M(L,K,\mu) = f(L,K) + \mu(C^0 - wL - rK)$$

分别对 L、K 和 μ 求偏导,得一阶条件:

$$\frac{\partial M}{\partial L} = \frac{\partial f(L,K)}{\partial L} - w\mu = 0 \tag{5-1}$$

$$\frac{\partial M}{\partial K} = \frac{\partial f(L,K)}{\partial K} - r\mu = 0 \tag{5-2}$$

$$\frac{\partial M}{\partial \mu} = C^0 - wL - rK = 0 \tag{5-3}$$

整理(5-1)和(5-2)式,可得:

$$\frac{\partial f(L,K)/\partial L}{\partial f(L,K)/\partial K} = \frac{w}{r}$$

所以,

$$\text{MRTS}_{LK} = \frac{\text{MP}_L}{\text{MP}_K} = \frac{w}{r} \tag{5-4}$$

$$\Rightarrow \frac{\text{MP}_L}{w} = \frac{\text{MP}_K}{r} = \mu \tag{5-5}$$

这就是厂商进行最优决策,获取最优要素组合的条件,而且这与前面我们利用图形分析得到的结论完全一致。

> ▶**观念澄清**
>
> 拉格朗日乘子 μ 还有其特定的经济含义：增加一元钱的成本能增加的总产量，即 $\mu = dQ/dC$。
>
> 证明如下：
>
> 假设总成本 C 为变量，w、r 仍不变，则对 $C = wL + rK$ 全微分：
>
> $$dC = wdL + rdK \tag{5-6}$$
>
> 由一阶条件中的(5-1)、(5-2)式可得：
>
> $$w = \frac{\frac{\partial f}{\partial L}}{\mu}, \quad r = \frac{\frac{\partial f}{\partial K}}{\mu}$$
>
> 代入(5-6)式得：
>
> $$dC = \frac{1}{\mu}\left(\frac{\partial f}{\partial L} \cdot dL + \frac{\partial f}{\partial K} \cdot dK\right) \tag{5-7}$$
>
> 又对生产函数 $Q = f(L,K)$ 全微分得：
>
> $$dQ = \frac{\partial f}{\partial L} \cdot dL + \frac{\partial f}{\partial K} \cdot dK \tag{5-8}$$
>
> (5-8)÷(5-7)可得：
>
> $$\frac{dQ}{dC} = \mu$$
>
> 上式表示 μ 为最后的一元钱成本所能增加的总产量，说明只有用于各种投入要素的最后一元钱的产量彼此相等，且等于最后一元钱的成本的产量时，才能达到生产者行为的最优状况。

要保证成本约束下产量最大化的实现，还必须使二阶条件得到满足，即要求相关的海赛加边行列式为正数。

$$\begin{vmatrix} f_{LL} & f_{LK} & -w \\ f_{KL} & f_{KK} & -r \\ -w & -r & 0 \end{vmatrix} > 0$$

根据生产函数是严格正则拟凹函数的假定，保证只要一阶条件满足，二阶条件也就得到满足。

2. 产量约束下成本最小化模型

如果厂商在目前的产量 Q^0 约束下追求成本最小化，则该厂商的生产要素的最优组合问题要由下面这个条件极值问题来求解。

$$\min_{L,K} wL + rK$$
$$\text{s.t.} \quad Q^0 = f(L,K)$$

同样构造拉格朗日函数,令 λ 为拉格朗日乘子,且 $\lambda>0$,则:
$$N(L,K,\lambda) = wL + rK + \lambda(Q^0 - f(L,K))$$
分别对 L、K 和 λ 求偏导,得一阶条件:

$$\frac{\partial N}{\partial L} = w - \lambda \frac{\partial f(L,K)}{\partial L} = 0 \tag{5-9}$$

$$\frac{\partial N}{\partial K} = r - \lambda \frac{\partial f(L,K)}{\partial K} = 0 \tag{5-10}$$

$$\frac{\partial N}{\partial \lambda} = Q^0 - f(L,K) = 0 \tag{5-11}$$

整理(5-9)和(5-10)式,可得:

$$\frac{\partial f(L,K)/\partial L}{\partial f(L,K)/\partial K} = \frac{w}{r} \tag{5-12}$$

还可以得到:

$$\frac{\mathrm{MP}_L}{w} = \frac{\mathrm{MP}_K}{r} = \frac{1}{\lambda} \tag{5-13}$$

从上述内容可以看出,产量约束下成本最小化的一阶条件与成本约束下产量最大化的一阶条件基本相似。只是前者的拉格朗日乘子 λ 是后者拉格朗日乘子 μ 的倒数。

我们同样要讨论二阶条件。要保证产量约束下成本最小化的实现,要求相关的海赛加边行列式为负数。

$$\begin{vmatrix} -\lambda f_{LL} & -\lambda f_{LK} & -f_L \\ -\lambda f_{KL} & -\lambda f_{KK} & -f_K \\ -f_L & -f_K & 0 \end{vmatrix} < 0$$

由(5-9)、(5-10)式可得: $-f_L = -w/\lambda$,$-f_K = -r/\lambda$。上述行列式的前两列乘以 $-1/\lambda$,再将第三行乘以 $-\lambda^2$,第三列乘以 λ,得:

$$\begin{vmatrix} -\lambda f_{LL} & -\lambda f_{LK} & -\frac{w}{\lambda} \\ -\lambda f_{KL} & -\lambda f_{KK} & -\frac{r}{\lambda} \\ -\frac{w}{\lambda} & -\frac{r}{\lambda} & 0 \end{vmatrix} = -\frac{1}{\lambda} \begin{vmatrix} f_{LL} & f_{LK} & -w \\ f_{KL} & f_{KK} & -r \\ -w & -r & 0 \end{vmatrix} < 0$$

因为 $\lambda>0$,所以

$$\begin{vmatrix} f_{LL} & f_{LK} & -w \\ f_{KL} & f_{KK} & -r \\ -w & -r & 0 \end{vmatrix} > 0$$

这与成本约束下产量最大化的二阶条件相同,因此,产量约束下成本最小化的二阶条件得到满足。

3. 利润最大化模型

现实中,厂商更多的决策可能是围绕利润最大化这个目标来进行的,因此,我们可以利用利润最大化模型来确定厂商的最优要素组合。在完全竞争下,厂商是既定市场价格的被动接受者,因此厂商面对的产品价格 P 是个常数。由总产量 Q 与价格 P 的乘积所得到的总收益与总成本之间的差额即为该厂商的利润,即

$$利润\ \pi = PQ - C$$

而我们又知 $Q = f(L,K)$ 和 $C = wL + rK$,所以

$$\pi = Pf(L,K) - wL - rK$$

从上式可以看出利润 π 是 L、K 的函数。

为求 π 最大化,令 π 对于 L 和 K 的偏导数为零,即

$$\frac{\partial \pi}{\partial L} = P\frac{\partial f(L,K)}{\partial L} - w = Pf_L - w = 0 \tag{5-14}$$

$$\frac{\partial \pi}{\partial K} = P\frac{\partial f(L,K)}{\partial K} - r = Pf_K - r = 0 \tag{5-15}$$

整理(5-14)、(5-15)式可得:

$$\frac{\partial f(L,K)/\partial L}{\partial f(L,K)/\partial K} = \frac{w}{r} \tag{5-16}$$

上式是保证厂商利润最大化的条件,显然,它与前述两个模型得出的结论一致。

同时,由(5-14)、(5-15)式可得:

$$Pf_L = w, \quad Pf_K = r \tag{5-17}$$

这里 Pf_L 可看作是要素 L 的边际产量 MP_L 的价值,或者说,当进一步增加投入 L 时,厂商的收益应增加的比率。同样,Pf_K 可看作是要素 K 的边际产量 MP_K 的价值。这样,利润最大化的一阶条件 $Pf_L = w$,$Pf_K = r$ 要求,每种投入要素的利用达到某一点,在该点上,该要素的边际产量 MP 的价值等于投入要素的价格。如果 $Pf_L > w$ 或 $Pf_K > r$,则说明要素使用还不够,需要增加要素数量;如果 $Pf_L < w$ 或 $Pf_K < r$,则说明企业使用了太多要素,应该减少要素投入数量。只有到了 $Pf_L = w$,$Pf_K = r$ 时,企业才会实现最大利润,得到最优要素组合。

> **实时测验 5-3**
> 1. 请证明两个拉格朗日乘子间的关系:$\lambda = \frac{1}{\mu}$。
> 2. 如果生产函数为 $Q = \min(3L,K)$,$w = 5$,$r = 10$,试求劳动 L 与资本 K 的最优比率。

第六节 扩 展 线

在长期,在要素价格和技术水平不变的条件下,厂商如果扩大生产规模,或其生产成本发生变化,则所选择的最优的生产要素组合也会跟着发生变化。由这些新的最佳的要素组合所形成的轨迹,就是所谓的扩展线(expansion path),如图 5-12 所示。

在图 5-12 中,当生产者所能使用的总成本为 A_0B_0 时,其使用最佳要素组合在点 A;在长期,若生产者欲扩大其规模,而使其可使用的总成本增加至 A_1B_1 线时,其最佳的要素组合为点 B,以此类推,我们可得点 A、点 B、点 C……再将这些最佳组合的点连接起来,即形成扩展线。

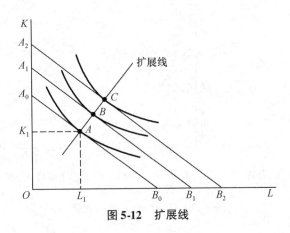

图 5-12 扩展线

事实上,从另一个角度看,扩展线也是边际技术替代率不变的轨迹。由于技术水平和两种投入的价格保持不变,投入的价格比率就不会变化,因此,扩展线上的各个均衡点上的边际技术替代率(即斜率)都是相等的。

与生产扩展线相关的一个概念是等斜线。等斜线是一组等产量曲线上边际技术替代率相等各点的轨迹。在图 5-9 中用来划分生产的经济区域的两条"脊线",就是边际技术替代率等于零和边际技术替代率等于无穷大的两条特别的等斜线。按照等斜线的定义,生产扩展线也是一条等斜线,但并不是所有的等斜线都是扩展线。

上面推导的扩展线与需求方面的 I.C.C. 线非常类似,在消费者行为理论中,可经由 I.C.C. 推断出商品为正常品或低档品;同样,现在我们亦可由扩展线来判断要素是属于何种类型。一般而言,要素可划分为下列三种类型:

- 正常要素(normal factor):在要素价格不变及技术水平不变之下,在长期,厂商欲扩大生产时,其所使用的要素亦随之增加,则此类要素为正常要素。
- 低档要素(inferior factor):在要素价格不变及技术水平不变之下,在长期,厂商欲扩大生产时,其所使用的要素反而减少,则此种要素称为低档要素。
- 中性要素(neutral factor):在要素价格不变及技术水平不变之下,在长期,厂商欲扩大生产时,其所使用的要素保持不变,则此种要素称为中性要素。

根据以上对要素类别的定义,我们可判断在图 5-13(a)中,当厂商扩大生产时(等成本线会由 A_0B_0 移至 A_1B_1),故两者皆为正常要素,但在图 5-13(b)中,当厂商扩大生产时,其资本使用量增加(由 K_0 增至 K_1),而劳动使用反而减少(由 L_0 左移至 L_1),故我们可知,资本为正常要素而劳动为低档要素;同理,在图 5-13(c)中,当厂商扩大生产时,其资本使用量增加(由 K_0 增至 K_1),而劳动使用量反而保持不变(固定在 L_0),因此我们可知,资本为正常要素,而劳动为中性要素。

接下来,我们将探讨扩展线是否为一直线,是否会通过原点。

在规模报酬固定的假设下,如图 5-14 所示,我们可从原点任作一射线 OE 与等产量曲线相交于 A、B、C 等点,那么,点 A、点 B 及点 C 等点的等产量曲线的斜率(MRTS)是否会相等呢?答案是肯定的,因为在点 A、点 B 及点 C 三点的 $\frac{K}{L}$ 在规模报酬固定下是相等的(K 与 L 会呈同比例变动),故这三点的 MP_L 与 MP_K 也会相等(参考本章第二节,在规

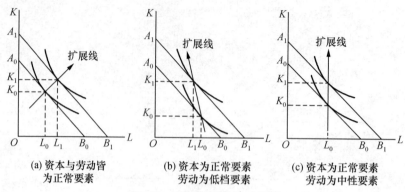

(a) 资本与劳动皆
为正常要素

(b) 资本为正常要素
劳动为低档要素

(c) 资本为正常要素
劳动为中性要素

图 5-13　扩展线和要素的类别

模报酬不变之下，MP_L 与 MP_K 只决定于 $\dfrac{K}{L}$ 的大小，所以 $\dfrac{K}{L}$ 既已相等，MP_L 与 MP_K 在此三点应会相同），而在这三点的 MRTS 又等于 $\dfrac{MP_L}{MP_K}$，因此点 A、B、C 的 MRTS 皆会相等，点 A、B、C 上等产量线的切线斜率亦会相同。

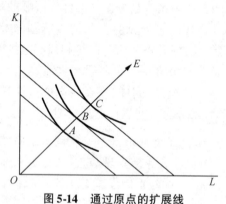

图 5-14　通过原点的扩展线

既然以上已证明了在规模报酬不变之下，通过原点任作一射线，则在此射线上各点的等产量切线的斜率均会相同，因此，我们可据此推论，其扩展线必为通过原点的直线（因为，在直线上任一点的斜率均会相同）。

例题 5-5　如果柯布-道格拉斯生产函数采取以下形式：
$$Q = AL^\alpha K^{1-\alpha}$$
其边际技术替代率为：
$$\mathrm{MRTS}_{LK} = \frac{MP_L}{MP_K} = \frac{A\alpha L^{1-\alpha}K^{1-\alpha}}{A(1-\alpha)L^\alpha K^{-\alpha}} = \frac{\alpha}{1-\alpha} \cdot \frac{K}{L}$$
将最优条件 $MP_L/MP_K = w/r$ 代入上式，得到：
$$\frac{\alpha}{1-\alpha} \cdot \frac{K}{L} = \frac{w}{r}$$
因此，扩展线由隐函数 $(1-\alpha)wL - \alpha rK = 0$ 给定，在几何图形上，它所对应的生产扩展线 OE 是一条经过原点的直线。

> **实时测验 5-4**
> 在规模报酬不变之下,是否所有要素皆为正常要素?

第七节 生产弹性

在第二章中,我们曾经介绍过各种供求弹性,现在我们可以用同样的方法来讨论有关生产函数方面的弹性。

一、产出弹性

- 产出弹性(elasticity of output)是指在技术水平和生产要素价格不变的条件下,若保持其他投入要素使用量不变,单独变动一种投入要素使用量的变化百分率所引起的产量变化的百分率,它反映了产量的相对变化对于该种投入要素的相对变化的敏感性。

设生产函数为 $Q = f(L, K)$,则劳动 L 和资本 K 的产出弹性分别为:

$$e_L = \frac{\frac{\partial Q}{Q}}{\frac{\partial L}{L}} = \frac{\frac{\partial Q}{\partial L}}{\frac{Q}{L}} = \frac{MP_L}{AP_L}$$

$$e_K = \frac{\frac{\partial Q}{Q}}{\frac{\partial K}{K}} = \frac{\frac{\partial Q}{\partial K}}{\frac{Q}{K}} = \frac{MP_K}{AP_K}$$

从上两式可知,劳动或资本的产出弹性也可以分别用其边际产量与平均产量之比加以表示。

> **实时测验 5-5**
> 请分别求出 C-D 生产函数的劳动和资本两要素的产出弹性。

二、生产率弹性

- 生产率弹性(elasticity of productivity)是指在技术水平和生产要素价格不变的条件下,所有投入要素使用量都按同一比例变化的百分率所引起的产量变化的百分率。

设 e_p 为生产率弹性,所有要素变化的百分率为 $\frac{dX}{X}$,即 $\frac{dX}{X} = \frac{dL}{L} = \frac{dK}{K}$,则:

$$e_p = \frac{dQ}{Q} \bigg/ \frac{dX}{X} = \frac{dQ}{dX} \cdot \frac{X}{Q}$$

公理 5-3 生产率弹性等于所有各个投入要素的产出弹性之和,即

$$e_p = e_1 + e_2 + \cdots + e_n$$

设只有 L、K 两种投入要素,其生产函数为 $Q = f(L, K)$,上式可按下面的方法证明。

先对 $Q=f(L,K)$ 进行全微分：

$$dQ = \frac{\partial Q}{\partial L}dL + \frac{\partial Q}{\partial K}dK = \frac{\partial Q}{\partial L}\frac{dL}{L}L + \frac{\partial Q}{\partial K}\frac{dK}{K}K$$

$$\frac{dQ}{Q} = \frac{\partial Q}{\partial L}\frac{dL}{L}\frac{L}{Q} + \frac{\partial Q}{\partial K}\frac{dK}{K}\frac{K}{Q}$$

$\because \dfrac{dX}{X} = \dfrac{dL}{L} = \dfrac{dK}{K}$

$\therefore \dfrac{dQ}{Q} = \left(\dfrac{\partial Q}{\partial L}\dfrac{L}{Q} + \dfrac{\partial Q}{\partial K}\dfrac{K}{Q}\right)\dfrac{dX}{X}$

因此，

$$\frac{dQ}{Q}\bigg/\frac{dX}{X} = \frac{\partial Q}{\partial L}\frac{L}{Q} + \frac{\partial Q}{\partial K}\frac{K}{Q}$$

即

$$e_p = e_L + e_K$$

三、替代弹性

在等产量曲线上，我们显然可以看出，当 $\dfrac{K}{L}$ 变动时，其 $\text{MRTS}_{LK}\left(\text{或}\dfrac{\text{MP}_L}{\text{MP}_K}\right)$ 会跟着变动，且两者之间呈同方向变动（因为当 $\dfrac{K}{L}$ 增大时，如 K 增加或 L 减少，则在一般要素为边际生产率递减的情况下，MP_K 会下降，或 MP_L 会增加，$\dfrac{\text{MP}_L}{\text{MP}_K}$ 亦会增加，因此两者同方向变动）。因此，我们将 $\dfrac{K}{L}$ 与 MRTS 两者之间变化的敏感度称为替代弹性。

- 替代弹性（elasticity of substitution）是指要素使用比例的变动百分率与边际技术替代率变动的百分率之比。它被用来测度在技术水平不变的条件下，生产要素的投入比率对于生产要素边际技术替代率（或生产要素价格比率）变动反应的敏感性程度。替代弹性的表达式为：

$$\sigma = \frac{d\left(\dfrac{K}{L}\right)}{\left(\dfrac{K}{L}\right)}\bigg/\frac{d\text{MRTS}_{LK}}{\text{MRTS}_{LK}} = \frac{d\left(\dfrac{K}{L}\right)}{d\text{MRTS}_{LK}} \cdot \frac{\text{MRTS}_{LK}}{\left(\dfrac{K}{L}\right)}$$

或

$$\sigma = \frac{d\left(\dfrac{K}{L}\right)}{\left(\dfrac{K}{L}\right)}\bigg/\frac{d\left(\dfrac{\text{MP}_L}{\text{MP}_K}\right)}{\left(\dfrac{\text{MP}_L}{\text{MP}_K}\right)} = \frac{d\left(\dfrac{K}{L}\right)}{d\left(\dfrac{\text{MP}_L}{\text{MP}_K}\right)} \cdot \frac{\left(\dfrac{\text{MP}_L}{\text{MP}_K}\right)}{\left(\dfrac{K}{L}\right)}$$

又因为当生产者实现最优要素组合时，有 $\text{MRTS}_{LK} = \dfrac{\text{MP}_L}{\text{MP}_K} = \dfrac{w}{r}$，所以

$$\sigma = \frac{d\left(\dfrac{K}{L}\right)}{\left(\dfrac{K}{L}\right)}\bigg/\frac{d\left(\dfrac{w}{r}\right)}{\left(\dfrac{w}{r}\right)} = \frac{d\left(\dfrac{K}{L}\right)}{d\left(\dfrac{w}{r}\right)} \cdot \frac{\left(\dfrac{w}{r}\right)}{\left(\dfrac{K}{L}\right)}$$

在一般正常情况下，替代弹性为正($\sigma > 0$)，其值却不一定为常数。但是，存在某些特殊的生产函数，其替代弹性为常数，现举例说明如下：

(1) 当生产函数为 $Q = f(L,K) = aL + bK$ 时，$\sigma = \infty$。

当生产函数为 $Q = f(L,K) = aL + bK$ 时，其等产量曲线为一直线，如图 5-15 所示，此时其 MRTS 为常数，故 $\sigma = \infty$ $\left(\because \sigma = \dfrac{\dfrac{MP_L}{MP_K}}{\dfrac{K}{L}} \cdot \dfrac{d\left(\dfrac{K}{L}\right)}{d\left(\dfrac{MP_L}{MP_K}\right)}, 而 \dfrac{MP_L}{MP_K} 为一常数，故微分 d\left(\dfrac{MP_L}{MP_K}\right) 为零，在分母为零的情况下，\sigma = \infty \right)$。

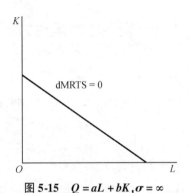

图 5-15　$Q = aL + bK, \sigma = \infty$

(2) 当生产函数为 $Q = \min(aK, bL)$ 时，$\sigma = 0$。

当生产函数为 $Q = \min(aK, bL), a, b > 0$ 时，若 $aK < bL$，则 $Q = aK$（表示此时有过多的劳动剩余，因此只要资本能增加，产量便可提高，因此产量决定于资本量的多少），但若 $aK > bL, Q = bL$（同理，表示此时有过剩的资本），因此唯有在 $aK = bL$ 时，产量 $Q = aK = bL$，亦即唯有在 $\dfrac{K}{L} = \dfrac{b}{a}$ 时，劳动和资本才会被充分利用，其图形如图 5-16 所示，此时的替代弹性 σ 为零 $\left(\text{因为}\dfrac{K}{L} = \dfrac{b}{a}\text{为常数，其微分} d\left(\dfrac{K}{L}\right)\text{为零，故}\sigma = 0\right)$。

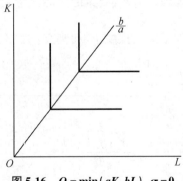

图 5-16　$Q = \min(aK, bL), \sigma = 0$

(3) 当生产函数为 C-D 函数时，$\sigma = 1$。

当生产函数为 C-D 函数时，$Q = f(L,K) = AK^\alpha L^\beta$

$$f_K = \alpha \frac{Q}{K}, f_L = \beta \frac{Q}{L}$$

$$\therefore \frac{f_L}{f_K} = \frac{\beta}{\alpha} \cdot \frac{K}{L} \Rightarrow \frac{K}{L} = \left(\frac{\alpha}{\beta}\right) \cdot \left(\frac{f_L}{f_K}\right)$$

因此,$\dfrac{\mathrm{d}\left(\dfrac{K}{L}\right)}{\mathrm{d}\left(\dfrac{f_L}{f_K}\right)} = \dfrac{\alpha}{\beta}$

又因为 $\dfrac{\dfrac{K}{L}}{\dfrac{f_L}{f_K}} = \dfrac{\alpha}{\beta}$,所以 $\sigma = \dfrac{\dfrac{f_L}{f_K}}{\dfrac{K}{L}} \cdot \dfrac{\mathrm{d}\left(\dfrac{K}{L}\right)}{\mathrm{d}\left(\dfrac{f_L}{f_K}\right)} = 1$。

第八节 线性生产函数的特性

一、线性生产函数及其特性

在分析生产函数的有关特性时,将规模报酬与生产函数的齐次性结合起来讨论十分有益。

- 如果一个生产函数 $Q = f(L,K)$ 满足如下等式:$f(\lambda L, \lambda K) = \lambda^n f(L,K)$(其中 λ 为大于 1 的常数),则该生产函数为 n 阶齐次生产函数。

对于 n 阶齐次生产函数 $Q = f(L,K)$ 来说,如果两种生产要素 L 和 K 的投入量随 λ 增加,产量相应地增加 λ^n 倍,则当 $n = 1$ 时,$Q = f(L,K)$ 被称为规模报酬不变的生产函数(亦称为一次齐次生产函数或线性齐次生产函数);当 $n > 1$ 时,$Q = f(L,K)$ 被称为递增规模报酬的生产函数;当 $n < 1$ 时,$Q = f(L,K)$ 被称为递减规模报酬的生产函数。

线性齐次生产函数具有许多值得研究的性质,下面我们就一些主要性质作一介绍。

(1) 线性齐次生产函数的首要特征是规模报酬不变。
依线性齐次函数的定义有:
$$f(\lambda L, \lambda K) = \lambda f(L,K)$$
上式表明,随着 L 和 K 同时变动 λ 倍,相应地产量也将变动 λ 倍,这样的生产函数属规模报酬不变。

(2) 作为线性齐次生产函数,其投入要素的边际产量和平均产量都取决于投入要素的比例,而与投入的绝对数量无关。

证明 假设 $Q = f(L,K)$ 属于规模报酬不变,则有:$f(\lambda L, \lambda K) = \lambda Q$

令 $\lambda = \dfrac{1}{L}$,则 $f\left(1, \dfrac{K}{L}\right) = \dfrac{Q}{L} = \mathrm{AP}_L$

$$\therefore \mathrm{AP}_L = f\left(\frac{K}{L}\right) \tag{5-18}$$

$$\mathrm{MP}_L = \frac{\partial Q}{\partial L} = \frac{\partial(\mathrm{AP}_L \cdot L)}{\partial L} = \frac{\partial\left[f\left(\dfrac{K}{L}\right) \cdot L\right]}{\partial L} = f\left(\frac{K}{L}\right) + L \cdot \frac{\mathrm{d}f\left(\dfrac{K}{L}\right)}{\mathrm{d}\left(\dfrac{K}{L}\right)} \cdot \frac{\partial\left(\dfrac{K}{L}\right)}{\partial L}$$

$$= f\left(\frac{K}{L}\right) - \frac{K}{L} \cdot f'\left(\frac{K}{L}\right) \tag{5-19}$$

$$\mathrm{MP}_K = \frac{\partial Q}{\partial K} = \frac{\partial (\mathrm{AP}_L \cdot L)}{\partial K} = \frac{\partial \left[f\left(\frac{K}{L}\right) \cdot L \right]}{\partial K} = L \cdot f'\left(\frac{K}{L}\right) \cdot \frac{1}{L} = f'\left(\frac{K}{L}\right) \quad (5\text{-}20)$$

令 $\lambda = \frac{1}{K}$，则 $f\left(\frac{L}{K}, 1\right) = \frac{Q}{K} = \mathrm{AP}_K$

$$\therefore \mathrm{AP}_K = f\left(1 \Big/ \frac{K}{L}\right) \quad (5\text{-}21)$$

由(5-18)至(5-21)式可知，AP_L、AP_K、MP_L、MP_K 皆取决于 $\frac{K}{L}$ 的大小。

(3) 线性齐次生产函数的 MRTS_{LK} 亦决定于 $\left(\frac{K}{L}\right)$ 的大小。

因为 $\mathrm{MRTS}_{LK} = \frac{\mathrm{MP}_L}{\mathrm{MP}_K}$，而 MP_L 与 MP_K 皆为 $\left(\frac{K}{L}\right)$ 的函数，所以 MRTS_{LK} 亦为 $\left(\frac{K}{L}\right)$ 的函数。

(4) 满足欧拉定理(Euler's theorem)。

欧拉定理为：若 $f(L,K) = Q$，则 $f_L \cdot L + f_K \cdot K = Q$。

在规模报酬不变的假设下，我们可写成：

$$f(\lambda L, \lambda K) = \lambda Q$$

两边对 λ 进行偏微分可得：

$$\frac{\partial f}{\partial \lambda L} \cdot \frac{\partial \lambda L}{\partial \lambda} + \frac{\partial f}{\partial \lambda K} \cdot \frac{\partial \lambda K}{\partial \lambda} = \frac{\partial \lambda Q}{\partial \lambda}$$

$$f_L \cdot L + f_K \cdot K = Q$$

故满足了欧拉定理。

欧拉定理的含义为在规模报酬不变的条件下，总产出量为投入要素贡献的总和(即使用 L 的全部产量 $f_L \cdot L$ 加上使用 K 的全部产量 $f_K \cdot K$ 等于总产量)。

(5) 若等产量曲线凸向原点，则劳动与资本的边际产量一定呈递减趋势。

我们尝试以等产量曲线的图形来分析此特性。

如图 5-17 所示，在规模报酬不变的条件下，产量如果等量地增加(如 $Q = 80, 90, 100$，即 $\Delta Q = 10$)，其使用的要素亦应等量地增加，如 $AB = BC$；而在资本固定为 OS 时，产量若欲从 $Q = 80$ 增加至 90，其劳动应增加 EB，其边际产量为 $\frac{\Delta Q}{\Delta L} = \frac{10}{EB}$；若从 $Q = 90$ 增加至 100，其劳动量亦应再增加 BG，故其边际产量 $\frac{\Delta Q}{\Delta L} = \frac{10}{BG}$。然而在规模报酬不变的条件下，

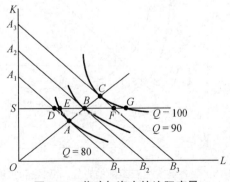

图 5-17 劳动与资本的边际产量

$DB = BF$(因为$\triangle ADB \cong \triangle BFC$),又因为$EB < DB$,$GB > BF$,所以$EB < BG$,即$\dfrac{10}{EB} > \dfrac{10}{BG}$。由此可知,要素的边际产量递减。

(6) 如果 $Q = f(L, K)$ 为一阶齐次生产函数,那么,$\dfrac{\partial f(L,K)}{\partial L}$ 和 $\dfrac{\partial f(L,K)}{\partial K}$(即 MP_L 和 MP_K)均为零阶齐次函数。

我们证明如下:

作为线性生产函数,则有:$f(\lambda L, \lambda K) = \lambda f(L, K)$

对上式分别求 L 和 K 的偏导,有:

$$\dfrac{\partial f(\lambda L, \lambda K)}{\partial(\lambda L)} \cdot \lambda = \lambda \dfrac{\partial f(L,K)}{\partial L} \tag{5-22}$$

$$\dfrac{\partial f(\lambda L, \lambda K)}{\partial(\lambda K)} \cdot \lambda = \lambda \dfrac{\partial f(L,K)}{\partial K} \tag{5-23}$$

因此,$\dfrac{\partial f(L,K)}{\partial L}$ 和 $\dfrac{\partial f(L,K)}{\partial K}$(即 MP_L 和 MP_K)分别为零阶齐次函数。

(5-22)和(5-23)式有一个非常重要的应用。用(5-23)式除以(5-22)式可得:

$$\dfrac{\dfrac{\partial f(\lambda L, \lambda K)}{\partial(\lambda K)}}{\dfrac{\partial f(\lambda L, \lambda K)}{\partial(\lambda L)}} = \dfrac{\dfrac{\partial f(L,K)}{\partial K}}{\dfrac{\partial f(L,K)}{\partial L}}$$

上式说明,如果 $Q = f(L, K)$ 为一齐次函数,那么,从原点任作一条射线与等产量曲线簇相交的交点具有相等的斜率。这一结论对于下一个特性很有用。

(7) 线性齐次生产函数的脊线、等斜线与扩展线均为出自原点的直线。

前已说明,在技术水平和投入价格不变的条件下,一般生产函数的脊线(见图5-9)、等斜线和扩展线(见图5-12)均为出自原点的曲线,而线性齐次生产函数的脊线、等斜线和扩展线如图5-18所示,均为出自原点的射线:OE 为等产量线与等成本线相切点的轨迹,即生产扩展线;OA、OB 线分别满足 $MP_L = MP_K = 0$。OE、OA、OB 各线上的点,都分别保持固定的投入要素的比例,因而都是等斜线。

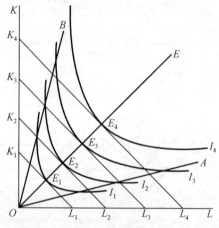

图 5-18 线性齐次生产函数的脊线、等斜线和扩展线

二、应用:CES 生产函数及其特性

在现代微观经济经验分析中,CES 生产函数是一种应用极为广泛的生产函数形式。
CES 是"替代弹性不变"(constant elasticity of substitution)的英文缩写。前面我们介绍过的线性生产函数、固定投入比例生产函数和 C-D 生产函数都属于 CES 生产函数的特例。CES 生产函数的一般形式为:

$$Q = A[\alpha L^{-\rho} + (1-\alpha) K^{-\rho}]^{-\frac{1}{\rho}}$$

其中,A 为规模参数(或称效率参数),可代表技术状况,$A>0$;α 为分配参数或产出弹性,代表该生产要素在所生产的产量中的贡献份额,$0<\alpha<1$;ρ 为替代参数,$-1<\rho\neq 0$。

(1) CES 生产函数为线性齐次函数,具有规模报酬不变的性质。

证明:

$$Q = f(\lambda L, \lambda K) = A[\alpha(\lambda L)^{-\rho} + (1-\alpha)(\lambda K)^{-\rho}]^{-\frac{1}{\rho}}$$
$$= A[\alpha L^{-\rho} + (1-\alpha) K^{-\rho}]^{-\frac{1}{\rho}} \cdot \lambda = \lambda f(L, K)$$

因此,CES 生产函数具有规模报酬不变的性质,满足欧拉定理,而且其平均产量和边际产量均可表示为 (L/K) 的函数,L 和 K 的边际产量为零阶齐次函数。这些特性请读者自己证明。

(2) 当 $L, K > 0$ 时,从 CES 生产函数中产生的等产量曲线总是斜率为负且严格凸向原点。

证明:先求出 CES 生产函数的边际产量 MP_L 和 MP_K。

$$MP_L = \frac{\partial Q}{\partial L} = A\left(-\frac{1}{\rho}\right)[\alpha L^{-\rho} + (1-\alpha) K^{-\rho}]^{-\frac{1}{\rho}-1} \alpha(-\rho) L^{-\rho-1}$$

$$= \alpha A[\alpha L^{-\rho} + (1-\alpha) K^{-\rho}]^{-\frac{1}{\rho}-1} L^{-\rho-1}$$

$$= \alpha \frac{A^{1+\rho}}{A^\rho}[\alpha L^{-\rho} + (1-\alpha) K^{-\rho}]^{-\frac{1+\rho}{\rho}} L^{-(\rho+1)}$$

$$= \frac{\alpha}{A^\rho}\left(\frac{Q}{L}\right)^{1+\rho} > 0$$

同理 $MP_K = \frac{\partial Q}{\partial K} = \frac{1-\alpha}{A^\rho}\left(\frac{Q}{K}\right)^{1+\rho} > 0$

等产量曲线的斜率为负,即

$$\frac{dK}{dL} = -\frac{MP_L}{MP_K} = -\frac{\alpha}{1-\alpha}\left(\frac{K}{L}\right)^{1+\rho} < 0$$

读者可证明,$d^2K/dL^2 > 0$,这就表明该等产量曲线严格凸向原点。

(3) CES 生产函数的要素替代弹性为 $\sigma = \frac{1}{1+\rho}$。

$$\sigma = \frac{d\ln(K/L)}{d\ln(MRTS_{LK})} = \frac{d\ln(K/L)}{d\ln\left[\left(\frac{\alpha}{1-\alpha}\right)\left(\frac{K}{L}\right)^{1+\rho}\right]}$$

$$= \frac{d\ln(K/L)}{d\ln\left(\frac{\alpha}{1-\alpha}\right) + (1+\rho)d\ln\left(\frac{K}{L}\right)} = \frac{1}{1+\rho}$$

对于大多数生产函数,替代弹性系数要随着 K 和 L 的变化而变化,而 CES 生产函数的替代弹性则与 K 和 L 无关。这也是固定不变替代弹性(即 CES)生产函数名称的由来。

上面的分析表明,σ 是一常数,它的大小随着替代参数 ρ 的变化而变化。因此,我们可得:

$$\left.\begin{array}{r} -1 < \rho < 0 \\ \rho = 0 \\ 0 < \rho < \infty \end{array}\right\} \Rightarrow \left\{\begin{array}{l} \sigma > 1 \\ \sigma = 1 \\ \sigma < 1 \end{array}\right.$$

根据上述关系,我们可知,当 $\rho = 0$ 时,要素替代弹性为单位弹性。从前面的分析可知,C-D 生产函数亦具有这一特征,这就使我们想到:C-D 生产函数是不是 CES 生产函数的一个特例?更进一步:CES 生产函数是否是某些生产函数的一般表达式呢?现分述如下:

(1) 当 $\rho = -1$ 时,$\sigma = \dfrac{1}{1+\rho} = \infty$,CES 生产函数可以简化为线性生产函数:$Q = A[\alpha L + (1-\alpha)K]$。

所以,线性生产函数的别名为"完全替代的生产函数"。

(2) 当 $\rho = \infty$ 时,$\sigma = \dfrac{1}{1+\rho} = 0$,CES 生产函数便成为固定投入比例生产函数:$Q = \min\left(\dfrac{L}{a}, \dfrac{K}{b}\right)$。

(3) 当 $\rho = 0$ 时,$\sigma = \dfrac{1}{1+\rho} = 1$,CES 生产函数变成具有单一替代弹性的 C-D 生产函数。

对 CES 生产函数两边取对数:

$$\ln Q = \ln A - \dfrac{1}{\rho}\ln[\alpha L^{-\rho} + (1-\alpha)K^{-\rho}]$$

当 $\rho = 0$ 时,函数值不能确定,但用罗比塔法则可得:

$$\lim_{\rho \to 0}\ln Q = \ln A + \alpha \ln L + (1-\alpha)\ln K$$

显然这时 $\sigma = 1$。

因此,线性生产函数、C-D 生产函数和固定投入比例生产函数都是 CES 生产函数的特例,它们相应的等产量曲线如图 5-19 所示。

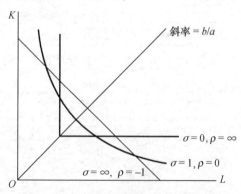

图 5-19 CES 生产函数的等产量曲线

本章总结

1. 生产者行为体现了在一定技术条件下的投入和产出的关系。这种关系通常要用生产函数来表示。生产函数是指在一定时期内,在技术水平不变的条件下,生产中所使用的各种生产要素的数量与所能生产的最大产量之间的关系。

2. 总产量指短期内在某特定生产规模下,利用一定数量的某种生产要素(如劳动)所生产产品的全部数量。平均产量指总产量除以要素投入量之商,即平均每一单位可变要素的产量。边际产量即增加一单位可变要素的投入所增加的产量。

3. 边际报酬递减规律是指在其他条件不变时,连续将某一生产要素的投入量增加到一定的数量之后,总产量的增量即边际产量将会出现递减的现象。

4. 在长期内,所有要素皆可以变动,此时的生产函数要用等产量曲线来表示。等产量曲线是指在技术不变条件下,生产同一产量所必须使用的两种投入要素的各种不同组合的轨迹。

5. 等产量曲线的特性有:等产量曲线的斜率为负;等产量曲线凸向原点;任两条等产量曲线不可相交;任一点必有一条等产量曲线通过;越往右上方的等产量曲线,其产量越大。

6. 生产者实现最优组合的条件为:等产量曲线和等成本线的切点,或两种要素的边际技术替代率(两种要素的边际产量的比率)与两种要素价格比率相等,或一种要素每增加一单位货币所增加的产量和另一种投入要素每增加一单位货币所增加的产量相等。

7. 扩展线是指在生产要素价格不变条件下,与不同总成本支出相对应的最优要素投入组合点的轨迹。扩展线为厂商的生产决策提供了依据,厂商只要沿着扩展线的路径扩大生产,就能实现要素的最优组合。

8. 从生产函数中,我们可进一步分析投入倍数和产出倍数两者间的关系,即规模报酬。规模报酬有三种:(1) 规模报酬递增:所有投入要素增加的倍数小于产出增加的倍数;(2) 规模报酬递减:所有投入要素增加的倍数大于产出增加的倍数;(3) 规模报酬不变:所有投入要素增加的倍数等于产出增加的倍数。

复习思考题与计算题

1. 请判断下列说法是否正确,并简要说明理由:

(1) 如果边际报酬递减规律不成立的话,整个世界的食品供应就可以在花盆中进行。( )

(2) 某企业生产中十分之一的工人生产了三分之一以上的产量,如果再增加工人只会减少平均产量,这说明该企业已经处于边际报酬递减阶段。( )

(3) 如果生产过程需要两种投入要素,那么,如果说,它们之间的边际技术替代率等于它们的边际产量的比率,这仅在生产函数是一次齐次函数时才成立。( )

(4) 两种要素 L 和 K 的价格如果相等,则产量一定时,最低成本支出的要素投入组合将决定于等产量曲线斜率为 -1 之点。( )

(5) 当在既定的产量下实现成本最小化时,所有投入要素的边际产量一定是相等的。( )

(6) 在要素 L 和 K 的当前使用水平上，L 的边际产量是 3，K 的边际产量是 2，每单位要素 L 的价格是 5，K 的价格是 4，由于 K 是较便宜的要素，厂商如减少 L 的使用量而增加 K 的使用量，社会会以更低的成本生产出同样多的产量。（　）

(7) 只要生产函数是线性齐次生产函数，则相应地生产扩展线一定是一条通过原点的直线。（　）

(8) 若某生产函数属于规模报酬递增，则其要素的边际报酬也会呈递增的趋势。若某生产函数属于规模报酬固定，其要素的边际报酬也会固定。（　）

(9) 规模报酬不变的生产函数，其 $f_{KL} = \dfrac{\partial^2 f(K,L)}{\partial K \partial L}$ 一定为正值。（　）

(10) 即便是在所有生产要素的边际产量呈递减的情况下，规模报酬递增也可能存在。（　）

2. 公司 A 和 B 都生产产品 X。每一个公司计划日产量为 1 000 单位。公司可选择使用下述生产方式（投入组合）中的任一种达到日产 1 000 的目标：

	方式 1	方式 2
劳动 L	10	8
资本 K	20	25

(1) 方式 1 与方式 2 有可能同时达到技术有效吗？请解释为什么可以或者不可以。

(2) A 公司每天每单位的劳动成本为 200 元，每单位资本的成本为 100 元。对于 A 公司，哪种生产方式是经济有效的？

(3) B 公司每天每单位的劳动成本为 250 元，每单位资本的成本为 75 元。对于 B 公司，哪种生产方式是经济有效的？

3. 对于下述各种情况，判断管理者做的是短期还是长期生产决策。简单解释说明。

(1) 海上钻井平台的钻机监控人决定每天增加一个 6 小时的班组，以便使钻机可以全天 24 小时工作。

(2) 渤海湾海上钻井平台的副总监选择增加 3 台机器设备。

(3) 一位制造业的生产工程师制订每月的生产计划。

(4) 在研究过一份未来人口出生率的人口报告之后，医院的管理者决定增加儿科病房。

4. 请回答下列问题：

(1) 如果边际产量是递减的，那么平均产量也一定是递减的，对不对？请解释之。

(2) 在实际生活中，我们很难找到厂商会在生产的第三阶段进行生产的情况，但是也会有例外。你是否可举出实际生活中人们有可能在第三阶段生产的例子？

(3) 如果总产量曲线是一条经过原点的直线，请说明并作出相应的平均产量曲线和边际产量曲线。这样的总产量曲线是否有可能出现？为什么？

(4) 要素 x_1 和 x_2 之间的技术替代率为 4。如果希望生产的产品的数量保持不变,但 x_1 的使用量又要减少 3 个单位,请问需要增加多少单位的 X_2?

(5) 如要素的边际生产率(MP_K 与 MP_L)递减,则生产的规模报酬必定递减。

5. 求下列生产函数中,何者规模报酬不变?何者递增?何者递减?

(1) $f(L,K) = 2L^2 + 2LK - 4K^2$

(2) $f(L,K) = 4L^{0.5}K^{0.5}$

(3) $f(L,K) = LK$

(4) $f(L,K) = L^{2/5} + K^{2/5}$

(5) $f(L,K) = aL + bK$

(6) $f(L,K) = \min(aL, bK)$

(7) $f(L,K) = L + \min(L, K)$

(8) $f(L,K) = \min(2L + K, L + 2K)$

6. 假定某厂商只有一种可变要素劳动 L,生产一种产品 Q,固定成本为既定,短期生产函数为:$Q = -0.1L^3 + 6L^2 + 12L$。试求:

(1) 劳动的平均产量 AP_L 和边际产量 MP_L 为极大时雇用的劳动人数分别为多少?

(2) 平均产量与边际产量相等的时候劳动人数是多少?

(3) 请确定生产的三个阶段具体区间。

(4) 假如每人工资 $W = 360$ 元,产品价格 $P = 30$ 元,求利润极大化时雇用的劳动人数。

7. 已知生产函数为 $q = (LK)^{1/2}$,其中 q 为产出,L 为劳动投入量,K 为资本量。

(1) 请作出 $q = 1, 2, 3, 4$ 时的四条等产量线。

(2) 如果当 $q = 10$ 时,投入组合为 $L = 5, K = 20$,请分别算出在该点的 $MRTS_{LK}$、MP_L 与 MP_K。

(3) $MRTS_{LK} = \dfrac{MP_L}{MP_K}$ 在这个例子中成立吗?如果不成立,那么原因是什么?

(4) 请证明:在长期中,如两要素价格相等,即 $w = r = 1, q = 10$,则需要 10 个单位资本与 10 个单位劳动才符合最优原则。

(5) 这一生产函数是呈规模报酬不变、递增还是递减?

8. 某企业的生产函数为 $Q = f(L,K) = AL^\alpha K^{1-\alpha}, A > 0, 0 < \alpha < 1$。

(1) 证明 $MP_L > 0, MP_K > 0; \partial^2 Q/\partial L^2 < 0, \partial^2 Q/\partial K^2 < 0$。

(2) 证明其满足欧拉定理。

(3) 证明其扩展线为通过原点的一条直线(当 $w = 4, r = 2$)。

(4) 劳动的产出弹性为 $e_L = \dfrac{\partial Q}{\partial L} \cdot \dfrac{L}{Q} = \alpha$,资本的产生弹性为 $e_K = \dfrac{\partial Q}{\partial K} \cdot \dfrac{K}{Q} = 1 - \alpha$。

(5) 证明 $MRTS_{LK}$ 只取决于 K/L,而不依赖于生产规模,而且 $MRTS_{LK}$ 随着 L/K 的增加而递减。

(6) 若市场为完全竞争市场,则使用资本的成本占总成本比例(称为资本的相对份额)为 $1 - \alpha$,而劳动的相对份额为 α。

9. 如果某生产函数 $Q = f(L, K)$ 为规模报酬不变的生产函数：

(1) 证明该生产函数满足欧拉定理，即有：
$$\frac{\partial Q}{\partial L} \cdot L + \frac{\partial Q}{\partial K} \cdot K = \mathrm{MP}_L \cdot L + \mathrm{MP}_K \cdot K = Q$$

(2) 运用(1)的结论，请再次证明对于这种生产函数来说，如果 $\mathrm{MP}_L > \mathrm{AP}_L$，则 MP_K 必为负数。这意味着生产应在何处进行呢？一个企业能够在 AP_L 递增的点进行生产吗？

(3) 运用(1)的结论证明，对于上述这个规模报酬不变的生产函数来说，f_{KL} 必定为正。请解释这一结论。

10. 某 CES 生产函数有如下形式：$q = [L^\rho + K^\rho]^{\frac{1}{\rho}}$

(1) 两要素 L 和 K 的边际产量和边际技术替代率，并证明替代弹性 $\sigma = \dfrac{1}{1-\rho}$。

(2) L 和 K 两要素的产出弹性 e_L 和 e_K，以及该生产函数的规模弹性 e_P。

(3) 请讨论该生产函数的规模报酬情况。

(4) 请证明：$\dfrac{q}{L} = \left(\dfrac{\partial q}{\partial L}\right)^\sigma$。

11. 假设常数替代弹性生产函数的形式为：$q = f(L, K) = (\alpha L^\rho + \beta K^\rho)^{1/\rho}$，请证明：

(1) 当 $\rho = 1$，该生产函数为线性生产函数，亦即完全替代技术的生产函数；

(2) 当 $\rho \to 0$，该生产函数趋近于柯布-道格拉斯生产函数；

(3) 当 $\rho \to \square$，该生产函数趋近于固定投入比例的生产函数，亦即互补技术的生产函数。

第六章 生产者行为理论(Ⅱ)

▎本章概要▎

在本章中,我们将在生产函数的基础上推导出成本函数,从而在生产理论和成本理论之间建立连贯一致的逻辑关系;同时,还要分别对短期成本函数和长期成本函数进行详细的分析;最后,我们将讨论成本函数和规模经济的关系。

▎学习目标▎

学完本章,你将能够了解:
1. 成本的性质和成本函数
2. 如何从生产函数推导成本函数
3. 有关短期成本函数的性质和特征
4. 如何从短期成本曲线推导长期成本曲线
5. 成本函数和规模经济之间的关系

你要掌握的基本概念和术语:

会计成本　经济成本　机会成本　正常利润　经济利润　会计利润　短期总成本
平均成本　边际成本　长期总成本　长期平均成本　长期边际成本　规模经济
规模不经济　成本弹性

第一节　成本的性质与成本函数

在经济分析中,成本(cost)被认为是厂商进行生产活动所使用的生产要素的货币支出,或生产要素的所有者必须得到的报酬或补偿。但是,经济分析中的成本与企业的会计业务中的成本的含义并不完全相同,尤其是经济分析中的成本包含着所谓的正常利润(normal profit),这在以后几章的学习中可能造成理解上的困难。为此,有必要说明与经济分析有关的成本概念。

一、经济成本、会计成本、机会成本

在经济分析中所使用的经济成本(economic cost)的概念与会计学中所讨论的成本是有些差异的,且前者比后者包括的范围更广。会计学中提及的成本,是指厂商所使用,且从市场上购买或租来的生产要素的支出,这一般是可以从会计账簿中看出来的。而在经济学范畴中的成本,则是指厂商所使用的全部资源的机会成本(opportunity cost),需要另行计算才能知道。

有关机会成本的含义,我们已经在第一章中介绍过:机会成本,是指人们利用一定资

源获得某种收入时所放弃的用于其他可能的用途所能够获取的最大收入。机会成本的存在是与资源的稀缺性紧密联系的。这里,我们重点从企业生产的角度来理解这一概念。在企业生产中,企业同样面临生产资源稀缺的问题,当企业用一定的经济资源生产一定数量的一种或几种产品时,这些经济资源就不能同时被使用在其他的生产用途,也就是说,这个企业所获得的一定数量的产品收入,是以放弃用同样的经济资源来生产其他产品时所获得的收入为代价的。我们可举一实例,以更清楚地区分这些概念。例如,某企业每年要发给员工工资100 000元,而其拥有的机器设备在5年前以200 000元购得,估计还可以再使用5年,则该企业的会计成本与经济成本各为多少呢?

根据会计成本的定义,除了员工工资100 000元以外,还需要把使用机器设备的直接成本——折旧费用计入,而若以直线折旧法来分摊,则每年的资本折旧为20 000元,因此,会计成本为120 000元(员工工资100 000元加折旧费用20 000元)。然而,若机器设备租给其他厂商使用,假设每年可收取租金22 000元,则该厂商的经济成本便成为142 000元(员工工资100 000元 + 折旧费用20 000元 + 租金22 000元)。因此,根据前面机会成本的定义可知:在上例中,倘若机器出租最高可收取的租金为22 000元,则这22 000元即为使用该机器的机会成本。

在进行经济分析时,一般首先分别研究厂商所有投入要素的机会成本,然后再根据各种投入要素的机会成本计算产品的经济成本。设 C_e 为经济成本,X_i 为各种投入要素的数量,P_{ij} 为第 i 种投入要素的 j 种市场价格,则

$$C_e = \sum_{i=1}^{n} \max(P_{ij}) X_i$$

同时,读者应注意,在利用机会成本概念进行经济分析时,还要具备相应的前提条件,具体包括:(1) 资源本身有多种用途;(2) 资源可以自由流动;(3) 资源得到了充分利用。

> ▶ **观念澄清**
>
> 在人们利用机会成本进行企业的经营决策时,要注意,并不是厂商所耗费的所有成本都要列入机会成本之中。只有那些与厂商决策有关的成本才被列入机会成本之中,一些与厂商决策无关的成本则不列入。比如,有一种成本,被称为沉没成本(sunk cost),就不应列入机会成本之中。所谓沉没成本是指已经使用掉而无法收回的资金,这一成本对企业当前的投资决策不产生任何影响。企业在进行投资决策时要考虑的是当前的投资是否有利可图,而不是过去已花掉了多少钱。比如,某企业为一项投资已经花费了50万元,要使工程全部完工还要再追加50万元投资,但项目完工后的收益现值只有45万元,这时企业应果断地放弃这一项目。如果因为觉得已经为这一项目付出了50万元的投资,不忍半途而废,而坚持要完成这一项目,则只能招致更大的损失。因为马上放弃这一项目,损失额是50万元,而如果坚持完成这一项目,则除原来损失的50万元外,还要加上新的投资损失5万元(45万元 - 50万元 = - 5万元)。相反,如果投资完成后的收益现值为70万元,则应坚持完成这一项目,而不应考虑总投资额为100万元,收益现值只有70万元而放弃这一项目。因为目前企业面临的不是投资100万元,收益现值70万元的投资决策,而是投资50万元,收益现值70万元,净现值20万元的投资决策。

> 如何正确对待投资决策中的沉设成本,是投资决策中常常被忽略的问题。许多已经知道决策失误的项目之所以能够最终建成并一直亏损下去,其中的原因之一就是决策者们总是念念不忘已经洒掉的牛奶。

二、显性成本和隐性成本

从企业所使用的要素的本身属性上看,企业的生产成本可以分为隐性成本(implicit cost)和显性成本(explicit cost)两部分,且这两部分成本都可以从机会成本的角度来理解。

显性成本即财务上的会计成本,意指厂商在要素市场上购买或租用其所需的生产要素的实际支出,包括工薪、原材料、折旧、动力、运输、广告和保险等方面的费用。而隐性成本则是指应支付给厂商自有的且被用于生产过程中的那些生产要素,但实际上没有支付的报酬。隐性成本与厂商所使用的自有生产要素相联系,反映了这些要素在别处同样能被使用的事实。比如,某厂商在生产过程中,不仅会从劳动市场上雇用一定数量的工人,从银行取得一定数量的贷款或租用一定数量的土地,而且有时还会动用自有的土地和资金,并亲自管理企业。虽然这些要素不需要企业直接支付相应的报酬,但厂商应从机会成本的角度来认识到,若将这些要素出售或租给别人,会获取相应的报酬,这些报酬从经济学上看应记入该厂商的生产成本之中。由于这笔成本支出不如显性成本那么明显,故被称为隐性成本。同样,显性成本也可以从机会成本的角度来理解。比如,显性成本虽属财务上的会计成本,但这些成本支出必须等于这些相同的生产要素使用在其他最好用途时所能得到的收入,否则,这个企业就不能购买或租用到这些生产要素,并保持对它们的使用权。

三、会计利润、经济利润和正常利润

我们在了解了显性成本与隐性成本的含义后,就可以看出会计利润和经济利润也存在差别。从会计账簿角度看,企业的利润,即会计利润(accounting profit)是指厂商销售产品的总收益减去会计成本(即显性成本)后的余额;而厂商销售产品的总收益减去按机会成本计算的经济成本(显性成本加隐性成本)的余额,才是经济学意义上的利润,即经济利润(economic profit),或称超额利润(excess profit)。

同时,还有一个重要的概念需要大家知道,即所谓的正常利润(normal profit)。正常利润是指让一个企业继续留在原有行业中继续经营所必须获取的最低收入。有时也会将其视为某厂商为从事某行业而得到的风险报酬。从本质上来说,正常利润属于隐性成本的范畴,它包含在厂商的生产成本之中。在经营活动中,正常利润是使一个厂商滞留在原行业从事生产经营活动的必要条件。如果厂商得不到正常利润,对于一个特定行业来说,其企业家才能的供给便会日益枯竭。故厂商的经济利润与会计利润的关系是:经济利润 = 会计利润 − 隐性成本(包含正常利润)。厂商的销售收入减去显性成本等于会计利润,如果再减去隐性成本(正常利润)才是厂商的超额利润(经济利润)。会计利润、正常利润和经济利润的关系如表6-1所示。

表 6-1　厂商成本与利润之间的关系

产品销售收入			
会计利润			会计成本(显性成本)
经济利润	正常利润(隐性成本)		会计成本(显性成本)
经济利润	经济成本(机会成本)		

实时测验 6-1
若会计利润大于零,则经济利润是否恒大于零?

第二节　要素需求函数与成本函数

在第五章里,我们所讨论的生产函数是指要素投入与其产出的关系。若我们把要素投入的实物量换成货币额(即考虑其要素价格),便成为成本与产量的关系。这一关系,我们称之为成本函数。所谓成本函数是指一定产量与生产该产量的最低成本之间的关系。为了得到成本函数,我们要先得出要素的需求函数,而要素的需求函数要从成本极小化问题推导而来。

一、要素需求函数

生产者对要素的需求取决于市场对其所生产产品的需求的大小。因此,我们可以从上一章所分析的既定产量成本最小化或利润最大化的一阶条件来推导要素需求函数,还可以讨论要素需求函数的一些特性。

1. 从成本最小化到要素需求函数

在产量约束下成本最小化模型中,针对其一阶条件:

$$\begin{cases} w - \lambda \dfrac{\partial f(L,K)}{\partial L} = 0 \\ r - \lambda \dfrac{\partial f(L,K)}{\partial K} = 0 \\ Q^0 - f(L,K) = 0 \end{cases}$$

可以看作是拥有 L、K 和 λ 未知变量的联立方程组。消去 λ 后解方程组可得到 L 和 K 两要素的需求函数,即

$$L = L(w,r,Q^0), \quad K = K(w,r,Q^0)$$

通常把从计算成本最小化中得到的要素需求函数称为"生产要素的条件需求函数"。这里所谓的"条件"是指它们要依赖于产量 Q 的大小。从这个意义上说,要素的需求是一种派生需求。

例题 6-1　若某厂商的生产函数为 $Q = L^\alpha K^\beta$,其所使用的要素的价格分别为 w 和 r,求该厂商的 L 和 K 的条件需求函数。

解　该厂商的成本最小化模型为:

$$\min_{L,K} wL + rK$$
$$\text{s.t.} \quad Q = L^\alpha K^\beta$$

利用前面求成本最小化时的一阶条件可得：
$$w = \lambda \alpha L^{\alpha-1} K^{\beta} \tag{6-1}$$
$$r = \lambda \beta L^{\alpha} K^{\beta-1} \tag{6-2}$$
$$Q = L^{\alpha} K^{\beta} \tag{6-3}$$

(6-1)×L、(6-2)×K 可得：
$$wL = \lambda \alpha L^{\alpha} K^{\beta} = \lambda \alpha Q \tag{6-4}$$
$$rK = \lambda \beta L^{\alpha} K^{\beta} = \lambda \beta Q \tag{6-5}$$

由(6-4)、(6-5)式可得：
$$L = \frac{\lambda \alpha Q}{w} \tag{6-6}$$
$$K = \frac{\lambda \beta Q}{r} \tag{6-7}$$

将(6-6)、(6-7)式代入(6-3)式求出 λ：
$$Q = \left(\frac{\lambda \alpha Q}{w}\right)^{\alpha} \left(\frac{\lambda \beta Q}{r}\right)^{\beta} \Rightarrow \lambda = \left(\alpha^{-\alpha} \beta^{-\beta} w^{\alpha} r^{\beta} Q^{1-\alpha-\beta}\right)^{\frac{1}{\alpha+\beta}} \tag{6-8}$$

再将(6-8)式代入(6-6)、(6-7)式可解出 L 和 K：
$$L(w,r,Q) = \left(\frac{\alpha}{\beta}\right)^{\frac{\beta}{\alpha+\beta}} w^{-\frac{\beta}{\alpha+\beta}} r^{\frac{\beta}{\alpha+\beta}} Q^{\frac{1}{\alpha+\beta}}$$

$$K(w,r,Q) = \left(\frac{\alpha}{\beta}\right)^{-\frac{\alpha}{\alpha+\beta}} w^{\frac{\alpha}{\alpha+\beta}} r^{-\frac{\alpha}{\alpha+\beta}} Q^{\frac{1}{\alpha+\beta}}$$

这就是利用成本最小化模型所求得的生产要素 L 和 K 的需求函数。

2. 从利润最大化推导要素需求函数

在利润最大化模型中，针对其一阶条件：
$$Pf_L(L,K) = w, \quad Pf_K(L,K) = r$$
同样可以看作是拥有 L、K 未知变量的联立方程组，求解后可得到 L 和 K 两要素的需求函数，即
$$L = L(w,r,P), \quad K = K(w,r,P)$$

这就是厂商对 L、K 两要素的需求函数，它们是 w、r 和 P 的函数。

一般而言，从利润最大化模型求解要素需求函数与从成本最小化模型求解要素需求函数的结果是一样的。但是，这种一致性是有前提条件的，即生产函数呈规模报酬递减。如果生产函数呈规模报酬不变或递增，则利润可能没有极大值（如没有等成本线约束），这时就不能从利润最大化去找出要素需求，而只能从成本最小化出发求要素需求。因此，从成本最小化出发求要素需求是更为一般的方法。

实时测验 6-2

利用例题 6-1 中的条件从利润最大化的角度求解要素需求函数，并与成本最小化求解的结果比较，看两者是不是一致。

3. 要素需求函数的若干特性

下面,我们可以利用比较静态分析法来讨论要素需求的特性。

现回到利润最大化模型的一阶条件:

$$\begin{cases} Pf_L - w = 0 \\ Pf_K - r = 0 \end{cases}$$

对上述一阶条件全微分并重新整理后可得:

$$Pf_{LL}dL + Pf_{LK}dK = -f_L dP + dw \tag{6-9}$$

$$Pf_{KL}dL + Pf_{KK}dK = -f_K dP + dr \tag{6-10}$$

依据克莱姆法则,从(6-9)、(6-10)式中解 dL 和 dK,得:

$$dL = \frac{1}{PD}[f_{KK}dw - f_{LK}dr + (f_{LK}f_K - f_{KK}f_L)dP] \tag{6-11}$$

$$dK = \frac{1}{PD}[-f_{KL}dw + f_{LL}dr + (f_{KL}f_L - f_{LL}f_K)dP] \tag{6-12}$$

其中,$D = f_{LL}f_{KK} - f_{LK}^2$,根据严格凹性的假定,$D > 0$。

如果只考察 w 的变化对 L 的影响,则对(6-11)式的两边同除以 dw,且令 $dr = dP = 0$,得:

$$\frac{\partial L}{\partial w} = \frac{f_{KK}}{PD} < 0$$

因为 $P > 0$,且 $f_{KK} < 0$,所以,当其他要素价格保持不变时,要素价格的变动与厂商对要素需求量的变动呈反方向关系,这也就是厂商的要素需求曲线总是向下倾斜的原因。

如果要考察 r 的变化对 L 的影响,则把(6-11)式的两边同除以 dr,且令 $dw = dP = 0$,则有:

$$\frac{\partial L}{\partial r} = -\frac{f_{LK}}{PD}$$

这个导数的符号,与二阶交叉偏导数 f_{LK} 的符号相反。在大多数情况下,一种投入要素数量的增加,将增加其他投入的边际产量,也就是说,$f_{LK} > 0$。因此,就有:

$$\frac{\partial L}{\partial r} < 0$$

即一种投入要素价格的提高,一般将降低其他投入要素的利用。

另外,假若把(6-12)式的两边同除以 dw,令 $dr = dP = 0$,则有:

$$\frac{\partial K}{\partial w} = -\frac{f_{KL}}{PD} < 0$$

因为 $f_{LK} = f_{KL}$,所以有:

$$\frac{\partial L}{\partial r} = \frac{\partial K}{\partial w}$$

这说明要素价格变动对要素需求的交叉影响是对称的。

最后看一看产品价格的变动对要素需求的影响。把(6-11)式的两边同除以 dP,且令 $dw = dr = 0$,则得:

$$\frac{\partial L}{\partial P} = \frac{(f_{LK}f_K - f_{KK}f_L)}{PD}$$

一般而言，$f_{LK}>0$，并且$f_K>0, f_{KK}<0, f_L>0$，所以，在这种情况下，则有：

$$\frac{\partial L}{\partial P} > 0$$

即产出价格的提高，将引起投入需求增加。

经过上面的分析，对于要素需求函数的特性，我们可总结如下：

(1) 要素自身的价格变化对其需求的影响为负，即

$$\frac{\partial L}{\partial w} < 0, \quad \text{或} \frac{\partial K}{\partial r} < 0$$

这说明要素需求曲线向右下方倾斜。

(2) 其他要素价格的变动对要素需求的影响为负，即

$$\frac{\partial L}{\partial r} < 0, \quad \text{或} \frac{\partial K}{\partial w} < 0$$

(3) 交叉价格影响是对称的，即

$$\frac{\partial L}{\partial r} = \frac{\partial K}{\partial w}$$

(4) 产品价格对要素需求的影响为正，即

$$\frac{\partial L}{\partial P} > 0$$

二、成本函数

从成本最小化模型中我们已经求出了要素的需求函数，即

$$L = L(w,r,Q), \quad K = K(w,r,Q)$$

然后将这两个要素需求函数代入厂商的成本方程后就可以得到该厂商的成本函数，即

$$C = wL(w,r,Q) + rK(w,r,Q)$$

由于在完全竞争条件下，w和r都是固定的常数，因此，成本函数就成为Q的函数，即$C = C(Q)$。

从例题6-1中，我们已经求得了L、K的需求函数：

$$L(w,r,Q) = \left(\frac{\alpha}{\beta}\right)^{\frac{\beta}{\alpha+\beta}} w^{-\frac{\beta}{\alpha+\beta}} r^{\frac{\beta}{\alpha+\beta}} Q^{\frac{1}{\alpha+\beta}}$$

$$K(w,r,Q) = \left(\frac{\alpha}{\beta}\right)^{-\frac{\alpha}{\alpha+\beta}} w^{\frac{\alpha}{\alpha+\beta}} r^{-\frac{\alpha}{\alpha+\beta}} Q^{\frac{1}{\alpha+\beta}}$$

把这两个需求函数代入成本方程$C = wL + rK$，即可得到成本函数为：

$$C = \left[\left(\frac{\alpha}{\beta}\right)^{\frac{\beta}{\alpha+\beta}} + \left(\frac{\alpha}{\beta}\right)^{-\frac{\alpha}{\alpha+\beta}}\right] w^{\frac{\alpha}{\alpha+\beta}} r^{\frac{\beta}{\alpha+\beta}} Q^{\frac{1}{\alpha+\beta}}$$

假如$\alpha + \beta = 1$，即生产函数为一阶齐次生产函数，此时该生产函数为规模报酬不变，则上式可写成：

$$C = C(w,r,Q) = Aw^{\alpha} r^{1-\alpha} Q$$

其中，$A = \alpha^{-\alpha}(1-\alpha)^{\alpha-1}$。

> **实时测验 6-3**
>
> 1. 试求 CES 生产函数 $Q = (L^\rho + K^\rho)^{\frac{1}{\rho}}$ 条件下的成本函数。
> 2. 试求里昂惕夫生产函数 $Q = f(L,K) = \min\{aL, bK\}$ 条件下的成本函数。

第三节 短期成本分析

在对生产函数的分析上,我们可区分为短期与长期,而对成本的讨论,我们亦有短期与长期之分。所谓短期成本(short-run cost)是指在短期内厂商为生产既定的产量水平对其所使用的生产要素的最小成本。假设在短期内,劳动投入量 L 可变而资本投入量 K 固定,则此时的短期成本函数可表示为:$C(Q) = wL(w,r,Q) + r\bar{K}$,其中 w、r、$\bar{K}$ 为既定不变的常数。下面就对短期成本作一分析。

一、短期成本分类

有关短期成本,我们可以分为两大类:汇总成本和单位成本,现分别介绍如下:

1. 汇总成本——短期总成本、可变成本和固定成本

假如某厂商利用两种生产要素(劳动 L 和资本 K)来组织生产,在短期内,资本固定在 $\bar{K}$ 上不变,因此,其短期生产函数为:

$$Q = f(L, \bar{K})$$

(1) 短期总成本(total cost)就是在短期内生产某一数量产品所耗用的全部生产要素的费用之和,即

$$TC = wL(w,r,Q) + r\bar{K}$$

其中 w 为劳动的价格,r 为资本的价格。

(2) 总固定成本(total fixed cost)是指短期内厂商对那些不随产量的变动而变动的生产要素所支付的价格之和。通常假定资本是个固定的要素,因此,总固定成本可表示为:

$$TFC = r\bar{K} = b(\text{常数})$$

在实际中,固定成本通常包括:① 职能管理人员的工资;② 机器的折旧;③ 厂房折旧和维修费用;④ 土地保养和折旧费用等。由于固定成本在短期与产量的变化无关,因此厂商无论采取何种决策,固定成本的数值都是一个定值,即使企业停产,产量为零,固定成本仍然存在。

(3) 总可变成本(total variable cost)是指短期内厂商使用可变生产要素进行生产所耗费的成本,换言之,它是指随产量的变化而变化的成本。通常假定劳动量是一个可变投入因素,因此,总可变成本可表示为:

$$TVC = w \cdot L(w,r,Q) = C(Q)$$

具体地说,总可变成本通常包括:① 购买原材料的费用;② 直接劳动的费用;③ 固定资本的日常修理和保养费用等。在短期内,如果企业暂时停产,产量为零,可变成本也为零。

因此,总成本为固定成本和可变成本之和,即

$$TC = TVC + TFC = wL(Q) + r\bar{K} = C(Q) + b$$

从成本与产量 Q 的关系来看，总成本 TC 和可变成本 TVC 均是 Q 的函数，而固定成本 TFC 则不是产量的函数。

那么，如何得到 TC、TVC 和 TFC 曲线呢？因为 TFC 与产量 Q 无关，因此，TFC 曲线即为一条平行于横轴的直线。而 TC 又为 TVC 和 TFC 之和，所以知道了 TVC 曲线后，只要在 TVC 线上加上 TFC 即可得到 TC。因此，下面我们以图 6-1 为例着重说明 TVC 曲线的形成。

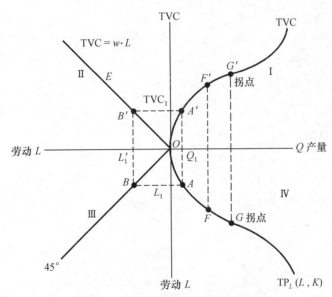

图 6-1 从生产函数找出 TVC 曲线

从 $TVC = wL(w, r, Q)$ 中可看出，由于 w、r 为既定的数值，TVC 的大小主要由 $L(Q)$ 来决定。这样，我们就可以从短期的生产函数 TP_L 中找出变动成本 TVC。

在图 6-1 中，第四象限为总产量 TP_L 的函数，当劳动为 OL_1 时，其产量为 OQ_1，因此，第四象限中的 TP_L 曲线表明了产量和劳动间的关系。第二象限为劳动与总变动成本之间的关系，我们能明显看出其关系为一直线（∵ $TVC = w \cdot L$，w 不变，劳动越多，总变动成本也越大）。第三象限中，其纵轴与横轴皆表示劳动的数量，因此二者关系便成一条 45°的直线。接着，我们便可以从第二、三、四象限的关系导出第一象限的总变动成本 TVC 来。至于 TVC 的形状又是如何导出的呢？我们试分解如下：

假设劳动价格 $w = 1$，则 $OL_1 = TVC_1$（∵ 在 $w = 1$ 时，OE 线亦成 45°，∴ $OL_1 = BL_1' = L_1'B' = TVC_1$），因此 $Q_1A = Q_1A'$。这样，当 $w = 1$ 时，产量如果为 Q_1，其需劳动 OL_1，从第二象限中可知，需要 TVC_1 的成本，由此便可在第一象限中找出产量为 Q_1，而成本为 TVC_1 的点 A'，其余的其他 TVC 上的点可用同样方法求得。由此我们可知，TP_L 与 TVC 为相互对称的曲线，亦即当 TP_L 的图形向上凹时，则 TVC 的图形会向下凹，而 TP_L 的图形向下凹时，则 TVC 的图形会向上凹。因此 TP_L 线上的任何一点（如点 F）到横轴的距离，会和其在 TVC 线上的对应点（如点 F'）到横轴的距离相等。至此我们便可推知：TVC 线的形状会先向下凹，再向上凹。这种现象，我们可作如下说明：

当 TP_L 向上凹时，表示此时劳动增加的速度小于产量增加的速度，换言之，产量增加的速度在此时会大于成本增加的速度,而使 TVC 向下凹(这阶段我们可称为成本递减而报酬递增阶段),同理,我们可推知在 TP_L 向下凹时,TVC 会向上凹,此时产量增加的速度小于成本增加的速度,为成本递增与报酬递减的阶段。

总成本曲线、可变成本曲线和固定成本曲线的一般形状如图 6-2 所示。它们有如下几个特点:

- (1) $TC(Q)$ 和 $TVC(Q)$ 均为产量的递增函数,即
$$dTC(Q)/dQ > 0, \quad dTVC(Q)/dQ > 0$$
(2) TFC 为一常数,即 $dTFC/dQ = 0$。
(3) 对于任一产量水平 Q,均有 $TC(Q) - TVC(Q) = TFC$,即 TC 和 TVC 曲线的距离处处等于 TFC。
(4) 当 $Q = 0$ 时,$TVC(Q) = 0$,$TC(Q) = TFC$。

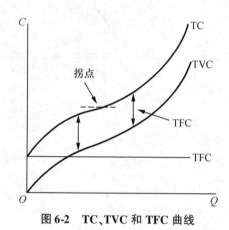

图 6-2　TC、TVC 和 TFC 曲线

2. 单位成本——平均总成本、平均固定成本、平均变动成本和边际成本

(1) 平均总成本(average total cost),简称平均成本(AC),表达式为:
$$AC = \frac{TC}{Q}$$
(2) 平均固定成本(average fixed cost),其表达式为:
$$AFC = \frac{TFC}{Q}$$
(3) 平均变动成本(average variable cost),其表达式为:
$$AVC = \frac{TVC}{Q}$$
上述三种平均成本的关系如下:
$$AC = \frac{TC}{Q} = \frac{TVC + TFC}{Q} = \frac{TVC}{Q} + \frac{TFC}{Q}$$
即 $AC = AFC + AVC$。

(4) 边际成本(marginal cost)是指厂商为生产最后一单位产品所耗费的净成本,其表达式为:

$$MC = \frac{\Delta TC}{\Delta Q} \quad \text{或} \quad MC = \lim_{\Delta Q \to 0} \frac{\Delta TC}{\Delta Q} = \frac{dTC}{dQ}$$

$\because TC = TFC + TVC, \dfrac{dTFC}{dQ} = 0$

$\therefore MC = \dfrac{dTC}{dQ} = \dfrac{dTVC}{dQ} + \dfrac{dTFC}{dQ} = \dfrac{dTVC}{dQ}$

从几何图形上看,这些单位成本曲线都可以从相应的总成本曲线中推导出来,如图 6-3、图 6-4 所示。

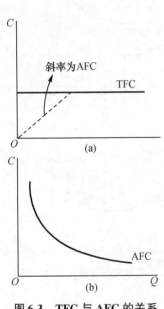

图 6-3　TFC 与 AFC 的关系

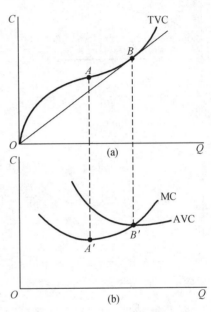

图 6-4　TVC 与 MC、AVC 的关系

在短期中,TFC 是一条水平线,如图 6-3(a)所示,而由总固定成本除以其产量所得到的平均固定成本 AFC 曲线即为一个向右下倾斜的曲线(因为在成本固定之下,产量越多,每一单位产品所应分摊的固定成本也就会越少)。如图 6-3(b)所示,平均固定成本 AFC 为一个等轴双曲线的一部分。

进一步,因为 $MC = \dfrac{dTVC}{dQ}$,我们可由 TVC 线的切线的斜率得出边际成本 MC,如图 6-4 所示。在拐点 A 之前,TVC 以递减的速度增加,相应的斜率也在减小,因而 MC 曲线在下降;过了 A 点之后,TVC 以递增的速度增加,相应的 MC 亦上升。因此,MC 曲线呈先下降后上升的"U"形。

对于 AVC,因为 $AVC = \dfrac{TVC}{Q}$,则可由 TVC 线上的点至原点连线的斜率而得出,如图 6-4 所示。在 TVC 线上的 B 点之前,TVC 线上的点至原点连线的斜率在降低,因而 AVC 在下降;过了 B 点之后,TVC 线上的点至原点连线的斜率在增加,因而 AVC 曲线在上升。因此,平均变动成本 AVC 亦呈"U"形。

MC 与 AVC 线之间的关系,与第五章中对 MP 与 AP 关系的分析方法类似,即 MC > AVC 时,AVC 会递增;而当 MC < AVC 时;AVC 会递减,在 MC = AVC 之处,就是 AVC 的最低点。

同样,我们可由总成本 TC 找出平均成本 AC 与边际成本 MC(AC 为 TC 线上点至原点连线的斜率,MC 为 TC 切线的斜率),如图 6-5 所示。至于 AC 与 MC 的关系,和前述相同,在 MC < AC 时,AC 递减;MC > AC 时,AC 递增;而当 MC = AC 时,即为 AC 的最低点。

至于总成本与各个单位成本的关系,如图 6-5 和图 6-6 所示。

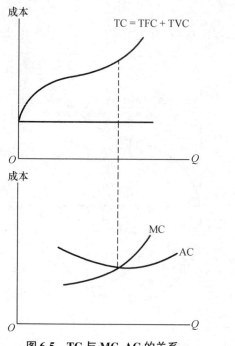

图 6-5　TC 与 MC、AC 的关系　　图 6-6　汇总成本与单位成本的关系

最后,我们可将 MC、AC、AVC 的关系归纳如下:

- 当 MC > AVC 时,AVC 递增。

  MC < AVC 时,AVC 递减。

  MC > AC 时,AC 递增。

  MC < AC 时,AC 递减。

  MC 会通过 AC 及 AVC 的最低点。

  AC 的最低点会在 AVC 最低点的右方。

  AC 与 AVC 的差距即为 AFC。

  (从 AC 与 AVC 即可找出 AFC,故 AFC 不予画出。)

例题 6-2　计算 C-D 生产函数 $Q = L^a K^{1-a}$ 的短期成本函数。

解　设 C-D 生产函数中的资本 K 在短期内固定不变为 $\bar{K}$,只有投入生产过程中的劳动数量 L 是可变的,则由 $Q = L^a K^{1-a}$ 可得:

$$L = (Q\bar{K}^{a-1})^{\frac{1}{a}}$$

又设 L 和 K 的价格分别为 w 和 r,则

$$C(w, r, Q, K) = w(Q\bar{K}^{a-1})^{\frac{1}{a}} + r\bar{K}$$

短期平均成本 $\text{SAC} = w\left(\dfrac{Q}{\bar{K}}\right)^{\frac{1-a}{a}} + r\dfrac{\bar{K}}{Q}$

短期平均可变成本 $\text{SAVC} = w\left(\dfrac{Q}{\bar{K}}\right)^{\frac{1-a}{a}}$

短期平均固定成本 $\text{SAFC} = \dfrac{r\bar{K}}{Q}$

短期边际成本 $\text{SMC} = \dfrac{w}{a}\left(\dfrac{Q}{\bar{K}}\right)^{\frac{1-a}{a}}$

实时测验 6-4

请以数学证明：
(1) 当 MC > AVC 时，AVC 递增；
(2) 当 MC < AVC 时，AVC 递减；
(3) MC 通过 AVC 的最低点。

二、AVC、MC 与 AP、MP 的对称性

从图 6-1 中，我们可知 TP 与 TVC 具有密切的关系，又从 TP_L 可导出 AP_L 与 MP_L，而从 TVC 可导出 AVC 与 MC。因此，我们可推论：AVC、MC 与 AP、MP 曲线必存在密切的关系，如图 6-7 所示。

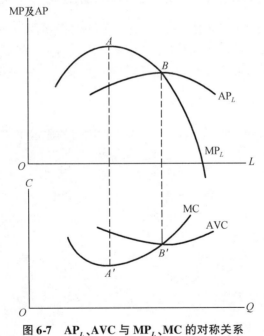

图 6-7 AP_L、AVC 与 MP_L、MC 的对称关系

在前面，我们已说明了 TP_L 与 TVC 之间的对应关系，亦即若 TP_L 上凹时，MP_L 递增，其所对应的 TVC 必向下凹（参照图 6-1），此时 MC 会递减；反之，若 TP_L 下凹时，MP_L 递减，则此时的 TVC 会上凹，而 MC 递增。

AP_L 与 AVC 亦具有对称性。另外，由于 TP_L 的拐点对应 TVC 的拐点（参照图 6-1），因此 MP_L 的最高点必对应 MC 的最低点，而 AP_L 的最高点亦会对应 AVC 的最低点。

基于以上的推论,我们可得出结论,即 AP 与 AVC、MP 与 MC 具有对称性。

- AP_L 的最高点对应着 AVC 的最低点;
  MP_L 的最高点对应着 MC 的最低点。

以上的结论是基于对图形的分析得来的,我们现在换另一个角度,尝试以数学方法来证明上述结论的正确性,亦即 AP_L、MP_L 的最高点,分别对应 AVC 与 MC 的最低点。

证明 ∵ $AVC = \dfrac{TVC}{Q} = \dfrac{w \cdot L}{Q} = w \cdot \dfrac{1}{\frac{Q}{L}} = w \cdot \dfrac{1}{AP_L}$

在要素价格不变下,AP_L 最大即为 AVC 最小。

同理:$MC = \dfrac{dTVC}{dQ} = \dfrac{dwL}{dQ} = w \cdot \dfrac{1}{\frac{dQ}{dL}} = w \cdot \dfrac{1}{MP_L}$

即 MP_L 最大时,MC 会最小。

实时测验 6-5

当 MC 递减时,是否在生产合理区域里?

三、要素价格变动对 AVC、AC 及 MC 的影响

上面所讨论的 AVC、AC 与 MC 的关系,是在下列三项假设不变的条件下讨论的:(1) 技术水平不变;(2) 要素价格不变;(3) 资本数量不变。然而,当要素价格变动时,AVC、AC 及 MC 之间的关系究竟会受到何种影响呢?我们可分两方面来讨论。

1. 资本价格变动(TFC 变动)

设原总固定成本 TFC 增加了 ΔTFC(为常数),则新的成本 $TC' = TC + \Delta TFC$,因此,

$$MC' = \frac{dTC'}{dQ} = \frac{dTC}{dQ} = MC$$

$$AVC' = AVC \, (\because TVC' = TVC)$$

亦即新的 MC′ 与 AVC′ 不受 TFC 变动的影响。
但 $TC' = TC + \Delta TFC$,故

$$AC' = \frac{TC'}{Q} = \frac{TC}{Q} + \frac{\Delta TFC}{Q} = AC + \frac{\Delta TFC}{Q}$$

因为 $\Delta TFC > 0$,所以 TFC 变动后的 AC′ 会上升,如图 6-8 所示。

2. 工资变动(即 TVC 变动)

设工资上涨 Δw,

∵ $TVC' = TVC + \Delta w \cdot L$

∴ $MC' = \dfrac{dTVC'}{dQ} = \dfrac{dTVC}{dQ} + \dfrac{d\Delta w \cdot L}{dQ} = MC + \Delta w \cdot \dfrac{1}{MP_L} \left(\because \dfrac{dQ}{dL} = MP_L \right)$

在 $MP_L > 0$ 之下,MC′ 会上移。

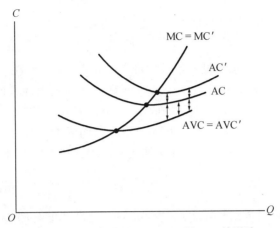

图 6-8　TFC 变动对 AVC、AC 及 MC 的影响

且 $\mathrm{AVC}' = \dfrac{\mathrm{TVC}'}{Q} = \dfrac{\mathrm{TVC}}{Q} + \dfrac{\Delta w \cdot L}{Q} = \mathrm{AVC} + \Delta w \cdot \dfrac{1}{\mathrm{AP}_L} \left(\because \dfrac{Q}{L} = \mathrm{AP}_L \right)$

所以，工资上涨会导致 AVC′ 的上移。

因为 AVC 最低点对应着 AP_L 最高点，所以当 AVC 在最低点时，AVC′ 亦为最低点 $\left(\because$ 此时 AP_L 最大，即 $\dfrac{1}{\mathrm{AP}_L}$ 最小 $\right)$。

又 $\because \mathrm{TC}' = \mathrm{TC} + \Delta w \cdot L \Rightarrow \dfrac{\mathrm{TC}'}{Q} = \dfrac{\mathrm{TC}}{Q} + \Delta w \cdot \dfrac{L}{Q}$

$\therefore \mathrm{AC}' = \mathrm{AC} + \Delta w \cdot \dfrac{1}{\mathrm{AP}_L}$

在 $\mathrm{AP}_L > 0$ 时，AC′ 会比 AC 大，如图 6-9 所示。

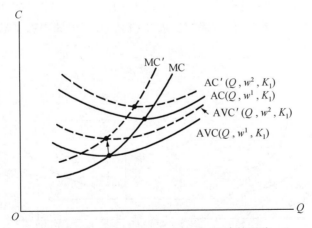

图 6-9　工资变动对 MC、AC 及 AVC 的影响

- 当资本价格上涨（TFC 变动）时，MC 与 AVC 不受影响，唯有 AC 会往上移动；当劳动价格上涨（TVC 变动）时，MC、AVC 及 AC 皆会向上移动，但 AVC′ 最低点仍会对应着 AVC 最低点。

第四节 长期成本的分析

在长期内,所有生产要素的投入数量均可自由改变,因此除 TC、AC 和 MC 之外,不再有所谓 TFC、TVC、AFC 及 AVC 之分。今后为区别长期与短期成本的不同,在 AC 及 MC 之前加上一个字母 L 或 S,例如长期平均成本为 LAC,短期平均成本为 SAC;长期边际成本为 LMC,短期边际成本为 SMC 等。本节开始对长期成本函数进行分析。长期成本函数可分为三种:长期总成本(LTC)、长期平均成本(LAC)和长期边际成本(LMC)。

一、长期成本函数

在长期内,厂商可以根据所要生产的产品的数量来调整全部要素的最优投入量,使其可以在每一个产量水平选择最优的生产规模进行生产。因此,长期总成本是指厂商在长期中在各种产量水平上通过改变生产规模所能达到的最低总成本点的轨迹。厂商的长期总成本(LTC)与上一章分析的生产扩展线(EP)有直接关系,利用扩展线可推导出厂商的 LTC 曲线。

如图 6-10 所示,在厂商投入要素的价格和生产技术不变的条件下,扩展线上的 E_1、E_2 和 E_3 点分别为不同水平的等产量曲线与等成本曲线的切点。根据扩展线的定义,它们又都是厂商生产某一产量的总成本最低的要素投入组合点。先考察与 Q_1 产量相对应的 E_1 点。显然,由 E_1 点所代表的要素投入组合的总成本等于 OL_1 乘以单位劳动的价格 w,即 $TC_1 = w \cdot OL_1$。这是因为 E_1 是等成本曲线 K_1L_1 上的一点,它所代表的投入组合与 L_1 点所代表的投入组合所花费的总成本(TC_1)是相同的,而在 L_1 点上,其投入组合的总成本等于 $w \cdot OL_1$。同理,与 Q_2 产量相对应的投入组合是 E_2 所代表的总成本,即 $TC_2 = w \cdot OL_2$;与 Q_3 产量相对应的投入组合点的总成本为 $TC_3 = w \cdot OL_3$。如果用横轴表示产量,用纵轴表示总成本,把上述分别对应于 Q_1、Q_2 和 Q_3 产量的总成本 TC_1、TC_2 和 TC_3 的交点连接起来,便可从图 6-10 左半部的扩展线(EP)推导出该图右半部的长期总成本曲线(LTC)。

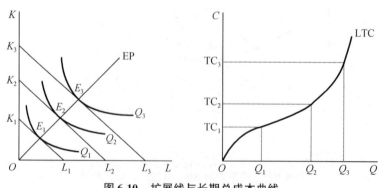

图 6-10 扩展线与长期总成本曲线

长期总成本曲线也可以从短期成本曲线簇中导出,它表明了当所有生产要素投入量可自由变动时生产任一产量的最低总成本的轨迹。

现在假定某厂商的生产函数为 $Q = f(x_1, x_2, k)$,这里 x_1 和 x_2 代表两个可变投入要素,k 代表厂商的固定投入,k 将确定"工厂规模"(size of plant)的大小,即 k 值越大,工厂规模也越大。这样,厂商在短期内所要解决的问题是既定规模工厂的最佳利用。而在长期中,他可以选择一个适度规模的工厂来达到其成本的最小。同时,我们应认识到,厂商的生产函数和成本函数均与工厂规模 k 有关。在短期中,这些都是唯一确定的。在长期中,他可以在具有不同工厂规模的生产函数和成本函数之间进行选择。他可以选择的次数,等于 k 可以假定的不同值的次数。一旦他选定了具体工厂规模的 k 值,这个厂商所面临的就是短期最优化问题了。

下面,我们来讨论如何从短期总成本线推导长期总成本线。如图 6-11 所示,有三个不同的工厂规模:k_1、k_2、k_3,且 $k_1 < k_2 < k_3$。与这三种不同的生产规模相对应,有三条短期成本曲线:STC_1、STC_2、STC_3。从图形上看,当工厂规模为 k_1 时,因为规模小,开始时总成本低一些,但不久边际成本就开始递增了;当工厂规模扩大至 k_2 时,开始生产的总成本高一些,但边际成本递减的阶段会长一些;最后当企业的规模为 k_3 时,边际成本递减的阶段会更长一些。

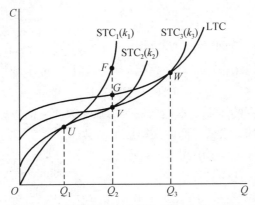

图 6-11 短期总成本曲线与长期总成本曲线

基于不同工厂规模的短期成本函数特征,我们可以分析厂商在长期内的调整情况。当产量为 Q_1 时,生产规模 k_1 所对应的成本 U[即 $STC_1(k_1, Q_1)$]最低;当产量为 Q_2 时,生产规模 k_2 所对应的成本 V[即 $STC_2(k_2, Q_2)$]最低;当产量为 Q_3 时,k_3 所对应的成本 W[即 $STC_3(k_3, Q_3)$]最低。所以,从长期看,总成本线要经过 U、V、W 点,从原点出发,连接这些点即可得到长期总成本曲线 LTC。

虽然在图中只有三条短期总成本线,但在理论分析上可以假定有无数条短期总成本曲线。这样一来,厂商可以在任何一个产量水平上,都找到一个相应的最优的生产规模,都可以把总成本降到最低水平。也就是说,可以找到无数个类似于 U、V 和 W 的点,这些点的轨迹就形成了图中的长期总成本曲线 LTC。显然,长期总成本曲线是无数条短期总成本曲线的包络线(envelope)。在这条包络线上,在连续变化的每一个产量水平上,都存在着 LTC 曲线和一条 STC 曲线的切点,该 STC 曲线所代表的生产规模就是生产该产量的最优生产规模,该切点所对应的总成本就是生产该产量的最低总成本。所以,LTC 曲线表示长期内厂商在每一产量水平上由最优生产规模所带来的最小生产总成本点的轨迹。

我们也可以从代数上来求取长期总成本曲线。

假定 k 是连续变量,把它导入生产函数、成本方程和扩展线函数,得:

$$Q = f(x_1, x_2, k)$$

$$C = r_1 x_1 + r_2 x_2 + \phi(k)$$
$$0 = g(r_1, r_2, k)$$

这里 r_1、r_2 分别是 x_1、x_2 的价格，固定成本 $\phi(k)$ 是工厂规模 k 的增函数，$\phi'(k) > 0$。显然，等产量线和等成本线簇的斜率以及扩展线的斜率，均取决于参数 k 设定的值。一般说来，上述前两种函数关系式可以用来消去 x_1 和 x_2，而总成本则可以表示为产出水平和工厂规模的函数：

$$C = C(Q, k) + \phi(k)$$

通过设定参数 k 的不同值，上式可以描绘总成本曲线的一个簇。当工厂规模设定为一个具体值 $k = k_0$ 时，上式就变成一个长期成本函数 $C = C(Q)$ 的形式了。

对于短期成本函数 $C = C(Q, k) + \phi(k)$ 来说，我们可以写出其隐式方程：

$$C - C(Q, k) - \phi(k) = G(C, Q, k) = 0$$

上式为一个隐函数，对上式求 k 的偏导数，并令其等于零，可得：

$$\frac{\mathrm{d}G(C, Q, k)}{\mathrm{d}k} = 0$$

从上式中可找出最佳的生产规模 k 与产量 Q 的关系，即 $k = k(Q)$。

把 $k = k(Q)$ 代入 $C = C(Q, k) + \phi(k)$ 后即可得到长期成本函数：

$$\mathrm{LTC} = \mathrm{LTC}(Q)$$

例题 6-3 设某厂商的短期成本函数簇为 $C = 0.04Q^3 - 0.9Q^2 + (11 - k)Q + 5k^2$，其中 k 为该厂商的工厂规模，求该厂商的长期成本函数。

解 令 $G(C, Q, k) = C - 0.04Q^3 + 0.9Q^2 - (11 - k)Q - 5k^2$

对上式求 k 的导数，且令其等于零：

$$Q - 10k = 0 \Rightarrow k = 0.1Q$$

把 $k = 0.1Q$ 代入短期成本函数可得该厂商的长期成本函数为：

$$C = 0.04Q^3 - 0.9Q^2 + (11 - 0.1Q)Q + 5 \times (0.1Q)^2$$
$$= 0.04Q^3 - 0.95Q^2 + 11Q$$

二、长期平均成本函数

- 长期平均成本(long-run average cost)是指厂商在长期内按产量平均计算的最低总成本。它等于长期总成本(LTC)除以产量(Q)，即 $\mathrm{LAC} = \dfrac{\mathrm{LTC}}{Q}$。

与推导长期总成本曲线的思路一样，同样可以利用短期平均成本曲线来推导长期平均成本曲线。

假定一个厂商生产某种产品可以选用三种规模的厂房设备，每种规模的工厂的短期平均成本函数分别由图 6-12 中的 SAC_1、SAC_2 和 SAC_3 代表。长期内，厂商可建立这种可能的生产规模中的任意一种。哪种生产规模是利润最大的呢？这显然要看厂商在长期内将要生产的产量是多少。假定厂商期望产量为 Q_1 时，它应当选择建立规模最小的工厂。因为这时它将在平均成本为 C_1 的水平上生产出 Q_1，C_1 小于中型规模的工厂（平均成本为 C_2）或大型规模的工厂（平均成本为 C_3）的成本水平。但是，假如期望产量是 Q_3，厂商就应当选择中等生产规模建立工厂，第二种规模是生产 Q_3 的最低平均成本。而当

期望产量大于 Q_4 时,厂商则需要选择建立大型生产规模的工厂。

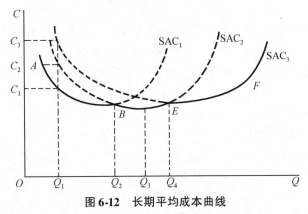

图 6-12　长期平均成本曲线

长期平均成本曲线表明了在能够建立任何合乎理想规模的工厂时,生产每一产量水平的最低平均成本。图 6-12 中,长期平均成本曲线 LAC 由三条短期平均成本曲线交点以下的实线部分 *ABEF* 组成。三条短期平均成本曲线交点以上的部分未包括在内,因为它们表示的并不是最低的平均成本。

当有许多规模的工厂可供厂商选择时,厂商面临的是如图 6-13 所示的一簇短期平均成本曲线。这样,长期平均成本曲线就会变成一条平滑的曲线,该曲线上的任意一点都是与厂商所选择的与给定产量水平相对应的最佳工厂规模相联系的。或者说,LAC 曲线上的每一点,都是与 SAC 曲线相切的切点。与这些 SAC 曲线相应的工厂规模,是厂商为生产与这些切点相对应的产量而选择的最佳规模。从数学上说,长期平均成本曲线就是短期平均成本曲线的包络线。

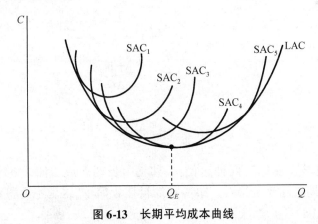

图 6-13　长期平均成本曲线

需要注意的是,只要 LAC 曲线不是水平的,它就不可能和所有的 SAC 曲线的最低点相切。当 LAC 曲线下降时,它与 SAC 曲线的切点在 SAC 曲线最低点的左侧;当 LAC 曲线上升时,它与 SAC 曲线的切点在 SAC 曲线最低点的右侧,只有当 LAC 曲线处于最低点时,它与 SAC_4 曲线在其最低点相切。这就是说,除 SAC_4 曲线外,所有这些短期成本曲线从短期来看都有可能达到其最低点,但从长期来看,这些最低点都不是最低的平均成本组合。

► **观念澄清**

图 6-13 中长期平均成本曲线的形状和短期平均成本曲线的形状非常相似。在达到某一个产量水平前,二者都随着产量的增加而下降,达到一个最低点,然后再随产量的进一步增加而上升。但是二者产生这一形状的原因却并不相同。在短期平均成本函数中起作用的是边际生产率递减规律。短期平均成本之所以由下降转而上升,是因为平均固定成本的下降最终要被平均可变成本的上升所抵消。平均可变成本上升是由可变要素的平均产量下降引起的。

但是,边际生产率递减规律并不对长期平均成本的形状起作用,因为长期内没有任何固定的生产要素。决定长期平均成本曲线形状的因素是规模报酬。规模扩大常常带来规模报酬递增,至少在一定范围内是如此。在递增到一定点后,会在一个或长或短的时期内保持不变,然后随着规模的进一步扩大而发生递减的变化。当规模报酬处于递增阶段时,产量增加的比例大于投入增加的比例,这必然会导致长期平均成本下降,显示出规模经济。基于同样的原因,当规模报酬不变时,平均成本不变;当规模报酬递减时,平均成本随产量上升而上升,显示为规模不经济。因此,长期平均成本曲线通常是呈 U 形的。

尽管大多数长期平均成本曲线都是呈 U 形的,但是据一些经济学家的研究,由于不同行业和不同厂商的规模报酬在递增到一定点后,在相当长的一个产量范围内保持不变,故呈水平状。

三、长期边际成本函数

- 长期边际成本(long-run marginal cost)是指厂商在长期内每增加一单位产量所引起的最低总成本的增加量,即

$$LMC = \frac{\Delta LTC}{\Delta Q}$$

或:

$$LMC = \lim_{\Delta Q \to 0} \frac{\Delta LTC}{\Delta Q} = \frac{dLTC}{dQ}$$

推导长期边际成本曲线有两种途径:一种是由长期总成本曲线各个点的斜率而得到,另一种是由短期边际成本得到。第一种途径比较简单,这里不再赘述。下面重点介绍第二种途径。

读者首先应注意的是:虽然前面我们通过短期的总成本曲线和平均成本曲线得到了相应的长期总成本曲线和平均成本曲线,且后者都是前者的包络线,但由短期边际成本曲线推导长期边际成本曲线并不那么简单,且 LMC 并不是 SMC 的包络线,这从图 6-14 就可以看出。如图 6-14 所示,LMC 与 SMC 只存在相交关系,而不是相切关系,且都将通过 LAC 与 SAC 的最低点。进一步地,LMC 与 SMC 相交时那点的产量恰好为 LAC 切于 SAC 时那点的产量,我们可进一步分析如下。

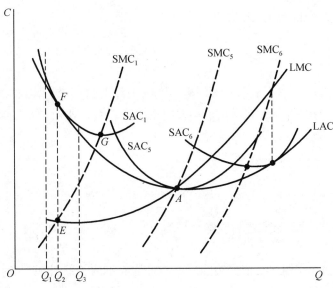

图 6-14　LMC 与 SMC 的关系

我们设点 F 为 SAC_1 与 LAC 相切的点,则在点 F 的左方时(即数量为 Q_1 时),SAC > LAC,即短期总成本 STC 大于长期总成本 LTC;若产量由 Q_1 增加至 Q_2 时(即生产点为点 F 时),SAC = LAC,所以 STC 亦会等于 LTC,因此产量由 Q_1 增加至 Q_2 时,长期总成本 LTC 增加的幅度大于短期总成本 STC 增加的幅度,亦即 ΔLTC > ΔSTC(∵ 之前 SAC > LAC,而此时 SAC = LAC),因此我们可知,在 SAC 与 LAC 的切点(如点 F)的左方,其 LMC 必会大于 SMC $\left(\because \text{LMC} = \dfrac{\Delta \text{LTC}}{\Delta Q}, \text{SMC} = \dfrac{\Delta \text{STC}}{\Delta Q}, \text{而此时 } \Delta \text{LTC} > \Delta \text{STC}\right)$;同理,我们亦可推得,当产量由 Q_2 增加至 Q_3 时,ΔLTC 会小于 ΔSTC,所以 LMC 也必会小于 SMC。因此在切点 F 的左方,LMC > SMC;点 F 的右方,LMC < SMC;在点 F 时,LMC = SMC。

- 当 SAC 与 LAC 相切时,LMC 与 SMC 会相交;
  若处于 SAC 与 LAC 相切点的左方时,则 LMC > SMC;
  若处于 SAC 与 LAC 相切点的右方时,则 LMC < SMC。

> **实时测验 6-6**
> SAC = LAC = SMC = LMC 是否有可能成立?

第五节　规模经济与规模报酬

在经济学中,我们常可看到规模经济与规模报酬这两个名词,二者间是有差别的。所谓规模经济(economies of scale)是指当产量越多时,其长期平均成本 LAC 会越少;反之,若产量越多时,其 LAC 也越大,则我们称之为规模不经济(diseconomies of scale)。而规模报酬(return to scale)则是指所有要素投入量的变化倍数与相应的产出量的变化倍数之间的关系。通常,规模经济会受到许多因素的影响,其中规模报酬是一个很重要的因素。

一、成本弹性与规模经济

1. 成本弹性

成本弹性是指在技术水平和要素价格不变的条件下,总产量沿着扩展线的相对变动所引起的总成本的相对变动,它反映了长期内成本变动百分比对产量变动百分比反应的敏感程度。其表达式为:

$$E_C = \frac{\frac{dC}{C}}{\frac{dQ}{Q}} = \frac{dC}{dQ} \cdot \frac{Q}{C} = \frac{\text{LMC}}{\text{LAC}}$$

显然,成本弹性等于长期边际成本与平均成本之商。因此,利用 E_C 可以衡量规模经济的问题。

当 $E_C > 1$ 时,LMC > LAC,依据边际成本与平均成本的关系,说明此时 LAC 处于上升阶段,存在规模不经济;当 $E_C < 1$ 时,LMC < LAC,说明此时 LAC 处于下降阶段,存在规模经济。

2. 生产率弹性与成本弹性的关系

我们在第五章中已经介绍过生产力弹性,它表示产量变动的百分率与所有要素按相同比例同时变动的百分率之比,其表达式为:

$$E_P = \frac{dQ}{Q} \Big/ \frac{dX}{X} = \frac{dQ}{Q} \Big/ \lambda$$

这里 $dX/X = \lambda$ 表示所有要素变动的比率,因此,利用生产率弹性的大小可以判断规模报酬问题。

- 当 $E_P > 1$ 时,说明所有投入要素增加的比例小于产量增加的比例,存在规模报酬递增;

  当 $E_P < 1$ 时,说明投入要素增加的比例大于产量增加的比例,存在规模报酬递减;

  当 $E_P = 1$ 时,说明投入要素增加的比例等于产量增加的比例,存在规模报酬不变。

下面,我们来分析生产率弹性与成本弹性的关系,以此来说明规模报酬与规模经济的关系。

因为总成本 $C = \sum r_i x_i$,所以,

$$\frac{dC}{C} = \frac{d(\sum r_i x_i)}{\sum r_i x_i} = \frac{\sum r_i dx_i}{\sum r_i x_i} = \frac{\sum r_i (\lambda x_i)}{\sum r_i x_i} = \lambda$$

$$E_P = \frac{\frac{dQ}{Q}}{\lambda} = \frac{dQ}{Q} \Big/ \frac{dC}{C} = \frac{dQ}{dC} \cdot \frac{C}{Q} = \frac{\text{LAC}}{\text{LMC}} = \frac{1}{E_C}$$

上式表明,成本弹性是生产率弹性的倒数,也就是说,成本弹性的大小取决于生产率弹性的大小。

图 6-15 表明,当 $E_P > 1$,而 $E_C < 1$ 时,投入增加的比例引起产量较大比例的增加,即

规模报酬递增,长期平均成本下降,此时存在规模经济;当 $E_P<1$,而 $E_C>1$ 时,投入增加的比例大于产量增加的比例,即规模报酬递减,长期平均成本上升,此时存在规模不经济;当 $E_P=1$,而 $E_C=1$ 时,投入增加的比例引起产量的同比例增加,即规模报酬不变,长期平均成本不变,而且达到 LAC 最低点。由此可见,规模报酬是决定长期平均成本曲线形状的重要因素。

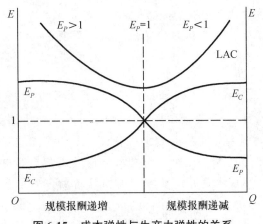

图 6-15 成本弹性与生产力弹性的关系

二、影响规模经济的因素

通过进一步分析,我们可以看到,规模报酬是就实物形态来说的,规模经济是就货币形态来说的。在技术水平和投入价格不变时,规模报酬能够导致规模经济,但不是导致规模经济的唯一原因。例如,管理成本、原料采购、银行贷款等,都会产生规模经济,当成本随着厂商产量的不断增加,由内在经济变为内在不经济时,平均成本曲线就成为 U 形,如图 6-16(a)中的 LAC_1。当成本随着厂商以外的因素,特别是整个产业产量的不断增加,而从外在经济变为外在不经济时,整个平均成本曲线就会发生移动,如图 6-16(a)中的 LAC_2、LAC_3。

一般认为,长期平均成本曲线的形状,由于规模报酬和规模经济共同作用而呈 U 形。但近年来有些经济学家认为,随着现代管理科学化、电脑化,生产效率越来越高,长期平均成本曲线将呈倒 J 形,如图 6-16(b)所示。但实际调查表明,很多厂商的长期平均成本曲线具有很长的一段水平部分,即成 L 形,如图 6-16(c)所示。

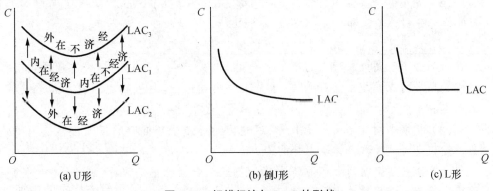

图 6-16 规模经济与 LAC 的形状

本章总结

1. 企业的生产成本可划分为显性成本和隐性成本两个部分:显性成本是指厂商在生产要素市场上购买或租用所需要的生产要素的实际支出,而隐性成本是指厂商自己拥有的且被用于该企业生产过程中的那些生产要素的总价格。

2. 会计利润是厂商销售产品的总收益减去会计成本(显性成本)后的余额;而正常利润则属于隐性成本,它包含在厂商的生产成本之中。正常利润是使一个厂商滞留在原行业从事生产经营活动的必要条件。厂商销售产品的总收益减去按机会成本计算的生产成本(显性成本加隐性成本)的余额,就是厂商的经济利润或称超额利润。

3. 短期成本分为两大类,即汇总成本——总成本、总固定成本和总变动成本;单位成本——平均总成本、平均固定成本、平均变动成本和边际成本。

4. 长期总成本是指厂商在长期中在各种产量水平上通过改变生产规模所能达到的最低总成本点的轨迹。长期平均成本是指厂商在长期内按产量平均计算的最低总成本。长期边际成本是指厂商在长期内每增加一单位产量所引起最低总成本的增加量。

5. 规模报酬递增,长期平均成本下降,此时存在规模经济;规模报酬递减,长期平均成本上升,此时存在规模不经济;规模报酬不变,长期平均成本不变,而且达到 LAC 的最低点。由此可见,规模报酬是决定长期平均曲线形状的重要因素。

复习思考题与计算题

1. 请判断下列说法是否正确,并简要说明理由:

(1) 生产函数为 $q = f(L)$ 的情形下,平均产量最大点就是平均成本最小点,由于此时平均成本最低,这一点应该是企业最优的劳动用工点 L^*。 ( )

(2) 完全竞争条件下某厂商生产函数为 $f(L,K) = L + 2K$。如果要素 L 的价格变成原来的两倍,要素 K 的价格变成原来的三倍,那么给定产量水平下新的成本是原来的两倍到三倍之间。 ( )

(3) 当边际成本下降时,平均成本不可能上升;当边际成本上升时,平均成本必上升。 ( )

(4) 平均可变成本曲线一定为 U 形。 ( )

(5) 完全竞争条件下某厂商生产函数为 $q = f(L,K) = \min\{\sqrt{L}, K\}$,两要素 L 和 K 的价格分别为 1 元和 2 元,则该厂商的边际成本曲线是一条水平线。 ( )

(6) 如果边际成本随产量增加而增加,则平均固定成本曲线是 U 形。 ( )

(7) 一个厂商如果现在的产量水平处于这个产量水平的平均成本最低点上,而这时长期平均成本处于上升阶段,于是可得出结论:这时短期边际成本大于短期平均成本。 ( )

(8) 长期平均成本曲线呈 U 形,这是因为当产量较低时的投入价格是下降的,当产量较高时的投入价格是上升的。 ( )

(9) 如果某企业的生产函数为 $Q = L^{0.4}K^{0.6}$,要素价格是常数,则该企业的长期边际成本等于长期平均成本。 ( )

(10) 在规模报酬递增下，SAC 的最低点会满足 $MP_L/w = MP_K/r$ 的要素最优组合条件。（　　）

2. 设某厂商的生产函数为 $Q = K \cdot L$，且已知 $w = 2, r = 1$，则：
(1) 试求 $Q = 100$、400 之下，LAC 分别为多少？
(2) 设 $K = 16$，求 $Q = 100$、400 时的 SAC 分别为多少？

3. 设某厂商的生产函数为 $Q = \min(5K, 10L)$，且 $w = 1, r = 3$：
(1) 试求 LTC、LAC 和 LMC 的曲线；
(2) 设短期下 $K = 10$，求 STC、SAC 及 SMC 各为多少？

4. 假定某厂商的生产函数是 $q = 2(KL)^{1/2}$。在短期，厂商的资本装备数量固定为 $K = 100$。K 的租金价格为 $r = 1$，L 的工资率为 $w = 4$。
(1) 计算厂商的短期总成本曲线及短期平均成本曲线。
(2) 厂商的短期边际成本函数是什么？如果生产 25 个产品，则厂商的 STC、SAC 与 SMC 是什么？若生产数量分别为 50、100、200，这些曲线是什么样的？
(3) 画出厂商的 SAC 与 SMC 曲线。标出(2)中所求得的点。
(4) SMC 曲线与 SAC 曲线在何处相交？解释为什么 SMC 曲线通常交于 SAC 线的最低点。

5. 设某厂商的两个工厂生产同一产品，工厂 A 的边际成本为 $MC = 1.5q_A$，工厂 B 的边际成本为 $MC = 100 + q_B$，若该厂商想生产 100 单位，则 A 与 B 工厂将各生产多少单位？

6. 若生产函数为 $q = 10L^{0.5}K^{0.5}$，且 $w = 2, r = 1$，求 (1) STC 函数；(2) LTC 函数。

7. 某技术公司生产各种计算机软件，其生产函数为 $q = f(L_1, L_2) = L_1 + 2L_2$，其中 L_1 是非熟练工人数，L_2 是熟练工人数。
(1) 如果不用非熟练工人，需要多少熟练工人来完成 q 单位的生产任务？
(2) 如果熟练工人与非熟练工人的工资相等，要生产 20 单位产品，该公司雇用多少熟练工人和非熟练工人？
(3) 如果两种工人的工资分别为 w_1、w_2，写出生产 q 单位产品的成本函数。

8. 请分别求出下列生产函数的条件要素需求函数和相应的成本函数：
(1) $q = \min\{2L, K\}$　　　　(2) $q = 2L + 3K$
(3) $q = AL^\alpha K^\beta$　　　　(4) $q = (L^\rho + K^\rho)^{1/\rho}$

9. 某竞争性企业的生产函数为 $q = \{\min(L, 3K)\}^{1/2}$，两要素 L 和 K 的价格分别是 $w = r = 1$。试求该企业的成本函数。

10. 试求与如下生产函数相对应的成本函数：
(1) $q = \{\min(L, K)\}^{1/2}$　　　　(2) $q = \min(L^{1/2}, K^{1/2})$
(3) $q = \min(L, K^2)$　　　　(4) $q = \min(L, K^{1/2})$
(5) $q = \max(10L, 4K)$

11. 假设某厂商的长期总成本函数为一元三次方程 $TC(q) = a + bq + cq^2 + dq^3$，$q$ 为产量。为了保证该厂商的长期平均成本函数呈 U 形，请讨论该总成本函数中的四个参数 a、b、c、d 的取值范围。

12. 某电力公司以重油 x 和煤炭 z 为原料进行生产,其生产函数为 $q = (2x^{\frac{1}{2}} + z^{\frac{1}{2}})^2$,$x$、$z$ 的市场价格分别为 30、20,其他生产费用为 50。

(1) 试求电力产量 $q = 484$ 时的 x、z 投入量及总成本。

(2) 求该电力公司的总成本函数。

13. 某企业以劳动 L 及资本设备 K 的投入来生产产品 Q,生产函数为:

$$q = 10L^{\frac{1}{4}}(K - 25)^{\frac{1}{4}} \quad (K \geqslant 25)$$

企业劳动投入量短期及长期均可变动,而资本设备只能在长期条件下变动,劳动工资率 $w = 100$,资本报酬率 $r = 400$。

(1) 求企业短期及长期总成本函数。

(2) 求 $q = 20$ 时的最佳资本规模,并画出此时的短期边际成本及平均成本曲线。

14. 假定某企业的短期成本曲线如图所示,试问:

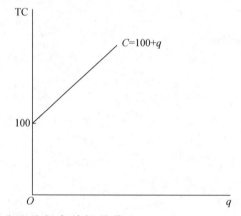

(1) 这一成本曲线的假定前提是什么?

(2) 短期边际成本函数是什么?它说明了什么?

(3) 假定该产业中所有企业的成本函数都是 $C = q + 100$,而且产品的市场需求量为 1 000,这时在一个占有 40% 市场的企业与一个占有 20% 市场的企业之间,哪一个企业在成本上占有优势?为多少?

(4) 从长期角度看,该企业规模为规模经济还是规模不经济?为什么?

(5) 有人认为该企业产量水平越高,企业的利润也越高,这种想法正确吗?

第七章　　竞争性市场分析：产品市场

本章概要

在前面的章节中,我们已经深入到市场供求曲线背后对消费者行为理论和生产者行为理论进行了系统的分析。从本章开始,我们重新回到市场上,以市场供求为主线,分别对产品市场和要素市场进行分析,探讨其均衡条件以及均衡价格的决定问题。在本章中,我们将着重分析完全竞争情况下产品市场的均衡问题。

学习目标

学完本章,你将能够了解：
1. 形成完全竞争市场的基本条件
2. 厂商追求利润极大化的条件
3. 如何求解厂商短期均衡的条件
4. 如何推导厂商及行业短期的供给曲线
5. 厂商的长期均衡及其条件
6. 行业的长期供给曲线
7. 完全竞争市场的经济效率

你要掌握的基本概念和术语：
经济性市场　利润最大化　停业点　厂商供给曲线　行业供给曲线
竞争性厂商短期均衡和长期均衡　完全竞争的经济效率

第一节　完全竞争市场的基本条件

完全竞争(perfect competition),又称为纯粹竞争(pure competition),是指不存在任何阻碍和垄断因素,且完全非个性化的市场结构。在这个市场上,单个供给者之间意识不到相互间的竞争,只要符合完全竞争的条件,谁都可以加入供给的行列。购买者也意识不到相互间的竞争,只按市场既定的价格购买自己所需要的商品。实际上,在完全竞争下,市场主体之间并不存在直接的、真正意义上的竞争,这些主体在确定自己产品的价格和产量时不需要采取任何竞争性的策略。

完全竞争市场需要具备以下四个条件：

1. **市场上有无数个卖者和买者,每个买者与卖者皆为市场价格的接受者**

这个条件在于说明市场上的买者与卖者为数颇多,其数目之多使得每一位买者或卖者都无法单独采取行动来影响市场价格,而仅能成为市场价格(由供求决定)的接受者

(price taker)。例如,某一农民想以减少其稻米的种植,使得大米供应量减少,从而促使米价上涨。但实际上,这种想法是无法实现的,因为无论如何,该农民一人的稻米产量在整个市场的稻米产量中所占的比例实在太小了,根本没有影响市场供求的能力。

2. 产品是同质的、无差别的

所谓同质是指产品在原料、包装、服务等因素上的相同。这里可更明确地将"同质"定义为,在消费者的心目中,任何一家厂商所提供的产品均无差异,只要价格相同,就不会去介意所购买的产品是哪一家厂商所生产的。在产品同质下,任何一个厂商都不能凭借自己产品的特殊性来影响价格,因为如果某厂商试图提高价格,由于产品间存在着完全的可替代性,消费者就会转向购买其他厂商的同质产品,这样,试图提高价格的产品就会卖不出去。因此,完全竞争下,不存在厂商通过做广告来影响消费者选择的行为。

3. 市场的信息完全畅通

这个假设即在说明买卖双方皆拥有完整的市场情报,知道该产品的特性与市场的价格,以及在何处可以买到。而没有任何一位买者愿意以高于市场的价格来购买,也没有任何一位生产者愿意以低于市场的价格卖出。

4. 厂商可以自由地进入或者退出某个行业

该条件旨在说明完全竞争市场上不存在任何障碍,各种生产要素能够完全自由地、毫无摩擦地在行业间或企业间流动。当市场信息显示某厂商有经济利润可得的时候,就会有一些其他厂商加入;反之,若信息显示某厂商会发生损失时,也会有一部分厂商退出。

显然,以上条件是十分严格的。在现实的经济生活中,几乎没有一个行业能完全满足上述条件。经济学家之所以对这种市场结构进行分析,旨在借助于完全竞争模型考察资源配置的效率,说明和预测现实的经济行为。同时,利用这一模型,人们可以对原来的假定条件不断修正,使之更接近于经济现实,从而对更复杂的市场结构做出具体的理论描述。由此可见,完全竞争这一假说性的概念是市场结构理论的基本出发点,是经济学家用来解释其他更复杂和更现实的市场结构的基础。

第二节 完全竞争厂商的需求曲线和收益曲线

一、完全竞争厂商所面临的需求曲线

在完全竞争市场中,商品的市场价格由市场需求和市场供给共同决定。而单个厂商的产量占整个市场供给量如此之小,以至于无法影响市场价格的形成。这也就是说,每个企业产量的大小与市场价格无关。

因此,单个完全竞争厂商所面临的需求曲线与整个市场的需求曲线是不同的。就单个厂商而言,由于市场上厂商成千上万,无论他怎样改变自己的产销量,对市场价格及总销售量都影响甚微。因此,在完全竞争市场上,他不必降低价格,而是可以按照市场既定价格出售他愿意和能够出售的任何数量的产品。也就是说,单个厂商所面临的都是一条

具有完全弹性的水平的需求曲线。

如图7-1(a)所示,完全竞争市场的需求曲线 D 为一条斜率为负的曲线,即 $dD/dP < 0$;而市场供给曲线 S 为一条斜率为正的曲线,即 $dS/dP > 0$,相应的市场均衡价格为 P_0。

图7-1(b)中的水平线 d 则是完全竞争厂商所面对的需求曲线,它表示完全竞争厂商只能被动地接受既定的市场价格,而且,在每一个既定的市场价格水平,单个厂商总是可以把他愿意提供的任何数量的商品卖出去,或者说,在这个厂商的眼里,市场上对他商品的需求量是无限大的。

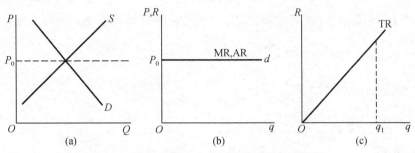

图7-1 完全竞争厂商的需求曲线和收益曲线

我们应注意,虽然完全竞争厂商所面临的需求曲线是一条完全弹性的水平线,但并不是说厂商所面临的价格是不改变的。它仅仅意味着单个厂商的行为不会影响现行价格。如果一个完全竞争行业中的所有厂商或大多数厂商同时增加或减少其产销量,市场价格就会发生变化,但每次变动后的市场价格对单个厂商而言,都是一个既定的价格。

二、完全竞争厂商的收益曲线

为了分析厂商利润最大化的问题,我们有必要在这里引入一个与成本相对应的重要概念——收益。所谓收益是指厂商出售产品后所获得的货币收入。在经济分析中,通常要使用以下三个有关收益的概念。

- 总收益(total revenue)是指厂商出售产品后所获得的总销售收入,即出售一定量产品的总卖价。它等于单位产品的销售价格乘以销售数量,即
$$TR = P \times q$$

- 平均收益(average revenue)是指厂商在出售一定数量的商品后,从每一单位商品中得到的货币收入,即平均每个单位商品的卖价。它等于总收益除以销售数量,即
$$AR = \frac{TR}{q} = \frac{P \times q}{q} = P$$

- 边际收益(marginal revenue)是指厂商每多销售一单位商品带来的总收益的增加量。它等于总收益的增量与销售量增量之比,即
$$MR = \frac{dTR}{dq}$$

在完全竞争市场上,由于单个厂商的产量并不影响市场价格,它的需求曲线呈水平状,即需求函数为 $P = P_0$。因此,厂商的总收益为:
$$TR = P_0 q$$

因此,总收益曲线是一条从原点出发的直线,其斜率等于既定市场价格 P_0,如图 7-1(c)所示。

由于价格为常数,厂商多出售一单位产品所增加的收益等于市场价格,因此,在完全竞争市场上,厂商的平均收益和边际收益均等于市场价格。即

$$AR = \frac{TR}{q} = P_0$$

$$MR = \frac{dTR}{dq} = P_0$$

因此,在几何图形上,平均收益曲线、边际收益曲线和需求曲线是完全重合的,如图 7-1(b)所示。

第三节 完全竞争厂商的短期均衡

一、厂商实现利润最大化的条件

在探讨完全竞争厂商短期均衡之前,我们有必要先分析一下厂商追求利润极大化的条件。

- 厂商实现利润最大化所遵循的原则为:在其他条件不变的情况下,厂商应该选择最优的产量,使得最后一单位产品所带来的边际收益等于所付出的边际成本。或者简单地说,厂商实现利润最大化的均衡条件是边际收益等于边际成本,即 MR = MC。

对上述命题证明如下:

假设某厂商的反需求函数为: $P = P(q)$(因为市场价格决定于销售量的函数),则 $TR(q) = P(q) \cdot q$,而 π(利润)$= TR(q) - TC(q)$,所以厂商实现利润最大化的一阶条件(必要条件)为 $d\pi/dq = 0$,即

$$\frac{d\pi}{dq} = \frac{dTR(q)}{d(q)} - \frac{dTC(q)}{dq} = MR(q) - MC(q) = 0$$

∴ MR = MC

二阶条件为 $d^2\pi/dq^2 < 0$,即

$$\frac{d^2\pi}{dq^2} = \frac{dMR(q)}{dq} - \frac{dMC(q)}{dq} = MR' - MC' < 0$$

所以,厂商实现利润最大化的二阶条件为 MR' < MC'。

由以上对于厂商追求利润最大化条件的证明,我们可知无论在何种类型的市场上,厂商追求利润最大化的必要条件均为 MR = MC(边际收益 = 边际成本)。其满足利润最大化的二阶条件为 MR' < MC'(边际收益曲线的斜率小于边际成本曲线的斜率)。

另外,对于 MR = MC 时厂商能够获取最大利润的原因,我们可以说明如下:比如,当 MR > MC 时,厂商面临的生产情况是每多增加一单位产量所带来的边际收益大于所付出的总成本的增加量,因而生产越多获利越大,所以他会继续生产一直到边际收益与边际成本相等时为止。而当 MR < MC 时,厂商每增加一单位的生产就亏损了 MC 大于 MR 的

差额,所以厂商在这种情况下必然会减少其生产,直到 MR = MC 时为止。

二、完全竞争厂商实现短期均衡的条件

如前所述,完全竞争厂商的边际收益等于既定的市场价格,因此,厂商实现利润最大化的原则为 $MR = P = MC$。

下面我们利用市场供求与成本结构来探讨厂商短期的均衡条件。

在短期内,厂商的生产规模是既定的。因为生产的固定投入量是无法改变的。如果在某一产量水平上,$P > MC(q)$,则厂商只能通过调整某些可变投入要素的数量多生产一些产量来增加利润;若 $P < MC(q)$,厂商就会调整可变投入,减少产量以增加利润。

我们可以借助成本曲线和收益曲线来分析厂商的短期均衡问题。在图 7-2(b) 中,我们画出某代表性厂商的平均成本曲线及边际成本曲线。

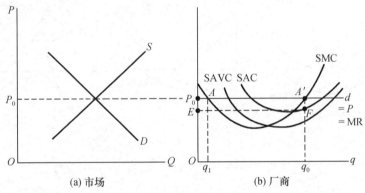

图 7-2 厂商的短期均衡

当市场价格为 P_0 时,厂商面临的需求曲线、平均收益曲线和边际收益曲线重合,$MR = AR = P_0$。完全竞争厂商为了获得最大利润,总是按照 $P = MC(q)$ 的原则来调整自己的产量。但是,在图 7-2(b) 中有两个产量(q_1 和 q_0)的边际成本均等于价格 P_0。厂商应选择哪一个产量作为最优产量呢? 下面我们具体来分析。

在第一个 MC 和 MR 的交点 A 上,产量为 q_1,在该处,边际成本曲线向右下倾斜,这时如果厂商增加一些产量,每单位增量的成本将递减,这就是说边际成本曲线下降,与此同时,市场价格不变,利润肯定会增加。所以厂商可以排除边际成本曲线正在下降时的产量水平。显然,使竞争厂商利润最大化的最优产量是在沿边际成本曲线向上倾斜的部分上,也就是在边际成本曲线的斜率大于边际收益曲线的斜率的部分上,当然此时也可满足利润最大化的二阶条件:$MR'(q) < MC'(q)$,因此,只有 q_0 才是价格为 P_1 时利润极大化的产量水平,厂商获取的最大利润为 P_0EFA' 的面积,此时也实现了完全竞争厂商的短期均衡。

- 完全竞争厂商的短期利润最大化的充分必要条件为:
  (1) $MR = P = MC$
  (2) $MR'(q) < MC'(q)$

三、完全竞争厂商的损失最小化及关闭决策

在分析完全竞争厂商的短期均衡时,我们还必须考虑到每一个厂商在短期内所使用

的生产规模不尽相同,进一步讲,也就是每个厂商的短期成本结构不一定相同,成本结构的不同当然不能保证每一厂商皆有经济利润的存在,因为它可能有经济损失的情况发生,当发生了经济损失时,即使能够满足 $MR = MC, MR' < MC'$ 的条件,此时仅能够说这家厂商使其经济损失达到最小而无法保证它有经济利润的存在。在无经济利润的情况下厂商是会继续生产还是停产(关闭)呢?如果继续生产其条件又如何?下面我们分别解释。

在图 7-3(a)中,均衡产量 q_1 满足利润最大化的要求,此时,$P = MC = AC$,而 $\pi = 0$,即经济利润为零。从第六章可知,由于所有的成本包含了显性成本和隐性成本(机会成本),因此,经济利润为零不等于会计利润为零。实际上,经济利润为零隐含着在生产中使用的所有生产要素均得到了最佳的"机会利益"。因此,最佳产量为 q_1,此时厂商会继续经营下去。

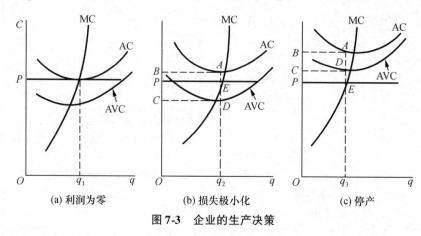

(a) 利润为零　　　(b) 损失极小化　　　(c) 停产

图 7-3　企业的生产决策

在图 7-3(b)中,q_2 亦满足利润最大化的要求。此时,$AVC < P = MR = MC < AC$,因此,$\pi < 0$,即经济利润为负。这时厂商如何决策呢?我们可知固定成本在短期内必定会存在,如果你不继续经营,则厂商的经济损失将等于此固定成本。在这种情况之下,虽然发生了经济损失,但是如果损失小于总固定成本,即 $TC - TR \leq TFC$,此时厂商仍会继续生产下去。对于 $P > SAVC$ 时厂商会继续生产的原因我们可证明如下:

∵ $P \geq SAVC$

⇒ $P \cdot q - SAVC \cdot q \geq 0$

⇒ $TR - TVC \geq 0$(而 $TVC = TC - TFC$)

⇒ $TR - (TC - TFC) \geq 0$

⇒ $TR - TC \geq -TFC$

⇒ $TC - TR \leq TFC$

故经济损失小于 TFC。

因此,企业应选择生产 q_2。实际上,q_2 为损失极小化的产量。

一般地,当 $AVC < P = MR = MC < AC$ 时,企业应该选择生产由 $MR = MC$ 所决定的产量,以使损失极小化。

同理可分析图 7-3(c),当市场价格小于平均变动成本时,即 $MC = MR = P < AVC < AC$,厂商的经济损失将大于总固定成本,此时厂商不可再继续生产,企业为了使其损失极

小，应该停产。

当 $P = \text{AVC}$ 时，企业在两种情况下（生产和停产）的损失相同，因此，企业在生产和停产之间无差异，一般将这一点称为关闭点。

综合以上说明可以得到结论如下：

- 厂商短期均衡的条件：
  （1）$P = \text{MR} = \text{MC}$　（利润最大化的必要条件）
  （2）$\text{MR}' < \text{MC}'$　（利润最大化的二阶条件）
  （3）$P \geqslant \text{SAVC}$　（短期损失下可继续生产的条件）

第四节　完全竞争厂商及行业短期的供给曲线

一、完全竞争厂商的短期供给曲线

在短期内，完全竞争厂商的供给曲线表明了在给定的市场价格情况下厂商愿意而且能够提供的产品数量。因此，厂商的供给 q_S 可以写成一个关于价格 P 的函数，即

$$q_S = S(P)$$

根据前面短期均衡的条件，可知厂商必在 $P = \text{MR} = \text{MC}$ 且 $P \geqslant \text{SAVC}$ 之下生产，如图 7-4 所示，当市场价格在 P_0 时，厂商的供给量为 q_0；价格在 P_1 时，供给量为 q_1；但是当市场的价格为 P_2 时，厂商无供给量（$P < \text{SAVC}$），所以厂商的短期供给曲线为在 SAVC 上方的 SMC 曲线。这样厂商的供给曲线为一个分段函数：

$$q_S = \begin{cases} S(P) & \text{当 } P \geqslant \min \text{AVC 时} \\ 0 & \text{当 } P < \min \text{AVC 时} \end{cases}$$

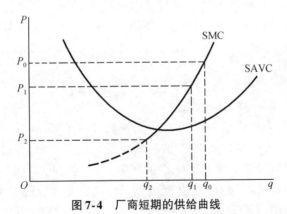

图 7-4　厂商短期的供给曲线

- 厂商短期供给曲线为 SAVC 上方的 SMC 曲线部分。

例题 7-1　设某厂商的成本函数为 $\text{TC} = 0.1q^3 - 2q^2 + 15q + 10$，试求该厂商短期的供给曲线。

解　∵ $\text{MC} = 0.3q^2 - 4q + 15$

又∵ 完全竞争厂商的短期均衡条件：$\text{MC} = P$

∴ $0.3q^2 - 4q + 15 = P$

$$\Rightarrow q = \frac{4 + \sqrt{1.2P - 2}}{0.6}$$

$\because$ SAVC $= 0.1q^2 - 2q + 15$

因此其最低点为

$$\frac{\mathrm{dSAVC}}{\mathrm{d}q} = 0.2q - 2 = 0$$

$\therefore q = 10$

代入 SAVC $= 0.1q^2 - 2q + 15$ 可得 SAVC 的最低点为：min SAVC $= 5$

故该厂商短期供给曲线为 $S = \begin{cases} \dfrac{4 + \sqrt{1.2P - 2}}{0.6} & \text{当 } P \geq 5 \text{ 时} \\ 0 & \text{当 } P < 5 \text{ 时} \end{cases}$

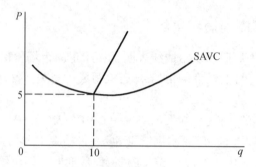

二、完全竞争行业的短期供给曲线

接着,我们将介绍行业短期的供给曲线。行业供给曲线也称市场供给曲线,它表明在一定价格下生产这一商品的所有厂商的供给量之和。

当要素价格及生产技术不变时,行业短期供给曲线等于厂商短期供给曲线水平加总之和,即

$$Q_S = \sum_{i=1}^{n} S_i(P)$$

其中,S_i 表示第 i 个厂商的供给数量。

然而,短期下的要素价格是否稳定不变,则需视要素市场而定。在一般情况下,当商品价格上升时,所有厂商都要扩大产量,并需购买更多的生产要素,这种行业产量的联合扩张势必对可变要素的价格上涨产生一定的压力。一旦如此,厂商的 SAC 和 SMC 曲线均要上移,那么,该厂商新增加的产量势必要少于不考虑要素价格变动时的情况。

由图 7-5 可知,当市场价格由 P_1 上升至 P_2 时,此时厂商为了追求更大的利润,势必会增加其产量(由 q_0 增至 q_2),而每个厂商增产时,整个行业的产量亦随之扩大,从而对可变要素的需求增大,导致要素价格的上涨,厂商的成本结构上移(参考第六章),如图 7-5 的虚线部分所示,此时厂商的产量不是 q_1 而是 q_2,换言之,当要素的价格在行业扩大生产时会上涨,则厂商所愿意增加的供给量比起要素价格不变的情况下厂商所愿增加的要少($q_0q_2 < q_0q_1$),因此行业短期的供给曲线一定会比较陡峭。但是亦可能发生这种情况:在行业扩大生产时,要素的需求量会因为生产的扩大而增加,要素的产量亦随之增加,但由于要素具有规模经济的现象,此时要素价格不涨反跌,使得厂商成本降低而增加

了更多的生产,此时行业短期的供给曲线将会更平坦,如图7-6所示。

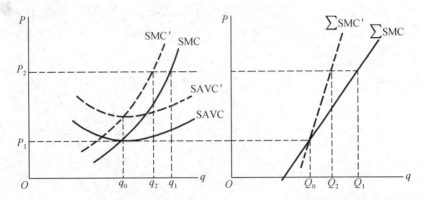

图7-5 当行业扩大生产时,引起要素价格上涨,此时短期行业供给曲线将更为陡峭

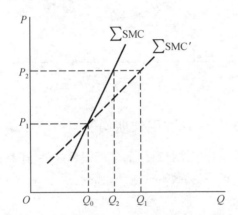

图7-6 当行业扩大生产时,引起要素价格下降,此时短期行业供给曲线将更为平坦

第五节 完全竞争厂商的长期均衡

在第三节中我们已讨论了厂商的短期均衡,且知满足其短期均衡的必要条件为 $P = MR = MC$,二阶条件为 $MR' < MC'$。然而在长期之下厂商的生产规模可以任意调整,其均衡情况是否仍然如同短期的情况呢?答案显然是否定的。

在长期中,完全竞争厂商要实现长期均衡需做出两个方面的决策:第一,选择最佳的工厂规模以使长期利润极大化;第二,选择是继续留在这一行业,还是退出而进入另一行业。

一、厂商对生产规模的调整——长期利润最大化

在长期中,企业可以通过选择最佳的要素组合和工厂规模来调整其产量。现暂时假定该企业不适应其他产业的生产活动,从而忽视其退出市场的决策。

如图7-7所示,假设某厂商有两种工厂规模 K_1 和 K_2,相应的两条短期平均成本曲线为 SAC_1 和 SAC_2,长期平均成本曲线 LAC 是短期平均成本的下包络线。如果该工厂已经选择工厂规模 K_1 进行生产,相应的短期成本曲线为 SAC_1。欲使短期利润极大化,该厂商

必须根据 $P_1 = SMC_1$ 的原则选择最佳产量 q_1,工厂规模在短期内不可变动,因此,企业不可能赚取更高的利润。然而,长期利润并没有在 q_1 实现极大化,这是因为,在 q_1 点,$P_1 >$ LMC。如果 P_1 被视为永久性的,那么企业将逐步扩大其产量至 q_2,因为在 q_2 点,$P_1 =$ LMC,此时总利润为最大,等于 $E_2 F_2 \times q_2$。

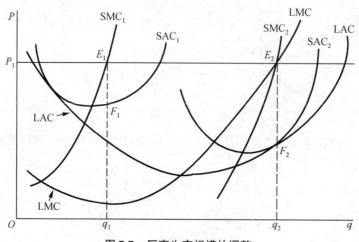

图 7-7　厂商生产规模的调整

二、厂商的进出决策——实现长期均衡

完全竞争厂商在长期中除了选择最佳的工厂规模之外,还有进出市场的自由。一旦代表性企业的长期利润为正,就会吸引其他产业的厂商进入;一旦代表性企业发生亏损,它便会退出。

如图 7-8 所示,假设市场的供求决定了市场的价格 P_1,由于厂商的规模在长期之下可以调整,此时厂商为了达到追求最大利润的目标,必然选择在 LMC = MR = P 下生产,在图上为 q_1,其生产规模为 SAC_1。由图可看出 $P > $ LAC,厂商会有经济利润的存在(图 7-8 上阴影部分)。

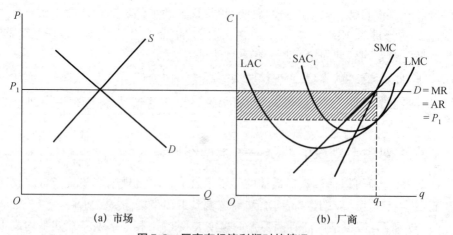

图 7-8　厂商有经济利润时的情况

基于我们对于完全竞争条件下"信息完全畅通"的假设,其他厂商在获知有经济利润

可得时,自然会加入此生产行列,造成市场的供给增加,供给曲线右移,从而降低了市场价格,如图 7-9 所示。

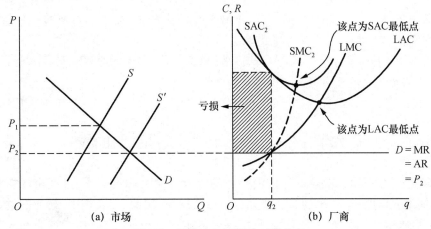

图 7-9 厂商有经济损失时的情况

价格由 P_1 下降至 P_2,此时厂商调整产量至 LMC = MR = P_2 的位置,即产量为 q_2。由于 $P <$ LAC 发生了经济损失,在有损失的情况下,有些厂商会离开此行业,造成市场的供给减少,市场价格上涨。

综合以上分析,当市场价格高于 LAC 最低点时,厂商会有经济利润存在,造成了其他厂商进入,市场供给量因而增加,市场的价格下跌。当市场价格低于 LAC 最低点时,厂商发生了经济损失,使一部分厂商退出,市场供给量因而减少,市场的价格上涨,而这种价格的调整必到市场价格等于 LAC 最低点时为止,此时厂商的经济利润为零,但仍有正常利润存在,如图 7-10 所示。

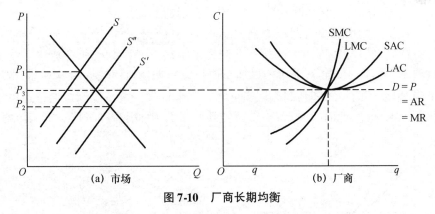

图 7-10 厂商长期均衡

- 厂商的长期均衡条件为:$P =$ LMC = SMC = LAC = MR = SAC

▶观念澄清

(1) 有许多人认为在完全竞争市场之下,买卖双方既然都是市场价格的接受者,市场价格应该不会变动,其实这是个错误的观点。我们对于买卖双方都是市场价格的接受者这一说法,主要是强调个别的买者或卖者对于市场的价格没有影响力,但如果大部分或全部的买者或者卖者改变其需求与供给,市场的价格仍会受其影响。例如,大部分或全部的买者收入增加而增加其需求时,市场价格可能会上涨,或者厂商的个数增加时,市场的供给会增加而使得市场价格下降。

(2)当 $P>LAC$ 时,并非在 LAC 最低点(成本最低)的生产量可实现最大利润,因为在 LAC 最低点并非满足 $LMC=MR$ 的必要条件。

第六节 完全竞争行业的长期供给曲线

在长期下,经济增长使得每一位消费者的收入都会大幅度提高,进而市场需求也会增加;再加上人口的增长,市场需求亦会有增加的现象,因此,在长期中,行业的供给也会随着市场需求增加而有所变动,下面我们将以成本固定行业、成本递增行业和成本递减行业三种不同类型的行业来分析说明完全竞争行业的长期供给曲线。

一、成本固定行业的长期供给曲线

如果一个行业对要素的需求量相对于整个要素市场来说很小,因而整个行业的产出扩张所引起的要素需求变化不会对要素价格产生任何影响,这样的行业就被称为成本固定行业(constant cost industry)。

如图 7-11 所示,假设起初市场需求 D 和市场供给 S 的交点 A 决定的市场价格为 P_0,在该价格下,厂商达到长期均衡 E,此时,每个厂商产量为 q_0,其所获利润为零。当市场需求由 D 增加至 D' 时,市场价格会由 P_0 上涨至 P_1,此时厂商为了实现长期利润最大化会将产量由 q_0 增加至 q_1,且有经济利润存在,因此会引起其他厂商的加入,从而导致行业供给增加。行业供给的增加会有两个方面的影响:一方面,行业供给的增加会导致要素需求增加,但在一个成本固定行业,这并不会使要素价格上升,因此,所有成本曲线在扩大产量后依然不变;另一方面,行业供给增加会使行业短期供给曲线 S 右移,同时市场价格也逐步下降,单个厂商的经济利润亦逐步下降。这个过程一直持续到短期行业供给曲线由 S 平移至 S' 时为止,此时,市场价格重新回到原来的 P_0,不存在经济利润,其他厂商也

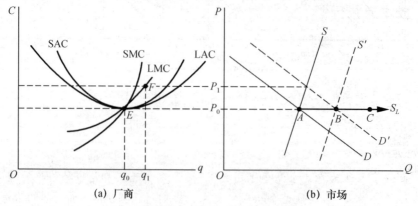

图 7-11 成本固定行业的长期供给曲线

不会进入,这样厂商重新在 E 点实现长期均衡。因此,短期行业供给曲线 S' 与需求曲线 D' 的交点 B 也是行业的长期均衡点。从长期看,行业的均衡点会由 A 点移至 B 点再到 C 点,从而达成一条水平线,图中的 S_L 即为成本固定行业的长期供给曲线。

二、成本递增行业的长期供给曲线

如果一个行业对要素的需求量在整个要素市场的需求中所占的相对比重很大,那么,在要素供给有限的情况下,产业的扩张会导致要素价格上升,从而使厂商的成本函数发生变化,这样的行业被称为成本递增行业(increasing cost industry)。

如图 7-12 所示,起初厂商的长期均衡点为 E,行业的长期均衡点在 A 点。现在假设市场的需求增加,使得市场价格由 P_0 上涨至 P_1,此时厂商会有经济利润出现,每个厂商会扩大生产(产量由 q_0 增加至 q_1),同时,其他厂商也会进入该行业中,因而造成行业供给的增加,从而使行业短期供给曲线右移。在成本递增行业中,随着行业供给增加而引起的要素需求增加会导致要素价格的上涨,厂商成本曲线上移。这种短期供给曲线右移和厂商成本曲线上移的过程会一直持续到行业中的单个厂商没有经济利润存在为止,如图 7-12 所示,供给曲线 S 增至 S',LAC 上移至 LAC′时,可实现新的长期行业均衡点 B,也就是说,行业长期均衡点会由 A 点移到 B 点,从这些点移动的轨迹我们可找出行业的长期供给曲线 S_L,且可发现此曲线必为正斜率。

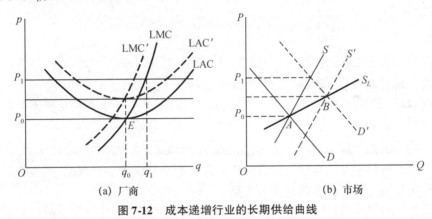

图 7-12 成本递增行业的长期供给曲线

三、成本递减行业的长期供给曲线

如果一个行业对要素的需求量虽然在整个要素市场的需求中所占比重很大,但是,依据该要素市场的特点,比如具有规模经济,产业的扩张反而导致了要素价格下降,这样的行业被称为成本递减行业(decreasing cost industry)。

如图 7-13 所示,当市场需求由 D 增至 D' 时,市场价格会由 P_0 上涨至 P_1,此时厂商会有经济利润存在而扩大生产,造成了要素需求的增加,在要素的大规模生产之下(如果是规模经济),反而会使得成本降低,要素价格下跌,在这种情况下厂商利润更大,自然会有许多厂商加入,进一步导致行业的短期供给曲线右移。这种情况也会持续到没有经济利润可得时为止。如图 7-13 所示,供给曲线 S 增至 S',LAC 下移至 LAC′时,可实现新的长期行业均衡点 B,也就是说,行业长期均衡点会由 A 点移到 B 点,连接这些均衡点即形成行业长期供给曲线。该行业供给曲线向右下方倾斜。

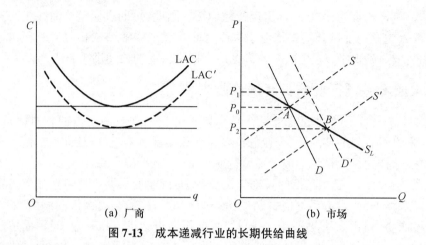

图 7-13 成本递减行业的长期供给曲线

综合以上分析,我们可归纳成如下的结论:

- 在成本固定的行业,其行业的长期供给曲线为一水平线;

  在成本递增的行业,其行业的长期供给曲线为一斜率为正的曲线;

  在成本递减的行业,其行业的长期供给曲线为一斜率为负的曲线。

第七节　完全竞争市场的经济效率

若从经济效率上看,完全竞争市场是一个非常具有经济效率的市场,因为在完全竞争市场之下所有的要素资源都达到最佳配置的状态。

首先,在长期下,完全竞争厂商总会在理想产量之下进行生产。这里说的理想产量是指在最佳生产规模(LAC 最低点)及最佳产量(即 SAC 最低点)下组织生产活动所得到的产量。当完全竞争厂商实现长期均衡时,正好同时处于 LAC 和 SAC 的最低点上,这意味着每个企业所使用的厂房设备在当时技术条件下是最优的生产规模,而且提供的产量也是该厂房设备之平均成本最低点的产量。

其次,完全竞争可以使消费者得到最大的消费者剩余。在完全竞争的长期均衡时市场价格在最低的水平,即 $P=$ LAC 的最低点,从消费者角度来看,市场价格也就不可能再低,价格再低就将使企业亏损,因此消费者为这种商品所花费的消费成本也最低,此时消费者得到了最大的消费者剩余。

最后,完全竞争厂商可在社会利益最大的情况下进行生产。

社会利益最大的必要条件之一是生产最后一单位产品的社会成本要等于社会价值,而消费者所愿意支付的价格即可视为社会价值(在无外部性的假设下),而 LMC 表示厂商多生产一单位产品所增加的成本在无外部性之下亦可视为社会成本。前面我们曾论及厂商为达到长期均衡必然在 $P=$ LMC 的情况下生产,而 $P=$ LMC 的生产即为社会价值 $=$ 社会成本下的生产,所以完全竞争市场满足了社会利益最大的必要条件。

在无外部性之下,完全竞争市场满足了社会利益最大的必要条件 $P=$ LMC,且会使得要素资源得到最佳配置。但若存在外部性,例如噪音、空气污染、环境污染等,完全竞争市场下的产量不再满足社会利益最大化条件,此种情况我们称为市场失灵(market failure），对于市场失灵的问题第十六章将为读者作更进一步的分析与说明。

第八节　应用与例题

一、应用1：完全竞争市场的课税效果

在完全竞争市场下，政府若对厂商课征从量税、定额税及从价税，对于厂商的数目、产量、市场价格与行业产量，在短期及长期之下会有何影响？

1. 从量税

当政府对完全竞争市场课征从量税时，假设每一单位课征 t 元，则税后厂商的总成本变成：$TC' = TC + t \cdot q$

上式两边对 q 微分可得：$MC' = MC + t$

或两边同除以 q 可得：$AC' = AC + t$

从这些简单的数学式中可知：从量税将使得厂商的边际成本与平均成本向上垂直移动 t，因此 AC' 的最低点 E' 在 AC 最低点 E 的正上方，如图7-14所示。

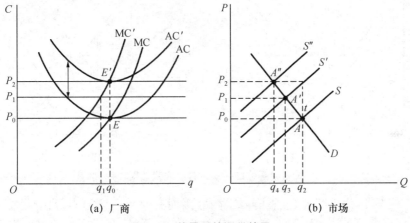

图7-14　从量税的课税效果

假设原来市场价格为 P_0，个别厂商的产量为 q_0，在课税后，短期之下，因为个别厂商的 MC 垂直上移 t（移至 MC'），因此行业的供给亦会垂直上移 t，如图中从 S 移到 S'，此时市场的价格会上升至 P_1（即转嫁给消费者），在厂商追求最大利润（或最小损失）之下会减少产量至 q_1（因为 $P = MC'$），而产生了经济损失。

在长期下，由于厂商有经济损失，因此会有些厂商退出此市场，而使得市场供给减少，直到市场价格上涨至 P_2，使得厂商的经济利润等于零为止，此时厂商的产量又恢复至原来的 q_0 而使得税负完全转嫁给消费者。因此我们将以上分析总结如下：

	短期	长期
市场价格	上升 $P_0P_1 < t$	上升 $P_0P_1 = t$
行业产量	减少 q_2q_3	减少 q_2q_4
厂商产量	减少 q_0q_1	不变
厂商数目	不变	减少

- 在完全竞争市场下,课征从量税,短期下一般会将部分税负转嫁给消费者,但在长期下则会完全转嫁给消费者。

2. 从价税

一般而言,在分析课税的问题时,我们可从厂商的成本方面来分析,亦可从市场的需求方面来分析,但如果课税后无法确定 AC 与 MC 的变动位置,从成本方面来分析就较不适宜(因为无法肯定其变动幅度),因此,往往必须转而从需求方面来分析,在本例从价税中因无法确定 AC 与 MC 的变动位置(但从量税则可确定上移 t),故我们须从需求方面来作分析。

如图 7-15 所示,由市场供求决定 P_0,市场产量为 q_2,厂商产量为 q_0,税后需求曲线由 D 移至 D',D' 表示的价格相当于生产者可获得的净价格,因此在短期之中,市场的均衡点由 A 点移至 A' 点,市场价格为 P_1,税负部分为 P_1P_2,故生产者只能实得 P_2,因此厂商的产量会由 q_0 减至 q_1(因为 $MC = P$),但此时厂商会有经济损失存在。

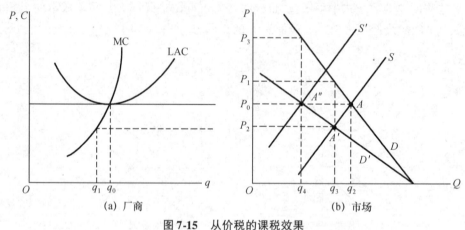

图 7-15 从价税的课税效果

在长期下,因为厂商会有经济损失存在,因而有部分厂商退出,市场供给减少,价格上涨,直到厂商的经济利润等于零时为止,如图 A'' 点所示,此时市场价格上涨至 P_3,产量减少至 q_4,厂商的产量又回到原来的 q_0。

综合以上分析,总结如下:

	短期	长期
市场价格	上升 P_0P_1	上升 P_0P_3
行业产量	减少 q_2q_3	减少 q_2q_4
厂商产量	减少 q_0q_1	不变
厂商数目	不变	减少

- 在完全竞争市场之下,课征从价税,短期下会有一部分转嫁给消费者,但在长期下则会完全转嫁给消费者。

3. 定额税——例如机动车的牌照税等

假设定额税为 K(常数),则税后成本为:$TC' = TC + K$

两边对 q 微分：$MC' = MC$

两边同除以 q：$AC' = AC + \dfrac{K}{q}$

由此我们可知定额税后的 MC' 不会移动，而只有 AC 上移，当 q 越大时，AC 上移越少，如图 7-16 所示。

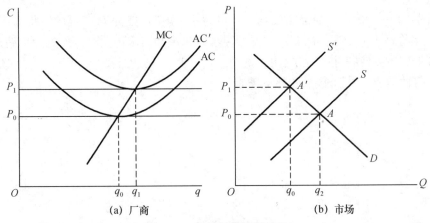

图 7-16　定额税的课税效果

在图 7-16 中，原来厂商产量为 q_0，市场价格为 P_0，行业总产量为 q_2，在定额税后，因为 MC 不变，故短期之下，市场价格不受影响，即消费者不会被转嫁，但厂商虽然仍维持 q_0 的产量，却有经济损失的存在（因为 $P_0 < AC'$）。因此，在长期之下会有人退出，使得市场供给减少，直到厂商经济利润为零时止，如图中所示市场均衡由 A 点移至 A' 点，此时厂商产量反而增加至 q_1，而市场产量减少至 q_0，所有的税负完全转嫁给消费者，可将以上分析总结如下：

	短期	长期
市场价格	不变	增加 P_0P_1
行业产量	不变	减少 q_2q_0
厂商产量	不变	增加 q_1q_0
厂商数目	不变	减少

- 在完全竞争市场下课征定税额，短期之下由生产者完全负担（即不会转嫁给消费者），但在长期下却会完全转嫁给消费者。

最后，我们必须注意的是以上的分析是在要素价格不变和技术水平不变的条件下讨论的。

二、应用2：限价限量、保证价格、直接补贴

完全竞争条件下，虽然不存在政府干预，但现实中，随着经济的发展，经济中的失业、通货膨胀及收入分配等问题已越来越严重，这就使得政府不得不采取一些经济措施保证经济的顺利进行。在一般经济措施中，限价限量、保证价格、直接补贴等政策都是政府经常使用的方法。

1. 限价政策

现实中,在有些产品或要素市场上,由于市场供求所决定的市场价格太高或者太低都会影响一些低收入者的生活水平,因此,政府往往会实行限价政策,如最低工资、最高房租及最高利率等,以此来维护一般民众生活水平的稳定。下面我们举一实例加以说明。

在图7-17中,假设某商品市场均衡数量为 q_3,均衡价格为 P_3。当政府推行限价政策时,其限制价格为 P_1,则会有 q_1q_2 的超额需求。该超额需求由两个方面的原因造成:其一是价格的降低会使得生产者减少产量(q_1q_3),其二是由于低价,消费者会增加消费(q_3q_2),因此造成了 q_1q_2 数量的超额需求。

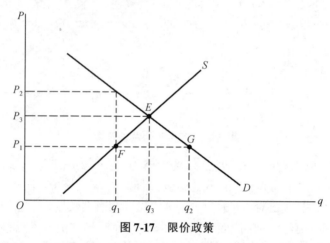

图7-17 限价政策

有了超额需求后,这些超额部分又将如何分配呢?政府可能采取配给制或者排队等方法,但是,不论推行的是何种方法,都将产生分配不当的现象,因为那些急于需要者可能分配不到或者分到一部分并不足以满足其需求,另外那些并不急需者可能也分配到一些,这对社会而言,并非优化配置。

如果没有一种合理的解决供给短缺的方法,需求比较强烈的消费者为了满足其需求可能以更高的价格去购买,这就会造成黑市等不法行为。如图7-17所示,因为生产者仅供给 q_1 的产量,所以,有消费者愿意以 P_2 的高价去购买,政府若采用排队的方式(先来先买)来分配,则其差额(P_1P_2)可被视为排队时间的价格。另外,还可能由于黑市的存在而造成社会不安定的现象,所以政府采取限价政策时要三思而后行。

2. 限量、保证价格和直接补贴政策

有些产业,比如农业,由于受自然条件的影响较大,往往农产品的产量供给不稳定,从而造成农民的收入降低、生活水平下降的情况。所以政府为了照顾农民生活,往往采取一些限量、保证价格及直接补贴的措施。下面分别来分析。

首先我们要介绍的是限量政策,因为农产品对消费者而言是一种需求弹性较小的产品,因此其需求曲线较为陡峭,如图7-18所示。

在图7-18中,均衡价格和产量分别为 P_0 和 q_0。由于农产品的需求弹性比较小,因此只要生产者减少产量(q_0q_1),其产品价格即可上涨很高(P_1),结果农民可以增加收入,减

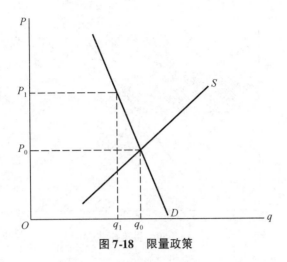

图 7-18　限量政策

缓收入分配的不均。然而，在此政策下，消费者须付出高价来购买农产品，由此会有无谓损失存在，使得政府改为采取保证价格政策，如图 7-19 所示。

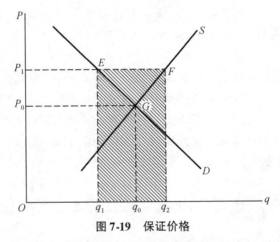

图 7-19　保证价格

所谓保证价格是指政府为了保护农民的利益，会保证每单位农产品的价格为 P_1。如果在发生剩余的产量时，政府必须以 P_1 的价格收购并贮藏以作未来急需之用，这使政府财政的负担很大，而且还有无谓损失的存在，因此有人主张采取没有无谓损失的直接补贴。

所谓直接补贴，乃是指由农民的供求决定均衡产量与价格后，政府再对保证价格与均衡价格的差额（P_0P_1）部分给予补贴，因此政府将有 P_0P_1EG 的负担，如图 7-20 所示，此种政策虽然没有无谓损失，但政府财政的负担仍然很大。

在这里值得一提的是，政府采取限量、保证价格及直接补贴等政策，其主要目的是改善农民的生活，但在西方发达国家，农民并不一定贫苦，尤其是大农场的农民。由于规模经济的作用，许多大农场主的平均生产成本较小农户要低，产量也较多，因此，政府对农民采取保证价格的最大受益者应是大农场主，而不是真正贫困的小农民。

基于保证价格、限量及直接补贴政策各有其缺点，因此政府常常采取保证价格、贷款、补贴等配合措施以解决其遇到的经济问题。

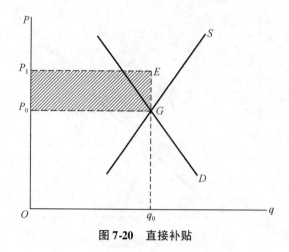

图 7-20 直接补贴

本章总结

1. 完全竞争是指不存在任何阻碍和干扰因素的市场情况,亦即没有任何垄断因素的市场结构。形成完全竞争市场需要具备的条件:买者与卖者皆为市场价格的接受者,产品是同质的、无差别的,市场的信息完全畅通,厂商可以自由地进入或者退出此行业。

2. 完全竞争厂商所面对的需求曲线为一条水平线,而且在完全竞争市场下,厂商所面对的需求线、平均收益线及边际收益线三者是同一条水平线。

3. 完全竞争厂商实现短期均衡的条件为:$P = MC, MR' < MC', P \geqslant \min SAVC$。

4. 完全竞争厂商的短期供给曲线是 MC 曲线上高于 AVC 曲线最低点的一段。完全竞争行业的短期供给曲线是所有厂商短期供给曲线的水平加总。

5. 完全竞争厂商长期均衡点是厂商所面临的需求曲线与其长期平均成本曲线最低点相切的切点,这一切点满足以下条件:$LMC = SMC = MR = AR = P = LAC = SAC$。

6. 在成本固定的产业,其产业的长期供给曲线为一水平线;在成本递增的产业,其产业的长期供给曲线为一斜率为正的曲线;在成本递减的产业,其产业的长期供给曲线为一斜率为负的曲线。

复习思考题与计算题

1. 请判断下列说法是否正确,并说明你的理由:

(1) 虽然高固定成本可能是净亏损的原因,但它不会是停产的理由。 ( )

(2) 某行业是完全竞争的。该行业的每个厂商的经济利润为零。如果产品价格下降,没有厂商可以生存,都要关门。 ( )

(3) 如果在一个完全竞争的行业中,每个厂商最初得到了超额利润。随着新厂商进入这个行业,价格将下降,每一个厂商的产量在最终的长期均衡时将变小。
 ( )

(4) 在完全竞争长期均衡中厂商的利润为零,所以,在完全竞争行业中的财务报告不应看到普遍的正的利润。 ( )

(5) 在长期均衡时行业中没有一家厂商会亏损。   (   )

(6) 作为完全竞争企业,其决定进入或退出某一行业主要是由获取的利润的大小决定的。   (   )

(7) 当市场价格从 p_1 到 p_2 时,生产者剩余的变化等于边际成本曲线以左,并介于价格线 p_1 和 p_2 之间的面积。   (   )

(8) 自由进出行业的长期供给价格弹性比短期供给价格弹性大。   (   )

(9) 某竞争性行业中所有厂商具有相同技术,且生产函数呈规模报酬不变,那么长期行业供给曲线为一根水平线。   (   )

(10) 短期行业总供给曲线是行业中现有厂商短期供给曲线的水平相加。
                                                                    (   )

2. 假设某完全竞争厂商生产的某产品的边际成本函数为 $MC = 0.4Q - 12$(元/件),总收益函数为 $TR = 29Q$,且已知生产 10 件产品时总成本为 100 元,试求生产多少件时利润极大?其利润为多少?

3. 某完全竞争的行业中有 100 个厂商,而每个厂商的短期成本为 $TC = 0.1q^3 - 2q^2 + 14q + 10$,试求:

(1) 个别厂商的 SAC、SAVC 及 SMC 各为多少?

(2) 个别厂商的短期供给曲线为多少?行业短期供给曲线为多少?

(3) 若市场需求为 $P = 14 - 0.01Q$,则市场价格及均衡产量各是多少?

(4) 厂商利润最大的产量及利润各为多少?

4. 设某完全竞争市场有 1 000 家厂商,在很短期间[或称之市场期间(market period)]内,每个厂商只能供给某固定数量(设为 100)产品,倘若市场需求函数为:

$$Q = 160\,000 - 10\,000P$$

(1) 求此市场期间的均衡价格。

(2) 若有一家厂商决定不销售而有一家决定卖 200 单位,则市场价格为多少?

(3) 在原均衡点下,行业的需求弹性与厂商的需求弹性各是多少?

5. 某竞争性厂商有两家工厂,短期成本函数分别为:$c_1(q_1) = q_1^2 + 10q_1 + 10$ 和 $c_2(q_2) = q_2^2 + 4q_2 + 20$,求该厂商短期总成本函数和短期供给曲线。

6. 某竞争性厂商的生产函数为 $q = f(L,K) = [\min\{L,5K\}]^{1/2}$。如果要素 L 的价格为 $w = 5$(元/单位),要素 K 的价格为 $r = 25$(元/单位),求厂商的供给函数。

7. 假设在短期内,某个完全竞争市场的需求函数为 $Q^D = 130 - 10p$。在供给方面,该完全竞争市场中共有 50 家具有下列生产函数的厂商:

$$q = 1 + \sqrt[3]{\min\{L,2K\} - 1}, \quad L \geq 1, K \geq 0.5$$

短期内,每家厂商的资本均固定在 $\overline{K} = 4.5$,且工资 $w = 1$,资本价格 $r = 2$。试求:

(1) 该完全竞争厂商的短期供给曲线。

(2) 该完全竞争市场的短期供给曲线。

(3) 完全竞争市场的均衡价格和产量以及厂商的均衡价格和产量、利润及生产者剩余。

8. 某完全竞争市场中一个小企业的产品单价是 640 美元,其成本函数为 $TC = 240Q - 20Q^2 + Q^3$(正常利润包括在成本中)。

(1) 求利润最大时的产量,此产量的单位平均成本、总利润。

(2) 假定这个企业在该行业中有代表性,试问这一行业是否处于长期均衡状态? 为什么?

(3) 如果这个行业尚未处于长期均衡状态,则均衡时这家企业的产量是多少? 单位成本是多少? 产品单价是多少?

9. 已知完全竞争市场的需求函数为 $D(p) = 5\,000 - 500p$,其中某厂商的短期成本函数 $c_i = 0.2q_i^2 + q_i + 10$,该行业有 200 家厂商。请求该厂商的短期供给函数和行业的供给函数,再求市场均衡时的产量和价格以及生产者剩余。

10. 假设某完全竞争行业有 100 个相同的厂商,每个厂商的成本函数为 STC = $0.1q^2 + q + 10$。

(1) 求市场供给函数。

(2) 假设市场需求函数为 $Q_D = 4\,000 - 400P$,求市场的均衡价格和产量。

(3) 假定对每单位产品征收 0.9 元的税,新的市场均衡价格和产量又为多少? 厂商和消费者的税收负担各为多少?

11. 设有 50 个厂商坐落在 A 区位,而有 50 个厂商坐落在 B 区位,且都生产同种产品,每个厂商的生产成本均为 $0.5q^2$,另外,把产品从 A 区运到市场每单位的运输成本为 6 元,而从 B 区运到市场的单位运费为 10 元,试求出此市场的总供给曲线。

12. 设某完全竞争市场有许多厂商,而每个厂商的 LAC 都相同,其最低点的价格为 10 元,产量为 20,若市场的需求函数为 $Q = 15\,000 - 50P$。试求长期下该市场的均衡价格及厂商的数目。

13. 在完全竞争的市场上,假设每家厂商的长期成本函数为 TC = $q^3 - 4q^2 + 8q$。若该市场的需求函数为 $Q_D = 2\,000 - 100P$。试求此市场的均衡价格、数量和厂商数目。

14. 已知某行业中有大量技术水平相同的厂商,每个厂商的成本函数为 $c(q) = q^2 + 1$。试求:

(1) 每家厂商的单个供给曲线是什么?

(2) 假若产品市场的需求函数为 $D(p) = 52 - p$,请求出该行业的长期均衡价格、厂商个数和每个厂商的利润各是多少?

(3) 假若产品市场的需求函数为 $D(p) = 52.5 - p$,请求出该行业的长期均衡价格、厂商个数和每个厂商的利润又各是多少?

15. 假定某一产业由 n 家相同的企业组成,第 i 家企业的成本函数为 $C_i = aq_i^2 + bq_iq(i = 1,2,3,\cdots)$,其中 $q = q_1 + q_2 + \cdots + q_n$,请推导出该产业的供给曲线。

16. 某国的自行车行业由 160 家厂商组成,其中 100 家厂商的成本函数为 $c(q) = 2 + q^2/2$,另外 60 家厂商的生产成本函数为 $c(q) = q^2/10$。请求出该行业的短期行业供给函数。

17. 若很多相同厂商的长期成本函数都是 LTC = $Q^3 - 4Q^2 + 8Q$,如果经济利润是正的,厂商将进入行业;如果经济利润是负的,厂商将退出行业。

(1) 描述行业的长期供给函数。

(2) 假设行业的需求函数为 $Q_D = 2\,000 - 100P$,试求行业均衡价格,均衡产量和厂商的人数。

18. 完全竞争行业的代表厂商的长期总成本函数为 $LTC = q^3 - 60q^2 + 1\,500q$，$q$ 为每月产量。

(1) 试求长期平均成本函数和长期边际成本函数。

(2) 假设产品价格 $P = 975$（美元），求利润为极大时的产量。

(3) 上述利润为极大时的长期平均成本为多少？利润为多少？为什么这与行业的长期均衡相矛盾？

(4) 假如该行业是成本固定不变行业，推导出行业的长期供给方程。

(5) 假如市场需求曲线是 $P = 9\,600 - 2Q$，长期均衡中留存该行业的厂商个数为多少？

19. 在一个完全竞争的市场中，有100位完全相同的消费者，每个人的效用函数为 $u(x,y) = x - x^2/2 + y$，其中 x 和 y 分别为两种商品的数量，x 的价格为 p，y 的价格为1，消费者的收入为比较大的某个值 I。

(1) 请写出对 x 的市场需求函数。

(2) 假定市场中有若干个具有同样生产技术的厂商，每个厂商的成本函数为 $c(q) = q^2/16 + 1$。请问均衡时，该行业中有多少个厂商？市场均衡价格和产量分别是多少？

20. 一个完全竞争的成本固定不变行业中包含许多厂商，每个厂商的长期总成本函数为 $LTC(q) = 0.1q^3 - 1.2q^2 + 11.1q$，$q$ 是每个厂商的年产量。又知市场需求函数为 $Q = 6\,000 - 200P$，Q 是该行业的年销售量。

(1) 计算厂商长期平均成本为最小时的产量和销售价格。

(2) 该行业的长期均衡产量是否为 4 500？

(3) 试求长期均衡状态下该行业的厂商个数。

(4) 假如政府决定用公开拍卖营业许可证（执照）600张的办法把该行业竞争人数减少到600个，即市场销售量为 $Q = 600q$。问：① 在新的市场均衡条件下，每家厂商的产量和销售价格为多少？② 假如营业许可证是免费领到的，每家厂商的利润为多少？③ 若领到许可证的厂商的利润为零，每张营业许可证的竞争性均衡价格为多少？

第八章　竞争性市场分析：要素市场

▎本章概要▎

在第四章中，我们曾利用消费者行为理论得到了作为生产要素的劳动的供给曲线，而在第六章中我们利用成本最小化或利润最大化模型得到了要素的需求曲线。本章中，我们把要素供给曲线和需求曲线结合起来探讨完全竞争市场上要素价格的决定理论。

▎学习目标▎

学完本章，你将能够了解：
1. 有关要素使用"边际收益"和"边际成本"的概念
2. 如何求解使厂商利润最大的要素使用量
3. 如何推导完全竞争厂商的需求曲线及行业对劳动的需求曲线
4. 如何求解完全竞争的劳动市场价格均衡与厂商的雇佣量
5. 在完全竞争市场下的边际生产力分配理论

你要掌握的基本概念和术语：

边际产品价值　　边际收益产品　　平均收益产品　　要素的边际成本
要素的平均成本　　要素的厂商需求曲线　　要素的市场需求曲线　　要素的需求弹性

第一节　产品市场和要素市场的关系

在要素市场上，要素的价格同样是由市场需求和市场供给共同决定的。然而，要素市场的价格决定过程却要比产品市场复杂，它并不是单独可以由要素市场决定的，而必须结合产品市场来分析。其原因在于要素市场与产品市场之间具有相互依赖性（interdependence），虽然要素的价格决定于要素的供给者与需求者，但其需求者为产品市场的供给者——厂商，要素供给者为产品市场上的需求者——消费者，要素市场和产品市场的关系如图 8-1 所示。

正因为要素市场和产品市场存在如此密切的关系，所以，当厂商在产品市场不景气时，其利润必受到打击，从而减少生产，造成对要素的需求减少，进而降低要素的价格。同理，当要素市场发生变动时，亦会影响产品市场。例如，当石油价格上涨时，会引起厂商生产产品成本的上涨，从而减少产品的供给（供给曲线上移），结果造成产品的边际成本的上涨。因此，要素市场与产品市场之间是相互依赖的。

基于要素市场与产品市场具有相互依赖的关系，我们要研究要素市场时必须结合产品市场的特性进行讨论。在本章中，我们主要假定产品市场及要素市场皆为完全竞争市

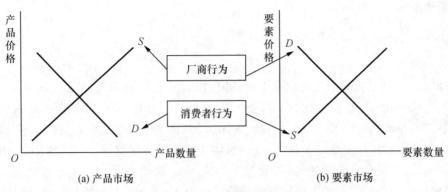

图 8-1 产品市场和要素市场的关系

场来讨论要素价格的决定问题。至于不完全竞争条件下的要素市场的价格决定问题将在第十四章中进行分析。

第二节 厂商使用要素的原则

尽管各种产品(或要素)市场具有不同的属性,但追求利润最大化的厂商不论在何种市场上都会遵循共同的原则:边际收益＝边际成本,只不过在不同的市场情况下其表现形式不同而已。

这里我们假定某厂商只使用一种生产要素(如劳动 L)来生产一种产品,其目的同样也是最大限度地追求利润最大化。

在以上假设下,追求利润最大化的厂商在使用生产要素时同样遵循"边际收益＝边际成本"原则,但此时"边际收益"和"边际成本"的含义有所不同。通常,为了分析的方便,相应的名称也不一样。

一、厂商使用要素的"边际收益"

在讨论使用要素的"边际收益"时,通常会涉及几个重要的概念,即要素的边际产品价值,边际收益产品与平均收益产品等,现定义如下:

- 劳动的边际产品价值(value of marginal product of labor, VMP)指在其他条件不变下,厂商多雇用一单位的劳动所增加的产品价值。以数学公式表示为:

$$\text{VMP}_L = P \cdot \text{MP}_L$$

- 劳动的边际收益产品(marginal product revenue of labor, MRP)指在其他条件不变下,厂商多雇用一单位的劳动所增加的产品收益。以数学公式表示为:

$$\text{MRP}_L = \frac{\partial \text{TR}}{\partial L} = \frac{\text{dTR}(q)}{\text{d}q} \cdot \frac{\partial q}{\partial L} = \text{MR} \cdot \text{MP}_L$$

- 劳动的平均收益产品(average product revenue of labor, ARP)指在其他条件不变下,平均每单位劳动的产品收益。以数学公式表示为:

$$\text{ARP}_L = \frac{\text{TR}}{L} = \frac{p \cdot q}{L} = P \cdot \text{AP}_L$$

以上三个不同的概念,它们之间是否有密切的关系呢？我们先说明前两者之间的关系,再说明后两者之间的关系。

$$\because \mathrm{MR} = P\left(1 - \frac{1}{e_d}\right) \Rightarrow P \geqslant \mathrm{MR}$$

$$\therefore \mathrm{VMP}_L \geqslant \mathrm{MRP}_L$$

也就是说,当产品市场为完全竞争市场时,由于单个厂商面对的需求弹性为无穷大($e_d = \infty$),$P = \mathrm{MR}$ 恒成立,因此我们可据此断定 VMP = MRP 亦恒成立;但当产品市场为不完全竞争市场时,$P > \mathrm{MR}$ 恒成立,因此 VMP > MRP 亦恒成立。换句话说,当厂商多雇用一单位的劳动时,在完全竞争市场下,其所增加的产品价值将等于厂商所增加的收益,可是在产品为不完全竞争市场时,厂商想多销售产品,势必要把产品的价值压低,因此,厂商多雇用一单位的劳动所多销售的产品价值(VMP_L)必大于其所增加的收益(MRP_L)。

今后,为了分析的方便,我们在完全竞争市场条件下分析要素使用的"边际收益"时就用"边际产品价值"这一概念,而在不完全竞争产品市场下就用"边际收益产品"这一概念。

- 当产品市场为完全竞争市场时,$\mathrm{VMP}_L = \mathrm{MRP}_L$;

  但当产品市场为不完全竞争市场时,$\mathrm{VMP}_L > \mathrm{MRP}_L$。

▶ **观念澄清**

大家要注意边际收益产品(MRP)或边际产品价值(VMP)与边际收益(MR)的差别。MR 反映的是总收益与销售量 Q 之间的关系,即 $\mathrm{MR} = \mathrm{MR}(Q)$,其自变量是产量 Q;而 MRP 和 VMP 反映的是总收益与要素投入量(如劳动 L)之间的关系,即 $\mathrm{MRP} = \mathrm{MRP}(L)$,$\mathrm{VMP} = \mathrm{VMP}(L)$,其自变量是要素投入量 L。

接着我们将介绍 VMP_L 与 ARP_L 之间的关系,在第五章中,我们曾介绍过 MP_L 与 AP_L 的关系,若我们同时将 MP_L 与 AP_L 乘以产品价格,在产品市场为完全竞争市场条件下,即变成 VMP_L 与 ARP_L 的关系,如图 8-2 所示。

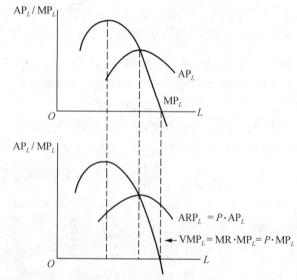

图 8-2 产品市场为完全竞争市场时,VMP_L、ARP_L 与 MP_L、AP_L 具有对称的关系

因此,我们可知 AP_L、MP_L 与 ARP_L、VMP_L 具有对称的关系:

- $VMP_L > ARP_L$ 时,ARP_L 递增;
  $VMP_L < ARP_L$ 时,ARP_L 递减;
  VMP_L 通过 ARP_L 的最高点。

▶ 观念澄清

这里,必须要特别注意的是,图8-2中的 MRP_L 是在其他条件不变的情况下画出来的,其中包括资本(K)使用量不变、资本价格(P_K)不变及产品价格不变的假设,若其中任一因子改变,则整条 MRP_L 线将会随之移动。

二、厂商使用要素的"边际成本"

以上所讨论的是厂商使用要素以后,要素所作的贡献。现在,我们将讨论使用要素的成本问题。为了分析方便,我们仍以劳动为分析对象,先定义劳动的边际成本及平均成本。

- 劳动的边际成本(marginal cost of labor)是指在其他条件不变下,厂商多雇用一单位的劳动时,所增加的成本。以数学公式表示为:

$$MC_L = \frac{\partial TC}{\partial L} = \frac{dTC(q)}{dq} \cdot \frac{\partial q}{\partial L} = MC \cdot MP_L$$

或

$$MC_L = \frac{\partial TC}{\partial L} = \frac{\partial TVC}{\partial L} = \frac{\partial(w \cdot L)}{\partial L} = w + L \cdot \frac{\partial w}{\partial L}$$

- 劳动的平均成本(average cost of labor)是指在其他条件不变下,厂商平均雇用一单位劳动所花的成本。以数学公式表示为:

$$AC_L = \frac{TVC}{L} = \frac{w \cdot L}{L} = w$$

若要素市场为完全竞争市场,则每个厂商皆为要素价格的接受者,即要素的价格是由市场的供给与需求来决定,而不是个别厂商所能控制的,因此 $\frac{\partial w}{\partial L} = 0$,即 $MC_L = AC_L = w$ 恒成立。但若要素市场不是完全竞争市场,则厂商想多雇用一单位的劳动,就必须提高工资(w),所以 $\frac{\partial w}{\partial L} > 0$,即 $MC_L > AC_L$ 恒成立。

- 当要素市场为完全竞争市场时,$MC_L = AC_L$;
  当要素市场为不完全竞争市场时,$MC_L > AC_L$。

三、完全竞争市场下厂商利润最大化的要素使用量

我们已分别讨论了厂商雇用劳动的产品收益与成本,接着我们将讨论在完全竞争条件下厂商要雇用多少劳动量才能使其利润达到最大。基于厂商在产品市场获得最大利

润的条件为 MR = MC，而根据前面的定义：

完全竞争厂商使用要素的"边际收益"为：$\text{VMP}_L = P \cdot \text{MP}_L$

完全竞争厂商使用要素的"边际成本"为：$\text{MC}_L = w$

因此，满足 MR = MC，即满足 $\text{VMP}_L = w$

也就是说，厂商达到利润最大的要素使用量必须满足 $\text{VMP}_L = w$，因为当 $\text{VMP}_L > w$ 时，表示厂商多雇用一单位劳动时，厂商所增加的收益（VMP_L）必大于其所付出的成本（w），厂商可增加利润，所以厂商应该多雇用劳动，直到 $\text{VMP}_L = w$ 为止；反之，当 $\text{VMP}_L < w$ 时，表示厂商多雇用一单位劳动时，厂商所增加的收益（VMP_L）小于其所付出的成本（w），其利润将因而减少，据此，厂商应该减少劳动的雇用量直到 $\text{VMP}_L = w$ 为止。

- 厂商在利润最大化条件下，对要素使用量的必要条件为 $\text{VMP}_L = w$。

第三节 完全竞争条件下要素的需求曲线

和完全竞争产品市场一样，完全竞争的要素市场具有以下基本性质：要素的供求双方人数都很多；要素本身完全同质；要素供求双方都具有完全的信息；要素可以充分自由地流动；等等。显然，完全满足这些要求的要素市场在现实生活中也是不存在的。

我们把同时处于完全竞争产品市场和完全竞争要素市场中的厂商称为完全竞争厂商。

一、完全竞争厂商对要素的需求曲线

如前所述，完全竞争厂商使用要素的原则是：使用要素的"边际成本"和相应的"边际收益"相等。在完全竞争条件下，厂商使用要素的边际成本等于要素价格 w，而使用要素的边际收益是所谓的边际产品价值 VMP，因此，完全竞争厂商使用要素的原则可以表示为：

$$\text{VMP} = w$$

或

$$\text{MP}_L \cdot P = w$$

当上述原则或条件被满足时，完全竞争厂商达到了利润最大化，此时使用的要素数量 L 即为最优要素数量。

基于厂商利润最大的原则，我们可找出在各种不同的工资（w）水平与厂商劳动的需求量 L 的关系，如图 8-3 所示。倘若产品市场与要素市场皆为完全竞争市场，而且资本的使用量（K）、产品价格（P）及每单位资本价格（r）保持不变，则工资为 w_1 时，$w_1 = \text{MC}_L = \text{AC}_L$（因要素市场为完全竞争市场），厂商会雇用 OL_1 的劳动量（因为满足 $\text{VMP}_L = \text{MC}_L$），同理，当工资下降至 w_2 时，厂商会增加劳动雇佣量至 OL_2（也满足 $\text{VMP}_L = \text{MC}_L$），因此，我们可找出在不同的工资水平下，厂商所需劳动的雇用量必落在 VMP_L 曲线上，但是该条 VMP_L 曲线是否就可以表示厂商对劳动的需求呢？有没有其他限制呢？

假使工资在 W_3 时，根据 VMP_L 线，我们可找出厂商会雇用 OL_3 的劳动量，但事实上，当厂商雇用 OL_3 的劳动时，厂商所获得的总收益为

$$\text{TR} = \text{ARP}_L \cdot OL_3 = OSBL_3$$

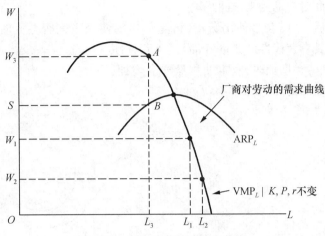

图 8-3　厂商对劳动的需求曲线

可是却必须支付变动成本

$$TVC = OW_3 \cdot OL_3 = OW_3AL_3$$

换句话说，当厂商雇用 OL_3 时，其总收益必会小于其变动成本（TR < TVC），即经济损失会大于总固定成本，此时，厂商是不会生产的，因此，我们可断定当 $VMP_L > ARP_L$ 时，厂商是不会生产的，所以，厂商对劳动的需求曲线必须在 $VMP_L < ARP_L$ 的限制下才行。

- 在产品市场及要素市场为完全竞争市场的条件下，若资本的使用量（K）、产品价格（P）及资本单位价格（r）不变，厂商对劳动的需求曲线为小于 ARP_L 而大于零的 MRP_L 线。

> **实时测验 8-1**
> 厂商对劳动的需求曲线是否恰好落在生产的合理区域？

二、市场对要素的需求曲线

如前所述，在 K、w、P 不变的条件下，完全竞争厂商的要素需求曲线就是其要素的边际产品价值曲线。现在进一步讨论整个完全竞争市场的要素需求曲线。在这里，首先遇到的问题是：如何从单个厂商的要素需求曲线推导出市场的要素需求曲线？初看起来，似乎可以认为：既然单个厂商的要素需求曲线等于边际产品价值曲线，故可以通过简单加总市场上所有厂商的边际产品价值曲线而求得市场的要素需求曲线。然而，这是需要一定条件的，即 K、w、P 不变。但是，当我们从研究单个市场转到研究整个市场时，就不能保证满足这些条件了，也就不能以要素的边际产品价值曲线来代表要素的需求曲线。下面我们分别讨论 K、w、P 对厂商的要素需求曲线的影响。

1. 当资本使用量变动时厂商对劳动的需求曲线

前面讨论的厂商对劳动的需求曲线 VMP_L 必须在资本的使用量不变时方才成立，然而，当工资下跌后，厂商除了会多用劳动外，为了达到生产效率最大化亦会相应地增加（或减少）资本的使用量，这样，在资本的使用量发生变动时，VMP_L 也将移动，所以 VMP_L

不能再表示为厂商对劳动的需求曲线了。

在工资下跌后,厂商会多使用劳动,可是资本的使用量是否会同时增加或减少呢?这要视两要素是具有替代性(substitution)还是互补性(complementarity)而定,若劳动与资本为互补要素,则劳动增加时,资本使用量亦会增加,而且在生产合理的区域里,劳动的边际生产力也会因而提高,如图8-4所示。

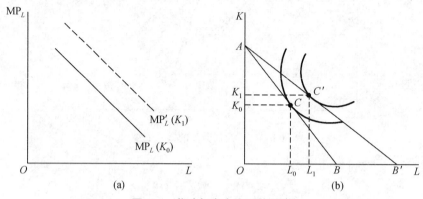

图 8-4 劳动与资本为互补要素

若原来等成本线为 AB,其斜率为 $-\dfrac{W}{r}$,此时厂商会使用要素最佳组合于 C 点,即使用 L_0 的劳动与 K_0 的资本,可是在工资下跌后等成本线由 AB 右移至 AB',厂商会选择另一最佳要素组合 C' 点,此时劳动量由 L_0 增至 L_1,资本量亦会由 K_0 增至 K_1,而当资本增加后,劳动的边际生产力亦会由原来的 MP_L 增至 MP_L',这就是劳动与资本互补的特性。

- 所谓互补性是指当工资下跌时,劳动与资本的使用量会同时增加,而替代性则是指随着劳动使用量的增加,资本使用量会减少。

但如果劳动与资本为替代性要素时,其特性又如何呢? 我们可用图 8-5 来说明,当原来等成本线为 AB 时,厂商会使用 C 点生产(即 L_0 的劳动与 K_0 的资本),可是在工资下跌后,等成本线会由 AB 移至 AB',结果厂商会使用 C' 点生产,即增加劳动使用量却减少资本使用量(因为 $K_1 < K_0$),也因此而使得劳动的边际生产率下降。

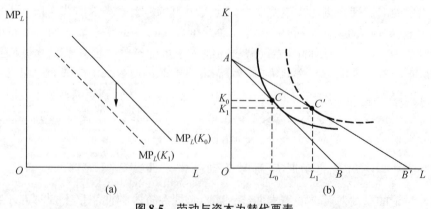

图 8-5 劳动与资本为替代要素

倘若劳动与资本为互补要素,则当工资由 W_1 下降至 W_2 时,如图 8-6 所示,厂商对劳

动的需求量会由 L_1 增至 L_3,这是因为劳动与资本为互补要素,而当工资下跌时,厂商除了会多雇用劳动外,也会多使用资本量,造成 MP_L 线的上移,从而使 VMP_L 也随之上移,因此劳动的需求量也会由 A 点移至 C 点。同理,我们可知在不同的工资下,会对应着不同的 VMP_L 线,而把这些对应点(如 A、C 点)连接起来即为我们所要求的需求曲线 dd,此需求曲线将会比较平坦。

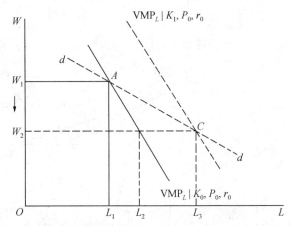

图8-6 在资本使用量变动的情况下(但 P 与 r 仍不变),厂商对劳动的需求曲线 dd

- 在产品市场与要素市场为完全竞争市场的条件下,若资本的使用量可变动(但 P 及 r 仍不变),如果劳动与资本为互补要素,则厂商对要素的需求曲线将更为平坦。

2. 当资本使用量(K)与产品价格(P)可变动时厂商对劳动的需求曲线

前面,我们讨论了资本可变动的情况下厂商对劳动的需求曲线,然而,它仍忽略了产品价格会发生变动的因素,现在将讨论在产品价格亦发生变动时的情况。

当工资由 W_1 下降至 W_2 时,除了前述劳动与资本使用量增加外,我们还须考虑产品价格的变动,既然工资下跌,则厂商的长期平均成本线(LAC)必会下移,从而每个厂商会增加其经济利润,进而引起其他厂商进入,导致产品市场的供给增加,产品价格下跌(P_0 下跌至 P_1),如图8-7所示。

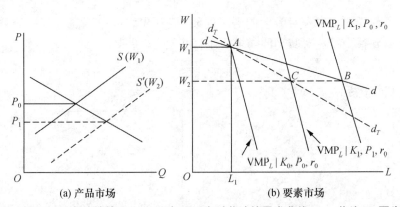

图8-7 在 K、P 可变动的情况下(r 不变),厂商对劳动的需求曲线 $d_T d_T$ 将比 dd 更为陡峭

当产品价格由 P_0 下降至 P_1 时,$VMP_L(K_1,P_0,r_0)$ 也会下降至 $VMP_L(K_1,P_1,r_0)$。故

此时厂商对劳动的需求量将由 B 点移至 C 点,同理,我们可找出在各种不同的工资水平下厂商对劳动的需求量,将这些点相连即为 $d_T d_T$ 线,此需求曲线将比 dd 更为陡峭。

- 在产品市场及要素市场皆为完全竞争市场,K 及 P 可变动时(r 不变),厂商对劳动的需求曲线 $d_T d_T$ 将比 dd 线更为陡峭。

3. 当 K、P 及 r 皆可变动时厂商对劳动的需求曲线

最后,我们将讨论资本的单位价格 r 可变动时的情况,如图 8-8 所示。

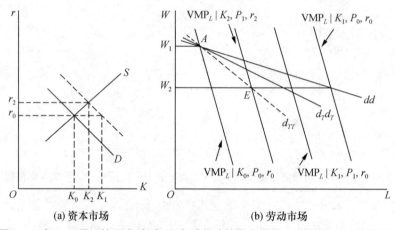

(a) 资本市场   (b) 劳动市场

图 8-8 在 K、P 及 r 皆可变动时,厂商对劳动的需求曲线 d_{TT} 将比 $d_T d_T$ 更为陡峭

当工资由 W_1 减少至 W_2 时,若劳动与资本为互补要素,则厂商除对劳动的需求量增加外,亦会增加对资本的需求量,倘若资本的供给不是无穷大,那么资本的需求增加会引起资本单位价格上涨(由 r_0 上涨至 r_2),结果厂商对资本的需求亦将因此而减少(设由 K_1 减少至 K_2),但仍比原资本使用量 K_0 大,使得 $\text{VMP}_L(K_1, P_1, r_0)$ 减少至 $\text{VMP}_L(K_2, P_1, r_2)$,结果其劳动雇佣量将对应着 E 点,于是,我们可找出厂商对劳动的需求曲线 d_{TT}。

- 当产品市场及要素市场为完全竞争市场,K、P 及 r 皆可变动时,如果劳动与资本为互补要素,则厂商对劳动的需求曲线 d_{TT} 将比 $d_T d_T$ 更为陡峭。

现在,我们已找出厂商对劳动的需求曲线,接着我们可把厂商对劳动的需求曲线水平加总,即得到整个行业对劳动的需求曲线,如图 8-9 所示。

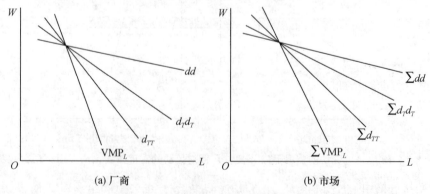

(a) 厂商   (b) 市场

图 8-9 厂商与行业对劳动的需求曲线

三、劳动的需求价格弹性

在找出劳动的需求曲线后,我们即可找出劳动的价格需求弹性,现定义如下:

$$e_L^d = \frac{w}{L} \cdot \frac{\partial L}{\partial w}$$

在这里,我们所要讨论的是影响劳动的价格需求弹性究竟有哪些因素,其关系如何?我们将从四方面来讨论:

(1) 若劳动与资本为互补要素,且互补程度越大其劳动的价格需求弹性也越大,图 8-6 中的 dd 线将会更为平坦。

(2) 产品的需求弹性越大,劳动的价格需求弹性也越大。如图 8-7 所示,当工资下降时,厂商的长期平均成本曲线(LAC)会下移,造成厂商的经济利润增加,从而有许多厂商进入,导致产业的供给增加。该产品的需求弹性越大,产品价格下降的幅度也就越小,因此 $d_T d_T$ 也就越平坦,所以劳动的价格需求弹性也就越大。

(3) 倘若劳动与资本为互补要素,则资本的供给弹性越大,劳动的价格需求弹性也越大,如图 8-8 所示,当资本的供给弹性越大时,工资下跌所引起资本需求的增加幅度也就越大,从而 d_{TT} 的斜率也就越平坦,亦即劳动的价格需求弹性也就越大。

(4) 调整的时间越长,劳动的价格需求弹性也越大。

四、利润最大化的要素价格

在第五章中,我们曾经讨论了要素投入的最佳组合条件为:

$$\text{MRTS}_{LK} = \frac{\text{MP}_L}{\text{MP}_K} = \frac{w}{r} \Rightarrow \frac{\text{MP}_L}{w} = \frac{\text{MP}_K}{r}$$

另一方面,因为劳动的工资已由市场供求决定,厂商只是工资接受者(w 为常数),故

$$\text{MC} = \frac{\text{dTVC}}{\text{d}q} = \frac{\text{d}(w \cdot L)}{\text{d}q} = w \cdot \frac{\text{d}L}{\text{d}q} = w \cdot \frac{1}{\frac{\text{d}q}{\text{d}L}} = \frac{w}{\text{MP}_L}$$

倘若厂商欲追求最大利润,在完全竞争市场下必须满足 $P = \text{MR} = \text{MC}$,故

$$P = \text{MC} = \frac{w}{\text{MP}_L} = \frac{r}{\text{MP}_K}$$

$$\Rightarrow \begin{cases} w = P \cdot \text{MP}_L = \text{VMP}_L \\ r = P \cdot \text{MP}_K = \text{VMP}_K \end{cases}$$

也就是说,在要素与产品市场皆为完全竞争时,要素的价格应等于产品的价格与其边际生产率的乘积,亦等于其边际产品价值(VMP),因为若劳动的工资大于劳动的边际产品价值($w > \text{VMP}_L$),表示厂商多雇用一单位劳动所付出的成本(即工资)大于厂商因多雇用一单位劳动所增加的收益(即 VMP_L),因此厂商多雇用一单位劳动会有损失的发生,这样,厂商应减少雇用劳动;反之,倘若劳动的工资小丁劳动的边际产品价值($w < \text{VMP}_L$),厂商利润会增加,从而会多雇用劳动,直到 $w = \text{VMP}_L$ 时停止。同理,我们亦可说明厂商在使用资本时,其 $r = \text{VMP}_K$ 必然会成立。

- 在产品市场与要素市场皆为完全竞争市场时,要素的价格应等于产品价格与其边际生产率的乘积,即

$$w = P \cdot MP_L = VMP_L$$
$$r = P \cdot MP_K = VMP_K$$

第四节　劳动市场均衡与厂商的雇佣量

在上一节中我们已讨论了行业对劳动的需求曲线,而在第四章中,我们又曾以无差异曲线分析法讨论了劳动供给曲线,虽然劳动供给曲线有正、负斜率的情况,但此处,我们只引用其斜率为正的部分,如图 8-10 所示。

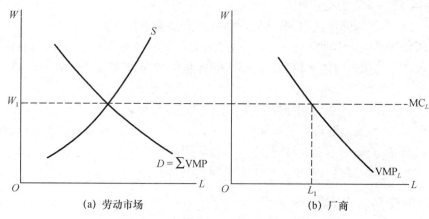

图 8-10　劳动市场均衡与厂商雇佣量

为方便起见,我们假设 K、P、r 皆不变,因此厂商与行业的劳动需求曲线分别为 VMP_L 及 $\sum VMP_L$,由劳动市场的供求决定了均衡工资 w_1,此时厂商的 $MC_L = w_1$ 为一水平线,在利润最大的条件下 $(VMP_L = MC_L)$,厂商会雇用 OL_1 的劳动量。

本章总结

1. 在要素市场上,要素的价格同样是由市场需求和市场供给共同决定的。然而,要素市场的价格决定过程却要比产品市场复杂,它并不是单独可以由要素市场决定的,而必须结合产品市场来分析。

2. 和完全竞争的产品市场一样,完全竞争的要素市场也具有以下四个特征:(1) 要素市场上有无数个卖者和买者;(2) 同一种生产要素具有同质性;(3) 买卖双方都能自由地进出要素市场,要素可以自由流动;(4) 要素买卖各方对市场都有完全的信息。

3. 边际产品价值是指即最后追加一单位要素时增加的边际物质产品的销售额。边际要素成本是指最后追加一单位可变生产要素所引起的厂商总成本的增加量。

4. 厂商使用要素的原则:一个追求最大利润的完全竞争厂商,对于一种特定要素的使用量,应该增加到其边际产品价值与其价格相等时为止。

5. 在完全竞争下,一种特定生产要素的边际产品价值曲线就是厂商对于该要素的个别需求曲线,即完全竞争厂商对要素的需求曲线与要素的边际产品价值曲线完全重合。

6. 在完全竞争下,一种要素对于个别厂商的供给是无限弹性的。在一般情况下,生产要素的市场供给曲线都是向右上方延伸的。

7. 一种要素的市场需求曲线连同其市场供给曲线,决定该要素的均衡价格。

复习思考题与计算题

1. 请判断下列说法是否正确,并简要说明理由:

(1) 厂商对生产要素的需求取决于生产要素的边际产量价值。（   ）

(2) 已知某种商品是 X、Y、Z 三种生产要素共同结合的产物,当它们同时增加 1 个单位时,该种商品的产量增加 3 个单位。这表明生产要素的边际实物产量为 3。
（   ）

(3) 若某种商品是 X、Y、Z 三种生产要素的产物,在保持 X 和 Y 不变的前提下,增加 1 单位 Z 使产量增加了 2 个单位,那么这 2 单位产量是这 1 单位 Z 生产出来的。（   ）

(4) 假若厂商使用先进的机器设备以代替劳动,劳动的需求曲线将向右方移动。（   ）

(5) 对于一种要素,其市场需求曲线一定要比个别厂商的要素需求曲线更平坦。（   ）

(6) 厂商在边际收益产量大于边际要素成本的情况下所得到的利润,要大于在边际收益产量等于边际要素成本的情况下得到的利润。（   ）

(7) 一个完全竞争性的厂商,在其最后雇用的那个工人所创造的产值大于雇用的全体工人的平均产值时,他必定没有实现最大的利润。（   ）

(8) 完全竞争条件下要素的市场需求曲线是由单个厂商的要素需求曲线水平加总而来的。（   ）

2. 假定厂商的生产函数是 $q=12L-L^2(6\geqslant L\geqslant 0)$,其中 L 是每天的劳动投入,q 是每天的产出。如果产品在竞争性市场上以 10 元售出,(1) 推导出厂商的劳动需求曲线。(2) 当工资为每天 30 元时,厂商将雇用多少工人?

3. 设某厂商只使用可变要素 L(劳动)进行生产,其生产函数为 $q=-0.01L^3+L^2+36L$,q 为厂商每天产量,L 为工人的日劳动小时数。所有市场均为完全竞争的,单位产品价格为 0.10 元,小时工资率为 4.80 元。试求当厂商利润极大时,(1) 厂商每天将投入多少劳动小时?(2) 如果厂商每天支付的固定成本为 50 元,厂商每天生产的纯利润为多少?

4. 假设一厂商在完全竞争的产品和要素市场上从事生产经营,其生产函数为 $q=48L^{0.5}K^{0.5}$,其中 q 为产品的年产出吨数,L 为雇用的工人人数,K 为使用的资本单位数。产品的售价为每吨 50 元,工人的年工资为 14 400 元,单位资本的价格为 80 元。在短期,资本为固定要素,该厂商共拥有 3 600 单位的资本。

在短期,试计算:(1) 该厂商劳动需求曲线的表达式;(2) 工人的均衡雇佣量;(3) 短期均衡时该厂商对劳动的点需求弹性;(4) 该厂商的年纯利润。

在长期,设产品价格和劳动的工资率仍保持不变,该厂商所在行业具有成本递增性质,因为该行业扩张时资本价格会随之上涨,试计算:(1) 资本的长期均衡价格;(2) 在长期该厂商雇用的均衡工人数量。

5. 假设产品价格等于 P,工资等于 w,资本的价格为 r,完全竞争厂商的生产函数为 $q = f(L, K) = L^{0.25}K^{0.25}$。假设短期下 $K = 16$,试求完全竞争厂商的劳动需求曲线。

6. 设某一公司的生产函数为 $q = 10\,000\sqrt{L}$,其中 L 为该公司每小时雇用的劳动量。假设该公司在商品市场和要素市场上都是完全竞争的,每单位商品的价格为 0.01 美元。

(1) 当工人的工资为 10 美元、5 美元、2 美元时,该公司将分别雇用多少工人? 用得出的结果画出劳动的需求曲线。

(2) 假设该公司以每小时 10 美元雇用工人,那么产品价格为 0.1 美元、0.05 美元和 0.02 美元时,该公司将分别生产多少单位该产品? 用得出的结果画出产品的供给曲线。

7. 设劳动市场为完全竞争市场,其供需函数如下:

$$S_L: w = 120 + 2L$$
$$D_L: w = 360 - L$$

已知某厂商(在完全竞争市场下)的生产函数为 $f(L, K) = 10L^{0.5}K^{0.5}$ ($K = 100$),且其产品的供需函数为:

$$D: P = 60 - 2q$$
$$S: P = 20 + 2q$$

试求:(1) 该厂商的 AC_L、MC_L、MRP_L 和 VMP_L 各为多少? (2) 劳动工资为多少? 厂商会雇用多少劳动?

8. 一个土地所有者拥有肥力不同的三个农场:A, B, C。这三个农场雇用 1、2 和 3 个劳动力时的产出水平列表如下:

劳动力数量	产出水平		
	农场 A	农场 B	农场 C
1	10	8	5
2	17	11	7
3	21	13	8

若雇用 3 个劳动力,每个农场 1 个,则总产出 $= 10 + 8 + 5 = 23$,这将表明劳动力配置不合理,因为若用农场 C 的劳动力去帮助农场 A,则总产出将增加到 $17 + 8 = 25$。请问:

(1) 由于市场的需要,土地所有者雇用 5 个劳动力,如何配置这些劳动力才能使得产出最大? 产出是多少? 最后一个工人的边际产出是多少?

(2) 农产品在完全竞争市场上出售,其价格为 1 元,当雇用 5 个劳动力时劳动市场达到均衡,此时工资是多少? 土地所有者获取多少利润?

9. 假定某市场的劳动供求曲线分别是 $S_L = 100w$ 和 $D_L = 60\,000 - 100w$,请问:

(1) 均衡工资是多少?

(2) 假如政府对工人提供的每单位劳动都征税 10 美元,新的均衡工资是多少?

(3) 实际上由谁来支付这笔税?

(4) 政府征收到的总税额共有多少美元?

10. 已知某劳动市场的供求曲线分别是 $S_L = 100w$ 和 $D_L = 1\,000 - 100w$,请问:

(1) 该市场的均衡工资和均衡雇工量各是多少?

(2) 假定政府按受雇人数给雇主补贴,将均衡工资定为每小时 6 美元,每人要补贴多少美元? 新的均衡就业量是多少? 总的补贴费是多少美元?

(3) 如果政府宣布该市场的最低工资为每小时 6 美元,此时的劳动需求量是多少? 将有多少人失业?

第九章　一般均衡与福利经济学

▋本章概要▋

到目前为止，我们所讨论的都是局部均衡问题，即孤立地研究单个经济行为主体以及单个商品(或要素)市场的均衡。但是，生产者或消费者之间的经济行为是相互影响的，而且各种市场之间也是相互联系的。因此，有必要研究所有决策主体、所有市场同时均衡，即一般均衡的问题。

▋学习目标▋

学完本章,你将能够了解：
1. 局部均衡与一般均衡
2. 帕累托最优境界与经济效率的关系
3. 生产的帕累托最优境界与生产效率
4. 产品交换的帕累托最优境界
5. 生产、分配与帕累托最优境界
6. 社会福利函数与经济效率
7. 完全竞争市场与经济效率

你要掌握的基本概念和术语：
局部均衡　一般均衡　帕累托改进　帕累托最优　埃奇沃思盒状图
生产的契约曲线　交换的契约曲线　边际转换率　生产可能性曲线
最大效用可能性曲线

第一节　一般均衡分析与经济效率

一、局部均衡和一般均衡

一般均衡是与局部均衡相对应的。前几章我们进行的都是局部均衡分析。所谓局部均衡(partial equilibrium)是指在假定其他市场条件不变的情况下，单个经济行为者(包括消费者和生产者)所实现的均衡或者某一特定产品或要素所达到的市场均衡。例如，研究稻米的市场均衡问题，就要在需求方面事先假定消费者的收入和相关产品的价格等因素不变；在供给方面就要假定机会成本(即竞争产品的价格)和要素价格等因素不变。在这些假定下，稻米市场所达成的均衡即为一种局部均衡。

但是，世间的万事万物都是相互依赖、相互联系的。比如，整个经济体系中各部门都互有联系，只要其中任何一个部门中的任何一个项目发生变化，必将引起一连串的反应，经过调整、反馈、再调整、再反馈以后，直至不需再调整时为止，此种状况即为所谓的"一般均衡"(general equilibrium)。一般均衡是指一个经济体系中,所有商品和市场的供给和需求同时达到均衡的状态。根据一般均衡分析,某种商品的价格不仅取决于它本身的供给和需求状况,而且还受到其他商品的价格和供求状况的影响。因此,从一般均衡的观点看,某种商品的价格和供求的均衡,只有在所有商品的价格和供求都同时达到均衡时才能实现。

微观经济运行实现一般均衡时会有如下基本特征:

(1) 每一个消费者都在其既定的收入下达到了效用最大化,这使消费者的需求稳定在某一水平上。

(2) 每一个生产者都在其一定的投入—产出组合下达到了利润最大化,这意味着供给可能稳定于某一水平。

(3) 所有市场同时出清,即产品市场和要素市场的供求都相等,这意味着所有市场都有一个稳定的均衡价格。

(4) 每一厂商都只能获得正常利润,即超额利润为零,这意味着经济中不再有使厂商扩大或减少其产量的动机或诱惑。

当然,一般均衡的实现并不是任何社会或制度条件下都能实现的,它的实现需有两个重要的假设前提:一是完全竞争的假定,这在理论上保证了市场机制的充分利用,从而使一般均衡状态能够实现;二是资源具有稀缺性的假定,这把资源的分配和经济效率问题引入经济活动之中,从而使对一般均衡的研究具有了必要性。

作为一种分析方法,局部均衡和一般均衡分析都各有优缺点。局部均衡分析的优点是其内涵比较简单,易于进行;其缺点是所获结论是在某些假定下的片面现象,而非反映各部门的互动关系的全面现象。此前从第二章至第八章都是局部均衡的分析,其目的当然是为了说理简单,让读者易于了解。但是,也不可避免地使所获结论只是一些片面现象,而非整个经济体系的全面形象。为了弥补此缺点,就要在产品市场及要素市场分别讨论完毕以后,将其结果放在一起,进行综合分析,探究其间的互动关系及如何达到全面均衡。这种结果当然要比局部均衡分析的结果更为真实和具体,而且最后所获取的结论将更为全面和接近现实。

二、一般均衡分析——$2 \times 2 \times 2$ 模型

一般均衡分析最早是由法国经济学家里昂·瓦尔拉斯于 19 世纪 70 年代创立的,而后由意大利经济学家帕累托和美国经济学家保罗·萨缪尔森进一步发展。我们主要以瓦尔拉斯一般均衡分析方法为例来介绍一种一般均衡分析模型。

瓦尔拉斯在 1870 年所著的《纯粹政治经济学纲要》一书中运用数理分析的方法,考察了社会经济系统各部门间的相互依存关系以及商品的供给与需求达到均衡状态时的价格决定问题。在边际效用的基础上建立了经济思想史上的第一个一般均衡模型。后人运用序数效用论、无差异曲线等概念充实和丰富了一般均衡理论。

在完全竞争条件下,要实现静态的一般均衡需要三个条件:一是交换的一般均衡,即商品如何在消费者之间有效地分配以达到其效用的最大化;二是生产的一般均衡,即生产要素如何在生产者之间有效地配置以达到其利润最大化;三是生产和交换的一般均衡,即如何有效率地在各种商品之间配置经济资源。为了说明一般均衡原理,我们建立

一个最简单的两部门经济模型。在该模型中,我们假设:

(1) 整个社会只有两个消费者 A 和 B,他们只消费两种商品 X 和 Y,且它们的消费偏好既定。

(2) 整个社会只有两种生产要素 L(劳动)和 K(资本)可供用于生产。

(3) X 和 Y 由两个生产部门生产,即一个部门专门生产 X,另一个部门专门生产 Y,这两个部门均使用两种要素 L 和 K 进行生产,且两部门的生产技术既定。

(4) 经济中劳动和资本的总量是固定的,但是每一产品部门可投入的要素是可变的。因此,一个部门投入要素的增加必然伴随着另一个部门投入要素的等量减少。

(5) 消费者的目标是在收入约束下实现效用极大化,而生产者的目标是在生产函数的约束下使其利润极大化。

(6) 整个社会的生产要素得到充分利用。

(7) 产品市场和要素市场是完全竞争的,即消费者和生产者都面临着相同的产品价格(P_X 和 P_Y)以及相同的要素价格(w 和 r)。

在这一模型中,当四个市场(两个商品市场和两个要素市场)以一组均衡价格(P_X 和 P_Y、r 和 w)出清时,并且当所有的经济主体(两个厂商和两个消费者)同时处于均衡时,一般均衡便实现了。因此,这一均衡模型要求决定以下变量的值:

(1) 两种商品 X 和 Y 的总产量。

(2) 所给定数量的 L 和 K 在每种商品生产中的配置(L_X,L_Y,K_X,K_Y)。

(3) 两个消费者所购买的 X 和 Y 的数量(X_A,X_B,Y_A,Y_B)。

(4) 商品的价格(P_X,P_Y)以及生产要素的价格(工资 w 和资本的租金 r)。

(5) 生产要素在 A 和 B 之间的所有权分配(L_A 和 L_B,K_A 和 K_B)。

总之,$2\times2\times2$ 一般均衡模型需要决定 18 个未知数。

三、一般均衡与帕累托最优境界

前面我们所介绍的 $2\times2\times2$ 一般均衡模型属于实证分析的范畴。但是,在经济学分析中,仅仅实证分析还是不够的。通常,经济学家除了要回答"是什么"的问题之外,还试图探讨"应该是什么"的问题,即他们试图从一定的社会价值判断标准出发,对一个经济体系的运行进行评价,并进一步说明一个经济体系应当怎样运行,并为此提出相应的经济政策。比如,尽管我们知道存在一般均衡,但这种一般均衡状态是否对整个社会是"最优"的呢? 即是否还存在其他更好的经济状态,在这些状态下,每个人从而整个社会的"福利"是否还会更大一些呢? 这些其实就是要探讨一个经济体系的资源配置是否能够达到"最优"或"最适度"(optimum)的问题。

对于如何评价一种资源配置状态优劣的问题,意大利经济学家帕累托(V. Pareto)提出一种衡量的标准,即如果一种资源的配置状态已达到这样一种境界,在此境界下资源不论再如何配置,也不能使某些经济个体得到更多的利益,同时不损及其他经济个体的既得利益,这样的一种境界就是帕累托最优境界(Pareto optimality)。

第二节 生产的一般均衡及其帕累托最优境界

我们首先从社会生产的角度来分析一般均衡问题。所谓生产的一般均衡是指在一定的技术水平条件下,社会生产部门利用其既定生产要素进行生产从而使得其产品产量达到最大化时的状态。经过一定的生产资源的配置和调整过程,最后能够实现生产的一般均衡的条件是任意两种生产要素的边际技术替代率 MRTS 对于使用这两种要素生产的商品来说都是相等的。

一、生产的一般均衡的实现

下面我们先用埃奇沃思盒状图来分析生产一般均衡的情况。

假设一个经济体系中的生产者只生产两种产品 X 及 Y,其使用的生产要素也有两种,即 L 及 K,其中可供生产产品 X 与 Y 的劳动总量为 L_0,即 $L_X + L_Y = L_0$;可供生产产品 X 和 Y 的资本总量为 K_0,即 $K_X + K_Y = K_0$。如图 9-1 所示,我们可由 L_0 及 K_0 构成一个盒状图,即埃奇沃思盒状图(Edgeworth box diagram),在这个盒状图中,横坐标表示所使用的劳动 L 的数量,纵坐标表示所使用的资本 K 的数量。图中的一系列等产量曲线是将生产产品 X 的等产量曲线与生产产品 Y 的等产量曲线合并而成的。根据等产量曲线的性质,对产品 X 而言,$X_1 < X_2 < X_3 < \cdots < X_n$;对产品 Y 而言,$Y_1 < Y_2 < Y_3 < \cdots < Y_n$。

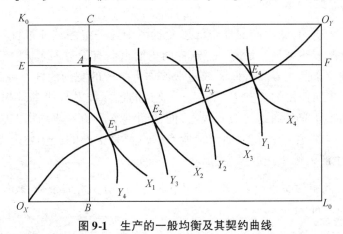

图 9-1　生产的一般均衡及其契约曲线

在这个盒状图中,我们只要任找一点,即可把产品 X 与 Y 所使用的劳动与资本的数量划分清楚,如图中的 A 点,表示产品 X 使用 AE 的劳动及 AB 的资本,而产品 Y 则使用 AC 的资本及 AF 的劳动,然而,在哪种生产要素的分配下才会实现生产的一般均衡呢?

假若生产要素的初始配置点为 A 点,从图 9-1 中可看出,此时通过 A 点的等产量曲线,其产品 X 与 Y 的边际技术替代率不相同,且产品 X 的边际技术替代率较大,即 $\text{MRTS}_{LK}^X > \text{MRTS}_{LK}^Y$,因为等产量曲线的斜率的绝对值(或 MRTS_{LK})恒等于两要素的边际产量之比,亦即

$$\text{MRTS}_{LK}^X = -\frac{dK}{dL} = \left(\frac{\text{MP}_L}{\text{MP}_K}\right)_X$$

$$\text{MRTS}_{LK}^Y = -\frac{dK}{dL} = \left(\frac{\text{MP}_L}{\text{MP}_K}\right)_Y$$

由此可知在配置点 A,产品 X 劳动的边际产量比产品 Y 相对较大,而产品 Y 资本的边际产量亦比产品 X 相对较大,即 $\left(\frac{\text{MP}_L}{\text{MP}_K}\right)_X > \left(\frac{\text{MP}_L}{\text{MP}_K}\right)_Y$,换言之,如果我们把产品 Y 的劳动移

至产品 X,而把产品 X 的资本转移到产品 Y,将会使得两者皆受益,因此,A 点不是帕累托最优点,存在帕累托改进的可能。在这种情况下,如何通过资源的重新配置来实现帕累托最优呢?

我们从 A 点出发,对资源进行重新配置,比如沿着等产量曲线 X_1 向 E_1 点移动,在这个移动过程中,虽然生产产品 X 的数量不变,但生产产品 Y 的数量却一直在增加,直到 E_1 点,到了 E_1 点之后,再进一步进行配置,就必然会减少 Y 的产量,因此两条等产量曲线的切点 E_1 即为帕累托最优点;同理,假若我们从 A 点沿着等产量曲线 Y_3 向 E_2 点移动,也会一直存在帕累托改进,直到两条等产量曲线的切点 E_2 时,不存在任何帕累托改进的可能,从而达到帕累托最优状态。

当然,从 A 点也可以向 E_1 和 E_2 这两点之间任一满足产品 X、Y 等产量曲线相切条件的点移动,达到产品 X、Y 等产量曲线相切的切点后,资源配置的效率不可能进一步改进。因为在任一切点上若试图重新配置资源,只会在增加一种产品产量的同时减少另一种产品的产量。因此,在这些切点上,便实现了帕累托最优。

二、生产的契约曲线

正如上面所分析的,从生产的埃奇沃思盒状图中任一资源的非最优点出发,都可以通过资源的重新配置达到最优均衡点。这样的均衡点会有无穷多个,连接这无穷多个最优均衡点便得到一条曲线 $O_X O_Y$,该曲线通常被称为生产的契约曲线。在该曲线上,X、Y 两种产品的生产中所使用的 L 和 K 两种生产要素的边际技术替代率是相等的。只要生产者通过资源的重新配置到达契约曲线上,便达到了生产的一般均衡,从而实现了生产的帕累托最优。因此,生产的契约曲线上所有的点都是生产的最优均衡点,也是生产有效率的点,亦即生产的帕累托最优。

- 生产具有效率的要素组合,必须满足 $\mathrm{MRTS}_{LK}^{X} = \mathrm{MRTS}_{LK}^{Y}$ 的条件,我们称之为生产的契约曲线(contract curve)。

另外,我们亦可从数学推导的角度来分析生产的帕累托最优的实现问题。

根据前述生产一般均衡的定义,在给定生产要素的总量和技术水平的条件下,帕累托最优配置使得每一个经济主体的产量尽可能达到最大。或者也可以这样说:现在假设产品 Y 的产量水平为 Y_0,保持不变,这时,只要实现了产品 X 的产量极大化,便实现了生产的帕累托最优。

因此,生产的帕累托最优化问题可写成:

$$\max \quad X = X(L_X, K_X)$$

$$\mathrm{s.t.} \begin{cases} Y = Y_0 (常数) \\ L_X + L_Y = L_0 \\ K_X + K_Y = K_0 \end{cases}$$

因此上面的数学最优化模型可改为

$$\max X = X(L_X, K_X)$$

$$\mathrm{s.t.} \ Y = Y(L_0 - L_X, K_0 - K_X) = Y_0 (常数)$$

构造拉格朗日函数为

$$L(L_X, K_X, \lambda) = X(L_X, K_X) + \lambda[Y(L_0 - L_X, K_0 - K_X) - Y_0]$$

对 L 分别求 L_X、K_X 的一阶偏导数,并令其为零:

$$\frac{\partial L}{\partial L_X} = \frac{\partial X}{\partial L_X} - \lambda \frac{\partial Y}{\partial L_Y} = MP_L^X - \lambda MP_L^Y = 0 \tag{9-1}$$

$$\frac{\partial L}{\partial K_X} = \frac{\partial X}{\partial K_X} - \lambda \frac{\partial Y}{\partial K_Y} = MP_K^X - \lambda MP_K^Y = 0 \tag{9-2}$$

整理(9-1)、(9-2)式可得:

$$\lambda = \frac{MP_L^X}{MP_L^Y} = \frac{MP_K^X}{MP_K^Y}$$

$$\Rightarrow \frac{MP_L^X}{MP_K^X} = \frac{MP_L^Y}{MP_K^Y}$$

$$\Rightarrow MRTS_{LK}^Y = MRTS_{LK}^X$$

因此,可知生产要实现帕累托最优必须满足 $MRTS_{LK}^X = MRTS_{LK}^Y$,此结论与前述相同。

> **实时测验 9-1**
>
> 若社会只生产 X 及 Y 两种产品,而已知 X 与 Y 的生产函数皆相同,且为 $f(L, K) = 5L^{0.4}K^{0.6}$,若社会上有 $\bar{L} = 100$,$\bar{K} = 200$,且只生产 X 与 Y 两种产品,试求生产的契约曲线。

第三节 产品交换的一般均衡及其帕累托最优境界

本节,我们将介绍产品交换的一般均衡的情况。倘若已知社会生产 X 及 Y 的产量,且这两种产品的总产量既定,分别为 X_0、Y_0。既定的产品总量 X_0、Y_0 欲在 A、B 两人之间进行分配。那么,应如何分配才能达到帕累托最优境界呢?

一、产品交换的一般均衡的实现

我们同样可利用埃奇沃思盒状图来进行分析。如图9-2所示,由既定的 X 及 Y 的产量 X_0 及 Y_0 构成的一个盒状图中,横坐标表示所要分配的产品 X 的数量,纵坐标表示所要分配的产品 Y 的数量。该图中的一系列无差异曲线由 A、B 两人的无差异曲线合并而成。依据无差异曲线的性质可知,$A_1 < A_2 < A_3 < \cdots < A_n$,$B_1 < B_2 < B_3 < \cdots < B_n$。

在盒状图中的任意一点,即可把 X 与 Y 的产品分配给 A 和 B 两个人,如图中的 R 点,表示 A 可得 ER 的 X 产品及 RB 的 Y 产品,而 B 可得 FR 的 Y 产品及 RG 的 X 产品。如前所述,在何种条件下才算达到帕累托最优呢?

如图9-2所示,若 A、B 两人对 X 及 Y 两产品的最初拥有状况位于 R 点时,此时 A、B 两人在通过 R 点的无差异曲线上的边际替代率不相同,且 A 的边际替代率较大,即 $MRS_{XY}^A > MRS_{XY}^B$,而无差异曲线的斜率(或 MRS_{XY})恒等于两产品的边际效用之比,亦即

$$MRS_{XY}^A = \left(\frac{MU_X}{MU_Y}\right)_A$$

$$\mathrm{MRS}_{XY}^{B} = \left(\frac{\mathrm{MU}_X}{\mathrm{MU}_Y}\right)_B$$

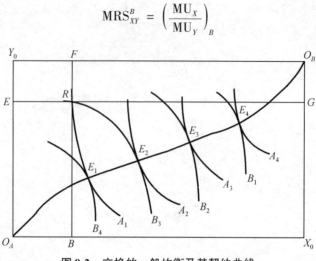

图 9-2 交换的一般均衡及其契约曲线

因此,在 R 点,A 对于产品 X 的边际效用比 B 大,而 B 对于产品 Y 的边际效用亦比 A 大,即 $\left(\frac{\mathrm{MU}_X}{\mathrm{MU}_Y}\right)_A > \left(\frac{\mathrm{MU}_X}{\mathrm{MU}_Y}\right)_B$,换言之,如果我们把 B 的产品 X 移至 A,而把 A 的产品 Y 转移到 B,将会使得两者的效用水平都提高,或至少使一人的效用水平提高而不会同时降低另一人的效用水平,因此,R 点不是帕累托最优点,亦不是有效的分配状况。在这种情况下,可通过产品的有效配置来实现帕累托最优。具体来说,A 愿意以较多的 Y 交换较少的 X,B 愿意以较多的 X 交换较少的 Y。通过交换至少可以使一方受益而另一方不会受损。例如,从 R 点开始,沿着 B 的无差异曲线 B_3 进行交易,达到 E_2 点,B 的效用水平没有变化,但是,A 的效用水平却由 A_1 提高到了 A_2;如果沿着 A 的无差异曲线 A_1 进行交易,达到 E_1 点,A 的效用水平没有变化,但是,B 的效用水平却由 B_3 提高到了 B_4。交易也可能位于 E_1 和 E_2 中间的某一点,因此使 A、B 两人都得到好处。从 R 点出发,交易的结果一旦达到 E_1 点或 E_2 点,继续交易而获利的机会将不再存在。如果再继续交易下去只会在使一方受益的同时而使另一方受损,或者使两方都受损。E_1 点或 E_2 点都是 A、B 二人无差异曲线相切的切点,表示在达到最优的交换的状况下,A、B 两人的边际替代率是相等的。

二、交换的契约曲线

同理,我们把满足 $\mathrm{MRS}_{XY}^{A} = \mathrm{MRS}_{XY}^{B}$ 条件的点 E_1、E_2 等连接起来所形成的曲线,称为交换的契约曲线。在该曲线的任一点上,A、B 两人的边际替代率都是相等的。只要参与交换的双方通过产品交换达到交换的契约曲线上,便达到了帕累托最优境界,从而实现了交换的一般均衡。

- 社会上,对生产出来的产品要分配给 A 与 B 两人时,其最佳分配条件为:$\mathrm{MRS}_{XY}^{A} = \mathrm{MRS}_{XY}^{B}$。

同样,我们亦可用数学证明如下:

$$\max U_A = U_A(X_A, Y_A)$$

$$\text{s.t.} \begin{cases} U_B = U_B(X_B, Y_B) = \overline{U}_B(\text{常数}) \\ X_A + X_B = X_0 \\ Y_A + Y_B = Y_0 \end{cases}$$

把上式改为

$$\max \quad U_A = U_A(X_A, Y_A)$$
$$\text{s.t.} \quad U_B(X_0 - X_A, Y_0 - Y_A) = \overline{U}_B(\text{常数})$$

利用拉格朗日函数,可得:

$$L = U_A(X_A, Y_A) + \lambda [U_B(X_0 - X_A, Y_0 - Y_A) - \overline{U}_B]$$

分别求 L 对 X_A、Y_A 的偏导数,并令其等于零:

$$\frac{\partial L}{\partial X_A} = \frac{\partial U_A}{\partial X_A} - \lambda \frac{\partial U_B}{\partial X_B} = \mathrm{MU}_X^A - \lambda \mathrm{MU}_X^B = 0 \tag{9-3}$$

$$\frac{\partial L}{\partial Y_A} = \frac{\partial U_A}{\partial Y_A} - \lambda \frac{\partial U_B}{\partial Y_B} = \mathrm{MU}_Y^A - \lambda \mathrm{MU}_Y^B = 0 \tag{9-4}$$

整理后可得:

$$\lambda = \frac{\mathrm{MU}_X^A}{\mathrm{MU}_X^B} = \frac{\mathrm{MU}_Y^A}{\mathrm{MU}_Y^B} \Rightarrow \frac{\mathrm{MU}_X^A}{\mathrm{MU}_Y^A} = \frac{\mathrm{MU}_X^B}{\mathrm{MU}_Y^B}$$

所以 $\mathrm{MRS}_{XY}^A = \mathrm{MRS}_{XY}^B$。

此结论与前面所得到的结论相同。

三、经济核

如前所述,在理性经济人假设下,具有既定偏好的交换的双方都会追求自己的效用极大化,这样,交换的最优路径就是交换的契约曲线,因为在这条曲线上,双方都达到了各自效用的极大化,而且不存在任何帕累托改进的可能,即假若给定某个消费者的效用水平,另一个消费者的效用水平都不可能再提高了。

但是,在两个消费者的初始禀赋给定的情况下,如图9-2所示,比如在 R 点,两个消费者可能的交换结果就不是全部的契约线,而只能是契约线上的某一段。因为对于导致自己效用水平降低的交换,消费者肯定会加以阻止(或抵制)。例如,盒状图中消费者 A 从初始禀赋点 R 出发追求自身效用极大化而变换契约曲线 $O_A O_B$ 的过程中,肯定不会到达契约曲线 $O_A O_B$ 中的 $O_A E_1$ 区域,因为对于这一区域中各个最优交换点,虽然消费者 B 很欢迎,因为自己的效用水平增加了,但是消费者 A 却会极力反对,因为自己的效用水平下降了,因此,在初始禀赋点为 R 的情况下,契约曲线上 $O_A E_1$ 一定是消费者 A 竭力抵制交易的区域。同理可知,契约曲线上 $O_B E_2$ 也一定是消费者 B 竭力抵制交易的区域。唯有 $E_1 E_2$ 才是消费者 A 和 B 在初始禀赋 R 下愿意进行交易的区域。这一区域被称为经济核(economic core),或交换核。

- 在初始禀赋给定的情况下,不被任何一个理性消费者所极力抵制的所有可能的交易结果的集合,就是经济核。

有了经济核的概念,我们可知,如图9-3所示,从 R 出发的阴影部分区域都是 A、B 双方可能交换的区域,但它们交换的最优区域却是 $E_1 E_2$。因此,经济核就是给定初始商品禀赋条件下纯交换经济中所有可能的均衡状态的集合。接下来,我们更加关心的问题是，在一种特殊的市场环境，即竞争性市场环境中，这样的经济核是如何达到并实现的。

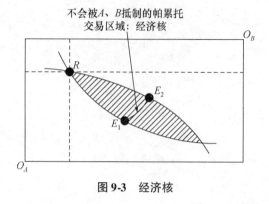

图 9-3　经济核

四、交换经济下竞争性均衡的实现

前面我们描述了交换经济下消费者如何直接通过纯粹的物物交换方式来实现交换的一般均衡，从而达到帕累托最优境界。但是，这种方法也有其本身缺陷：一方面，我们都知道，在现实经济社会中，绝不止两个消费者或两类消费者，因此，要通过这种直接进行交换的方式来达到经济效率，事实上并不可能；另一方面，即便是能做到，我们最多也仅知道，最后的均衡一定是在此交换经济体系的经济核之中而已，但却无法确切知道均衡点是经济核中的哪一个点。为了解决这些问题，我们将介绍完全竞争体系或市场经济机制是如何达到经济效率，从而实现帕累托最优的。①

在完全竞争市场的假设下，所有消费者均是价格的接受者，因而只要市场价格给定，每一个消费者就可在这些价格下，决定各自的最优消费量。基于这个理由，我们可以想象一下，在原来的交换经济中，除了两位消费者 A、B 外，还存在一个公正的第三方，我们称之为叫价者（auctioneer），担任叫价的角色，以模拟竞争市场的运作情形。一开始时，叫价者先叫出一组价格 (p_X^1, p_Y^1)，于是两位消费者在这组价格下，依据其初始禀赋 (X_0^A, Y_0^A) 和 (X_0^B, Y_0^B) 可分别算出各自的货币收入为：

$$p_X^1 X_0^A + p_Y^1 Y_0^A = I^A$$
$$p_X^1 X_0^B + p_Y^1 Y_0^B = I^B$$

然后，面对价格 (p_X^1, p_Y^1) 及货币收入 I^A 和 I^B，两位消费者可选取使其效用达到最大的购买量 (X^{A*}, Y^{A*}) 和 (X^{B*}, Y^{B*})。然而，一般而言，消费者对 X 的总需求量 $X^{A*} + X^{B*}$ 和市场上 X 的总供给量 $X_0^A + X_0^B$ 并不会相等。同样，消费者对 Y 的总需求量 $Y^{A*} + Y^{B*}$ 和市场上 Y 的总供给量 $Y_0^A + Y_0^B$ 也可能不会相等。因此，叫价者可根据市场供需的实际情况，更改两种产品的价格。如 $X^{A*} + X^{B*} > X_0^A + X_0^B$ 时，X 产品市场有超额需求（excess demand），故应将 X 产品的价格提高至 p_X^2（即 $p_X^2 > p_X^1$）。反之，若 X 产品有超额供给

---

① 这里必须特别强调的是，达到经济效率或达到某一特定的有效率的分配方法，并不仅限于市场经济体系。例如，在一个中央集权体制中，如果政府真能拥有包括消费者偏好及禀赋在内的所有信息，那么理论上政府就可选定契约线上任何一点，再通过计划、命令的方式，直接使经济体系达到该点，而不必借助任何市场因素和机能。不过，我们也知道，政府事实上并不可能拥有这些信息，从而在计划经济下指令性计划并不能实现经济效率。也正因如此，了解竞争市场机制如何达到经济效率就成为我们研究一般均衡实现的重要课题。

(excess supply),即 $X^{A*} + X^{B*} < X_0^A + X_0^B$,则应将 X 产品的价格降低。同样的原理可应用于 Y 产品而得到其新价格 p_Y^2。

在面对新的产品价格 (p_X^2, p_Y^2) 时,消费者可像面对 (p_X^1, p_Y^1) 时一样,重新再作最优选择,然后叫价者再比较两产品的总供给和总需求,以决定是否需要再调整价格。如此不断反复下去,直到 X 和 Y 两产品市场都不再有超额供给或超额需求才停止。此时,我们就说此交换经济体系已经达到竞争均衡或市场均衡(market equilibrium)。另外,因上述这种利用叫价方式调整达到均衡的概念,源自法国著名经济学家瓦尔拉斯(Léon Walras, 1834—1910),故也常称之为瓦尔拉斯均衡(Walrasian equilibrium)。

现在我们利用埃奇沃思盒状图来说明上述竞争均衡是如何达到的。当消费者所面对的价格为 (p_X^1, p_Y^1) 时,A 的预算约束方程为:

$$p_X^1 X^A + p_Y^1 Y^A = I^A = p_X^1 X_0^A + p_Y^1 Y_0^A$$

图 9-4(a) 中,假定初始禀赋点为 e,则 A 的预算线是以 O_A 为原点,通过 e 点,斜率为 p_X^1/p_Y^1 的直线。由图可知 A 的最优消费点为 a,或 (X^{A*}, Y^{A*})。同理,B 的预算线也是通过 e 点,斜率为 p_X^1/p_Y^1,只不过是对应于原点 O_B,因而其最优消费点为 b,或 (X^{B*}, Y^{B*})。由图 9-4(a) 我们可以很清楚地看到,此时:

$$X^{A*} + X^{B*} < X_0^A + X_0^B$$
$$Y^{A*} + Y^{B*} > Y_0^A + Y_0^B$$

即在价格为 (p_X^1, p_Y^1) 时,X 产品市场有超额供给,而 Y 产品市场有超额需求,因此,价格体系 (p_X^1, p_Y^1) 并未使市场达到均衡,其被称为非竞争均衡价格。如前所述可知,要使两产品市场达到均衡,叫价者需提高 Y 的价格,降低 X 的价格。假定叫价者所决定的新价格为 (p_X^2, p_Y^2),其中 $p_X^2 < p_X^1, p_Y^2 > p_Y^1$,则对应于新价格的预算线为通过 e 点,斜率为 p_X^2/p_Y^2 的直线。因为 $p_X^2/p_Y^2 < p_X^1/p_Y^1$,所以新预算线较图 9-4(a) 中的原预算线平坦,我们将其绘于图 9-4(b) 中。

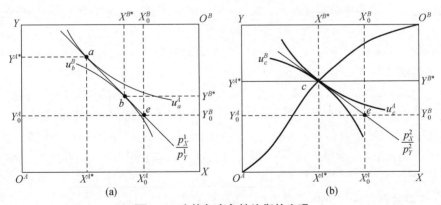

图 9-4 交换与竞争性均衡的实现

如图 9-4(b) 所示,在面对此新预算线时,两消费者的无差异曲线同时与此预算线相切于 c 点,故此时最优消费量分别为 (X^{A*}, Y^{A*}) 和 (X^{B*}, Y^{B*})。由图 9-4(b) 我们也可清楚地看到,在此情形下,

$$X^{A*} + X^{B*} = X_0^A + X_0^B$$
$$Y^{A*} + Y^{B*} = Y_0^A + Y_0^B$$

因而两市场同时达到均衡,故(p_X^2, p_Y^2)是一组竞争均衡价格。此外,因为

$$X^{A*} < X_0^A, \quad Y^{A*} > Y_0^A$$
$$X^{B*} > X_0^B, \quad Y^{B*} < Y_0^B$$

我们也知道这两消费者在市场价格为(p_X^2, p_Y^2)时进行商品买卖的轨迹,即由 A 出售 $X_0^A - X^{A*}$ 的 X 产品给 B,再向 B 购买 $Y_0^B - Y^{B*}$ 的 Y 产品。最后,由消费者效用极大化的条件可知,在 c 点上将恒满足:

$$\text{MRS}_{XY}^A = \frac{p_X^2}{p_Y^2} = \text{MRS}_{XY}^B$$

五、福利经济学第一定理和第二定理

显然,图9-4(b)中的 c 点是契约线上的一点,体现了交换的帕累托最优境界,同时,在该点上商品 X 和 Y 的市场供求关系在价格机制的作用下实现了出清。换句话说,在市场及价格机制运作下达到竞争均衡时,该经济体系也达到了帕累托最优境界。这个结果一般称为福利经济学第一定理(the first theorem of welfare economics),也是亚当·斯密(Adam Smith)所强调的"市场(价格)机制像一只看不见的手(an invisible hand)"的含义所在。因为它清楚地显示,在自由市场经济下,个人追求自身效用最大的"自利"行为,就会导致整个经济效率的实现。

- 福利经济学第一定理是指在经济主体的偏好性状良好的条件下,不管经济体系的初始资源配置怎样,分散化的竞争市场可以通过个人自利的交易行为达到瓦尔拉斯均衡,而这个均衡一定是帕累托有效的配置。

福利经济学第一定理告诉我们,在市场为完全竞争的情况下,市场自由运行所决定的均衡,必然达到经济效率,即均衡点必然在此经济体系的契约线上。

但我们必须特别强调,经济效率或帕累托最优境界纯粹是技术性观念。只要经济个体无法再通过交易实现帕累托改进,即已达到经济效率,因此,它与市场结构或经济制度没有任何关系。福利经济学第一定理只不过是说,如果市场真的是完全竞争的,那么其所决定的均衡必然满足经济效率。切记,竞争均衡只是达到经济效率的可能方式之一,而不是非得通过竞争市场才能达到经济效率。

另外,我们应该知道,即使竞争均衡导致经济效率,这也只不过是说资源的配置没有浪费,没有"无效率"的状况发生,而不包含对于此均衡的任何评价。我们最多只能说,不在契约线上的均衡,不可能是一个最适或最好的均衡,但我们却完全不知道,契约线上到底哪一点最适或最好。因为"好"或"坏",或者更明确点,"公平"或"不公平",都含有主观的价值判断,而无法由技术性的客观方法来判定。当一个经济体系由不同的消费者组成,而不同的消费者又有不同的价值判断时,社会上最优的资源分配就得通过各种机制来共同决定。一般而言,不管以哪一种机制所决定出来的社会最优(social optimum)进行分配,与竞争均衡所决定的资源分配是不太可能相同的。

在图9-5中,假定原始禀赋点为 e_0,且唯一竞争均衡点为 a,此时 A、B 两人的效用分别为 u_0^A、u_0^B。然而,如前所述,均衡点 a 并不见得是此经济体系中大家所共同接受的最优资源配置点。比如说,通过某种社会机制(如公共投票或某种形式的选举),大家同意 b 点才是最优的分配点,那么最直接的问题是,如何才能达到此时的社会最优点 b?显然,

如果完全不加以干预而让市场自由运行的话,经济体系会停留于 a 点而非 b 点。当然,在一个完全计划经济体系下,只要计划制定者能确定社会最优点为 b,就可直接将资源重新分配到 b 点。

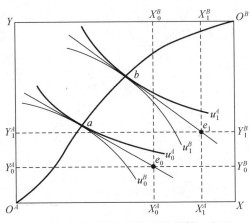

图 9-5　资源配置与福利经济学第二定理

不过,在此重要的是,只要能确定社会最优点为 b,那么在适当的条件下,我们只要将原始禀赋点加以重新分配(reallocation),而不用直接干预市场的运行,就可使 b 点成为新禀赋下的竞争均衡。如图 9-5 所示,我们可以很清楚地看到,只要将禀赋点 e_0 加以调整,使新的禀赋点位于直线 be_1 上(如 e_1 点),则在均衡为唯一的假设下,b 点就会成为新的竞争均衡。于是,通过适当的禀赋(或收入)再分配(由 e_0 点到 e_1 点可视为将 B 的部分收入转移给 A,或 B 将部分 X 和 Y 产品转移给 A),市场机能不但能达到经济效率,也达到了社会最优点。这个结果就是所谓的福利经济学第二定理(the second theorem of welfare economics)。

- 福利经济学第二定理是指任何帕累托最优状态,都可以通过适当的收入或资源再分配方案,由市场的竞争均衡来实现。

有了福利经济学第二定理,我们可以将其与福利经济学第一定理加以结合来进行分析。从两个定理的基本含义,我们可以得到如下结论:竞争均衡必然达到经济效率;反之,在适当的假设下,契约线上任何一点,均可通过适当的收入或资源再分配,成为竞争均衡。这一结论仿佛给了我们一个看法,即福利经济学第二定理只不过是福利经济学第一定理的逆定理而已。其实,这种看法基本上没错,但并不完全对。主要的问题在于,仔细分析我们就会发现,在谈论福利经济学第一定理的时候,我们几乎没有谈到任何前提条件,但在叙述福利经济学第二定理时,则一定加上"适当的条件"或"适当的假设",由此可见,福利经济学第二定理的成立,是有比较严格的要求。比如 A、B 两人的偏好必须都是(严格)凸性,亦即两人的 MRS 必须都是递减的。当这个假设不成立时,福利经济学第二定理也就可能不再成立。

如图 9-6 所示,A 的无差异曲线为正常的(严格)凸性,但 B 的无差异曲线则不具备这个性质。图中 a 为 u_0^A 与 u_0^B 相切之点,即有 $\text{MRS}_{XY}^A = \text{MRS}_{XY}^B$,且 a 为契约线上的点。依据前面的分析我们可知,可能使 a 点成为竞争均衡的预算线为 ae;但由图 9-6 我们也可清楚地看到,在此预算线下,a 点虽然是 A 的最优选择,但 B 的最优选择却是 b 点,因此,a

点事实上不可能成为竞争均衡,在这种情况下福利经济学第二定理也就不成立了。

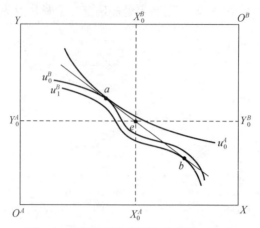

图 9-6　偏好凸性与福利经济学第二定理

第四节　生产、交换同时实现一般均衡与帕累托最优

在一个社会里,若想达到经济效率的目标,除了要达到上面所讨论的生产的一般均衡和产品交换的一般均衡外,还要把生产和交换结合起来,探讨它们同时实现一般均衡的情况。

一、从生产契约曲线到生产可能性曲线

首先,我们先介绍生产可能性曲线。

- 生产可能性曲线(production possibility frontier)是指在其他条件(如技术、要素供给等)不变时,生产 X 与 Y 所能达到的最大产量的组合。其上的每一点必满足 $MRTS_{LK}^X = MRTS_{LK}^Y$。

由此定义,我们可以由生产的契约曲线来推导生产可能性曲线。我们已知,生产契约曲线是生产要素配置的最优曲线,生产契约线上的任一点都是最有效率地被生产出来的两种商品 X 和 Y 的不同数量的组合。因此,生产的契约线上的每一点,其在生产可能性曲线上必有一点与之对应,如图 9-7 所示,当 X 产量固定在 100 时,产品 Y 最多可以生产 200 单位,因此契约线上的 A 点对应着生产可能性曲线上的 A' 点,同理,我们亦可找出 B 点对应着 B' 点,由这些一对一的关系即可找出生产可能性曲线来。它表示既定数量的生产要素所能生产的商品 X 和 Y 的最大数量组合。在生产可能性曲线以内的点 D 表示社会最初的资源配置所生产出来的商品 X 和 Y 的组合,在 D 点,增加两种商品的产量是可能的,因而 D 是资源配置无效率点。在生产可能性曲线以外的点表示即使充分利用现有生产要素也不可能生产的两种商品的数量组合,如图 9-7(b)中的 E 点。只有生产可能性曲线上的每一点才会满足 $MRTS_{LK}^X = MRTS_{LK}^Y$ 的条件。此生产可能性曲线的形状及特性怎样?我们介绍如下。

(1) 生产可能性曲线的斜率为负。因为在社会资源总量固定的情况下,要增加一种商品 X 的产量,必须把更多的资源从商品 Y 的生产转换到商品 X 的生产上,商品 Y 的产

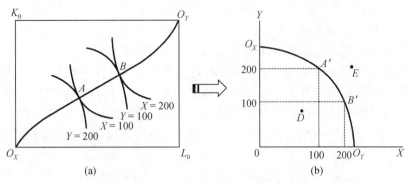

图 9-7 生产的契约线与生产可能性曲线

量必须相应减少。生产可能性曲线的斜率,亦被称为边际转换率(marginal rate of transformation),其定义如下:

$$\text{MRT}_{XY} = -\frac{dY}{dX}$$

如图 9-7(b)所示,若想增加一单位的 X 产量,势必放弃 dY/dX 单位的 Y 产量,故 MRT_{XY} 亦称为机会成本,当 X 越多时,其斜率越陡,因而机会成本递增。

(2) 生产可能性曲线凹向原点,即曲线自上而下变得越来越陡峭。当我们沿着生产可能性曲线增加 X 的产量时,MRT_{XY} 是递增的。这是因为两种生产要素的总量是固定的,而且两种产品的生产是以不同的比例和强度(即 X 和 Y 产品的边际产量)来使用劳动和资本数量的。

让我们从生产可能性曲线上的 O_X 点开始,用全部的资源只生产 Y 产品。现在,我们将一部分劳动和资本从 Y 产品的生产中调动出来,投入 X 产品的生产,沿着生产可能性曲线向 A' 点移动,X 的边际产量将高于 Y 的边际产量,而增加 1 单位 X 的产量所必须放弃的 Y 产品的数量很小(MRT 小于 1)。但是,当我们沿生产可能性曲线继续增加 X 的产量并减少 Y 的产量而移向 B' 点时,必须不断从 Y 产品的生产中转移生产要素,X 的边际产量递减而 Y 的边际产量递增,MRT 将大于 1。这就是说,要不断得到产品 X 是以牺牲越来越多的产品 Y 的数量为代价的。生产可能性曲线的形状取决于生产技术的性质。如果两种产品的资本与劳动比例始终相同,并且两种产品的生产均具有不变的规模报酬,那么生产契约曲线就是一条对角线,从而生产可能性曲线就是一条直线,边际产品转换率为常数。

(3) 边际产品转换率等于两种产品的边际成本之比。在生产可能性边界上,由于多生产一种商品 $X(\Delta X)$,就得付出少生产另一种商品 $Y(\Delta Y)$ 的代价。ΔY 就是 X 产量增加 ΔX 而增加的机会成本,即 $\Delta Y = \text{MC}_X$。同样,$\Delta X = \text{MC}_Y$。因此,生产可能性曲线的斜率度量的是用一种产品来表示的另一种产品的边际成本。当 ΔX 或 ΔY 为无限小时,边际产品转换率可以表示为:

$$\text{MRT}_{XY} = -\frac{dY}{dX} = \frac{\text{MC}_X}{\text{MC}_Y}$$

二、从生产可能性曲线到交换契约曲线

在图 9-7(b)的生产可能性曲线上选择某一点 S,它与图 9-7(a)中生产的契约曲线上

的点相对应，表示商品 X 和 Y 的一个组合。这个组合是利用现有的劳动和资本所能生产的商品 X 和 Y 的最大数量 X_0 和 Y_0。

现在我们可以利用商品 X 和 Y 的产量做出一个埃奇沃思盒状图 $O_A X_0 S Y_0$（如图9-8所示）：它的长表示商品 X 的数量 X_0，宽表示商品 Y 的数量 Y_0；以 O_A 为原点所形成的一系列无差异曲线表示消费者 A 使用商品 X 和 Y 所得到的效用，以 O_B 为原点所形成的一系列无差异曲线表示消费者 B 使用商品 X 和 Y 所得到的效用。消费者 A 和 B 无差异曲线的切点形成的分配契约曲线 $O_A O_B$，表示利用现有的商品 X 和 Y 所能得到的最大效用的轨迹。

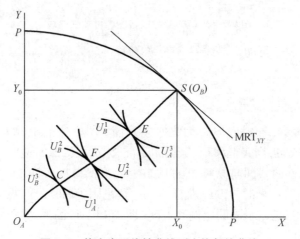

图 9-8　从生产可能性曲线到交换契约曲线

三、从交换契约曲线到效用可能性曲线

在图9-8中，对于消费者 A 或 B 来说，都有一组无差异曲线，离各自原点越远的无差异曲线，代表的效用水平越高。双方无差异曲线的切点，即交换契约曲线上的各点，代表所能得到的最高效用水平。如果把这些点在横轴表示消费者 A 的效用水平、纵轴表示消费者 B 的效用水平的坐标系中表示出来，就可以得到图9-9中的效用可能性曲线 UPF。它表示利用现有的商品 X 和 Y 所能得到的最大效用。

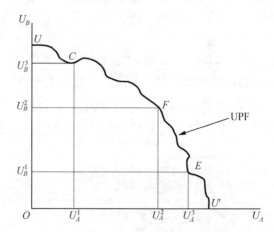

图 9-9　效用可能性曲线

在效用可能性曲线上,虽然存在着许多最大效用组合点,但只有一点会是最优点,且满足生产和交换的帕累托最优条件。例如,在图 9-8 中,选择了产量 S 以后,社会就可以有既定的产量在社会成员之间进行交换,其交换后所形成的交换契约曲线即为 $O_A O_B$,在 $O_A O_B$ 上一定会存在 F 点,这一点所对应的无差异曲线切点的斜率等于 S 点的斜率,这意味着生产的边际转换率等于商品的边际替代率,即 $\text{MRS}_{XY}^A = \text{MRS}_{XY}^B = \text{MRT}_{XY}$,使生产和交换同时达到帕累托最优状态。同样,我们可推知在图 9-9 的效用可能性曲线 UPF 中,将有一点 F 与图 9-8 中的 F 点相对应。

现在我们来解释为什么一定会存在 F 点,或者说为什么当 A、B 两人的边际替代率与边际转换率相等,即 $\text{MRT}_{XY} = \text{MRS}_{XY}^A = \text{MRS}_{XY}^B$ 时,才能实现生产和交换的帕累托最优。其原因为:如果 MRT_{XY} 不等于 MRS_{XY}^A 和 MRS_{XY}^B,比如,若 MRS = 1,MRT = 2,则表明消费者愿意放弃 1 单位 Y 以得到 1 单位 X。但是生产中为多生产 1 单位 X 需要放弃 2 单位 Y 的生产,这说明重新配置资源以减少 X 的生产是必要的。显而易见,此时若减少 1 单位 X 的生产,就可相应地多生产 2 单位的 Y 商品。对消费者来说,如果放弃 1 单位的商品 X 来换取 1 单位的商品 Y 就可以维持其原来的效用水平。现在,消费者通过放弃 1 单位的商品 X 并把它们转换成 2 单位的商品 Y,他的境况可能会变得更好,而且这个过程中没有任何其他人境况变差。只要边际替代率不等于边际转换率,总存在着一种能使消费者境况更好的消费和生产的重新分配方式。总之,只要 MRT 与 MRS 不相等,重新配置资源就会使消费者受益。只有 MRS = MRT,才能使生产满足消费者的需要,又使资源达到有效的配置,实现生产和交换的帕累托最优。

- 生产和交换同时实现帕累托最优的条件:

$$\text{MRT}_{XY} = \text{MRS}_{XY}^A = \text{MRS}_{XY}^B$$

我们也可以用数学方法来证明生产和交换同时实现帕累托最优的条件。

首先要定义一个转换函数,它是生产可能性曲线的数学表达式:

$$T(X, Y) = 0$$

对上式全微分有:

$$\frac{\partial T(X,Y)}{\partial X} \cdot dX + \frac{\partial T(X,Y)}{\partial Y} \cdot dY = 0$$

因此,生产可能性曲线斜率的绝对值,即 MRT 为:

$$\text{MRT}_{XY} = -\frac{dY}{dX} = \frac{\partial T/\partial X}{\partial T/\partial Y}$$

生产和交换的一般均衡可以表述为:在给定利润极大化时 X、Y 的产量和给定其他人效用水平的情况下,使某个人的效用实现极大化。可以把上述极大化问题写成:

$$\max \quad U_A(X_A, Y_A)$$
$$\text{s.t.} \begin{cases} U_B(X_B, Y_B) = \overline{U} \\ T(X, Y) = 0 \end{cases}$$

构造拉格朗日函数为:

$$L = U_A(X_A, Y_A) - \lambda_1 [U_B(X_B, Y_B) - \overline{U}] - \lambda_2 T(X, Y)$$

分别求 L 对 X_A、Y_A、X_B、Y_B 的偏导数:

$$\partial L/\partial X_A = \partial U_A/\partial X_A - \lambda_2 \cdot \partial T/\partial X = 0 \qquad (9\text{-}5)$$

$$\partial L/\partial Y_A = \partial U_A/\partial Y_A - \lambda_2 \cdot \partial T/\partial Y = 0 \qquad (9\text{-}6)$$

$$\partial L/\partial X_B = -\lambda_1 \cdot \partial U_B/\partial X_B - \lambda_2 \cdot \partial T/\partial X = 0 \qquad (9\text{-}7)$$

$$\partial L/\partial Y_B = -\lambda_1 \cdot \partial U_B/\partial Y_B - \lambda_2 \cdot \partial T/\partial Y = 0 \qquad (9\text{-}8)$$

(9-5)和(9-6)式整理后相除可得：

$$\frac{\partial U_A/\partial X_A}{\partial U_A/\partial Y_A} = \frac{\partial T/\partial X}{\partial T/\partial Y} = \mathrm{MRT}_{XY}$$

(9-7)和(9-8)式整理后相除可得：

$$\frac{\partial U_B/\partial X_B}{\partial U_B/\partial Y_B} = \frac{\partial T/\partial X}{\partial T/\partial Y} = \mathrm{MRT}_{XY}$$

因此，可以得到：

$$\mathrm{MRT}_{XY} = \mathrm{MRS}_{XY}^A = \mathrm{MRS}_{XY}^B$$

四、总效用可能性曲线与经济福利最大化的效用组合

然而，在图9-8中的生产可能性曲线上，不是只有S点可供选择，而是有许多的点可供选择。这样，在图9-8中就可以有许多埃奇沃思盒状图和许多交换的契约曲线，因而也会有许多类似图9-9中的效用可能性曲线，比如VV'、WW'等，并且在不同的效用可能性曲线上可得到相应的最优效用点，这些点能够同时保证生产和交换的帕累托最优，如UPF上的F点。把这些点连接起来，就可以得到图9-10中相对应的总效用可能性曲线，如GUPF曲线所示。

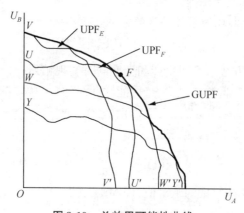

图 9-10 总效用可能性曲线

综上所述，我们可知，只要在生产可能性曲线上任找一点，必有一条UPF与之对应，由于生产可能性曲线有无穷多条，因此，UPF亦有无穷多条，我们再从这无穷多条的UPF中找出其最外面的边界线，称之为总效用可能性曲线(grand utility possibility frontier)，这条线表示消费者A与B可获得最大效用的可能组合，换言之，在GUPF上的点必须要达到经济效率，即必须满足下列三个条件：

(1) $\mathrm{MRTS}_{LK}^X = \mathrm{MRTS}_{LK}^Y$

(2) $\mathrm{MRS}_{XY}^A = \mathrm{MRS}_{XY}^B$

(3) $\mathrm{MRS}_{XY} = \mathrm{MRT}_{XY}$

在此情况下，我们可知，如果社会中有两个以上消费者，要达到经济效率的情况不止

存在一点,而有许多点(GUPF 线上都是),因此,我们如何在这无穷多点中找一点呢？英国经济学家柏格森(A. Bergson)首先提出社会福利函数(social welfare function)的概念,认为社会福利的函数应决定于消费者 A 与 B 的效用大小,即 SW(社会福利) = $f(U_A, U_B)$,从此福利函数中,找出社会福利最大的点 E,则 E 点即为我们所要求的经济效率与福利最大的点,同时,由此 E 点亦可反推回去找出原生产可能性曲线上与其对应的生产点。

在柏格森所使用的社会福利函数中,由于牵涉到个人间的效用比较,因此,在实际中是无法衡量的,而且也无法确切地画出,因而 E 点是无法得知的,但这并不表示此种社会福利函数就毫无价值,因为我们至少还可得到下面几个结论:

(1) 经济效率只是社会福利达到最大的必要条件而已,而非充分条件,换言之,达到经济效率并不一定达到社会福利最大。

(2) 竞争市场会导致经济效率(即在 GUPF 上),但并不一定会达到社会福利最大。

(3) 竞争市场会导致经济效率,但不一定要竞争市场才可导致经济效率,因为只要决策当局有充分的应付能力,即可想出相应的策略使得社会的经济结构趋向 GUPF。

(4) 当社会的经济从没有效率变为具有经济效率时,社会的福利却有可能下降(如图 9-11 中的 C 点到 F 点),换言之,提高经济效率并不见得可以提高社会福利。

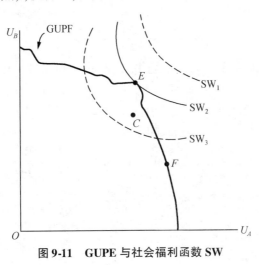

图 9-11　GUPE 与社会福利函数 SW

第五节　完全竞争市场与经济效率

在完全竞争市场下,通过市场机制的作用,可以导致生产资源和产品的分配实现帕累托最优,从而使得经济体系达到经济效率的境界。现说明如下:

(1) 完全竞争市场会导致 $\mathrm{MRTS}_{LK}^X = \mathrm{MRTS}_{LK}^Y$,实现生产的帕累托最优。如前所述,在完全竞争的要素市场上,每个厂商皆为市场要素价格的接受者,所以在生产者选择最优的要素组合时,必须满足如下条件:

$$\left(\frac{\mathrm{MP}_L}{\mathrm{MP}_K}\right)_X = \mathrm{MRTS}_{LK}^X = \frac{w}{r}$$

$$\left(\frac{MP_L}{MP_K}\right)_Y = MRTS_{LK}^Y = \frac{w}{r}$$

所以，

$$MRTS_{LK}^X = MRTS_{LK}^Y = \frac{w}{r}$$

（2）完全竞争市场会导致 $MRS_{XY}^A = MRS_{XY}^B$，实现产品分配的帕累托最优。因为在完全竞争市场上，所有的消费者皆为市场价格的接受者，所以在消费者达到均衡时，其消费的两种商品的边际效用之比将等于两种商品的价格之比，即

$$\left(\frac{MU_X}{MU_Y}\right)_A = MRS_{XY}^A = \frac{P_X}{P_Y}$$

$$\left(\frac{MU_X}{MU_Y}\right)_B = MRS_{XY}^B = \frac{P_X}{P_Y}$$

因为所有消费者都面临着相同的价格比，所以，

$$MRS_{XY}^A = MRS_{XY}^B = \frac{P_X}{P_Y}$$

（3）完全竞争市场将导致 $MRS_{XY}^A = MRS_{XY}^B = MRT_{XY}$，从而实现生产和交换的帕累托最优。从前面的分析我们知道：

$$MRT_{XY} = \left|\frac{\Delta Y}{\Delta X}\right| = \left|\frac{MC_X}{MC_Y}\right|$$

又根据第七章可知，在完全竞争市场中，厂商实现利润最大化的条件是产品的价格等于其边际成本，即 $P_X = MC_X, P_Y = MC_Y$，所以，

$$\frac{MC_X}{MC_Y} = \frac{P_X}{P_Y}$$

又因为 $MRS_{XY}^A = MRS_{XY}^B = \frac{P_X}{P_Y}$，所以 $MRS_{XY}^A = MRS_{XY}^B = \frac{P_X}{P_Y} = \frac{MC_X}{MC_Y} = MRT_{XY}$。

- 产品及要素市场皆为完全竞争市场时，将使得经济体系达到经济效率的境界，即满足：

  （1）$MRS_{XY}^A = MRS_{XY}^B$

  （2）$MRTS_{LK}^X = MRTS_{LK}^Y$

  （3）$MRT_{XY} = MRS_{XY}$

本章总结 》》

1．一般均衡是与局部均衡相对应的。局部均衡是指在假定其他市场不变的情况下，某一特定产品或要素的市场均衡。而一般均衡是指一个经济体系中，所有市场的供给和需求同时达到均衡的状态。

2．如果一种资源的配置已达到这样一种状态，在此状态下资源不论再如何配置，亦不能使某些经济个体得到更多的利益，同时不损及其他经济个体的既得利益，这样的一种状态就是帕累托最优。

3．交换经济的一般均衡是指当社会生产状况既定，人们初始分配状况也既定时，通过产品所有者之间的自由交换而使得交换各方达到效用最大化的均衡状态。

4. 把满足 $\text{MRS}_{XY}^A = \text{MRS}_{XY}^B$ 条件的点连接起来所形成的曲线,叫作分配的契约曲线。只要参与分配的双方通过产品分配达到分配的契约曲线上,便达到了帕累托最优,从而实现了分配的一般均衡。

5. 若社会上所生产的任何两种产品的边际技术替代率都相等,我们就认为此时该社会达到了帕累托最优状态,从而实现了生产效率。连接这无穷多个最优均衡点便得到一条曲线,通常称之为生产的契约曲线。生产的契约曲线上所有的点都是生产的最优均衡点,也是生产有效率的点。

6. 生产可能性曲线是指在其他条件(如技术、要素供给等)不变时,生产 X 与 Y 所能达到的最大产量的组合。该线上每一点必会满足 $\text{MRTS}_{LK}^X = \text{MRTS}_{LK}^Y$,它表示既定数量的生产要素所能生产的商品 X 和 Y 的最大数量组合。

7. 生产和交换同时实现帕累托最优的条件:$\text{MRT}_{XY} = \text{MRS}_{XY}^A = \text{MRS}_{XY}^B$。

8. 在完全竞争市场下,通过市场机制的作用,可以使生产资源和产品的分配达到帕累托最优状态,从而使得经济体系达到经济效率的境界。

复习思考题与计算题》》

1. 请判断下列说法是否正确,并简要说明理由:

(1) 资源配置如果无法做到改善某些人的福利状况,同时又不损害其他人的福利,从经济学意义上看就是有效率的。   (   )

(2) 为了达到生产的帕累托最适度状态,必须使任何使用某两投入要素的两厂商的该两要素之间的边际技术替代率相等,即使这两个厂商生产的产品很不相同。   (   )

(3) 从埃奇沃思盒状图中某一初始禀赋开始,如果通过讨价还价达到的自由交易契约是符合帕累托最适度状态所要求的,那么该交换契约可以位于契约曲线的任何地方。   (   )

(4) 从初始配置出发,仅存在一个价格体系能够达到竞争性有效均衡。(   )

(5) 在只有两种商品的纯交换经济里,如果当两种商品的价格为 $p_1=12$ 和 $p_2=27$ 时达到竞争性均衡,那么当价格为 $p_1=24$ 和 $p_2=54$ 时也一定是竞争性均衡。   (   )

(6) 如果初始禀赋正好在契约曲线上,那么一定存在无交易发生的竞争性均衡。   (   )

(7) 如果两人有相同的柯布-道格拉斯效用函数,那么在每一种帕累托有效配置里,他们彼此必须以相同的比例消费所有的商品。   (   )

(8) 根据福利经济学第一定理,竞争性均衡的经济里任何使人得益的重新配置一定会损害其他人。   (   )

(9) 福利经济学第二定理认为:如果偏好是凸性的,那么经过初始禀赋的重新配置后的任何帕累托有效配置是一种竞争性均衡。   (   )

(10) 只要生产是有效率的,产品组合就必然位于生产可能性曲线上的某一点。   (   )

(11) 当一个经济达到消费和生产的竞争性均衡时,不同商品在生产上的边际

转换率与商品之间的相对价格比相等。   （   ）

（12）效用可能性边界是生产可能性集的边界。   （   ）

2. 请简要回答如下问题：

（1）是否有可能存在这样一种帕累托有效配置,此时有些人的境况比其在非帕累托有效配置时的境况更差？为什么？

（2）是否有可能存在这样一种帕累托有效配置,此时每个人的境况比其在非帕累托有效配置时的境况更差？为什么？

3. 假定两个企业的生产函数分别为：

$$X = f_X(L_X, K_X) = L_X^{0.4} K_X^{0.6}, \quad Y = f_Y(L_Y, K_Y) = L_Y^{0.5} K_Y^{0.5}$$

若社会上有 $\bar{L} = 100, \bar{K} = 200$,请推导出帕累托生产效率的条件,并从中导出生产的契约曲线,它是线性的吗？

4. 请回答如下两个问题：

（1）在某经济体系中用劳动和资本两种投入生产食物和衣服两种商品。在目前的配置条件下,劳动和资本在食物生产中的边际技术替代率为4,而在衣服生产中的边际技术替代率为3。该经济在生产中的资源配置是否有效率？为什么？如果不是,如何进行重新配置才能改善效率？

（2）在第（1）题中所述的经济中,每个消费者在食物和衣服之间的边际替代率为1.7。在当前配置下,食物和衣服之间的边际转换率为2。该经济在产品配置方面是否有效率？为什么？如果不是,如何调节配置才能改善效率？

5. 张三和李四两人流落到一个荒岛上,每个人都有一些火腿肠（H）和面包（B）。张三是个非常挑食的家伙,他仅按照固定比例（两片面包搭配一根火腿肠）进食。他的效用函数为：$u_z = \min\{H, B/2\}$。而李四则对饮食较为灵活,他的效用函数为：$u_l = 4H + 3B$。他们对两种食品的总拥有量为100根火腿肠和200片面包。

（1）请画出表示上述情况下交换的埃奇沃思盒状图。其契约曲线是什么样的？其存在的均衡价格比是多少？

（2）假定张三最初拥有40根火腿肠和80片面包,此时的均衡位置是什么？

（3）假定张三最初拥有60根火腿肠和80片面包,此时的均衡位置是什么？

（4）假定张三（两个人中较强壮的一位）决定不遵守交易规则,此时的均衡位置会在哪里？

6. 在两个消费者和两种商品的纯交换经济里,张三初始禀赋有9单位商品1和6单位商品2；李四初始禀赋有18单位商品1和3单位商品2。他们具有相同的效用函数 $u(x_1, x_2) = x_1^{1/3} x_2^{2/3}$,$x_1, x_2$ 表示商品1和商品2的数量。求达到竞争均衡的相对价格。

7. 在两个消费者和两种商品的纯交换经济里,消费者 A 的效用函数为 $u_A(x_A, y_A) = \min(x_A, y_A)$,消费者 B 的效用函数为 $u_B(x_B, y_B) = x_B \cdot y_B$。消费者 A 初始时拥有6个单位商品 x 但没有商品 y,消费者 B 初始时拥有10个单位商品 y 但没有商品 x。求竞争性均衡价格。

8. 在纯交换经济里,张三和李四都消费同样的两种商品。张三初始禀赋有6单位商品1和6单位商品2；李四初始禀赋有12单位商品1和3单位商品2。他们具

有相同的效用函数 $u(x,y) = xy$，x、y 分别表示商品 1 和商品 2 的数量。求竞争性均衡时张三和李四的消费束。

9. 在某个交换经济中，A、B 两个人的效用函数分别为 $u_A = y_A + 2\sqrt{x_A}$，$u_B = y_B + 4\sqrt{x_B}$，两个人的初始禀赋为 $(\omega_x^A, \omega_y^A) = (12, 8)$，$(\omega_x^B, \omega_y^B) = (4, 8)$。求竞争性均衡时 A、B 两人消费商品 x 的数量。

10. 假定两个消费者的效用函数分别为：$U_A(X_A, Y_A) = 20X_A + Y_A$，$U_B(X_B, Y_B) = X_B Y_B$。

(1) 请推导帕累托交换最优的条件，并从中导出交换的契约曲线的隐函数形式，它是线性的吗？

(2) 一般地说，交换的契约曲线在什么条件下在埃奇沃思盒状图中为一条对角线？

(3) 现假定 $X = X_A + X_B = 30$，$Y = Y_A + Y_B = 10$，请推导出效用可能曲线的数学表达式。

11. 在一个纯交换的完全竞争的市场上有两个消费者 A 和 B，两种商品 x 和 y。交换初始，A 有 3 个单位的 x 和 2 个单位的 y，B 有 1 个单位的 x 和 6 个单位的 y。他们的效用函数分别为：$U(x_A, y_A) = x_A y_A$，$U(x_B, y_B) = x_B y_B^2$。

(1) 求市场竞争均衡的（相对）价格和各人的消费量。

(2) 表示帕累托最优分配的契约线的表达式。

12. 由 A、B 两人及 x、y 两产品构成的经济体中，A、B 的效用函数分别为 $U_A = xy$，$U_B = 40(x+y)$，x、y 的初始存量为 $(120, 120)$，该经济的社会福利函数为 $W = U_A U_B$。试求：(1) 该经济的效用边界；(2) 社会福利最大化时的资源配置。

13. 如果决定两个人的效用可能性曲线的公式是：$U_A + 2U_B = 100$，画出这条曲线。

(1) 若要使社会福利最大化，当社会福利函数是 $W(U_A, U_B) = \max(U_A, U_B)$，社会福利最大时的 U_A 和 U_B 分别是多少？

(2) 若把社会福利函数定义为 $W(U_A, U_B) = \min(U_A, U_B)$，社会福利函数最大时的 U_A 和 U_B 分别是多少？

(3) 若社会福利函数是 $W(U_A, U_B) = U_A^{0.5} U_B^{0.5}$，社会福利最大时 U_A 和 U_B 分别是多少？

(4) 在图形中标出以上三种情况中 U_A 和 U_B 的位置。

第三篇 不完全竞争环境下的微观经济运行

在第二篇中，我们用了比较大的篇幅讨论了完全竞争环境下产品市场和要素市场的均衡问题，并把两个市场结合起来考察了一般均衡和福利经济理论。但是，完全竞争毕竟是一个理想化的假设，与现实存在巨大的差距。因此，在本篇中，我们将放弃完全竞争这个假设，结合现实世界的实际，分析具有一定垄断因素的非完全竞争环境下的产品市场和要素市场的均衡问题。本篇包括五章内容：

第十章讨论完全垄断条件下的厂商最优定价理论及其相应的产品市场均衡问题，同时分析政府对自然垄断行业的管制问题。

第十一章重点分析垄断竞争条件下代表性厂商的均衡价格决定和行业均衡实现理论，同时还要分析广告在经济中的作用。

第十二章是本篇分析的重点，主要介绍一些寡头垄断模型，比如古诺数量竞争模型、伯特兰价格竞争模型和斯威齐折弯的需求曲线模型等。

第十三章介绍博弈论基础知识，这一章利用博弈论分析方法进一步深化对寡头市场的理论分析。

第十四章重点分析不完全竞争要素市场的要素价格决定问题。

第十章　完全垄断理论

▎本章概要▎

完全垄断(monopoly)一词来源于希腊语,是单一销售者(single seller)的意思,也就是整个市场的产量等于某单一销售者(或厂商)的产量。因此,完全垄断厂商可自行控制市场的产量与价格,而这与前一章完全竞争市场厂商为市场价格接受者不同。本章将讨论完全垄断市场的有关理论。

▎学习目标▎

学完本章,你将能够了解:
1. 形成完全垄断的原因
2. 垄断厂商的短期均衡
3. 垄断厂商的长期均衡
4. 多工厂垄断
5. 价格歧视
6. 政府对自然垄断行业的管制

你要掌握的基本概念和术语:
　　垄断　自然垄断　第一级价格歧视　第二级价格歧视　第三级价格歧视

第一节　形成完全垄断的条件及其原因

一、形成完全垄断的条件

完全垄断是与完全竞争相对应的另一个极端的市场组织形式。具体来说,满足以下假设条件的市场便是完全垄断市场。

(1) 市场仅包含某一商品的唯一生产者,这种商品不存在完全替代品;
(2) 其他任何厂商进入该市场都极为困难或不可能;
(3) 所有的购买者和商品的生产者对该商品拥有完全的信息。

在完全垄断市场中,排除了所有的竞争因素,垄断厂商控制了整个行业的生产和市场的销售,所以,垄断厂商可以控制和操纵市场价格,垄断厂商是市场价格的决定者而不像完全竞争厂商那样是价格的接受者。

当然,垄断厂商不可能独立地选择价格和产量。对于任何既定的价格而言,垄断厂商只能以市场中的消费者所愿意且能够接受的数量出售商品。在经营中,如果垄断者想选择较高的价格,那么它只能销售较少的数量;相反,若它选择较低的价格,则可以达到"薄利多销"的目的。这样,垄断条件下的厂商所面临的需求曲线是一条向右下方倾斜的曲线。在企业决策中消费者的需求行为约束着垄断厂商对价格和产量的选择。

二、形成完全垄断的原因

形成完全垄断的原因很多,我们大致可归类如下:

(1) 某个厂商控制了某行业中生产某种商品的全部资源或基本资源的供给。这种对生产资源的独占,排除了经济中其他厂商生产同种产品的可能性,使得其他厂商无法与之竞争。这样,该厂商就成为这个行业的垄断者。

(2) 国家法律上的规定。例如政府为了鼓励发明与创新,会制定相关法律,对某项发明或著作授予所有者在某些年内的独家经营权或专属权。如果某厂商发明(或购买)了这项受专利法保护的技术,那么,在其专利保护期内该企业就有可能成为这一行业的独家垄断者。但是,需要注意的是获取专利权的人并不一定成为垄断者,因为专利权并不能阻止替代品的产生。

(3) 自然垄断和规模经济。有些行业的生产具有这样的特点:生产的规模经济需要在一个很大的产量范围内和相应很高资本设备的生产运行水平上才能得到充分的体现,以至于只有在整个行业的产量都由一个企业来生产时,才有可能达到这样的生产规模,而且,只要发挥这一企业在这一生产规模上的生产能力,就可以满足整个市场对产品的需求。如果由两家或两家以上的企业生产,将产生较高的平均成本,从而造成资源浪费。这样的一种行业就属于自然垄断(natural monopolies)行业。例如,铁路、城市的供水供电系统等都具有自然垄断的特性。

(4) 有些厂商为了避免彼此之间的竞争,而相互勾结(collusion)共同决定价格及产量,这也是垄断行为的一种。石油输出国组织(OPEC)即是一个典型例子。

如同完全竞争的模型一样,垄断也只是对现实市场结构的一种抽象,现实经济中很少有纯粹的垄断市场。但是,垄断模型可以充分描绘卖方在拥有市场力量时的行为,这对于研究现实世界中存在的类似于垄断的行为是相当有价值的。

第二节 完全垄断厂商面临的需求曲线与收益曲线

由于完全垄断市场内只有垄断厂商一家,因此,市场的需求曲线即为对该家厂商的需求曲线,它是一条向右下方倾斜的曲线。需求曲线有线性的和非线性的,因此我们分两种情况来说明如何从需求曲线导出厂商的收益曲线。

一、线性需求曲线及其收益曲线

若需求曲线为一直线,则其方程式可写为
$$P = a - bq$$
因此,总收益可写为
$$TR = P \cdot q = aq - bq^2$$
故相应的平均收益和边际收益为
$$AR = \frac{TR}{q} = a - bq$$

$$MR = \frac{dTR}{dq} = a - 2bq$$

从上式中我们可看出其平均收益线即为需求曲线本身,而边际收益曲线为一直线,其斜率恰为需求曲线斜率的两倍(因需求曲线斜率为 $-b$, MR 斜率为 $-2b$),如图 10-1 所示。

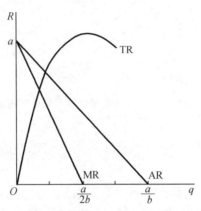

图 10-1　线性需求曲线与收益曲线

- 在完全垄断市场下,若知道市场的需求曲线,就可找出厂商的边际收益曲线。当需求曲线为一直线时,边际收益曲线也是一条直线,且其斜率恰为需求曲线斜率的两倍。

二、非线性需求曲线及其收益曲线

若需求曲线不是一条直线,也可找出其边际收益曲线。设需求函数为

$$P = P(q)$$

则总收益函数为

$$TR(q) = P(q) \cdot q$$

平均收益曲线和边际收益函数分别为

$$AR = \frac{TR}{q} = P$$

$$MR = \frac{dTR}{dq}$$

$$= P + q \cdot \frac{dP}{dq} < P (\because dP/dq < 0)$$

因此,对于非线性的需求函数来说,由于价格与需求量呈反方向变化,即需求曲线也是向右下方倾斜的,因此平均收益曲线与边际收益曲线也是向右下方倾斜的,而且,在一般情况下,边际收益曲线总是处于平均收益曲线的下方。总收益曲线是一凹函数,也就是说,总收益曲线是以递减的速率增加的。非线性需求函数所产生的总收益曲线、平均收益曲线、边际收益曲线如图 10-2 所示。

> **实时测验 10-1**
> 在垄断市场下,厂商是否会在 $e_d < 1$ 的价格下经营?

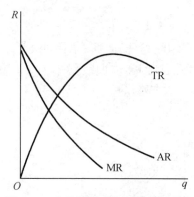

图 10-2　非线性需求曲线与收益曲线

第三节　垄断厂商的短期均衡

前面曾讨论过垄断厂商的需求曲线、总收益曲线与边际收益曲线三者的关系,若再加入厂商的成本结构,我们即可求得垄断厂商实现利润最大时的产量与价格。

垄断者的利润最大化问题可表示为:

$$\max \ \pi(q) = \mathrm{TR}(q) - \mathrm{TC}(q)$$

一阶条件(F.O.C.):

$$\frac{\mathrm{d}\pi(q)}{\mathrm{d}q} = \frac{\mathrm{d}\mathrm{TR}(q)}{\mathrm{d}q} - \frac{\mathrm{d}\mathrm{TC}(q)}{\mathrm{d}q} = 0$$

因此,可得:

$$\mathrm{MR}(q) = \mathrm{MC}(q)$$

上式与完全竞争条件下厂商实现利润最大化的条件相同,但由于需求曲线的特点不同,因而,它们有不同的表现形式。在完全竞争市场中,一阶条件表现为 $P = \mathrm{MC}$,而在完全垄断市场中,一阶条件则表现为 $P(1 - 1/e_d) = \mathrm{MC}$。

垄断者实现利润最大化的二阶条件(S.O.C.)为:

$$\frac{\mathrm{d}^2\pi(q)}{\mathrm{d}q^2} = \frac{\mathrm{d}^2\mathrm{TR}(q)}{\mathrm{d}q^2} - \frac{\mathrm{d}^2\mathrm{TC}(q)}{\mathrm{d}q^2} < 0$$

或者:

$$\frac{\mathrm{d}\mathrm{MR}(q)}{\mathrm{d}q} < \frac{\mathrm{d}\mathrm{MC}(q)}{\mathrm{d}q}$$

即 MR 的斜率小于 MC 的斜率。

综上所述,可得以下结论:

- 在垄断市场中,利润最大化的均衡条件为:
  (1) MR = MC;(2) MR′ < MC′。

例题 10-1　假定某垄断厂商的需求曲线为 $P = 100 - 2q$,其成本函数为 $\mathrm{TC} = 50 + 40q$,求该垄断厂商实现利润最大化的产量。

解　该垄断厂商的优化问题为:

$$\max \pi = \mathrm{TR} - \mathrm{TC}$$
$$= q(100 - 2q) - (50 + 40q) = -2q^2 + 60q - 50$$

令 $\pi' = -4q + 60 = 0$,因此,$q = 15$。

同时 $P = 100 - 2q = 70$,$\pi = \mathrm{TR} - \mathrm{TC} = 900 - 500 = 400$。

我们还可以验证二阶条件,即

$$\mathrm{MC}'(q) = 0 > -4 = \mathrm{MR}'(q)$$

因此 $q = 15$ 是满足利润极大化的最优产量。

同样,我们亦可用几何图形来说明垄断厂商的短期均衡情况。如图 10-3 上半部分所示,若市场需求曲线为已知,则可找出相应的边际收益曲线,再由厂商的边际成本曲线,根据利润最大化的原则 MR = MC,找出厂商利润最大的产量 Oq_0,再由产量决定其市场价格 OP_0。

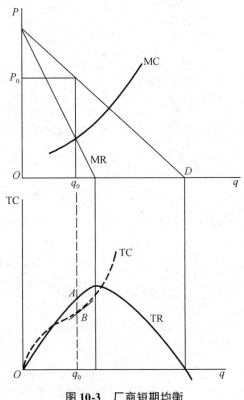

图 10-3 厂商短期均衡

在此,我们应该注意的是,在需求曲线不变的情况下,垄断厂商只要决定其产量,即可决定其市场价格,这是因为厂商的产量即为市场的产量。因此,我们必须先由 MR = MC 决定产量再决定市场价格。

从图 10-3 下半部分中,我们可知在利润最大时,其所对应的 TC 及 TR 的切线斜率必须相等(即 MC = MR),其差额 AB 即为厂商的经济利润,但当厂商发生经济损失时,其损失亦必须小于 TFC(即 $P \geq \mathrm{SAVC}$),只有这样,厂商才可能继续经营下去。

▶ **观念澄清**

在完全垄断市场下,厂商利润最大的产量并不一定在生产合理区,亦即生产并不一定具有效率。以图10-4说明,满足 MR = MC 的点有 A 与 B,但 A 点不满足 $MR' < MC'$ 的条件,故不是均衡点。B 点虽然满足均衡条件,但其产量却在 MC 线呈递减(即 MP_L 呈递增)的情况下生产,不在生产合理区内。换言之,垄断厂商利润最大的产量并不一定合乎经济效率。

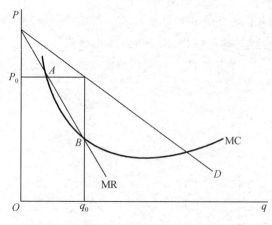

图 10-4 完全垄断不一定会在生产合理区生产

- 垄断厂商短期均衡条件为:

  MR = MC   (利润最大的必要条件)

  $P \geq SAVC$ (厂商继续经营的条件)

  $MR' < MC'$ (利润最大的二阶条件)

第四节 垄断厂商无供给曲线

在第七章中,我们曾经由完全竞争厂商的短期边际成本曲线推导出完全竞争厂商的短期供给曲线,并进一步得到行业的短期供给曲线。但是,在垄断市场上我们却无法得到这样有规律的供给曲线。

我们知道,所谓供给曲线是指厂商在每一个价格水平上愿意而且能够提供的产品数量,其具体表现为产量和价格之间的一一对应关系。在完全竞争市场上,每一个厂商只是市场价格的接受者,在无法影响市场价格时,他们只得视市场价格多少,并利用 $P = MC$ 原则来决定其利润最大的产量,这样,市场价格与厂商产量之间的关系构成厂商的供给曲线。但是,垄断市场条件下的情形就不一样。垄断厂商能控制市场价格,其利润最大的市场价格与产量,便唯一同时被决定,故不存在供给曲线。

- 当个别厂商对市场价格具有影响力(垄断)时,不存在供给曲线。反之,当个别厂商为市场价格的接受者,则存在供给曲线。

另外,我们从另一角度来说明,在完全竞争市场上,边际成本曲线(MC)为厂商的供给曲线。这是因为厂商在利润最大化之下的价格与产量,具有一一对应的关系,且恰好是 MC 线。然而,在完全垄断市场下,厂商最大利润的价格与产量不但不具有一一对应的关系(如图 10-5 所示,在同一产量 q_0 之下,同时对应两种价格 P_0 及 P_1),而且也不等于 MC 线,因此,可推知 MC 线不是垄断厂商的供给曲线,且供给曲线不存在。

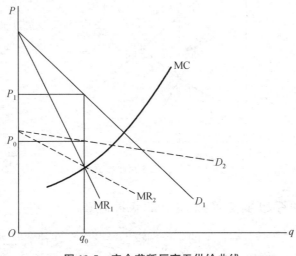

图 10-5　完全垄断厂商无供给曲线

实时测验 10-2

你能否画出在垄断条件下实现均衡时,在相同的价格水平下对应两个产量的情形?并说明为什么此时不存在供给曲线。

第五节　垄断厂商的长期均衡

在长期中,垄断者有时间扩大自己的工厂规模,或利用现有的工厂规模实现长期利润极大化。然而,当其他厂商进入市场有障碍时,厂商没有必要使自己的生产规模达到最佳状态(即令其达到 LAC 的最低点),也不能确保垄断厂商在次佳状态生产(即令其在 LAC 下降区域生产)。所能肯定的是,如果垄断者在长期中依然发生亏损,他将不再滞留于该产业中。在存在进入市场障碍的情况下,他很有可能在长期中赚取超额利润。然而,工厂的规模大小以及对此的利用程度完全依赖于市场需求水平。他有可能实现最佳规模(LAC 的最低点),或者保留次佳规模(LAC 的下降部分),或者高出最佳规模(超出最低的 LAC)。但是,无论如何,垄断者利润最大化的均衡条件必须满足一阶必要条件 MR = SMC = LMC,同时,必须满足二阶充分条件 MR′ < LMC′。

一、垄断厂商在次优生产规模下的长期均衡

图 10-6 表明垄断企业在次优规模上生产。在这种情况下,市场的大小不允许垄断者扩张到 LAC 的最低点经营。满足式 MR = MC 的利润极大化产量为 q_0,其超额利润为 PEHG 的面积。然而,无论是从短期来看,还是从长期来看,垄断者既不是在短期平均成本的最低点经营,也不是在长期平均成本的最低点生产。因此,存在着过度的生产能力。

也正是从这个意义上说,他是在次优规模上进行生产的。

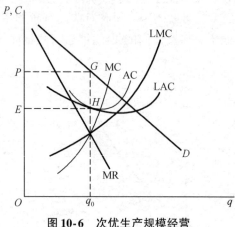

图 10-6　次优生产规模经营

二、垄断厂商在过度生产规模上的长期均衡

图 10-7 表明了垄断企业在过度的生产规模上经营。在这种情况下,市场需求往往很大,这便引致企业扩大生产规模,以致使厂商超出了 LAC 的最低点。垄断企业对利润的追求,使其平均成本上升,原因可能有:其一,企业在大于最佳规模上经营;其二,过度使用生产能力。国家公用性垄断企业(如全国性电话公司)一般属于这种情形。

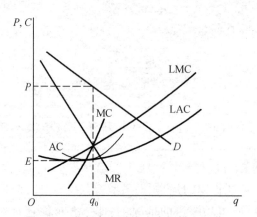

图 10-7　垄断者在过度生产规模上经营

三、垄断厂商在最优生产规模上的长期均衡

图 10-8 表明了垄断者在最优规模经营的情形。在这种情况下,市场的规模恰好允许垄断者建立最优的工厂规模(即 LAC 最低点)且充分地使用生产能力。

应该很清楚,上述三种情况中哪一种的出现将依赖于市场规模的大小(如果企业的生产技术水平是给定的)。没有任何理由确保垄断厂商在长期中一定会实现最优生产规模。在垄断市场中,不存在任何与完全竞争市场相似的市场力量,使之在长期中于最优的工厂规模上经营同时充分地利用生产能力。

另外,我们可从社会福利的角度来看,垄断厂商是否产量太多或太少,其对社会的利

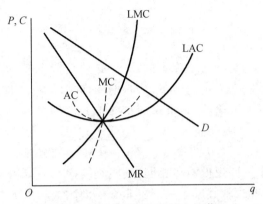

图 10-8 垄断者在最优规模上经营

益(benefit)如何。根据社会利益最大的必要条件 $P=\text{LMC}$(参考第七章),如图 10-9 中的 B 点所示,即当产量为 Oq_e 时,社会利益方达最大,而在垄断市场上,往往生产的产量太少,以致造成社会福利的损失,如图中阴影部分 $AECB$ 所示,这是因为当产量从 Oq_m 增至 Oq_e 时,其所增加生产的价值(以消费者所愿意支付的金额来衡量)有 $q_m q_e BA$,而其所支付的代价(以生产总成本来衡量)却为 $q_m q_e BE$,故其差额 $AECB$ 即为生产太少所失去的社会利益。

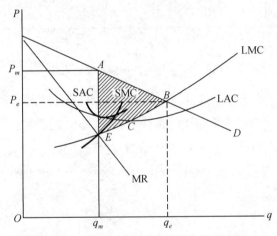

图 10-9 垄断厂商的长期均衡与社会利益

- 垄断厂商的长期均衡为:
  (1) $\text{MR} = \text{LMC} = \text{SMC}$ (利润最大化的必要条件)
  (2) $\text{LMC}' > \text{MR}'$ (利润最大化的二阶条件)
  (3) $P \geqslant \text{LAC}$ (厂商继续经营的条件)

综合以上的分析,我们可知,当垄断厂商在达到均衡,即 $\text{LMC} = \text{MR}$ 时,隐含着以下几项重要结论:

- (1) $\text{SMC} = \text{LMC}$,表示在均衡时,要素投入将达到最优组合;
  (2) $P > \text{LMC}$,表示产量太少,会造成社会的损失;
  (3) $P > \text{LAC}$,有正的经济利润;
  (4) $P > \text{LAC}$ 的最低点,表示最优的规模没有被采用。

第六节 多工厂垄断

某些垄断厂商,为满足社会上庞大的需求,必须大量生产。若该厂商所在的行业恰好为规模不经济的行业,在大量生产下,势必增加许多成本,再加上运费的负担,往往会使这样的厂商采取多工厂垄断(multiplant monopolist)的经营方式,以减少厂商的经营成本。

假设某垄断厂商有 A 与 B 两个工厂,MC_A 及 MC_B 分别表示工厂 A 与 B 的边际成本曲线。在短期下,每个工厂规模不尽相同,其成本结构不一定相同。根据成本最小组合的原则(即在产量相同时,求其成本最小),整个厂商的边际成本线应等于每个工厂的边际成本线的水平加总。由此可得该垄断厂商的边际成本线 $\sum MC$,参见图 10-10。

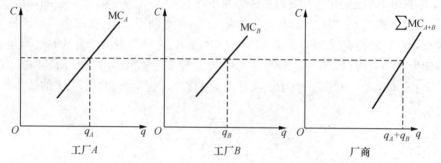

图 10-10　工厂与厂商的边际成本线

若市场的需求已知,即可求得厂商的边际收益曲线,再把垄断厂商的边际成本线 $\sum MC$ 加入分析,在 $\sum MC$ 等于 MR 的条件下,可找出该垄断厂商利润最大的市场价格 P_0 与产量 q_0,从而求得每个工厂所需生产的数量,工厂 A 产量为 q_A,工厂 B 为 q_B,如图 10-11 所示。

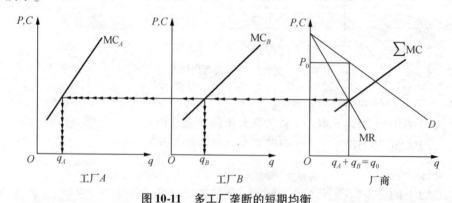

图 10-11　多工厂垄断的短期均衡

综上分析,我们可得多工厂垄断的短期均衡条件为

$$MC_A(q_A) = MC_B(q_B) = \cdots = MR(q_A + q_B + \cdots)$$

下面我们再以数学推导的方法来说明上述结论。设某垄断厂商有 A 与 B 两个工厂,市场需求函数为 $P = P(q)$,工厂 A 与 B 的成本函数分别为 TC_A 与 TC_B。由于市场价格决定于垄断厂商的销售量,厂商的销售量又决定于 A 与 B 两工厂的产量之和,因此市场的

价格可以说是两工厂产量之和的函数。所以垄断厂商的利润函数可写为：

$$\pi = P(q_A + q_B) \cdot (q_A + q_B) - TC_A(q_A) - TC_B(q_B)$$
$$= TR(q_A + q_B) - TC_A(q_A) - TC_B(q_B)$$

在利润最大之下，π 对 q_A 与 q_B 偏微分必须为零。

$$\frac{\partial \pi}{\partial q_A} = \frac{dTR(q_A + q_B)}{d(q_A + q_B)} \cdot \frac{\partial(q_A + q_B)}{\partial q_A} - \frac{dTC_A(q_A)}{dq_A}$$
$$= MR(q_A + q_B) - MC_A(q_A) = 0$$
$$\frac{\partial \pi}{\partial q_B} = \frac{dTR(q_A + q_B)}{d(q_A + q_B)} \cdot \frac{\partial(q_A + q_B)}{\partial q_B} - \frac{dTC_B(q_B)}{dq_B}$$
$$= MR(q_A + q_B) - MC_B(q_B) = 0$$

由此可得多工厂垄断的短期均衡条件为：

$$MR(q_A + q_B) = MC_A(q_A) = MC_B(q_B)$$

- 我们可把两个工厂扩展为 n 个工厂，在 n 个工厂垄断下，垄断厂商利润最大的必要条件为：

$$MR(q_1 + q_2 + q_3 + \cdots + q_n) = MC_1(q_1) = MC_2(q_2) = MC_3(q_3)$$
$$= \cdots = MC_n(q_n)$$

第七节 价 格 歧 视

有许多厂商为了争取更大利润，而在不同的市场采取不同的价格，或者对不同的消费者采取不同的价格，或者对相同的消费者因购买的数量不同而采取不同的价格，这些行为，我们皆称之为价格歧视(price discrimination)。这种价格歧视不只存在于垄断厂商，凡是厂商对其产品市场具有价格影响力或控制力者皆可采取价格歧视。换言之，只有在厂商为市场价格的接受者时，才无法采取价格歧视。

日常生活中存在许多价格歧视的例子，如依身份的不同，电影票分学生票、团体票、全票三种；依身高、年龄的不同，乘车车票分半价票、全价票两种；依区位的不同，音乐会的票价也不同；依使用期间的不同，白天、晚上电话计费方法不同；等等。

我们将价格歧视分为三类：第一级价格歧视（又称完全价格歧视）、第二级价格歧视和第三级价格歧视。

一、第一级价格歧视——完全价格歧视

- 第一级价格歧视(first-degree price discrimination)是指完全垄断厂商根据每一个消费者购进一单位产品愿意并能够支付的最高价格逐个确定产品卖价的情况。即消费者实际支出的总额等于其愿意支出的总额，此时，消费者剩余完全被剥夺。

如图10-12所示，当消费者欲购买 Oq_0 的数量时，其实际支出的金额为 Oq_0BA，恰等于其所愿意支出的金额。

在第一级价格歧视下，因为每一件商品都按所有消费者的最高出价出售，所以消费者剩余全部归垄断厂商。这时，垄断厂商的利润最大化条件为：

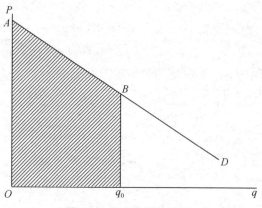

图 10-12 完全价格歧视

$$\max_{q} \pi(q) = \int_{0}^{q} [P(q) - MC(q)] dq$$

因此,求解利润最大化的一阶条件可得:

$$P(q) = MC(q)$$

这就是说,在第一级价格歧视的条件下,垄断厂商为使其利润最大化,应在价格等于边际成本的产量水平上进行生产。值得说明的是,垄断厂商的这种完全的价格歧视,符合帕累托最优的定义。因为消费者在消费与不消费之间没有差异,所以实行第一级价格歧视的厂商获得了这个帕累托最优的生产水平上的全部剩余。

第一级价格歧视是一种十分罕见的价格歧视。要实行完全价格歧视,销售者必须确切地知道消费者所愿意支付的最高金额,且销售者在市场上具有某种独特力量。或者说,只有当垄断厂商准确地了解了每个消费者对其产品的需求曲线时,第一级歧视才可能发生。例如,有能力控制一个地区医疗或打官司市场的医生或律师,他们可以根据贫富程度不同的人所能支付的最高价格对其相同服务收取不同的费用。

例题 10-2 若某消费者需求情况如下表,则当消费者想购买三单位商品时,在完全价格歧视下,他会支付多少?

P	10	8	6	4
q	1	2	3	4

解 此人会支付 $10 + 8 + 6 = 24$(元)。

例题 10-3 若某消费者的需求函数为 $P = 100 - 2q$,则当他购买四单位商品时,在完全价格歧视下,他会支付多少?

解 此人会支付 $\int_{0}^{4}(100 - 2q) dq = (100q - q^2)\big|_{0}^{4} = 384$(元)。

二、第二级价格歧视

- 第二级价格歧视(second-degree price discrimination)是指垄断厂商按不同价格出售不同单位的产品,但是每个购买相同数量商品的消费者支付相同的价格。在第二级价格歧视下,厂商剥夺了部分的消费者剩余。

第二级价格歧视也称非线性定价,因为它意味着每单位产品的价格不是不变的,而是取决于消费者购买的数量。最普遍的二级价格歧视就是批量购买可以打折,即买得越多,价格越低。

我们以下例来说明第二级价格歧视的情况,如图10-13所示。

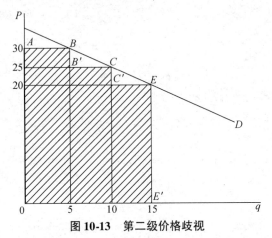

图10-13　第二级价格歧视

例如,某大学的自助洗衣店,在学生洗第一个5公斤的衣服时,每公斤收费30元;洗第二个5公斤的衣服时,每公斤收费25元;洗第三个5公斤的衣服时,每公斤收费20元。因此,消费者洗15公斤的衣服,需付出$OABB'CC'EE'$的金额(即375元)。部分的消费者剩余被剥夺了,这就是第二级价格歧视。

- 第二级价格歧视剥夺了部分的消费者剩余。

从上述第二级价格歧视的定义看,该种价格歧视的特点是不直接对人,而是通过设置一个"自我选择"的机制,让消费者愿者上钩。现实生活中,消费者的群体是不同的,比如大家庭在牛奶的消费上显然与小家庭是不同的。但这种差异对垄断厂商而言往往不是通过观察外部特征就可获知的,故他们设计出一种索价—数量菜单(F,x),让具有不同内在消费特征的消费群体自动对号入座,实现对剩余的获取。我们用一个简单的模型来说明。

设有两个消费者1、2分别具有拟线性效用函数:$u_1(x_1)+y_1,u_2(x_2)+y_2$,且满足$u_2(x)>u_1(x),u_2'(x)>u_1'(x)$,我们称消费者2为高需求消费者,消费者1为低需求消费者。F_1和F_2分别是垄断厂商对两类需求者的索价。垄断厂商要实现第二级价格歧视需满足两个条件:

(1) 参与约束,即
$$u_1(x_1) \geq F_1 \tag{10-1}$$
$$u_2(x_2) \geq F_2 \tag{10-2}$$

(2) 自我选择约束,即
$$u_1(x_1) - F_1 \geq u_1(x_2) - F_2 \tag{10-3}$$
$$u_2(x_2) - F_2 \geq u_2(x_1) - F_1 \tag{10-4}$$

参与约束条件表示消费对于消费者而言,效用至少不低于不消费,自我约束条件表示菜单(F,x)具有甄别功能,不同内在消费特征的群体可以加以区别。如小家庭不会购买为大家庭设计的数量折扣的牛奶(不会转卖,因为有交易成本的存在;不会贮藏,因为会变质等)。

对于参与约束,由前面对效用函数的假设,(10-1)、(10-2)式不能同时取等号。若 $u_2(x_2) = F_2$,则由(10-4)式可得 $u_2(x_1) \leq F_1$,由 $u_1(x_1) < u_2(x_1)$,得 $u_1(x_1) < F_1$,而这与(10-1)式矛盾,故 $u_2(x_2) > F_2$。取 $u_2(x_2) - F_2 = u_2(x_1) - F_1$,同理,取 $u_1(x_1) = F_1$,$u_1(x_1) - F_1 > u_2(x_2) - F_2$。

垄断厂商利润最大化:

$$\max \pi = (F_1 - cx_1) + (F_2 - cx_2)$$

满足参与约束和自我选择约束,将上式代入,得:

$$\pi = [u_1(x_1) - cx_1] + [u_2(x_2) - u_2(x_1) + u_1(x_1) - cx_2]$$

一阶条件为:

$$u_1'(x_1) - c + u_1'(x_1) - u_2'(x_1) = 0 \tag{10-5}$$

$$u_2'(x_2) - c = 0 \tag{10-6}$$

整理(10-5)式得:

$$u_1'(x_1) = c + [u_2'(x_1) - u_1'(x_1)] > c \tag{10-7}$$

由 $u_1(x_1) = F_1, u_2(x_2) > F_2$ 可知,低需求消费者 1 被索取的价格是其愿意支付的最高价格,消费者剩余被全部剥夺,而高需求消费者 2 还留有部分剩余。从(10-6)、(10-7)式看,低需求消费者 1 的边际意愿支付价格高于商品的边际成本,实际消费的量低于最大值(完全竞争下的消费量),而高需求消费者 2 实际消费的量等于最大值。

显然,与在第一级价格歧视下,垄断厂商完全了解消费者的需求情况,获取了全部剩余,并使产量达到最大值相比,第二级价格歧视下的垄断厂商生产的利润要低于前者。

三、第三级价格歧视

- 第三级价格歧视(third-degree price discrimination)是指垄断厂商根据消费者群体的外部特征,进行市场划分,在不同的市场中,对同一商品索取不同的价格。

在第三级价格歧视下,同一产品在不同市场上的价格是不一样的,但在同一市场上则只有一个价格,因而这种价格歧视亦称为市场歧视。这是最常见的价格歧视。例如,电影院对学生减价或对老年人优惠等都属于第三级价格歧视。

一般情况下,必须满足以下两个条件才会发生第三级价格歧视,即

(1) 在两个不同需求弹性的市场销售。

(2) 购买者不得再转卖,即不存在市场套利行为。此条件成立的可能情形:一是在两市场间的运费会超过两市场价格的差距;二是订定契约,并严格遵守。

我们以图 10-14 来说明第三级价格歧视的均衡条件。

设某垄断厂商在两个不同市场(A 及 B)销售其产品。图 10-14(a)中 D_A 表示市场 A 的需求曲线,并依此可找出边际收益曲线 MR_A,同样,图 10-14(b)中,D_B、MR_B 分别表示市场 B 的需求曲线与边际收益曲线。由于垄断厂商采取价格歧视政策,因此厂商的边际收益曲线等于两市场边际收益曲线的水平加总(表示在相同销售量下,总收益最大)。由图 10-14(c)知,在垄断厂商追求利润最大的原则下($\sum MR = MC$),均衡点为 E,由此推知市场 A 及 B 销售量为 Oq_A 与 Oq_B,所采用的市场价格为 OP_A 及 OP_B,两市场的价格不同。

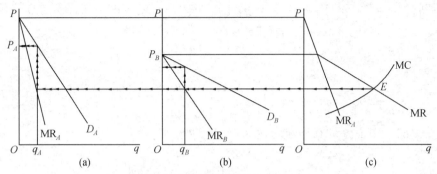

图 10-14 第三级价格歧视

接着,我们以数学方法作较深入的探讨。假设市场 A、B 的需求函数分别为 $P_A = P(q_A)$,$P_B = P(q_B)$,厂商的成本函数为 $TC = TC(q_A + q_B)$。因此厂商的利润为

$$\pi = TR_A(q_A) + TR_B(q_B) - TC(q_A + q_B)$$

其中,$TR_A(q_A) = P_A(q_A) \cdot q_A$,$TR_B(q_B) = P_B(q_B) \cdot q_B$。

在利润最大时,π 对 q_A 及 q_B 的偏微分必等于零。

$$\frac{\partial \pi}{\partial q_A} = \frac{dTR_A}{dq_A} - \frac{dTC(q_A + q_B)}{d(q_A + q_B)} \cdot \frac{\partial (q_A + q_B)}{\partial q_A}$$
$$= MR_A(q_A) - MC(q_A + q_B) = 0$$

$$\frac{\partial \pi}{\partial q_B} = \frac{dTR_B}{dq_B} - \frac{dTC(q_A + q_B)}{d(q_A + q_B)} \cdot \frac{\partial (q_A + q_B)}{\partial q_B}$$
$$= MR_B(q_B) - MC(q_A + q_B) = 0$$

所以 $MR_A(q_A) = MR_B(q_B) = MC(q_A + q_B)$。

从上式中我们可知,在第三级价格歧视下,垄断厂商利润最大的条件为两个市场的边际收益相等,且等于厂商的边际成本。

再根据 $MR_A = P_A \left(1 - \frac{1}{e_d^A}\right)$,$MR_B = P_B \left(1 - \frac{1}{e_d^B}\right)$

可推知,$e_d^A > e_d^B \Rightarrow P_A < P_B$
$e_d^A < e_d^B \Rightarrow P_A > P_B$
$e_d^A = e_d^B \Rightarrow P_A = P_B$

从此结论中,我们可知为什么第三级价格歧视必须发生在两个不同需求弹性的市场,因为两个市场的需求弹性相同时,其售价也相同,就不会有差别定价了。我们亦可得知观光区所卖的东西比较贵的原因,就在于观光区的需求弹性比较小。

- 当厂商在两个不同需求弹性市场采取差别定价时,其需求弹性较小者,价格较高;需求弹性较大者,价格较低。

例题 10-4 设某垄断厂商在 A 及 B 两个市场销售,其需求函数分别为 $P_A = 100 - q_A$,$P_B = 120 - 2q_B$,垄断厂商的总成本函数为 $TC = 80 + 20(q_A + q_B)$,在垄断厂商追求最大利润的情况下实行价格歧视,试问:(1) 市场 A 及 B 的售价及销售量各为多少? (2) 市场 A 及 B 需求弹性各为多少? (3) 厂商利润为多少?

解 ∵ $TR_A = 100q_A - q_A^2$ $TR_B = 120q_B - 2q_B^2$

$$\therefore \text{利润 } \pi = TR_A + TR_B - TC = 100q_A - q_A^2 + 120q_B - 2q_B^2 - 80 - 20(q_A + q_B)$$
$$= 80q_A + 100q_B - q_A^2 - 2q_B^2 - 80$$

$$\frac{\partial \pi}{\partial q_A} = 80 - 2q_A = 0$$

$$\frac{\partial \pi}{\partial q_B} = 100 - 4q_B = 0 \Rightarrow \begin{cases} q_A = 40 \\ q_B = 25 \end{cases} \begin{cases} P_A = 60 \\ P_B = 70 \end{cases}$$

$$\therefore \pi = 60 \times 40 + 25 \times 70 - (80 + 20 \times 65) = 2\,770$$

第八节 垄断的政府管制

根据本章前面几节的分析我们可知,垄断厂商在长期均衡下其市场的销售价格必定会大于其生产最后一单位的边际成本,即 $P > LMC$。这对无外部性的社会而言,无疑是一项损失。因为市场的价格可视为消费者对其所购买的最后一单位产品所认定的价值,而 LMC 则可视为生产者生产最后一单位所付出的成本。这样,对整个社会而言,生产一单位的价值大于其成本,表示可再增加生产,以提高社会福利,直到 $P = LMC$ 时为止;同时也表示,垄断厂商未能有效地利用社会资源。因此,许多国家的政府往往对垄断厂商采取各种管制措施,其主要目的在于增进社会福利,促进资源有效利用。

社会福利最大的必要条件为 $P = LMC$,政府为达到此目标,可采取最高限价(maximum price)。如图 10-15 所示,在无政府管制下,垄断厂商所定的价格为 OP_0,产量为 Oq_0 (因为此时满足 $MR = MC$)。在政府管制 $P = LMC$ 的情况下,其市场价格将下降至 OP_1,产量增加至 Oq_1。由于产量增加 q_0q_1,生产者的成本增加 q_0FEq_1,而消费者愿意多支付 q_0GEq_1,因此有 EFG 的社会净收益。政府可利用这笔 EFG 的经费作为其他建设之用。当然,此时垄断厂商的利润将因政府的管制而下降。

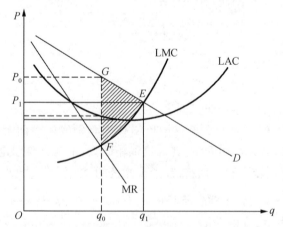

图 10-15 垄断厂商的管制,最高价格为 OP_1(因为 $P = LMC$)

然而,是否每个垄断厂商在 $P = LMC$ 的管制下都能继续经营?答案是否定的。在某些自然垄断厂商那里,当价格满足 $P = LMC$ 时,往往使其价格低于 LAC,如图 10-16 所示。换言之,若政府采用 $P = LMC$ 的管制措施,垄断厂商将长期有经济损失存在。除非政府能长期给予补贴,否则该厂商将停止生产。但是,对于一些公用事业的垄断厂商,政府为维持其长久持续的经营,不得不给予补贴,这种长期性补贴,对政府而言是一项非常沉重的财政负担。但只有这样才能避免垄断厂商的经济损失,使垄断厂商能够继续经营下去。总之,政府采取 $P = LAC$ 的管制措施,虽然无法达到社会福利最大的必要条件,但总比没有管制下的社会福利要大。

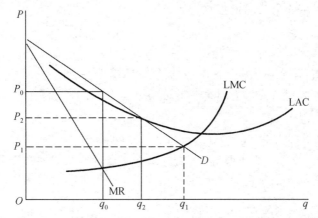

图 10-16　自然垄断下,$P = LMC$ 的管制往往会有经济损失,
故政府常采用 $P = AC$ 的管制

- 政府对自然垄断厂商进行管制,若采用 $P = LMC$ 政策,虽可达到社会福利最大的必要条件,但有些厂商却会因此而发生经济损失。若改采用 $P = LAC$ 政策,虽不满足社会福利最大的条件,但可避免垄断厂商的经济损失,且社会福利比无管制下好。

本章总结

1. 完全垄断是指整个市场的产量等于某单一销售者(或厂商)的产量。因此,完全垄断厂商可自行控制市场的产量与价格。

2. 形成完全垄断市场的原因有:整个市场的需求只允许一个厂商的生存;法律上的规定;自然垄断或技术垄断;厂商可以控制某一生产要素或独特的生产知识,使得其他厂商无法加入与之竞争;政府的特许。

3. 完全垄断厂商所面对的需求曲线是一条向右下方倾斜的曲线。在此条件下,垄断厂商的短期均衡条件为 $MR = MC$,完全垄断厂商只有供给量,没有供给曲线。完全垄断厂商的长期均衡的情形与上述短期均衡相似,即 $MR = LMC$。

4. 许多厂商利用其垄断地位,为了争取更大利润,在不同的市场采取不同的价格,或者对不同的消费者采取不同的价格,或者对相同的消费者因购买的数量不同而采取不同的价格,这些行为我们皆称之为价格歧视。

5. 垄断厂商要成功地实现价格歧视,必须满足三个必要条件:(1) 对厂商来说,必须有一条向下倾斜的需求曲线;(2) 厂商必须能够识别不同条件下消费者的支付意愿;(3) 企业必须能够阻止低价格的消费者转手再卖给高价格的消费者,即不存在套利行为。

6. 第一级价格歧视是指完全垄断厂商根据每一个消费者对买进每一单位产品愿意并能够支付的最高价格逐个确定产品卖价的行为,因此又被称为完全价格歧视。

7. 第二级价格歧视是指垄断厂商按不同的价格出售不同单位数量的同一商品，而对于每一个购买相同数量商品的消费者则收取相同的价格。

8. 第三级价格歧视是指垄断厂商在不同的市场对同一商品索取不同的价格，而在同一市场中则索取相同的价格。

复习思考题与计算题

1. 请判断下列说法是否正确，并简要说明理由：

（1）某垄断厂商短期内具有固定成本，但可变成本为零，则该垄断厂商将根据收益最大的原则定价。（　　）

（2）一个处于完全竞争的厂商，由于其所面临的需求曲线是完全弹性的，因此不能够自行定价；而一个垄断者，由于其面临的需求曲线的弹性比完全竞争弹性小，因此可依利润最大化原则而自行定价。因此，如果可能，垄断者总是选择在需求曲线缺乏弹性的地方经营。（　　）

（3）某垄断厂商可以在两个市场进行三级价格歧视。如果在任何相等的价格下，第一个市场的需求量总是比第二个市场的需求量大，那么垄断厂商一定会在第一个市场定一个更高的价格。（　　）

（4）如果垄断厂商能够实行一级价格歧视，那么利润最大化产量水平下市场需求可能是缺乏弹性的。（　　）

（5）如果垄断厂商能够实行三级价格歧视，那么价格更高的市场需求量更小。（　　）

（6）在三级价格歧视下，第一个市场的价格比第二个市场高，那么如果进行统一定价，第一个市场的需求量一定比第二个市场更多。（　　）

（7）在二级价格歧视下，消费者可以按平均价格购买任意数量的商品。（　　）

（8）垄断厂商需要根据消费者的特征（如年龄、职业等）进行二级价格歧视。（　　）

（9）由于垄断对于消费者是件"坏事"，对于生产者是件"好事"，因此，综合起来我们难以判断它到底是否是有效率的。（　　）

（10）在垄断行业的资源配置是无效率的，因为垄断厂商获得了超额利润，如果取消了这些利润，资源配置的情况将好转。（　　）

2. 假定某垄断者面临的需求曲线为 $P = 100 - 4q$，总成本函数为 $TC = 50 + 20q$。

（1）试求垄断者利润极大化时的利润、产量、价格。

（2）假设垄断者遵从完全竞争法则，那么厂商的利润、产量及价格如何？并与（1）中的结果进行比较。

3. 设某垄断厂商经营过程中广告对需求的影响体现在其面对的需求函数中，即 $P = 100 - 3q + 4\sqrt{A}$（A 为广告），而且其成本 $C = 4q^2 + 10q + A$。试求：

（1）无广告下，此厂商利润最大的产量、价格与利润。

（2）有广告下，厂商应广告多少才能使其利润达到最大，此时厂商产量、价格与利润各为多少？

(3) 有广告下,厂商实现利润最大化时的勒纳指数。

4. 一个垄断者每周的短期总成本 $STC = 0.1q^3 - 6q^2 + 140q + 3000$。为实现利润最大化,该厂商每周生产 40 吨产品,在这个产量下,其周利润为 1 000 元。

(1) 计算需求曲线在均衡点的弹性。

(2) 假设需求曲线为一直线,试推导需求曲线方程。

(3) 由于开始征收单位产品税,使垄断者的利润最大化产量下降到 39 单位,则每单位产品的税收是多少?

5. 假设垄断厂商拥有不变的平均成本和边际成本,并且 $AC = MC = 5$,该厂商在两个分割的市场上销售其产品。两个市场的需求曲线分别为 $q_1 = 55 - p_1$ 和 $q_2 = 70 - 2p_2$。试求:

(1) 该垄断厂商在两个市场中均衡价格和均衡产量分别是多少? 总利润是多少?

(2) 如果两个市场之间不具有完全分割性,从一个市场到另一个市场的运输成本为 5,此时垄断厂商的利润水平为多少?

6. 某公司开发了一种新产品,经调查研究,可在国际和国内市场上销售。国际市场的需求为 $P = 60 - 5Q_F$,国内市场的需求为 $P = 100 - 5Q_D$,新产品的生产函数为 $Q = 10L$,L 是使用的可变投入,L 的单价为 220 元,试计算该公司利润极大化的价格和产出。

7. 某个企业有如下生产函数: $q = L^{1/2}K^{1/2}$,其中 q 为每月的产量,L 为每月劳动力的使用量,K 为每月原材料的使用量,市场上原材料的价格为 2 元,劳动的工资为 200 元。除了原材料和劳动力以外没有另外的成本。

(1) 请写出该企业的成本函数。

(2) 假定该企业面临一个垄断的市场环境,市场需求函数为 $p(q) = 2000 - 100q$,该企业将如何定价? 产量为多少?

(3) 假定该企业的产品在一个完全竞争型的市场出售,如果存在最大化的利润,那么此时产量为多少? 利润为多少?

8. 某一垄断厂商生产一种同质产品,在能实行价格歧视的两个市场上出售。其总成本函数为 $TC = Q^3/3 - 40Q^2 + 1800Q + 5000$。两市场的需求函数为 $q_1 = 320 - 0.4p_1$,$q_2 = (A - p_2)/B$。该垄断者在利润最大时的总产量为 60,利润为 5 000。试求 A 和 B 的数值各为多少。

9. 假定一厂商面对的需求函数为 $p = a - bq$,$a > 0$,$b > 0$。该厂商没有固定成本,而边际成本 $MC = c$,若厂商采取二级价格歧视定价策略取得利润最大化,试问:

(1) 当该厂商制定两个价格时,其价格和对应的产品数量各为多少?

(2) 当该厂商制定三个价格时,其价格和对应的产品数量各为多少?

(3) 由(1)和(2),你可推测厂商制定 n 个价格时,其价格和对应的产品数量又各为多少?

10. 某垄断厂商将只建立一个工厂,为两个空间上隔离的市场提供产品。在这两个市场上,垄断厂商可以采取两种价格,而不必担心市场之间的竞争和返销,两个市场相距 40 里,中间有条公路相连。垄断厂商可以把工厂设在任意一个市场上,或者沿公路的某一点。设 A 和 $(40-A)$ 分别为市场1和市场2与工厂的距离。垄断厂商的需求函数和生产函数不受其厂址选择的影响,市场1的反需求函数为 $p_1=100-2q_1$,市场2的反需求函数为 $p_2=120-3q_2$;垄断厂商的生产成本函数为 $TC_1=80(q_1+q_2)-(q_1+q_2)^2$,运输成本函数为 $TC_2=0.4Aq_1+0.5(40-A)q_2$。试确定 q_1、q_2、P_1、P_2 和 A 的最优值。

11. 某垄断厂商的生产函数为 $Q=\min\left\{\dfrac{L}{3},K\right\}$,$L$、$K$ 表示两种要素为使用量,价格分别为 $w=1$,$r=5$。厂商除了两种要素外没有其他成本投入。若该厂商面临两个市场,其中一个为大于65岁的老年人市场 $Q_O=500p_O^{-3/2}$,另一个为小于65岁的中青年市场 $Q_Y=50p_Y^{-5}$。若该垄断厂商能对两个市场进行三级价格歧视,试求垄断厂商在两个市场的定价。

12. 有两类不同的消费者都愿意消费某垄断厂商的产品,他们的反需求函数分别是 $p_1=25-2q_1$ 和 $p_2=17-\dfrac{1}{3}q_1$。垄断厂商的边际成本为1。试求三级价格歧视下,两类消费者所面临的价格以及垄断者的总利润。

第十一章 垄断竞争理论

■本章概要■

　　日常生活中,我们会在电视、报刊、互联网或新媒体上见到、听到许多颇具挑战性、刺激性的诸如洗衣粉、营养品、肥皂、家用电器等产品的广告。针对这些产品做广告的行为不是完全竞争或完全垄断理论所能解释的。因为完全竞争厂商的产品皆同质、信息完全,不需要做广告,而完全垄断厂商的广告则无竞争性。这些通过大量做广告来促销的产品市场将是我们在本章中介绍的一种重要市场——垄断竞争市场,这是一种介于完全竞争与完全垄断之间、既有竞争性又有垄断性的市场组织结构。

■学习目标■

学完本章,你将能够了解:
1. 垄断竞争市场的基本假设
2. 垄断竞争市场的短期均衡和长期均衡
3. 广告对厂商行为的影响
4. 垄断竞争市场的广告
5. 超额能量定理

你要掌握的基本概念和术语:
　　垄断竞争　产品群　主观需求曲线　客观需求曲线　超额能量定理

第一节　垄断竞争市场的含义及其基本假设

　　我们知道,完全竞争和完全垄断是市场结构中两个极端的情形。在完全竞争理论中,假定有无数个厂商生产同质的产品,它们不能影响产品的价格,只能是市场价格的接受者;而在完全垄断市场上,一种产品只有一个生产者,所以出售这种产品的厂商可以自行决定其价格,它是价格的决定者或制定者。但是,现实中的许多厂商却是介于这两种市场之间,这种中间情况通常被称为不完全竞争(imperfect competition)或垄断竞争(monopolistic competition)。1933年,美国经济学家爱德华·张伯伦(Edward Chamberlin)和英国经济学家琼·罗宾逊(Joan Robinson)分别发表了《垄断竞争理论》和《不完全竞争经济学》两部著作,系统地论述了垄断竞争问题。目前规范化了的垄断竞争理论主要是在张伯伦理论的基础上发展而成的。

　　为了研究垄断竞争市场,我们先介绍美国经济学家张伯伦(Chamberlin,1933)对垄断竞争市场所作的假设。

（1）产品差异性(product differentiation)。他认为垄断竞争市场上所有厂商生产的产品类似，但不是完全可替代。所谓产品差异性包括产品在原料、包装、服务、厂商的信誉等因素上的不同，或者消费者偏爱心理的不同。

（2）产品群(product group)。此假设意思是有一群厂商所制造的产品的特性及功能非常接近，且具有某种程度的替代性，这一群厂商被称为产品群。

有了产品群的概念后，对垄断竞争市场的分析就仅以产品群为研究对象。在产品群内厂商之间具有竞争性：任何厂商彼此间互相竞争，无勾结存在，厂商可自由进入或退出此产品群。

（3）单一性(uniformity)。为了分析的方便，假设产品群内所有厂商的成本函数皆相同，所面临的需求曲线也相同。

（4）垄断竞争市场上厂商的个数很多，多到任何厂商采取行动（包括价格、产品品质及广告），也不至于被其他厂商所发现，因此其他厂商也不会跟着采取行动。

然而，这些假设受到许多经济学家的批评，其中以斯蒂格勒(G. J. Stigler)为代表，他们反对厂商在生产异质产品的同时又假设具有相同的成本函数与需求曲线，同时也反对产品群的观念，认为究竟产品间替代程度应多大才属于同一产品群是无法予以明确规定的。

但是，从实际情况看，产品群虽然无法明确地定义，但我们不可就此拒绝使用它，因我们可从一些普通常识及产品的替代弹性来定义产品群观念。例如，筷子与洗衣粉属于不同的产品群，但不同品牌的洗衣粉却属于同一产品群；洗衣粉与洗头液虽同属清洁产品，却不属同一产品群；彩色电视机与冰箱同属电器，却不属同一产品群。

另外，我们要特别说明的是，垄断竞争厂商因为产品具有某些差异，故多少对市场的价格具有某种程度的垄断力，不再是市场价格的接受者，也因此不存在供给曲线，厂商可通过降低价格来增加其销售量，也可采用非价格竞争（如广告、品质改良）来扩大其需求。

垄断竞争厂商一般存在于零售业和服务业等行业中，通常把加油站、服装店、药店、化妆品店、牙膏店、食品店、餐馆等作为垄断竞争市场的例证。

第二节　垄断竞争厂商的需求曲线

由于垄断竞争市场中各个厂商的产品既有一定差别，又有很好的替代性，导致垄断竞争厂商产品的需求曲线既不同于完全竞争厂商的需求曲线①（需求弹性为无穷大的水平线），也不同于完全垄断厂商的需求曲线（斜率很大的向右下方倾斜的曲线），而是一条接近于水平的倾斜线。同时，垄断竞争条件下我们以"产品群"代替行业，因而就产品群中的单个厂商来说，它有一条需求曲线，就整个产品群来说，则面对着另一条需求曲线。因此，任何一个垄断竞争厂商的产品实际上存在着两条需求曲线，可通过图11-1说明。

在图11-1中，d_1 和 D 是垄断竞争厂商所面临的两条需求曲线。d_1 表示该行业某一厂商变动产品销售价格而行业中其他厂商并不随之改变价格的情况下，该厂商产品销售

---

① 不过，对完全竞争厂商的分析中，我们实际上也分析过两条需求曲线。就个别厂商来说，它的需求曲线是水平的，需求弹性无穷大；就整个行业来说，它的需求曲线是一条向右下方倾斜的曲线。垄断竞争下的两条需求曲线与完全竞争下的两条需求曲线相类似。

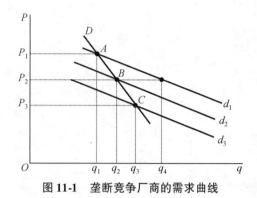

图 11-1 垄断竞争厂商的需求曲线

价格与销售量的关系。比如,厂商在价格为 P_1 时,销售量为 q_1,D 与需求曲线 d_1 的交点为 A。现在假设厂商把价格降到 P_2,销售量将增加到 q_4。这表明由于个别厂商产品销售价格下降,而其他厂商仍维持原价,部分消费者将转向购买同类低价商品,从而使该厂商的销售量增加。同理,如果该厂商提高价格,而行业内其他厂商价格不变,个别厂商就会预期到产品销售量大幅度下降。因此,需求曲线 d_1 实际上反映了个别厂商自认为像完全垄断厂商那样独立决定价格,而其他厂商不会做出反应的主观愿望,因而 d_1 曲线亦可称为垄断竞争厂商的主观需求曲线(subjective demand curve),或预期需求曲线(expective demand curve)。

事实上,由于垄断竞争厂商之间存在着激烈的竞争,当某一厂商调整价格,其他厂商势必也要做出相应举动。在此条件下,个别厂商所面临的需求曲线将不再是 d_1,而是图 11-1 中的 D 曲线。这是因为,如果个别厂商在价格下降到 P_2 时,行业中所有厂商产品价格都随之下降到 P_2 水平,于是个别厂商的销售量就不会增加到 q_4 而只能增加到 q_2。从个别厂商原来的需求曲线 d_1 的角度看,行业中所有厂商产品价格下降,意味着原来的需求曲线 d_1 向下平行移动到 d_2 曲线,价格与销售量在 d_2 曲线上的交点为 B。同理,如果行业中厂商与个别厂商同时将价格降低到 P_3,个别厂商的销售量将从 q_2 增加到 q_3,价格与销售量在 d_3 曲线上的交点为 C。连接 A、B、C 等交点,便构成需求曲线 D,它反映了行业内其他厂商的行为对个别厂商产品价格变动引起的需求量变化的影响。在垄断竞争市场上,由于竞争的作用,从长期看个别厂商的产品价格变动同行业内所有厂商的产品价格变动会趋于一致,因而 D 曲线亦可视为厂商的长期需求曲线(long-run demand curve),或行业的需求曲线。在垄断竞争市场上,产品面临两条需求曲线,是由该市场特点所决定并独有的。

第三节 垄断竞争厂商的短期均衡

在短期内,某代表性垄断竞争厂商是在现有的生产规模下通过对产量和价格的同时调整,来实现 MR = MC 的均衡条件。现用图 11-2 来分析垄断竞争厂商短期均衡的形成过程。

由于在分析前我们无法确切知道客观需求曲线 DD',因此,要找出最后的均衡只好从多次的经验、调整价格与误差求得。如图 11-2 所示,MC 曲线表示代表性厂商的现有生产规模,DD' 曲线和 dd_1' 曲线分别表示代表性厂商的两条需求曲线,MR_1 曲线是相对于需

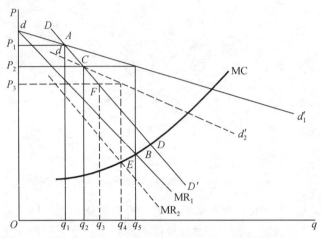

图 11-2　垄断竞争厂商对价格与误差的调整

求曲线 dd'_1 的边际收益曲线。设代表性厂商的产品现在的售价为 P_1，销售量为 q_1，如图中 A 点所示。但是，A 点并不是均衡点。按照利润最大化原则 $MR_1 = MC$，此时该厂商希望能降低价格至 P_2，销售量 q_5，以期达到利润最大（即 B 点）。

但是，在垄断竞争条件下，代表性厂商有利可图的某种变动，总是伴随着产品群内所有厂商的同等变动。既然代表性厂商为实现利润最大化，把价格确定为 P_2，产品群内所有厂商也会把价格确定为 P_2。当整个市场的价格下降为 P_2 时，代表性厂商的需求曲线 dd'_1 也就向下平行移动到 dd'_2 的位置，即由 A 点沿需求曲线 DD' 移动到 C 点。在 C 点上，代表性厂商的产品价格为 P_2，但是实际销售量却为 q_2。显然，这一数量小于厂商原来所期望的利润最大化的产量 q_5，即存在 q_2q_5 的误差。在新的市场价格 P_2 水平下，面对需求曲线 dd'_2，代表性厂商的边际收益曲线为 MR_2。在追求最大利润原则下，代表性厂商按照 $MR_2 = MC$ 的原则，将继续调整价格和产量，希望价格降至 P_3，销售量达到 q_4，如图中 E 点所示。然而，因其他厂商亦调整价格，故代表性厂商实际只销售 q_3。同样，存在着 q_3q_4 的误差，此误差比原来的小。于是，上述的代表性厂商调整误差的行为又一次重复进行。为实现利润最大化，它会继续降低价格，需求曲线 dd' 会沿着需求曲线 DD' 不断向下平移，并在每一个新的市场价格水平与需求曲线 DD' 相交。如此反复地调整试验，使其希望的与实际的销售量的误差逐渐缩小，直到无误差为止，该代表性厂商才不会再作价格的调整，这就是厂商的短期均衡。

图 11-3 显示了最后垄断竞争厂商实现均衡的情况，当 $MR = MC$ 决定的产量恰为 dd' 与 DD' 相交之点所对应的产量（无误差的情况）q_0 时，代表性厂商便实现了短期均衡。如前面几章所述，当厂商在短期达到均衡时，其经济利润可能为正，也可能为负或为零。若为负，其经济损失必须小于总固定成本才行。

- 垄断竞争厂商短期均衡条件为：
    （1）$MC = MR$ 且对应着 dd 与 DD 的交点；
    （2）$P \geqslant SAVC$。

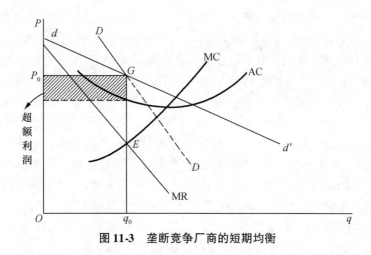

图 11-3　垄断竞争厂商的短期均衡

第四节　垄断竞争厂商的长期均衡

在长期内,垄断竞争厂商不仅可以调整生产规模,还可以加入或退出其原来所在的产品群。这就意味着,垄断竞争厂商在长期均衡时的利润必定为零,即在垄断竞争厂商的长期均衡点上,需求曲线 d 必定与 LAC 曲线相切。简单地看,这些情况与完全竞争厂商是相似的。但由于垄断竞争厂商所面临的是两条向右下方倾斜的需求曲线,因此,垄断竞争厂商长期均衡的实现过程及其状态具有自己的特点。

垄断竞争厂商长期均衡的形成过程可以用图 11-4 来说明。

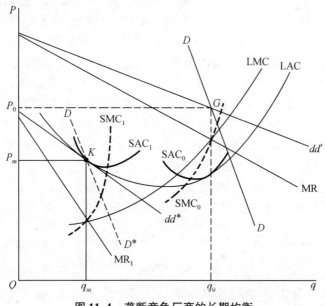

图 11-4　垄断竞争厂商的长期均衡

在图 11-4 中,DD' 和 dd' 分别表示垄断竞争厂商的两条需求曲线。它们相交于 G 点。假设该点是垄断竞争厂商的短期均衡点,均衡价格和均衡产量分别为 P_0 和 q_0。由于均衡价格高于平均成本,因此厂商可以获得经济利润。经济利润的存在会吸引新的厂商加入。新的厂商进入将使消费者有更大的选择机会,会使一部分顾客被吸引到新加入的厂商所生产的产品上,这样在既定价格下每个厂商的销售量就会减少。相应地,代表性厂商的需求曲线 DD' 便会向左下方平行移动。在市场需求规模给定不变的情况下,随着产品群内厂商数目的增多,市场价格将不断下降,需求曲线 dd' 就会不断向左下方平行移动。这个过程会持续到何时才终止?只要平均收益大于平均成本,厂商将发现可以获得正的利润,新的厂商进入就将有利可图。如果平均收益低于平均成本,厂商存在亏损,将有一部分厂商退出该市场。因此这个过程一直要持续到产品群内的每个厂商的利润为零为止。在图 11-4 中,代表性厂商的两条需求曲线分别移动到 dd^* 和 DD^* 的位置。这时,边际收益等于长期边际成本,也等于短期边际成本,即 $MR_1 = LMC = SMC_1$。dd^* 与长期平均成本曲线 LAC 在 dd^* 和 DD^* 的交点处相切。切点 K 所对应的价格 P_m 和产销量 q_m 是长期均衡时的价格—数量组合。这时,垄断竞争厂商的销售总额等于总成本,产品群内各个厂商的经济利润为零,垄断竞争厂商实现了长期均衡。

- 垄断性竞争市场上厂商达到长期均衡时的条件为:
  (1) 在相同产量 Oq_m 之下,$LMC = MR = SMC$ 且 $dd' = DD'$;
  (2) 厂商选择最低成本的生产规模(如图 11-4 中 SAC_1 所示);
  (3) 对于某个代表性厂商来说,其 LAC 与 SAC 和 dd' 相切(在 Oq_m 产量下),且 $P = LAC$。

第五节 广告对厂商行为的影响

在前面的章节中,我们皆忽视了广告对厂商行为的影响。在现实的社会里,广告也是厂商重要的营销策略之一。除非消费者对产品的信息能充分了解而不需要广告,否则厂商皆可借助广告活动,促使消费者多认识其产品的性能与功能,进而增加其销售量。也许,读者会认为广告只会增加厂商的销售成本,而对消费者并无好处。其实不然,因为在复杂多变的社会里,消费者往往需要付出很多代价(如交通费、时间)来寻找他所需要的产品。而广告的主要功能在于减少购买者寻找其所需要的产品信息所付出的成本,这对社会的经济效益而言是有其必要性的。

既然广告对于社会及厂商而言有其必要性,那么本节将特别讨论广告对厂商行为的影响。在不同的市场下,广告效果也会不同。尤其在垄断性竞争市场,其产品广告效果比垄断市场更为复杂,这是因为垄断性竞争市场的广告尚需考虑产品的差异及其对手的行为。因此,我们将先介绍垄断市场的广告效果,然后再讨论垄断竞争市场的广告效果。

一、垄断厂商的广告

如图 11-5 所示,设完全垄断厂商在未作任何广告时的需求曲线为 D_1,边际收益曲线为 MR_1,长期均衡点为 A 点(此时 $LMC = MR$),故均衡价格为 OP_1,销售量 OQ_1。

完全垄断厂商做广告时,会使产品的需求增加,进而引起收益、成本的变动,结果使得厂商改变其均衡产量与价格,以追求更大利润。在分析广告后的均衡之前,我们先定义两个名词,销售的边际成本(marginal cost of selling)与销售的边际收益(marginal revenue of selling)。销售的边际成本(MC_S)就是厂商为了多促销一单位的产品所需增加的销

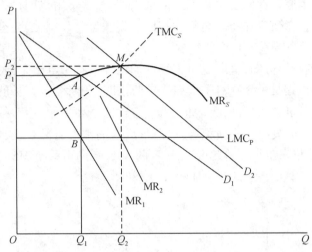

图 11-5 垄断厂商的广告效果(无管制下):
均衡点由 A 点移至 M 点的条件为 $TMC_S = MR_S$

售费用(包括雇用广告人才与训练人才费用),MC_S 不包括生产成本。因此,我们可知,厂商为多销售一单位的产品,所需增加的总成本(以 TMC_S 表示)除了生产产品的边际成本(以 LMC_P 表示)外,还有边际销售成本,即 $TMC_S = LMC_P + MC_S$。一般而言,我们皆认为促销的广告活动呈报酬递减,故边际成本曲线(MC_S)为一条向右上方延伸的曲线。

所谓厂商的边际销售收益(以 MR_S 表示)即因做广告而增加的一单位的销售所增加的收益。倘若广告是有效的,则厂商的需求曲线将会增加(即向右移动),如图 11-5 所示。在未做任何广告时,均衡价格为 Q_1A,只要厂商做少许的广告而增加了一单位的销售量,其售价仍可维持在原价格 OP_1,由此,我们可认定,厂商因广告而多销售一单位的产品所增加的收益,恰为其产品的价格(OP_1)。如图 11-5 所示,当厂商做了广告后,需求曲线增至 D_2,边际收益曲线移至 MR_2,在 $MR = LMC_P$ 条件下,均衡点为 M 点,产量为 OQ_2,价格上升至 OP_2,此时边际销售收益应为 OP_2。据此,我们可推知,在各种不同的广告量下,厂商也面临各种不同的需求曲线,每个需求曲线对应着不同的价格。又因为价格等于边际销售收益,依此我们可连接 A 点、M 点等而绘出厂商的边际销售收益曲线(MR_S)。至于 MR_S 的形状与方向,要视广告效果与需求弹性而定。

完全垄断厂商做广告的主要目的是追求更大利润,此时,最适合的广告条件为 $MR_S = TMC_S$。当 $MR_S > TMC_S$ 时,增加广告所增加的销售收益大于其所增加的总成本,仍有利可图,厂商会在广告上继续投入,直到把所有的利润赚走为止;反之,若 $MR_S < TMC_S$,表示增加广告所增加的销售收益小于所增加的总成本,会增加厂商的损失,故厂商会减少广告直到损失最小为止。因此,只有 $MR_S = TMC_S$ 时,厂商的产量不再改变,且利润达到最大。如图 11-5 中的 M 点所示,此时产量为 OQ_2,价格为 OP_2。

- 完全垄断厂商在广告效果下,其最佳的广告条件为边际销售收益等于边际总成本($MR_S = TMC_S$)。

二、垄断竞争市场的广告

垄断竞争市场中的广告与完全垄断市场中的广告的主要不同点有两个:第一,完全垄断厂商的广告,主要是在提供有关产品信息;而垄断竞争市场的广告除了提供产品的信息外,最主要的是在强调其产品与别人相比的特殊之处。第二,完全垄断厂商无竞争对手,而垄断性竞争则受对手广告的影响。

从上述第二点我们可知,垄断竞争市场厂商的 TMC_S 一定比完全垄断厂商的 TMC_S 大,MR_S 反而较小。这是由于在对手增加广告的同时,垄断竞争市场的厂商为维持或吸引新顾客,必须付出更多的代价,故 TMC_S 会往上移至 TMC'_S,如图 11-6 所示。另一方面,在对手增加广告时,会吸引一些新顾客,造成该厂商的消费者减少,因而需求曲线下降,迫使该厂商降低价格来销售。由此可知,厂商的 MR_S 会向下移至 MR'_S。因此,由图 11-6 可知,均衡点 $MR'_S = TMC'_S$ 为 F 点,产量为 OQ_5,价格为 FQ_5。

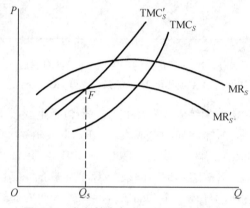

图 11-6　垄断性竞争市场的广告均衡点 F

综合前面所讨论的广告效果,我们可再引用图 11-7 来说明,垄断性竞争厂商广告的长期均衡条件如下:

(1) $D_g D_g = d_f d_f$ 且 $mr_f = LMC_P$,表示厂商实现长期均衡的必要条件;

(2) $MR_S = TMC_S$,表示在广告下厂商利润最大的条件;

(3) 代表性厂商的长期平均成本线(包括销售费用)必与 $d_f d_f$ 相切,即代表性厂商的经济利润恰等于零。

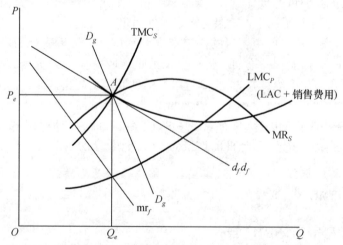

图 11-7　垄断竞争市场下代表性厂商的广告与其长期均衡的情况

由图 11-7 可知，A 点满足上面三个条件，是代表性厂商的长期均衡点。换言之，不再有其他诱因来改变该代表性厂商的价格（OP_e）与产量（OQ_e）。

- 在垄断性竞争市场下，代表性厂商的最佳广告及其长期均衡条件为：
  (1) $D_g D_g = d_f d_f$，且 $\mathrm{mr}_f = \mathrm{LMC}_P$；
  (2) $\mathrm{MR}_S = \mathrm{TMC}_S$；
  (3) 长期平均成本线（包括销售费用）与 $d_f d_f$ 相切。

第六节 超额能量定理

在本章第三节中，我们曾讨论垄断竞争市场中代表性厂商的长期均衡条件，其中之一是长期平均成本线必须与 $d_f d_f$ 相切。由于 $d_f d_f$ 线的斜率为负，因此该切点必在长期平均成本曲线为负斜率的区域内，如图 11-8 中的 A 点所示，此时，我们称其为有超额能量（excess capacity）。

超额能量就是厂商长期平均成本线最低点的产量（OQ_e）与其实际产量（OQ_1）的差距，即 $Q_e Q_1$。在完全竞争市场里，厂商没有超额能量的情况。在垄断竞争市场，厂商之所以有超额能量，乃因厂商生产异质产品所致。进一步说，引起超额能量的原因有两个：其一，厂商没有选择最理想的规模（即 LAC 最低点的生产规模，如图中 SAC_1 所示）来生产，却选择了较不经济的生产规模 SAC_2，因此造成了产量太少的经济效益损失（相当于 $Q'_e Q_e$）。其二，既然选择了 SAC_2 的生产规模，却又不充分利用此设备能量使其成本降至最低点 A'，而使用 A 点来生产，也造成了产量太少的结果（相当于 $Q_1 Q'_e$）。

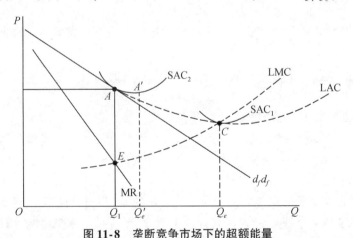

图 11-8 垄断竞争市场下的超额能量

> **实时测验 11-1**
> 根据张伯伦的假设，在垄断性竞争市场里，所有厂商的成本函数皆相同，则是否每个厂商皆有超额的生产能力？

本章总结

1. 垄断竞争是指一种既存在垄断因素又存在竞争因素，既不是完全垄断又不是完全竞争的市场结构。垄断竞争厂商面临的是一条富于弹性的向右下方倾斜的需求曲线。

2. 在垄断竞争条件下，厂商仍然遵循利润最大化原则，并按照 MR = MC 来进行价格与产量决策；垄断竞争厂商短期均衡条件为：(1) MC = MR 且对应着 dd 与 DD 的交点；(2) $P \geq SAVC$。

3. 垄断竞争条件下的长期均衡为 MR = LMC，但由于在长期下，厂商可以自由进出，此时不存在超额利润。

4. 垄断竞争厂商达到长期均衡的条件为：(1) LMC = MR = SMC 且 $dd' = DD'$；(2) 厂商选择最低成本的生产规模；(3) 对于某个代表性厂商来说，其 LAC 与 SAC 和 dd' 相切，且 P = LAC。

5. 垄断竞争厂商为了竞争需要进行广告宣传，而且其广告除了提供产品的信息外，最主要的是在强调其产品与其他产品相比的特殊之处。

复习思考题与计算题

1. 请判断下列说法是否正确，并简要说明理由：

(1) 某垄断竞争厂商的实际需求曲线与主观需求曲线在 10 美元处相交。这时，该厂商的产品价格能在 12 美元的水平上达到均衡。（　　）

(2) 在长期，垄断竞争厂商得不到超额利润，所以，垄断竞争与完全竞争一样是一种有效率的市场。（　　）

(3) 在垄断性竞争下，长期均衡时，每个厂商的经济利润皆为零。（　　）

(4) 垄断竞争市场均衡下，零利润的厂商产量水平低于最低平均成本的产量水平。（　　）

(5) 垄断竞争企业的长期均衡的位置是在长期平均成本曲线的上升部分。（　　）

(6) 垄断竞争企业的短期均衡的位置只能是它刚好获得正常利润。（　　）

(7) 垄断竞争的行业说明企业数目较少，企业垄断程度很大。（　　）

(8) 垄断竞争的基本特点是它只存在着价格竞争。（　　）

(9) 垄断竞争行业的供应曲线与完全竞争行业的供应曲线相类似。（　　）

(10) 完全竞争与垄断竞争的一个共同点是企业规模都比较小，竞争力度比较大。（　　）

2. 试比较垄断竞争与完全竞争和完全垄断长期均衡时市场效率的优劣。

3. 某垄断竞争市场中的某代表性厂商的长期总成本函数为 LTC = $0.001q^3 - 0.425q^2 + 85q$。假设不存在进入障碍，产量由该市场的整个产品群调整。如果产品群中所有厂商按同样比例调整它们的价格，出售产品的实际需求曲线为 $q = 300 - 2.5P$。

(1) 计算厂商的长期均衡产量和价格。

(2) 计算厂商主观需求曲线上长期均衡点的弹性。

(3) 若厂商主观需求曲线是线性的，导出厂商长期均衡时的主观需求曲线。

4. 某垄断竞争市场的代表厂商有线性的主观需求曲线，其成本函数为（LTC）= $0.01Q^3 - 0.8Q^2 + 20Q$，实际需求曲线为 $P = 21 - 0.8Q$，试求该厂商长期均衡时的产量价格并推导厂商的主观需求曲线。

5. 在垄断竞争市场结构中的长期(集团)均衡价格 p^* 是代表性厂商的需求曲线与其长期平均成本(LAC)曲线相切之点,因而 $p^* = \text{LAC}$。已知代表厂商的长期成本函数和需求曲线分别为:$\text{LTC} = 0.0025q^3 - 0.6q^2 + 384q, p = A - 0.1q$,其中 A 是集团内厂商数。试求长期均衡条件下,(1) 代表厂商的均衡价格和产量;(2) A 的数值。

6. 假定某市场中各厂商提供的产品有一定差别,当有 N 个厂商参与市场时,第 i 个 $(i = 1, 2, \cdots, N)$ 厂商的需求函数为:

$$q_i = \frac{112}{N} + \frac{\sum_{j \neq i} p_j}{N - 1} - 2p_i$$

所有参与厂商的成本函数均为 $C = q_i^2 + 24$,各厂商以其他厂商产品价格给定为前提来确定自己在市场中的垄断性行为。试求:

(1) 两个垄断竞争厂商在短期均衡时的产量及价格;
(2) 垄断竞争市场长期均衡时的厂商数目、各厂商的产量及价格。

7. 考虑一个垄断竞争市场,其中有 101 个厂商,每个厂商所面临的需求曲线与各自的成本函数都是相同的,其中第 i 个厂商的需求曲线为:

$$p_i = 150 - q_i - 0.02 \sum_{\substack{j=1 \\ j \neq i}}^{101} q_j$$

第 i 个厂商的成本函数为:

$$c_i = 0.5q_i^3 - 20q_i^2 + 270q_i, \quad i = 1, 2, \cdots, 101$$

试求出该垄断竞争市场中的代表性厂商 i 的最大利润,以及相应的价格和产量(假定该行业中的厂商数目不变)。

第十二章 寡头市场

本章概要

前一章,我们考察了垄断竞争市场的情形。从市场上厂商的数目来看,垄断竞争市场是介于完全竞争和完全垄断之间的一种市场结构。但是,介于垄断竞争和完全垄断之间还有一种重要的市场结构——寡头市场。通常,在寡头市场上,存在着若干个厂商,相互之间有竞争,且所生产的产品相同或接近,这样寡头厂商之间的行为相互影响,每家厂商对市场价格的形成都起着重要的作用。现实中,钢铁、汽车、彩电等行业都是典型的寡头市场。本章着重介绍一些经典的寡头垄断模型,下一章则从博弈论角度来分析寡头市场。

学习目标

学完本章,你将能够了解:
1. 寡头市场的特征
2. 古诺模型
3. 伯特兰模型
4. 张伯伦模型
5. 联合利润最大的模型
6. 市场份额模型
7. 鲍莫尔的最大销售额

你要掌握的基本概念和术语:

寡头   纯粹寡头   差别寡头   古诺模型   反应函数   伯特兰模型
斯泰克伯格模型   价格领导者模型   折弯的需求曲线模型

第一节 寡头市场概述

一、寡头市场及其特征

从各国的现实情况看,寡头市场(oligopoly)是一种比较普遍存在的现象。例如,美国的石油市场基本上控制在美孚、康菲、雪佛龙和马拉松四大石油公司手中,我国的移动通信市场基本上是由中国移动、中国联通和中国电信三大公司控制。大多数国家的钢铁业、电器产品、汽车及电信业都被控制在少数几家厂商手中。因此,可以这样说,寡头厂商从某种程度上掌握着一国的经济命脉,在一国经济中起着举足轻重的作用。

与其他市场组织形式相比,寡头市场具有如下一些特征:

(1)市场上只有少数的销售厂商,他们从事同质产品或差别产品的生产与销售。当厂商个数很少时,他们的产销量占整个市场相当大的份额,从而对市场有明显的影响力。他们销售量的变动,不仅能降低或提高产品的市场价格,而且还能影响竞争对手的利润。一个销售者的行为能直接影响行业中其他销售者。

(2) 寡头垄断厂商之间的行为相互依存、相互制约。在完全竞争市场和垄断市场上,厂商虽然依存于相应的市场,但销售者之间一般是各自独立经营的。例如,在完全竞争市场上,厂商占有的市场份额非常小,一个厂商调整其产量—价格决策时,不会影响整个市场,因而也无法影响其他厂商。垄断厂商是独家经营,根本没有竞争对手,当然更谈不上其决策对其对手有无影响。然而寡头市场则不同,一方面,厂商为数不多,每一厂商都占有相当大的市场份额;另一方面,他们生产的都是非常接近的替代商品,这些替代品的需求交叉弹性很大,一家寡头厂商的价格—产量决策必然会直接影响其对手的利益。因此,寡头的每一个行动都会引起竞争对手的反行动,寡头之间决策行动的相互影响形成了他们之间的依存关系。在这种情况下,厂商既不像完全竞争中的"价格接受者",也不像完全垄断中的"价格制定者",而是"价格搜寻者"。

(3) 需求曲线的不确定性。由于寡头厂商之间的相互依存关系,寡头厂商产品的需求曲线难以确定。因为寡头厂商进行价格—产量决策时,既要考虑他的决策对市场产生的直接影响,又要考虑到其对手对其决策的反应(转而又影响到他自己的决策)。因此,在决策时,必须假定对手的反应方式。反应方式不同,需求曲线的形状、位置也就不同。但对手的反应千变万化,不易把握,因而无法精确地得出自己产品的需求曲线。与此不同的是,在完全竞争和垄断市场中,厂商的需求曲线基本上是确定的,这两类厂商面临的问题是根据各自确定的需求曲线,并结合边际收益曲线、平均成本曲线和边际成本曲线来确定均衡产量和均衡价格。第二和第三个特征也向人们暗示了这样一点,即对寡头行为的研究远远超出了边际收益和边际成本,不得不借助于其他一些工具,比如博弈论等。

(4) 进出市场不易。在这个方面,寡头市场与垄断市场类似。与垄断市场相比,寡头市场虽说进出不是完全不可能,但相当困难。以进入寡头市场来说,不仅在规模、资金、信誉、市场、原料、专利等方面,其他厂商难与原有的厂商匹敌,而且由于原有厂商相互依存,休戚相关,其他厂商也难以进入。

(5) 除价格竞争外,寡头市场上更常见的是非价格竞争。非价格竞争包括改进产品质量和促销活动两方面的竞争。寡头市场中的非价格竞争不仅在规模上和耗费资金方面巨大,而且寡头厂商在非价格竞争中也具有相互依赖性。寡头市场中的厂商懂得,通过削减价格策略来夺取市场会遭到对手的报复,也会给自己造成很大的危害。因此,它们更经常的是利用非价格竞争手段吸引竞争对手的顾客来购买自己的产品。一家寡头厂商为其产品做广告,就是利用广告制造产品差别,以使自己的产品区别于对手的产品。即使各厂商的产品都是相同的,也需要进行广告活动,其作用在于使消费者在思想上认为各种品牌的产品之间存在着差别,因而认定一个特定的品牌,成为这个品牌商品的"忠诚"消费者。而一旦有一个寡头厂商开始发动广告战,其他厂商必然要起而应战。同样,当一家寡头厂商改进产品质量时,也会引起对手的反应。总之,以制造和扩大产品差别为动机的非价格竞争是寡头的一个重要特征。

二、寡头市场的种类及其理论模型

寡头市场可以按照不同的方式进行分类。从产品品质的角度看,如果一个行业内的厂商生产的产品是同质的,如钢铁、石油和水泥等,这一市场就称为纯粹寡头市场(pure oligopoly);如果行业内的厂商生产的是有差异的产品,如汽车、计算机等,这一市场就称为差别寡头市场(differentiated oligopoly)。从行为方式上,寡头可分为独立行动寡头和勾结性寡头。前者指同一行业内的各个厂商彼此独立,互不合谋;后者指同一行业内的厂商相互勾结,联合行动。从构成寡头市场的厂商数目来看,寡头又可分为双头垄断(duopoly)和多头垄断(multipoly)。前者指一个行业只由两家厂商所构成,后者指一个行业由三家或三家以上的厂商所组成。显然,双头垄断是多头垄断竞争的一个特例。

正是由于寡头市场的复杂性和多变性,多数经济学家都承认,到目前为止尚没有一种公认的统一的寡头理论。寡头均衡的存在(如果存在的话)严重地依赖于寡头间的特定行为假设,从而形成不同的寡头理论模型。

我们可以根据对寡头厂商的决策内容的假设来划分研究寡头问题的理论模型。在寡头厂商的决策行为中,寡头厂商将如何考虑竞争对手对自己决策的反应呢?答案只能是进行"猜测"(conjecture)。猜测的内容有两种,一种是猜测价格:"假如我提高价格,竞争对手将如何反应?"另一种是猜测产量:"假如我增加产量,竞争对手将如何反应?"另外,寡头厂商对于竞争对手的决策所采取的反应手段,又有两种假定:一种是天真假定,即假定竞争对手不会对他的决策做出反应,继续保持原有的价格和产量;一种是老练(或狡猾)假定,假定寡头厂商认识到市场的相互依存,能够采取比较明智的对策。正是基于上述两种猜测和两种假定的不同组合,构成了各种寡头垄断模型,如下表所示。

决策变量 \ 猜测方式	天真的猜测	老练(或狡猾)的猜测
以产量为决策变量	古诺模型	张伯伦模型、斯泰克伯格模型
以价格为决策变量	伯特兰模型 埃奇沃思模型	价格领导者模型

为分析的方便,我们可将所要讨论的寡头市场分成两种主要模型来进行分析:其一为猜测变量模型(models of conjectural variation),此模型是假设两个厂商间的行为具有独立性,且没有任何共谋行为发生;另一种为联合利润模型(models of joint profit maximization),该类模型假设厂商间具有某种程度的勾结行为。

还应指出,为了简便起见,人们一般都用双卖主垄断为代表来分析寡头理论。所谓双卖主垄断是寡头理论中的一种特例,它是只有两个厂商的一种市场结构。毫无疑问,将两个厂商扩展到数个厂商并不困难,因此,对双寡头的分析不会失去一般性。

第二节 无勾结下的寡头市场——猜测变量模型

在探讨厂商间无勾结的模型时,关键在于确立厂商之间的反应关系和反应内容,即一方在采取对策前猜测对手将会采取何种反应。厂商可通过猜测变量的假设,来决定对其有利的价格与产量。

为了对猜测变量的概念再进一步地说明,我们假设 $\dfrac{\partial q_i}{\partial q_j}$ 表示第 j 个厂商认为其增加一单位产量,将会引起第 i 个厂商也跟着增加的产量。若第 j 个厂商自认为其增加产量时对手的产量仍会保持不变,则 $\frac{\partial q_i}{\partial q_j}=0$;同理,我们亦以 $\frac{\partial p_i}{\partial p_j}$ 表示第 j 个厂商认为其提高价格后会引起第 i 个厂商提高价格的比例。若第 j 个厂商猜测其提高价格不会引起其他厂商跟随,则 $\frac{\partial p_i}{\partial p_j}=0$。

在有关寡头市场的模型中,属于猜测产量的变量的有古诺(Cournot)模型与斯泰克伯格(Stackelberg)模型两个模型,而属于猜测价格的变量的有伯特兰(Bertrand)模型、埃奇沃思(Edgeworth)模型和斯威齐(Sweezy)模型(或折弯的需求曲线模型)三个模型。

一、古诺模型

法国数理经济学家奥古斯汀·古诺(A. Cournot)在 1838 年发表的《对财富理论的数学理论的研究》中以销售泉水为例来说明双寡头垄断厂商的行为理论。在他的模型中假设:

(1) 两厂商生产泉水的成本为零;
(2) 两厂商皆采取相同的价格,且泉水的需求函数为已知;
(3) 猜测产量的变量为零 $\left(即 \frac{\partial q_B}{\partial q_A}=\frac{\partial q_A}{\partial q_B}=0\right)$。

有了上述前提假定之后,所要解决的问题是:(1) 每个厂商将生产多少产量?(2) 市场价格为多少?(3) 厂商的利润为多少?

为了说明的方便,我们将引用例子来说明,已知某地对泉水的需求函数为 $P=120-Q$,又假设市场只有 A、B 两厂商,故 $Q=q_A+q_B$,其中 q_A、q_B 表示厂商 A、B 的生产量。

倘若厂商 A 首先发现这一泉水,在利润最大化的驱使下,会生产 $q_A=60$ 的产量,由 $P=120-Q$ 可得厂商 A 的边际收益为:

$$MR_A = 120 - 2q_A$$

由题意假设知无生产成本,因此 $MC_A=0$。

在 $MR_A=MC_A$ 条件下,可得 $q_A=60, P=60$。

接着厂商 B 也加入生产泉水的行列,并且猜测当其确定最优产量时,厂商 A 仍维持原产量 $q_A=60$,它在利润最大化原则下,会生产 $q_B=30$ 的产量。

∵ $P=120-(q_A+q_B)=120-60-q_B=60-q_B$

∴ $MR_B=60-2q_B$

在 $MR_B=MC_B$ 条件下(∵ $MC_B=0$),$q_B=30, P=30$。

此时市场价格下降为 $P=30$。当厂商 B 加入该生产行列后,厂商 A 发现需求曲线不再是 $D_A(q_B=0)$,而是 $D_A'(q_B=30)$,于是厂商 A 亦猜测当其变动产量时,厂商 B 仍维持 $q_B=30$ 的产量。所以厂商 A 面对的需求曲线必须先扣除 30 单位的产量,如图 12-1 中的 $D_A'(q_B=30)$ 所示,在此情况下,厂商 A 会调整其产量 $q_A=45$。

∵ $P=120-(q_A+q_B)=90-q_A$

∴ $MR_A=90-2q_A$

在 $MR_A=MC_A=0$ 条件下,得 $q_A=45$。

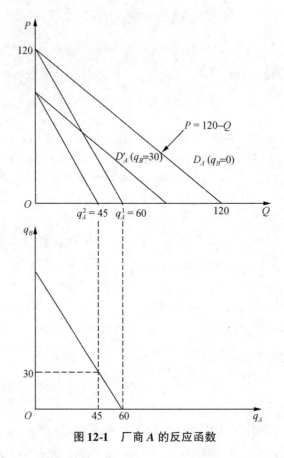

图 12-1 厂商 A 的反应函数

市场价格又由 $P = 30$ 上升至 $P = 45$。在厂商 A 调整其产量的同时，厂商 B 亦会发现其所面临的需求曲线变了，继而调整其产量，如此反复下去，我们可找出厂商 B 在各种产量下，厂商 A 为实现利润最大所可能生产的最优产量的关系，这种关系我们称之为厂商 A 的反应函数。如图 12-1 所示，当厂商 B 产量为零时，厂商 A 会生产 $q_A = 60$，当厂商 B 的产量为 $q_B = 30$ 时，厂商 A 的产量为 $q_A = 45$。同理，读者亦可找出厂商 B 的反应函数。

为了说明得更清楚，我们利用对利润求极值的方法来说明反应函数。继续上面的例子，厂商 A 的利润函数可写为：

$$\begin{aligned}\pi_A &= \text{TR}_A - \text{TC}_A \quad (\because \text{TC}_A = 0) \\ &= P \cdot q_A \\ &= (120 - q_A - q_B) \cdot q_A \\ &= 120 q_A - q_B q_A - q_A^2\end{aligned}$$

在 q_B 固定下，对 π_A 求极值的一阶条件为：

$$\frac{\partial \pi_A}{\partial q_A} = 120 - q_B - 2q_A = 0$$

$$q_A = 60 - \frac{1}{2} q_B \text{（厂商 } A \text{ 的反应函数）}$$

- 厂商 A 的反应函数(reaction function for firm A)表示在厂商 B 的各种产量水平上，

厂商 A 在最大利润原则下所要生产的产量组合,即 $q_A = R(q_B)$。也可以说,对于厂商 B 的每一个产量 q_B,厂商 A 都会做出最优反应,确定自己利润最大的产量 q_A。

同理,因为 $\pi_B = 120q_B - q_A q_B - q_B^2$,在 q_A 固定下,π_B 最大的一阶条件为

$$\frac{\partial \pi_B}{\partial q_B} = 120 - q_A - 2q_B = 0$$

$$q_B = 60 - \frac{1}{2}q_A \text{(厂商 } B \text{ 的反应函数)}$$

- 厂商 B 的反应函数(reaction function for firm B)表示在厂商 A 的各种产量水平上,厂商 B 在最大利润原则下所要生产的产量组合,即 $q_B = R(q_A)$。也可以说,对于厂商 A 的每一个产量 q_A,厂商 B 都会做出最优反应,确定自己利润最大的产量 q_B。

到目前为止,我们已知道了厂商 A 和厂商 B 的反应函数,我们可根据它来找出市场达到均衡的价格、产量及利润。

如图 12-2 所示,$A_1' A_1$ 为厂商 A 的反应曲线,$B_1' B_1$ 为厂商 B 的反应曲线。倘若厂商 A 先发现泉水,首先在 $A_1(q_A = 60)$ 生产;接着厂商 B 加入,且选择在 B_2 生产,而当厂商 B 在 B_2 生产时,厂商 A 马上调整至 $A_2(q_A = 45)$ 生产。当厂商 A 在 A_2 生产时,厂商 B 又会调整产量至 B_3 生产。如此反复下去,至 E 点时才会终止,故 E 点即为其均衡点。

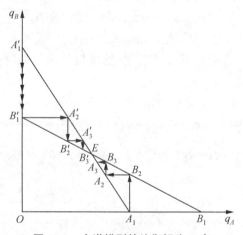

图 12-2 古诺模型的均衡解为 E 点

我们可利用厂商 A、B 的反应函数求出其均衡产量、价格及利润。

由 $\begin{cases} q_A = 60 - \frac{1}{2}q_B \\ q_B = 60 - \frac{1}{2}q_A \end{cases}$

得 $q_A = q_B = 40, p = 40$。

代入 π_A、π_B 函数,得 $\pi_A = 1\,600, \pi_B = 1\,600$。

- 古诺寡头模型的均衡点为两厂商反应函数的交点,此时两厂商各自实现了最大利润。

古诺寡头模型的均衡为两厂商反应函数的交点。然而,这两个厂商所生产的产量是否一定会相等?在何种情况下才会相等?要回答此问题我们可再引用上面的例子来说明,倘若两厂商的产品为同质,生产成本也相同,且面临同一需求直线,则厂商 A、B 的反应函数恰以 $45°$ 线为其对称线,如图 12-3 所示。结果,两反应函数的交点必在 $45°$ 线上,亦即均衡点必在 $45°$ 线上,从而两厂商的均衡产量会相等。

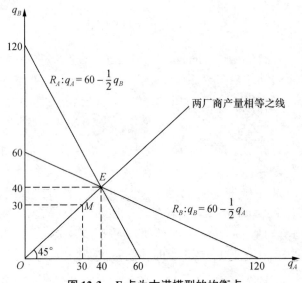

图 12-3 E 点为古诺模型的均衡点

以上古诺模型假设厂商间无勾结(collusion)行为,倘若两厂商为了共同的利益而产生勾结行为(相当于完全垄断),其市场产量、价格与利润将如何?我们再引用上面的例子来说明。

当两厂商有勾结行为时,其目标为两厂商的利润最大。

$$\because \pi = \pi_A + \pi_B = 120(q_A + q_B) - (q_A + q_B)^2$$

$$\frac{\partial \pi}{\partial q_B} = \frac{\partial \pi}{\partial q_A} = 120 - 2(q_A + q_B) = 0$$

$$\therefore q_A + q_B = 60, p = 60, \pi = 3\,600$$

即只要厂商 A、B 共生产 60 单位,就可达到总利润最大($\pi = 3\,600$)。若厂商 A、B 产量维持相等,$q_A = q_B = 30$,其利润各为 1 800,比无勾结时大。

- 当两双卖主寡头厂商有勾结行为时,其市场总产量较少,市场价格较高,其利润较大。

古诺模型可以很容易地推广到 n 个相同厂商的情况。

假设某行业存在 n 个厂商,$n > 2$。行业内每个厂商的成本函数皆相同,第 i 个厂商的成本函数为:

$$C(q_i) = cq_i, \ i = 1, 2, 3, \cdots, n$$

又假设寡头厂商所在行业的需求函数为:$p = a - bQ$,这里 $Q = q_1 + q_2 + \cdots + q_n = \sum_{i=1}^{n} q_i, a, b, c > 0$,且 $a > c$。

第 i 个厂商的利润函数为:

$$\pi^i(q_1, q_2, \cdots, q_n) = (p-c)q_i = (a - b\sum_{i=1}^{n} q_i - c)q_i$$

使厂商 i 的利润最大化的一阶条件为:

$$\frac{\partial \pi^i}{\partial q_i} = (a - b\sum_{i=1}^{n} q_i - c) + (-b)q_i = a - bq_i - b\sum_{i=1}^{n} q_i - c = 0$$

现在假设 q_i^* 为厂商 i 利润最大化下的最优产量,则有:

$$a - bq_i^* - b\sum_{i=1}^{n} q_i^* - c = 0$$

即

$$bq_i^* = a - c - b\sum_{i=1}^{n} q_i^*$$

在上式中,方程式右边的值与所考虑的第 i 个厂商的产量无关,因此,在实现均衡时,所有厂商的 bq^* 都会等于上面方程式的右边,所以把所有 n 个厂商的上述等式相加之后即得:

$$b(q_1^* + q_2^* + \cdots + q_n^*) = n(a - c - b\sum_{i=1}^{n} q_i^*)$$

$$\Rightarrow bQ^* = n(a - c - bQ^*)$$

$$\Rightarrow Q^* = \frac{n(a-c)}{b(n+1)}$$

这里 Q^* 为整个行业的均衡产量。

市场均衡价格为:

$$P = a - bQ^* = a - b \cdot \frac{n(a-c)}{b(n+1)} = a - \frac{n(a-c)}{n+1} < a$$

由于行业内每个厂商的生产条件相同,则在均衡产量水平上,有 $q_1^* = q_2^* = \cdots = q_n^*$,则第 i 个厂商的均衡产量为:

$$q_i^* = \frac{a-c}{b(n+1)}$$

第 i 个厂商的最大利润为:

$$\pi_i^* = (p-c)q_i^* = \frac{(a-c)^2}{b(n+1)^2}$$

当 $n \to \infty$ 时,上述的均衡条件变为:

$$\lim_{n \to \infty} P = \lim_{n \to \infty}(a - bQ^*) = \lim_{n \to \infty}\left[a - b \cdot \frac{n(a-c)}{b(n+1)}\right] = \lim_{n \to \infty}\left[\frac{a}{n+1} + \frac{nc}{n+1}\right] = c$$

$$\lim_{n \to \infty} Q^* = \lim_{n \to \infty}\left[\frac{n(a-c)}{b(n+1)}\right] = \frac{a-c}{b}$$

显然,当 n 趋于无穷大时,每个厂商的均衡条件为价格等于边际成本。这就是说,如果厂商的数目很多,则每家厂商对市场价格的影响就可以忽略不计,古诺均衡和完全竞争均衡这时实际上是一回事。Q^* 趋于完全竞争产量 $(a-c)/b$。

实时测验 12-1

在上面的例子中,需求函数为 $P = 120 - Q$,且其他情况相同,假若该市场中有 n 个厂商存在,则市场总销售量为多少? 市场价格又为多少?

二、斯泰克伯格模型

在古诺模型中,隐含着两厂商皆为跟随者(followers)的假设,因此两厂商皆存在反应曲线。事实上,在现实的市场竞争中,往往存在着一些具有领导能力的厂商,而这些厂商的行为是无法以古诺模型来说明的。于是 1934 年德国经济学家斯泰克伯格(H. V. Stackelberg)与财政部长希特勒(A. Hitler)提出了另一种较具有代表性的模型,在此模型中分别讨论了厂商为跟随者或领导者(leaders)的情况,并分四种情况来讨论:

(1) 厂商 A 为领导者,厂商 B 为跟随者;
(2) 厂商 A 为跟随者,厂商 B 为领导者;
(3) 厂商 A 为跟随者,厂商 B 亦为跟随者;
(4) 厂商 A、B 皆为领导者。

在讨论之前,我们必须先把跟随者与领导者区分清楚。所谓跟随者,是指其产量的多少要视其对手产量的多少而定。也就是说,跟随者会有反应函数存在,因此领导厂商会视其对手的反应函数来决定其利润最大的产量,故领导者不需要有反应函数。在斯泰克伯格的模型中,又可分为同质寡头与异质寡头。本节只讨论同质寡头的理论模型,读者可自行讨论异质寡头的理论模型。

- 若厂商自认为跟随者,则其必存在着反应函数。反之,若厂商自认为领导者,则其不需要反应函数,而可自行决定其利润最大的产量。

为了说明方便,我们引用一个例子来说明。假设 A 与 B 为双寡头厂商,且生产同质产品,其市场需求为 $P = 120 - Q$。厂商 A、B 的成本函数分别为 $TC_A = 2q_A^2 + 10$,$TC_B = 3q_B^2 + 20$。

1. 厂商 A 为领导者,厂商 B 为跟随者

厂商 B 自认为是跟随者,则必存在反应函数。

$\because \pi_B = TR_B - TC_B = 120q_B - (q_A + q_B)q_B - 3q_B^2 - 20 = 120q_B - q_A q_B - 4q_B^2 - 20$

$\Rightarrow \dfrac{\partial \pi_B}{\partial q_B} = 120 - q_A - 8q_B = 0$

$\therefore q_B = 15 - \dfrac{1}{8}q_A$(厂商 B 的反应函数)

由于厂商 A 自认为是领导者,而猜测厂商 B 为跟随者,因此厂商 A 可根据厂商 B 的反应函数来找出其利润最大的产量,即

$\pi_A = TR_A - TC_A = 120q_A - (q_A + q_B)q_A - 2q_A^2 - 10 = 120q_A - q_B q_A - 3q_A^2 - 10$

把 B 的反应函数代入上式:

$\pi_A = 120q_A - \left(15 - \dfrac{1}{8}q_A\right) \cdot q_A - 3q_A^2 - 10 = 105q_A - \dfrac{23}{8}q_A^2 - 10$

求 π_A 最大:

$\dfrac{\partial \pi_A}{\partial q_A} = 105 - \dfrac{23}{4}q_A = 0 \Rightarrow q_A = 18\dfrac{6}{23} = 18.26$

代入反应函数,可得:

$q_B = 12\dfrac{33}{46} = 12.71$

$$\therefore P = 89\frac{1}{46} = 89.03, \pi_A = 958.65, \pi_B = 626.81$$

2. 厂商 A 为跟随者，厂商 B 为领导者

此种情况与第一种情况的解法一样，先求厂商 A 的反应函数。

$$\because \pi_A = 120q_A - (q_A + q_B) \cdot q_A - 2q_A^2 - 10 = 120q_A - q_Bq_A - 3q_A^2 - 10$$

$$\Rightarrow \frac{\partial \pi_A}{\partial q_A} = 120 - q_B - 6q_A = 0$$

$$\therefore q_A = 20 - \frac{1}{6}q_B (\text{厂商 } A \text{ 的反应函数})$$

厂商 B 根据厂商 A 的反应函数来实现其利润最大。

$$\pi_B = 120q_B - q_Aq_B - 4q_B^2 - 20 = 100q_B - \frac{23}{6}q_B^2 - 20$$

$$\frac{\partial \pi_B}{\partial q_B} = 100 - \frac{23}{3}q_B = 0$$

$$q_B = 13\frac{1}{23} = 13.04, \quad q_A = 17\frac{19}{23} = 17.83$$

$$\pi_A = 943.37, \quad \pi_B = 632.14, \quad P = 89.13$$

3. 厂商 A 与厂商 B 皆为跟随者

若厂商 A 与厂商 B 皆自认为是跟随者，此即为古诺模型，故其均衡点即为厂商 A 与厂商 B 的反应函数的交点。如图 12-4 所示，E 点为其均衡点。

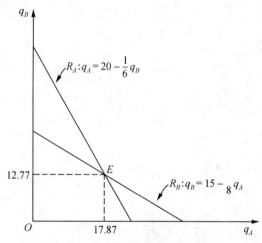

图 12-4 A 与 B 皆为跟随者的均衡点 E

厂商 A、B 的反应函数：

$$q_A = 20 - \frac{1}{6}q_B (\text{厂商 } A \text{ 的反应函数})$$

$$q_B = 15 - \frac{1}{8}q_A (\text{厂商 } B \text{ 的反应函数})$$

$$\Rightarrow q_A = 17\frac{41}{47} = 17.87, q_B = 12\frac{36}{47} = 12.77, P = 89\frac{17}{47} = 89.36, \pi_A = 948.19, \pi_B =$$

631.91

4. 厂商 A 与厂商 B 皆为领导者

倘若厂商 A 自认为是领导者,而猜测厂商 B 为跟随者,则其产量与第一种情况相同,即 $q_A = 18.26$。但厂商 B 亦自认为是领导者,而猜测厂商 A 为跟随者,则其产量与第二种情况相同,即 $q_B = 13.04$。可是两者都猜错了。因此两者的利润分别为 $\pi_A = 942.80$, $\pi_B = 626.53$,市场价格为 $P = 88.7$。

以上所讨论的斯泰克伯格模型,乃是假设两厂商无勾结的行为。但若假设两厂商有勾结行为(即完全垄断),其产量、价格、利润又将如何?现分析如下:

$$\because \pi = \pi_A + \pi_B = TR_A + TR_B - TC_A - TC_B$$
$$= 120(q_A + q_B) - (q_A + q_B)^2 - 2q_A^2 - 10 - 3q_B^2 - 20$$
$$\frac{\partial \pi}{\partial q_A} = 120 - 2(q_A + q_B) - 4q_A = 0$$
$$\frac{\partial \pi}{\partial q_B} = 120 - 2(q_A + q_B) - 6q_B = 0$$
$$\therefore q_B = 10\frac{10}{11} = 10.91, q_A = 16\frac{4}{11} = 16.36, P = 92.73, \pi_A = 1046.76, \pi_B = 633.68$$

将以上分析的结果综合在下表中,并以图 12-5 表示。

	P	q_A	q_B	π_A	π_B	对应点
厂商 A 为领导者　B 为跟随者	89.03	18.26	12.71	958.65	626.81	F
厂商 A 为跟随者　B 为领导者	89.13	17.83	13.04	943.37	632.14	G
厂商 A 为跟随者　B 为跟随者	89.36	17.87	12.77	948.19	631.91	E
厂商 A 为领导者　B 为领导者	88.70	18.26	13.04	942.80	626.53	H
厂商 A 与 B 有勾结行为时	92.73	16.36	10.91	1046.76	633.68	M

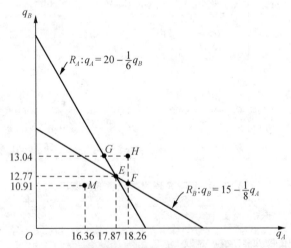

图 12-5　F 点:A 领导者而 B 跟随者　G 点:A 跟随者而 B 领导者
　　　　E 点:A 跟随者而 B 跟随者　H 点:A 与 B 皆为领导者
　　　　M 点:A 与 B 相互勾结

三、伯特兰模型

在古诺提出其产量决策变量的古诺模型之后,另一位法国数理经济学家伯特兰在1883年对古诺模型猜测产量的变量提出批评,认为假设敌手的数量不变是不适当的,而认为厂商间应有激烈的价格竞争,并以猜测价格的变量为零 $\left(\dfrac{\partial p_B}{\partial p_A} = \dfrac{\partial p_A}{\partial p_B} = 0\right)$ 来替代,其他假设则与古诺模型一样。

1. 伯特兰的基本假设

(1) 某行业只有两家厂商 A 和 B,它们所生产的产品完全同质,其在市场中的价格分别为 P_A 和 P_B。

(2) A 和 B 两厂商的生产成本状况也完全相同,即 $AC_A = MC_A = AC_B = MC_B = c$。

(3) 两厂商所在行业的市场需求曲线为 $D = a - bP$。

2. 伯特兰的均衡情况

对于厂商 A 来说,其利润函数为:

$$\pi_A(P_A, P_B) = (P_A - c) \cdot D_A(P_A, P_B)$$

这里 $D_A(P_A, P_B)$ 表示厂商 A 的需求函数,由下式给出:

$$D_A(P_A, P_B) = \begin{cases} D(P_A), & \text{如果 } P_A < P_B \\ \dfrac{1}{2} D(P_A), & \text{如果 } P_A = P_B \\ 0, & \text{如果 } P_A > P_B \end{cases}$$

从上式可知,如果厂商 A 的定价 P_A 大于厂商 B 的定价 P_B,则厂商 A 会失去整个市场,对其产品的需求为零,该厂商的利润也就为零;但如果 $P_A < P_B$,则厂商 A 会得到整个市场,利润也被其全部拿去;而在 $P_A = P_B$ 时,由于厂商 A、B 的生产状况相同,则他们会平分整个市场。

对于厂商 B 来说,也可以按上述相同的分析方法得出其利润函数,这里不再赘述,请读者自己写出。

根据伯特兰的基本假设及上面我们对厂商利润的分析,我们可以得出伯特兰均衡,其最后解是 $P_A = P_B = c$,且该解是唯一的。对此证明如下:

首先,从常识看,由于 A、B 两厂商生产成本状况相同,且面对完全同质的统一市场,这样,如果两家企业进行价格竞争,因为低价的企业会拥有整个市场,而高价的企业会丧失整个市场,所以,每个企业总有动力积极地去降价,价格竞争就成为两厂商竞争的唯一手段,竞争的结果直到 $P_A = P_B = c$ 时为止。当然,任何一家厂商都不会把其价格降到成本 c 之下,那样厂商就会亏损。

其次,在 $P_A = P_B = c$ 时,每家厂商获取整个市场一半的市场份额,这时其利润为零。这样,厂商是否可以通过改变价格去增加利润呢?答案是否定的。因为若使 $P_A > c$,当另一家厂商 $P_B = c$ 时,厂商 A 就会丧失整个市场;若使 $P_A < c$,厂商 A 会有负利润。所以,当另一家企业选择 $P = c$ 时,$P_A = P_B = c$ 实质上已使各个厂商的利润最大化了。

最后,在厂商A、B进行竞争时,是否有可能出现这样的状况,即$P_A=P_B>c$呢?这种情况也不会出现。这是因为当$P_A=P_B>c$时,我们先考虑企业2的决策。企业2在面临$P_A>c$时,在价格区间(c,P_A)中任选一个价格水平,就可得到整个市场,并且有正利润,而使企业1的利润为零。从而我们有下列推理:

(1) 如果$P_A>c$,必有$P_B>c$,并且$P_B<P_A$。

但是,同样的道理也可以反过来应用于厂商B,即

(2) 如果$P_B>c$,必有$P_A>c$,并且$P_A<P_B$。

把推理(1)与推理(2)结合起来,我们可知,如果一家厂商的价格高于边际成本,另一家厂商的价格必然也高于边际成本,并且每一家的价格必定要低于另一家的价格,但最后一点是不可能做到的。

所以,$P_A=P_B>c$是不能实现均衡的,只有在$P_A=P_B=c$时才能实现最后的均衡状态。

伯特兰均衡的含义在于,如果同行业中的两家厂商经营同样的产品且成本一样,则价格战必定使每家厂商按$P=MC$的原则来经营,即只获取正常利润。但是,如果两家企业的成本不同,则从长期看,成本低的厂商必定挤走成本高的厂商。读者可以从我国近几年来在彩电、VCD和空调等行业惨烈的价格战中找到活生生的伯特兰模型的例子。

我们也可以以几何图形来说明伯特兰模型的均衡情况。

设市场的需求曲线为已知,$P=120-Q$(如图12-6中的D所示)。倘若厂商A先行进入市场,则其最佳售价$P=60$(产量为60)。后来厂商B加入该市场,并猜测A的价格不会改变,于是只要厂商B采取低于$P=60$的价格(设为P_B^1),就可独占市场。接着,厂商A也作同样的猜测,把价格再压低至$P_A^2<P_B^1$。如此反复下去,直到价格趋向零为止,此时厂商A与厂商B的利润均等于零。

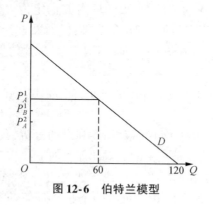

图12-6 伯特兰模型

四、埃奇沃思模型

伯特兰的均衡结论告诉我们,只要市场上有两个或两个以上生产同质产品的厂商,则没有一个厂商可以控制市场价格从而获取垄断利润,但是,这个结论是很难令人信服的。我们看到,市场上厂商间的价格竞争往往并没有使均衡价格降到等于边际成本这一水平上,而是高于边际成本,厂商仍是获得超额利润的。为什么现实生活里达不到伯特兰均衡呢?这被称为"伯特兰之谜"或伯特兰悖论(Bertrand paradox)。

如何解释伯特兰悖论呢?爱尔兰经济学家埃奇沃思在1897年发表的论文《关于垄

断的纯粹理论》中指出,由于现实生活中企业的生产能力是有限制的,因此,只要一个企业的全部生产能力可供应量不能全部满足社会需求,则另一个企业对于残差的社会需求就可以收取超过边际成本的价格。下面我们对埃奇沃思模型进行分析。

埃奇沃思在其著作中对伯特兰模型提出过修正,他在伯特兰行为假设基础之上增加了一个假设,即

假设两个寡头厂商 A 和 B 的生产成本为零,但是,在价格为零时,他们两者中的任何一家都没有足够的生产能力提供一半的市场需求。这一假设有两层含义。

其一,既然两个寡头的生产成本为零,就有理由认为整个市场的需求量有可能在这两者之间平分。假如市场需求曲线为:

$$P = a - bQ, \quad Q = q_A + q_B$$

那么,厂商 A 和 B 的需求函数则可写成:

$$P = a - 2bq_A \quad \text{或者} \quad q_A = (a - P)/2b$$
$$P = a - 2bq_B \quad \text{或者} \quad q_B = (a - P)/2b$$

其二,由于两家厂商的生产能力有所限制,不能满足价格为零时的全部市场需求,那么,这就自然排除了伯特兰完全竞争均衡的可能性。也就是从这个意义上说,这一假设使该模型与伯特兰模型有所不同。

利用图 12-7 理解埃奇沃思模型也许更为直观易懂。在图 12-7 中,D 为市场需求曲线,D_A 和 D_B 分别代表 A 和 B 两厂商的需求曲线,且 $D = D_A + D_B$,D_B 是 D_A 的镜像。再假定两者的最大产量分别为 $\bar{q}_A$ 和 $\bar{q}_B$,现有两种分析思路:一是假定厂商 A 先进入市场,厂商 B 尾随其后;二是假定两者同时进入市场。两种思路的分析程序会有所不同,但结果却是一致的。这里仅采纳第二种思路,第一种思路留待读者自己分析。

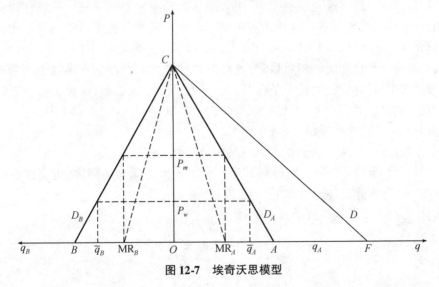

图 12-7 埃奇沃思模型

两家厂商同时进入市场后,发现各自面临着相同的需求曲线 D_A 和 D_B,因此,都依照 MR = MC 的原则各自相应决定生产 $\bar{q}_A/2$(或 $\bar{q}_B/2$),此时价格为 P_m,都实现了利润极大化。然而,如果每家厂商的行为是独立的,他们便会发现适当降价有利可图,因为在 P_m 点,两个厂商均有过剩的生产能力未被利用,他们可能会有这样的念头:如果在 P_m 基础上适当降价,便可充分利用自己的生产能力,销完自己全部潜在的产量,不足市场部分让

对手去弥补,何乐而不为呢?现假定厂商 A 意识到了这一点,率先适当降价。但是,厂商 A 天真地认为对手会保持 P_m 不变。然而,厂商 B 吃亏之后,也在假定厂商 A 在降价之后不再降价的基础上,制定出一个比厂商 A 现有价格更低的价格,以便兜售自己的全部产量。如此循环降价,直到 P_w,在 P_w 点,两家厂商均充分利用了自己的生产能力。

P_w 是完全竞争所形成的价格吗?显然不是,因为如果假定成本为零,竞争性价格也必须为零,而 $P_w > 0$。

P_w 是稳定的均衡点吗?初看上去,它好像是均衡点。其实不然。假如这位聪明的厂商 A 意识到了,即使让厂商 B 以 P_w 的价格销售 $\bar{q}_B$,B 也只能提供此时市场的一半需求量,如果 B 不以此价销售的话,市场依然不能得以满足,B 为什么不可以提高价格至 P_m 来满足剩余的市场呢?因此,厂商 A 将价格反弹至 P_m,厂商 B 这时也意识到了:我为什么不能把价格提高到比 P_m 略低一点呢?这样至少比我现在以 P_w 价格销售 $\bar{q}_B$ 所带来的利润更大些,如此周期性循环,市场永远不可能实现均衡。换言之,在埃奇沃思模型中,均衡是不存在的。

因此,埃奇沃思的结论是:寡头价格竞争不可能实现均衡,其价格在垄断价格与竞争价格之间来回波动,准确地说,是在 P_m 和 P_w 之间来回振荡。

也许,历经价格之战的两个厂商会同时发现:价格之战劳民伤财,为什么我们俩不携手并肩将价格都定在 P_m 不变呢?因此,埃奇沃思模型暗示着勾结是有利可图的。

五、斯威齐模型——折弯的需求曲线模型

如前所述,寡头市场属于厂商高度集中的行业,每家厂商在其中起着举足轻重的作用,这样导致厂商之间相互依存、相互作用,而且其决策结果具有很大的不确定性。因此,垄断厂商会尽可能地避免价格竞争,更多地采取非价格竞争手段。这样使得寡头垄断行业的产品价格比较稳定。这就是寡头垄断市场上经常存在的价格刚性现象。美国经济学家保罗·斯威齐(P. D. Sweezy)在一篇题为《寡头垄断条件下的需求》的论文中指出,寡头垄断市场价格之所以相对稳定,是因为这种产品的市场需求曲线不再是一条向右下方倾斜的平滑的曲线,而是一条在某一价格水平上出现拐点,然后折弯向下倾斜的"折弯的需求曲线"。下面我们介绍斯威齐的这一模型。

斯威齐在他的论文中提出两个假设:

(1)设某厂商(设为厂商 i)的产品现在售价为 P_0,销售量为 q_0。

(2)当厂商 i 降低价格时,它预期其他厂商为了维持原有的顾客,也会跟着降低价格;当厂商 i 提高价格时,它预期其他厂商不会跟进。

我们将上面两个假设以数学公式来表示:

$$\frac{\partial p_j}{\partial p_i} = 1 \quad (当 P_i < P_0)$$

$$\frac{\partial p_j}{\partial p_i} = 0 \quad (当 P_i > P_0)$$

当厂商 i 提高价格大于 P_0 时,其他厂商的价格仍维持不变,因此许多顾客会转而消费其他厂商的产品,从而使该厂商的需求大量减少。相反,当厂商 i 的价格下降,小于 P_0 时,虽然可增加其产品的需求量,但由于其他厂商亦降低价格,故其产品需求量增加的幅度不大。换言之,在 P_0 上方的需求曲线(D_1)的弹性会比在 P_0 下方的需求曲线(D_2)的

弹性大,即 D_1 较为平坦(见图 12-8)。显然,斯威齐的需求曲线为两段式,它的边际收益曲线亦呈两段式,与需求曲线 BA 段相对应的边际收益曲线为 MR_1,而与需求曲线 AC 段相对应的边际收益曲线为 MR_2,两者结合在一起即构成了寡头厂商的间断的边际收益曲线,其间断部分为垂直线 EF。

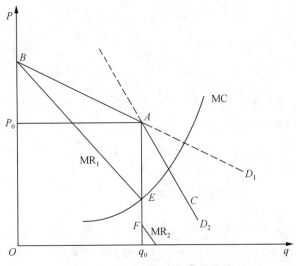

图 12-8　斯威齐折弯的需求曲线

现在我们来分析寡头厂商的均衡情况及其价格刚性现象。

如图 12-9 所示,当厂商的边际成本为 MC,需求曲线为 D 时,虽找不到 MR = MC 时利润最大的点,但以 q_0 的 MR 与 MC 最为接近,故 q_0 为利润最大的产量,p_0 为其价格。

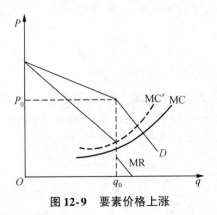

图 12-9　要素价格上涨

进而我们可知,在斯威齐模型中寡头厂商的产品价格应该非常稳定。例如,当生产原料(石油等)价格上涨时边际成本上涨至 MC′,产品的价格仍保持不变。如果我们从需求变动的角度来看也可以得出同样的结论:当厂商 i 的需求由 D 增加至 D' 时,边际收益亦由 MR 增加至 MR′,结果其产品价格仍保持不变,只是产量增加而已,如图 12-10 所示。

斯威齐模型较好地解释了寡头市场上所普遍存在的"价格刚性"问题,但该理论也招致许多批评。例如,斯蒂格勒(G. J. Stigler)从美国过去的定价政策以及使用七个寡头市场的动态资料发现,斯威齐模型中最初确定的均衡价格 P_0 是如何形成的及其他厂商价

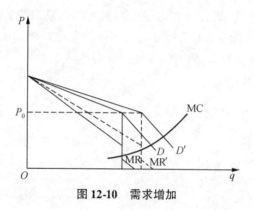

图 12-10　需求增加

格"不跟涨"的假定等问题均无法得到合理的说明或被实际资料证实。这就说明,折弯的需求曲线在实际的经济社会中或许是不存在的,只不过在理论上存在而已。

第三节　联合利润最大的模型

上一节所分析的寡头理论皆假定任何厂商之间没有勾结或相互协调的行为,因此无法达到厂商的联合利润最大。本节将讨论具有某种程度勾结的理论,或以达到联合利润最大为目标的理论模型。有关联合利润最大的模型,我们将介绍张伯伦(E. H. Chamberlin)的模型、价格领导的模型。

一、张伯伦模型

张伯伦模型的假设与古诺模型和埃奇沃思模型一样,假设生产成本为零,市场需求为已知,猜测产量的变量为零。唯一不同之处是,古诺和埃奇沃思都假定所有厂商都是天真的追随者,换言之,每个厂商都把对手的产量视为不变。但张伯伦却认为各寡头厂商在共同利益的环境下,彼此认识到相互依赖的重要性。因此,厂商间虽然无勾结行为,但却朝向共同利益最大(即联合利润最大)的方向行动。

张伯伦均衡过程可用图 12-11 来说明。假定市场需求曲线为 FC,生产成本为零。再假定厂商 A 先进入该市场,他便依照 $MC = MR$ 的原则决定生产 OA,此时垄断价格为 OB。

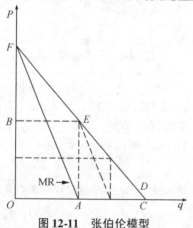

图 12-11　张伯伦模型

这时,厂商 B 加入这一产业,他所面临的需求曲线为 EC,他亦按照利润极大化原则决定生产 $AC/2$(或 $OA/2$),价格定在 $OB/2$。结果,产业的总产量为 $\frac{3}{4}OC$,市场价格降至 $OB/2$。厂商 A 此时意识到了其对手对他的产量决策有所反应,因此,他决定把产量降至 $OA/2$(等于厂商 B 的产量),这时,市场供给量为 OA,市场价格便反弹至 OB,厂商 B 也意识到了这是对他们双方最好的结果,因此,不改变自己的产量计划。结果,双方在没有勾结的情况下达到了垄断均衡。尽管它与卡特尔勾结模型在形式上有所不同,但结果却是一致的。这便是张伯伦模型的结论。

我们还可以用前面古诺所使用的例子为例来说明。需求函数 $P = 120 - Q$,按张伯伦的说法,厂商 A 及厂商 B 的产量应各为 30 单位,因为此时可实现两者利润最大。此结果与两厂商勾结成为垄断的结论相同,但其含义却有所差别。

二、价格领导者模型

有些寡头的产业,其市场价格是由某一厂商所决定的,其他厂商则跟从它,例如钢铁业等。具有决定价格力量的厂商可分为两种:其一为主宰厂商,此种厂商在市场中有举足轻重的力量,且拥有主宰市场价格的能力,其所制定的价格,乃是在其他厂商能维持生存的前提下追求其利润最大。其二是指标式的价格领导(barometric price leadership),此厂商是大家为了避免彼此竞价而被推选出来作为大家的代表厂商(此厂商可能是主宰厂商,也可能不是),由其确定价格,然后其他厂商跟随。

主宰厂商的价格领导模型,其前提假设是必须维持其他厂商的生存,虽然该主宰厂商具有决定价格的能力,但需由其他厂商先行销售。换言之,主宰厂商的销售量乃是由其他厂商供应不足而产生的。

由于其他厂商无决定价格的能力,只是市场价格的接受者,因此有供给曲线的存在,他们的总供给为每个厂商边际成本的水平加总,设为 $\sum MC_i$。如图 12-12 所示,市场的需求量减这些其他厂商的总供给量,即为主宰厂商可销售的数量(或称社会对主宰厂商的需求曲线),以 D_d 表示,$D_d = D - \sum MC_i$。

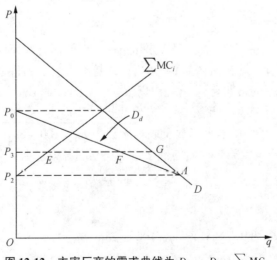

图 12-12 主宰厂商的需求曲线为 $D_d = D - \sum MC_i$

当价格在 P_0 时,市场的需求量恰等于其他厂商的供给量,主宰厂商便无法销售,故主宰厂商只能定价在 P_0 以下。当价格在 P_2 时,其他厂商无供给量,整个市场的需求量即为对主宰厂商的需求量,据此,我们可知 D_d 必通过 P_0 点与 A 点。若价格为 P_3,则 P_3E 为其他厂商的供给量,$P_3G - P_3E = EG = P_3F$ 为主宰厂商的需求量。

至此,我们既然已经知道主宰厂商的需求线,亦可找出其边际收益线为 MR_d,如图 12-13 所示。在 $MR_d = MC_d$ 利润最大的条件下(此处 MC_d 往往在 $\sum MC_i$ 的下方,这是此乃因主宰厂商通常具有更大的经济规模),可得主宰厂商的销售量为 Oq_d,市场价格为 OP_1,因此其他厂商的销售量为 q_dq_1(即 $Oq_1 - Oq_d$)。

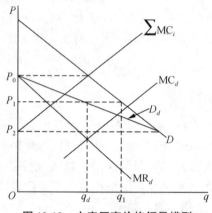

图 12-13 主宰厂商价格领导模型

市场的厂商为了避免彼此间的竞价而发生损失,于是从他们中推选一个代表厂商,以该代表厂商所制定的价格作为他们价格的指标。虽然该代表厂商不一定是主宰厂商,但它必须能够掌握市场需求的变化以及各个厂商的结构,以便确定适当的价格,且在该价格下,所有的厂商将获得利益。

第四节 非利润最大化的寡头垄断模型

一、市场份额模型

以上的分析皆建立在厂商追求最大利润的基础上,然而有些厂商,并不管其利润是否可达到最大,只希望其产品(异质产品)的销售能维持在市场总销售量的某一比例,它的主要目的是维持某一水平的长期利益,这一市场份额模型(market share model)举例说明如下。

假设某寡头市场上有第一及第二厂商,且生产异质产品。第一厂商希望其产品的市场占有率为 $1/3$,第二厂商的需求函数及成本函数为 $P_2 = 100 - 2q_2 - q_1$,$TC_2 = 2.5q_2^2$。在均衡下,第一厂商的产量及第二厂商的价格、产量、利润各为多少?

解 $\because \dfrac{q_1}{q_1 + q_2} = \dfrac{1}{3} \Rightarrow q_1 = 0.5q_2$(第一个厂商的反应函数)

代入其利润函数得:

$$\pi_2 = TR_2 - TC_2 = q_2(100 - 2q_2 - q_1) - 2.5q_2^2$$
$$= q_2(100 - 2q_2 - 0.5q_2) - 2.5q_2^2 = 100q_2 - 5q_2^2$$

在第二厂商追求利润最大的原则下，
$$\frac{\partial \pi_2}{\partial q_2} = 100 - 10q_2 = 0 \Rightarrow q_2 = 10$$
可得 $q_1 = 5, P_2 = 75, \pi_2 = 500$。

在上例中，我们可知此希望维持其市场份额的厂商（即第一厂商）必有一反应函数存在，而其敌手即可在反应函数中找到利润最大的产量，此种情况与前面所述斯泰克伯格模型中一个为领导厂商，另一个为跟随厂商相类似。所不同的是，本模型的反应函数是基于维持市场份额，而斯泰克伯格模型的反应函数是建立在利润最大的基础上，故两者含义不同。

二、鲍莫尔的最大销售额

持有厂商不追求最大利润观点的除了上述的市场份额模型外，还有鲍莫尔（W. J. Baumol）提出的最大销售额模型（revenue maximization model）。他认为大部分的厂商所追求的是最大销售额，而不是最大利润。主要原因是在现代化的企业中，所有权（股东）与经营权（经理）是分开的。决策人员为公司取得了最大的销售额，可以增加公司的商誉，董事会也会因而留用他们，并给予奖励。因此，根据鲍莫尔的观点，大部分的厂商皆会在某一利润水平下，追求其销售额最大。

如图12-14所示，若厂商在不低于利润 π_0 之下，其最大销售额时的销售量应为 Oq_1。

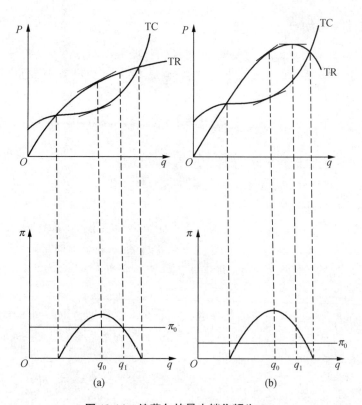

图 12-14 鲍莫尔的最大销售额为 Oq_1

本章总结

1. 寡头是由少数几家卖者控制的一个行业,其特征有:(1)市场上仅有少数几家企业;(2)企业的行为相互影响;(3)市场结果会受到人们行为模式的影响。

2. 研究寡头垄断的模型主要有:产量决策模型,如古诺模型、斯泰克伯格模型;价格决策模型,如伯特兰模型、价格领导模型、斯威奇模型等。

3. 在古诺模型的均衡状态,价格高于边际成本,因此各厂商都有利润,总供给量要低于完全竞争的产量水平;在伯特兰模型中,价格等于边际成本,各企业都只有零利润,与完全竞争均衡一致。

4. 斯威奇模型说明了寡头市场常见的价格刚性现象。该模型指出寡头垄断市场价格之所以相对稳定,是因为这种产品的市场需求曲线不再是一条向右下方倾斜的平滑的曲线,而是一条在某一价格水平上出现拐点,然后折弯再向下倾斜的"折弯的需求曲线"。

5. 寡头垄断厂商除了追求利润最大化以外,还要有其他经营目标。如市场份额模型分析了厂商希望其产品的销售是能维持在市场总销售量的某一比例的现象。鲍莫尔提出的最大销售额模型认为大部分的厂商所追求的是最大销售额,而不是最大利润。其原因是在现代化的企业中,所有权(股东)与经营权(经理)是分开的,大部分的厂商皆会在某一利润水平下追求其销售额最大。

复习思考题与计算题

1. 请判断下列说法是否正确,并简要说明理由:

(1) 在古诺寡头垄断条件下,厂商数目越多,行业的产量就越高。( )

(2) 如果有5个厂商生产某种产品,所有的可变成本为零。这些厂商按照古诺模型的假定行动。市场需求曲线为 $P = 1\,200 - 2Q$,那么,每个厂商生产100个产品时将达到均衡。( )

(3) 当达到古诺均衡时,市场供求不一定相等。( )

(4) 在古诺模型中,每家厂商的反应函数是在假定其竞争对手价格保持不变的前提下进行利润最大化决策所得出。( )

(5) 假设某行业的需求曲线是一条向下倾斜的直线,并且行业内厂商边际成本恒定。那么在古诺模型均衡中参与生产厂商越多,价格就越低。( )

(6) 在斯泰克伯格模型中,领导者是在假设他的竞争对手将会跟随自己的产量进行决策并在利润最大化的前提下制定自己的产量水平。( )

(7) 斯泰克伯格模型中的领导者至少能获得古诺模型中的利润水平。( )

(8) 在伯特兰寡头模型中,行业产量比在完全竞争条件下要小,但比在古诺竞争条件下要大。( )

(9) 在伯特兰模型中,当实现均衡时价格等于边际成本,所以在现实的寡头市场上厂商一般都不可能得到超额利润。( )

(10) 在价格领导者模型中,领导者厂商决定价格,以便在长期里把其他所有厂商挤出该行业。( )

2. 设消费者对 A 与 B 两同质寡头厂商的需求函数及两厂商的成本函数分别为：$P = 10 - Q$；$TC_A = q_A + 3$，$TC_B = 2q_B + 2$。试求古诺模型的解。

3. 假设有两个寡头垄断厂商的行为遵循古诺模型，它们的成本函数分别为：

$$TC_1 = 0.1q_1^2 + 20q_1 + 100\,000$$

$$TC_2 = 0.4q_2^2 + 32q_2 + 20\,000$$

这两个厂商生产一同质产品，其市场需求函数为：$q = 4\,000 - 10p$。根据古诺模型，试求：

（1）厂商 1 和厂商 2 的反应函数；

（2）均衡价格和厂商 1 和厂商 2 的均衡产量；

（3）厂商 1 和厂商 2 的利润。

4. 设某寡头垄断市场有两个厂商组成，每家厂商的成本函数为：$TC_1 = 4 + 2q_1$，$TC_2 = 3 + 3q_2$。市场需求为 $p = 10 - Q$。

（1）若两个厂商想通过合谋追求共同的利润最大化，总的产量水平是多少？市场价格是多少？各厂商的产量是多少，利润是多少？

（2）若两个厂商追求各自的利润最大化，利用古诺模型，给出各厂商的反应函数，各厂商的产量和利润是多少？此时市场价格是多少？

（3）若合谋是非法的，但厂商之间的购并行为不违法，那么厂商 1 会花多少钱来收购厂商 2？

5. 假设某寡头市场有 A 及 B 两厂商，而且生产异质产品，厂商 A 希望维持其 2/3 的市场占有率，厂商 B 的需求函数为 $P_B = 120 - 2q_B - q_A$，成本函数为 $TC_B = 5q_B^2$。试求：（1）厂商 A 的均衡产量；（2）厂商 B 的产量、价格及利润。

6. 一个垄断企业的平均成本和边际成本为 $AC = MC = 5$，市场的需求函数为 $Q = 53 - P$。

（1）计算这个垄断企业利润最大化时的产量和市场价格及其最大化的利润。

（2）若又有第二个企业加入该市场，市场的需求不变。第二个企业生产成本和第一个企业相同，在古诺模型下，求各企业的反应曲线、产量、利润和市场价格。

（3）若有 n 个企业加入该市场，市场的需求不变。这 n 个企业的生产成本和第一个企业都相同，在古诺模型下，求市场价格、各企业的产量和利润。

（4）证明：当 n 趋向于无穷大时，产出水平、市场价格与利润都接近于完全竞争时的情况。

7. 设有两厂商 A 及 B 所面对的共同需求曲线为 $p = 200 - Q$，且其成本为：$TC_1 = 10q_1$，$TC_2 = q_2^2$。求斯泰克伯格模型的解。

8. 某双寡头垄断行业的需求价格弹性恒为 2。其中一个寡头厂商的边际成本恒为 975 元，且该厂商的厂商占有率为 70%，那么市场产品均衡价格为多少？

9. 假定双寡头生产的产品是异质的，企业 1 和 2 的需求函数以及成本函数分别为：

$$q_1 = 88 - 4P_1 + 2P_2, \quad C_1 = 10q_1$$

$$q_2 = 56 + 2P_1 - 4P_2, \quad C_2 = 8q_2$$

（1）试求两个企业的价格反应函数，以及相应的伯特兰价格博弈均衡解。

(2) 试求两个企业的产量反应函数,并求出相应的古诺均衡解和相应的价格及利润。

(3) 试求厂商1为领导者、厂商2为跟随者的斯泰克伯格解。

(4) 试求厂商2为领导者、厂商1为跟随者的斯泰克伯格解。

10. 考虑一个由1家大厂商和50家小厂商构成的市场。某代表性小厂商 i 的成本函数为 $c_i(q_i)=q_i^2/2$,这50家小厂商以竞争性方式参与活动,而大厂商以领导者身份出现,其边际成本为0。整个市场的需求曲线为 $D(p)=1\,000-50p$。

(1) 单个竞争性厂商的供给曲线是什么?竞争性部分的总供给曲线又是什么?

(2) 如果领导者制定价格 P,他能够出售的产量是多少?此时领导者的利润最大化的产量和价格各是多少?

(3) 在此价格下,竞争性部分的厂商将提供多少?

(4) 这个行业出售的总产量将为多少?

11. 设某价格领导者的模型如下:产业需求为 $Q=250-12P$,小厂商的供给为 $q=-200+4p$,而领导者厂商的边际成本为 $MC=1+2q$。试求:(1) 领导者厂商利润极大的产量;(2) 小厂商的产量和价格。

12. 一个具有三家企业的寡头垄断市场结构中,其中一家厂商是市场中的价格制定者和维护者(即该厂商确定价格后其他两家厂商会根据这个价格来调整产量)。假设市场需求为 $Q=100-2p$,领导者的边际成本恒为5,若每个跟随者厂商的生产成本函数为 $C(q)=\dfrac{1}{2}q^2$。试问,价格领导者最终定价是多少?市场均衡量为多少?其中领导者和两家跟随者分别各生产多少?

13. 某厂商面对以下两段反需求曲线:
$$P=25-0.25Q \quad (0\leqslant Q\leqslant 20)$$
$$P=35-0.75Q \quad (Q>20)$$

该厂商的总成本函数为:$TC_1=200+5Q+0.25Q^2$

(1) 请说明该厂商所属的行业的市场结构是什么类型?

(2) 该厂商实现利润最大化时的产量和价格各是多少?此时的利润(亏损)多大?

(3) 如果该厂商的总成本函数变为:$TC_2=200+8Q+0.25Q^2$,利润最大化的产量和价格又各为多少?

(4) 你通过上述问题的解答可以得出什么结论?

14. 假设某一寡头垄断厂商现在以8元的价格出售产品,若价格上升,它面临的需求函数为 $Q_d=360-40p$,若价格下降,它面临的需求函数为 $Q_d=120-10p$。

(1) 如果该垄断厂商的成本表已知为下表中的 SMC 和 SAC,找出该厂商最好的产出水平及这一产量下的售价和利润。

Q	SMC	SAC	SMC′	SAC′
20	3	4.50	4	5.50
30	4	4.00	5	5.00
40	5	4.50	6	5.50

（2）如果该厂商成本表改为 SMC′和 SAC′（如上表所示），则新的最好产出水平以及该产量下的价格和利润各为多少？

15. 已知某寡头厂商的长期成本函数为 $C = 0.00024Q^3 - 0.0728Q^2 + 64.32Q$，该厂产量为 200 吨，销售价格为 100 元，该厂商估计，假如他提高价格，竞争者的竞争将导致他的产品的需求弹性为 5，但若他降低价格，对他的产品的需求弹性为 2。

（1）假如市场对他的产品需求不变，但他使用的各种生产要素的价格同比例上升，试计算说明，只要生产要素价格上升的比例不超过 25%，他不会改变他的销售价格。

（2）假如市场需求增加，生产要素价格不变，试计算按现行价格他可以增加的销售量的百分率。（提示：由 $MR = p(1 - 1/e_d)$ 计算不同的 MR。）

第十三章 博弈论与厂商的策略性行为

▌本章概要▐

在上一章,我们实际上已经在运用博弈论的思想来分析寡头市场上企业间的产量博弈(如古诺模型、斯泰克伯格模型等)和价格博弈(伯特兰模型、埃奇沃思模型和斯威齐模型等)问题。其实,少数几家寡头垄断厂商之间的竞争行为就是一种策略性博弈行为,而且,寡头厂商之间的竞争内容,除了产量和价格外,还有非价格(包括品质、服务、包装及广告等)的策略性竞争。因此,我们将在本章中重点介绍博弈论及其在寡头市场中的应用。

▌学习目标▐

学完本章,你将能够了解:
1. 囚徒困境和占优策略及其均衡
2. 纳什均衡的含义
3. 混合策略及其纳什均衡
4. 子博弈精炼纳什均衡
5. 动态博弈中的威胁和承诺
6. 重复博弈及其纳什均衡

你要掌握的基本概念和术语:

博弈　合作博弈　非合作博弈　静态博弈　动态博弈　占优策略　占优策略均衡
囚徒困境　纳什均衡　混合策略均衡　重复博弈　子博弈　子博弈精炼纳什均衡

第一节 博弈论概述

一、何谓博弈和博弈论

博弈(games),又被称为对策、游戏或竞赛,是指一些个人或单位在"策略相互依存"(strategic interdependence)情形下相互作用、相互影响的一种状态。也就是说,在博弈情境下,每个人的效用(或利益)不仅取决于他自身的行为,而且也取决于其他人的行为。简而言之,个人所采取的最优策略取决于他对其他人所采取的策略的预期。

其实,像日常生活中的打牌、下棋以及各种体育比赛项目等都是不同种类、不同形式的博弈(或游戏)。这些游戏都有一些共同的特征:(1) 它们都有一定的规则(rules)。这些规则规定游戏的参加者可以做什么,不可以做什么,按怎样的次序做,什么时候结束游戏和一旦参加者犯规将受怎样的处罚等。(2) 它们都有一个结果(overcomes)。如一方赢一方输,平局或参加者各有所得等,而且结果常能用正或负的数值表示,至少能按照一定的规则折算成数值。(3) 这些游戏过程中参加者使用的策略(strategies)或行动(actions)至关重要。游戏者不同的策略或行动选择常常对应不同的游戏结果。(4) 策略有相互依存性(interdependence)。每一个游戏者从游戏中所得结果的好坏不仅取决于自身的策略选择,同时也取决于其他参加者(如果有的话)的策略选择。有时一个坏的策略选择甚至会给选它的一方带来并不坏的结果,原因是其他方选择了更坏(对自己不利,但对别人有利)的策略。

尽管打牌、下棋之类的游戏性项目具有上述的一般游戏的典型特征,但是,一些市场活动中的经营决策和竞争策略,政治或军事活动中的竞选、谈判、联合和战争等斗智斗勇的较量虽然不像日常生活中的游戏那样轻松愉快,但其基本原理却与一般游戏相同,有与之相同的规律性和基本特征,因此,我们亦可用同样的方法(即博弈论)加以分析研究。

所谓博弈论(game theory)是研究博弈情境下博弈参与者的理性选择行为的理论;或者说,它是关于竞争者如何根据环境和竞争对手的情况变化,采取最优策略和行为的理论。博弈论既可以用于研究相互依存的厂商之间的竞争与合作行为,也可以用于研究政治、谈判及战争等对抗行为。

二、博弈的基本构成及其表述形式

在一个博弈里,其基本构成要素一般会包括以下几个方面:

(1) 博弈的参与者,或简称为博弈方(players),即在所考察的博弈中究竟有哪几个独立决策、独立承担结果的个人或组织。每个参与者的目标是通过选择一定的策略或行为使自己的福利(或收益)极大化。博弈中的参与者既可能是单个的自然人,也可能是一些团体或组织,如企业、国家,甚至是由许多国家或地区组成的集团(如APEC、北约或联合国等)。在博弈的规则确定以后,各参与方都是平等的,大家都必须严格按照规则办事。

(2) 博弈各方可供选择的全部策略或行为的集合(a set of strategies or actions),即规定每个博弈方在进行决策时(同时或先后,一次或多次)可以选择的方法、做法或经济活动的水平、量值等。在不同的博弈中可供博弈方选择的策略或行为的数量很不相同,在同一博弈中,不同博弈方的可选策略或行为也常不同,有时只有有限的几种,甚至只有一种,而有时又可能有许多种,甚至无限多种可选策略或行为。

(3) 进行博弈的次序(order of play)。在现实的各种决策活动中,当存在多个独立决策方进行决策时,有时候这些博弈方必须同时做出选择,因为这样能保证公平合理,而很多时候各博弈方的决策又必须有先后之分,并且,在一些博弈中每个博弈方还要作不止一次的决策选择,这就免不了有一个次序问题。因此,规定一个博弈就必须规定其中的次序,不同的次序必然是不同的博弈,即使其他方面都相同。

(4) 各个博弈方的得益(payoffs)。对应于各博弈方的每一组可能的策略选择,博弈都有一个结果表示各博弈方在该策略组合下的所得和所失,由于我们对博弈结果的评判分析只能通过对数量大小的比较来进行,因此我们所研究的博弈的结果必须本身是数量或至少可以量化为数量的,无法量化为数量的决策问题不能放在博弈论中研究。我们把博弈中各种可能结果的量化数值称为博弈中各博弈方在相应情况下的得益。规定一个博弈必须对得益做出规定。得益即收入、利润、损失、量化的效用,社会效用和经济福利等可以是正值,也可以是负值。值得注意的是,虽然各博弈方在各种情况下的得益是客观存在的,但这并不意味着各博弈方都充分了解各方的得益情况,在许多博弈中,总存在某些博弈方对其他博弈方的得益无法肯定的情况。

上述四个方面是定义一个博弈时必须首先设定的,确定了上述四个方面就确定了一个博弈。博弈论就是系统研究用上述方法定义的各种各样的博弈问题,寻求各博弈方合理选择策略的情况下博弈的解,并对这些解进行讨论分析的理论。不过,我们在此还必须对我们将要讨论的博弈问题加一个限定,即我们所讨论的博弈问题都是建立在"个体行为理性"基础上的"非合作博弈"。所谓"个体行为理性"是指个体的行为始终都是以实现自身的最大利益为唯一目标,除非出于实现自身最大利益的需要,否则不会考虑其他个体或社会的利益这样一种决策原则。而"非合作博弈"则是指在各博弈方之间不能存在任何有约束力的协议,也就是说各博弈方不能公然"串通"、"共谋"的博弈问题。在社会、经济活动中,既有相互竞争,也有相互合作,甚至是长期的合作,为什么我们只研究"非合作博弈"问题,而不研究允许合作的博弈问题呢? 原因在于竞争是一切社会、经济关系的根本基础,不合作是基本的,合作是有条件的和暂时的,只要搞清了非合作的社会、经济关系,合作的关系就非常容易理解,事实上,在我们证明非合作博弈无效率或低效率的同时,就自然说明了存在着合作的可能性和必要性。对此,我们将在具体的博弈问题中再加以讨论和论证。

在知道了一个博弈的基本构成要素后,下面我们就要介绍博弈的具体表述方式。在现代博弈中,其表述方式有两种:一种是博弈的"策略型"(strategic form)表达方式①,另一种是"扩展型"(extensive form)表达方式。

1. 博弈的策略型表述

该种表达方式通常用于静态博弈的情况,有时也会表达动态博弈。在博弈的策略型表述中,所有参与者同时选择各自的策略(strategies),所有参与者选择的策略一起决定每个参与者的得益。一般情况下策略型表述会给出:

(1) 博弈的参与者集合(a list of players): $i = 1, 2, \cdots, n$;

(2) 每个博弈参与者的策略集合(a set of strategies): $S_i, i = 1, 2, \cdots, n$;

(3) 每个参与者的得益函数(payoff function): $u_i(s_1, \cdots, s_n), i = 1, 2, \cdots, n$。

这样,我们用 $G = \{S_1, \cdots, S_n; u_1, \cdots, u_n\}$ 代表一个策略型(标准型)博弈。例如,在双寡头垄断的产量博弈中,参与者是企业1和企业2;每个企业的战略空间是产量 $q_i = [0, +\infty), i = 1, 2$;得益函数是利润函数 $\pi_i(q_1, q_2)$。因此,双寡头垄断博弈的策略型表述即为:

$$G = \{q_1 \geq 0, q_2 \geq 0; \pi_1(q_1, q_2), \pi_2(q_1, q_2)\}$$

当博弈的参与者人数和每个参与者的战略空间均为有限时,博弈被称为"有限博弈"(finite games)。两人有限博弈的策略型表述可直观地用矩阵的形式给出(因此称为"矩阵博弈")。如著名的"囚徒困境"(Prisoners' Dilemma)博弈的矩阵表述,就可用表13-1表示。

---

① 有时又把这种表达方式称为"标准型"(normal form)或"矩阵型"(matrix form)。

表 13-1　"囚徒困境"博弈的矩阵表述

		囚徒 B	
		坦白	抵赖
囚徒 A	坦白	−5, −5	0, −8
	抵赖	−8, 0	−1, −1

表 13-1 表达的是两个囚徒 A 和 B 的得益矩阵。它比较形象地刻画了处于困境的两个博弈参与者(即囚徒 A 和 B)在采取不同策略(即坦白和抵赖)情况下的得益情况。表中有四个方格,每个方格中的两个数字中前边的一个数字表示囚徒 A 可能的得益,后边的一个数字表示囚徒 B 可能的得益。具体来说,左上角一格表示若两个囚徒都坦白其所犯的罪行,每人各判 5 年徒刑;右下角一格表示若两个囚徒都不承认其所犯罪行,则因证据不足而被各判 1 年徒刑;左下角一格表示的是若囚徒 A 抵赖,而囚徒 B 坦白,则坦白的一方无罪释放,而抵赖的一方则要重判 8 年徒刑;右上角一格则表示相反的情况,囚徒 A 因坦白被无罪释放,而囚徒 B 因抵赖而被判 8 年徒刑。这是一个经典的博弈模型,大多数博弈论教材都会介绍该模型,希望大家记住它,后面我们再详细对其进行分析。

2. 博弈的扩展型表述

这种表述方式主要用来分析动态博弈的情况。在博弈的扩展型表述中,策略对应于参与者的"相机行动规则"(contingent action plan),即博弈参与者的行动有先有后,这就要求各个博弈方见机行事,依据博弈顺序,在什么情况下选择什么行动。具体来说,博弈的扩展型表述包括如下要素:

(1) 参与者集合:$i=1,2,\cdots,n$,有时为分析的需要还将用 N 代表"自然"(nature)这一虚拟的参与者;

(2) 参与者的行动顺序:谁先行动,谁后行动;

(3) 参与者的行动空间:在每次行动时,参与者有些什么行为选择;

(4) 参与者的"信息集":每次行动时,参与者知道些什么;

(5) 参与者的得益函数:在行动结束时,每个参与者得到些什么(得益是所有参与者行动的函数);

(6) 外生事件(即"自然"的选择)的概率分布。

如同 2 人有限策略博弈可用矩阵形式直观表达一样,n 人有限策略博弈的扩展型表述一般可用"博弈树"(game tree)直观表达,如两人猜硬币的博弈树可用图 13-1 表达。

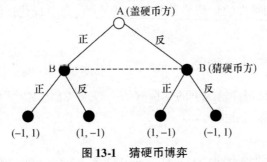

图 13-1　猜硬币博弈

两人猜硬币博弈是一个古老的、在民间流传甚广的游戏,该游戏的规则十分简单,即两个人 A 和 B 通过猜硬币的正反面来赌输赢,其中一人(如 A)先用手盖住一枚硬币,然后让另一个人(如 B)猜是正面还是反面,若猜对了,猜者赢 1 元,盖硬币者输 1 元;否则,猜者输 1 元,盖硬币者赢 1 元。图 13-1 反映了这个猜硬币博弈中 A 和 B 两人先后进行的策略及其结果的情况。

第二节 纳什均衡及其精炼

在现代博弈论中,人们通常从两个角度对博弈进行分类。

一是按参与者行动的先后顺序,将博弈分为"静态博弈"(static games)和"动态博弈"(dynamic games)。静态博弈指的是博弈中参与者同时行动,或他们虽非同时行动,但后行动者并不知道先行动者具体采取了什么行动;动态博弈则指参与者的行动有先后顺序,且后行动者能观察到先行动者的行动选择。

二是按参与者对有关其他参与者的特征、战略空间及得益函数等方面的信息的了解情况(知识),将博弈分为"完全信息博弈"(games with complete information)和"不完全信息博弈"(games with incomplete information)。完全信息博弈指的是每一个参与者对所有其他参与者的特征、战略空间及得益函数都有准确的知识,否则就是不完全信息博弈。

研究博弈的目的就是能够预测博弈的均衡结果或趋势,我们把上述博弈的两种分类方法综合起来,得到四种博弈类型及对应的四种不同的均衡概念,如表 13-2 所示。这些博弈类型和均衡概念,可以大致反映 20 世纪 50 年代以来博弈论的主要进展和 1994 年三位诺贝尔经济学奖得主的主要贡献,同时也可以表明"纳什均衡"及其精炼在博弈论发展中的重要地位和影响。

表 13-2 博弈的分类及对应的均衡概念①

信息＼行动顺序	静 态	动 态
完全信息	完全信息静态博弈纳什均衡:纳什(1950,1951)	完全信息动态博弈——子博弈精炼纳什均衡:泽尔滕(1965)
不完全信息	不完全信息静态博弈贝叶斯纳什均衡:豪尔绍尼(1967—1968)	不完全信息动态博弈精炼贝叶斯纳什均衡:泽尔滕(1975);Kreps & Wilson(1982);Fudenberg & Tirole(1991)

从本节开始,我们将以纳什均衡及其精炼为主线,介绍现代博弈论的方法及其在经济学中的应用。

一、囚徒困境与纳什均衡

为了探讨完全信息博弈情况下的均衡解的一般求法和思路,我们仍用前面介绍过的囚徒困境作为例子来加以分析。

---

① 该表转引自张维迎:《博弈论与信息经济学》,上海三联书店、上海人民出版社 1996 年版,第 13 页。

1. 囚徒困境与占优均衡

囚徒困境博弈是一种典型的非零和非合作博弈,它的提出及对这类博弈的解的研究,极大地推进了非合作博弈的理论进展。据说,囚徒困境博弈最初是于 1950 年由就职于兰德公司的美国心理学家梅里尔·弗洛德(Merrill Flood)和经济学家梅尔文·德莱希尔(Melvin Dresher)创立的,同年由 A. W. 塔克(A. W. Tucker)加以定型和完善。囚徒困境讲的是两个犯罪嫌疑人共同作案后被警察抓住,分别隔离审讯。警察告诉他们:如果两人都坦白,各判刑 5 年;如果两人都抵赖,因证据不足而各判刑 1 年;如果其中一人坦白、另一人抵赖,坦白者释放,抵赖者判刑 8 年。这样,每个囚徒都有两个选择:坦白或抵赖,但两人是在不知道对方作何选择的情况下做出自己的选择的,其矩阵型博弈表述如前面的表 13-1 所示。为了分析的方便,我们重新分析表 13-1。

		囚徒 B	
		坦白	抵赖
囚徒 A	坦白	−5, −5	0, −8
	抵赖	−8, 0	−1, −1

在这个博弈中,每个囚徒都面临着坦白和抵赖的两难困境。每个囚徒都知道,如果他们都抵赖,不交代其所犯罪行,他们就会由于证据不足而被判 1 年,但两个囚徒都不知道对方是否会坦白。每个囚徒也知道,如果对方坦白而自己不坦白,对方被释放,而自己要判 8 年。每个囚犯都会想到这样的问题:是我们俩都不坦白,都被判 1 年呢,还是我坦白他不承认,我被判 1 年呢? 如果我的同伙也像我这样想,我们就都要被判 5 年了。这样,这两位囚徒陷入了一种两难的困境之中。如何解决这两位囚犯的两难处境呢? 这就是下面我们要解决的问题。

在这个博弈中,每一个囚犯都有两个可供选择的策略:一个是坦白;一个是不坦白,即抵赖。很明显,不论同伙选择什么策略,每一个囚徒都会选择坦白! 为什么?

对于囚徒 A 来说,如果囚徒 B 选择了坦白,那么,A 选择坦白的得益是 −5,选择抵赖的得益是 −8,因此,A 应该选择坦白;如果 B 选择了抵赖,A 选择坦白的得益是 0,选择抵赖的得益是 −1,因此,A 也应该选择坦白。可见,不管 B 选择什么样的策略,坦白永远是 A 的最优策略。同理,坦白也永远是 B 的最优策略。

像这种不管其他参与者采取什么策略,每一个参与者都有一个最优策略的选择,叫作占优策略(dominant strategy)。在上例中,两个囚犯的占优策略都是坦白,因此,最容易出现的结局也就是两人都被判 5 年徒刑。(坦白,坦白)或(−5, −5)就成为囚犯困境的均衡解。在一个博弈中,如果所有参与者都有占优策略,那么,所有参与者的占优策略组合便是该博弈的唯一均衡,叫作占优策略均衡(dominant strategy equilibrium)。在上例中,囚犯 A 和 B 都面临一种两难境地:如果他们都坦白,他们将都被判处 5 年徒刑;如果他们都选择不坦白,则他们都只被判处 1 年徒刑。因此,如果他们都能拒不坦白,他们的境况就会比其他选择下更好一些,即策略(抵赖,抵赖)比策略(坦白,坦白)更好一些。然而,尽管每个囚徒都寻求最好的结果,但他们俩得到的却不是最好的结果。其问题在于,这两个囚徒没有办法协调他们的行动,而且即使他们曾经订立攻守同盟,在一次博弈中也难免面临同伙背叛的风险。

总之,在上述囚徒困境的博弈中,对囚徒个人而言,选择坦白总比选择抵赖有较高的得益,但从二人得益的总和来看,双方都抵赖(合作或串谋)的结果是最优的。因而,囚徒困境模型就深刻地揭示了社会和经济生活中的一种普遍情形,即"个人理性"与"集体理性"的矛盾,这就是"困境"(dilemma)。

囚徒困境在经济和政治现象中有着广泛的应用。例如,两个厂商面对"提价"和"降价"两种价格策略选择。如果他们采取合作的态度,那么这两个厂商最好的策略是都提价;但只要任何一方采取不合作的态度而选择降价,那么每一方最终都会选择降价,降价将成为每一个厂商的占优策略。又比如公共物品的供给和国家间军备控制中也存在相似的囚徒困境的情况。

2. 纳什均衡的含义

从前面对囚徒困境的分析中,我们知道,对于博弈参与者囚徒 A 或 B 来说,不管另一个参与者采取什么策略,每一个参与者都有一个最优策略(或占优策略)的选择,即坦白。因此,占优策略(坦白,坦白)共同构成了这两个囚徒的占优策略均衡。在(坦白,坦白)这个最优策略组合下,任何一个博弈方都不愿或不会单独改变自己的策略,否则,会使自己遭到损失。这种各博弈方都不愿意单独改变策略的占优策略组合就是博弈论中一个非常重要的概念——纳什均衡(Nash equilibrium)。

所谓纳什均衡是指这样一组策略组合:第一,在该策略组合中,每个参与者的策略都是给定其他参与者策略的情况下的最佳反应。第二,该策略具有自我实施(self-enforcing)的功能,即在实现均衡时,没有一个参与者可以通过单方面改变自己的策略而提高自己的得益。也就是说,没有人愿意偏离均衡。

上述定义只是对纳什均衡的一般描述性表述,下面引入纳什均衡的更为严格的定义:

- 在博弈 $G = \{S_1, S_2, \cdots, S_n; u_1, u_2, \cdots, u_n\}$ 中,如果策略组合 $(s_1^*, s_2^*, \cdots, s_n^*)$ 中任一参与者 i 的策略 s_i^* 都是对其余博弈方的策略组合 $(s_1^*, s_2^*, \cdots, s_{i-1}^*, s_i^*, s_{i+1}^*, \cdots, s_n^*)$ 的最优策略,即 $u_i(s_1^*, s_2^*, \cdots, s_{i-1}^*, s_i^*, s_{i+1}^*, \cdots, s_n^*) \geq u_i(s_1^*, s_2^*, \cdots, s_{i-1}^*, s_i, s_{i+1}^*, \cdots, s_n^*)$,那么,策略组合 $s^* = (s_1^*, s_2^*, \cdots, s_i^*, \cdots, s_n^*)$ 就是一个"纳什均衡"。

这个定义表明,纳什均衡策略组合是由所有参与者的最优策略组成的。或者说,纳什均衡策略组合 $s^* = (s_1^*, \cdots, s_n^*)$ 代表这样一种协议(其中 s_i^* 是协议规定的第 i 个人的策略选择):在给定其他参与者都遵守这个协议的情况下,即使没有外在的强制约束,第 i 个参与者也会遵守这个协议,因为遵守这个协议所带来的效用大于违反这个协议的效用。也就是说,这个协议是当事人愿意自觉遵守的,而不满足"纳什均衡"的协议是没有意义的,这就是"纳什均衡"的哲学思想。由此可见,纳什均衡概念在制度设计、政策安排、协议谈判等方面都具有重大的意义。

3. 有关纳什均衡的进一步理解

(1)纳什均衡是解决所有博弈问题的最一般的概念。纳什均衡的意义在于:若其他参与者均采用均衡策略,则余下的这一参与者只有采用均衡策略才是最好的,或者说,一旦实现了纳什均衡,没有任何一个参与者能够单方面地改变他的策略并获取更好的得益,以致他们会理性地坚持自己的均衡策略。这使得纳什均衡成为各种类型的博弈的"均衡解"的基础。在博弈论的发展过程中,许多博弈均衡概念,如混合策略均衡、子博弈精炼纳什均衡、贝叶斯均衡和精炼贝叶斯均衡等都是以纳什均衡的思想为基础发展而来的,这些均衡解被统称为纳什均衡,只是面对不同类型的博弈情况下的更为精炼的纳什均衡解的表述。

（2）纳什均衡与占优策略均衡的关系。每一个占优策略均衡一定是纳什均衡,但并非每一个纳什均衡都是占优策略均衡。因为构成纳什均衡的唯一条件是:它是参与者对其他参与者均衡策略的最优选择;而占优策略均衡则要求它是对所有其他参与者的任何策略组合的最优选择,则自然它也是对所有其他参与者的某个特定的策略组合的最优选择。

在囚徒困境中,(坦白,坦白)是一个占优策略均衡,也是纳什均衡;但在表13-3所表达的博弈中,却只有纳什均衡,而没有占优策略均衡。

表13-3 有纳什均衡而没有占优策略均衡的博弈

		B	
		L	R
A	L	10,10	0,7
	R	7,0	6,6

在上述博弈中,无论A还是B,都不存在一种在其他人无论采取何种策略的条件下,自己所采取的策略都是最优策略的情况,因此,该博弈没有唯一的占优策略均衡。但依据纳什均衡的定义,该博弈却有两个纳什均衡,即(L,L)和(R,R)。

（3）纳什均衡是所有博弈参与者的一致性预测。所谓"一致性"预测是指这样一种性质:如果所有博弈方都预测一个特定的博弈结果会出现,那么所有的博弈方都不会利用该预测或者预测能力,选择与预测结果不一致的策略,即没有哪个博弈方有偏离这个预测结果的愿望,因此这个预测结果最终真会成为博弈的结果。也就是说,"一致性预测"中"一致"的意义是各博弈方的实际行为选择与他们的预测一致,而不是不同博弈方的预测相同、无差异。

正是由于纳什均衡是一致预测,才进一步有下列性质:

首先,各博弈方可以预测它,可以预测他们的对手会预测它,还可以预测他们的对手会预测自己会预测它⋯⋯因而,这是一种公共知识(common knowledge)。

其次,如果预测到任何非纳什均衡策略组合将是博弈的最终结果,那么意味着要么各博弈方的预测其实并不相同(预测不同的纳什均衡会出现),要么预测至少一个博弈方要"犯错误",包括对博弈结构理解的错误、对其他博弈方的策略预测错误、其理性和计算能力有问题或者是实施策略时会出现差错等。因此,在假设各博弈方预测的策略组合相同以及各博弈方都有完全的理性,也就是不会犯错误的情况下,不可能预测任何非纳什均衡是博弈的结果。

最后,纳什均衡具有"一致性"的预测能力保证了博弈分析理论的价值和重要性。预测是博弈分析最基本的目的之一。也就是说,我们之所以要进行博弈分析,最重要的原因就是预测特定博弈中的博弈方究竟会采取什么行动,博弈将有怎样的结果。即使进行博弈分析的最终目的不是预测,而是通过博弈分析研究人类的行为规律,评价特定制度环境、政策措施的效率意义等,也需要以对博弈结果的预测判断为基础。因此一个博弈分析概念的作用和价值,很大程度上是由其对博弈结果预测能力的大小决定的。纳什均衡的一致预测性正是其预测能力的基本保证。其他的博弈分析概念要么不具备这种性质,从而不存在预测的稳定性,因此不可能成为具有普遍意义的博弈分析概念,要么本身也是纳什均衡的一部分,如前面介绍的占优策略均衡就具有一致预测的性质,但事实上所有的占优策略均衡都是纳什均衡。

4. 纳什均衡的确定

在一个博弈中寻找纳什均衡的最简单的办法是检查一下每个可能的策略组合是否符合纳什均衡定义中的条件。在一个两人博弈中,可以针对每个参与者及其策略,找出对方对该策略的最佳反应。比如,对于表 13-4 所描述的博弈,我们可以在每个参与者针对对方策略所做出的最佳反应所对应的得益下画上一条横线。例如,如果参与者 B 选择"L",参与者 A 将选择"M",因为 10 大于 8 和 3,因此我们在(M,L)组合所对应的得益组合(10,0)中的 10 下面画一条横线。

表 13-4 纳什均衡的确定

参与者 B

		L	M	R
	U	8,8	0,10	0,3
参与者 A	M	10,0	5,5	0,3
	D	3,0	3,0	1,1

如果某个策略组合所对应的得益组合中的两个数字都画了横线,那么这个策略组合就满足纳什均衡的条件:每个参与者的策略都是针对对方策略的最佳反应。因此,在表 13-4 中,用上述画线法可知该博弈有两个纳什均衡(M,M)和(D,R),其相应的得益分别为(5,5)和(1,1)。读者可以按相同的办法,证明囚徒困境中的(坦白,坦白)也满足纳什均衡的条件,且这个策略组合是"囚徒困境"博弈中的唯一纳什均衡。

二、混合策略及其纳什均衡

用纳什均衡的概念已经相当圆满地解决了不少博弈问题,但我们也应该注意到,许多现实的决策问题构成的博弈中根本不存在具有稳定性的各博弈方都接受的纳什均衡策略组合,如猜硬币博弈(见表 13-5)。而另一些博弈却有多于一个的没有哪个博弈方愿意单独改变策略的纳什均衡策略组合,如性别之战(battle of the sexes)博弈(见表 13-6)。

上述两类博弈如果只进行一次,那么实际结果如何确定将取决于机会和运气,因为它们不存在能导致确定性结果的内在机制,也就是说,博弈方选任一策略都不能保证有利的结果和好的得益。但这也不是说博弈方可以胡乱选择,实际上在这些博弈中各博弈方的决策还是很有讲究的,我们可以设想多次独立反复进行这些博弈,这样博弈方决策的好坏就会从平均得益上反映出来,策略运用得当平均得益会较理想,至少是不吃亏,否则平均得益就会很差。

下面我们从较简单的猜硬币博弈开始来探索这类博弈问题的解法。这个两博弈方各有两种可选策略的博弈我们已很熟悉,在第一节中我们已经用策略型博弈表述方式介绍过,如表 13-5 所示。

表 13-5 猜硬币博弈

		猜硬币方	
		正面	反面
盖硬币方	正面	-1,1	1,-1
	反面	1,-1	-1,1

我们已知,该博弈不存在任何纳什均衡策略组合,因为无论哪个策略组合的结果都是一方赢一方输,而输的一方又总可以通过单独改变自己的策略而反输为赢。因此这就引出了在这种博弈中各博弈方决策的第一个原则:自己的策略选择千万不能预先被另一方侦知或猜到。如果盖硬币方所出的面预先被猜硬币方知道或猜中,则猜硬币方只要猜与你所出相同的面就能保证赢你。反过来,如果猜硬币方准备猜的面被盖硬币方预先知道或猜到,则他可出与你将猜的面相反的面而立于不败之地。因此,保守秘密,不让其他博弈方事先了解你的选择在这种博弈中是首要的原则,除非你存心要自找失败或使自己处在不利的地位。这一点与存在纳什均衡的博弈有本质的区别。

从上述原则再推论下去又可知道,在该博弈的多次重复中,博弈方一定要避免自己的选择带有任何规律性,因为一旦自己的选择有某种规律性并被对手发觉,则对手可以根据这种规律性判断出你的选择,从而对症下药选择策略,使你屡战屡败。假如你是盖硬币方,若你总是一次正面、一次反面轮流出,则猜硬币方就可以根据你前一次的策略轻易猜中你本次会出的面,这样当然你就有输无赢了。这就是说,博弈方必须随机地选择策略,这是从第一个原则导出的随机选择原则。在这个猜硬币博弈中,两博弈方最正确的决策方法都是将自己当作一台抽签的机器。

此外,在本博弈中,如果盖硬币方虽然是随机决定出正面还是反面,但如果在总体上出正面多于出反面,即出正面的概率大于出反面的概率,则猜硬币方还是有机可乘的。设盖硬币方出正面的概率为 p,则出反面的概率为 $1-p$,出正面多于出反面,即 $p>1-p$ 或 $p>1/2$。在这种情况下,如猜硬币方全猜正面,则他的期望得益为:

$$p \cdot 1 + (1-p) \cdot (-1) = 2p - 1 = 2\left(p - \frac{1}{2}\right) > 0$$

即平均来讲,猜硬币方一定是赢多输少,当然盖硬币方就是输多赢少了。同样,如果盖硬币方出反面多于出正面,一样也会给猜硬币方可乘之机,他只要全猜反面则平均下来总是赢的。因此,对盖硬币方来说,最合理可靠的做法是用相同的概率随机地出正面和反面,即 $p=1-p=1/2$,这样,猜硬币方就无法根据你对策略的偏好占到任何便宜。同样的讨论也适用于猜硬币方的决策考虑,即他要不让盖硬币方占到任何便宜必须以 $1/2$ 的相同概率随机选择猜正面和猜反面。

- 混合博弈情况下的决策原则:

（1）博弈参与者之间互相不让对方知道或猜到自己的选择，因而必须在决策时利用随机性来选择策略，避免任何有规律性的选择。

（2）他们选择每种策略的概率一定要恰好使对方无机可乘，即让对方无法通过有针对性地倾向某一种策略而在博弈中占上风。

双方都按照上述概率随机选择策略，即在这种博弈中，博弈方的决策内容不是确定性的具体策略，而是在一些策略中随机选择的概率分布，这样的决策我们称为"混合策略"。

相对于这种以一定概率分布在一些策略中随机选择的混合策略，我们称确定性的具体策略为"纯策略"，而我们原来意义上的纳什均衡，即任何博弈方都不愿单独改变策略的纯策略组成的策略组合现在可称为"纯策略纳什均衡"。当然，纯策略也可以看作混合策略的特例。

引进了混合策略的概念以后，我们可将纳什均衡的概念扩大到包括混合策略的情况。对各博弈方的一个策略组合，不管它是纯策略组成的还是混合策略组成的，只要各博弈方都不想要单独偏离它，我们就称之为一个纳什均衡。

在猜硬币博弈中，盖硬币方以 1/2 的概率随机选择出正面还是出反面和猜硬币方以 1/2 的概率随机选择猜正面还是猜反面就是一个混合策略的纳什均衡。这样的纳什均衡虽然不能明确告诉我们一次博弈中双方的具体选择和博弈的确定结果，但却告诉了我们他们决策的具体方式以及两博弈方的期望得益：

$$\frac{1}{2} \times \frac{1}{2} \times 1 + \frac{1}{2} \times \frac{1}{2} \times (-1) + \frac{1}{2} \times \frac{1}{2} \times 1 + \frac{1}{2} \times \frac{1}{2} \times (-1) = 0$$

即多次独立重复该博弈的结果应为不输不赢，这当然是这个零和博弈双方最能接受的结果。

为了让读者对混合策略和混合策略纳什均衡有更好的理解，我们再以性别之战博弈为例来讨论其混合博弈均衡的情况，如表 13-6 所示。

表 13-6 性别之战博弈

		丈夫	
		芭蕾	足球
妻子	芭蕾	2,1	0,0
	足球	0,0	1,2

表 13-6 表达的就是性别之战博弈的得益矩阵。这是一个夫妻之间关于去看芭蕾表演还是去看足球赛的选择问题，若丈夫同意陪妻子看芭蕾表演则妻子得益（或效用）为 2，丈夫得益为 1；若妻子同意陪丈夫去看足球赛则丈夫得益为 2，妻子得益为 1；否则双方得益都为 0。我们通过分析很容易知道，该博弈存在两个纯策略纳什均衡，即（芭蕾，芭蕾）和（足球，足球）。因为纯策略纳什均衡多于一个，因此，我们无法肯定在一次博弈中

两博弈方究竟会作何选择,哪个结果会出现①,因而这又是一个混合策略问题。

本博弈与前面所介绍的猜硬币博弈不同的是,在本博弈中如果一方知道另一方已经作了某种选择,则唯一明智的选择是与对方的选择保持一致,以免获得最差的得益0,而这同时也符合对方的最大利益,两博弈方的利益是具有很大的一致性的。因此,从博弈方的本意来讲,他们并不害怕对方猜到自己的选择,但由于我们规定他们相互间不能串通,因此两博弈方决策时仍然必须是相互不知道对方的选择的。

根据混合博弈情况下进行决策的原则,我们假设丈夫选择看芭蕾的概率为q,看足球赛的概率为$1-q$,这样,如果丈夫不想让妻子利用自己选择的倾向性占上风,则他自己的概率选择应使妻子两种策略的期望得益相同,即

$$q \cdot 2 + (1-q) \cdot 0 = q \cdot 0 + (1-q) \cdot 1$$
$$\Rightarrow q = \frac{1}{3}$$

同样,我们还假设妻子选择看芭蕾的概率为p,看足球赛的概率为$1-p$,因此妻子为了不让丈夫占上风,其混合策略的概率分布的决定原则也是要让丈夫选两种策略的期望得益相同,即

$$p \cdot 1 + (1-p) \cdot 0 = p \cdot 0 + (1-p) \cdot 2$$
$$\Rightarrow p = \frac{2}{3}$$

因此,丈夫以(1/3,2/3)的概率随机选择芭蕾和足球,妻子以(2/3,1/3)的概率随机选择芭蕾和足球是他们各自最合理的混合策略,这两个混合策略构成了一个混合策略纳什均衡。在该混合策略均衡下,妻子和丈夫各自的期望得益为:

$$V_{妻} = q \cdot p \cdot 2 + q \cdot (1-p) \cdot 0 + (1-q) \cdot p \cdot 0 + (1-q) \cdot (1-p) \cdot 1$$
$$= \frac{1}{3} \times \frac{2}{3} \times 2 + \frac{2}{3} \times \frac{1}{3} \times 1 \approx 0.67$$
$$V_{夫} = q \cdot p \cdot 1 + q \cdot (1-p) \cdot 0 + (1-q) \cdot p \cdot 0 + (1-q) \cdot (1-p) \cdot 2$$
$$= \frac{1}{3} \times \frac{2}{3} \times 1 + \frac{2}{3} \times \frac{1}{3} \times 2 \approx 0.67$$

这个结果显然还不如夫妻双方能协商时任何一方迁就另一方时双方确定的得益好(至少可得1),这是因为盲目表决或双方赌气有可能出现最差的结果。一般这种夫妻之间的决策问题不会通过这种低效率的博弈方式解决。

例题13-1 彩电制式问题

彩色电视机有不同的制式,采用相同的制式则厂商之间由于零部件的通用性,相关设备(摄像机、放像机等)可相互匹配,大家都能获得一定的好处。假设有两厂商都决定引进彩电生产线,可选择的有A、B两种制式,则这两个厂商之间就面临着一个决定制式的博弈。为了使问题更清楚,我们假设同采用A制式时厂商1能从合作中得好处1,厂商2能从合作中得好处3,同采用B制式时都有好处2,则本博弈的得益矩阵就如表13-7所示。再假设这两个厂商是独立决策不能相互协商的,那么他们该如何决策呢?

---

① 实际生活中,该博弈可能会有唯一的均衡解,譬如也许是这一次夫妻双方去看足球,下次去看芭蕾,如此循环,形成一种默契。另外也可能会有一种先动优势(first move advantage),比如说,若丈夫买票,两人就会出现在足球场,若妻子买票,两人就会在芭蕾舞厅。

表 13-7 彩电制式的博弈

		厂商 2 A	厂商 2 B
厂商 1	A	1,3	0,0
	B	0,0	2,2

容易看出,该博弈有两个纯策略纳什均衡(A,A)和(B,B),但究竟哪个均衡出现却没有必然的结论。从得益情况看,厂商 1 更喜欢后一个均衡而厂商 2 则更喜欢前一个均衡,因此,这又是一个混合策略问题。用与性别之战博弈同样的分析方法可解出厂商 1 的合理的混合策略为以概率(0.4,0.6)随机选 A 和 B,厂商 2 的混合策略则是以(0.67,0.33)的概率随机选 A 和 B,这两个混合策略构成两厂商间的一个混合策略纳什均衡。在该均衡下,双方的期望得益分别为 0.664 和 1.296。从这个结果看,两博弈方独立决策不协商的前景并不很妙,因为即使他们已经采取了最合理的策略,即上述混合策略,双方选择叉开而完全得不到任何合作好处的机会也是很大的,因此双方的期望得益都小于任何一个纯策略均衡各自的得益。

这个博弈的结果也从反面证明了在引进、发展彩电生产线这样的问题上,厂商之间的协调、政府或行业组织制定统一的标准或规定有多么重要。除了制式问题以外,实际上许多产品的规格、标准化问题也与制式问题有相同的性质,这就是世界上各个国家甚至国际上要对许多重要产品规定统一的规格、标准的原因所在。

第三节 子博弈精炼纳什均衡

在第二节中,我们以"完全信息静态博弈"为背景,介绍了纳什均衡的概念及其应用。但是,假若我们来解决更为复杂的博弈,比如动态博弈,前述的纳什均衡概念就会存在很大的局限性。

在动态博弈中,由于博弈中参与者的行动有先有后,后行动者又能观察到先行动者的行为,其间就会产生一个可信性(credibility)问题。后行动者可以"承诺"采取对先行者有利的行动,也可以"威胁"先行者以使先行者不得不采取对后行动者有利的策略。这样,对先行者来说,这种"承诺"与"威胁"就存在一个可信不可信的问题。例如,某甲要某乙拿出 1 万元给他,否则将引爆炸弹同归于尽。这是一个威胁,如果乙相信威胁是真的,他会乖乖地拿出钱而结束博弈。如果乙认为甲本身很怕死,因此认为威胁是不可信的,博弈的结局自然可能是另一种状态。当然,乙可以怀疑甲是疯子,在吃不准甲究竟是否是疯子的情况下,乙就处于一个不完全的信息集中,这样,承诺与威胁是否可信就构成动态博弈的中心问题之一。

但是,在静态博弈中,由于不考虑自己的选择对别人的影响,纳什均衡就允许了不可置信的"承诺"与"威胁"的存在,这些不可置信的承诺和威胁实际上是不起作用的,因而含有不可置信威胁的"策略均衡"不会实际发生,应该从纳什均衡中剔除出去。

另外,动态博弈与静态博弈的不同之处还在于动态博弈存在着子博弈,即从某一阶段以后直至博弈结束的参与者的一系列对策与行动的整个博弈过程。形象的例子是下棋中的残局。一个棋手赢了一盘棋,如果他的整个下法在这盘棋中从每一步开始的残局里都称得上最优的,人们可能会称赞他的这局棋到了完美无缺的地步。在动态博弈中,也存在着类似的"理想"结局,这就是我们将要介绍的"子博弈完美均衡"——这是博弈论中一个极其重要的基本概念。

总之,这些问题的存在就使预测博弈中参与者的行为发生困难,同时也使纳什均衡很难成为动态博弈的一个合理的"解"概念。纳什均衡的缺陷促使博弈论专家从20世纪60年代开始,就不断寻求改进(perfecting)和精炼(refining)纳什均衡概念的方法,以得到更为合理的"博弈解"。

1965年,泽尔腾(R. Selten)在分析了纳什均衡存在的缺陷之后,在动态博弈的背景下,探讨了"合理纳什均衡"和"不合理纳什均衡"的分离问题,明确提出了纳什均衡的第一个重要改进概念——子博弈精炼纳什均衡(subgame perfect Nash equilibrium),并发展了求解动态博弈问题的重要方法——倒推归纳法(backward induction)。正如纳什均衡是完全信息静态博弈的基本"解概念"一样,子博弈精炼纳什均衡也是完全信息动态博弈的基本"解概念"。

一、动态博弈的表述形式:扩展式博弈与子博弈

为了说明子博弈精炼纳什均衡的概念,我们有必要先从扩展式博弈表述中了解子博弈的概念。

在本章第一节中,我们已经介绍了扩展型博弈的表达形式——博弈树,它有效地向人们展示了动态博弈中博弈参与者的行动、选择这些行动的先后次序以及做出决策时参与者所拥有的信息集。现在,我们详细论述这一表达形式。

博弈树是由结(nodes)与枝(branches)组成的图。博弈树中的每一个结表示某参与者(比如i)的决策点,并称此点属于在该点行动的参与者。常在该点上方(或旁侧)标上行动参与者的代号i。枝则表示参与者可能的行动,每一个枝连接两个结并且具有从一个结到另一个结的方向,常用箭头来表示。在所有的结中,有两种特殊的结:初始结与终点结。初始结(initial node)即在它之前没有任何其他的结,这是整个动态博弈的出发结。终点结则是没有任何后续结(即位于它后面的结)的结,它实际上表示博弈的结束,因此在该结点没有任何参与者行动,在它的上方或旁侧就没有标上任何参与者的代号,但由于此时表示博弈结束,各参与者通过博弈到达终点结时各有所获,于是在终点结那里会出现得益(或效用)向量($u_1, u_2, \cdots, u_n$)以分别表示各参与者的得益。下面我们说明一个完全信息下的扩展性动态博弈。

在该动态博弈中,先由参与者1作决策,他面临两个选择:左(L)与右(R)。随后轮到参与者2出场作决策,若参与者1在第一阶段选L,则参与者2在第二阶段就可以在左(A)与右(B)之间选择;若参与者1在第一阶段选R,则参与者2在第二阶段就会在左(C)与右(D)之间选择。注意,在该博弈中,参与者2在第二阶段决策时是充分了解参与者1在第一阶段所作的决策的。因此,这表示该博弈是个完全信息的扩展型博弈。该博弈的两个参与者的得益由扩展型博弈的终点结决定,前一个数字表示参与者1的得益,后一个数字表示参与者2的得益。

在了解了扩展型博弈的情况下,我们就可以引出子博弈的概念。所谓子博弈即指能

够自成一个博弈的某个动态博弈从其某个阶段开始的后续阶段,它必须有一个初始信息集,且具有进行博弈所需要的各种信息。

从子博弈的定义可以看出,一个子博弈必须从一个单结信息集开始,这一点意味着,当且仅当决策者在原博弈中确切地知道博弈进入一个特定的决策结时,该决策结才能作为一个子博弈的"初始结",而在包含两个以上决策结的信息集中,任何一个决策结都不能作为子博弈的"初始结"。同时它还说明,子博弈的信息集和得益向量都直接继承自原博弈,子博弈不能分割原博弈的信息集。只有满足这两个条件,子博弈得出的结论才对原博弈有意义,从而也才能通过检查一个特定纳什均衡是否在子博弈上也构成一个纳什均衡来区分该纳什均衡是否合理,以排除不合理的纳什均衡(不是每个子博弈的纳什均衡),使纳什均衡概念精炼。为了分析的方便,通常把原博弈也称为它自身的一个子博弈。

根据以上子博弈的定义,图 13-1(第一节中的"猜硬币博弈"图)所表达的博弈中,就只有原博弈本身是一个子博弈,因为 B 的信息集有两个决策结,他不知道自己究竟进入哪一个决策结,因而这两个决策结都不能作为子博弈的初始结。而在图 13-2 表达的博弈中,有原博弈本身和以 x、x' 为初始结的子博弈等三个子博弈。

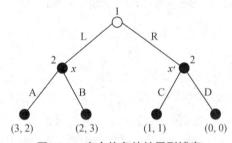

图 13-2 完全信息的扩展型博弈

二、子博弈精炼纳什均衡

有了子博弈的概念之后,就容易理解子博弈精炼纳什均衡的概念了。

- 对扩展型博弈的策略组合 $s^* = (s_1^*, \cdots, s_n^*)$,如果(1)它是原博弈的纳什均衡;(2)它在原博弈的每个子博弈上也构成纳什均衡,那么,它就是原博弈的一个子博弈精炼纳什均衡。

上述定义表明,当且仅当一个策略组合(纯的或混合的)在每一个子博弈(包括原博弈本身)上都构成纳什均衡时,它才被称为一个子博弈精炼纳什均衡。如果原博弈只有自身是它唯一的子博弈,则纳什均衡与子博弈精炼纳什均衡是等同的(有相同的均衡集);如果原博弈除自身以外还有其他子博弈存在,则有些纳什均衡可能就不是子博弈精炼纳什均衡。也就是说,子博弈精炼纳什均衡只是纳什均衡的一个子集,它消除了纳什均衡中含有不可置信威胁的那部分策略组合。

例题 13-2 子博弈精炼纳什均衡

图 13-3 描述的是甲、乙两个博弈参与者的动态博弈情况。甲先行动,乙然后行动。该博弈很容易证明有两个纳什均衡:(上,左)和(下,右)。这两个纳什均衡隐藏的含义是两个参与者同时做出各自的选择,没有关于其他人已经做出选择的知识。但现在假定

了参与者甲先采取行动,乙在观察了甲的行动之后再开始做出选择。

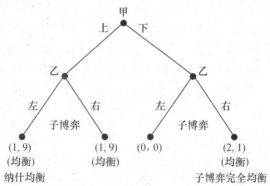

图 13-3　子博弈精炼纳什均衡

如果甲选择"上",这就意味着甲有效地选择了一个子博弈。在这个子博弈中,只有乙保持移动,乙的两个策略"左"和"右"无差异。所以,甲选择"上"的结果,是甲肯定性地获得 1 个单位的收益。如果甲选择了"下",那么乙的最优选择是"右",它给甲带来 2 个单位的收益。这说明甲选择"下"的结果是,甲将获得 2 个单位的收益。

可见,甲选择"下"比选择"上"要更好一些。因此,对于这个博弈来说,合理的均衡是(下,右),即选择精炼纳什均衡。不仅如此,均衡(下,右)还具有这样的性质:乙选择"右"是每一个子博弈中乙的最优选择。所以,(下,右)是子博弈精炼纳什均衡。

纳什均衡(上,左)就不同了。尽管当甲选择"上"时,"左"是乙的最优选择,但当甲选择"下"时,"左"就不是乙的最优选择了。所以,乙选择"左"不是所有子博弈中乙的最优选择,(上,左)不是子博弈完全均衡。

上述例题 13-2 是一个序列博弈和同时移动博弈的例子。在进行这样的博弈分析时,一个必需又重要的概念是信息集。局中参与者的信息集是所有那些不能为该参与者所区分的博弈树节点构成的集合。

可见,子博弈精炼纳什均衡的思想十分简明、直观,非常适合于实际应用。例如,寡头垄断的斯泰克伯格模型可以看作是泽尔滕子博弈精炼纳什均衡的最早版本,理性预期宏观经济学中关于政府政策的动态一致性(dynamic consistency 或 time consistency)概念也是与子博弈精炼纳什均衡或序贯理性(sequential rationality)概念一致的。此外,在工会谈判、轮流出价(bidding)、重复博弈(iterated or repeated games)等研究中,都广泛用到子博弈精炼纳什均衡的概念。

三、动态博弈中威胁与承诺的可信性问题

如前所述,由于动态博弈中参与者的行动有先有后,后行动者又能观察到先行动者的行为,因此,动态博弈的一个中心问题是"可信性"问题。所谓可信性是指动态博弈中先行为的博弈方是否该相信后行为的博弈方会采取对自己有利的或不利的行为。因为后行为方将来会采取对先行为方有利的行动相当于一种"许诺"的行为,而将来会采取对先行为方不利的行动相当于一种"威胁"的行为,因此我们可将可信性分为"许诺的可信性"和"威胁的可信性"。我们通过一些具体例子来说明动态博弈中的可信性问题及其重要性。

例题 13-3 可信的承诺和威胁——开金矿博弈

甲在开采一价值 4 万元的金矿时缺 1 万元资金,而乙正好有 1 万元资金可以投资。设甲希望乙能将 1 万元资金借给自己用于开矿,并许诺采到金子后与乙对半分成,乙是否该将钱借给甲呢?假设金矿的价值是经过权威部门探测确认的,没必要怀疑,则乙最需要关心的就是甲采到金子后是否会履行诺言,因为万一甲采到金子后不但不跟乙平分,而且还赖账或卷款潜逃,则乙连自己的本钱都收不回来。我们可用图 13-4 中的扩展型表示这个博弈。

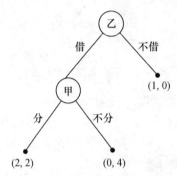

图 13-4 开金矿博弈——不可信承诺

假设由乙先进行决策,如图 13-4 所示,乙有借和不借两种可能的行为选择,如选不借则博弈结束,他能保住自己的 1 万元本钱而甲就得不到开矿的利润,如选借则到达甲的选择信息集,轮到甲进行选择(开采过程不是我们的博弈问题考虑的内容)。甲行为时也有两种可能的选择,即分与不分,无论甲选择分还是不分博弈都告结束,分则皆大欢喜,甲得到 2 万元的采金利润,乙的 1 万元本钱也增值成了 2 万元,而不分则甲能得到更多的财富而乙却血本无归。

在该博弈中,乙将面临如下的处境:选择不借虽能保住本钱但也不会有更多的收益;选择借时,若甲信守诺言则不但能保住本钱还能获得 100% 的利润,但如果甲食言则血本无归。因此,他决策的关键是要判断甲的许诺是否可信。

假设博弈方都是以自己的利益(即得益)为唯一追求目标的。在这样的原则下,甲在行为时的唯一选择只有不分,即独吞采到的金子,实现自己的最大得益 4 万元。乙是清楚甲的行为准则的,因此他不可能被甲的许诺蛊惑,知道一旦借钱给甲,甲采到金子以后是绝不会与自己对分的,合理的选择是不借,保住自己的本钱。对乙来说,本博弈中甲有一个不可信的、肯定不会信守的许诺。

有不可信的许诺,使得甲、乙的合作最终成为不可能,这当然不是在开金矿这个问题上的最佳结局,因为开金矿会带来的 3 万元社会利益(金子的价值减去开采成本)没有能够实现。那么,有没有办法使甲的许诺变为可信的,从而实现更好的结果呢?当然这是可能的,关键在于我们必须增加一些对甲的行为的制约。

如果我们假设乙在甲违约时可用法律的武器,即打官司来保护自己的利益,则情况就不同了。由于法律是支持正义的,因此我们认为乙能打赢这场官司,但打官司要消耗财力物力,故我们假设打官司的结果是乙正好能收回本钱 1 万元,而甲则会失去全部采金收入,这样博弈就成为图 13-5 中扩展型所示的两博弈方之间的三阶段动态博弈。

与图 13-4 中的博弈相比增加了一个乙选择是否打官司的第三阶段。加不加这个第

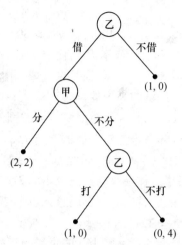

图 13-5 开金矿博弈——可信的承诺和威胁

三阶段,博弈的结果是大不相同的。从图 13-5 中可以看出,当甲选择不分时,乙有两种可以选择的行为,选不打官司,则甲独吞 4 万元,乙什么好处都没有,仍然是血本无归,但当他选择打官司时,则能收回自己的 1 万元本钱,因此即使不考虑惩罚见利忘义的甲会给他带来的快慰的心理效用,乙的唯一选择也是打官司,用法律的手段保卫自己的利益。甲对乙的上述思路是完全清楚的,因此乙打官司的威胁是可信的,乙是肯定会信守的,他最理智的选择(也是最符合自身最大利益的行为)是分,双方共享利益,各得 2 万元。也就是说,在乙具有保卫自己利益的法律手段的前提下,甲分钱的许诺变成可信的、会信守的许诺。这样,乙在第一阶段的合理选择应该是借。在该条件下,这个博弈中两博弈方所采用的策略完整表述如下:乙的策略是第一阶段选择借,如甲在第二阶段选择不分,则第三阶段选择打;甲的策略是如乙在第一阶段选择借,则他在第二阶段选择分,在双方这样的策略组合下,本博弈的路径是(借,分),双方得益为(2,2),实现有效率的理想结果。

从本博弈的分析可以看出,在一个个体都有私心、都只注重自身利益的社会中,完善公正的法律制度不但能保障社会的公平,而且还能提高社会经济活动的效率,是实现最有效率的社会分工合作的重要保障。

例题 13-4 市场进入与阻挠博弈——不可信的威胁

现实经济活动中,我们常看到,当某个厂商先行开拓或占领了某个市场以后,其他厂商眼红前者在该市场所获得的丰厚利润,也会随后跟进,与前者抢夺市场、分享利润。面对后来者的竞争,先占领市场的厂商常常不会无动于衷,听之任之,而很可能会利用自己先行一步的优势对后来者进行打击排挤,包括采用降价或其他手段巩固自己的客户和市场,使后来者难以生存立足。当然对后来者打击排挤的不合作态度会使先占领市场的厂商也付出相当的代价,很可能会使他当前的利润大幅度减少,甚至必须忍受一定的亏损,但是如果他能成功地达到挤走后来者的目的,从而长久地独占、垄断市场,则长期中还是合算的。面对先占领市场厂商的打击排挤的威胁,后来者又该如何抉择呢?如果假设只有一个欲进市场的后来者,则我们可用下面这个例子来说明这个博弈问题。

假设某一市场的需求函数为 $P = 100 - Q$。该市场上现有一个垄断企业(简称"企业 1"),其成本函数为一分段函数:

$$C_1(q_1) = \begin{cases} 4q_1, & q_1 \leq 50 \\ 40q_1, & q_1 > 50 \end{cases}$$

即当企业 1 的产量 ≤50 时，其边际成本为 4；而当其产量 >50 时，其边际成本为 40。这看上去有点奇怪，但我们可以想象一个炼钢用的高炉。由于存在技术上的限制，工程师们能够设计和建造的最好、最经济的高炉的额定产量也只能达到 50 个单位；在实际生产中突破额定产量并不是不可能，只是需要付出高得多的额外成本。

通过简单的计算，我们可以知道该垄断企业的产量为 $q_1 = 48$，市场价格为 $P = 52$，利润为 $\pi_1 = 2\,304$。这个利润是非常吸引人的，因此有另一家企业（我们称之为"企业2"）也想来分一杯羹。假设投资兴建这样一座高炉的成本为 $K = 401$，生产函数和成本函数等都与企业 1 相同。如果企业 1 能够容忍企业 2 的进入，则将是一个典型的古诺双寡头垄断模型，其纳什均衡解为：$q_1 = q_2 = 32, P = 36, \pi_1 = 1\,024, \pi_2 = 623$。

企业 1 发现，如果它容忍企业 2 进入市场，它的利润顿时下跌了一半多。为了保住它的垄断地位，它宣布，一旦企业 2 进入市场，它就展开倾销战，直到把对手赶出去为止。为了既赶走对手，又不使自己损失过大，企业 1 需要知道多大的倾销数量是最合适的。我们知道，当 $q_2 \leq 50$ 时，企业 2 的反应函数为 $q_2 = 48 - q_1/2$，将其代入企业 2 的利润函数，得：

$$\pi_2 = (100 - q_1 - q_2)q_2 - (401 + 4q_2) = \left(48 - \frac{q_1}{2}\right)^2 - 401$$

当 $q_1 \geq 56$ 时，$\pi_2 < 0$。可见，只要企业 1 的产量大于等于 56，企业 2 就会赔本。因此，企业 1 便宣布，一旦它发现有人开始投资建造新高炉，它就开始生产 $q_1 = 56$。在企业 1 生产 56 单位的情况下，企业 2 的最优产量是 $q_2 = 20$，市场价格 $p = 24$。两家企业的利润分别为：

$$\begin{cases} \pi_1 = 24 \times 56 - 4 \times 50 - 40 \times 6 = 604 \\ \pi_2 = -1 \end{cases}$$

企业 1 认为，由于潜在进入者将意识到进入是无利可图的，它将不会进入。

在图 13-6 中，我们用博弈的扩展型描述了这一两阶段动态博弈。在博弈的第一阶段，企业 2 考虑是否进入，如果不进入，博弈结束，双方得益 $(0, 2\,304)$；如果进入，则博弈进入第二阶段。在第二阶段，企业 1 决定是驱逐还是容纳企业 2，如果驱逐进入者，则发生一场价格战，双方得益为 $(-1, 904)$，如果容纳，双方得益则为 $(623, 1\,024)$。已存在的企业 1 期望作为进入者的企业 2 相信它的威胁并选择不进入，从而保住自己的垄断地位。

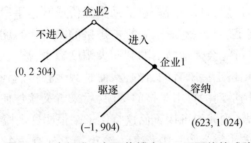

图 13-6 市场进入与阻挠博弈——不可信的威胁

但是，企业2只要稍有一些博弈论的知识，它就会发现，企业1的威胁是不可信的，因为这个威胁不满足子博弈完美均衡的条件。一旦企业2果真进入了，为了驱逐它，企业1也得付出代价，因此企业1的理性选择是容纳它，因为1024的利润总比904的利润好。在这个博弈中，唯一的子博弈精炼均衡是(进入，容纳)，即进入者进入该市场，已存在的企业接受这一事实。

注意在上述例子中我们仍然没有考虑到诸如先占领一方挤走后来者后所能享受的长期利益的因素，如要将这样的因素考虑进去，情况可能还会有所变化。实际上，会造成博弈中得益情况改变的因素很多，包括环境、条件、规则等许多方面，而这些因素变了，博弈中的得益情况就会改变，可信性也可能随之改变，博弈的结果就会很不相同，我们应牢牢把握住判断可信性的利益原则，通过得益的比较得出结论，因为只有这样得到的结果才是有可靠依据的、靠得住的。

▶ **观念澄清**

在研究动态博弈中的可信性问题时，需要注意的是动态博弈中所谓的许诺和威胁并不一定是明白讲出来的诺言或威胁，一种对某博弈方有利的其他博弈方的可能选择就可理解为其他博弈方对该博弈方的一种许诺，而一种对某博弈方不利的其他博弈方可能的选择则可理解为其他博弈方对该博弈方的威胁。因此，可信性问题是具有普遍意义的，这也可以说明它在动态博弈问题中所具有的重要地位。

四、倒推归纳法

对于"有限完美信息博弈"，由于其每个决策结都是一个单独的信息集，因而每一个决策结都是一个子博弈的初始结。这样，我们就可以采用"倒推归纳法"，从最后一个子博弈开始，逐步向前求解各个子博弈的纳什均衡，直到达到原博弈，那么，最后这一步得到的纳什均衡，就是该博弈的子博弈精炼纳什均衡。例如，对如图13-7所示的博弈，我们先从决策结点x_2开始的子博弈着手分析，参与者1的最优选择显然是U'，此时可获得益3，这样，我们剪掉D'枝，并把U'的得益(3,0)移至x_2结点(想象的)；再分析由结点x_1开始的子博弈，参与者2的最优选择显然是L，此时可获得益1，这样我们又可剪掉R枝；最后分析原博弈本身构成的子博弈，显然参与者1的最优选择是U，此时可获得益2。把这些结果联系起来，则该博弈的子博弈精炼纳什均衡为($\{U,U'\}$,L)，均衡得益为(2,0)，即参与者1首先选择U而结束博弈，U'和L分别只是参与者1和2预期的但未实际发生的选择。

倒推归纳法理论要求"所有参与者是理性的"是所有参与者的共同知识(common knowledge)，这个要求在参与者数较少及重复博弈次数较少时能够满足，因而倒推归纳法及得到的子博弈精炼纳什均衡解是非常直观的，但是，在参与者数众多或重复博弈次数较多的情况下，倒推归纳法所要求的条件就不一定能满足了，从而由这种方法得到的"解"的合理性也就值得怀疑了。下面两个例题即可说明这一问题。

例题13-5 连锁商店之谜

例如，在如图13-8所示的n人博弈中，按倒推归纳法，每一个参与者的最优选择都应

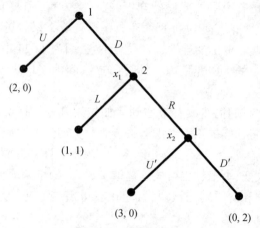

图 13-7 倒推归纳法

该是 A,从而每个参与者都能获得最大的得益 2。当 n 很小时,这种预测大概是正确的;但是,如果 n 很大,这个预测就值得怀疑了。比如,对参与者 1 而言,要获得得益 2,就必须预计所有其他 $(n-1)$ 人都选择 A,给定每个参与者选择 A 的概率 $p<1$(由于某种错误),则对参与者 1 来说,其他 $(n-1)$ 人都选择 A 的概率为 p^{n-1},当 n 很大时,p^{n-1} 就会很小。即使参与者 1 确信其他参与者都将选择 A,他也可能怀疑参与者 2 是否相信其他 $(n-2)$ 个参与者都选择 A(这个概率为 p^{n-2})。因此,为保险起见,参与者 1 应选择 D 以获得确定的得益 1。

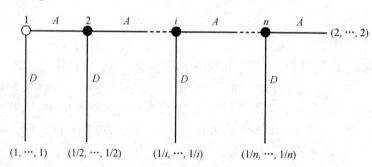

图 13-8 连锁商店之谜

例题 13-6 罗森塞尔的蜈蚣博弈

蜈蚣博弈是罗森塞尔(Rosenthsal,1981)提出的一个质疑"逆向归纳法"的博弈问题,因其博弈树形似蜈蚣而得名。图 13-9 描述了该博弈的情况。

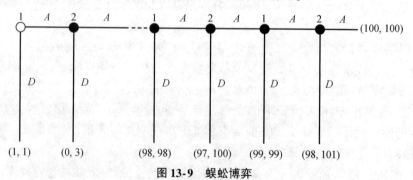

图 13-9 蜈蚣博弈

在图 13-9 所示的 2 人多次重复博弈中,按倒推归纳法,每个参与者在自己的信息集上都将选择 D,子博弈精炼纳什均衡的结果是参与者 1 一开始就选择 D,每人都得到得益 1,博弈结束。但如果每个参与者自始至终都选择 A,则各得得益 100。这样看来,子博弈精炼纳什均衡的结果就太令人失望了。在"所有参与者都是理性的"是一共同知识的条件下,参与者 2 当然确信参与者 1 一开始就会选择 D。但是,如果参与者 1 选择了 A,你是否认为他仍是理性的呢？你的选择将依赖于你对参与者 1 的理性程度的评价。参与者 1 一开始选择了 A,可能是因为他是非理性的,也可能是他认为你(参与者 2)是非理性的,或者他不确信你认为他是理性的,或者他期望通过选择 A 诱使你认为他是非理性的,因而也选择 A,以使这个"将错就错"的过程一直继续下去,得到得益 100。

由此可见,倒推归纳法未能解释始料未及的事态发生时参与者应如何形成他们的预期,这就使得倒推归纳法的逻辑受到怀疑。弗登伯格、克瑞普斯和莱文将偏离行为解释为有关得益函数的信息不确定所造成的。也就是说,实际得益函数不同于原来认为的得益函数,从而参与者在观测到未曾预料到的行为时,应该修正有关得益函数的信息。因为任何观测到的行为都可以用博弈对手的某种特定得益函数来解释。这样,当零概率事件出现时(偏离行为发生时),当事人所面临的就是如何选择对手的特定得益函数的问题,而不是形成关于对手理性的新的信念的问题。弗登伯格和克瑞普斯进一步指出,任何一种关于博弈行为的理论应该是完备的(complete),即理论应对博弈中任何可能的行为选择赋予严格正的概率(即没有任何事件是不可能事件),从而当某事件出现时,参与者对随后的博弈行为的条件预测总是定义良好的。

第四节 重 复 博 弈

本节中我们讨论一类特殊而又非常重要的动态博弈——"重复博弈"。所谓重复博弈实际上就是某些博弈多次(两次以上,有限次或无限次)重复进行构成的博弈过程。由于重复博弈不是一次性的选择,而是分阶段的、有先后次序的一个动态选择过程,因此它属于动态博弈的范畴。但是,由于重复博弈每个阶段(我们称一次重复为一个阶段)中的博弈方、可选策略、规则和得益都是相同的,因此又是特殊的动态博弈。

如果重复的次数是有限的,即经过一定次数的重复以后重复博弈过程就会结束,我们就称之为"有限次重复博弈",包括两次、三次、四次重复博弈等。也有许多重复博弈问题不是一定次数重复以后就会结束,而是似乎会永远重复下去,这样的重复博弈我们称为"无限次重复博弈"。如可口可乐公司和百事可乐公司就认为它们之间年复一年争夺市场的博弈是会永远持续下去的,这就可看作一个无限次重复博弈。重复博弈在现实中的例子很多,如多局、多场决定胜负的体育比赛,商业中的回头客,经济活动中的长期合作或长期稳定的寡头市场等,都可看作重复博弈,其中既有有限次重复博弈,也有无限次重复博弈。

虽然重复博弈中每次重复的条件、规则、内容等都是相同的,但由于有一个长期利益存在,因此各博弈方在当前阶段的博弈中,要考虑到不能引起其他博弈方在后面阶段的对抗、报复或恶性竞争,即不能像在一次性静态博弈中那样毫不顾及其他博弈方的利益。有时候,一方做出一种合作的姿态,可能会使其他博弈方在今后的阶段也采取合作的态度,从而实现共同的长远利益,这时,重复博弈就有了在一次性博弈中往往不可能存在的合作的可能性,因而也实现了比一次性静态博弈更有效率的均衡。这就是重复博弈与构成这些重复博弈的一次性博弈之间的重要区别,因此,重复博弈常常并不只是构成它们的一次性博弈的简单重复。

在重复博弈中,可信性同样是非常重要的概念,也即子博弈完美性仍然是判断均衡是否稳定可靠的重要依据。值得注意的是,由于重复博弈中有长期利益对短期行为的制约作用,因此有些在一次性博弈中不可信的威胁或承诺在重复博弈中会变为可信的,从而使博弈的均衡结果出现更多的可能性。

下面我们以一双寡头厂商之间价格博弈的例子来讨论重复博弈的问题,如表13-8所示。

表 13-8 双寡头厂商之间的价格博弈

		厂商 2	
		低价	高价
厂商 1	低价	10,10	100, -50
	高价	-50,100	50,50

显然上述矩阵式表述的双寡头厂商之间的价格博弈也是一个"囚徒困境"的范例。如果该博弈只进行一次的话,则(低价,低价)是其唯一的纯纳什均衡解。当然这是一个非合作的低效率的解,此时,各方只得利润10。如果两厂商之间进行合作,都采取高价的策略,则他们各自可以得到50的利润,这是一个符合效率原则的合作解。那么,这种合作解是如何实现的呢？或者说实现这种合作解的条件是什么呢？

第一,该种博弈要重复无数次,或至少在博弈方有限的存续期间看不到该博弈结束的时间。

第二,博弈参与者在博弈中都采取一种触发策略(trigger strategy),该种策略的含义是:刚开始博弈双方都采取"合作"(高价)策略;在以后的竞争中,只要对方采取"合作"(高价)策略,另一方也会一直采取"合作"(高价)策略来应对;直到有一天发现对方偷偷地实施了"不合作"(低价)策略,便也会转而一直采取"不合作"(低价)策略。有时也把这种策略称为"冷酷"策略(grim strategy)。

第三,博弈期间的贴现系数 δ 要足够大。这里 $\delta = \dfrac{1}{1+r}$,其中 r 为一时期内的市场利率。贴现系数通常用来反映重复博弈后一阶段得益的折算系数或前一阶段得益的贴现系数。因此,若 δ 足够大,即表示将来阶段的得益经贴现之后还比较大,说明以后的活动还是有利可图的。这也隐含着人们在进行重复博弈时要有耐心,不要只顾眼前利益,要有长远打算。

在具备了这三个条件的情况下,我们假设两博弈方都采用触发策略:在第一阶段都采用合作(高价)策略,如果前 $t-1$ 次的结果都是(高价,高价),则在第 t 阶段继续采用高价策略,否则采用低价策略。也就是说,双方在这种无限次重复博弈中的思想都是先试图合作,在第一次无条件选高价策略,如果对方也是合作的态度,则坚持选合作的高价策略;一旦发现对方不合作(低价),则也用不合作的态度报复,以后永远选低价策略,迫使对方只能选低价策略,大家都获较小的得益(10,10)。双方的这种策略在贴现率 δ 较大时构成无限次重复博弈的一个子博弈完美纳什均衡路径。

为了说明双方采用上述触发策略是一个纳什均衡,我们假设博弈方 1 已采用这个策略,然后我们证明在 δ 到一定数值以后,采用同样的触发策略是博弈方 2 的最佳反应策略。因为博弈方 1 与博弈方 2 是对称的,因此证明了上述结论后,就可以确定上述触发策略是相互对对方策略的最佳反应,因此构成纳什均衡。

由于博弈方 1 在某个阶段出现与(高价,高价)不相同的结果以后将永远采取低价,因此,在该阶段之后,博弈方 2 的最佳选择也只有低价,这是唯一的选择。现在要确定博弈方 2 在第一阶段及以后各阶段结果都是(高价,高价)时的最佳反应是什么。采用低价将得到一次得益 100,但以后就引起博弈方 1 的报复(一直选低价),这样自己也只能选低价,每一阶段的得益将永远只有 10,计算总得益,得:

$$\pi = 100 + 10 \cdot \delta + 10 \cdot \delta^2 + \cdots = 100 + \frac{10\delta}{1-\delta}$$

相反,如果在第一阶段采用高价,则在该阶段他将得益 50,而在下一阶段又面临同样的选择。此后每个阶段双方都采用(高价,高价),这样厂商 2 所获得的最后总收益为:

$$\pi = 50 + 50\delta + 50\delta^2 + \cdots = \frac{50}{1-\delta}$$

显然,当 $\frac{50}{1-\delta} > 100 + \frac{10\delta}{1-\delta}$,即 δ≥5/9 时,博弈方 2 会采用高价策略,否则采用低价策略。因此,当 δ≥5/9 时,博弈方 2 对博弈方 1 的触发策略的第一阶段的最佳反应是采用高价;同样,可说明第二阶段、第三阶段的最佳反应都是高价策略。因此,对博弈方 1 的前述触发策略,博弈方 2 的最佳反应策略是同样的触发策略,即双方都采取这种触发策略是一个纳什均衡。

因为重复博弈的子博弈就是一定次数之后的所有重复博弈过程,因此,无限次重复博弈的子博弈还是无限次重复博弈,前述两博弈方的触发策略在任何子博弈中的部分仍然构成触发策略,仍然是一个纳什均衡,因此该触发策略组合构成整个无限次重复博弈的一个子博弈完美纳什均衡,其路径为两博弈方每阶段都选择高价。当然,我们应记住这是在满足条件 δ≥5/9 的情况下才成立的。

在该囚徒困境型的双寡头价格博弈构成的无限次重复博弈中,子博弈完美纳什均衡博弈路径不止一条,如两博弈方始终都选低价,即原博弈的纳什均衡就是其中之一,但是它的总得益就要差得多,每阶段选(高价,高价)的路径优于每阶段都选(低价,低价)的路径,因此,双方的合理选择是触发策略而不是原博弈的纳什均衡。

例题 13-7 无限次重复博弈条件下的古诺模型

古诺模型我们已经在第十章分析过,其最后所得到古诺解也是一种纳什均衡解。在现实中,寡头市场是一种相当稳定、维持很长时间的市场结构,寡头厂商年复一年所进行的关于产量、价格的决策活动可以看成是一种无限次重复博弈。下面我们将讨论关于产量决策的古诺模型的无限次重复博弈的均衡问题。

对一次性静态博弈的古诺模型我们已经很熟悉了。假设市场总产量为 $Q = q_1 + q_2$,其中 q_1、q_2 分别为模型中的两博弈方厂商 1 和厂商 2 的产量,也即他们的策略,则市场出清价格 $P(Q) = 8 - Q(Q<8;$若 $Q≥8$,则 $P=0)$。再设两厂商都无固定成本,边际成本都

为 2。那么,该博弈的一次性博弈存在唯一的纳什均衡策略组合(2,2),即两厂商的产量都为 2,我们可称它为"古诺产量",用 q_c 来表示。由于纳什均衡的总产量 4 大于垄断产量 $Q_m=3$,因此,如果两厂商改为各生产垄断产量的一半 $q=1.5$,则双方的得益肯定都会增加,当然,这在一次性静态博弈中,只顾自身利益的非合作的两寡头厂商之间是不可能出现的。在无限次重复的古诺模型中,即两寡头市场似乎会永远持续下去时,情况会怎样呢?

我们可以证明在贴现率满足一定条件时,两厂商都采用下列触发策略能构成一条无限次重复古诺模型的子博弈完美纳什均衡路径:

在第一阶段生产垄断产量的一半 $q=1.5$;在第 t 阶段,如果前 $t-1$ 阶段的结果都是 $(1.5,1.5)$,则继续生产 1.5,否则生产古诺产量 $q_c=2$。

这种触发策略的实质同样是它的博弈方先试图合作,选择符合双方利益的产量,而一旦发现对方不合作,偏离对双方有利的产量,则也选择纳什均衡产量来进行报复。双方都采用上述触发策略的博弈路径为每阶段都生产 $(1.5,1.5)$,双方每阶段得益都为 $\pi=4.5$。

设厂商 1 已采用该触发策略,如果厂商 2 也采用该触发策略,则每期得益为 4.5,无限次重复博弈的得益为:

$$4.5 \times (1+\delta+\delta^2+\cdots) = \frac{4.5}{1-\delta}$$

如果厂商 2 偏离上述触发策略,则他在第一阶段所选产量应该是在给定厂商 1 产量为 1.5 的情况下自己的最大利润产量,即满足:

$$\max_{q_2}[(8-1.5-q_2) \times q_2 - 2q_2]$$

解之得 $q_2=2.25$。此时厂商 2 的利润为 $2.25^2=5.0625$,高于不偏离触发策略第一阶段能得到的 4.5。但是,从第二阶段开始,厂商 1 将报复性地永远采用古诺产量 2,这样厂商 2 也被迫永远采用古诺产量,从此得利润 4。因此,无限次重复博弈在第一阶段偏离的情况下得益的现值为:

$$5.0625 + 4 \times (\delta+\delta^2+\cdots) = 5.0625 + \frac{4\delta}{1-\delta}$$

因此,当

$$\frac{4.5}{1-\delta} \geq 5.0625 + \frac{4\delta}{1-\delta}$$

即 $\delta \geq 9/17$ 时,上述触发策略是厂商 2 对厂商 1 的同样触发策略的最佳反应,否则偏离是他的最佳反应。

在上述情况下,古诺模型已化为在两种策略(一半的垄断产量 1.5 和偏离产量 2.25)之间的囚徒困境博弈,因此,根据以前得到的结论,在 $\delta \geq 9/17$ 时,双方都采用上述触发策略是一条子博弈完美纳什均衡路径;当 $\delta < 9/17$ 时,偏离是厂商 2 对厂商 1 的触发策略的最佳反应。这一种情况说明当未来得益折算成现值的贴现系数太小,即博弈方太不看重未来利益时,他会只顾为自己捞取更多的眼前利益,不会为长期利益打算,也不会害怕对方在未来阶段的报复。因此,在这种情况下,无限次重复博弈也不能提高原博弈的效率。前一种情况则刚好相反,由于贴现系数较大,因此对厂商 2 来说未来利益是足够重要、不容忽视的,因此,他不会为了一次性的眼前利益而激怒对方,导致自己相当重要(δ 越接近

于1越重要)的未来利益、长期利益受到损失。因此,双方采用触发策略是均衡的。进一步,由于无限次重复博弈的子博弈仍然是无限次重复博弈,容易证明上述双方采用触发策略时在每个子博弈中也都构成纳什均衡,因此是子博弈完美纳什均衡路径。

从这里我们可以找到通货膨胀严重的国家的企业在经济活动中短期行为更为严重的理论根源。因为通货膨胀率越高,未来利益折算成现值的系数就越低,企业就越是重视当前利益,忽视长期利益,所以它们的经济行为就必然具有急功近利的特征。而这种急功近利的短期行为往往对一国经济的长期稳定发展是有害的,因此,通货膨胀太严重具有很大的危害,从这一角度来讲,一国要追求持续增长必须防止严重通货膨胀。

本章总结

1. 博弈是指这样一种竞争状况,其中有两个或两个以上的个人或团体各自追求自身的利益,但任何一方都不能单独决定结果,而是由相互依存的策略或行为来决定其结果。在博弈情境下,每个人的福利(或利益)不仅取决于他自身的行为,而且也取决于其他人的行为。

2. 在一个博弈里,其基本构成要素有:(1) 博弈的参与者;(2) 各博弈方各自可供选择的全部策略或行为的集合;(3) 进行博弈的次序;(4) 各个博弈方的得益。

3. 现代博弈的表述方式有两种:一种是博弈的"策略型"表达方式,另一种是"扩展型"表达方式。

4. 占优策略是指一种无论另一参与者采取什么行动,自己都采取最好行动的策略。占优策略均衡是指对博弈中的每一个参与者都是占优策略时的均衡。纳什均衡是这样一种策略组合:在给定别人策略选择的情况下,没有任何单个参与者有积极性选择其他策略。

5. 混合博弈情况下的决策原则:(1) 博弈参与者互相不让对方知道或猜到自己的选择,因而必须在决策时利用随机性来选择策略,避免任何有规律性的选择;(2) 他们选择每种策略的概率一定要恰好使对方无机可乘,即让对方无法通过有针对性地倾向某一种策略而在博弈中占上风。

6. 子博弈是指能够自成一个博弈的某个动态博弈从某个阶段开始的后续阶段,它必须有一个初始信息集,且具有进行博弈所需要的各种信息。子博弈精炼纳什均衡是指:(1) 原博弈的纳什均衡;(2) 在原博弈的每个子博弈上也构成纳什均衡。

7. 重复博弈就是某些博弈的多次(两次以上,有限次或无限次)重复进行构成的博弈过程,重复博弈分为有限次重复博弈和无限次重复博弈。

复习思考题与计算题

1. 请判断下列问题是否正确,并简要说明理由:
(1) 纳什均衡即指任一博弈方单独改变策略都只能得到更小利益的策略组合。
( )
(2) 纯策略纳什均衡和混合策略纳什均衡都不一定存在。 ( )
(3) 占优策略均衡一定是帕累托最优的均衡。 ( )
(4) 在囚徒困境中,如果每一个囚犯都相信另一个囚犯不会招供,那么两个人都不会招供。
( )

(5) 如果每个人的策略都是占优策略,那么必将构成一个纳什均衡。（　　）

(6) 如果某博弈存在纯策略均衡,那么不可能同时存在混合策略均衡。（　　）

(7) 在动态博弈中,因为后行为的博弈方可以先观察对方行动后再选择行动,因此总是有利的。（　　）

(8) 逆向归纳法并不能排除所有不可信的威胁。（　　）

(9) 如果博弈重复无限次或每次结束的概率足够小,而得益的贴现率 δ 充分接近1,那么任何个体理性的可实现得益都可以作为子博弈完美纳什均衡的结果出现。（　　）

(10) 无限次重复古诺产量博弈不一定会出现合谋生产垄断产量的现象。（　　）

2. 一个工人给一个老板干活,工作工资是110元。工人可以选择是否偷懒,老板则选择是否克扣工资。假设工人不偷懒有相当于50元的负效用,老板想克扣工资则总有借口扣掉60元工资,工人不偷懒老板有150元的产出,而工人偷懒时老板只有80元产出,但老板和工人之前无法知道实际产出,这些情况是双方都知道的。试问：

(1) 如果老板完全能够看出工人是否偷懒,博弈属于哪种类型?用得益矩阵或扩展型表示该博弈并作简单分析。

(2) 如果老板无法看出工人是否偷懒,博弈属于哪种类型?用得益矩阵或扩展型表示该博弈并作简单分析。

3. 大林和小林哥俩分一块冰激凌。大林先提出如何分(假设冰激凌是可以任意分割的),小林可以接受或拒绝。小林若接受大林的提议,他俩就按大林的提议分食冰激凌;小林若拒绝大林的提议,小林就可以提议分法。但这时候,冰激凌化得只剩1/2了。然后,大林可以接受或拒绝小林的提议。大林若接受,则按小林的提议分食;若拒绝,则两人什么也吃不到,博弈结束。试求该博弈的子博弈完美纳什均衡。(提示:试用倒推归纳法。)

4. 某博弈的得益矩阵如下：

		B	
		左	右
A	上	a, b	c, d
	下	e, f	g, h

(1) 如果(上,左)是占优策略均衡,则 $a > ?, b > ?, g > ?, h > ?$

(2) 如果(上,左)是纳什均衡,则上述哪几个不等式必须满足?

(3) 如果(上,左)是占优策略均衡,那么,它是否必定是纳什均衡?为什么?

5. 冷霸和冰王都是空调制造商。它们可以生产中档产品或高档产品,每个企业在四种不同情况下的利润如得益矩阵所示。

		冰王	
		高档	低档
冷霸	高档	400, 400	800, 1 000
	低档	1 000, 800	500, 500

(1) 假设每个企业在决定生产哪档产品时,并不知道竞争对方的对策。试问此种条件下企业有没有优势策略?这一博弈有没有纳什均衡?有几个?请指出。

(2) 假设在竞争中冷霸捷足先登,先于冰王投入生产经营,而且冷霸知道冰王在决定产品时,一定知道冷霸的有关产品信息。请用博弈树来表示此种条件下博弈的展开形式。这一博弈的纳什均衡是什么?

6. 每个企业在四种不同情况下的利润如以下得益矩阵所示。

<table>
<tr><td></td><td></td><td colspan="2">企业甲</td></tr>
<tr><td></td><td></td><td>高档</td><td>低档</td></tr>
<tr><td rowspan="2">企业乙</td><td>高档</td><td>500,500</td><td>1 000,700</td></tr>
<tr><td>低档</td><td>700,1 000</td><td>600,600</td></tr>
</table>

如果企业甲先于企业乙进行产品选择并投入生产,即企业乙在决定产品时已经知道企业甲的选择,而且这一点双方都清楚。

(1) 根据该博弈的得益矩阵找出该博弈的纳什均衡,并用反应曲线来表示你的结果。

(2) 请用扩展型表示这一博弈。

(3) 这一博弈的子博弈精炼纳什均衡是什么?并指出企业甲和企业乙实现均衡时各自的策略。

7. 考虑下列扩展型博弈,找出每个博弈的子博弈精炼纳什均衡。

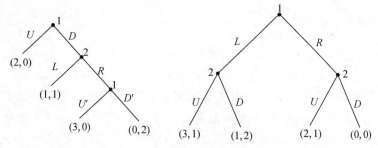

8. 小李和小王玩一种数字匹配游戏。每一个人选择1、2和3。如果两人选择的数字相同,小李得益给小王3块钱,如果数字不同,小王得益给小李1块钱。

(1) 请用得益矩阵描述这个博弈。

(2) 这个博弈有纳什均衡吗?若有分别是什么?

9. 两个年轻人张三和李四正在相互挑衅。张三驾驶着他的汽车在一条单向道路南边,李四驾车在同一条路的北边。两个人都有两个策略:保持原状或转向。如果一个人选择转向,他就会觉得很丢面子,如果两个人都转向,则都丢面子。不过,如果都选择保持原状,则他们都将被撞死。两个人的得益矩阵如下:

<table>
<tr><td></td><td></td><td colspan="2">李四</td></tr>
<tr><td></td><td></td><td>保持原状</td><td>转向</td></tr>
<tr><td rowspan="2">张三</td><td>保持原状</td><td>-3,-3</td><td>2,0</td></tr>
<tr><td>转向</td><td>0,2</td><td>1,1</td></tr>
</table>

(1) 找出该博弈的所有纯策略纳什均衡。
(2) 找出该博弈的所有混合策略纳什均衡。
(3) 请画出该博弈的最优反应(函数)曲线,且标出纳什均衡解。
(4) 这两个年轻人都能存活下来的概率是多少?

10. 某乙向甲索要 1 000 元,并且威胁甲如果不给就与他同归于尽。当然甲不一定会相信乙的威胁。请用扩展型表示该博弈,并找出纯策略纳什均衡和子博弈精炼纳什均衡。

11. 在一个地区只有一家商店,该家商店有许多顾客。每个顾客可能只买一次或有限次该商店的商品,但该商店与顾客总体的交易可以看作无限次重复博弈。在博弈的每一个阶段,商店选择销售商品的质量,顾客选择是否购买。如果双方得益情况如以下矩阵所示,顾客决定是否购买时不知道所买产品的质量,但知道所有以前的顾客购买产品的质量。

		顾客	
		买	不买
商店	高质量	1,1	0,0
	低质量	2,-1	0,0

(1) 上述博弈矩阵的纳什均衡是什么?其经济含义如何?
(2) 试问在什么情况下厂商会始终只销售高质量的产品?请说出具体条件。
(3) 你能说出"消费者偏好去大商店买东西而不太信赖走街串巷的小商贩"的理由吗?

12. 假设一个 n 个厂商的寡头垄断市场有逆需求函数 $p(Q)=a-Q$,其中 Q 是他们的总产量。厂商的产出 q_i 都等于其所雇用的劳动力数量 L_i,即 $q_i=L_i$,并且除工资以外没有其他成本。再假设某工会是所有厂商唯一的劳动力供给者。先由工会决定统一的工资率 w,厂商看到 w 后同时选择雇佣数量 L_i,工会的效用函数为 $U=(w-w_0)L$(其中 w_0 为工会成员到其他行业谋职的收入,$L=L_1+L_2+\cdots+L_n$ 为工会的总就业水平)。求该博弈的子博弈精炼纳什均衡。

13. 在伯特兰价格博弈中,假定有 n 个生产企业,需求函数为 $P(Q)=a-Q$,P 为价格,Q 为 n 个企业的总供给量。假定博弈重复无穷次,每次的价格都立即被观测到,企业使用触发策略,即一旦一个企业选择垄断价格,则执行冷酷策略。求使垄断价格可以作为子博弈精炼纳什均衡出现的最低贴现系数 δ,并解释 n 和 δ 的关系。

14. 市场上某个产品的整个供给由 20 个人控制,生产该产品的成本为零,每一个人拥有这种产品 10 000 吨。整个市场对这种产品的需求是

$$Q = 10\,000 - 1\,000P$$

(1) 如果所有拥有这种产品的人合谋控制该产品的价格,他们制定的价格会是多少?他们能卖出的数量是多少?
(2) 由(1)中计算的价格是稳定的吗?为什么?
(3) 是否存在一个稳定的价格可以使得任何一方都不会有激励偏离均衡状态?

15. 如果两个厂商的价格博弈中都采取垄断价格(合作),各自得到垄断利润的一半,一个厂商单独略微削价则可独得全部垄断利润,恶性竞争(价格一直降到边际成本)则双方利润都为0。试问:

(1) 如果他们进行的是无限次重复博弈,双方合作的条件是什么?

(2) 这种无限次重复价格博弈的子博弈精炼纳什均衡是不是唯一的?

(3) 利用本题中的条件和分析结果,说明为什么一个寡头市场上的寡头数量越多,越不容易维持垄断高价。

16. 如果双寡头垄断的市场需求函数是 $p(Q) = a - Q$。两个厂商都无固定生产成本,边际成本为相同的 c。如果两个厂商都只能要么生产垄断产量的一半,要么生产古诺产量,这是否是一个囚徒困境型的博弈?为什么?

17. 考虑如下的双寡头市场战略投资模型:企业 1 和企业 2 目前情况下的单位生产成本都是 $c = 2$。企业 1 可以引进一项新技术使单位成本降低到 $c = 1$,该项技术需要投资 f。在企业 1 做出是否投资的决策(企业 2 可以观察到)后,两个企业同时选择产量。假设市场需求函数为 $p(q) = 14 - q$,其中 p 是市场价格,q 是两个企业的总产量。试问:上述投资额 f 处于什么水平时,企业 1 会选择引进新技术?

18. 在伯特兰价格博弈中,假定有两个寡头生产企业,需求函数为 $P(Q) = 120 - Q$,其中 $Q = q_1 + q_2$,又假设每个厂商的边际成本为 0。假定博弈重复无穷多次,每次的价格都立即被观测到,企业使用触发策略(一旦某个企业选择垄断价格,则执行冷酷策略)。求使垄断价格可以作为精炼均衡结果出现的最低贴现因子 δ。

19. 寡头的古诺产量博弈中,市场需求 $P = 130 - Q$。试问:

(1) 如果两个厂商的成本都相同,他们的边际成本 $c = 30$,且没有固定成本,贴现因子 $\delta = 0.9$。如果该市场有长期稳定性,两个厂商能否维持垄断产量?

(2) 如果厂商 1 的边际成本为 10,厂商 2 的边际成本仍然是 30。假设该市场仍然是长期稳定的,而且两个厂商之间已经达成了厂商 1 生产 3/4,厂商 2 生产 1/4 的垄断产量分配协议,这种协议是否能够长期维持?

第十四章　　不完全竞争下的要素价格理论

┃本章概要┃

　　我们曾在第八章中介绍了完全竞争市场下的要素价格理论。在本章中,我们将讨论在不完全竞争市场下的要素价格理论。对于不完全竞争的要素市场,通常分三种情况来分析：(1) 产品市场为不完全竞争市场,而要素市场为完全竞争市场；(2) 产品市场为完全竞争市场,而要素市场为不完全竞争市场；(3) 产品市场和要素市场皆为不完全竞争市场。

┃学习目标┃

学完本章,你将能够了解：
1. 买方垄断条件下的要素价格决定理论
2. 卖方垄断条件下的要素价格决定理论
3. 完全垄断条件下的要素价格决定理论
4. 要素专买和工资歧视
5. 租金、经济租和准租

你要掌握的基本概念和术语：

卖方垄断厂商　　买方垄断厂商　　双边垄断厂商　　专卖性剥削　　专买性剥削
工资歧视　　准租　　经济租　　租金

　　在第八章中我们已经给出了一般条件下的厂商要素使用原则,并详细讨论了完全竞争条件下单个厂商的要素需求曲线及其市场需求曲线。在本章中,我们将讨论不完全竞争条件下的要素市场。一般来说,不完全竞争市场包括垄断竞争、寡头垄断和垄断市场三种类型。下面,我们将从如下三个方面讨论不完全竞争条件下要素价格的决定问题。

　　(1) 产品市场为不完全竞争市场,而要素市场为完全竞争市场的卖方垄断；
　　(2) 产品市场为完全竞争市场,而要素市场为不完全竞争市场的买方垄断；
　　(3) 产品市场和要素市场皆为不完全竞争市场的双边垄断。

第一节　卖方垄断条件下的要素价格决定

　　假设某厂商在产品市场中具有一些垄断力(即不完全竞争),则所面临的需求曲线为一条向右下方倾斜的直线；又假设该厂商生产产品的过程中使用劳动 L 作为单一的生产要素,这样就产生了对 L 要素的需求。但是,如果需要 L 要素的不只是这个厂商,还有其他许多厂商,那么 L 要素便拥有许多购买者。另外,如果 L 要素也有许多的供给者,则 L 要素市场就形成完全竞争市场。这样,我们把处于以上情况下的厂商称为卖方垄断厂商。

作为卖方垄断厂商,它在要素市场上应如何雇用劳动量?在产品市场上其产品价格与产量有何关系?下面详细分析。

如图 14-1 所示,因为要素市场为完全竞争市场,故要素的价格应由要素市场的供给 S_L 与需求 D_L 决定,如图(a)所示。设所决定的工资为 W_1,此时厂商为了追求最大利润,其所雇用的要素必须满足 $MRP_L = MC_L = W_1$(因为,在要素的完全竞争市场上 $MC_L = W_1$),即为图(b)中的 OL_1(此时 $VMP_L > MRP_L$ 是因为产品市场为不完全竞争市场),而在厂商的产品市场中,因其边际成本线为

$$MC = \frac{dTC}{dQ} = \frac{dWL}{dQ} = W \cdot \frac{1}{\frac{dQ}{dL}} = \frac{W}{MP_L}$$

在利润最大化的原则下,即 $MR = MC$ 时,其产量为 OQ_m,价格为 OP_m,如图(c)所示。从以上推理过程中我们可知,若 L 要素的需求增加引起要素的价格(工资)上涨,则厂商在产品市场的 $MC\left(=\frac{W}{MP_L}\right)$ 必会上移,结果必会减少其产品的产量并提高产品价格。

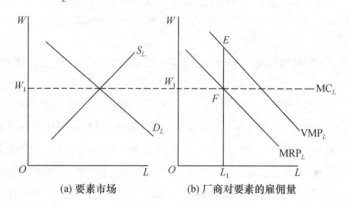

(a) 要素市场　　　　(b) 厂商对要素的雇佣量

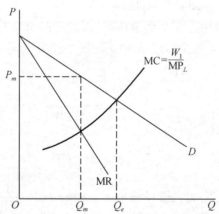

(c) 产品市场——甲厂商的产量(OQ_m)与价格(OP_m)

图 14-1　卖方垄断条件下的要素价格决定

另外,还有一点值得我们注意的是,当厂商使用第 L_1 单位劳动时,由于劳动 OL_1 所生产出来的产品价值为 $VMP = L_1E$,却只获得 L_1F 的报酬,其差额 EF 即为厂商所剥削的结果,我们称之为"专卖性剥削"(monopolistic exploitation)。

- 在产品专卖而要素市场为完全竞争市场的条件下,其均衡条件为 $W = \text{MRP}_L < \text{VMP}_L$,而且 $P > \text{MR} = \text{MC} = \dfrac{W}{\text{MP}_L}$。

> **实时测验 14-1**
> 当厂商发生技术进步而使得 MP_L 增加,要素市场为完全竞争市场,而产品专卖时,将会发生何种影响?

第二节 买方垄断条件下的要素价格决定

假设某厂商所面临的产品市场为完全竞争的,而且这个产业是通过一个工会(或协会)来负责统筹购买其需要的 L 要素,L 要素又只有该产业才需要使用,这样就形成了 L 要素的买方独家垄断现象,但此时我们假设 L 要素仍有许多供给者,这便是产品市场为完全竞争市场而要素市场为不完全竞争市场的情况。这时,我们把处于以上情况下的厂商称为买方垄断厂商。

在这种情况下,要素的价格又将如何决定?厂商对要素的雇佣量为多少?厂商产品的产量及产品价格又将如何决定呢?

在要素市场为不完全竞争市场的情况下,我们可知 $\text{MC}_L > \text{AC}_L = W$ 恒成立,如图 14-2(a) 所示,MC_L 必在 AC_L 的上方;由于产品市场为完全竞争市场,故 $\text{MRP}_L = \text{VMP}_L$,在厂商追求利润最大的原则下($\text{MRP}_L = \text{MC}_L$),厂商对劳动的需求量为 OL_1,劳动的工资决定于 AC_L(因为 $\text{AC}_L = W$),因此劳动的工资为 W_1。此时厂商雇用第 L_1 单位劳动生产出来的边际产品价值 $\text{VMP}_L = EL_1$,但却只获得 $L_1G = W_1$ 的工资,其差额即为厂商所剥削的结果,我们称之为"专买性剥削"(monopsonistic exploitation)。

在产品市场方面,由于市场为完全竞争市场,因此产品价格将由产品供给与需求来决定,如图 14-2(b) 所示,设为 P_1,因为产品的边际成本线为:

$$\text{MC} = \frac{d\text{TC}}{dq} = \frac{d\text{TC}_L}{dq} = \frac{dW \cdot L}{dq} = W \cdot \frac{dL}{dq} + L \cdot \frac{dW}{dq}$$

$$= \frac{dL}{dq}\left[W + L \cdot \frac{dq}{dL} \cdot \frac{dW}{dq}\right]$$

$$= \frac{1}{\text{MP}_L}\left[W + L \cdot \frac{dW}{dL}\right] = \frac{1}{\text{MP}_L} \cdot \text{MC}_L$$

基于利润最大化的原则,厂商会选择满足 $P = \text{MR} = \text{MC} = \dfrac{1}{\text{MP}_L}\left(W + L \cdot \dfrac{dW}{dL}\right)$ 的条件,如图 14-2(c) 所示,其产量为 Oq_m,但若要素为完全竞争市场而无专买现象,则 $\dfrac{dW}{dL} = 0$,因此图(c)的 MC_m 将会右移至 MC_c,此时厂商的产量将会增加至 Oq_c。

- 在产品市场为完全竞争市场而要素市场为专买市场时,其均衡条件为 $W = \text{AC}_L < \text{MRP}_L = \text{VMP}_L$,而且 $P = \text{MR} = \text{MC} = \dfrac{1}{\text{MP}_L}\left(W + L \cdot \dfrac{dW}{dL}\right) = \dfrac{\text{MC}_L}{\text{MP}_L}$。

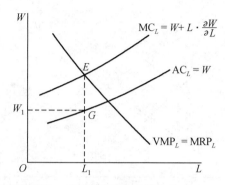

(a) 要素市场——厂商对劳动的雇佣量：$MRP_L = MC_L$

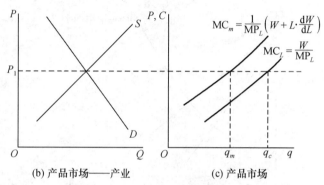

(b) 产品市场——产业　　　　(c) 产品市场

图 14-2　产品市场为完全竞争市场而要素市场为专买市场

第三节　完全垄断条件下的要素价格决定

若某厂商的产品市场为垄断市场，而且其所需要的 L 要素是其他产业不需要的，则该厂商对 L 要素便形成了专买，但假设 L 要素的供给者仍很多，我们把这种情况下的厂商称为完全垄断厂商。此时厂商的产量是多少？产品价格是多少？又需要多少要素呢？

为了分析方便，我们假设所使用的要素为劳动，假设产品专卖，因此 $VMP_L > MRP_L$ 恒成立，而要素专买，因此 $MC_L > AC_L$ 亦恒成立，如图 14-3 所示。基于厂商雇用最适劳动的条件 $MRP_L = MC_L$，厂商会雇用 OL_1 的劳动，而在使用 OL_1 的劳动时，其工资则决定于 AC_L（因为 $AC_L = W$），所以工资应为 W_1，在确定了要素的价格以后，厂商的边际成本线即可找出 $\left[\text{因为 } MC = \dfrac{1}{MP_L}\left(W + L \cdot \dfrac{dW}{dL}\right)\right]$，再根据厂商利润最大化的原则 $P > MR = MC = \dfrac{1}{MP_L}\left(W + L \cdot \dfrac{dW}{dL}\right)$，我们即可找出此厂商的产量为 Oq_1，产品价格为 OP_1。

如前所述，当厂商雇用第 L_1 单位劳动时，其所增加的边际产品价值 VMP 等于 L_1E 但却只获得 L_1G 的报酬，其差额 EG 为厂商所剥削，其中 EF 就是专卖性剥削，FG 则属于专买性剥削。

- 产品专卖而要素专买时，其均衡条件为 $W = AC_L < MC_L = MRP_L < VMP_L$，而且 $P > MR = MC = \dfrac{1}{MP_L}\left(W + L \cdot \dfrac{dW}{dL}\right)$。

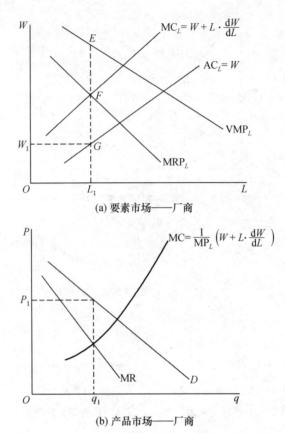

图 14-3 产品专卖而要素专买时的均衡价格和产量

为了让读者更清楚起见,我们把上面的分析总结如下:

要素市场＼产品市场	要素市场为完全竞争	要素市场为不完全竞争
产品市场为完全竞争	① 要素市场均衡 $W = AC_L = MC_L = MRP_L = VMP_L$ ② 产品市场均衡 $P = MR = MC = \dfrac{W}{MP_L}$	① 要素市场均衡 $W = AC_L < MC_L = MRP_L = VMP_L$ ② 产品市场均衡 $P = MR = MC = \dfrac{1}{MP_L}\left(W + L \cdot \dfrac{dW}{dL}\right)$
产品市场为不完全竞争	① 要素市场均衡 $W = AC_L = MC_L = MRP_L < VMP_L$ ② 产品市场均衡 $P > MR = MC = \dfrac{W}{MP_L}$	① 要素市场均衡 $W = AC_L < MC_L = MRP_L < VMP_L$ ② 产品市场均衡 $P > MR = MC = \dfrac{1}{MP_L} \cdot \left(W + L \cdot \dfrac{dW}{dL}\right)$

第四节 要素价格决定理论专题

一、要素专买与工资歧视

在前面的讨论中,我们都假设每单位劳动所得的工资是无差异的,结果劳动的供给

线 S_L 即为 AC_L 线,如果厂商为要素专买,必然会产生"专买性剥削"的现象。现在,我们把这个假设扩展一下,假设要素专买的厂商进行工资歧视(wage discrimination),即每单位劳动所获得的工资不相同时,上述的特性是否仍会存在呢?我们举例说明如下:

劳动	$S_L=AC_L$（无歧视下）①	MC_L（无歧视下）②	MC_L（完全歧视下）③	TC_L（完全歧视下）④	AC_L（完全歧视下）⑤
1	0.5	0.5	0.5	0.5	0.5
2	1.0	1.5	1.0	1.5	0.75
3	1.5	2.5	1.5	3.0	1.0
4	2.0	3.5	2.0	5.0	1.25

从上述例子中我们可知,当专买厂商根据劳动的供给予以完全价格歧视时(即 S_L 由 AC_L 变成 MC_L),结果其 AC_L 将会因此而下移,可从上表⑤栏中的数字永远小于①栏中的数字得证。

如图 14-4 所示,所谓完全价格歧视是指 S_L 表示在第 L_1 的雇佣量之下,厂商需支付 W_1 的成本(工资),劳动者才愿意工作,同理,在第 L_c 的雇佣量之下,厂商需支付 W_c 的成本(工资),第 L_c 单位的劳动才愿意工作,这样,S_L 便成为厂商雇佣量的边际成本线。

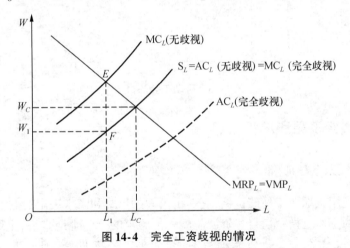

图 14-4 完全工资歧视的情况

假设某要素专买厂商在无工资歧视下的劳动雇佣量为 OL_1,工资 $OW_1 = AC_L$,专买性剥削为 EF,可是在厂商采用完全工资歧视时,其雇用的劳动将会增加至 OL_c,而且雇用最后一单位劳动的工资为 $OW_c > AC_L$,因为 $OW_c = MRP_L = VMP_L$,所以厂商不会有剥削劳动的现象。

- 当要素专买厂商根据劳动的供给线予以完全工资歧视时,其 AC_L 曲线将会下移,而且雇用的劳动量会增加,其雇用最后一单位劳动的工资会大于 AC_L,并且不会有专买性剥削的现象发生。

二、劳动工会及其目标

一般而言,劳动工会(labor unions)的主要目标是提高劳动者的福利,诸如劳动总工资收入、劳动就业量最大或者是对一些特殊劳动给予最高的工资等,但这些目标之间却常常有冲突。

以图 14-5 来看,D_L 表示社会对劳动的需求线,MR 表示劳动的边际收益线,因此若工会想达到工资总收入最大,其工资应为 W_2,而就业量为 L_2(因为 $\mathrm{MR}_L = 0$ 可使总收益 TR 最大),倘若工会的会员恰好为 L_2,则劳动工会恰可同时达到工会总收入最大及就业量最大的目标,但若工会的会员有 L_1,则欲达到就业量最大时,其工资应为 W_1,但此时工资总收入不再是最大了。另外,若工资欲达到更高水准 W_3,其就业量势必降低至 L_3,因此,劳动工会的目标是多元性的,彼此发生冲突,所以工会往往需视社会的实际情形来决定其目标。

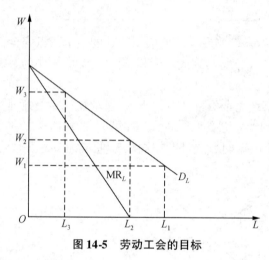

图 14-5 劳动工会的目标

三、租金、经济租和准租

1. 土地的供给与地租

地租是为使用土地而支付的价格,它是由土地的供给和需求决定的。

经济学上的土地泛指一切自然资源。就一个国家的全部土地来说,土地没有其他用途,因此没有机会成本。土地与劳动力不同,如果工资率过低,即低于人们的保留工资——一个人愿意提供劳动的最低工资水平,人们可以在家休息;而土地是大自然的赐予,数量虽然有限,但它除了供人使用外别无他用。土地供给量是固定的,土地的供给曲线完全没有弹性,其供给曲线表现为一条垂直线。在图 14-6 中,横轴表示土地数量,纵轴表示地租。

土地的需求取决于它的边际产量价值。边际产量价值越高,它的需求量就越大,反之,它的需求量就越小。在边际生产力递减规律的作用下,土地的边际产量价值是递减的,因此,土地的需求曲线是向右下方倾斜的,土地需求曲线为 D_0。

土地供给量固定意味着地租主要取决于对土地的需求。土地供给曲线和需求曲线的交点决定了均衡地租 R_0。当土地的需求减少时,均衡地租趋于下降,但土地供给量仍保持不变。如果土地需求曲线在 OQ_0 线段上通过横轴,则地租为零。如果土地的边际生产力提高,或土地产品(如粮食)的需求增加所导致的土地产品价格上升,就会造成地租

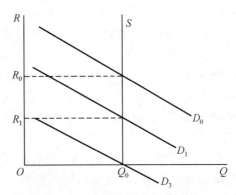

图 14-6　土地的供给曲线与地租

的上升。随着经济增长,从长期看,对土地的需求不断增加,所以地租存在不断上升的趋势。

垂直的供给曲线是仅就一国的全部可利用土地而言的。但就个别使用者而言,土地是有多种用途的,这种多用途性就产生了机会成本。因此,地租也和其他价格一样,有引导人们生产最需要的物品的功能。例如,当地租上升时,人们一方面会使用以前未利用的次佳土地,如开垦荒地或由市中心向郊区逐渐发展。另一方面,对于那些原已使用的土地,则会更小心谨慎地使用。

2. 租金

按照上面的定义,地租是当土地供给固定时的土地服务价格,因而地租只与固定不变的土地有关。但在很多情况下,不仅土地可以看成是固定不变的,而且许多其他资源在某些情况下,也可以看成是固定不变的,例如某些人天赋才能的供给也是自然固定的。这些固定不变的资源也有相应的服务价格,这种服务价格显然与土地的地租非常类似。为与特殊的地租相区别,可以把这种供给同样固定不变的一般资源的服务价格叫作"租金"。换句话说,地租是土地的租金,而租金则是一般化的地租。

3. 经济租

在第六章中,我们曾介绍了会计利润的概念,而这些概念皆是从厂商的立场来讨论的,我们再简单地介绍如下:

$$\begin{cases} 会计利润 = 厂商的总收益(total\ revenue) - 使用要素的总成本 \\ 经济利润 = 总收益 - 经济成本(显性成本 + 隐性成本) \end{cases}$$

倘若某厂商的经济利润小于零,表示该厂商目前经营得并不理想,因为他还有他种更佳的经营选择(假设其他条件相同),此时厂商便会退出他目前所经营的产业,而转移至其他较有利的行业;反之,若经济利润大于零,则表示该厂商目前所经营的乃是最适当的,因此不会有退出的意图,换言之,经济利润是决定着厂商是否会继续停留在该产业的准则。

有些劣势厂商,由于在长期有经济损失,因此会被迫退出自己所从事的行业,而只有一般厂商及优势厂商因经济利润不为负而停留于该产业,其中优势厂商还拥有正的经济利润。为什么这些优势厂商会与其他厂商不同而有正的经济利润呢?究其原因,我们可以发现,此种优势厂商往往拥有一种特殊要素(special factor),而这些特殊要素具有成本比较优势,换言之,厂商会有正的经济利润,这是拥有特殊要素所累积的成本优势形成的。可是,这些特殊要素是否仍会保留于该厂商或者被其他厂商或产业所吸引呢?这要视该要素停留在该厂商时所能赚取(earnings)与支出(expenses)的多少来决定。当此要素停留于该厂商所能获取的利益超出其转移至其他厂商或产业的利益时,其差值便称为经济租(economic rent),若此值为正,它便会停留在该厂商,若为负,则它便会转移至其他厂商或产业。

从以上的介绍我们可知,经济利润与经济租是不同的,前者是以厂商为讨论对象,其正负值影响着厂商是否会退出该产业;后者则是以特殊要素为讨论对象,其正负值却影响着它选择工作的机会,我们可简单地说明如下:

会计租(accounting rent) = 要素总收益(earning) – 总费用(expenses)

经济租(economic rent) = 会计租 – 过去最高的会计租

为了让读者能进一步地了解经济租,我们举例如下。假设某甲是位棒球健将,也是 A 职业棒球队的一员,目前,他的去留有下面四种可能:第一,仍留在 A 职业棒球队,但该棒球队要在日本比赛,每年可赚取 5 000 000 美元,而须支付费用 1 000 000 美元,因此其会计租为 4 000 000 美元;第二,他可以转至 B 职业棒球队,此职业棒球队要在美国比赛,每年可赚取 4 000 000 美元,而须支付费用 1 000 000 美元,因此其会计租为 3 000 000 美元;第三,他若改职业成为足球运动员,则每年可赚取 750 000 美元,而须支付费用 50 000 美元,则其会计租为 700 000 美元;第四,若改职业成为狮子训练师,每年可赚取 500 000 美元,而须支付费用 100 000 美元,会计租为 400 000 美元。此人工作选择总结如下:

	A 棒球队	B 棒球队	足 球	狮子训练师
赚取收入(美元)	5 000 000	4 000 000	750 000	500 000
支出费用(美元)	1 000 000	1 000 000	50 000	100 000
会计租(美元)	4 000 000	3 000 000	700 000	400 000
经济租(美元)	1 000 000	– 1 000 000	– 3 300 000	– 3 600 000

从上表中,我们可看出甲选择 A 棒球队的会计租最大,因此若甲选择 B 棒球队,其经济租为 – 1 000 000 美元,而选择足球的经济租为 – 3 300 000 美元,选择狮子训练师的经济租为 – 3 600 000 美元。但若甲选择 A 棒球队,因其他工作最大的会计租为 B 棒球队的 3 000 000 美元,所以甲选择 A 棒球队的经济租为 1 000 000 美元。在此情况下,由于甲仍留在 A 棒球队,其经济租仍大于零,故甲继续停留而不会转投其他行业。

- 经济租是指某要素停留在某厂商(或工作)时其所赚取的净利益与它转移至其他厂商(或工作)时其能赚取的最大净利益的差额。

接着,我们将以图 14-7 来说明经济租的意义,设甲能提供的服务与禀赋固定为 OR,而各种工作对甲的需求线分别为 D_A、D_B、D_f、D_t,其中 D_A、D_B 表示 A 与 B 职业棒球队的需求,D_f 表示足球的需求,D_t 表示狮子训练师的需求。

如图 14-7 所示,甲选择 A 职业棒球队的净利益(或会计租)为 $OIER$,而选择 B 棒球队的净利益(或会计租)为 $OJFR$。以此类推,我们可知甲应会选择 A 棒球队,因为其经济租 $IJFE > 0$。倘若甲选择足球,其经济租 $KGEI < 0$,甲会去求他职的。但是,若政府对棒

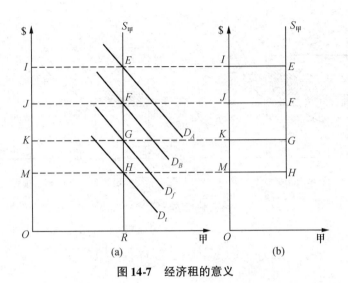

图 14-7 经济租的意义

球所得进行课税,设其税额大于 $IEGK$,则甲选择职业棒球的经济租将小于零,取而代之的将是足球,换言之,此时足球对甲而言其经济租变成正数,所以甲会改换职业而从事足球职业,但无论如何,只有一种职业或工作的经济租为正时,此种职业才会是甲所停留的地方。

> **实时测验 14-2**
> 当某厂商的经济利润为正时,是否表示其要素一定具有正的经济租?

4. 准租

前面所介绍的经济租是指长期的概念,它的正负决定着某要素是否会停留在该行业中,反过来说,若某要素在长期内仍会停留在该产业或厂商中,则我们可断定此要素的经济租必大于零(或等于零)。

然而,在短期内,资本要素是无法转移至其他厂商或产业的,只要厂商可以经营下去,则其使用的资本在短期内必会待在该厂商中,而厂商继续经营的条件为 $P \geqslant SAVC$ 或 $TR \geqslant TVC$,换言之,只要 $TR - TVC \geqslant 0$,则在短期内,资本必会停留在该厂商中。因此,我们把资本在短期内会停留在该厂商的条件称为准租(quasi rent),等于 $TR - TVC$,此种情况与前述的经济租非常类似,只不过准租为短期分析,而经济租为长期分析而已。

既然 $TR - TVC$ 被视为资本在短期内的准租,而

$$TR - TVC = TFC + 经济利润 = TFC - 经济损失$$

即准租包括总固定成本与经济利润(或经济损失)之和,以图形来表示,如图 14-8 所示,图中阴影部分即为准租。

- 所谓准租是指资本在短期下会停留在原厂商的条件(即 $TR - TVC \geqslant 0$),亦即 $TFC + 经济利润$ 或 $TFC - 经济损失$。

经济租着重长期分析而准租着重短期分析。

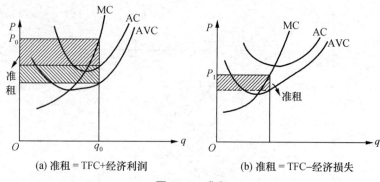

(a) 准租＝TFC+经济利润　　　(b) 准租＝TFC−经济损失

图 14-8　准租

第五节　应用：人力资本与培训

在一般经济理论的分析中，我们皆假设劳动在短期内是可变动的，而资本则被视为固定的，其主要原因是劳动在短期内可发挥其影响力直接影响厂商的获利能力，而资本对厂商获利能力的影响主要是着重在未来的时期。但若厂商对劳动加以技术培训，以增加其未来的获利能力，且其考虑的时间也是长久的，亦可视为资本的一种，我们称之为"人力资本"（human capital）的投资。当然，对人力资本的投资又可分为两种：一般培训（general training）与特殊培训（special training），前者指接受技术培训的人力是其他的厂商也可使用的，而后者则指接受技术培训的人力只能适用于某一特定厂商，其他厂商无法使用。

1. 人力资本与一般培训

许多厂商在雇用劳动初期，常给予劳动者边做边学习的机会，以提高他们在未来时期的生产力，从而提升它们的 MRP_L，倘若他们所培训的技术是其他厂商也可使用的，则这些劳动者在接受一般培训之后，便会随着他们 MRP 的提高而要求提高其工资，直到 $W_t = MRP_t$ 时为止，因为在竞争的劳动市场中，工资太低的话（$W_t < MRP_t$），劳动者可能会另谋他职，对其他厂商而言，只要其工资不高于 MRP_t 即可接受，因此要让劳动者停留在某厂商中必须令其最后一单位劳动的工资等于 MRP_t。基于此种理由，厂商若想在期初对其劳动者加以一般培训，其培训费用往往在其期初的 MRP 中扣除，亦即劳动者必须完全负担其培训费用，因此，劳动者期初所获得的工资 W_0 会小于期初的 MRP_0，且其差额等于培训费用。如果站在劳动者的立场上看，为了未来能获得更高的工资，也愿意接受初期较低的工资，这也说明了为什么一般公司的新员工待遇较低。

现以数学公式说明如下，由于最后一单位劳动的工资与培训费的贴现值应等于其 MRP 的贴现值，因此

$$MRP_0 + \sum_{t=1}^{n} \frac{MRP_t}{(1+i)^t} = W_0 + T_0 + \sum_{t=1}^{n} \frac{W_t}{(1+i)^t}$$

在这里，T_0——期初的培训费用

MRP_0——期初的 MRP

W_0——期初的工资

t——时间

如上所述,在接受一般培训以后,劳动者便会要求提高工资 W_t,直到其工资等于其 MRP_t 时方才停止,即 $W_t = \text{MRP}_t$,所以

$$\sum_{t=1}^{n}\frac{W_t}{(1+i)^t} = \sum_{t=1}^{n}\frac{\text{MRP}_t}{(1+i)^t}$$

代入上式可得

$$W_0 = \text{MRP}_0 - T_0$$

据此,我们可知 $W_0 < \text{MRP}_0$,表示劳动者在期初所得到的工资 W_0 必会小于其 MRP_0,因为他必须付出一笔培训费用。

但是当 $\text{MRP}_0 < 0$ 或 $\text{MRP}_0 < T_0$ 时,其工资(W_0)将为一负数,厂商不会接受这种劳动者,这种劳动者必须先付出一笔费用到学校或技术培训中心去学习或接受培训,等待其 MRP_0 超过其 T_0 时方能进入工厂工作。

2. 人力资本与特殊培训

所谓特殊培训是指所培训的技艺或技术只适用于某一厂商,而不适用于其他厂商,例如贸易公司的特别助理或秘书、特定工程的设计师等皆只适用于某一特定厂商,但此种特殊培训必须在劳动者愿在厂商久留的前提下才可行。

基于这些特殊培训不适用于其他厂商,因此厂商在劳动者接受培训后不必提高其工资至 MRP_t,也就是 $\text{MRP}_t > W_t$,甚至厂商亦可容忍在某段期间的工资超过其 MRP_t(即 $W_t > \text{MRP}_t$),因为只要工资的现值等于其 MRP_t 的现值即可。此时,厂商往往愿意完全负担此种特殊的培训费用,亦即劳动者的期初工资不必因其生产力提高而增加,这是与一般培训不同之处。

以数学式表示,最后一个劳动的 W 现值会等于 MRP 的现值,即

$$\text{MRP}_0 - W_0 - T_0 = \sum_{t=1}^{n}\frac{W_t}{(1+i)^t} - \sum_{t=1}^{n}\frac{\text{MRP}_t}{(1+i)^t}$$

因为劳动者不愿意负担此种特殊培训的费用,故若期初工资 $W_0 = \text{MRP}_0$,上式可写为

$$T_0 = \sum_{t=1}^{n}\frac{\text{MRP}_t}{(1+i)^t} - \sum_{t=1}^{n}\frac{W_t}{(1+i)^t}$$

亦即厂商会把其培训费用转移至劳动的 MRP_t 现值与 W_t 现值的差距上。

3. 经济萧条对一般培训劳动与特殊培训劳动的影响

当经济面临萧条时,会使许多厂商为了生存,不得不裁员,这对接受一般培训与特殊培训的劳动有何影响?

倘若经济因萧条而减少某厂商的产品需求,从而引起此产品价格下降,降低了劳动的 MRP,则在原先工资等于 MRP 时($W_t = \text{MRP}_t$),如果工资具有向下的刚性,会导致 $W_t > \text{MRP}_t$ 的现象,在 W_t 与 MRP_t 差距很大时,厂商会有大量损失。因此,有理性的厂商会先解雇曾接受过一般培训的劳动者,因为未来经济复苏时,厂商要找寻这些接受一般培训的劳动者较为容易,而且解雇时所使用的法则为"后雇用先解雇",因为较晚进入工厂的劳动者,其涉及的有关特殊培训的程度也较浅。

接着我们将讨论经济萧条对特殊培训劳动的影响。假设第 r 期发生经济萧条,对特殊培训的劳动而言,原来 $W_r < \mathrm{MRP}_r$,虽然第 $r+1$ 期以后 MRP_{r+1} 会因经济不景气而下跌,但仍有可能会维持 $W_{r+1} < \mathrm{MRP}_{r+1}$ 的关系,此时,特殊培训的劳动不会遭受解职的命运。倘若发生 $W_{r+1} > \mathrm{MRP}_{r+1}$ 的情况,厂商必须考虑其未来的 MRP_t 与 W_t 的现值,如果下式成立,

$$\sum_{t=r+1}^{n} \frac{\mathrm{MRP}_t}{(1+i)^t} > \sum_{t=r+1}^{n} \frac{W_t}{(1+i)^t}$$

则这些接受特殊培训的劳动者仍应继续雇用,否则也将遭受解雇的命运。换言之,在经济不景气时,对接受特殊培训的劳动者而言,即使目前的工资大于其边际产品收益,但只要其未来的工资贴现值之和小于其边际产品收益贴现值之和,那么这些劳动者仍可留用。

从以上的分析中,我们可知经济不景气时,接受一般培训的劳动者将首当其冲,而特殊培训的劳动者则多一层保障。因为当只有局部几个产业受到不景气的冲击时,厂商若把其接受特殊培训的劳动者解职,则这些劳动者必将更换另外一种职业,等到景气时,也就不易唤回了,这对厂商所作的人力资本投资而言无异是一种损失,故厂商往往不愿意解雇特殊培训的劳动者。但若经济不景气是全球性的,而且厂商能确认其解雇的劳动者是其他厂商也无力雇用的,特殊培训的职员也有可能遭到解雇的命运。

综合以上分析,我们可得到以下几个结论:

- (1) 教育对那些年纪较轻的国民势在必行,因为它可实现社会未来的长期利益,也是人力资本的一种投资。

(2) 厂商不应对那些工作可能不长久的职员给予特殊培训,这也是接受特殊培训的女性较少的原因。

(3) 在长期,厂商雇用最后一单位劳动的准则为"对未来付出工资的贴现之和等于其获得的产品收益的贴现之和",即

$$\sum_{t=1}^{n} \frac{\mathrm{MRP}_t}{(1+i)^t} = \sum_{t=1}^{n} \frac{W_t}{(1+i)^t}$$

(4) 接受特殊培训的劳动工资小于其实际的 MRP_t,但必须大于那些接受一般培训的竞争劳动的 MRP,这样才可能使他保留在特殊职业的工作中,否则他宁愿接受一般培训。

本章总结

1. 在产品专卖而要素市场为完全竞争市场时,其均衡条件为 $W = \mathrm{MRP}_L < \mathrm{VMP}_L$,而且 $P > MR = MC = \dfrac{W}{\mathrm{MP}_L}$。

2. 在产品市场为完全竞争市场而要素专买时,其均衡条件为 $W = \mathrm{AC}_L < \mathrm{MRP}_L = \mathrm{VMP}_L$,而且 $P = MR = MC = \dfrac{1}{\mathrm{MP}_L}\left(W + L \cdot \dfrac{dW}{dL}\right) = \dfrac{\mathrm{MC}_L}{\mathrm{MP}_L}$。

3. 在产品专卖而要素专买时,其均衡条件为 $W = \mathrm{AC}_L < \mathrm{MC}_L = \mathrm{MRP}_L < \mathrm{VMP}_L$,而且 $P > MR = MC = \dfrac{1}{\mathrm{MP}_L}\left(W + L \cdot \dfrac{dW}{dL}\right)$。

4. 地租是使用土地而支付的价格,它是由土地的供给和需求决定的。如果土地的边际生产力提高,或土地产品(如粮食)的需求增加导致土地的产品价格上升,就会造成地租的上升。从长期看,随着经济的增长,对土地的需求不断增加,所以地租存在不断上升的趋势。

5. 租金是指那些固定不变的资源的服务价格。经济租是指某要素停留在某厂商(或工作)时,其赚取的净利益与它转移至其他厂商(或工作)时所能赚取的最大的净利益的差额。准租是指资本在短期下会停留在原厂商的条件(即 $TR - TVC \geq 0$),亦即 TFC + 经济利润或 TFC − 经济损失。

复习思考题与计算题

1. 请判断下列问题是否正确,并简要说明理由:

(1) 即使劳动的边际物质产品保持不变,一个垄断厂商对劳动的需求曲线仍然是向下倾斜的。( )

(2) 在产品市场为不完全竞争,而要素市场为完全竞争条件下不存在厂商对要素的需求曲线。( )

(3) 一个在不完全竞争的要素和产品市场中经营的厂商,对于劳动的工资支付正好等于其边际产品收益时,他就获得了最大的利润。( )

(4) 当要素市场为买方垄断时,要素价格由要素提供者决定。( )

(5) 如果劳动力市场为买方垄断,则具有垄断势力的厂商雇用劳动力的边际成本低于工资水平。( )

(6) 如果要素供给曲线为水平线,则具有买方垄断地位的厂商和竞争性厂商的要素需求量相同。( )

(7) 对于买方垄断厂商来说,劳动(要素)供给曲线越有弹性,要素的边际成本和工资率相差越大。( )

(8) 产品市场为完全垄断时,垄断厂商的劳动力要素使用量由产品价格与边际产品的乘积等于工资水平所决定。( )

(9) 若垄断厂商支配劳动市场,规定最低工资的法规可能会使就业量增加。( )

(10) 一个垄断企业可以以 10 元/小时雇用任何数量的劳动力。如果这个企业现有劳动力的边际产量是 2 个单位,这个企业的产品的价格是 5 元/单位,这个企业应该增加所雇用的劳动力。( )

2. 某公司生产的 X 产品,单价为 100 元,年产量为 1 500 件,生产中只使用两种生产要素:一是劳动力(可变投入);二是设备(不变投入)。每件产品的可变成本为 80 元,单位不变成本为 10 元。试求:劳动力的准经济租金为多少?经济利润为多少?

3. 一种意见是"是土地价格的上涨导致了房屋价格的上涨";另一种意见是"是房屋价格上涨导致了土地价格的上涨"。你的观点如何?

4. 有一种观点是对演员的高额收入征收高额的累进税,你的意见如何?

5. "土地无论从短期和长期来说都是缺乏弹性的",你同意吗?

6. 若某人有三种工作可供选择,其一为银行经理,每年可得 500 000 美元;其二为经济学教授,每年可得 200 000 美元;其三为棒球教练,每年可得 100 000 美元。最终,此人选择了经济学教授,此人的经济租为多少?并评论就业的去留是以经济租为准则的说法。

7. 某地只有一家工厂,劳动者没有别的劳动就业机会,该工厂成了一个买方垄断者。工人的供应函数为 $L = 60w$, L 为劳动人数, w 表示劳动的小时工资率, 劳动的需求曲线为 $L = 300 - 30\text{MRP}_L$。

(1) 该工厂为获得最大利润,应该雇用多少工人?

(2) 如果政府规定最低工资为每小时 5 元,会有多少工人失业?

8. 设某劳动市场为完全竞争市场,其需求函数 D_L 为 $W = 120 + 2L$,供给函数 S_L 为 $W = 240 - L$。已知某厂商的生产函数为 $f(L,K) = 5L^{0.5}K^{0.5}$ ($K = 100$),且其产品需求函数 D 为 $P = 800 - 2q$。若此厂商的要素专卖,试问:

(1) 该厂商会生产多少产品?产品价格是多少?

(2) 该厂商的 AC_L、MC_L、MRP_L、VMP_L 各为多少?

(3) 该厂商会雇用多少劳动?其工资为多少?

(4) 专卖性剥削为多少?

9. 设某厂商的产品专卖、要素专买,而产品的需求函数为 $P = 800 - 2q$,生产函数为 $f(L,K) = 5L^{0.5}K^{0.5}$ ($K = 100$),又已知劳动的供给函数 S_L 为 $W = 200 + 2L^{0.5}$。试求:

(1) 产品价格为多少?产量为多少?

(2) VMP_L、MRP_L 及 MC 各为多少?

(3) 工资应为多少?应雇用多少劳动?

10. 假设一垄断者只使用一种可变的投入要素 L,去生产单一产品。该可变量要素的价格为 $w = 5$,产品需求函数和生产函数分别为 $P = 85 - 3q$, $q = 2L^{1/2}$,求该垄断者利润极大时使用的 L 的数量、产品数量和产品价格。

11. 已知某厂商使用劳动 L 和资本 K 这两种要素来生产单一产品。他在劳动市场和产品市场上都具有垄断力,其生产函数为 $Q = 60L^{0.5}K^{0.5}$,产品市场对其产品的需求为 $Q_d = 243 \times 10^6 P^{-5}$,厂商的劳动供给函数为 $L = 64 \times 3^{-1} \times 10^{-12} W^3$。在短期,资本固定 2 500 单位,试计算当厂商达到利润极大化时: (1) 所雇用的工人人数和每个工人的年工资; (2) 厂商的年产量和单位产品的价格。

12. 假设甲厂商的产品为完全竞争市场,其市场的需求与供给函数分别为 $P = 600 - 2q, P = 120 + q$。已知甲厂商的生产函数为 $f(L,K) = 4L^{0.5}K^{0.5}$ ($K_0 = 100$),劳动供给函数 S_L 为 $W = 150 + 2L^{0.5}$。试问:

(1) 厂商会雇用多少劳动?其工资为多少?

(2) 厂商的 VMP_L、MRP_L、MC_L 及 AC_L 各为多少?

(3) 厂商会生产多少产量?其产品价格为多少?

13. 某煤炭公司是某地区劳动市场的唯一厂商,它可以雇用任意数量的工人,男、女工人的供给曲线分别是 $L_M = 9W_M^2$ 和 $L_F = 100W_F$, L_M、W_M、L_F、W_F 分别代表男工人的供给量、男工人的工资、女工人的供给量、女工人的工资。假设煤炭的市场价格

为 5 元,男、女工人每小时采煤量都为 2 吨。试求:

(1) 该煤炭公司将分别雇用多少男、女工人?男、女工人工资水平分别是多少?

(2) 公司每小时的利润是多少?

(3) 如果公司被迫基于所有工人的边际产出支付工资,结果会怎样?

14. 某厂商是其产品市场和要素市场的完全垄断者。设生产函数为 $Q = 3L$,市场对其产品的需求函数为 $Q = 100 - P$,劳动供给函数为 $L = W - 20$,求出该厂商实现利润最大化时的均衡产量、均衡雇工量、均衡工资和获得的总利润分别是多少。

15. 假定某垄断厂商只使用一种可变投入要素生产一种产品,可变投入要素的价格为 $P_L = 10$,产品需求函数和生产函数分别为 $P = 170 - 6Q$ 和 $Q = 2L^{1/2}$,求出该垄断厂商实现利润最大化时使用的可变投入要素是多少,均衡产量和均衡价格是多少。

第四篇 不确定性、信息与市场失灵

在前面的章节中，我们始终是在确定性和信息完全的条件下分析微观经济运行过程的，但现实中充满着不确定性和非对称信息。因此，如何在风险和非对称信息条件下进行决策也是微观经济主体必须面对的问题。市场机制不是万能的，由于外部性和"搭便车"问题的存在而使市场存在失灵的现象，这就需要政府这只"看得见的手"来协调和管理经济活动。本篇包括两章的内容：

第十五章主要分析不确定性和非对称信息条件下微观经济主体的决策问题。其中不确定性问题主要探讨风险情况下消费者的最优选择和保险的关系问题；而非对称信息部分主要分析逆向选择、道德风险等问题。

第十六章着重分析外部性和公共物品的理论，以此来说明政府干预在经济生活中的重要性。

第十五章 不确定性、风险与信息非对称性

本章概要

现实的经济生活中充满了不确定性因素,因而人们的任何经济活动都存在风险,相应地,人们会采取防范风险的种种措施。同时,在一定情况下,不确定性的存在源于人们无法获取必要的信息,即存在信息非对称的情况。因此,人们如何获取必要的信息也是经济学研究的重要内容。

学习目标

学完本章,你将能够了解:
1. 不确定性与风险的关系
2. 人们对待风险态度的衡量
3. 人们防范风险的措施
4. 非对称信息的含义及其表现
5. 逆向选择和道德风险问题

你要掌握的基本概念和术语:

不确定性　风险　风险规避者　风险中性者　风险偏好者　确定性等值
风险溢价　信息的非对称性　逆向选择　道德风险

第一节 风险与期望效用

在前面的章节中,我们所讨论的理论皆是在确定性的情况下作分析的。例如我们假设苹果每只售价2元,消费者如果对每只苹果愿意付出4元,则他可买2只苹果;如果果农按照上述需求规律来安排生产,则其一定会实现利润最大化。总之,在确定性假设的条件下,我们可以肯定消费者所获得的东西及效用,生产者也可以按计划来组织生产。

但是,在现实世界中,社会经济行为的复杂性与多变性使得许多经济主体的行为都带着或多或少的不确定因素,而这些不确定性并非我们能事先加以预知和控制的。我们可以把现实中不确定性的情况分为下列三种类型:

(1) 人们生活中所购买的商品本身就含有某种不确定的因素,例如福利彩票、赌马、人寿保险和股票证券等。当我们购买这些商品的时候并不能够肯定到底获利多少或知晓其效用有多少。

(2) 经济活动中人的行为非完全独立而导致的不确定性。现实中,消费者或生产者的行为总是会发生千丝万缕的联系,这样某个人的行为本身还要受到其他人的影响,从而会产生一定的不确定性。例如,第十二章介绍的寡头市场上,任一厂商所获取的最大

利润都要考虑其他厂商行为的影响。

(3) 决策者个人由于缺乏知识和相关信息而产生的不确定性。

在以上三种不确定性中,第二种情况属于博弈论研究的对象,本书第十三章中已经对这种不确定性进行了分析;第三种情况属于信息经济学的问题,我们将在本章第三节"非对称信息"中对其进行探讨。本节和下一节主要是对第一种情况进行分析。

一、不确定性与风险

在探讨有关不确定性理论之前,我们必须先区分两个非常重要的概念,即风险与不确定性。美国经济学家奈特(F. Knight)对"风险"和"不确定性"进行过界定。他认为,所谓风险是指那些每种可能发生的结果均有一个可知的发生概率的事件;而不确定性是指那些每个结果的发生概率尚为不知的事件。例如,"掷币猜输赢"是一种风险事件,而明年是否会发生地震则是不确定的事件。现代学者通常把不确定性定义为结果尚为不知的所有情形。不确定性是由于人们缺乏信息或者(并且)缺乏处理信息的能力而产生的。

由以上对风险与不确定性的定义我们可知,在风险的情况下,我们可根据已知的概率来计算某行为的期望值,而在不确定性的情况下,我们无法计算某行为的期望值。对于期望值的计算,我们举一例子来作说明。例如某人买一张彩票,若知此彩票可能中奖 100 元的概率为 4/5,中奖 625 元的概率为 1/5,则其购买此张彩票的期望值为 $100 \times \frac{4}{5} + 625 \times \frac{1}{5} = 205$(元)。本节将以期望值的分析方式来分析风险情况下的决策行为。

二、公平游戏与圣·彼得堡悖论

在一般人的观念中,一个游戏是否公平要视当事人在该游戏中可获得的期望值与其所付出的实际金额是否相等来决定,若两者相等,则该游戏公平,若不相等,则不公平。例如,甲、乙两人玩掷硬币的游戏,若出现正面,甲给乙 5 元,若出现反面,则乙给甲 5 元。一般而言,这种游戏是公平的,因为甲玩一次可获得期望值 2.5 元(即 $5 \times 1/2$),付出的期望值亦为 2.5 元(即 $5 \times 1/2$)。然而 18 世纪有位数学家丹尼尔·贝努里(Daniel Bernoulli)曾提出著名的"圣·彼得堡悖论"(St. Petersburg Paradox)对上述看似公平的游戏提出异议。在圣·彼得堡悖论中提出了一套游戏规则:掷一枚均匀硬币直到出现正面为止,假若在第 i 次才出现正面,则庄家必须付出 2^i 元给赌者,在这种情况下赌者玩一次应付多少钱给庄家才算合理呢?

我们假设 X_i 为庄家付给赌者的金额,π_i 为其出现的概率。根据题意可知,第一次出现正面的概率为 1/2,庄家须付给赌者 2 元,即 $X_1 = 2, \pi_1 = \frac{1}{2}$;同理,第二次出现正面的概率为 1/4,庄家须付给赌者 4 元;以此类推,$X_n = 2^n, \pi_n = \frac{1}{2^n}$,则根据期望值概念,赌者每玩一次可得的货币期望值为:

$$E(X) = \sum_{i=1}^{n} 2^i \cdot \frac{1}{2^i} = \infty$$

即在上述游戏中,货币期望值为无穷大。依此结论,游戏为求公平,赌者每玩一次必须要付出无穷大的金额才有资格参加此游戏,而事实上,赌者只要付出一小笔金额,庄家就会同意他参与赌局。因此,这是个矛盾的游戏,为解释其发生的原因,我们就需要从"效用的期望值"或"期望效用"的角度来分析。

针对圣·彼得堡悖论,贝努利提出了自己的解决方案。他认为,人们在考虑一些具有风险性的决策行为的可行性时,并不会直接关心该行为所能获取的货币期望值,而只会考虑这些货币额所能提供的效用期望值的大小,这是因为效用的大小才是决定人们经济行为的原动力。假定随着人们收入的增加,收入的边际效用在下降,那么,圣·彼得堡悖论中的游戏就会收敛于某一有限的"效用期望值",这个效用期望值所对应的货币额就是游戏参与者为得到游戏参与权而愿意支出的货币数量。

下面我们以效用期望值的方式来解决圣·彼得堡悖论。假设庄家对货币的效用函数为 $TU(M) = \sqrt{M}$(M 为货币数量),则玩此游戏一次要付出多少钱才能为庄家所同意呢?要解此问题,我们可先求出庄家在玩此游戏时所须付出的效用期望值:

$$E(u) = \sum_{i=1}^{\infty} \sqrt{2^i} \cdot \frac{1}{2^i} = \sum_{i=1}^{\infty} 2^{-\frac{i}{2}} = \frac{2^{-\frac{1}{2}}}{1 - 2^{-\frac{1}{2}}} = \sqrt{2} + 1 = 2.414$$

由计算结果可知:庄家每玩一回游戏必须付出的效用期望值为 2.414,所以当庄家每玩一次所获得的效用大于 2.414 时,即只要赌者肯出 6(即 2.414^2)元以上,庄家就会答应他参加赌局。这与现实中的情况比较相似,通常即使你要买一张能中最高奖为 100 万元的彩票,你实际上只要花 2 元钱就可以了。因此,利用效用期望值解释圣·彼得堡悖论即可迎刃而解。

例题 15-1 假设某人对货币的效用函数为 $U = \sqrt{M}$,现有一张彩票,中奖 625 元的概率为 1/5,中奖 100 元的概率为 4/5,如果此人欲购买此彩票,他最多愿意支付多少金额?

解 我们可先求出此彩票的货币期望值为:

$$E(M) = 100 \times 4/5 + 625 \times 1/5 = 205$$

其次,求效用期望值为:

$$E(U) = 4/5 \times \sqrt{100} + 1/5 \times \sqrt{625} = 13$$

由于此人购买一张彩票所获得的效用期望值为 13,因此,他最高也只愿支付 13 单位效用的货币,也就是花 169 元,而不是 205 元来购买此彩票。

三、冯·诺伊曼-摩根斯坦效用指数

在前面解决圣·彼得堡悖论的过程中,我们发现,参与不确定事件的个人并不看重货币的期望值,而是看重从中所得到的期望效用(亦称预期效用)。如果个人的效用函数满足收入(或货币)的边际效用递减的性质,那么,得到 100 元的期望效用要小于失去 100 元的期望效用。这一思想在 20 世纪 40 年代之前在经济学界一直未受到足够的重视。到了 20 世纪 40 年代,在冯·诺伊曼和摩根斯坦的名著《博弈论和经济行为》(Von Neumann & Morgenstern,1944)中,这一思想才得以发展。在现代经济学界,这一思想成为人们分析风险情况下经济行为的理论基础。

我们知道,既然风险情况下的人们并不看重期望货币值,而是看重期望值的效用。

现在的问题是,如何建立期望效用函数？冯·诺伊曼和摩根斯坦曾用效用指数法建立了冯·诺伊曼-摩根斯坦期望效用函数(以下简称为"N-M 效用函数")。

N-M 效用函数可以借助试验的方法进行构建。现任选两笔财富,100 元和 700 元,很明显,对于大多数人来说,700 元要好于 100 元,换言之,人们在 700 元和 100 元之间偏好于 700 元,即 $U(700) > U(100)$。为了方便起见,现定义:

$$U(100) = 0, \quad U(700) = 1$$

很明显,以上定义具有随意性,尽管它们是用绝对数字表示的,但只是表明它们的偏好关系,即任意两种财富的效用是可比的。这两点在图 15-1 中分别用 A 点和 B 点表示。现任取另一个财富水平,比如说 200 元,很显然,$U(100) < U(200) < U(700)$。现在需要确定的是 $U(200)$ 究竟等于多少。假定存在着一个风险方案,他可能以概率 π 得到 700 元,以 $(1-\pi)$ 的概率得到 100 元,现问该消费者在 π 为多少时才愿意参加这一风险方案。从一些询问中可以得知,如果 $\pi > 0.35$,他便喜欢这个风险方案,如果 $\pi < 0.35$,他宁可拥有 200 元这一确定的财富,而不喜欢这个风险方案。如果 $\pi = 0.35$,他对这两种选择——参加和不参加这一风险方案——是无差异的。所谓"不参加这一风险方案"是指消费者以概率 1 得到 200 元。因此,他在期望财富为 200 元的情况下参加这一风险方案的期望效用为:

$$U[E(M)] = 0.35 U(700) + 0.65 U(100) = 0.35 \times 1 + 0.65 \times 0 = 0.35$$

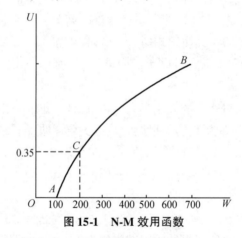

图 15-1　N-M 效用函数

从中可知,参加这一风险方案的期望效用等于他在确定的条件下拥有 200 元的期望效用:

$$0.35 = 1 \times U(200) = U(200)$$

也就是说,拥有确保的 200 元的期望效用等于他愿意以 35% 的概率得到 700 元和以 65% 的概率得到 100 元的情况下参加这一风险方案的期望效用。这一点在图 15-1 中用 C 表示。以此类推,可以得到 300 元、400 元、500 元、600 元的期望效用。这样,便建立了 N-M 效用函数。

当然,我们可以把上述构造期望效用函数的思想加以推广。一般地,我们假设有一张彩票,有 n 种中奖的情况,且令其奖额分别是 $X_1, X_2, \cdots, X_n$,且以奖额大小顺序排列,X_1 为最小,X_n 为最大。然后消费者首先给最小的 X_1 及最大的 X_n 任一数字的效用指数,比如,我们可设 $U(X_1) = 0, U(X_n) = 20$,然后再根据这两个效用指数找出其他任一 X_i 的效用指数。

假设我们要得知 X_i 的效用指数,可先询问消费者:在概率 π_i 为多少时,才会使得他对于一张确定可得 X_i 元奖额的彩票与一张得 X_n 元奖额的概率为 π_i、得 X_1 元奖额的概率为 $1-\pi_i$ 的彩票偏好相同?在正常情况之下,若该消费者对 X_n 的偏好越高,则 π_i 的概率会越大。

而根据 N-W 的理论,X_i 的效用指数可由下式确定:
$$U(X_i) = \pi_i U(X_n) + (1-\pi_i) U(X_1)$$
因为我们选择 $U(X_n)=20, U(X_1)=0$,故 $U(X_i)=20\pi_i$。

由此可知,建立 N-M 效用指数的方法是先后对奖额中最高与最低的给予一效用指数,然后再从这两效用指数中找出其他奖额的效用指数。

我们必须指出,上述建立 N-M 效用指数的过程不是随意进行的,而是必须基于一定的合理的假设,即要求消费者的行为必须合乎如下五个公理才能确定一种效用指数,用以预测风险情况下的决策。

公理 15-1　完备性(complete-ordering axiom):对任何两个物品 A 与 B,在下列三种情况中至少有一种必须成立,即消费者的偏好是 A 大于 B,还是 B 大于 A,抑或两者偏好相等。

同时,完备性公理还要求消费者的偏好选择具有传递性和自反性。这两个公理与我们在第三章讨论确定性情况下消费者偏好公理的含义一样,这里不再赘述。

公理 15-2　连续性(continuity axiom):假若消费者偏好为 A 大于 B,B 大于 C,则必存在一个概率 $0<\pi<1$,使得该消费者对 B 与 $(\pi;A,C)$ 偏好相同。式中 $(\pi;A,C)$ 表示得到 A 的概率为 π 而得到 C 的概率为 $(1-\pi)$。

连续性公理的含义在于说明两个不确定性的结果进行某种加权平均后会等于这两个结果中间的一个确定性结果。

公理 15-3　独立性(independence axiom):假设消费者对 A 与 B 的偏好相同且 C 为任一物品,若有一张彩票 L_1,其得奖情况为 $(\pi;A,C)$,另有一张彩票 L_2,其得奖情况为 $(\pi;B,C)$,则该消费者对彩票 L_1 与 L_2 的偏好相同。

用公式可表示,若 $A \backsim B$,且 $A \neq C, B \neq C$,则:
$$L_1 = \pi A + (1-\pi)C \backsim \pi B + (1-\pi)C = L_2$$

公理 15-4　不等性(unequal-probability axiom):假设消费者偏好为 A 大于 B,且彩票 L_1 为 $(\pi_1;A,B)$,L_2 为 $(\pi_2;A,B)$,则消费者偏好为 L_2 大于 L_1,当且仅当 $\pi_2 > \pi_1$。

公理 15-4 意为原先消费者就认为 A 比 B 好,现在出现 A 的概率在 L_2 中比在 L_1 中更大,出现 B 的概率在 L_2 中比在 L_1 中更小,那么,该消费者当然会偏好 L_2。

公理 15-5　复合性(compound-lottery axiom):假设彩票 L_1 为 $(\pi_1;A,B)$,L_2 为 $(\pi_2;L_3,L_4)$,此处 L_3 为 $(\pi_3;A,B)$,L_4 为 $(\pi_4;A,B)$,若 $\pi_1 = \pi_2\pi_3 + (1-\pi_2)\pi_4$,则该消费者对 L_1 与 L_2 的偏好会相同。

公理 15-5 的证明如下:
$$\because L_3 = \pi_3 A + (1-\pi_3)B, L_4 = \pi_4 A + (1-\pi_4)B$$
$$\therefore L_2 = \pi_2 L_3 + (1-\pi_2) L_4$$
$$= \pi_2[\pi_3 A + (1-\pi_3)B] + (1-\pi_2)[\pi_4 A + (1-\pi_4)B]$$
$$= \pi_2\pi_3 A + \pi_2(1-\pi_3)B + (1-\pi_2)\pi_4 A + (1-\pi_2)(1-\pi_4)B$$
$$= [\pi_2\pi_3 + (1-\pi_2)\pi_4]A + [\pi_2(1-\pi_3) + (1-\pi_2)(1-\pi_4)]B$$
$$= \pi_1 A + (1-\pi_1)B = L_1$$

复合性公理的含义在于说明,假设第二张彩票是关于第三张彩票和第四张彩票的复合性彩票,如果第一张彩票与第三、第四张彩票都只是关于奖品的彩票,第一张彩票中 $\pi_1 = \pi_2\pi_3 + (1-\pi_2)\pi_4$,那么,复合性彩票 L_2 与简单性彩票 L_1 完全无差别。

▶观念澄清

根据 N-M 效用指数,我们与基数效用、序数效用作比较如下:
(1) 与基数效用比较
同:皆以数字表示其效用大小。
异:N-M 效用指数的大小只是表示顺序的大小而已,不能表示其满足的程度,而基数效用的数字大小却表示其满足程度,例如 $U(A) = 20, U(B) = 10$,根据 N-M 指数不能说 A 的满足程度为 B 的两倍,但基数效用则可以。
(2) 与序数效用比较
同:皆只强调效用顺序的大小而已。
异:N-M 效用指数是以数字表示,而序数效用则不是。

从严格意义上讲,冯·诺伊曼-摩根斯坦分析中的效用是基数效用。它们导出于消费者的风险行为,并且,只要他把效用最大化,它们对预测他的选择将是有效的。它们是通过向他推荐互相排斥的选择而导出的,因此,对于从事件 A 的效用和事件 B 的效用推导出联合事件 A 和 B 的效用的企图,它们是没什么用的。但冯·诺伊曼-摩根斯坦效用也具有序数效用的一些而不是全部性质。如果由 $U(A) = kU(B)$ 就断定消费者爱好 A 倍于 B,是没有太大意义的。

有了上述风险情况下消费者的五个公理,我们就可以得到期望效用函数定理[①]:

- 如果一个不确定事件 L 满足以上五个公理,则存在一个效用函数:
$$U(\pi;w_1,w_2) = E[U(w)] = \pi U(w_1) + (1-\pi)U(w_2)$$

如果该不确定事件有 n 个不确定的结果 $x_1, x_2, \cdots, x_n$,且有对应的 n 个概率 $\pi_1, \pi_2, \cdots, \pi_n$,效用函数可写成:
$$U(\pi_1, \pi_2, \cdots, \pi_n; x_1, x_2, \cdots, x_n) = \sum_{i=1}^{n} \pi_i U_i$$

假设我们考虑两张彩票 $L_1:(\pi_1, A_1, A_2), L_2:(\pi_2, A_3, A_4)$。期望效用定理说明,如果 L_1 比 L_2 更可取,则 $E[U(L_1)] > E[U(L_2)]$。这个定理的意义在于,能用期望效用最大化的方式分析不确定情形。

由期望效用定理可知,某一消费者的偏好可以用期望效用函数来表示,或者说该消费者的偏好具有期望效用函数的性质是指可以选择一个可加的效用函数来表达。当然,这种表达还可以选择不同的函数形式。我们又知道,在确定情况下,效用函数的任何正单调变换可使确定性结果的等级保持不变,亦即同样的偏好等级排列可以用不同的效用函数来表示。从期望效用角度看,对不确定性结果的等级来说,这种结论并不成立。比如考虑如下效用数字:

---

① 本定理的证明本书从略。

$U(A_1) = 25$,$U(A_2) = 64$,$U(A_3) = 36$,$U(A_4) = 49$。这样,可得彩票 $L_1 = (0.5, A_1, A_2)$ 比 $L_2(0.4, A_3, A_4)$ 更可取,因为 $E[U(L_1)] = 44.5 > E[U(L_2)] = 43.8$。进行单调变换 $V = U^{0.5}$。现在,L_2 比 L_1 更可取,因为,$E[V(L_1)] = 6.5 < E[V(L_2)] = 6.6$。

但是,有一类单调变换既可以代表原函数的偏好关系,同时又具有期望效用函数的性质。这类单调变换就是递增线性变换,或者称正仿射变换。

假定 $L_1 = (\pi_1, A_1, B_1)$ 比 $L_2 = (\pi_2, A_2, B_2)$ 更可取,即使得:

$$EU(L_1) = \pi_1 U(A_1) + (1 - \pi_1) U(B_1) > \pi_2 U(A_2) + (1 - \pi_2) U(B_2) = EU(L_2)$$

现在令 $V(U) = a + bU$,其中 a 和 b 是常数,且 $b > 0$。对指数 V 的 L_1 的期望效用,只不过是对指数 U 的期望效用的线性变换:

$$V(U) = \pi_1[a + bU(A_1)] + (1 - \pi_1)[a + bU(B_1)] = a + bE[U(L_1)]$$

且很明显,$a + bE[U(L_1)] > a + bE[U(L_2)]$,这就确立了在线性变换情况下,期望效用等级不变。

与确定性条件下的效用函数一样,我们在知道了风险条件下的期望效用函数后,就可知道其边际替代率 MRS。这里,由于效用函数为:

$$U(\pi, w_1, w_2) = E[U(w)] = \pi U(w_1) + (1 - \pi) U(w_2)$$

然后由 MRS 的定义可知:

$$\mathrm{MRS}_{12} = \frac{\frac{\partial U(\cdot)}{\partial w_1}}{\frac{\partial U(\cdot)}{\partial w_2}} = \frac{\pi \frac{\partial U(w_1)}{\partial w_1}}{(1 - \pi) \frac{\partial U(w_2)}{\partial w_2}}$$

从上述 MRS 可知 w_1 与 w_2 的边际替代率仅仅依赖于 w_1 和 w_2,而不依赖于其他财富的数量,期望效用函数的这一性质是由消费者偏好的独立性假设决定的。

四、人们对风险的态度:规避者、偏好者及中立者

在现实中,我们会发现:有人做事待人非常谨慎,愿意为未来不确定的、没可靠保证的事情去购买保险;有些人希望追求刺激和惊险的事情,愿意参加各种形式的赌博游戏;当然还会有一些人对生活中的风险持无所谓的态度,在不同的条件下(比如不同收入水平或不同环境)会有不同的表现。总之,不同的人面对风险持不同的态度,这不同的态度就会影响人们在经济活动中的决策行为。

设有 A、B 两张彩票,其中奖金额与概率如下:

彩票 A		彩票 B	
中奖金额	概率	中奖金额	概率
625	20%	250	50%
100	80%	160	50%

我们经计算后可以得知,A、B 两彩票的货币期望值皆为 205,但彩票 A 的离差值(variance)却比 B 大,因此彩票 A 的风险较 B 为大。假设某消费者较偏好彩票 B,则我们称此消费者为"风险规避者";若对两彩票偏好程度相同,则称此消费者为"风险中立者";若较偏好彩票 A,则称此消费者为"风险偏好者"。

虽然可以从期望值或方差的角度来度量人们对待风险的态度,但这种方式并不严

谨,下面我们从期望效用函数的角度介绍衡量人们对待风险态度的标准方法。

1. 风险规避者

现假定某消费者拥有 10 元的财富,他在考虑是否参加一个游戏(如抽彩票),他有 50% 的概率赚 5 元,也有 50% 的概率损失 5 元。这一游戏的货币期望值为:
$$10 = 0.5 \times (10 + 5) + 0.5 \times (10 - 5)$$
因此,期望值的效用为 $U(10)$,而这一游戏的期望效用(或效用的期望值)为:
$$0.5U(10 + 5) + 0.5U(10 - 5) = 0.5U(15) + 0.5U(5)$$
在图 15-2 中,这一游戏的期望值的效用 $U(10)$ 大于效用的期望值,即
$$U(0.5 \times 15 + 0.5 \times 5) = U(10) > 0.5U(15) + 0.5U(5)$$

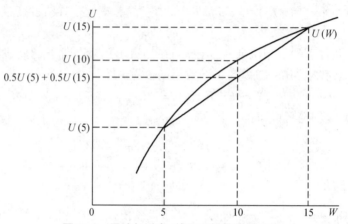

图 15-2 风险规避者:效用函数是严格凹的

在这种情形下,这个消费者被称为风险规避者,因为期望值的效用大于效用的期望值。期望值的效用是指消费者在确定条件下(即 $\pi=1$)拥有的 10 的效用,而效用期望值是指他参与这个游戏所能得到的加权平均效用值。

一般地说,一个人在一个不确定事件中为风险规避者。如果他的期望值的效用大于他的效用期望值,即
$$U[\pi w_1 + (1-\pi)w_2] > \pi U(w_1) + (1-\pi)U(w_2)$$
换言之,满足上式者,即为风险规避者。此时效用函数是严格凹的,即 $d^2U/dw^2 < 0$。

2. 风险偏好者

图 15-3 给出了一个风险偏好者的例子。在这个例子中,期望值的效用小于效用的期望值,即
$$U(10) < 0.5U(15) + 0.5U(5)$$
一般地说,一个人如果在一个不确定事件中为风险偏好者,则他的期望值的效用小于他的效用的期望值,即
$$U[\pi w_1 + (1-\pi)w_2] < \pi U(w_1) + (1-\pi)U(w_2)$$
依定义,此时的期望效用函数是严格凸的。换言之,如果 $d^2U/dw^2 > 0$,该消费者便为一个风险偏好者。

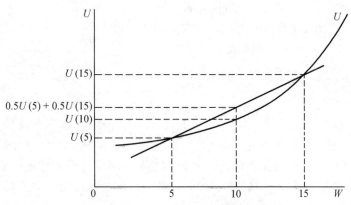

图 15-3 风险偏好者:效用函数为严格凸的

3. 风险中立者

如果一个人在一个不确定事件中为风险中立者,则他的期望值的效用等于效用的期望值。在图 15-4 中,$U(10) = 0.5U(15) + 0.5U(5)$。

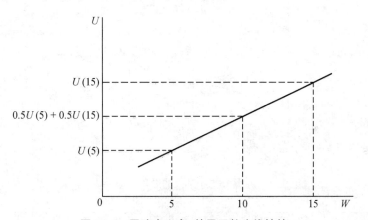

图 15-4 风险中立者:效用函数为线性的

同样,一般地说,对于一个风险中立者来说,他的期望值的效用等于其效用的期望值,即

$$U[(\pi w_1 + (1-\pi)w_2)] = \pi U(w_1) + (1-\pi)U(w_2)$$

此时的效用函数为一线性函数,既是凸的,又是凹的,但又不是严格凹的或严格凸的,即 $d^2U/dw^2 = 0$。

从上述的介绍中我们可知,效用函数的二阶偏导的符号暗示了消费者对待风险的态度。然而,在线性变换条件下,其二阶偏导的数量大小是不变的,所以,它不能用于表明规避和偏好风险的程度或水平。如果将二阶偏导再除以一阶偏导,便得到一个更为合理的量度——阿罗-普拉特(Arrow-Pratt)量度,即

$$\gamma = -\frac{U''(w)}{U'(w)} = -\frac{d\ln U'(w)}{dw}$$

且有:

如果 $\gamma \begin{cases} >0 \\ =0, \text{消费者则为} \\ <0 \end{cases} \begin{cases} \text{风险规避者} \\ \text{风险中立者}。 \\ \text{风险偏好者} \end{cases}$

▶ **观念澄清**

对一个人而言，在某些情况之下他可能是风险规避者，而在某些情况之下他是风险偏好者。例如，有一位低收入者，在一般情况下他都是扮演风险规避者的角色，然而他可能喜欢花 20 元去购买期望值仅为 5 分的福利奖券。这种说法并不矛盾，因为若他的效用函数图形呈图 15-5 的形状，且他未中奖时的财富为 W_1，而中奖后的财富为 W_2，他的效用函数在 $W \leq W_0$ 时边际效用呈递减，在 $W > W_0$ 时边际效用呈递增，当他购买彩票可获得的最大财富仍小于 W_0 时，他是一个风险规避者，否则他宁愿付出一小笔金额以脱离他低收入（如 $W=W_2$）的环境（即使机会很小也会去做），因为在 $W \geq W_0$ 时，他又成为风险偏好者。

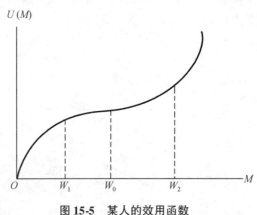

图 15-5 某人的效用函数

实时测验 15-1

下列说法对吗？请说明理由。

1. 某人买彩票的期望收益低于其付出的货币，但此人却常常热衷于此，说明在这种情况下，买彩票的人是偏好风险的。

2. 一个人面对两种收入可能，一种是获得 2 000 元和 1 000 元收入的概率均为 0.5，另一种是获得 2 500 元和 500 元收入的概率各为 0.5，两种情况的期望收入相同，故消费者对二者的评价相同。

3. 一个消费者的效用函数为 $U(W)=W^{0.5}$，有两种可能的收益，第一种是获得 4 元和 25 元的概率均为 0.5，另一种是获得 9 元和 16 元的概率分别为 0.4 和 0.6，则他对第一种的评价好于第二种。

第二节　风险与保险

大量的统计数据表明,在对待风险的态度上,大多数人是风险规避型的决策者。这样,许多人通常会通过买保险的方式来规避风险。要了解有关保险的理论,我们先介绍一下确定性等值和风险溢价这两个重要概念。

一、确定性等值与风险溢价

假设某消费者属风险规避者,则其财富的效用曲线如图 15-6 所示。

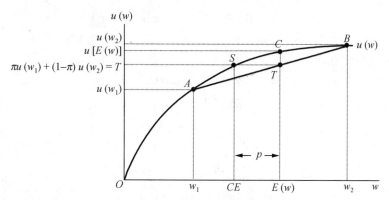

图 15-6　确定性等值和风险溢价

现在假设消费者有两种不同的收入水平 w_1 与 w_2,其期望值 $E(w) = \pi w_1 + (1-\pi) w_2$,与该期望值对应的效用值为 $U[E(w)] = C$,这是一个无风险收入下的效用水平。同时,与两收入 w_1 与 w_2 相对应的期望效用为 $U(w) = \pi U(w_1) + (1-\pi) U(w_2)$,这是一个风险条件下的效用水平。我们在效用曲线上总可以找到与该效用相等的效用水平,比如 S 点,S 点对应的收入为 CE,这是一个确定性收入,其所代表的效用水平 $U(CE) = \pi U(w_1) + (1-\pi) U(w_2)$,这个 CE 就是所谓的确定性收入。

有了确定性收入,我们就可以知道风险溢价这个概念。所谓风险溢价是指这样一个收入额 P,当一个确定性收入减去 P 后所产生的效用水平仍等于风险条件下期望的效用水平,即 $U[E(w) - P] = \pi U(w_1) + (1-\pi) U(w_2) = U(CE)$,那么,我们就可以得出:

$$P = E(W) - CE$$

这里,相当于 $E(W)$ 的收入可以被看作确定性收入,而风险溢价 P 就可以看作是把这个确定性收入 $E(W)$ 转化为两个不确定性的收入 w_1 和 w_2 时消费者由于面临风险所付出的代价。

二、风险的防范:保险

现实中,大多数人都是风险规避者,这样,购买保险来规避风险就成为许多人的理财方式之一。在美国,人们都把将近 15% 的收入用于保险。80% 以上的家庭购买人寿保险 (life insurance),平均每家保险金额为 11 万美元。有 2 400 家以上的公司提供人寿保险,每年支付的保险金约为 3 000 亿美元。① 其他诸如医疗保险(health insurance)和财产与

---

①　中企顾问网资料。

意外事件保险(property and casualty insurance)等保险品种都是人们规避风险的方式。

在防范风险的问题上,保险是如何发生作用的呢?人们又为什么要买保险?为了保全自己的财产,人们应该购买多少保险?下面我们就介绍有关保险的理论。

1. 一个简单的保险决策模型

为了后面分析的方便,我们首先提出一个简单的保险决策模型。假设某消费者拥有的家庭财产为 W,一旦发生风险(比如被盗、失火或遭遇车祸等),他将会遭受财产损失。假定在发生损失的情况下,他损失的财产为 L,且发生这种损失的概率为 π。

如果该消费者没有购买保险,则他的预期效用为:

$$EU = (1 - \pi)U(W) + \pi U(W - L)$$

如果这个人准备投保 K 元保险额(意味着一旦发生了风险,该人即可得到 K 元),保险费率为 γ,他所需要支付的保险费是 γK。

这样在投保情况下,该消费者的财产就会有两种结果。

结果1:没有发生损失,这时他拥有的财产 C_1 为:

$$C_1 = W - \gamma K$$

结果2:发生损失,这时他拥有的财产 C_2 为:

$$C_2 = W - L + K - \gamma K$$

2. 保险公司的决策:保险费率 γ 究竟为多少

首先让我们站在保险公司的角度来考虑最优决策的选择问题。作为保险公司,肯定是追求利润最大化的,而其保险费收入的多少直接决定其利润的大小。那么,保险费率 γ 会是多大呢?

我们知道,投保人发生损失的概率为 π,保险公司可能要付出赔偿费 K 元,而在 $1 - \pi$ 的可能性下,公司没有任何支出,但无论是哪种情况,保险公司总能收入保险费 γK。假设社会上有许多人(例如10万人)投保,各人之间遭受损失是相互独立的,那么,保险公司从每个投保人身上可得的预期利润将是:

$$\pi \cdot (\gamma K - K) + (1 - \pi) \cdot \gamma K = \gamma K - \pi K$$

如果投保人数 n 足够大,保险公司的平均利润将接近 $n \cdot (\gamma K - \pi K)$。

从保险公司来看,只要收支能平衡,它就愿意经营这项保险业务,并且,保险市场上有许多家保险公司,任何厂商都可自由进出该行业,那么,保险市场将接近完全竞争市场,每家保险公司的经济利润被压低到最低限度——零。也就是说,保险公司由于激烈的竞争会向顾客提供完全"公平"的保险费率,这时自己的利润为零:$\gamma K - \pi K = 0$,即 $\gamma = \pi$,保险费率等于投保人总体遭受损失的概率。这样的简单假设并不太离奇,世界上规模大、经营业务广、跨区多的保险公司所提供的保险费率都十分接近"公平"费率,因为大公司更容易做到分散风险,收取"公平"费率就足以应付赔偿支出了。甚至连赌场也是如此,大赌场比小赌场更能提供接近"公平"(预期收益接近于零)的赌博机会。

3. 消费者的决策:愿意投保额 K 为多少

我们再回过头来看消费者的最优决策。假设消费者为一个风险规避者,并假设他的效用函数具有 N-M 效用函数的性质,则在公平的保险费率下,消费者愿意投保的数额 K 就可以由其效用最大化来求得。

消费者的期望效用函数为:

$$(1-\pi)U(W-\gamma K) + \pi U(W-L+K-\gamma K)$$

效用最大化的一阶条件为:

$$-\gamma(1-\pi)U'(W-\gamma K) + (1-\gamma)\pi U'(W-L+K-\gamma K) = 0$$

依据公平费率,$\gamma = \pi$,则在上式中消去 π,就可以得到所要求的最优保险额 K 所要满足的条件:

$$U'(W-\gamma K) = U'(W-L+K-\gamma K)$$

这个等式说明,损失发生时一元钱货币财产的边际效用必须等于不发生损失时一元钱货币财产的边际效用。

如果消费者是风险规避型的,对于他所有的财产,预期效用的二阶导数为负,因而当他所拥有的货币数量增加时,货币边际效用就会下降,这就说明货币的边际效用具有单调性。因此,边际效用相等意味着等式两边的财产数量也相等,即

$$W - \gamma K = W - L + K - \gamma K \Rightarrow K = L$$

这就是说,如果存在按公平保险费率购买保险的机会,风险厌恶的投保人将对可能遭受的损失进行全额保险。例如,如果投保人面临损失 10 000 元的风险,保险费率为 1%,那么,规避风险的投保人会支付 100 元的保险费,购买一张最高赔偿额为 10 000 元的保险单。

▶观念澄清

当然,这里也需要注意,在这种公平价格下,如果他没有遇上车祸,则保险费 γL 是白付了,其财产为 $W-\gamma L$;如遇上车祸,则其财产为 $W-L+L-\gamma L = W-\gamma L$。所以,无论是否遇上风险,其财产都为 $W-\gamma L$。在这里,买了保险的唯一好处是他的财产肯定是 $W-\gamma L$,这一点是确定无疑的了。

如果不买保险呢?他的期望收入也是 $W-\gamma L$,因为发生车祸的损失是 L,而车祸发生的概率是 $\pi = \gamma$。但这里的 $W-\gamma L$ 是一个不确定条件下的期望值。

这样,在效用函数严格凹的条件下,由于完全确定的 $W-\gamma L$ 所对应的效用比不确定条件下的期望收入 $W-\gamma L$ 有更高的效用,即 $U(W-\gamma L) > \pi U(W-L) + (1-\pi)U(W)$,因此,这个人购买保险是增进了其福利的,尽管保险公司并没有亏一分钱。这说明,在公平的保险价格下,这个买保险的人是有净福利的。如果保险公司想与该消费者分享这份净福利,则保险价格便会高于公平的保险价格。

4. 总结:保险的作用

根据以上的分析,我们知道,保险的重要作用就是分担风险。每个人通过保险公司将自己的风险分散到所有相关投保人身上,从而将自己的风险降到最低限度。因此,当我们去保险公司投保的时候,不要认为是保险公司真正提供了保险或赔偿了损失。比如,火灾保险,失火的风险通过许多面临着该风险的投保人的分担而分散了,是那些出于

谨慎投了保却没有遭受火灾的人真正为火灾提供了保险,是他们支付的保险费,使得保险公司能够在客户提出索赔要求时给予赔偿。

因此,要使保险市场有效运转,需要两个前提条件:

第一,分担风险的人必须是相互独立的。例如,在人寿保险中,一般情况下,死亡是一种个别风险,并不构成社会风险。如果张三死了,他可能死于癌症或车祸,但这种病不会传染扩散,因而只是张三的个人情况,对其他人不会产生影响,这样,人寿保险市场才会稳步健康地发展下去。但是,如果张三死于一种流行传染病(比如霍乱等恶性流行病),情况就不同了,如果这种病的死亡率为1%,并且这种流行病一旦爆发,人人都有死亡的危险,那么保险市场将不可能有效运转。假定每个人都认购了100元保险,如果疾病不流行,各人将钱收回,保险成为不必要之举;如果瘟疫流行,每个人都死去,只留下100元遗产,此时保险变得毫无意义。现实中,一个地方性的保险公司是无法独立承担自然灾害保险业务的,自然灾害(如台风、洪水、地震)不来则已,一旦发生,区域内无一投保人能幸免,保险公司靠几个百分点的保费收入是无法进行赔偿的。因此,在风险不是充分独立的情况下,保险或分散风险就不起作用。所以,许多中小型保险公司还会参加再保险(reinsurance),例如英国著名的劳埃德协会(Lloyd's)就是一家保险公司的联合组织或保险公司的保险公司,风险在成员保险公司之间进一步分散。

第二,保险市场的有效运行要求不存在"道德风险"(moral hazard)。所谓道德风险指的是投保后,人们做出的种种使不利事件发生概率上升或保险公司赔偿金额增加的行为。例如,买了住院保险的人病已痊愈而迟迟不肯出院,买了车辆盗窃保险的车主将没上锁的车随处停放,等等。如果存在这些行为,那么,保险公司按原来状况下的概率计算的保险费率将使保险公司陷于财务危机。这一问题我们将在本章第三节"信息的非对称性"中详细讨论。

例题 15-2 火灾保险

设某人对货币的效用函数为 $U = \sqrt{M}$,且其总财富 $M = 90\,000$,火灾损失为 $A = 80\,000$,发生火灾的概率为 0.05,则此人是否会购买火灾保险?(假设保险费 $\pi \cdot A = 4\,000$)

解 先求出此人最高愿意付出多少保险费:

$$(90\,000 - R)^{0.5} = 0.95 \times (90\,000)^{0.5} + 0.05 \times (10\,000)^{0.5}$$

解出 $R = 5\,900$,比实际支付的保险费多出 1 900 元,故此人愿意购买此保险。

例题 15-3 旅行支票保险

小林计划作环球旅行,且其旅行的效用决定于他所花费的金钱,现假设其效用函数为 $U(M) = \sqrt{M}$,且假设小林可用的金钱总额为 $M = 10\,000$ 元。请分析下列问题:

(1) 如果小林在旅行中遗失 1 000 元的概率为 25%,则其旅行的效用期望值为多少?

(2) 若小林可买旅行支票保险,1 000 元遗失险的保费为 250 元,则其购买保险的效用与不购买保险的效用何者为大?

(3) 小林最高愿意支付的保险费为多少?

(4) 假设购买保险后的消费者会比没有购买保险时更粗心,且其损失 1 000 元的概率增加为 40%,则保险费应为多少?小林是否仍会买此保险?

解 (1) $E(u) = \dfrac{1}{4} \cdot \sqrt{9\,000} + \dfrac{3}{4}\sqrt{10\,000} = \dfrac{15}{2}\sqrt{10} + 75 = 98.25\,(元)$

（2）购买保险的效用为 $\sqrt{9\,750} = 98.74 > 98.25$，所以小林仍会购买此保险。

（3）小林最高愿意支付的保险费为 $\sqrt{10\,000 - R} = 98.25$，即 $R = 346.94$。

（4）保险费应为 $1\,000 \times 40\% = 400$（元），与 346.94 比较，$R < 400$，所以，小林不会投保。

第三节 信息的非对称性

在第二篇我们分析有关完全竞争的理论时，有一个重要的假定就是"信息是完全的"，比如说，买者清楚地知道市场上各个角落、各种商品的价格和质量，雇主清楚地知道被雇者的行为特征等。但在现实中，情况往往不是这样。信息一般是不完全的，比如，二手车的卖者一般会比买者更了解二手汽车的性能和质量；一些药品的卖者比买者更了解药品的疗效；医疗保险的买者会比保险公司更了解自己的健康状况；提供信用卡的公司显然没有信用卡的购买者了解该购买者的信用状况。通常把市场上这种买卖双方中一方掌握产品或服务的信息多一些，另一方所掌握的信息少一些的情况称为信息的非对称性（asymmetric information）。

现实中存在着大量的信息非对称现象。一旦供求双方所掌握的信息出现不对称性，市场的运行将会出现失灵的可能，例如某些经济活动出现"逆向选择"、"道德风险"，在此情况下所导致的均衡结果对社会来讲将是一种无效率的状况，同时还会影响到市场机制运行的结果，影响帕累托最优和经济效率的实现。为了应对由信息不对称引起的不利结果，可以通过市场行为进行"信号发送"（signalling）和"信息甄别"（screening），也可通过对最优合同的机制设计来回避和解决市场失灵的发生。

在实际经济活动中，非对称性信息可能发生在当事人签约（contracting）之前（ex ante），也可能发生在签约之后（ex post），即事前非对称和事后非对称。研究事前非对称信息的模型称为逆向选择模型（adverse selection），研究事后非对称信息的模型称为道德风险模型（moral hazard）。在本节中，我们着重就逆向选择和道德风险的有关问题进行分析。

一、信息的事前非对称与逆向选择问题

所谓信息的事前非对称是指买卖双方在签约前所发生的一方掌握优势信息，一方不掌握这些信息的情况。在这种情况下，具有信息优势的一方依据他所掌握的私人信息进行决策时就可能出现逆向选择行为。比如，由于企业难以观察员工的能力高低，低能力员工就可能在招聘时想方设法伪装成高能力的员工而得到报酬丰厚的工作岗位；保险公司由于难以事先观察到投保人的真实健康状况，那些健康状况差的人就可能通过伪装成身体健康的人来参加医疗保险。显然，这些逆向选择行为会对不掌握这些私人信息的另一方造成不利的影响，从而导致市场效率的降低。

1. 柠檬（或二手品）市场模型

西方学者很早就认识到人们的逆向选择干扰着市场的有效运作。英国商人和公职人员托马斯·格雷欣（Thomas Gresham）在1558年就提出了一个现象：如果两种面值相等

但却不等值的金属材料制成的硬币同时被投放到市场上,那么,由较便宜的材料制成的硬币会把另一种硬币驱逐出货币流通市场,这一"劣币驱逐良币"现象又被称为格雷欣定律。

然而,对逆向选择问题的现代理论研究,则始于美国经济学家乔治·阿克洛夫(George Akerlof)1970年发表的论文《柠檬市场》。阿克洛夫在该文中考察了当旧车的质量是卖方所拥有的私人信息时二手车市场上可能出现的严重的市场萎缩和效率损失问题。

"买的没有卖的精"是市场上人们常说的一句名言,在旧车市场上,买二手车的买主仅凭车的外观难以判断旧车的质量到底如何,有关旧车的质量信息只有卖主清楚,这样,买主只能根据市场上旧车的平均质量出价,但高质量旧车的卖方很可能由于买方出价不够高而退出这一市场,其直接后果是市场上二手车的平均质量下降,这就降低了买方对整个市场上旧车的平均质量的预期,为此买方将进一步降低出价,这会导致又有一部分较高质量的旧车退出市场。如此往复的结果可能导致整个二手车市场失灵和市场效率的丧失。下面,我们通过"二手车市场"模型来分析旧车市场上的逆向选择行为及其影响。

(1) 简化模型:只有两类卖主且买卖双方偏好相同。假设某旧车市场上的某种旧车的质量只有两种类型:$\underline{\theta}$ 和 $\bar{\theta}$,且这两种类型的车各占一半,买卖双方对此都很清楚。另外,买卖双方对两种类型旧车价值的评估完全一致,且都等于旧车质量本身,即双方对高质量旧车的评价为 $\bar{\theta}$,设 $\bar{\theta}=60\,000$,双方对低质量旧车的评价为 $\underline{\theta}$,设 $\underline{\theta}=20\,000$。如果成交价格为 P,那么买方的效用 $U_B=\theta-P$,卖方的效用 $U_S=P-\theta$。这里,θ 表示进行交易的旧车的质量,θ 可以为 $\underline{\theta}$ 或 $\bar{\theta}$。

我们还假设双方的保留效用为零,也就是说只要 U_S 不小于零,卖方就希望出售旧车,同样,只要 U_B 不小于零,买方就愿意购买旧车。

让我们先来看一下没有不对称信息时的情况将会如何。我们可以将此时的结果作为一种基准或参照与存在不对称信息时的情形进行比较。

既然信息是对称的,那么旧车的质量就对买方透明,根据前面的假设,此时买方要么以 60 000 元的价格从卖方手中买一辆好车,要么以 20 000 元的价钱从卖方那里买一辆差车,两类车都能卖出去,双方的愿望都能得以实现。

如果信息是不对称的,那么在交易时买方无法分辨所购旧车的质量,但是他知道,如果所有的旧车拥有者都来卖车的话,他就各有一半的可能性买到两类不同质量的旧车。这样,在购买前他对旧车价值的预期为:

$$E(\theta) = 0.5\underline{\theta} + 0.5\bar{\theta} = 40\,000$$

也就是说,买方所能出的最高价格只有 40 000 元,这个价格当然是高质量旧车的拥有者所不能接受的,因而他不会向市场出售高质量二手车。预见到这种情况,买方也就知道自己只可能买到低质量的旧车,于是他最多只肯出价 20 000 元,这个价格刚好使低质量旧车能够成交。在这里我们看到,旧车市场上的信息不对称使高质量的旧车反而无法成交,这与"劣币驱逐良币"的道理相类似,低质量的旧车将高质量的旧车驱逐出了二手车市场。与对称信息下的情况相比,有一半的潜在交易无法达成,显然,这是不对称信息导致的一种市场失灵的结果。

（2）一般模型：卖主的类型连续分布且买卖双方偏好相同。上述简单模型描述的是一种较为极端的情形，即假设旧车的质量只有两种类型。但是，现实中被拿到旧车市场上卖的二手车却是五花八门的，从即将报废的到性能完好如新的都有。因此，我们要修改前面关于旧车质量分布的假设，现在我们假设旧车的质量在从 $\underline{\theta}$ 到 $\overline{\theta}$ 的这个范围内是连续且均匀分布的。具体来说，旧车质量在 $[20\,000,60\,000]$ 的区间上均匀分布，密度函数为 $F(\theta) = \dfrac{1}{60\,000 - 20\,000} = \dfrac{1}{40\,000}$。

按照上述假设，信息不对称问题对二手车市场会有多大的影响呢？

与前面相类似，我们知道此时如果没有信息不对称，那么市场均衡的结果就是每辆待出售的旧车均被按质论价地买走，所有的交易都能实现。

然而，当旧车质量不能被观察到时，即便是最高质量的旧车进入市场，如前所述，因为买方对旧车质量的预期值为 $E(\theta) = 40\,000$，买主也只能根据市场上旧车的平均质量 40 000 元出价，而且买方所能开出的最高价格就是 40 000 元，这样卖方就不会愿意把质量在 40 000 元以上的车子拿出来卖。预期到这一点后，买方对旧车平均质量的期望值 $E(\theta)$ 就变为 30 000 元，从而其意愿出价就相应地降低到 30 000 元。于是质量在 30 000 元以上的那部分旧车也会退出市场，只有平均质量在 30 000 元以下的二手车卖主愿意出售。所有平均质量大于 30 000 元的旧车都退出市场后，市场上旧车的平均质量就从 30 000 元降到 25 000 元，这时所有买方的出价会再次下调，这个过程会一直持续下去。

这是一个无穷等比级数，最后收敛在唯一的均衡价格 20 000 元上，此时，所有质量大于 20 000 元的旧车都退出市场。因为 θ 是连续分布的，出现 $\theta = 20\,000$ 的概率趋近于零，因而无车成交，整个旧车市场消失了。

我们也可以通过对旧车的供求分析来得出上述结论。如图 15-7 所示，我们用价格与平均质量之间的对应来描述旧车（或旧车质量）的供给与需求曲线。对于需求方，他所能出的最高价格（即最高支付意愿）就等于旧车的平均质量，因此需求曲线是一条向右上方倾斜的 45°线，即图中的 OC。对于供给方，低于 20 000 元的价格是无法接受的，高于 60 000 元的出价会使所有旧车都进入市场，但此时即使价格再提高，平均质量也还是保

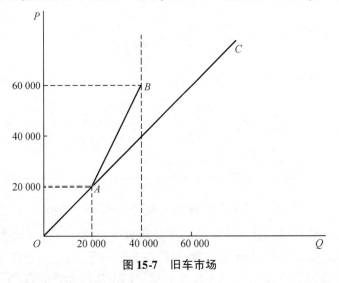

图 15-7 旧车市场

持 40 000 元不变。除去以上两种情况,当价格在 20 000 元到 60 000 元之间变化时,进入市场的旧车的平均质量就会跟着变化,给定价格 P,愿意出售的旧车的质量应当处于 $\underline{\theta}$ 到 P 之间,因此市场上旧车的平均质量与价格之间的关系就可以由下式表示:

$$E[\theta | P] = 0.5\underline{\theta} + 0.5P = 10\,000 + 0.5P, \quad 20\,000 \leq P \leq 60\,000$$

于是,在此价格范围内的供给曲线就如图中的线段 AB 所示。最后我们看到,供给曲线与需求曲线只在 A 点相交,市场上旧车的均衡价格是 20 000 元,只有质量最差的旧车进入市场。这正是我们前面分析得出的结果:当旧车质量服从连续的均匀分布时,不对称信息问题使整个旧车市场不复存在。

(3) 模型的进一步扩展:卖主的类型连续分布但买卖双方的偏好各不相同。在以上分析中,无论假设只有两种质量类型,还是假设质量的分布是连续的,所得出的结论基本相同:交易量几乎为零,市场将完全失灵。这一分析所得出的结论未免过于极端。而且,在现实世界里旧车市场是存在的,也并非只有质量最差的二手车才能达成交易。下面我们要对上述模型加以扩展,由此所得出的结论就更能够接近现实情况。

第一,买卖双方评价不同,且买者对旧车的评价高于卖者。

假定 k 为买者评价大于卖者的倍数,即 $U_B = k\theta > U_S = \theta, k \geq 1$。如果双方以价格 P 成交,买者的效用为 $U_B = k\theta - P$,卖者的效用为 $U_S = P - \theta$,最后交易能够带来的净剩余为 $U_B + U_S = (k - 1)\theta$。

显然,如果 $k = 1$,所得出的结论与前述情况相同。如果 $k > 1$,则 $U_B > U_S$,均衡价格和均衡质量均高于前述的均衡价格和均衡质量,并且 k 越大,均衡价格越高,交易量越大。

上述情况也可以用图 15-8 来表示。图 15-8 中的需求曲线 OC 应当更为陡峭一些,即绕着 O 点向逆时针方向旋转。于是,需求曲线就完全有可能同供给曲线在 AB 内部的某一点(甚至更高的位置)上相交。也就是说,市场的均衡价格要高于 20 000 元,有一部分较低质量的旧车能够实现交易。

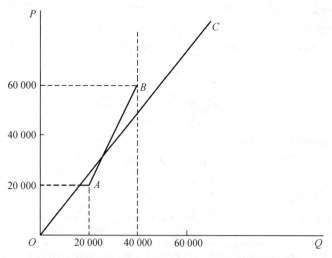

图 15-8 旧车市场的部分消失(买卖双方评价不同)

这个结果也意味着那些最高质量的旧车总是最难达成交易的。因为此时只有卖方自己知道手里的是好货,但市场无法分辨,只能按总体情况出一个中间价格,而这个价格很可能是卖方不能接受的,这正是基本模型所揭示的本质所在。的确,在民间的古玩、字画交易场所,我们很少看到有外行的买家能淘到什么值钱的东西,在那种市场,他们只可能出中间价格,所以必定也只能买到庸品或赝品。

第二,卖方评价不同。

前面的基本模型也没有考虑卖方的异质性。现实中,对于同一辆旧车,不同的卖家会有不同的评价。那些已经买了新车并且家中车位紧张的卖家对旧车的评价可能较低,而那些觉得旧车还能将就一阵的卖家的评价则相对更高一些,他们甚至还对旧车有了感情,不轻易卖,这样的卖家对旧车的评价就可能更高一些。

假定卖者对车的评价为 $U_S = (1+\omega)\theta$,这里 ω 可正可负,是一个均值为零的随机变量。当且仅当 $(1+\omega)\theta \leq P$ 时,卖者才会卖车。这就是说,如果 $(1+\omega)\theta > 60\,000$,即使 $P = 60\,000$,卖者也不愿意出售;反之,如果 $(1+\omega)\theta < 20\,000$,即使 $P = 20\,000$,卖者也愿意出售。

上述结论也可以用图15-9来表示。在图15-9中,供给曲线会发生变化,在价格低于20 000元时也会有一部分旧车的供给,在价格为20 000元时旧车的平均质量也将高于20 000元。这样,供求曲线就完全可能相交,且交点上的价格要高于20 000元,市场也就没有完全瘫痪。也就是说,仅仅考虑卖方评价的差异性也能使我们得到更为接近现实的结果。

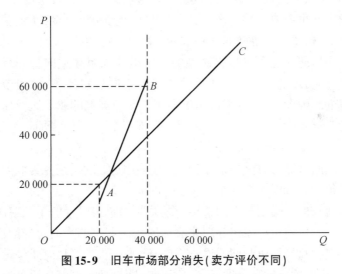

图 15-9　旧车市场部分消失(卖方评价不同)

2. 逆向选择问题的解决

前述的二手车市场模型揭示了逆向选择的存在可能导致市场完全失灵的严重后果,通过对模型的各种扩展,我们进一步说明了由于一些可能的原因,市场往往只是部分地失灵,我们仍然能够观察到一定数量的市场交易存在,只是其中被交易的商品往往是低质量的。

但是在扩展模型中,这种改变完全依赖于一些客观存在的条件,如对商品评价的不同、买方掌握信息的能力有差异等。然而,我们或许更为关心如下的问题:现实中市场是否能够通过其他机制来减少不对称信息的不利影响?交易双方又是否能够主动地做点什么呢?毕竟,现实中"二手车市场"上也是有高质量商品达成交易的,那么,这样的交易是如何实现的呢？在此我们列举一些可能的情况。

（1）声誉。现实中买卖双方并非只进行一次性的交易,这种买卖关系很可能会长期维持。于是,卖方将会发现通过为自己的高质量商品建立某种声誉就能够吸引渴望高质量商品的买方,从而扩大交易。对于买方来说,通过最初试探性的交易来发现潜在的有信誉的卖方往往也是值得的,因为他很可能一劳永逸地找到高质量商品的可靠货源。

当然,为了让声誉发挥作用,就必须使买方能够识别或记住特定的卖方。现实中的确存在这样的机制。最为通常的,卖方可能拥有固定的营业场所,这就是为什么一些著名品牌都会设立自己固定的专卖店的道理。此外,卖方也会通过建立商标、做大规模的商品广告等手段来将自己区别于他人。

如果交易者之间能够建立一种诚信的社会惯例,那么信息不对称的问题就能迎刃而解,并且此时也无须花费那些用于识别卖方的成本,这样的结果当然是帕累托最优的。在人与人之间能够很好沟通交流的情况下,这种诚信的社会惯例就有可能演化出来。现在品牌已经做大的青岛海尔,曾经在人们抢着买家用电器的短缺时代,就非常有远见地砸了一批有质量瑕疵的家用电冰箱。此事曾广为流传,这正是企业讲求诚信的一种信号。

基于类似的道理,你最好不要期望能在流动摊贩那里买到贵重的东西,因为你买到次品的可能性很大。也不要在乘火车到达旅行目的地后因肚子饿就急着在附近随便找饭店吃饭,因为你和这些饭店之间的交易基本上都是一次性的。

（2）政府干预措施。还可以用强制性的行政措施来阻止逆向选择行为的发生。例如,因非对称信息而出现的老年人健康保险市场的逆向选择问题,说明市场在这一领域的调节是无效率的。因此,在老年人健康保险或与此相类似的职工医疗保险领域所出现的市场失灵通常需要政府干预。如可建立社会保险统筹,也可由政府、企业、个人共同出资对个人进行医疗保险,这就是所谓的共同保险(co-insurance)。这就相当于排除了一部分投保人退出市场的可能,这样保险市场的市场失灵就得以纠正。类似的例子还有所有新入学的学生必须集体投保人身安全险、健康险等。

（3）信号发送与信息甄别。逆向选择问题并非一定通过政府干预解决,实施某些有效的制度安排或有效措施也可以消除因非对称信息而产生的逆向选择问题。比如,二手车市场的卖主向买主提供一定时期的维修保证,请独立的工程师对质量进行检查,等等。因为对卖主来说,车的质量越高,维修保证的预期成本越低,所以高质量的车主提供维修保证的积极性显然大于低质量的车主;买主将维修保证看作高质量的信号,从而愿意支付较高的价格,这就是所谓的信号传递。在保险市场上,保险公司提供不同的保险合同供投保人选择,诱导投保人透露各自的隐藏信息,令不同风险的投保人选择适合于自己的最优合同,这就是所谓的信息甄别。

也就是说,信号传递是指拥有私人信息的一方通过采取可被观测到的行动向另一方发送信号来显示私人信息;信息甄别则是由处于信息劣势的一方通过一定的措施来甄别信息。二者的差异在于,在信号传递中,有私人信息的一方先行动;而在信息甄别模型中,没有私人信息的一方先行动。

信号传递与信息甄别的现象在现实生活中比比皆是。信号传递在产品质量不易被判断的商品市场上最为常见。例如,夏天买西瓜时,很多人是不会挑瓜的,这时瓜农就会主动要求给西瓜开一个三角形的口子让人看到鲜红的瓜瓤。不过，精于挑瓜的人是不愿这样的，因为这会影响西瓜的保鲜。然而，有些时候，想要买好瓜的人却不得不接受类似的遗憾。例如，当你到家具大卖场里去选购床垫时，你可能会发现，所有商家向你推荐的好的床垫都是带有拉链的，拉开拉链你可以看清里面弹簧的质地与数量。除商品市场外，信号传递的例子还有很多。例如，一家合股公司可能根据公司的资产净值发行债券，其目的是向潜在的股东表明，市场低估了它的未来收益。在动物世界中，"高质量"的雄性动物可能会通过显示它们较长的尾巴或鲜亮的羽毛等来表明它们自身是健康强壮的。

信息甄别的机制也非常常见。例如，劳动力市场上存在着有关雇员能力的信息不对称，雇员知道自己的能力，雇主不知道，但雇员的教育程度向雇主传递了有关雇员能力的信号。教育水平之所以成为传递雇员能力的信号，其关键之处在于，高能力的人受同样教育的成本低于低能力的人，低能力的人的理性选择是低教育水平，这样，高能力的人通过选择接受教育就把自己与低能力的人区分开来。

在实际工作中，不同的劳动报酬机制也是一种信息甄别机制的例子。一家企业同时实行计件工资制和计时工资制，其结果是，生产率高于平均生产率的工人都会选择计件工资制，而生产率低的工人则倾向于选择计时工资制。许多人寿保险合同都规定，合同生效的某一时段内，比如说头一两年，如果投保人死亡，保险公司只支付相当有限的金额。接受这种条款的投保人一定程度上向保险公司承诺了他的健康状况，因为如果某人知道自己患了不治之症，死亡多半会在近期发生，他是不会选择这类保险的。

需要指出的是，一种行为要成为能够传递信息的信号，形成一种信号机制，关键并不在于它是否具有实际意义（事实上雄性动物鲜亮的羽毛对于特定的雌性没有实际意义），而在于它必须是有成本代价的，而且通常对于不同"品质"（质量优劣、健康强壮程度）的发信号方，成本代价要有差异。如果一种行为没有成本，或者不同品质的发出方采用这种行为的成本代价没有差异，那么品质差的发出方就会发出与品质好的发出方同样的信号，从而使信号机制失去作用。

专栏 15-1

人寿保险市场上的逆向选择

旧车市场出现"劣品驱逐良品"的原因是信息不对称，而导致买方对卖方进行了逆向选择。还有其他市场存在逆向选择。最典型的是人寿保险市场。保险的买卖双方所掌握的信息是不对称的。每一个希望购买医疗保险的人最了解自己的健康状况，而保险公司并不了解每个投保人的健康状况，只能根据每个人的平均健康状况或者说平均的患病率收取保险费。在保险公司按照平均健康状况收取保险费的情况下，谁会购买保险？当然是那些身体不太健康的人。对那些身体健康的人来说，保费太高，他不会去购买保险。为了减少保险公司的支出而增加保险公司的收入，保险公司将提高保险费，按照这些不太健康的人的平均健康状况收取保险费。保险费上涨后，只有那些患病率较高的人仍然愿意购买保险，这将导致保险公司进一步提高保险费，这又赶走了一批较健康的人，最终只有那些患有严重疾病或绝症的人才购买保险，而他们正是保险公司所最不想要的顾客。这样保险公司对买主进行了逆向选择，通过提高价格赶走了健康状况好的顾客。

二、信息的事后非对称与道德风险问题

与逆向选择不同,道德风险产生于事后非对称性信息,即在交易合同签订后拥有信息优势的一方对不掌握真实信息的另一方所造成的不利影响。例如,员工受雇后是否按所签订的劳动合同努力干活,个人购买房屋财产保险以后是否对房屋的安全足够重视等现象都属于道德风险问题。

尽管现实中存在种种道德风险的问题,但有关道德风险的理论发展及其对具体问题的应用是从20世纪60年代才开始的。人们首先关注的是保险市场。1963年,阿罗在《美国经济评论》12月号上发表了《不确定性和医疗保健福利经济学》一文,同年年底又作了一篇演讲,题为《保险、风险和资源配置》,多次阐述了这一问题。

下面我们以家庭财产(比如自行车)保险为例来阐述这一问题。为简化起见,假设所有的居民区自行车失窃概率相同,因而不存在逆向选择问题。但是,自行车车主采取的行动却会对失窃的概率产生影响。假如自行车车主因嫌麻烦而未给车装锁,或仅配置了易损坏的轻便锁,那么,同使用安全锁相比,自行车被盗的可能性更大。我们把影响某种事件发生概率的行动称作提防行动。如果消费者不能买到保险,全体骑自行车的人就会大量使用昂贵的车锁。在这种情况下,个人就要承担其行动的全部费用,因此,他需要对提防进行"投资",直到谨慎的措施所产生的边际效用恰好等于边际成本为止。然而,如果消费者能够买到自行车保险的话,那么车被盗造成的个人费用负担就会变得很小。因为车失窃后,他只需向保险公司提出报告,然后就能拿到重置一辆新车的保险金。如果保险公司全部赔偿,消费者显然就没有动力采取提防行动,而保险公司又无法监督或观察消费者的行动(当然采取这一行动也是要花费很大代价的),这就出现了道德风险。

1968年,马克·保利(Mark Pauly)以《道德风险经济学》为题,在《美国经济评论》上较详尽地讨论了这一问题。他指出,由于道德风险的存在,全面保险的最优性便不再有效了。保利同时认为,道德风险其实也是一种"理性的经济行为"。尽管如此,如果个人能够不受任何限制而按自己的意愿花费保险公司的补偿额,那么,从社会角度来看,这样得到的资源分配必定不是最优的。阿罗在同期杂志对保利的论文进行评论。他十分同意保利的分析,并进一步指出,一个成功的经济体制的特征之一就是委托人和代理人之间的相互信任和信赖关系强烈到即使进行欺骗是"理性的经济行为",代理人也不会施行欺诈的程度。保利论文的意义在于:价格制度在一定范围上内在地受到了这样的限制,即在不确定性的情况下,人们不能确定最优定价所需要的真实差别。最后他得出推论:"非市场控制,不论是内在地作为道德原则,还是外在地强制施行,在某种程度上,它对效率来讲都是必需的。"

道德风险不仅会导致保险公司遭受损失,而且也妨碍市场的有效配置。这一理论分析对我国有很大的警示意义。例如,我国公费医疗中就存在着大量的道德风险现象。在公费医疗制度下,政府充当了医疗保险公司的角色,对每一个享受公费医疗的人实行全额的医疗保险,结果,享受公费医疗者的败德行为,一方面造成医药的大量浪费,另一方面使得对于医疗服务的需求大大超过供给。很显然,道德风险的存在与事后的信息非对称有很大关系。1985年阿罗进一步把这类非对称信息划分为隐蔽行动(hidden action)和隐蔽信息(hidden information)。前者包括不能为他人准确观察或臆测到的行动,因此,对

这类行动订立合同是不可能的。后者则指从事经济活动的人对事态的性质有某些但可能不够全面的信息,这些信息足以决定他们采取恰当的行动,但他人则不能完全观察到,即使他人观察到了,他们也仍然不能断定这些行动对谁有利。通常分析隐蔽行动的例子是:工人的努力,雇主无法做到不付代价就可监督;投保人采取预防措施以降低由于他们的缘故而发生事故和遭受损失的可能性,承保人也不能无代价地进行监督。隐蔽信息的例子是专家服务,譬如医生、律师、修理工、经理和政治家的服务。

显然,前面我们已提到过关于应对道德风险的有关措施,解决的办法是通过某些制度设计使投保人自己约束自己的行动,这就是最优合同的制度设计问题。在制度设计中,非市场制度也可能逐步减缓某些道德风险问题。例如,职业许可证和证书制度限制了医生、律师及其他许多专业人员的人数。这一制度设计可确保最低质量提供,同时保证了专业人员获得高收入,因而撤销许可证就成为一项很重的罚金。

本章总结

1. 经济学中"风险"和"不确定性"是有区别的。"风险"是指那些每种可能发生的结果均有一个可知的发生概率的事件,而"不确定性"是指那些每个结果的发生概率尚为不知的事件。

2. 消费者在考虑一些具有风险性的决策行为时,不应该考虑他的货币期望值,而应考虑他的效用期望值,效用的大小才是决定消费者行为的原动力,这样就可以解决圣·彼得堡悖论。

3. 现实中,人们对待风险的态度各不相同,经济学中将人们对待风险的态度分为三类:风险规避者、风险偏好者和风险中立者。消费者大多是风险规避型的,因此,消费者通常会通过买保险的方式来规避风险。

4. 风险规避者为规避风险愿意放弃一部分收入。风险规避者将会购买足够的保险,以使他们从任何可能遭受的损失中得到全额的补偿。

5. 逆向选择是指在买卖双方信息非对称的情况下,差的商品总是将好的商品驱逐出市场的现象。换句话说,逆向选择就是拥有信息优势的一方,在交易中总是趋向于做出尽可能有利于自己而不利于别人的选择的情况。

6. 道德风险是指在买卖双方信息非对称的情况下,拥有信息优势的一方行为的变化对于另一方来说是未知的,无法把握,并且会给后者带来一定成本的现象。

复习思考题与计算题

1. 请判断下列说法是否正确,并简要说明理由:

(1) 一个人面对两种收入可能,一种是获得 2 000 元和 1 000 元收入的概率均为 0.5,另一种是获得 2 500 元和 500 元收入的概率各为 0.5,两种情况的期望收入相同,故消费者对二者的评价相同。( )

(2) 一个消费者的效用函数为 $u(w)=w^{0.5}$,有两种可能的收益,第一种是获得 4 元和 25 元的概率均为 0.5,另一种是他获得 9 元和 16 元的概率分别为 0.4 和 0.6,则他对第一种的评价好于第二种。( )

(3) 对于两种赌博,不论他们的期望报酬怎样,一个风险厌恶者总会选择方差小的那种。( )

(4) 某消费者不属于风险厌恶者。他有机会通过支付 10 元去买一张彩票,这张彩票将使他以 0.05 的概率赢得 100 元,以 0.1 的概率赢得 50 元,有 0.85 的概率他将一无所获。如果他明白胜算的可能并且计算没有错误,那么他将买下彩票。
(   )

(5) 如果某消费者是风险偏好者并且他的篮球队有 0.5 的概率胜出,当该消费者押注 x 时,他将在他的球队胜出时赢得 x 元,在他的球队败时损失 x 元。给定消费者有 100 元,那么该消费者宁愿在他的球队上押注 10 元而不是 100 元。   (   )

(6) 某消费者有冯·诺依曼-摩根斯坦效用函数 $u(c_a,c_b;p_a,p_b) = p_a v(c_a) + p_b v(c_b)$。$p_a$、$p_b$ 分别是事件 a 和事件 b 发生的概率,c_a 和 c_b 分别是以事件 a 和事件 b 而定的消费。如果 $v(c)$ 是一个增函数,这个消费者必定是风险偏好者。   (   )

(7) 保险公司必须考虑人们买了房子火灾保险后放火烧房的可能性,这就是道德风险的典型例子。   (   )

(8) 人们选择的汽车总是没有所述的那么好,这种情况是逆向选择的例子。
(   )

(9) 人寿保险公司必须考虑买人寿保险的人比没有买的人容易得病的可能性,这是逆向选择的例子。   (   )

2. 请判断在下列各种状况下,何者为风险偏好者?何者为风险规避者?(假设每个人的效用皆为单调函数)

(1) 对某彩票的效用期望值大于货币期望值的效用。

(2) 对某彩票的效用期望值小于货币期望值的效用。

(3) 对某彩票所愿购买的最高价大于其货币期望值。

(4) 对某彩票所愿购买的最高价等于其货币期望值。

3. 根据圣·彼得堡游戏,若庄家对货币的效用函数为 $TU(M) = \ln M$,则当赌者出 5 元钱玩一次时,庄家是否会同意?为什么?

4. 某个消费者具有 N-M 效用函数,他面临四种结果:A,B,C,D,对这四种结果的偏好顺序为:$A > B > C > D$。实验显示该消费者认为:

$$B \sim (0.4, A, D), \quad C \sim (0.2, B, D)$$

请你对 A,B,C,D 这四种结果构建一组 N-M 效用值(即效用指数)。(提示:可以对效用指数任意设定。)

5. 假设有两张彩票,其中奖的情况如下:

甲彩票		乙彩票	
中奖金额(元)	概率	中奖金额(元)	概率
400	8/15	900	0.2
100	7/15	100	0.8

(1) 若 A 对货币的效用函数为 $TU(M) = M^{0.5}$,则 A 对甲、乙两彩票的效用期望值各为多少?A 会偏好哪张彩票?哪张风险较大?

(2) A 最高愿意出多少金额来购买乙彩票?对乙彩票而言,A 对其效用期望值与货币期望值的效用何者较大?

(3) 若 B 对货币的效用函数为 $TU(M) = 20 + 2M$, 则 B 会偏好哪张彩票? 他最高愿意出多少金额来购买乙彩票? 此价格是否会等于货币期望值?

6. 设李四对 1 元与 1 000 元的效用分别为 $U(1) = 1, U(1 000) = 10$, 若他对一张可确定得到 100 元与另一张 $(0.2, 1, 1 000)$ 的彩票的偏好相同, 则根据 N-M 效用指数, 李四对 100 元的效用为多少?

7. 张三想到欧洲旅行, 在旅途中其所获得的效用决定于其花费的大小, 其效用函数为 $TU(M) = \ln(M)$, 今张三有 10 000 元, 则

(1) 若张三在旅途中遗失 1 000 元的概率为 25%, 求其旅途的效用期望值。

(2) 若张三购买支票遗失保险, 其所须付的保费为 250 元(保 1 000 元的金额), 则张三是否会购买此保险? 为什么?

(3) 张三最高愿意出多少保费来购买此保险?

(4) 设张三购买保险后反而更粗心, 因此其遗失 1 000 元的概率提高至 30%, 则正确保费为多少? 此时张三是否会购买此保险?

8. 假定某消费者的货币效用函数为 $U = M^{0.5}$, 他的全部家庭财产为 90 000 元, 发生一次火灾的概率为 5%, 可能损失 80 000 元。假定保险公司愿意按照一个"公平"的收费率(即该消费者的期望损失)提供保险, 该消费者是否愿意参加保险? 他的效用函数是凸的还是凹的?

9. 假定某户居民拥有财富 10 万元, 其中包括一辆价值 2 万元的摩托车。该户居民所住地区时常发生盗窃, 假设该户居民的摩托车被盗的可能性为 25%。假定该户居民的效用函数为 $U(w) = \ln(w)$, 其中 w 表示财富价值。

(1) 计算该户居民的效用期望值。

(2) 如何根据效用函数判断该户居民是风险规避者还是偏好者?

(3) 如果居民支付一定数额的保险费就可以在摩托车被盗时从保险公司得到与摩托车价值相等的赔偿。试计算该户居民最多愿意支付多少元的保险费。

(4) 在该保险费中"公平"的保险费(即该户居民的期望损失)是多少元? 保险公司扣除"公平"的保险费后的纯收入是多少元?

10. 有一种彩票, 赢则可获得 900 元, 其概率为 0.2, 输则仅获 100 元, 其概率为 0.8。假定某消费者的效用函数为 $U(M) = \sqrt{M}$, 试问:

(1) 该消费者对风险的态度是什么?

(2) 该消费者最高愿意花多少钱去购买这张彩票?

(3) 该风险溢价的值为多少?

11. 一个具有 N-M 效用函数的人拥有 160 000 单位的初始财产, 但他面临火灾风险:一种发生概率为 5% 的火灾会使其损失 70 000; 另一种发生概率为 5% 的火灾会使其损失 120 000。他的效用函数形式是 $U(W) = \sqrt{W}$。若他买保险, 保险公司要求他自己承担前 7 620 单位的损失(若火灾发生)。这个投保人愿意支付的最高保险金是多少?

12. 某个人具有 N-M 期望效用函数, 其效用函数形式为 $u(w) = \sqrt{w}$。他的财产初值为 4 元。他拥有一张奖券, 该奖券值 12 元的概率为 1/2, 值 0 元的概率为 1/2。这个人的期望效用是多少? 若要他出让该彩票, 其索取的最低价会是多少?

13. 一个农民预计在未来的一个播种季节里,雨水正常与否的概率是一半对一半,这样他的预期效用函数为:

$$EU = 0.5\ln Y_{NR} + 0.5\ln Y_R$$

这里,Y_{NR}与Y_R分别代表农民在"正常降雨"与"多雨"情况下的收入。

(1) 假定农民一定要在两种有如下表所示收入前景的谷物中进行选择的话,他会种哪种谷物?

谷物	Y_{NR}	Y_R
小麦	28 000	10 000
玉米	19 000	15 000

(2) 假定农民在他的土地上可以每种作物都播种一半的话,他还会选择这样做吗?请解释你的结论。

(3) 怎样组合小麦与玉米才可以给这个农民带来最大的预期效用?

(4) 如果对于只种小麦的农民,有一种要花费4 000元的保险,在种植季节多雨的情况下会赔付8 000元,那么,这种有关小麦种植的保险会怎么改变农民的种植情况?

14. 如一个人拥有初始财产W_0,他面临一场赌博,赌博的奖金或罚金都是h,赌博的输赢概率都为0.5(公平赌博)。若这个人是风险规避者,则他便不会参加该赌博。请你证明这个结论。

15. 一种产品有两类生产者在生产,优质产品生产者生产的每件产品值14美元,劣质产品生产者生产的每件产品值8美元。顾客在购买时不能分辨优质产品和劣质产品,只有在购买后才能分辨,如果消费者买到优质产品的概率是p,则买到劣质产品的概率为$1-p$。这样,产品对于消费者的价值就是$14p + 8(1-p)$。两类生产者的单位产品生产成本都稳定在11.5美元,所有生产者都是竞争性的。

(1) 假定市场中只有优质产品生产者,均衡价格应是多少?

(2) 假定市场中只有劣质产品生产者,均衡价格将是多少?

(3) 假定市场中存在同样多的两类生产者,均衡价格将是多少?

(4) 如果每个生产者能选择生产优质产品或劣质产品,前者单位成本为11.5美元,后者单位成本为11美元,则市场价格应是多少?

16. 什么是市场的逆向选择?举例说明解决逆向选择的基本方法。

17. 在一个二手车市场上有100个二手车的出售者,还有100个购买者。这些汽车中有50辆是"俏货",另外50辆是"次货"。汽车的所有者知道汽车的质量,但买家并不清楚。次货的所有者希望每辆车卖1 000美元,俏货的所有者希望能卖2 000美元。汽车的购买者愿意对俏货支付2 400美元,对次货支付1 200美元。那么市场达到均衡时的销售量和销售价格是多少?

18. 在某个小镇上有200个人想卖旧车。镇上每个人都知道这些车里有100辆是次品,另100辆是好车。问题是,除了车的原主人以外,没有任何人知道哪辆车是次品,哪辆车不是。次品的主人愿意以任何高于200元的价格出售他的车,而好车的主人愿意以任何高于1 500元的价格出售他的车,但是如果他不能得到1 500元,那么他宁愿不卖。有许多买主愿意出 2 500 元来买一辆好车,但只愿意出 300 元来买一辆次品。当这些买主不确定车的质量时,他们会根据已知的情况来确定车的期望价值,并愿意支付这一价值。

(1) 如果小镇上有 200 辆旧车要出售,那么买车的人愿意出多少钱来买旧车?在这个价格下,好车的主人愿意出售他的车吗?在这种情况下,是否存在着所有旧车都卖出的均衡?描述一下均衡情况。

(2) 假设在另一种情况下,镇上的每一个居民都知道出售的旧车中有 120 辆好车和 80 辆次品。那么,买车的人愿意为一辆旧车支付多少呢?好车的主人愿意以这个价格出售他的车吗?在这种情况下,是否存在着所有旧车都卖出的均衡?

第十六章　　市场失灵、外部性与公共物品

▮本章概要▮

在第九章,我们曾论证了实现一个经济体系的帕累托最优状态的机制,即完全竞争市场导致一般均衡的帕累托最优状态,从而实现经济效率。这也是大多数人赞同市场经济的原因所在。但一些经济学家却认为,完全竞争的理论假设并非完全现实,特别是从整个经济的角度看,要它们在各个方面都成立是不现实的,也是不可能的。这就意味着市场机制由于其不完全性而导致其在某些领域不能起作用或不能起有效作用的情况存在,这种情况通常被称为市场失灵。

▮学习目标▮

学完本章,你将能够了解：
1. 市场失灵的含义
2. 外部性与经济效率
3. 环境污染及其治理政策
4. 公共物品与搭便车者

你要掌握的基本概念和术语：
市场失灵　外部性　非竞用性　非排他性　公共物品　公共资源　搭便车者　公地悲剧

第一节　市场失灵的含义

如前所述,完全竞争市场是建立在一系列的"市场完全性假定"基础上的。在此,我们要特别地指出以下几个主要假设：

假设16-1　竞争的完全性。在完全竞争市场上,市场主体会毫不受约束地自行其是且没有任何垄断行为。还有市场价格可以自由地、充分地按照供求规律变动。

假设16-2　信息的完全性。人们对于经济活动的各方面信息,特别是各种价格及其变动具有充分的了解,并能作出正确的预见。

假设16-3　不存在"交易成本"(transaction cost),也就是说,在私人或企业之间的"议价"过程是不必费时、费力、费钱的(这一假设的意义也在于它保证对任何一种物品都能存在一个市场)。

根据我们的考察,这些理论假设并不是完全没有现实基础的,它们都能在现实中找到某些依据。但是,它们并非是完全现实的,特别是从整个经济的角度看,要它们在各个方面都成立,既是不现实的,也是不可能的。这就意味着市场本身在现实中通常是"不完

全"的。而如果市场本身是不完全的,那么它的运行结果,即使在最好的情况下,也不可能实现前面我们所分析的帕累托最优,因而达不到经济效率。因此,我们为了使分析更接近现实,就要进一步放松完全竞争假定,考察各种不完全因素在实际经济过程中的作用和所引起的特殊后果。这种由于市场机制的不完全性而导致其在某些领域不能起作用或不能起有效作用的情况通常被称为市场失灵(market failure)。导致市场失灵的因素主要有以下几个:垄断的存在、经济外部性和公共物品。下面,我们将分别阐述导致市场失灵的因素,并提出相应的对策。

第二节 垄断与市场失灵

分析之前,我们要对垄断的含义作一界定。垄断有狭义和广义之分。狭义的垄断我们曾在第十章中介绍过,指一家厂商控制一个行业的全部销售量,即只存在唯一卖者的市场结构。但是,事实上,按照这一定义,在现实经济中很难找到一个垄断组织,从而垄断干扰了市场机制的说法也就很难成立。因此,人们提出了广义的垄断,即垄断是一个或几个厂商控制一个行业的全部或大部分供给的情况。按照这个定义,美国的汽车工业、钢铁工业、飞机制造业、化学工业、制铝业等都属于垄断行业。这些行业的大部分供给都被少数几个厂商所控制。因此,我们这里所讨论的垄断都是广义上的含义。

由前面的分析我们知道,完全竞争厂商根据 MC = P 的原则决定产量,而垄断者在定价时却要高出边际成本,即 $P > \text{MC}$。下面我们就分析一下垄断对经济效率的影响。

假定某经济中只生产两种产品 X 和 Y,且 X 由竞争性市场生产,Y 由垄断性市场生产,从而有:

$$P_X = \text{MC}_X = \text{MR}_X, \quad P_Y > \text{MC}_Y = \text{MR}_Y$$

因此,可得:

$$\text{MRT}_{XY} = \frac{\text{MC}_X}{\text{MC}_Y} = \frac{\text{MR}_X}{\text{MR}_Y} > \frac{P_X}{P_Y}$$

根据实现帕累托最优的条件,即 $\text{MRT}_{XY} = \text{MRS}_{XY}^A = \text{MRS}_{XY}^B = P_X/P_Y$,所以,如果存在着垄断市场,帕累托生产和交换最优条件不能得以满足,从而在配置生产资源时是缺乏效率的。

在第九章中,我们知道,社会总效用曲线与社会无差异曲线的切点即为社会福利最大化点,亦即整个社会实现帕累托最优的点,如图16-1 中的 E 点所示。但是,由于垄断会导致社会资源浪费,从而使社会资源无法实现最优配置,图16-1 中的 M 点便是垄断市场所造成的一种可能结果,它既没有实现帕累托最优配置(不在总效用可能曲线之上),又没有实现社会福利最大化(E 点),从而导致市场失灵。

还应强调指出,从整个社会福利最大化的角度来说,垄断所造成的资源配置并非一定比竞争所造成的资源配置要无效率。图16-1 也提供了一个例证:垄断所造成的实际资源配置(M 点)完全有可能比竞争所造成的实际资源配置(C 点)更好。当然,这仅仅是指出了一种可能性罢了,不应该以偏概全,得出垄断优越于竞争的结论。

同时,一些学者也赞成垄断,认为大企业的联合比单个厂商更能展开有效竞争,更能从事大规模生产,更能进行研发工业。但是,更多的学者在理论上反对垄断,认为垄断有许多坏处。这些坏处主要是:垄断厂商通过控制产量提高价格的办法获取高额利润,使

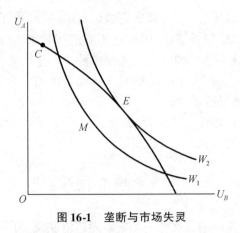

图 16-1 垄断与市场失灵

资源配置和收入分配不合理；垄断造成经济和技术停滞；垄断产生的产业和政治的结合只有利于大企业而不利于社会。因此，他们认为必须反对垄断，推动竞争，让"看不见的手"发挥作用。

为了解决垄断导致市场失灵的问题，需要采取市场机制以外的手段，例如制定反垄断法、政府征税等措施，即使对于那些自然垄断的产业，政府也需要实行价格管制以便改进其效率。有关对垄断的管制与调控，我们已经在第十章中作过介绍，这里不再赘述。

第三节　外部性与市场失灵

一、外部性的基本概念

在现实社会中，许多的生活经验告诉我们，当我们在从事经济活动时，往往会有许多的外溢现象（spillovers）发生。例如，当我们下班开车回家时，若遇到下班高峰，往往需花费更多的时间才能回家；当我们辛勤地在自家花园种植花草时，邻居也会因享受到花园的花香而感到沁人心脾。现实中诸如此类的外溢现象，我们皆称之为外部性（externalities）。这些外部性可能是一种成本，也可能是一种收益。前面所说的第一个例子是外部时间成本的例子，而第二个例子对邻居而言则属于一种额外的收益。

按照受影响的范围划分，外部性可分为"消费外部效应"与"生产外部效应"。消费外部效应指的是那些直接引起消费者个人效用满足的减少或增加的外部影响。比如，一个人的效用可因其他人抽烟、放高音喇叭等而受损，也会因邻居种植鲜花、青草而受益；消费者因企业生产过程造成的空气污染或噪音污染而受到的损害，也属于消费外部效应。生产外部效应指的是，一个企业的生产函数或生产效率受到其他经济行为主体的行为的直接影响，例如洗衣业会受到钢厂排放的烟尘的损害，而养蜂业则会受益于果树种植业的扩大。

根据外部影响的"好与坏"，外部效应可分为"正的"（positive）和"负的"（negative）两种。上面所举的例子中，抽烟、噪音、空气污染等所造成的影响，属于"负的外部效应"，又称为"外部成本"或"外部不经济"，其特征是引起他人效用的降低或成本的增加；而种花、栽树等行为对邻居或养蜂业会产生好的影响，则属于"正的外部效应"，又称为"外部收益"或"外部经济"。

二、外部性导致市场失灵

外部性的存在首先表现在私人成本与社会成本的差异上。

所谓私人成本,指的就是为生产(或消费)一件物品,生产者(或消费者)自己所必须承担的成本费用。在不存在外部性的场合,私人成本就是生产或消费一件物品所引起的全部成本。但是,若存在外部效应,情况就不同了。假定生产者 A 多生产一件物品会导致"负的外部效应",使另一个生产者 B 的生产环境恶化;为了抵消这种环境恶化的影响,维持原有产量,生产者 B 必须追加一定的成本支出,这种支出也应算作 A 多生产一件物品所引起的全部成本的一个组成部分,称作"边际外部成本"(marginal external cost, MEC);而边际私人成本(marginal private cost, MPC)与边际外部成本(MEC)的总和,就是 A 多生产一件物品的边际社会成本(marginal social cost, MSC),则:

$$MSC = MPC + MEC$$

在不存在外部效应的场合,边际外部成本 MEC 这一项等于零,从而社会成本就等于私人成本。

同理,在存在消费外部效应的场合,也会发生边际私人收益(marginal private benefit)与边际社会收益(marginal social benefit)的差异,其差额就等于边际外部收益(marginal external benefit)。

显然,在存在外部性的场合,要达到社会福利最大化,边际条件就不是私人的边际成本等于边际收益,而应是社会的边际成本等于社会的边际收益,把外部性也考虑进去。正因如此,外部性会导致无法实现帕累托最优,从而无法实现经济效率。

下面以生产的外部成本为例,说明一旦有外部性的存在,便违反了帕累托最优的三个条件。为了简便起见,假定经济中存在着两家企业 A 和 B,生产同一种产品 X,X 的价格由市场竞争决定,再假定 A 和 B 企业在生产时都存在外部成本。因此,各家的成本除了受本家产量的影响之外,还要受到对方产量的影响:

$$C_A = C_A(X_A, X_B)$$
$$C_B = C_B(X_B, X_A)$$

我们知道,在完全竞争市场中,如果不存在外部性,那么,两家企业的最佳生产资源配置应满足:

$$P = MC_A(X_A) = MC_B(X_B)$$

一旦存在外部成本,为了实现帕累托最优条件,我们必须使企业的联合利润最大化,即

$$\max \pi = \pi_A + \pi_B = P(X_A + X_B) - C_A(X_A, X_B) - C_B(X_B, X_A)$$

令一阶条件为零,有:

$$\frac{\partial \pi}{\partial X_A} = P - \frac{\partial C_A}{\partial X_A} - \frac{\partial C_B}{\partial X_A} = 0$$

$$\frac{\partial \pi}{\partial X_B} = P - \frac{\partial C_A}{\partial X_B} - \frac{\partial C_B}{\partial X_B} = 0$$

上式中的 $\partial C_A / \partial X_A$ 和 $\partial C_B / \partial X_B$ 便是厂商 A 和 B 的边际私人成本(MPC),A 的边际社会成本(MSC)为:

$$\text{MSC}_A = \partial C_A/\partial X_A + \partial C_B/\partial X_A$$

B 的边际社会成本则为：

$$\text{MSC}_B = \partial C_A/\partial X_B + \partial C_B/\partial X_B$$

从上面的分析可知，联合利润最大化条件为：

$$P = \partial C_A/\partial X_A + \partial C_B/\partial X_A = \text{MSC}_A$$
$$P = \partial C_A/\partial X_B + \partial C_B/\partial X_B = \text{MSC}_B$$
$$P = \text{MSC}_A = \text{MSC}_B$$

很显然，$\text{MSC}_A \neq \text{MPC}_A$，$\text{MSC}_B \neq \text{MPC}_B$，但是 A 和 B 均依照 $P = \text{MC}_A(X_A) = \text{MC}_B(X_B)$ 决定其产量。因此，完全有理由相信，该式所决定的产量一般来说不会等于式 $P = \text{MSC}_A = \text{MSC}_B$ 所决定的产量。

总之，如果存在外部效应，即使在完全竞争市场中，从整个社会角度来看，生产资源也没有实现帕累托最优。通常把 $P = \text{MSC}_A = \text{MSC}_B$ 仅仅看作是在有外部性约束下的最优解，人们也把这种情况称为"次优解"（second-best solution）。

三、外部性的进一步分析：联合消费与效率

经济中发生的外部成本或利益（external cost or benefits）往往起源于"联合"（jointness）的产品或消费。为了说明清楚起见，我们将引用一个例子来说明，比如，制造牛皮业及牛排业，都对食用牛有所需求，因此，市场上对牛的需求曲线，就不是如以前所说的由制造牛皮业对牛的需求曲线与牛排业对牛的需求曲线的水平加总（horizontal summation），而应是垂直加总（vertical summation），其主要的原因是制造牛皮业及牛排业皆为食用牛的联合消费。

如图 16-2 所示，D_1 及 D_2 表示牛排业及制造牛皮业的需求线，当牛排业对第 S 头牛有所需求时，其愿意支付的价格为 AS（AS 为牛排的价格），而制造牛皮业对第 S 头牛有所需求时，其愿意支付的价格为 BS（BS 为牛皮的价格），因此，对第 S 头牛的需求价格相当于 $AS + BS = SG$，这样，我们可找出 D_1 及 D_2 的垂直加总曲线，如 GEF 线，即为对食用牛的需求线。

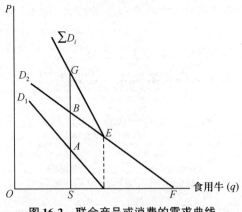

图 16-2　联合产品或消费的需求曲线

- 若某产品为联合产品，该产品的需求曲线将等于各需求产业的需求曲线的垂直加总。

当我们找出食用牛的需求线之后,加上其供给曲线 $\sum MC_i$,即可找出食用牛的均衡价格,如图 16-3 所示,设为 $GA = GC + BG$,其中 GC 为牛排的价格,而 BG 为牛皮的价格。

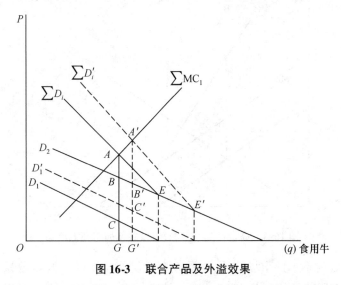

图 16-3　联合产品及外溢效果

如图 16-3 所示,倘若牛排业对牛排的需求增加至 D_1',会引起对食用牛的需求增加为 $\sum D_i'$,进而提高食用牛的均衡价格(由 GA 增加至 $G'A'$),此时,牛排的价格将由 CG 增加至 $C'G'$,而牛皮的价格将由 GB 下移至 $G'B'$。从这一例子中,我们可知牛排业对牛排的需求增加,对牛皮业将产生外溢效果,因为随着食用牛的供给增加(由 OG 增加至 OG'),牛皮业将可获得更多的供给及更低的价格。

接着,我们要介绍的是联合生产的教育问题,如同前面的例子,食用牛除了对牛排业有利外,对牛皮业亦有利,而教育除了对受教育者本身有直接的利益外,对社会亦有间接的利益。例如,受教育者可接受深一层的思考训练及获得新的知识以适应较高层次的地位,进而增加其本身的收入,这是受教育者的直接利益;对社会而言,由于国民生活水平的提高,会提高国家在国际上的地位与形象,尤其在选举时,由于国民教育的普及与知识水平的提高,对国家推行民主、促进社会繁荣具有很大的功效。然而,食用牛与教育虽然皆属于联合产品,却有很大的差异,因为食用牛的两大受益者为牛排业及牛皮业,皆为私人产品(private goods),而教育的两大受益者则不同,除了受教育者所接受的直接利益是私人产品外,社会亦将获取利益,这属于公共物品(public goods),而公共物品与私人产品之间最主要的不同点是,私人产品具有排他性(exclusion),而公共物品则无此特性。换言之,假如我吃了一份牛排,那么其他人就无法再享受这份牛排,我们称之为牛排具有排他性,因为我的消费排除了其他人消费的可能性;然而,教育则完全不同,如张三因受教育而增加了责任感,其责任感使得甲获取利益,同样,乙也可以享受相同的利益,因此无排他性存在。

如图 16-4 所示,设 MB_p 及 MB_u 分别表示受教育者的边际私人利益及边际公共利益,这两种边际利益可视为受教育年限的函数,因此,MB_p 与 MB_u 的垂直加总可视为社会的总边际利益,倘若受教育的费用亦可视为受教育年限的函数,则受教育年限越高,其边际成本越高,如图中 MC 线所示。

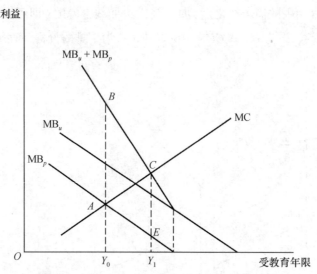

图 16-4 联合产品——教育：公共物品与私人产品

很明显，若政府不干预市场的话，则受教育者所愿接受的教育年限只有 OY_0，因为在 OY_0 下，受教育者所获得的利益为 AY_0，等于其所付出的成本，虽然此时社会亦可获得外部利益 AB，但这些利益终究不是为他个人所获得，所以此人不会花任何私人代价来购买这些利益，这对整个社会而言是一种损失。因此，政府应该采取措施，使得受教育者能够延长其教育至 OY_1，因为此时社会的边际利益会等于其边际成本，才算达到经济效益。至于用哪种方式才可达到此目标？政府可考虑助学贷款及对学校给予财政补贴以降低学费等措施。

第四节　环境污染及其治理措施

一、作为外部不经济的环境污染对经济的影响

许多行业往往在具体的生产过程中就会有外部性现象的发生，比如钢铁企业或印刷企业对空气或水的污染等，而这些污染皆未计算在这些企业的私人成本之中。实际上，环境污染乃是私人企业在最终产品的生产过程中无法避免的副产品，因此，从社会的角度看，我们应该把这些环境污染计算在成本内，因而我们可把环境污染视为生产函数中的一个生产要素，即

$$Q = f(L, K, \text{Pollution})$$

下面，我们通过一个造纸厂的例子来说明负的外部性对经济所造成的影响。比如在某条河流的上游建有一家造纸厂，河流的下游居住着一群靠打鱼为生的渔民。造纸厂在生产过程中所产生的废水排入河中造成鱼类数量的减少，这样，可供渔民打捞的鱼的数量就减少了，渔民的利益就会受到造纸厂倾倒废水的负面影响，但该造纸厂却无须对此付出任何代价。这就是一个典型的负的外部性的情况。

由于造纸厂在进行决策时不会考虑到自己的行为会对渔民造成何种损失，这样就存在私人成本和社会成本的差异。作为造纸厂来说，它对于成本的考虑仅限于自己生产的

投入成本(即私人成本)而不考虑其行为对渔民造成的损失,而社会成本则是造纸厂的投入成本与渔民所受的损失之和。

假定随着造纸厂产量的增加,给下游渔民所造成的边际损失成比例增加,如图16-5所示,D 表示市场需求曲线,该条曲线既代表消费者的边际私人利益(MPB),也代表边际社会利益(MSB)。MPC 表示造纸厂在每一个产量水平上的边际私人成本,也可以把它看作市场供给曲线 S(假如有许多企业,则该市场供给曲线是所有边际私人成本的水平加总的结果)。MEC 表示造纸厂所生产的每一个产量水平给渔民所造成的边际损失,或称为造纸厂的边际外部成本(marginal externality cost)。MSC 表示边际社会成本,它等于供给曲线 S 和在每一产量下 MEC 的垂直加总之和。

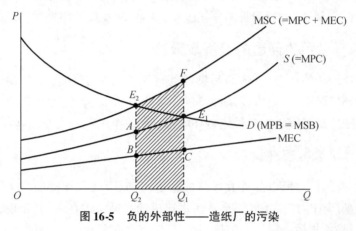

图 16-5　负的外部性——造纸厂的污染

从造纸厂的角度看,它会按照自己利润最大化的原则 MPC = MPB 来决定其最优的产量水平 Q_1,相应的均衡点为 E_1。但是,从社会的角度看,成本就不仅仅只是各种私人投入的费用,还要包括废水污染带来的负的外部性,因此,社会最优化的产量是按照 MSC = MSB 来决定的,从图上看即由 MSC 与 D 曲线的交点决定的产量 Q_2。此时实现了社会最优,相应的均衡点为 E_2。

显然,不考虑负的外部性的私人生产决策所决定的私人最优产量 Q_1 要大于社会最优产量 Q_2,而且,在 Q_1 产量处的 MSC 要大于 D,即边际社会成本大于边际社会利益,这意味着在 Q_1 产量水平上没有实现社会最优。因此,从社会角度看,应将产量减少至 Q_2 处,即 MSC 与 D 相交时才能实现整个社会的最优化。下面从福利变化的角度对上述结论进行分析。

首先,我们来分析造纸厂减产所导致社会成本(或福利的损失)的变化。由于产量从 Q_1 减少到 Q_2 会导致市场价格上升,消费者的总福利水平就会减少,在图中就是阴影部分 $E_2Q_2Q_1E_1$ 的面积,也就是曲线 D 在 Q_1Q_2 之间围成的面积。

其次,我们看造纸厂产量的变化会给整个社会带来哪些利益,或者说,会有多少的社会福利增加?这可以从如下两个方面来衡量:从厂商的角度看,由于产量减少,其投入成本也相应减少,减少数量可以用图中的阴影部分 $AQ_2Q_1E_1$ 的面积表示,该部分面积可以看作是由造纸厂产量减少而导致的社会福利的增加数量。从社会角度看,造纸厂减少产量意味着对河流的污染也会减少,而污染减少对下游的渔民或者对整个社会来说也都是一种利益。由曲线 MEC 的含义可知,由于污染减少带来的总利益是 MEC 在 Q_1Q_2 之间

围成的 BQ_2Q_1C 的面积,显然这一块面积等于阴影部分 E_2AE_1F 的面积。由此,我们可知造纸厂减产给社会带来的收益总和为 $E_2Q_2Q_1F$ 所表示的面积。

这样,我们可以对比当产量从 Q_1 减少到 Q_2 时社会福利水平的变化情况。其中成本(或福利损失)为 $E_2Q_2Q_1E_1$ 的面积,而总利益(或社会福利增加)为 $E_2Q_2Q_1F$ 的面积,两者的差额是阴影部分 E_2E_1F 的面积。这就是说,造纸厂产量从 Q_1 缩减到 Q_2 可以使得社会整体福利得到改善,改善的程度可以由阴影部分 E_2E_1F 的面积来衡量。

从上例可以看出,由于负的外部性(即环境污染)的存在,使得造纸厂的产量过大。而当我们考虑到社会成本,即按照边际社会利益等于边际社会成本的原则安排生产时,产量应从 Q_1 缩减到 Q_2,从前面的分析可知,减少产量使得社会的总体福利增加了。换言之,产量从 Q_1 减少到 Q_2 的行为是帕累托改进,到 Q_2 时实现了帕累托最优。

二、解决环境污染问题的经济政策

在经济快速增长的社会里,环境污染随处可见。因此,政府除了督促厂商改进其生产技术以减少环境污染外,更应该从经济的角度来加以管制,使得社会的经济效率达到最大,那么,有哪些经济措施来对付这些环境污染呢?下面我们将介绍几种经济措施。

1. 通过征税来治理环境污染

如前所述,造纸厂之所以会排放过量的污水,其原因就在于社会成本和私人成本之间的差异。造纸厂作生产决策时不会将污水造成的污染考虑在内,就是说污染虽是由造纸厂引发的,但是承担污染损失的主体却是其他人(比如渔民)。该外部性的根源是造纸厂无须对其排污水造成的后果负责。既然造成外部性的原因已经找到,那么解决它也就不困难了。

在上述造纸厂的例子中,造纸厂的私人最优产量是 Q_1,社会的最优产量应是 Q_2。为了克服外部性带来的产品过量供给,我们的解决方案是让造纸厂承担污染成本,具体来讲就是对其征税。造纸厂每多生产一个单位纸张,政府就征 T 元污染税,这样该厂的边际成本变为 $MPC+T$,其供给曲线就会上移,产量也就随之减少。假如政府的征税计划恰好是根据曲线 MEC 来制订的,那么造纸厂所承担的总成本就是 $MPC+MEC$,也就是正好等于社会成本。其结果是,外部性得到了很好的克服,并且产量达到了社会最优。当然,采取这种征税的方式在理论上具有可行性,但是在实际操作中,政府很难确定曲线 MEC 的高低,即政府很难把握边际污染的成本到底是多少。

2. 制定排放标准和征收排污费来治理污染

第一,制定排放标准。

让我们仍以前述造纸厂为例来探讨外部性的其他解决途径。如图 16-5 所示,社会最优产量为 Q_2,该产量同时也对应着一个污染量。也就是说,造纸厂的产量越大,其产生的污染量也就越大。虽然造纸厂可以减少其污染量,但这需要一定的成本支出。这样,作为政府制定排放标准的一个合意的污染量既要考虑污染给社会造成的损失,又要考虑治理污染的成本支出。为了更好地说明排放标准的经济含义,我们以图 16-6 来详细说明。

图 16-6 中的横轴表示造纸厂的排污量,纵轴仍然表示价格或成本。MEC 仍表示污

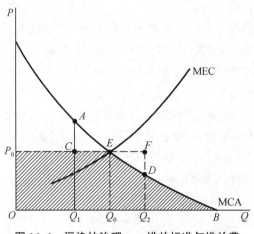

图 16-6 污染的治理——排放标准与排放费

染给社会带来的边际外部成本,它向右上方倾斜,这表示随着造纸厂排污量的增加,它对外部经济造成的损失也增大(对水和空气的污染损害研究显示,低水平的污染没有多少损害,但随着污染水平的提高,损害急剧增加)。MCA 曲线表示造纸厂为减少排污量不得不付出的代价。该曲线向右下方倾斜,因为随着污染排放水平的逐步降低,减少排放的成本越来越高(比如,污染排放量很大时,只要采取很简单的措施,如利用活性炭过滤水,付出少量的成本就可以减少一定的污染,但是,在继续减少污染的过程中,其技术就越来越复杂,要购买很昂贵的治污设备,这样治污成本自然也就越来越高)。

在我们知道了排污的边际外部成本和相应的治污边际成本后,就可以确定合意的排污水平。如图 16-6 所示,MEC 和 MCA 两条曲线的交点对应的污染量 Q_0 就是合意的排污水平。因为当污染水平超过 Q_0 时,MEC > MCA,即此时减少污染将会使社会福利增加(其理由是,此时减少一单位的污染带来的成本是 MCA,而同时带来的收益是 MEC);当污染水平小于 Q_0 时,MEC < MCA,此时增加污染会增加社会福利;只有当污染水平达到 Q_0 时,无论怎样改变污染水平也无法增进社会福利。

作为合意的排污水平,即在 Q_0 处,排放污染的边际社会成本等于减少排放的边际成本支出,此时增加或减少排放都会降低社会福利水平。现实中有许多方法可以促使排放达到这一有效水平。比如通过政府制定排污标准,实行达标排放就是其中的方法之一。在造纸厂的例子中,政府可以规定造纸厂单位时间内排放污水的标准为 Q_0 单位,如果超过这一标准,将被处以重罚甚至承担刑事责任。实施排放标准的优势在于它能够使排污水平很确定,但排污成本很不确定,那些减污边际成本较高的厂商,也不得不忍受较高的成本以达到排放标准。因此,排放标准有可能导致排污成本很高。

第二,征收排污费。

排污费是指对厂商排放的每单位污染物收取一定的费用,我们仍以图 16-6 为例来加以说明。假如政府对单位污染物征收 P_0 的排污费,将会达到有效排放水平 Q_0。此时,造纸厂也可实现其利润最大化。为什么会得出这一结论呢?这是因为征收排污费 P_0 可以最小化造纸厂的减污成本(即减少污染的成本,图中表现为 EQ_0B 的面积)与缴费成本(OP_0EQ_0 的面积)之和。下面详细说明这一结论。

当造纸厂选择 Q_1 的排污量时,$Q_1 < Q_0$,造纸厂的减污总成本就是 Q_1AB 所形成的曲

边三角形的面积,其缴费成本就是矩形 OP_0CQ_1 的面积。显然这两者之和大于图中的阴影面积,而阴影部分的面积就是厂商选择 Q_0 排污量时的总成本(减污成本加缴费成本),这时 ACE 的面积就是选择污染量 Q_1 时造纸厂多付出的成本(与污染量 Q_0 相比)。

同理,当造纸厂选择的排污量为 Q_2 时,$Q_2 > Q_0$,造纸厂的减污总成本虽然只有 Q_2DB 的面积,但其缴费成本则是矩形 OP_0FQ_2 的面积。显然这两者之和也大于图中的阴影面积,这样 EFD 的面积就是选择污染量 Q_2 时造纸厂多付出的成本(与污染量 Q_0 相比)。因此,我们可知,只有 Q_0 单位的污染水平才是最大化厂商利润的最佳水平。即当排污费为 P_0 时,可以做到让厂商自动地选择社会合意的排污水平 Q_0。

总之,排污费制度的好处在于,每一家排放污染物的厂商都选择减污的边际成本等于边际外部成本这一点对应的排污水平作为最佳排污水平。其缺陷是,该制度下的污染水平不易确定,有可能高于或低于有效污染水平。

3. 颁发可交易排污许可证

在治理污染的问题上,有时利用市场机制的作用也可以达到有效排污的目的。比如,政府可以出面颁发排污许可证,并允许许可证的买卖。这样,在该制度下,只有拥有许可证的企业才可排放其污染物。每张许可证都规定了许可排放的数量,超过规定数量将会被处以巨额罚款。许可证的数量事先确定,以使排放总量达到有效水平。许可证在厂商之间分配,并且允许买卖。如果有足够多的厂商和许可证,就可以形成一个竞争性的许可证市场,那些减污成本较高的厂商会从减污成本较低的厂商那里购买许可证。在均衡水平,所有厂商减污的边际成本都相等,都等于许可证的价格,这意味着整个行业把污染降至规定的理想数量时成本最低。这样,可交易的排污许可证制度既吸收了排放标准制度能够有效控制排放水平的优点,又吸收了排污收费制度减污成本低的优点,是一种很有吸引力的制度。

专栏 16-1

颁发可交易的排污许可证

某地区有两个造纸厂 A 和 B,它们的排污量都是 3 吨。现在政府颁发给每个厂商一张排污许可证,每张许可证允许持证者排放 1 吨的污水,如果有厂商超标排污,那么它将受到巨额罚款。换言之,政府希望将总的污水排放量控制在 2 吨。假定造纸厂 A 清除第一吨污水的边际成本是 1 000,清除第二吨污水的边际成本是 2 000,清除第三吨污水的边际成本是 3 000;造纸厂 B 清除第一吨污水的边际成本是 4 000,清除第二吨污水的边际成本是 5 000,清除第三吨污水的边际成本是 6 000。如果许可证是不可交易的,那么造纸厂 A 必须清除 2 吨污水,其总成本是 $1 000 + 2 000 = 3 000$;造纸厂 B 也必须清除 2 吨污水,其总成本是 $4 000 + 5 000 = 9 000$。那么全社会为了清除这 4 吨污水共花费 $3 000 + 9 000 = 12 000$。

现在我们引入市场机制,即允许两家造纸厂互相转让许可证。造纸厂 B 相比造纸厂 A 来说,其减污边际成本太高,所以它希望与造纸厂 A 协商以一定的价格购买造纸厂 A 的许可证,这样一来造纸厂 B 就可以排放 2 吨污水。造纸厂 A 则因为没有了许可证,所以就必须清除3吨污水。现在的问题是许可证将以怎样的价格成交。我们知道造纸厂 B 清理第二吨污水的边际成本是5 000(这实际是其购买到另一张许可证后可以得到的收益),造纸厂 A 清理第三吨污水的边际成本是3 000(这实际是其出卖许可证不得不承担的减污成本),如果双方关于许可证的转让价格是4 000,结果是双方各将收益1 000。让我们再来看看各自的减污成本:造纸厂 A 是 $1\,000+2\,000+3\,000-4\,000=2\,000$;造纸厂 B 是 $4\,000+4\,000=8\,000$;总成本是 $2\,000+8\,000=10\,000$,这比许可证不能交易时的情况节约了2 000。事实上,许可证的价格只要在3 000到5 000之间都可以节约成本,具体的成交价格要视双方的谈判能力而定。

这个例子说明在克服外部性过程中,通过适当的方式引入市场机制可以使得资源的配置更加有效率。

4. 产权交易方法治理污染

美国经济学家科斯(R. H. Coase)于1960年发表了一篇题为《社会成本问题》(The Problem of Social Cost, *Journal of Law and Economics*)的论文,以财产权的界定来讨论有关环境污染的问题,他认为空气是一种财产,那么这种财产是属于制造空气污染的厂商所有还是属于社会受害者所有呢?倘若空气是属于制造污染的厂商所有,则该厂商有权污染空气,因此想要使空气污染减少,污染的受害者必须付出一笔经费来弥补厂商因为减少空气污染而减少产量所遭受的损失;反之,若空气认定是属于被污染的受害者所有,这些受害者为了维持其利益,就必须保持空气的新鲜,制造污染的厂商若要生产其产品,就必须付一笔经费来弥补因空气污染所造成的社会损害。结果,根据科斯分析的结论,无论空气的财产权归谁所有,社会的污染程度会保持在经济效率最大的境界。我们详细分析如下。

假设有水泥和洗衣两个公司,其中水泥公司是空气污染的制造者,而洗衣公司是空气污染的受害者。

在图16-7中,VMP_S 表示一定污染量的边际产品价值线,它是一向右下延伸的直线,亦即污染程度越大,其所增加的产量将呈现递减的现象,也就是说,污染的边际产量是递减的。MD 表示污染给社会造成的损失或成本,污染的程度越大,其所增加的损害也就越高,它是一条正斜率的直线。

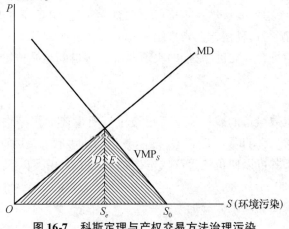

图 16-7 科斯定理与产权交易方法治理污染

如果空气财产被指定归水泥公司所有,如图 16-7 所示,此时,水泥公司由于有权制造空气污染,其空气污染的边际成本等于零,在水泥公司利润最大的原则下,水泥公司会制造 S_0 的空气污染。可是,由于空气污染会造成洗衣公司的损害,设为 MD(边际损害),因此洗衣公司为了其本身的利益应该与水泥公司妥协,以支付一笔经费来减少因空气污染所造成的损害。如果 MD > VMP_S,表示洗衣公司只要付出少量经费(VMP_S)即可减少损害(MD),由于付出的经费比减少的损害少,因此洗衣公司愿多付经费以减少损害,而水泥公司因得到补偿也愿意减少生产以减少空气污染。反之,若 MD < VMP_S,表示洗衣公司必须付出很大的费用才能减少一些损害,洗衣公司是不会同意的。因此,在空气污染程度为 S_e 时,两者恰好达到均衡,即 MD = VMP_S,此时洗衣公司必须付出 E 的费用给水泥公司,而水泥公司也会因减产而减少空气污染至 S_e,这是均衡状况,也是满足社会经济效益的最优境界。

同理,如果空气财产是属于洗衣公司所有,由于洗衣公司会限制空气不得有污染,因此洗衣公司必会限制水泥公司的生产,而水泥公司为了本身的利益应与洗衣公司妥协,以支付一笔费用来补偿洗衣公司的损失,并允许其生产。若 VMP_S > MD,表示水泥公司只要支付一笔费用(MD)即可获得更大的利益(VMP_S),因此水泥公司不但会支付费用而且还会要求增加生产。但若 MD < VMP_S,表示水泥公司必须付出一笔庞大的经费而只能获取较少的利益,因而水泥公司不会同意。因此,我们可知在空气污染为 S_e 时才会达到均衡,此时水泥公司必须支付 D 的费用给洗衣公司。

从上面的分析中,我们可知,无论空气财产被认定归哪一家公司所有,在市场达到均衡时,社会的经济效益都将达到最大。

5. 合并或兼并——外部性内部化

所谓外部性内部化就是通过企业间的兼并或合并等方式将与外部性有关联的各当事方合并成一个企业,这种思路也是希望通过引入市场机制来纠正外部性。

我们仍以造纸厂和养鱼为例来进行说明。造纸厂 A 生产了 Q_A 数量的纸,同时产生了 W 数量的污染物流入河中,养鱼场位于河的下游,受到造纸厂排出的污染物的不利影响。如果通过某种产权的分配,使造纸厂和养鱼场同属于一个公司或业主,那么造纸给养鱼所增加的成本仍然是该公司的内部成本,合并使得外部效应内部化了,公司在决定造纸产量时,不能不考虑污染成本。为了最大化总利润,公司必须考虑外部经济效应,协调造纸和养鱼两项业务,这种协调会带来帕累托改进。

在造纸厂和养鱼场合并之前,它们的决策取决于各自的边际成本与边际利益。假定造纸厂的成本函数为 $C_A = C_A(Q_A, W)$。其中,Q_A 表示造纸厂所生产的纸的数量,W 表示污染物的数量。

养鱼场生产一定数量鱼的成本需要考虑造纸厂所生产的污染物的数量 W。养鱼场的成本函数为 $C_B = C_B(Q_B, W)$。其中,Q_B 表示养鱼场所生产的鱼的产量。

我们还假定污染既可以使鱼的生产成本增加,即 $\partial C_B / \partial W > 0$,又可以使纸的生产成本下降,即 $\partial C_A / \partial W \leq 0$。

造纸厂与养鱼场的利润函数分别为:

$$\pi_A = P_A Q_A - C_A(Q_A, W)$$

$$\pi_B = P_B Q_B - C_B(Q_B, W)$$

造纸厂的利润最大化条件为：

$$P_A = \frac{\partial C_A(Q_A, W)}{\partial Q_A}$$

$$0 = \frac{\partial C_A(Q_A, W)}{\partial W}$$

渔场的利润最大化条件为：

$$P_B = \frac{\partial C_B(Q_B, W)}{\partial Q_B}$$

$$0 = \frac{\partial C_B(Q_B, W)}{\partial W}$$

当这两个企业合并为一个企业时，合并企业将同时考虑污染对造纸厂和养鱼场的成本的影响，合并企业的总利润函数是：

$$\pi = P_A Q_A + P_B Q_B - C_A(Q_A, W) - C_B(Q_B, W)$$

利润最大化条件是：

$$P_A = \frac{\partial C_A(Q_A, W)}{\partial Q_A}$$

$$P_B = \frac{\partial C_B(Q_A, W)}{\partial Q_B}$$

$$0 = \frac{\partial C_A(Q_A, W)}{\partial W} + \frac{\partial C_B(Q_B, W)}{\partial W}$$

最后这个条件表明，当造纸厂和养鱼场边际成本之和等于零时，合并企业才不会再排放更多的污染物。当造纸厂考虑生产纸的私人成本最小化时，它的生产将调整到新增污染的边际成本等于零的水平上。在没有任何干预的情况下，造纸厂的污染排放量将达到这样的水平，在该水平上，造纸厂愿意为新增一单位污染所支付的代价应该等于新增污染所带来的社会成本。

事实上，现存的许多企业已经使互相影响生产的单位之间的外部效应内部化了。比如，养鱼场同时种植水生作物，而出于便于苹果树授粉的考虑，苹果园养蜜蜂也是十分普遍的事情。

第五节 公共物品与搭便车者

一、公共物品的特性和分类

前面我们所讨论的市场交易中的商品通常都是私人物品，私人物品具有两个基本特征：竞用性(rivalness)和排他性(exclusivity)。所谓竞用性是指私人物品是不能被其他人不花费任何代价就消费的。如果你吃一个苹果，其他人便不可能同时吃这个苹果，因为这个苹果是你的私人物品。而排他性是指一旦某人购买了一种商品，他便有能力排斥其他人消费。一般情况下，由市场机制来配置私人物品的生产与消费是有效率的。本节我们研究不具有私人物品某些性质的物品——公共物品。

与私人物品相反,公共物品的一个重要特性是非排他性(nonexclusivity),即对公共物品的消费来说,即使你没付费,也不会被排除在该物品的消费范围之外,其原因或许是排他是不可能的,或许是排他的成本过于昂贵以至于排他是不划算的。具有这种性质的商品被称为非排他性物品。国防就是一个典型例子,一旦建立起国防体系,所有国民都会从中受益,不管他们是否付费。蚊虫控制计划和疾病预防接种计划也是一样,在这些情形下,一旦计划得以实施,社区内没人会被排除在受益范围之外。

公共物品的第二个特征是非竞用性(nonrivalness)。非竞用性商品是指在不需要增加该商品的提供成本的条件下,可以增加对它的消费,或者说某人消费这种产品不一定就会减少其他人对它的消费。非竞用性意味着在给定生产水平下,增加一个或多个消费者,并不影响他人从消费该商品中得到的福利。例如灯塔,一旦建造起来并投入运营,额外船只对它的使用并不增加任何运作成本;公路在不拥挤的情况下,增加行驶车辆并不增加成本;广播、电视信号也是一样,增加对它的消费并不增加成本。

根据排他性与非排他性、竞用性与非竞用性这四种商品特性,我们可以把社会产品分成以下四种类型:

(1) 既有排他性又有竞用性的物品通常被称为私人物品(private goods)。例如,一个冰激凌蛋卷,首先它具有排他性,因为很容易阻止他人消费它——只要你不把它送人就行了;同时,它也具有竞用性,因为如果一个人吃了这个冰激凌蛋卷,另一个人就不能吃同一个蛋卷。

(2) 既无排他性又无竞用性的产品通常被称为公共物品(public goods)。其特征是,一个人的享用并不影响另一个人从享用它得到的效用,并且不能排除他人的享用。如我们刚才提到的国防,一旦保卫国家免受外敌入侵,你就不能排除人们享用国防的好处;同时,增加一个人享用并不影响其他人的享用。

(3) 一种物品有竞用性但无排他性,通常我们称之为公共资源(common resource)。如海洋中的鱼是一种竞用性物品,一个人从海洋中捕到的鱼多了,留给其他人捕的鱼就少了。但这些鱼并不具有排他性,因为不可能对任何从海洋中捕到的鱼都收费。

(4) 一种物品虽有排他性但无竞用性,我们通常称之为自然垄断物品(natural monopolistic resource)。例如,一个小镇的消防,要排除对消防的享用很容易;消防人员只需袖手旁观,让房子烧下去就行了。但消防服务并不具有竞用性,只要设立了消防部门,消防人员大部分时间就都在等待火灾发生,多保护一所房子,并不会减少其他人受到的保护。

将上述四种类型的产品总结为表 16-1:

表 16-1　不同类别的物品

	竞用性	非竞用性
排他性	私人物品 面包 衣服 汽车和住房 拥挤的收费道路	自然垄断物品 消防 有线电视 不拥挤的收费道路 没有坐满的剧院

(续表)

	竞用性	非竞用性
非排他性	公共资源 公共海洋里的鱼 环境 拥挤的集体牧场 拥挤的不收费道路	公共物品 国防 知识 不拥挤的不收费道路 消除贫困计划

▶ 观念澄清

具有完全的非竞用性与非排他性的物品,我们称之为纯公共物品,如国防、外交、法律、公安、交通安全、基础科学研究等。但是,生活中纯公共物品毕竟是极端的例子。公共物品的竞用性与排他性是相对的而非绝对的。具有如下特征的物品我们通常称之为准公共物品:第一,在一定范围内无竞用性,即增加消费者无须增加提供成本,但消费量达到一定程度后,消费则具有竞用性;第二,可以有效地做到排他。准公共物品有时也被称为"俱乐部物品"。医疗、教育、交通、邮电和其他基础设施,都是准公共物品,就像我们在日常生活中常见的电影院或俱乐部,不买票(会员资格也可理解为门票)就不能进去消费,可以做到排他、定价、收费,但是在所有位子坐满之前,增加若干观众并不影响其他观众,也无须增加电影院的成本。随着技术或其他条件的改变,产品的竞用性与排他性也会发生改变,例如,电视信号原来具有非竞用性和非排他性,现在,在技术上能够通过加密变成排他的,由此成了可以收费的准公共物品。

二、公共物品与市场失灵

公共物品生产多少才是有效的?当公共物品实现有效供给时是否能够实现帕累托最优?下面我们来分析这个问题。

假定经济中有两个人 A 和 B,他们消费两种商品 X 和 Y,其中 X 为一般商品,Y 为公共物品。在有公共物品情况下我们可以建立如下模型:

$$\max U = U_A(X_A, Y)$$

$$\text{s.t.} \begin{cases} U_B(X_B, Y) = U^0 \\ T(X, Y) = 0 \\ X_A + X_B = X \end{cases}$$

为求该模型的最优化,建立拉格朗日函数为:

$$L = U_A(X_A, Y) - \lambda[U_B(X_B, Y) - U^0] - \theta T(X, Y) + \delta(X - X_A - X_B)$$

分别对 X_A、X_B、X 和 Y 求偏导并令其为零,有:

$$\frac{\partial L}{\partial X_A} = \frac{\partial U_A}{\partial X_A} - \delta = 0 \tag{16-1}$$

$$\frac{\partial L}{\partial X_B} = -\lambda \frac{\partial U_B}{\partial X_B} - \delta = 0 \tag{16-2}$$

$$\frac{\partial L}{\partial X} = -\theta \frac{\partial T}{\partial X} + \delta = 0 \tag{16-3}$$

$$\frac{\partial L}{\partial Y} = \frac{\partial U_A}{\partial Y} - \lambda \frac{\partial U_B}{\partial Y} - \theta \frac{\partial T}{\partial Y} = 0 \qquad (16-4)$$

从(16-1)式中求得：

$$\delta = \frac{\partial U_A}{\partial X_A} \qquad (16-5)$$

从(16-2)式中求得：

$$\lambda = \frac{-\delta}{\partial U_B/\partial X_B} = -\frac{\partial U_A/\partial X_A}{\partial U_B/\partial X_B} \qquad (16-6)$$

从(16-3)式中求得：

$$\theta = \frac{\delta}{\partial T/\partial X} = \frac{\partial U_A/\partial X_A}{\partial T/\partial X} \qquad (16-7)$$

将(16-5)、(16-6)式代入(16-4)式可得：

$$\frac{\partial U_A}{\partial Y} = -\frac{\partial U_A/\partial X_A}{\partial U_B/\partial X_B} \cdot \frac{\partial U_B}{\partial Y} + \frac{\partial U_A/\partial X_A}{\partial T/\partial X} \cdot \frac{\partial T}{\partial Y}$$

两边同除以($\partial U_A/\partial X_A$)并移项后可得：

$$\frac{\partial U_A/\partial Y}{\partial U_A/\partial X_A} + \frac{\partial U_B/\partial Y}{\partial U_B/\partial X_B} = \frac{\partial T/\partial Y}{\partial T/\partial X}$$

上式便是有公共物品情况下的最优解，它还可以写成：

$$MRS_A + MRS_B = MRT$$

显然，这个式子并不满足实现帕累托最优的条件：$MRS_A = MRS_B = MRT$。因此，完全竞争将导致公共物品的生产不足和消费不足，从而不是一个帕累托最优解，这也是市场失灵的一种表现。

三、公共物品与搭便车

如前所述，公共物品具有非排他性，而且当某消费者使用它以后，对于产品的耗损几乎等于零。例如，桥梁问题，当许多车子经过某座桥之后，由于对这座桥的耗损非常少，因此，使用这座桥的边际成本接近于零，也就是说，使用公共物品的边际成本是趋近于零的。

既然公共物品是大家所共享的产品，那么，建造这些公共物品的经费来源，理应由各成员来分担才对，也就是说，每个社会成员应以他所愿意支付的价格来分担，然而，分担经费的来源往往有许多困难。第一，像购买私人产品一样，个人不会表示出他真正愿意支出的价钱。第二，假如有一位搭便车者(即不缴费而享受者)存在，由于其他缴费者所增加的费用负担非常微小，常常不会与之计较，诸如此类情形，都是造成公共物品经费来源困难的原因。为了说明清楚，我们举一实例。

假如有一居民小区，由于小区内没有停车位，该小区的居民想建一座停车场。倘若该小区有居民1 000户，而停车场每车位的建造费用为50元，如图16-8所示，如果每户居民在建立停车场后所获得的边际利益皆为MB_i，而此MB_i线与纵轴的交点为1单位，斜率为$-1/100$，因此，整个社区的边际利益等于1 000个MB_i的垂直加总，即$\sum MB_i = 1\,000 MB_i$，其斜率为-10。

若要使停车场的使用合乎经济效率，必须满足$MC = \sum MB_i = 1\,000 MB_i$的条件，如

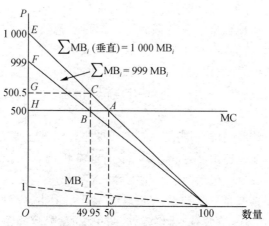

图 16-8 搭便车者与公共物品的经费负担

图 16-8 中的 A 点所示,即停车场应该建造 50 个车位,其总费用为 25 000 元。若由小区的 1 000 户居民来平均分担的话,则每户只需负担 25 元,然而,因为整个社区的总利益为 $OEAJ$ 的面积,相当于 37 500 元,故每户平均可获取利益 37.5 元,我们可知,建停车场每户的利益为 37.5 元,而只需支付 25 元,也就是说,每户可获得净利益 12.5 元。

但如果有一户居民企图不缴费而使用停车位,其情形将会如何呢?我们称该户居民为"搭便车者"(free rider),换言之,参加经费负担的只有 999 户,因此整个社区的总利益线为 $999MB_i$,新的均衡将从 A 点移至 B 点,此时,停车场的停车位应为 49.95,总经费为 24 975 元,由 999 户平均分担时,每户仍分担 25 元。

既然有一搭便车者存在,那么,所建停车场就由 999 户负担费用,却有 1 000 户来分享利益。此时小区的总利益为 $OICE$ 的面积,相当于 37 474.98 元,因此,每户能分享 37.47 元的利益,我们可推知建停车场后,999 户中每户可获得净利益 12.47 元(即 37.47 元减 25 元),与无搭便车者存在时所获得的净利益 12.5 元比较,也只不过损失了 0.03 元,这个数字对每户而言微不足道,因此大家也就不会与那一搭便车者计较。但是,对搭便车者而言,由于他不需负担费用而仍能分享利益,故其净利益为 37.47 元,与其参加费用负担时的净利益 12.5 元相比,多出了 24.97 元,该数目对搭便车者而言很大。

从以上的分析中,我们可得到两个事实:第一,有很大的利益诱使消费者搭便车的活动;第二,因损失非常少而使得费用负担者不去与搭便车者计较。基于这些原因,使得公共物品建设的经费来源非常不稳定,导致公共物品的建造无法顺利进行,甚至无法建造。

四、政府对公共物品的提供

既然公共物品的建造有这么多的困难,那么,我们是否可利用其他方法来解决呢?从目前世界各国所使用的方法来看,政府出面来解决公共物品是最佳的政策,而经费的来源,可通过各种所得税、财产税及销售税等给予资助,这样公共物品的问题就可迎刃而解。

虽然市场在公共物品供给上的失灵为政府介入提供了理论依据,但这并不意味着政府应该生产全部公共物品,更不等于政府可以完全取代公共物品,尤其是准公共物品的"市场"。这是因为:第一,政府部门缺乏足够的利润动机,因此由政府部门来生产会造成投入—产出效率低下;第二,政府的生产、经营具有垄断性,导致政府经营的企业缺乏提高效率的压力;第三,据有关研究,政府部门有追求各自预算最大化的倾向,如果由政府部门来生产公共物品,在预算最大化的激励下,有可能导致公共物品的过度供给。实际上,人类经常处于这样一种政府与市场的两难选择之中。有时,可以采取一种折中的办法。例如,政府通过招标采购,由私人生产来解决生产效率问题。这意味着政府提供公共物品,未必一定要由政府生产,有时会采用政府与市场结合的办法,以便发挥二者的优势,达到有效的结果。

对于准公共物品,政府通常安排给私人生产,采取的方式主要有:

第一,授权经营。在一些市场经济国家,政府通常将现有的公共设施委托给私人公司经营,如自来水公司、电话、电台、报纸、供电等。

第二,资助。主要领域是科学技术研究、住宅、教育、卫生、保健、复员军人安置、图书馆、博物馆等,主要形式有优惠贷款、无偿赠款、减免税收、财政补助等。

第三,政府参股。主要应用于桥梁、水坝、发电站、高速公路、铁路、港口、电信系统等,主要方式有股权收购、国有企业经营权转让、收益风险债券、公共参与基金等。

第四,其他合同形式。政府与企业签订合同提供公共物品是最为普遍的一种形式,主要适应于具有规模经济的自然垄断性产品。如政府通过与企业签订合同,允许企业投资建设基础设施,通过若干年的特许经营,收回投资并赚取一定利润,之后再由政府接收该基础设施(这种方式通常简称为 BOT,即建设—经营—转让)。

第五,自愿社会服务。在西方国家,许多公共领域允许、提倡个人和各种社会团体在法律许可的范围内自愿提供服务。

另外,无论是生产纯公共物品还是准公共物品,都需要花费一定成本,其成本都需要补偿,成本补偿的形式大致有三种。第一种是税收形式。纯公共物品适用这一形式,如国防、立法、新闻等。消费者无须直接支付费用,但以税收的形式间接支付。第二种是价格形式。一部分准公共物品采用这种形式,如邮电、交通、供水、供电、供气等。第三种是补贴加收费形式。一些政府管理的公共物品供应部门,出于公平、社会稳定等因素的考虑,往往采取一部分由政府补贴,另一部分以较低价格收费的形式补偿成本,如医疗、教育等。

五、公共资源的过度使用与保护

公共资源不具有排他性,任何人都可以免费使用;它具有竞用性,也就是说,一个人对公共资源的使用,会减少其他人对它的使用。但是,每一个人在做出自己的公共资源利用决策时,并不考虑自己的行为对他人的影响,在一定条件下会导致资源的过度利用。这一问题我们通常称之为"公地悲剧"。

设想某村庄有 n 个农户,该村有一片大家都可以自由放牧的公共草地。我们用 x_i 表示第 i 个农民放牧羊只的数量,$i = 1, 2, \cdots, n$;$Y = \sum_{i=1}^{n} x_i$,Y 表示 n 个农民放牧羊的总数量;v 表示每只羊的平均价值,且 $v = v(Y)$,即每只羊的价值是所放羊的总数量的函数。由于这片草地的面积有限,因此只能让不超过某一数量(比如 $Y_{\max}$)的羊吃饱,如果在这片草地上放牧羊只的实际数量超过这个限度 $Y_{\max}$,则每只羊都无法吃饱,从而每只羊的产出(毛、皮、肉的总价值)就会减少,甚至只能勉强存活。因此,我们有 $Y < Y_{\max}$ 时,$v(Y) > 0$;$Y >$

Y_{max} 时,$v(Y) = 0$,且 $\frac{\partial v}{\partial Y} < 0, \frac{\partial^2 v}{\partial Y^2} < 0$。

我们又假设这些农户在夏天才到公共草地放羊,而每年春天就要决定养羊的数量。农户在决定自己的养羊数量时是不知道其他农户养羊数的,即各农户做出养羊数的决策是同时的。再假设所有农户都清楚这片公共草地最多能养多少羊以及在不同羊只总数下每只羊的产出。依据我们在第十三章中的博弈论知识可知,这就构成了一个农户之间关于养羊数的博弈问题,并且是一个静态博弈。在此博弈中,每个农户的问题就是选择 x_i 以最大化自己的利润。假定购买和照料每只羊的成本对每个农户都是相同的不变常数 c,则农户 i 的利润函数为:

$$\pi^i(x_1, x_2, \cdots, x_n) = x_i v(Y) - x_i c, \ i = 1, 2, \cdots, n$$

最优化的一阶条件:

$$\frac{\partial \pi^i}{x_i} = v(Y) + x_i v'(Y) - c = 0$$

由上述一阶条件可得出 n 个反应函数:

$$x_i^* = x_i(x_1, \cdots, x_{i-1}, x_i, x_{i+1}, \cdots, x_n), \ i = 1, 2, \cdots, n$$

这 n 个反应函数的交叉点就是纳什均衡解 $x^* = (x_1^*, \cdots, x_i^*, \cdots, x_n^*)$,这也是农户博弈后的实际饲养量,最后的总实际饲养量为 $Y^* = \sum_{i=1}^{n} x_i^*$。

在实现均衡的条件下,把 n 个一阶条件相加可得:

$$v(Y^*) + \frac{Y^*}{n} v'(Y^*) = c$$

为了对公共资源的利用效率做出评价,我们同样也可以讨论总体利益最大的最佳羊只数量。假设在该草地上羊只的总数为 Y,则社会总剩余价值为:

$$S = Y \cdot v(Y) - cY$$

使社会总剩余价值达到最大的一阶条件为:

$$v(Y^{**}) + Y^{**} v'(Y^{**}) = c$$

这里 Y^{**} 是社会最优的饲养量,比较社会最优的一阶条件与个人最优的一阶条件可以看出:

$$Y^* > Y^{**}$$

这说明公共草地被过度利用了。"公地悲剧"说明,对于公共资源来说,如果允许外来者任意加入利用该公共资源的行列,则所有利用该资源的人的利益很快都会消失,即羊只总数会随着放牧农户数的增加而增加到刚好不至于亏损的水平,各农户将完全不能从在公共草地上养羊得到任何好处,公共资源等于完全被浪费掉了。

在公共资源利用方面常会出现这样的悲剧,原因是每个可以利用公共资源的人都相当于面临着一种囚徒困境;在总体上有加大利用资源可能(至少加大利用者自身还能增加得益)时,若自己加大利用而他人不加大利用则自己得利,若自己加大利用而其他人也加大利用则自己不至于吃亏,最终是所有人都加大利用资源直至再加大只会减少利益的纳什均衡水平,而这个水平肯定比实现资源最佳利用效率的水平,同时也是个人最佳效率的水平要高。

公共资源的悲剧在我国有许多例子。例如,在我国受风沙、沙漠化威胁的地区,当地居民关于保护还是毁坏防风防沙林带的选择,就可看作一种公共资源博弈问题:每个人都想,如果只有自己砍几棵树,别人不砍就无关紧要,自己却可得利;若其他人都砍而只有自己不砍,则防护林也保护不了,还不如自己也砍,最后的结论是砍总是合算的。其结果是,防护林带完全被破坏,整个地区都被沙漠吞没,人人都被迫背井离乡,最终倒霉的还是自己。

公共设施也是类似的问题。在许多需要人类生产、提供公共设施的问题上,做搭便车者总是比做提供者合算,因此,许多必需的公共设施,如楼道里的电灯等就总是没人提供。这些公共资源博弈问题的结果说明了在公共资源的利用、公共设施的提供方面,政府的组织、协调和制约是非常必要的,这也可以说是政府之所以有必要存在的主要理由之一。

> **实时测验 16-1**
> 　　假设某牧场有三个农户,每只羊的价值函数为 $v=100-Y$,Y 为三家农户所饲养的羊只总数。同时又假设购买和饲养每只羊的成本为 $c=4$。请问:(1) 从个人最优来看,每户饲养的羊有多少只?可以得到多少利润?(2) 从社会最优来看,最优可饲养羊多少只?社会总剩余价值为多少?(3) 通过比较,你可以得出什么结论?

第六节　应　　用

一、应用1:交通的阻塞与对策

在繁华的都市里,在下班高峰时段往往发生交通阻塞的现象,这对社会公众而言是一种时间上的浪费,若把时间视为成本,则其耗用的成本是非常大的。如图 16-9 所示,设交通量小于 V_1 时,交通可流畅通行,故其时间成本皆相同(为一水平线);但当交通量大于 V_1 时,交通即开始呈现拥挤的现象,此时,若增加额外一单位的交通量,开车的时间将加大。因此,交通量越大,其所增加的时间成本也就越高。MTC 与 ATC 分别表示时间边际成本与平均成本线,均为一条向上延伸的线。

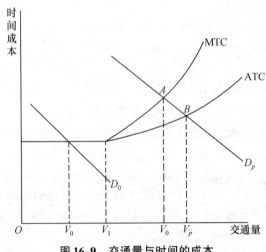

图 16-9　交通量与时间的成本

在此，我们要特别注意的是每增加一辆车其所增加的驾驶时间只是一点点而已，可是由于这辆车会造成外溢效果，使得其他车皆增加了驾驶时间，因此边际时间成本不是指最后加入的这辆车所需花的时间成本，而是最后一辆车所花的时间成本加上其他辆车多花的时间成本总和，因此，车辆是否会加入行驶，不是由边际时间成本，而是由每辆车平均所花的时间成本（ATC）来决定。

设 D_p 与 D_0 分别表示高峰时段与非高峰时段的需求线，相当于边际私人利益线（MB），倘若驾驶员的边际利益大于其平均时间成本，则此驾驶员是会加入此行列的，而且会有更多的驾驶员加入，直到新加入的驾驶员所得到的边际利益等于其平均时间成本为止，如图 16-9 所示，在高峰时段的交通均衡量为 V_p，其平均时间成本为 BV_p，但却不同于经济效率最大时的交通量 V_e，即不满足 MTC = MB，且与非高峰时段的均衡交通量 V_0 相差甚大，这对社会而言无疑是一项重大的损失。交管部门有鉴于此，往往会考虑一些经济措施来解决这一问题，一般常使用的措施有：(1) 扩增公路线道；(2) 收取过路费；(3) 分散上下班时间。

1. 扩增公路线道

如果交管部门发现在高峰时段下，交通拥挤阻塞，往往会扩建公路线道，结果，原来在交通量为 V_1 时就感到拥挤的现象，现在会由于公路线的扩建在 V_2 时才会感到拥挤，换言之，扩增公路线道的主要功能是使 MTC_1 及 ATC_1 向右移至 MTC_2 及 ATC_2。根据前面的说法，在高峰时段的交通均衡量会从 V_p 增加至 V'_p，而平均时间成本也由 BV_p 减少至 DV'_p，这虽然解决了一些交通阻塞的现象，可是交通量仍无法达到符合经济效益的 V'_e，且一些原来在非高峰时段行驶的驾驶员，由于道路的扩增而转向在高峰时段行驶，从而使得原来就很空闲的非高峰时段车辆更加稀落。如图 16-10 所示，需求线将由 D_0 下降至 D'_0，造成道路的过分闲置（因为交通量由 V_0 下降至 V'_0），这对社会而言是一大损失，因此，交管部门用扩增公路线道来解决交通阻塞不是根本的办法。

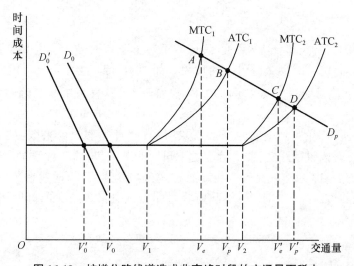

图 16-10　扩增公路线道造成非高峰时段的交通量更稀少

2. 收取过路费

对交通阻塞的另一对策就是在高峰时段收取过路费,以促使一些交通量转移至非高峰时段行驶,这样不但可避免高峰时段交通量过多的现象,而且还可增加非高峰时段的交通量,以充分利用道路,进而达到最佳经济效益。然而,过路费的收取标准为多少呢?

如图 16-11 所示,具有社会经济效益的交通量为 V_e(即边际利益等于边际成本,MB = MTC),为了使得交通量达到 V_e,我们收取的过路费应等于 AE。结果,交通量由 V_p 减少至 V_e,而且一些原来在高峰时段行驶的车辆会转至非高峰时段行驶,如图 16-11 中 D_0 移至 D_0',交通量将由 V_0 增加至 V_0',可以充分有效地利用道路。

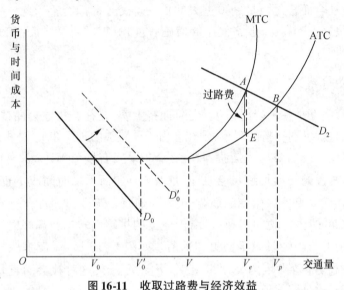

图 16-11　收取过路费与经济效益

3. 分散上下班时间

由于交通的拥挤大部分皆发生于公司或工厂上下班时间,因此,如果我们可把上下班时间岔开的话,也可减少交通阻塞的现象。如图 16-12 所示,高峰时段的需求将由 D_p 减少至 D_p',而非高峰时段的交通量将由 V_0 增加至 V_0',这样可减少高峰时段交通拥挤的现象。

综合以上所论,在遇到交通阻塞的现象时,政府管理部门可采取:(1) 扩增道路线道;(2) 在高峰时段收取过路费;(3) 分散上下班时间。结果,这三种政策所造成的交通现象,我们可以图 16-13 来作一比较。在政府扩增公路线道时,交通量皆集中在高峰时段,而非高峰时段的道路却非常闲置;但政府收过路费或分散上下班时间时,其交通量分散则较为均匀。

> **实时测验 16-2**
> 在以上三个政策下,哪种政策会满足经济效率的条件(MB = MTC)?

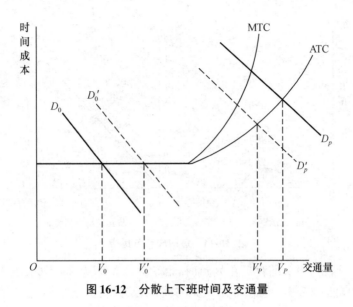

图 16-12 分散上下班时间及交通量

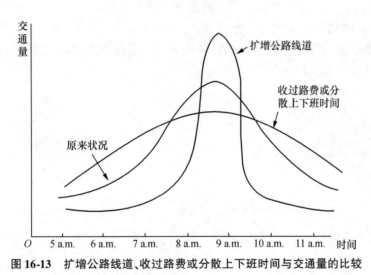

图 16-13 扩增公路线道、收过路费或分散上下班时间与交通量的比较

二、应用 2：保证生态与经济政策

随着人类经济的发展，许多野生动物被逼到更荒凉的地方去生存；再加上人类的屠杀，使得许多动物面临灭种的威胁，这不但破坏了自然生态平衡，而且也会造成某些损失。下面将用河里的鱼为例来说明。

如图 16-14(a) 所示，横轴表示河里鱼的存量，纵轴表示鱼的繁殖成长率。当鱼的存量非常少时 (即小于 OA)，常会遭受其他动物的攻击而死亡，在自然淘汰、适者生存的原则下，鱼的成长率成为负数，到最后将完全消失。当鱼的存量保持在 A 与 B 之间时，最适合鱼的生存，因此，鱼会有成长的现象，其成长为正号。可是，当鱼的存量增加至 B 点以后，由于存量太多而自然环境中能供应鱼的食物不足，结果，有些鱼会因饥饿而死亡，此时，其成长率又变成负数，因此只有在 A 与 B 点之间鱼的存量才适中。图 16-14(b) 中，在人类捕鱼方法不变时，假设鱼的捕捞量与鱼的存量成正比，则二者关系将成一直线 OK。

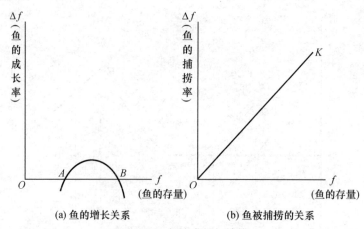

图 16-14　鱼的成长与捕捞

如图 16-15 所示,当鱼的存量在 B 点时,由于其成长率为零,因此,若人类不干涉,此数量即为鱼的自然均衡量。但在考虑人类的捕捞行为后,由于捕捞量与存量为 OK 直线关系,因此 B 点的捕捞量为 BE,使得鱼的存量失去均衡。但 F 点显示,此时鱼的成长率与捕捞率相同,因此 f_1 点即为鱼存量的均衡点,也是人类与鱼之间保持平衡的点。虽然 G 点亦可保持平衡,然而,由于 $Ff_1 > Gf_2$,即在 F 点人类随时可享受比 G 点高的鱼类食物 f_1F,因此 F 点比 G 点效用大。

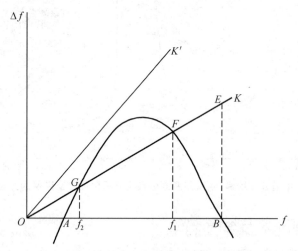

图 16-15　自然生态与捕鱼的均衡

如果有一天,人类改变捕鱼方法,使捕鱼的比例提高为 OK',此时,由于鱼的捕捞量远大于成长量,结果,终有一天,鱼会被人类赶尽杀绝。基于此点理由,政府管理部门往往提出一些措施来保证生态平衡,例如,规定捕鱼者要有执照才能捕鱼,而且对捕鱼方法加以管制,使其达到均衡的状况。

本章总结

1. 市场机制不是万能的。由于市场机制的不完全性而导致其在某些领域不能起作用或不能起有效作用的情况通常被称为市场失灵,导致市场失灵的因素主要有:垄断的存在、经济外部性和公共物品。

2. 垄断者为获取最大利润,就会限制生产,提高价格,从而降低经济效率,导致市场失灵,使整个社会蒙受损失。为改进此缺点,其法有二:(1) 由国家经营改变为所谓的公营企业;(2) 由私人经营,但政府监督其定价。

3. 外部性是指人们经济行为所产生的利益有一部分不归自己享有,或所产生的成本有一部分不归自己负担的现象。利益不归业主享有的现象称为"外部经济",成本不归业主负担的现象称为"外部不经济"。

4. 外部利益 = 社会利益 − 私人利益,外部成本 = 社会成本 − 私人成本。

5. 削减外部性的对策主要有三种:(1) 赋予财产权;(2) 课税与补贴;(3) 政府直接管制。

6. 公共物品指那些在消费上具有非排他性与非竞用性的物品。公共物品的性质决定了由私人部门来生产公共物品是不合适的,因此,它的生产必须依靠政府。但由于搭便车问题的存在,政府生产公共物品很难达到帕累托最优。

复习思考题与计算题》

1. 请判断下列说法是否正确,并简要说明理由:
(1) 如果存在生产或消费的负外部效应,那么竞争性均衡不可能是帕累托有效的,但是正外部效应会增加市场的有效性。   (   )
(2) 某石油公司最近购买了每天可以多排放 900 立方米有毒气体的排污权,这种排污权市场化的行为会导致比原来更多的污染的排放。   (   )
(3) 消除外部效应只有通过税收和补贴才能解决。   (   )
(4) 如果存在消费外部性,那么竞争性均衡不一定是帕累托有效的。   (   )
(5) 如果刷牙对你的邻居产生正外部效应,那么你刷牙的数量比社会帕累托最优水平要少。   (   )
(6) "公地悲剧"指的是公共资源具有被过度使用的趋向。   (   )
(7) 对污染企业征税的目的是政府为了获得足够的收入来治理污染。 (   )
(8) 考虑到每个人对公共物品的偏好不同,因此公共物品的最优数量无法确定。   (   )
(9) 经济学家把公共物品定义为由政府部门提供的物品,而私人物品是由私人部门提供的物品。   (   )
(10) 微观经济理论认为,如果公共物品由人们自愿提供的话,往往会导致供给量低于帕累托有效水平。   (   )

2. 设某完全垄断企业的成本函数为 $TC = 200 - 2q + 5q^2$,市场需求函数为 $q = 1\,000 - 5p$。
(1) 求该企业利润最大的产量、价格和利润。
(2) 若政府采用边际成本定价法对其产品价格加以限制,则该企业的产量、价格、利润为多少?
(3) 上述政府的规制措施会有效吗?这时,政府宜采取何种措施?
(4) 若政府采用平均成本定价法对其产品价格加以限制,则情况又如何?

3. 在某条大河中生长着大量的龙虾,其需求曲线为 $P = 0.401 - 0.0064F$,边际社会成本为 $MSC = -5.645 + 0.6509F$,边际私人成本为 $MPC = -0.357 + 0.0573F$,式中 F 代表捕捉量,单位为百万公斤,P 代表价格。假定没有进入限制,试求:
(1) 实际捕捉量;(2) 有效捕捉量;(3) 自由进入带来的社会福利损失。

4. 假设一个养蜂场位于一个苹果园的边上,每个农场都位于竞争性市场,设苹果的产量为 A,蜂蜜的产量为 H,养蜂场和苹果园的成本函数分别为 $c_H(H,A) = \dfrac{H^2}{100}$,$c_A(H,A) = \dfrac{A^2}{100} - H$,又假设蜂蜜的价格是 2,苹果的价格是 2。

(1) 若两个农场独立经营,则蜂蜜的均衡产出为多少?苹果的均衡产出为多少?

(2) 若苹果园和养蜂场合并了,则利润最大化时蜂蜜的产出为多少?苹果的产出为多少?

(3) 蜂蜜的社会有效产出为多少?如果两个农场分开经营,为了达到有效供给,应对蜂蜜生产实行多少补贴?

5. 某地上游钢铁厂生产钢铁并向河流排放污水,下游养鱼场因为河流污染而增加生产成本。钢铁和鱼都是竞争性行业,钢铁的价格 $p_s = 12$,鱼的价格 $p_f = 10$。钢铁的成本函数为 $c_s(s,x) = s^2 + (x-4)^2$,养鱼场的成本函数为 $c_f(f,x) = f^2 + xf$,其中 s、f、x 分别表示钢铁、鱼的产量和污水量。

(1) 如果钢铁厂和养鱼场分别决策,求最终钢铁产量、鱼产量和污水排放量,以及钢铁厂和养鱼场的利润。

(2) 如果基于社会利益最大化的考量,社会所需要的最优污水排放量是多少?

(3) 比较(1)和(2)的结果,为了解决这种因外部性而引起的市场失灵,请给出相应的解决方案。

6. 假定 A、B 两厂商之间存在外部性,厂商 A 给厂商 B 造成外部不经济。厂商 A 生产 X 产品,厂商 B 生产 Y 产品,其成本函数分别为 $C_A = 2X^2$ 和 $C_B = Y^2 + 2XY$,厂商 B 的成本受厂商 A 的产量 X 的影响。X 和 Y 的市场价格分别为 80 和 60。

(1) 假定这两厂商不对它们之间外部性问题进行交涉,两厂商的产量各为多少?

(2) 假定两厂商对外部性问题进行交涉,并且交易成本为零,两厂商的产量又各为多少?

(3) 在(2)的场合,对厂商 A 的外部不经济有法规和无法规时,两厂商如何分配利润?

(4) 假定政府为抑制外部不经济,对厂商 A 生产的每单位 X 征收 T 单位的税,两厂商若追求各自利润最大化,政府税额应定为多少?

(5) 假定政府向厂商 A 生产的每单位 X 征收 T 单位的税,而向厂商 B 生产的每单位 Y 发放 T 单位的补贴。假设两厂商可以无交易成本地交涉,那么政府的税收、补贴政策会带来什么样的影响?

7. 张三和李四是一对好朋友,为了考研在校外共同租了一套房。平时在生活中他们把收入的一部分花在食物、衣服等私人物品上,同时把一部分收入花在电冰箱、电热水器等公共物品上。张三的效用函数为 $U_Z = 2X_Z + Y$，李四的效用函数为 $U_L = X_L Y$。这里 X_Z 指的是张三花在私人物品上的收入，X_L 是李四花在私人物品上的收入，Y 是他们分别花在公共物品上的费用，他们两个共同花在私人物品和公共物品上的费用总和为 8 000 元/年。

(1) 张三在私人物品和公共物品之间的边际替代率为多少？李四在私人物品和公共物品之间的边际替代率为多少？

(2) 写出一个方程式描述达到帕累托最优时两种物品数量的分配条件。

(3) 假设张三和李四分别在私人物品上花费 2 000 元，然后把剩下的 4 000 元花在公共物品上，这样是否达到了帕累托最优？

(4) 你能否给出下列条件下实现帕累托最优的例子：① 李四得到 2 000 元以上的私人物品而张三得到 2 000 元以下的私人物品；② 张三得到 2 000 元以上的私人物品。

8. 假定某经济体中由一种公共物品 y 和一种私人物品 x 组成，这两种物品的生产可能性曲线为 $x^2 + 100y^2 = 5\,000$。并且，该经济由 100 个完全相同的个人组成，每个人的效用函数为 $U = x_i^{0.5} y^{0.5}$，其中 x_i 是个人在私人物品生产中的份额（$= x/100$）。请注意，公共物品是非排他的，并且每个人都从其生产水平中同样受益。

(1) 如果 x 和 y 的市场是完全竞争的，将会生产出多少？在此情形下典型的个人效用会是什么样的？

(2) x 和 y 的最优生产水平如何？典型的个人效用水平如何？应怎样对商品的消费进行征税以达到这一结果？（提示：本题中的数字不必结果精确，一些近似值就可以了。）

9. 你认为下列物品中哪些属于公共物品？哪些属于私人物品？并说明理由。

(1) 自然环境保护区；

(2) 道路；

(3) 救灾物资；

(4) 公共电视节目；

(5) 闭路电视节目。

10. 市场上只有 A 和 B 两个消费者，他们对公共物品 Y 的需求函数分别为 $Q_d^A = 9 - 2P$，$Q_d^B = 11 - P$。同时 Y 的供给函数为 $Q_S^Y = P$。试求：

(1) A、B 对 Y 的消费量各是多少？Y 的市场价格是多少？

(2) 若 Y 是私人物品，其价格和消费量各为多少？

11. 设一个公共牧场的成本是 $C = 5X^2 + 3\,000$，X 是牧场上养牛的头数。每头牛的价格 $P = 600$。

(1) 求牧场净收益最大时的养牛数。

(2) 若该牧场有 5 户牧民，牧场成本由他们平均分摊，这时牧场上将会有多少头牛？这会引起什么问题？

12. 一块可用于放羊的牧地，饲养 1 只羊的成本为 4 单位货币，这块牧地上放羊的总收入为 $R(g) = 48g - 2g^2$，其中 g 表示全部放养羊的数量。如果该牧地为私人所有，则最优放养羊的数量为多少？如果该牧地为公共牧地，总收入最后由所有放养人按其放养羊数进行比例分配,则最大放养羊的数量会达到多少?为了控制公共牧地的过度放养问题,并以总体福利水平最大化为目标,管理部门可向牧羊人征收许可费,则应如何征收许可费?

13. 某镇有居民2 000人,他们都有相同的偏好,即每个居民消费私人物品和公共物品的效用函数为 $u(x,y) = x + \sqrt{y}$,其中 x 为居民消费私人物品的数量,y 为该镇提供公共物品的数量。如果该私人物品的成本为每单位1元,公共物品的成本为每单位10元,那么该镇公共物品的帕累托有效数量为多少?

14. 某村庄有1 000名村民。该村庄的村民只消费一种私人物品(如小麦)和一种公共物品(如溜冰场),且具有相同的效用函数 $u(x,G) = x - \dfrac{100}{G}$,其中 x 表示每个村民的小麦消费量(单位:千克),G 表示溜冰场的面积(单位:平方米)。小麦的价格是1元/千克,溜冰场的造价是10元/平方米。假设该村的每个村民年收入为1 000元。

(1) 求溜冰场的帕累托有效面积。

(2) 若每个村民对溜冰场的费用承担相同份额,那么村民选择投票赞成的溜冰场大小为多少?

15. 假设某寝室三位同学 A、B 和 C 平时消遣时都消费饼干和音乐。饼干是私人物品,音乐是公共物品。他们的效用函数分别为 $u_A(c_A,m) = c_A \times m$,$u_B(c_B,m) = c_B \times m$,$u_C(c_C,m) = c_C \times m$,其中 c_A、c_B、c_C 分别为 A、B、C 三人的饼干消费量,而 m 是他们三人共同消费的音乐小时数。饼干的成本为每单位1元,消费音乐的成本为每小时10元。A、B 和 C 三人用于消遣的个人收入分别为30元、50元及20元。请问他们三人帕累托有效的音乐消费量是多少?

16. 消费者 L 的效用函数为 $U_L = 2X_L + G$,消费者 M 的效用函数为 $U_M = X_M G$,其中 G 为公共物品上的总货币支出,X_L 和 X_M 分别为各自在私人物品上的货币支出。他们花在私人物品和公共物品上的总额为30 000元。他们同意对公共物品 G 提供帕累托有效供给,并同意花在消费者 L 的私人物品支出为9 000元。试问他们在公共物品上的支出是多少?

17. 消费者 M 和 N 对比萨饼(p)和蹦床(t)具有相同的偏好,效用函数为 $u(p,t) = p + 2000\sqrt{t}$,比萨饼的价格为1元,蹦床的价格为1 000元。蹦床属于公共物品,可以被两人共同使用,而比萨饼属于私人物品。两个消费者的收入都在1万元以上,求蹦床的帕累托有效数量。

附录　本书主要经济学术语英汉对照表

A

accounting cost 会计成本
accounting profit 会计利润
adverse selection 逆向选择
allocation 配置
allocation of resources 资源配置
allocative efficiency 配置效率
antitrust legislation 反托拉斯法
arc elasticity 弧弹性
Arrow's impossibility theorem 阿罗不可能定理
assumption 假设
asymmetric information 非对称性信息
average 平均
average cost 平均成本
average cost pricing 平均成本定价法
average fixed cost 平均固定成本
average product of capital 资本平均产量
average product of labour 劳动平均产量
average revenue 平均收益
average total cost 平均总成本
average variable cost 平均可变成本

B

backwards induction 倒推归纳法
barriers to entry 进入壁垒
base year 基年
Bertrand Model 伯特兰模型
bilateral monopoly 双边垄断
benefit 利益
black market 黑市
boundary point 边界点
break even point 收支相抵点
budget 预算
budget constraint 预算约束
budget line 预算线
budget set 预算集

C

capital 资本
capital stock 资本存量
capital output ratio 资本产出比率
cardinal utility theory 基数效用论
cartel 卡特尔
CES production function 不变替代弹性生产函数
ceteris paribus assumption 其他条件不变的假设
ceteris paribus demand curve 其他因素不变的需求曲线
Chamberlin model 张伯伦模型
change in demand 需求变化
change in quantity demanded 需求量变化
change in quantity supplied 供给量变化
change in supply 供给变化
choice 选择
closed set 闭集
Coase theorem 科斯定理
Cobb-Douglas production function 柯布-道格拉斯生产函数
cobweb model 蛛网模型
collusion 合谋
command economy 指令性经济
commodity 商品
commodity combination 商品组合
commodity market 商品市场
commodity space 商品空间
common property 公用财产
comparative static analysis 比较静态分析
compensated budget line 补偿预算线
compensated demand function 补偿需求函数
compensation principles 补偿原则
compensating variation in income 收入补偿变量
competition 竞争
competitive market 竞争性市场
complement goods 互补品

complete information 完全信息
completeness 完备性
condition for efficiency in exchange 交换的最优条件
condition for efficiency in production 生产的最优条件
concave 凹的
concave function 凹函数
concave preference 凹偏好
consistence 一致性
constant cost industry 成本不变产业
constant returns to scale 规模报酬不变
constraints 约束
consumer 消费者
consumer behavior 消费者行为
consumer choice 消费者选择
consumer equilibrium 消费者均衡
consumer optimization 消费者最优化
consumer preference 消费者偏好
consumer surplus 消费者剩余
consumer theory 消费者理论
consumption 消费
consumption bundle 消费束
consumption combination 消费组合
consumption possibility curve 消费可能性曲线
consumption set 消费集
consumption space 消费空间
continuity 连续性
continuous function 连续函数
contract curve 契约曲线
convex 凸的
convex function 凸函数
convex preference 凸偏好
convex set 凸集
corporation 公司
cost 成本
cost benefit analysis 成本收益分析
cost function 成本函数
cost minimization 成本最小化
Cournot equilibrium 古诺均衡
Cournot model 古诺模型
cross-price elasticity 交叉价格弹性

D

dead-weights loss 无谓损失
decreasing cost industry 成本递减行业

decreasing returns to scale 规模报酬递减
deduction 演绎法
demand 需求
demand curve 需求曲线
demand elasticity 需求弹性
demand function 需求函数
demand price 需求价格
demand schedule 需求表
depreciation 折旧
derivative 导数
derived demand 派生需求
difference equation 差分方程
differential equation 微分方程
differentiated good 差异商品
differentiated oligopoly 差异寡头
diminishing marginal substitution 边际替代率递减
diminishing marginal return 边际报酬递减
diminishing marginal utility 边际效用递减
direct approach 直接法
directly revealed preferred 直接显示偏好
direct taxes 直接税
discounting 贴水、折扣
diseconomies of scale 规模不经济
disequilibrium 非均衡
distribution 分配
distribution theory of marginal productivity 边际生产率分配论
division of labour 劳动分工
duopoly 双寡头
duality 对偶
durable goods 耐用品
dynamic analysis 动态分析
dynamic models 动态模型

E

economic cost 经济成本
economic efficiency 经济效率
economic goods 经济物品
economic man 经济人
economic model 经济模型
economic profit 经济利润
economic region of production 生产的经济区域
economic regulation 经济调节
economic rent 经济租

economics 经济学
economy 经济
economy of scale 规模经济
Edgeworth box diagram 埃奇沃思盒状图
exclusion 排斥性、排他性
Edgeworth contract curve 埃奇沃思契约线
Edgeworth model 埃奇沃思模型
efficiency 效率、效益
efficiency parameter 效率参数
elasticity 弹性
elasticity of substitution 替代弹性
endogenous variable 内生变量
endowment 禀赋
endowment of resources 资源禀赋
Engel curve 恩格尔曲线
entrepreneur 企业家
entrepreneurship 企业家才能
entry barriers 进入壁垒
entry/exit decision 进出决策
envelope curve 包络线
equilibrium 均衡
equilibrium condition 均衡条件
equilibrium price 均衡价格
equilibrium quantity 均衡产量
equity 公平
equivalent variation in income 收入等价变量
excess capacity theorem 超额能量定理
excess supply 过度供给
exchange 交换
exchange contract curve 交换契约曲线
exchange efficiency 交换效率
exclusion 排他性
exclusion principle 排他性原则
existence 存在性
existence of general equilibrium 一般均衡的存在性
exogenous variables 外生变量
expansion paths 扩展线
expectation 期望
expected utility 期望效用
expected value 期望值
expenditure 支出
explicit cost 显性成本
external benefit 外部利益
external cost 外部成本

external economy 外部经济
external diseconomy 外部不经济
externalities 外部性

F

factor 要素
factor demand 要素需求
factor market 要素市场
factor substitution 要素替代
factor supply 要素供给
factors of production 生产要素
fallacy of composition 合成谬误
final goods 最终产品
firm 企业
firms' demand curve for labor 厂商劳动需求曲线
firm supply curve 厂商供给曲线
first-degree price discrimination 第一级价格歧视
first-order condition 一阶条件
fixed costs 固定成本
fixed input 固定投入
fixed proportions production function 固定比例的生产函数
flow 流量
fluctuation 波动
free entry 自由进入
free goods 自由品、免费品
free mobility of resources 资源自由流动
free rider 搭便车、免费搭车
function 函数
future value 未来值

G

game theory 对策论、博弈论
general equilibrium 一般均衡
general goods 一般商品
Giffen goods 吉芬品
Giffen's Paradox 吉芬之谜
goods 货物
government failure 政府失灵
government regulation 政府规制
grand utility possibility curve 总效用可能性曲线
grand utility possibility frontier 总效用可能性边界

H

heterogeneous product 异质产品
homogeneity 齐次性
homogeneous demand function 齐次需求函数
homogeneous product 同质产品
homogeneous production function 齐次生产函数
horizontal summation 水平加总
household 家庭
human capital 人力资本
hypothesis 假说

I

identity 恒等式
imperfect competition 不完全竞争
implicit cost 隐性成本
income 收入
income compensated demand curve 收入补偿需求曲线
income constraint 收入约束
income consumption curve 收入消费曲线
income distribution 收入分配
income effect 收入效应
income elasticity of demand 需求收入弹性
increasing cost industry 成本递增产业
increasing returns to scale 规模报酬递增
inefficiency 缺乏效率
index number 指数
indifference 无差异
indifference curve 无差异曲线
indifference map 无差异曲线簇
indifference relation 无差异关系
indifference set 无差异集
indirect approach 间接法
individual analysis 个量分析
individual demand curve 个人需求曲线
individual demand function 个人需求函数
induced variable 引致变量
induction 归纳法
industry 行业
industry equilibrium 行业均衡
industry supply curve 行业供给曲线
inelastic 缺乏弹性的
inferior goods 低档品

inflection point 拐点
information 信息
information cost 信息成本
initial condition 初始条件
initial endowment 初始禀赋
innovation 创新
input 投入
input-output 投入—产出
institution 制度
institutional economics 制度经济学
insurance 保险
intercept 截距
interest 利息
interest rate 利率
intermediate goods 中间产品
internalization of externalities 外部性内部化
invention 发明
inverse demand function 反需求函数
investment 投资
invisible hand 看不见的手
isocost line 等成本线
isoprofit curve 等利润曲线
isoquant curve 等产量曲线
isoquant map 等产量簇

K

kinked-demand curve 折弯的需求曲线

L

labour 劳动
labour demand 劳动需求
labour supply 劳动供给
labour theory of value 劳动价值论
labour unions 工会
laissez faire 自由放任
Lagrangian function 拉格朗日函数
Lagrangian multiplier 拉格朗日乘数
land 土地
law 定律、规律
law of demand and supply 供求规律
law of diminishing marginal utility 边际效用递减规律
law of diminishing marginal rate of substitution 边际替代率递减规律

law of diminishing marginal rate of technical substitution 边际技术替代率递减规律
law of increasing cost 成本递增规律
law of one price 一价定律
leader-follower model 领导者—跟随者模型
least-cost combination of inputs 最低成本的投入组合
leisure 闲暇
Leontief production function 里昂惕夫生产函数
licenses 许可证
linear demand function 线性需求函数
linear homogeneity 线性齐次性
linear homogeneous production function 线性齐次生产函数
long run 长期
long run average cost 长期平均成本
long run equilibrium 长期均衡
long run industry supply curve 长期行业供给曲线
long run marginal cost 长期边际成本
long run total cost 长期总成本
loss minimization 损失最小化
lump sum tax 一次性征税
luxury 奢侈品

M

macroeconomics 宏观经济学
marginal 边际的
marginal benefit 边际利益
marginal cost 边际成本
marginal cost pricing 边际成本定价
marginal cost of factor 边际要素成本
marginal physical productivity 边际实物生产率
marginal product 边际产量
marginal product of capital 资本的边际产量
marginal product of labour 劳动的边际产量
marginal productivity 边际生产率
marginal rate of substitution 边际替代率
marginal rate of transformation 边际转换率
marginal returns 边际报酬
marginal revenue 边际收益
marginal revenue product 边际收益产品
marginal revolution 边际革命
marginal social benefit 边际社会利益
marginal social cost 边际社会成本

marginal utility 边际效用
marginal value products 边际价值产品
market 市场
market clearance 市场出清
market demand 市场需求
market economy 市场经济
market equilibrium 市场均衡
market failure 市场失灵
market mechanism 市场机制
market structure 市场结构
market separation 市场分割
market regulation 市场调节
market share 市场份额
markup pricing 加成定价法
Marshallian demand function 马歇尔需求函数
maximization 最大化
microeconomics 微观经济学
minimum wage 最低工资
misallocation of resources 资源配置不当
model 模型
money 货币
monopolistic competition 垄断竞争
monopolistic exploitation 垄断剥削
monopoly 垄断、卖方垄断
monopoly equilibrium 垄断均衡
monopoly pricing 垄断定价
monopoly rents 垄断租金
monopsony 买方垄断

N

Nash equilibrium 纳什均衡
natural monopoly 自然垄断
natural resources 自然资源
necessary condition 必要条件
necessities 必需品
net demand 净需求
nonconvex preference 非凸性偏好
nonconvexity 非凸性
nonexclusion 非排斥性
nonlinear pricing 非线性定价
nonrivalry 非竞用性
nonprice competition 非价格竞争
nonsatiation 非饱和性
non-zero-sum game 非零和博弈

normal goods 正常品
normal profit 正常利润
normative economics 规范经济学

O

objective function 目标函数
oligopoly 寡头垄断
oligopoly market 寡头市场
oligopoly model 寡头模型
opportunity cost 机会成本
optimal choice 最佳选择
optimal consumption bundle 最佳消费束
perfect elasticity 完全有弹性
optimal resource allocation 最佳资源配置
optimal scale 最佳规模
optimal solution 最优解
optimization 优化
ordering of optimization(social) preference（社会）偏好排序
ordinal utility 序数效用
ordinary goods 一般品
output 产量、产出
output elasticity 产出弹性
output maximization 产出最大化

P

parameter 参数
Pareto criterion 帕累托标准
Pareto efficiency 帕累托效率
Pareto improvement 帕累托改进
Pareto optimality 帕累托优化
Pareto set 帕累托集
partial derivative 偏导数
partial equilibrium 局部均衡
patent 专利
pay off matrix 得益矩阵
perfect competition 完全竞争
perfect complement 完全互补品
perfect monopoly 完全垄断
perfect price discrimination 完全价格歧视
perfect substitution 完全替代品
perfectly elastic 完全弹性
perfectly inelastic 完全无弹性
plant size 工厂规模

point elasticity 点弹性
positive economics 实证经济学
prediction 预测
preference 偏好
preference relation 偏好关系
present value 现值
price 价格
price ceiling 最高限价
price consumption curve 价格—消费曲线
price control 价格管制
price difference 价格差别
price discrimination 价格歧视
price elasticity of demand 需求价格弹性
price elasticity of supply 供给价格弹性
price floor 最低限价
price maker 价格制定者
price rigidity 价格刚性
price seeker 价格搜求者
price taker 价格接受者
price tax 从价税
private benefit 私人利益
principal-agent issues 委托—代理问题
private cost 私人成本
private goods 私人物品
private property 私人财产
producer equilibrium 生产者均衡
producer theory 生产者理论
product 产品
product transformation curve 产品转换曲线
product differentiation 产品差异
product group 产品集
production 生产
production contract curve 生产契约曲线
production efficiency 生产效率
production function 生产函数
production possibility curve 生产可能性曲线
productivity 生产率
productivity of capital 资本生产率
productivity of labor 劳动生产率
profit 利润
profit function 利润函数
profit maximization 利润最大化
property rights 产权
property rights economics 产权经济学

proposition 命题、提议
proportional demand curve 成比例的需求曲线
public benefits 公共利益
public choice 公共选择
public goods 公共物品
pure competition 纯粹竞争
rivalry 竞用性
pure exchange 纯交换
pure monopoly 纯粹垄断

Q

quantity tax 从量税
quasi-rent 准租金

R

rate of product transformation 产品转换率
rationality 理性
reaction function 反应函数
regulation 调节、调控
relative price 相对价格
rent 租金
rent seeking 寻租
rent seeking economics 寻租经济学
resource 资源
resource allocation 资源配置
returns 报酬、回报
returns to scale 规模报酬
revealed preference 显示性偏好
revenue 收益
revenue curve 收益曲线
revenue function 收益函数
revenue maximization 收益最大化
ridge line 脊线
risk 风险

S

satiation 饱和、满足
saving 储蓄
scarcity 稀缺性
law of scarcity 稀缺规律
second-degree price discrimination 第二级价格歧视
second derivative 二阶导数
second-order condition 二阶条件

service 劳务
set 集
shadow prices 影子价格
short-run 短期
short-run cost curve 短期成本曲线
short-run equilibrium 短期均衡
short-run supply curve 短期供给曲线
shut down decision 停业决策
shortage 短缺
shut down point 停业点
single price monopoly 单一价格垄断
slope 斜率
social benefit 社会利益
social cost 社会成本
social indifference curve 社会无差异曲线
social preference 社会偏好
social security 社会保障
social welfare function 社会福利函数
socialism 社会主义
solution 解
space 空间
stability 稳定性
stable equilibrium 稳定的均衡
Stackelberg model 斯泰克伯格模型
static analysis 静态分析
stock 存量
stock market 股票市场
strategy 策略
subsidy 补贴
substitutes 替代品
substitution effect 替代效应
substitution parameter 替代参数
sufficient condition 充分条件
supply 供给
supply curve 供给曲线
supply function 供给函数
supply schedule 供给表
Sweezy model 斯威齐模型
symmetry 对称性
symmetry of information 信息对称

T

tangency 相切
taste 兴致、嗜好、口味

technology 技术
technical efficiency 技术效率
technological constraints 技术约束
technological progress 技术进步
third-degree price discrimination 第三级价格歧视
total cost 总成本
total effect 总效应
total expenditure 总支出
total fixed cost 总固定成本
total product 总产量
total revenue 总收益
total utility 总效用
total variable cost 总可变成本
transitivity 传递性
transaction cost 交易费用

U

uncertainty 不确定性
uniqueness 唯一性
unit elasticity 单位弹性
unstable equilibrium 不稳定均衡
utility 效用
utility function 效用函数
utility index 效用指数
utility maximization 效用最大化
utility possibility curve 效用可能性曲线
utility possibility frontier 效用可能性边界

V

value 价值
value judge 价值判断
value of marginal product 边际产品价值
variable cost 可变成本
variable input 可变投入
variables 变量
vector 向量
visible hand 看得见的手

W

wage 工资
wage rate 工资率
Walras general equilibrium 瓦尔拉斯一般均衡
Walras's law 瓦尔拉斯定律
wants 需要
welfare criterion 福利标准
welfare economics 福利经济学
welfare loss triangle 福利损失三角形
welfare maximization 福利最大化

Z

zero cost 零成本
zero elasticity 零弹性
zero homogeneity 零次齐次性
zero economic profit 零经济利润

实时测验与课后习题部分参考答案[①]

第一章

一、实时测验

实时测验 1-2

1. 不一定,当工人雇佣量超过一定数量后,其边际产量会减少。
2. 错误,增加一个工人使其边际产量减少,而不是其总产量减少。

实时测验 1-3

(1)(2)(3)和(5)是外部性成本的例子,而(4)则是外部性收益的例子。

二、复习思考题与计算题

1. (1) F,(2) F,(3) F,(4) T,(5) T, (6) F, (7) F,(8) F,(9) F,(10) F

5. 属于实证分析的有(1)(2)(7)(8)(10),而属于规范分析的有(3)(4)(5)(6)(9)。

第二章

一、实时测验

实时测验 2-1

提示:不一定。要考虑买卖双方的因素。

实时测验 2-2

不一定。

实时测验 2-3

不正确。

实时测验 2-4

当人数很多时,市场需求曲线就有可能是多段式的形状。

实时测验 2-5

1. 4

2. 0.8 美元。

实时测验 2-6

1. 是。

[①] 本书提供的参考答案主要是各章实时测验与课后习题的解题思路或解答结果,至于详细的解答步骤则需要读者认真阅读有关章节的内容后再进行解答。需要提醒各位的是有些习题答案可能不是唯一的,解题思路也不是唯一的,因此作者诚恳地邀请各位读者在学习和解题中有任何好的想法或更准确的解答方案都可以与作者联系(E-mail:zyp@pku.edu.cn),并由衷感谢。

2. 是。

实时测验2-7

1. (a) $e_d^A = e_d^B$; (b) $e_d^A = e_d^B$; (c) $e_d^A = e_d^B = e_d^C$; (d) $e_d^A = e_d^B$。

2. 不相等。

实时测验2-8

(1) $e_d < 1$;(2) $e_d > 1$;(3) $e_d = 1$;(4) $e_d = 0$。

实时测验2-9

1. (1) 情况下供给曲线呈垂直状,而(2)情况下供给曲线呈向右上方倾斜的形状。

2. (1)和(2)会导致供给曲线左移,而(3)会引起供给曲线右移。

实时测验2-10

1. 正确。

2. 不正确。

实时测验2-11

$E > B > A/S_1 > C > D > A/S_2$

实时测验2-12

$P^* = 15$, $Q^* = 75$

实时测验2-13

提示:结合季节性商品的需求和供给变化的不同特性来说明。

实时测验2-14

1. 必需品的消费者的税收负担会较重。

2. 需求曲线为垂直线时,消费者会被完全转嫁税负,而水平线时则不可能被转嫁。

3. 情形与2题正好相反。

4. 市场价格下降,对消费者更有利。

实时测验2-15

图(a)为非稳定均衡,图(b)为稳定均衡。

二、复习思考题与计算题

1. (1) F,(2) F,(3) T,(4) T,(5) F,(6) F,(7) F

2. A点弹性与C点弹性相等,而该两点的弹性又分别是B点弹性的1/3。

3. 要从区分需求量变动和需求变动的角度来理解。题中说的事件是需求的变动。

4. 本题同样要从需求的变动和需求量的变动角度来分析。在旅游旺季,因为价格以外的因素(如假期里人们对旅游的偏好)而导致对需求的增加——整条需求曲线右移,若供给不变(因为短期内飞机的座位数量固定)的话,就会出现即使出高价而仍买不到票的情况。

5. (1) 不一定;(2) 两条斜率不同的线性需求曲线在相交点各自弹性是不相等的,斜率绝对值小(坡度较平缓)的那条需求曲线在交点处的弹性大一些;(3) 两条曲线型(非线性)的需求曲线在它们相交处的各自弹性也是不相等的。

6. 整个市场的需求弹性是3/2。

7. (1) 该市场的需求函数为一个分段函数,即在$0 < P \leq 150$时,$Q = q_A + q_B = 115 - (2/3)P$;在$150 < P \leq 180$时,$Q = q_B = 90 - 0.5P$;在$P > 180$时,$Q = 0$;(2) 当$P = 30$时,

$e_d^A = 1/4, e_d^B = 1/5$,市场的需求弹性是 4/19。

8. (1) $e_d = 2P/(P+1)$;(2) 当 $P = 1$ 时,消费者的支出额最大,此时价格弹性为 1。

9. 依题意可知,两类游客的需求函数都为线性函数,则利用题中价格与各个种类游客游览景区的人数求出当地游客的需求函数为 $x_1 = 1\,337 - 11p$,外地游客的需求函数为 $x_2 = 1\,337 - 11p$,这样该景区总的需求函数为 $x = 3\,004 - 25p$。当价格为 100 元时,市场总需求为 504,则可求得此时的需求价格弹性为 4.96。

10. (1) 属于在价格为 1 元时折弯的需求曲线;(2) 利用需求弹性与总收入可以解释。

11. (1) $P = (A/Q)^{1/b}, e_d = b$;(2) 当 $b = 0$ 时,完全无弹性,当 $0 < b < 1$ 时,缺乏弹性,当 $b \geq 1$ 时,富有弹性;(3) 经推导可得 $P(Q)/\text{MR}(Q) = b/(b-1)$,其独立于 Q。

12. (1) 略;(2) $P_e = 3, Q_e = 60\,000$;(3) $P_e = 7/2, Q_e = 70\,000$;(4) $P_e = 2, Q_e = 80\,000$;(5) 对销售者征税后每单位产品价格上涨了 1 元,这要由消费者负担,而生产者负担了每单位产品的 1 元税额,政府获取的总税额为 80 000 元;(6) 补贴后每单位产品价格下降了 0.5 元,相应地消费者剩余也都增加了。

13. (1) 价格上涨了 5/11,消费者负担 5/11,生产者负担 50/11;(2) 税前需求弹性为 91/8,供给弹性为 91/80,需求弹性大于供给弹性。

14. Y 的需求曲线为 $Q_Y = 44 - P_Y$。

15. (1) $P_X = 14.56, Q_X = 2\,338.9$;(2) X 和 Y 是相互替代品。

第三章

一、实时测验

实时测验 3-1

"至少一样高"的说法具有传递性和完备性,而"的确比……高"的说法只具有传递性,不具有反身性和完备性。

实时测验 3-2

1. 该无差异曲线的斜率为正。

2. 某人可能对鸡蛋汤中加入香菜深恶痛绝,则香菜和鸡蛋汤对此人来说所有组合的偏好都是凹的。

实时测验 3-3

1. 没有必然的关系,其理由参见本节有关边际替代率递减的代数式推导结果。

2. (1) 虽有边际替代率递减的性质,但两产品的边际效用均固定(不递减);(2) 不但具有边际替代率递减性质,且两产品的边际效用都递减;(3) 虽具有边际替代率递减性质,但 X 和 Y 两产品的边际效用都递增。

实时测验 3-4

因为 V 是 U 的单调递增变换,而 W 也是 U 的单调递增变换,所以 U、V 和 W 三个效用函数代表相同的偏好。

实时测验 3-6

(1) 面包 24 片,黄油 48 块;(2) 面包 40 片,黄油 40 块。

实时测验 3-7

否。因为不可能社会上所有商品均为低档品。

实时测验 3-8

是的,因为 EF 永远处于 $A'B''$ 的下方。

实时测验 3-9

(a)会有替代效应和收入效应,(b)和(c)只有收入效应。图略。

实时测验 3-10

否。

实时测验 3-11

是替代品,原因略。

实时测验 3-12

2. 是。

二、复习思考题与计算题

1. (1) T,(2) T,(3) F,(4) F,(5) T,(6) F,(7) F,(8) F,(9) T,(10) F

3. (1)和(2)都是具有凸向原点特征的无差异曲线。(3)则表示在 $2X+Y$ 和 $2Y+X$ 之间取一个较小的值,而其最优条件却是 $2X+Y=2Y+X$,亦即 $X=Y$。因此,在 $X\geqslant Y$ 的部分,效用函数对应的是 $2X+Y$,而在 $X\leqslant Y$ 的部分,效用函数对应的是 $X+2Y$。循着这个思路可以画出相应的无差异曲线。(4)和(7)可以以类似思路来解决。(5)属于凹状特征的无差异曲线,而(6)是拟线性偏好的效用函数,其无差异曲线相当于 $X=-Y^{1/2}$ 这样的曲线垂直平移。(1)、(2)、(6)属于性状良好的效用函数,而其他则不是。

4. (1) $U(X_1,X_2)=X_1^{1/2}X_2^{1/2}$ 表示了柯布-道格拉斯型的偏好,$W(X_1,X_2)=X_1^2X_2^2$ 是 $U(X_1,X_2)$ 的单调变换,它们表示相同的偏好,但 $V(X_1,X_2)=X_1^2X_2$ 不是效用函数 $U(X_1,X_2)$ 的单调变换;(2) 两者都表达了拟线性偏好,两效用函数是单调变换关系;(3) 两者都表达了完全替代类型的偏好;(4) 这个说法正确。该效用函数与完全替代偏好 $V(X_1,X_2)=X_1+X_2$ 具有单调变换关系。

5. 如某些"上瘾"或"癖好"的消费行为具有违背边际效用递减的特征。比如,对某酒鬼而言,他喝第二杯酒的满足大于第一杯酒,而第三杯酒给他带来的满足又大于第二杯。而对一个集邮者来说,他总是在收集到更多邮票时满足也更大,而一套邮票中最后收集到的那张或许会给他带来最大的满足。

6. (1) 满足,因为 $\partial U/\partial X>0,\partial U/\partial Y>0$;(3) 该消费者的无差异曲线簇为点(100,0)与纵轴上 $Y\geqslant 0$ 所有点的连线,连线越陡效用水平越高。

7. (2) $X_1=0,X_2=100$,即该消费者会将其所有的钱花在豆制品上;(3) 此时豆制品的价格为 $4/3$,新的预算线为 $4X_1+4/3X_2=200$;(4) $X_1=0,X_2=50$,即该消费者仍会将其所有的钱花在豆制品上。

8. (1) 进行搭售后,消费者的预算约束为 $\begin{cases}P_XX+P_YY\leqslant I\\X\geqslant Y\geqslant 0\end{cases}$,预算集如图(a)中阴影部分所示;(2) 进行搭送后,消费者的预算约束为 $\begin{cases}P_X(X-Y)+P_YY\leqslant I\\X\geqslant Y\geqslant 0\end{cases}$,预算集如图(b)阴影部分所示。

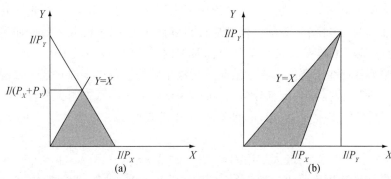
(a)　　　　　　　　　(b)

9. 依题意,该效用函数下的最优选择在 $Y=X$ 线上。而目前最优选择消费束为(5,6),对应只有一种可能——预算线与无差异曲线在 $Y>X$ 空间重合,即预算线斜率也为 -2,这样 P_X 与 P_Y 的关系为 $P_X=2P_Y$。

10. (2) 消费者会把30元都买成可乐来消费。

11. 应该购买5 000单位的食物,2 000单位的衣服,但不买汽车。

12. 可以首先考虑消费者在 Y、Z 上的选择,它们是两个完全替代的商品,依据两商品的价格,消费者会把全部收入都用于消费商品 Y。然后整个问题就简化为效用函数 $\min\{X,5Y\}$ 的最大化问题了。最后可得: $X=11,Y=2.2,Z=0$。

13. 注意题目中的效用函数所对应的无差异曲线具有凹状特征,因而其最优点一定是角解。(1) 当收入为32元时,消费者会选择全部购买商品 Y;(2) 当收入变化到8 000元时,消费者会转向全部购买商品 X。

14. 消费者的最优选择为: $X=99.75,Y=0,Z=0.25$。

15. (1) 此时的 P.P.C. 线为一条水平线,请读者自行画出;(2) Y 为正常品,而 X 则不一定,既可能是正常品,也可能是低档品等,要依据具体的无差异曲线形状决定。

16. X 为收入中性物品,Y 为正常品;X 的恩格尔曲线为一条垂直线,其收入弹性为零;当 X 的价格变动时,不存在收入效应,因此 X 的普通需求曲线和收入补偿需求曲线完全相同;价格与需求量呈反方向变动,即需求曲线一定为负斜率。

17. 依题意可知此人对电影的需求弹性小于1,因此其 P.P.C. 线为一条负斜率的曲线。

18. (2) 该消费者实现效用最大化时的 $\text{MRS}_{XY}=1/3$;(3) 收入弹性为1。

19. 注意该效用函数属于性状良好的拟线性偏好。(1) 依据拟线性偏好的特性,当收入足够大时,商品 X 的最优选择由相对价格 P_X/P_Y 决定,X 的最优解与收入的变化无关。因此,收入要足够购买对应数量的商品 $X:I \geqslant P_X X^* = P_Y$。当收入低于 P_Y 水平时,消费者选择全部购买商品 X。由此可以得到相应收入—消费线为一条垂直于横轴 X 的直线,而商品 X 的恩格尔曲线是一条在收入 $I=P_Y$ 时折弯的线(试着画一画)。(2) 当收入足够大,$I>P_Y$ 时,商品 X 的价格—消费线为一条水平线,而需求曲线由 $X^*=P_Y/P_X$ 决定。而当收入处于 $0<I \leqslant P_Y$ 范围时,消费者会把所有的收入用于购买商品 X,对商品 Y 的消费为零,此时价格—消费线和 X 轴重合,需求曲线由 $X=I/P_X$ 决定(试着画一画)。

20. (2) 当收入增加时,只要 $P_X<P_Y$,消费者都会仅消费 X 商品,即 I.C.C. 线为一条与 X 轴重合的水平线,而恩格尔曲线为从原点出发的直线,即 $I=XP_X$;(3) $X=I/P_X$。

21. (1) $X=(2/5) \times (I/P_X)$,$Y=(3/5) \times (I/P_Y)$;(2) $X=12,Y=12$;(3) $2\ln(2P_X) + 5\ln Y - 2\ln(3P_X) - U_0 = 0$。

22. (1) 购买更多的 Y 商品;(2) Y 价格下降使得其收入相对增加,收入效应使得其购买更多的 Y;(3) Y 价格下降的替代效应使得其购买更少的 X,收入效应使得其购买更多的 X,因此这里对 X 需求的总效应为 0,而对 Y 的需求的总效应是 10。

23. 此题关键点在于要使用斯勒茨基分析法来解题。价格上涨对老王来说白酒的价格效应是 -20 瓶。依据斯勒茨基分析法,价格变化后为维持原先购买组合所要求的收入为 8 400 元。但在价格上涨为 40 元的条件下替代效应为 -2 瓶。老王的收入效应为 -18 瓶。

24. (1) $X=18, Y=18$,最大效用 $U=324$;(2) $X=8, Y=18, U=144$;(3) X 的价格变化后要维持最初的效用水平 $U=324$ 所需的收入为 $I=216$,此时 $X=12, Y=27$;(4) 替代效应为 -6,收入效应为 -4。

25. (1) 当 P_1 从 2 变到 1/2 时对 X_1 的需求增加了 200;(2) 这种变化的替代效应是 200,收入效应为 0。

26. 本题可以利用斯勒茨基方程来予以证明。

27. (1) 需求函数 $X=1/(16P^2)$,反需求函数 $P=0.25X^{-1/2}$;(2) 消费者剩余为 1.25;(3) 价格提高 10% 后消费者剩余减少了 0.11。

28. (1) 市场需求函数为 $Q_X=100(1-P_X)$;(2) 当价格为 1/2 时销售收入最大,此时的价格弹性为 1。

29. 该题与教材本章第八节应用 1 类似,可以仿照解答。

第四章

复习思考题与计算题

1. (1) F,(2) T,(3) F,(4) T,(5) T,(6) F,(7) T,(8) T,(9) T,(10) F
2. 消费者会购买 B 组合。因为在相同偏好下 B 组合的花销更少些。
3. 经计算可知消费者在能够购买 A 组合的情况下购买了 B 组合,根据显示性偏好理论可知该消费者更偏好 B 组合。
4. 因为 $p^1q^1=1\,300>p^1q^2=1\,000, p^2q^1=3\,200>p^2q^2=1\,350$,即该消费者若会购买 q^1 是因为他更偏好 q^1,即使该组合的花费不便宜;而他若会购买 q^2 也仅仅是因为这时的 q^2 较便宜而已,所以该消费者偏好 q^1。
5. 依据显示性偏好公理,可对三组合的偏好排列为 $A>C>B$,但从中不能判断这种排列是否遵循传递性。
6. 消费者的行为符合显示性偏好弱公理。分析如下:因为 $2\times20+6\times10=100 \geqslant 2\times18+6\times4=60$,所以根据显示性偏好弱公理就必然有 $3\times20+5\times10>3\times18+5\times4$,而后一个等式确实是成立的($110 \geqslant 74$)。所以消费者的行为符合显示性偏好的弱公理。
7. (p_1, p_2) 必须满足的关系为 $p_2>4p_1$。
8. 这种行为同效用最大化的行为模型不一致。因为 $p_1x_1+p_2x_2=5, p_1y_1+p_2y_2=4$,可知 (x_1, x_2) 被显示偏好于 (y_1, y_2)。同样,由于 $q_1x_1+q_2x_2=4, q_1y_1+q_2y_2=5$,从中可知 (y_1, y_2) 被显示偏好于 (x_1, x_2)。所以这种行为违背了显示性偏好弱公理,与最大化的行为模型不一致。

9. (1) 这种行为同最大化行为模型不一致,因为此时无法判断消费者更偏好于哪个消费束;(2) 无法判断该消费者偏好的是哪个商品束,这是因为当消费者购买 x 时,消费束 y 是无法购买的,而当消费者购买 y 时,消费束 x 同样无法购买。

10. 该消费者不是效用最大化者。因为他的需求行为违反了显示偏好"一般性公理",即显示性偏好强公理。

11. 依题意绘图如下:

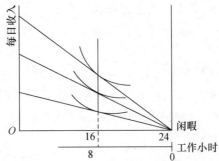

12. 如下图所示,原来工资为 w_0,此时员工甲获取最大效用而愿意工作的时间为 8 小时(左图中 C 点),相应地乙最愿意工作的时间小于 8 小时(右图中的 C' 点),因此甲不会常请假而乙会常请假。但是若公司把工资由 w_0 提高到 w_1,甲最愿意工作的时间小于 8 小时(左图中的 D 点),而乙则恰好为 8 小时(右图中的 D' 点),因此工资提高后甲反而会常请假而乙则不会。

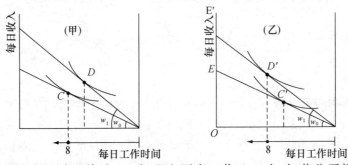

13. 如下图所示,原来工资为 w_0 时,此人愿意工作 L_0L_1 小时,若公司提高工资至 w_1,

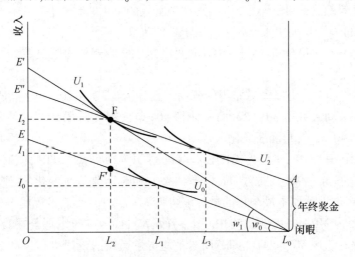

此人愿意工作 L_0L_2 小时,其收入亦由 I_0 提高至 I_2,效用也增加至 U_1,此时公司相当于多给付了 FF' 的报酬(指因提高工资而多付的),若公司给予年终奖金 FF'(相当于 AL_0),此时员工将会以更多的闲暇替代工作,而只愿工作 L_0L_3 小时,虽然收入 I_1 比 I_2 小但其效用 U_2 却较大,因此,从鼓励工作效率的角度看,提高工资较为适当,而从员工福利角度看,年终奖金似乎更为员工所偏爱。

14. (1) $C+10H=240$;(2) 每天工作时间 $L=8,H=16$。

15. 基于最大效用考虑,老李愿意去机场送王女士。

16. 依题意,第一期中的消费 c_1 等于贷款额 L,经过求解可得张明第一期贷款额 $L=c_1=4\,000, c_2=4\,400$。

17. (1) 跨期消费的预算方程为 $1.1c_1+c_2=210$;(2) 若他不进行借贷,则他对现在与未来消费品的边际替代率是 $1/2$;(3) 他在时期 2 的消费是时期 1 消费的 4.84 倍。

18. 他在时期 2 的收入是时期 1 的两倍时,利率约为 0.15,这样他会在两个时期选择相同的消费量。

第五章

一、实时测验

实时测验 5-2

否。可利用第三章有关无差异曲线中学到的相似理论进行推导。

实时测验 5-3

2. $L:K=1:3$

实时测验 5-4

是的。

二、复习思考题与计算题

1. (1) T,(2) T,(3) F,(4) T,(5) F,(6) F,(7) T,(8) F,(9) T,(10) T

2. (1) 从方式 1 到方式 2 放弃了 2 单位的劳动,同时增加了 5 单位的资本作为补偿,因此有可能在同一等产量线上,即两种生产可能同时达到技术有效;(2) 用方式 1 生产是经济有效的;(3) 用方式 2 生产是经济有效的。

3. (1)(3) 属于短期决策,(2)(4) 属于长期决策。

5. (2)(5)(6)(7)(8) 为规模报酬不变,(1)(3) 为规模报酬递增,(4) 为规模报酬递减。

6. (1) AP_L 和 MP_L 为极大时雇用的劳动人数分别为 30 和 20;(2) 平均产量与边际产量相等的时候劳动人数是 30;(3) 第一阶段 $(0,30)$,第二阶段 $(30,40]$,第三阶段 $[41,\infty)$;(4) 雇用 40 人时,利润极大化。

7. (2) $MP_L=1, MP_K=1/4, MRTS_{LK}=4$;(3) 由 (2) 可知 $MRTS_{LK}=MP_L/MP_K=4$,因此题中 $MRTS_{LK}=MP_L/MP_K$ 是成立的,但是如果 L 和 K 不是连续变化的,则该结论就可能不成立;(4) 经过求解成本最小化的最优解可得 $K=L=10$;(5) 是规模报酬不变。

9. (2) 因为 $MP_L>AP_L$,则有 $MP_L \cdot L>f(L,K)$,代入欧拉定理公式后可得 $MP_K<0$,这意味着企业应该在 $MP_L<AP_L$,即劳动的平均产量递减的阶段进行生产,而不能在平均

产量递增的阶段进行生产;(3) 直接从(1)中的结论中得到 f_K 的表达式,然后对其求解关于 L 的导数即可有 $f_{KL} > 0$,这一结论说明,在规模报酬不变和边际报酬递减的假设下,任何一种要素的边际产出都会随着另外一种要素投入的增加而增加。

10. (1) $\mathrm{MP}_K = (q/k)^{1-\rho}, \mathrm{MP}_L = (q/L)^{1-\rho}, \mathrm{MRTS}_{LK} = (K/L)^{1-\rho}$;(2) $e_K = (K/q)^{\rho}, e_L = (L/q)^{\rho}, e_p = e_K + e_L = 1$;(3) 该生产函数规模报酬不变。

第六章

一、实时测验

实时测验 6-1

否。

实时测验 6-3

1. $C(w,r,Q) = Q(w^{\alpha} + r^{\alpha})^{\frac{1}{\alpha}}$,其中 $\alpha = \rho/(1-\rho)$

2. $C(w,r,Q) = Q\left(\dfrac{w}{a} + \dfrac{r}{b}\right)$

实时测验 6-5

否。

实时测验 6-6

有可能,在 LAC 的最低点处。

二、复习思考题与计算题

1. (1) F,(2) T,(3) F,(4) F,(5) F,(6) F,(7) T,(8) F,(9) T,(10) F

2. (1) 长期内,LAC 是一条水平直线,$\mathrm{LAC}(100) = \mathrm{LAC}(400) = 2\sqrt{2}$;(2) 短期内,$\mathrm{SAC}(100) = 12.66, \mathrm{SAC}(400) = 50.04$。

3. (1) $\mathrm{LTC} = 0.7Q, \mathrm{LAC} = \mathrm{LMC} = 0.7$;(2) 短期下 $K=10$ 时,$\mathrm{STC}(Q) = 30 + 0.1Q$ ($Q \leq 50$),$\mathrm{SAC}(Q) = 30/Q + 0.1$ ($Q \leq 50$),$\mathrm{SMC}(Q) = 0.1$ ($Q \leq 50$)。

4. (1) $\mathrm{STC} = q^2/100 + 100, \mathrm{SAC} = (q/100) + (100/q)$;(2) 边际成本函数 $\mathrm{SMC} = q/50$;(4) 在 $\mathrm{SMC} = \mathrm{SAC}$ 处相交,也就是在 SAC 最低点相交。

5. 该题关键点是要清楚一个企业两个工厂的成本最低时的 $\mathrm{MC}_A = \mathrm{MC}_B$ 这个条件。这样代入后可知当 $q = 100$ 时,$q_A = 80, q_B = 20$。

6. (1) $\mathrm{STC}(q) = q^2/(50K) + K$;(2) $\mathrm{LTC}(q) = 0.2\sqrt{2}q$

7. (1) 只需要非熟练工人人数的一半人数的熟练工人就可以来完成 Q 单位的生产任务;(2) 该公司只需要 10 个熟练工人就可以生产 20 单位的产品;(3) $C = \min\{w_1, w_2/2\}q$。

8. (1) 两要素的条件需求函数为 $K = q, L = q/2$,成本函数为 $C(q) = (w/2 + r)q$。
(2) 两要素的条件需求函数为:

$$L(w,r,q) = \begin{cases} q/2 & w < \dfrac{2}{3}r \\ (0, q/2) & w = \dfrac{2}{3}r \\ 0 & w > \dfrac{2}{3}r \end{cases}, \quad K(w,r,q) = \begin{cases} 0 & w < \dfrac{2}{3}r \\ (0, q/3) & w = \dfrac{2}{3}r \\ q/3 & w > \dfrac{2}{3}r \end{cases}$$

成本函数为 $C(q) = \min\{w/2, r/3\}q$。

(3) $L(w,r,q) = A^{\frac{-1}{\alpha+\beta}} \left(\frac{\alpha r}{\beta w}\right)^{\frac{\beta}{\alpha+\beta}} q^{\frac{1}{\alpha+\beta}}, K(w,r,q) = A^{\frac{-1}{\alpha+\beta}} \left(\frac{\beta w}{\alpha r}\right)^{\frac{\alpha}{\alpha+\beta}} q^{\frac{1}{\alpha+\beta}}$,成本函数为 $C(q)$

$= A^{\frac{-1}{\alpha+\beta}} \left[\left(\frac{\alpha}{\beta}\right)^{\frac{\beta}{\alpha+\beta}} + \left(\frac{\alpha}{\beta}\right)^{\frac{-\alpha}{\alpha+\beta}} \right] w^{\frac{\alpha}{\alpha+\beta}} r^{\frac{\beta}{\alpha+\beta}} q^{\frac{1}{\alpha+\beta}}$。

(4) $L(w,r,q) = w^{1/(\rho-1)}(w^{\rho/(\rho-1)} + r^{\rho/(\rho-1)})^{-1/\rho} q, K(w,r,q) = r^{1/(\rho-1)}(w^{\rho/(\rho-1)} + r^{\rho/(\rho-1)})^{-1/\rho} q$,成本函数为 $c(q) = q(w^{1-\sigma} + r^{1-\sigma})^{1/(1-\sigma)}, \sigma = 1/(1-\rho)$。

9. 成本函数为 $C = 4q^2/3$。

10. (1) $C = (w+r)q^2$;(2) $C = (w+r)q^2$;(3) $C = wq + rq^{1/2}$;(4) $C = wq + rq^2$;(5) $C = \min\{w/10, r/4\}q$。

11. $a=0, b > \frac{c^2}{4d}, c<0, d>0$。

12. (1) $x=64, z=36, C=2690$;(2) $C=(60/11)q+50$。

13. (1) $STC(q) = \frac{1}{100}q^4(K-25)^{-1} + 400K, LAC(q) = 4q^2 + 10000$;(2) $SAC(q) = \frac{1}{200}q^3 + 10800q^{-1}, SMC(q) = \frac{1}{50}q^3$。

14. (1) 该成本曲线的前提假定是各生产要素具有恒定边际产量;(2) 边际成本 MC = 1,它表明增加产量所需要的追加总成本恒为 1;(3) 占有 40% 市场的企业的单位成本比占有 20% 市场的企业的单位成本低 0.25 元;(4) 该企业为规模经济;(5) 这种想法是错误的,因为企业利润的高低要结合市场需求状况和成本的关系才能确定。

第七章

复习思考题与计算题

1. (1) T,(2) F,(3) T,(4) F,(5) T,(6) T,(7) T,(8) T,(9) T,(10) T

2. $Q=80$ 时利润最大,此时的最大利润为 1080 元。

3. (1) $SAC = 0.1q^2 - 2q + 14 + 10/q, SAVC = 0.1q^2 - 2q + 14, SMC = 0.3q^2 - 4q + 14$;(2) 单个厂商的供给曲线为 $q_i^s = \begin{cases} [4 + \sqrt{16-1.2(14-p)}]/0.6 & p \geq 4 \\ 0 & p < 4 \end{cases}$,行业短期供给曲线为 $Q_S = 100q_i^s$;(3) 市场均衡价格为 4,均衡产量为 1000;(4) 每个厂商利润最大时的产量为 $q=10$,利润 $= -10$。

4. (1) $P=6$;(2) 价格仍为 6;(3) 行业需求弹性为 0.6,而厂商的需求弹性为无穷大。

5. 两个工厂之间的产量分配根据等边际成本原则可得:$q_1 = (q-3)/2, q_2 = (q-3)/2$,因此,企业的短期总成本函数为分段函数,即当 $q \geq 3$ 时,$c(q) = 0.5q^2 + 7q + 25.5$,当 $0 \leq q < 3$ 时,$c(q) = q^2 + 4q + 20$,相应的供给曲线为:当 $q \geq 3$ 时,$p = q + 7$,当 $0 < q \leq 3$ 时,$p = 2q + 4$。

6. 依题意可得成本函数为 $c(q) = 10q^2$,相应的供给函数为:$S(p) = p/20$。

7. (1) 短期供给曲线为当 $3/4 \leq p \leq 12$ 时,$q^s = \sqrt{p/3} + 1$,当 $p > 12$ 时,$q^s = 3$;(2) 市

场的供给曲线为当 $3/4 \leq p \leq 12$ 时,$Q^S = 50\sqrt{p/3} + 50$,当 $p > 12$ 时,$Q^S = 150$;(3) 短期内市场供求均衡时市场均衡价格和产量分别为 $p^* = 3, Q^* = 100$,单个厂商的均衡价格和产量分别为 $p^* = 3, q^* = 2$,利润为 -5,生产者剩余为 4。

8. (1) $Q = 20$,单位平均成本 $AC = 240$,总利润为 $8\,000$;(2) 该行业并没有处于长期均衡状态;(3) 均衡时这家企业的产量为 10,单位成本为 140 美元,产品单价也是 140 美元。

9. (1) 厂商短期供给曲线为:当 $p \geq 1$ 时,$q_i(p) = 2.5(p-1)$,当 $p < 1$ 时,$q_i(p) = 0$;(2) 行业供给函数为:当 $p \geq 1$ 时,$S(p) = 500(p-1)$,当 $p < 1$ 时,$S(p) = 0$;(3) 均衡产量为 $2\,250$,均衡价格为 5.5,消费者剩余为 $7\,562.5$。

10. (1) 厂商的短期供给函数为 $P = 0.2q + 1$,或者 $q = 5P - 5(P \geq 1)$,行业的短期供给曲线也即供给函数为 $Q_S = 500P - 500$($P \geq 1$);(2) $P = 5, Q = 2\,000$;(3) 新的市场均衡价格 $P = 5.5$,新的市场均衡产量为:$Q_D = Q'_S = 1\,800$,在 0.9 美元的税收中,有 0.5 美元通过价格转移到消费者身上,剩下的 0.4 美元由厂商来承担。

11. 市场的总供给曲线为 $Q = 100P - 800$。

12. 均衡价格为 10 元,厂商数量为 725 个。

13. 均衡价格为 8,产量为 2,厂商数目为 600 家。

14. (1) 每家厂商的供给曲线为:当 $p \geq 2$ 时,$q_i^s(p) = p/2$,当 $p < 2$ 时,$q_i^s(p) = 0$;(2) 由市场供给与需求平衡可得 $D(p) = S(p) \Rightarrow 52 - p = (np)/2$,即 $p = 104/(n+2)$,$n = 50$,单个厂商的利润为 0;(3) 同理可得 $52.5 - p = n(p/2) \Rightarrow p = 105/(n+2)$,厂商个数 n 必须满足 $p \geq 2$,即 $105/(n+2) \geq 2$,且 $105/[(n+1)+2] < 2 \Rightarrow 49.5 < n \leq 50.5$,故 $n = 50$,$p = 105/52$,$q_i = 105/104$,单个厂商的利润为 $209/10\,816$。

15. 该产业的供给曲线为 $S = \dfrac{nP}{2a + (n+1)b}$。

16. 行业的短期供给函数为 $Q = 100P + 60 \times 5P = 400P, P \geq 0$。

17. (1) 行业的长期供给函数为 $p = 4$;(2) 均衡价格为 4,产量为 $1\,600$,厂商有 800 家。

18. (1) $LAC = q^2 - 60q + 1\,500$,$LMC = 3q^2 - 120q + 1\,500$;(2) $q = 35$ 时利润极大;(3) $LAC = 625$,利润 $\pi = 12\,250$;(4) 行业长期供给方程为 $P = 600$;(5) 该行业厂商个数为 150 家。

19. (1) 市场总需求为 $D(p) = 100 - 100p$;(2) 行业厂商数目 $N = 12$,均衡价格 $p_E = 0.51$,市场的总产量为 49。

20. (1) $q = 6, P = 7.5$;(2) 是;(3) 厂商个数为 750;(4) ① $q = 7, P = 9$,② 每家厂商的利润为 9.8,③ 若领到许可证的厂商的超额利润为零的话,每张营业许可证价格为 9.8。

第八章

一、实时测验

实时测验 8-1

在上列条件下,恰好落在生产合理的区域内。

二、复习思考题与计算题

1. (1) F, (2) F, (3) F, (4) F, (5) F, (6) F, (7) T, (8) F

2. (1) 厂商的劳动需求曲线为 $L = \dfrac{120-w}{20}(0 \leq w \leq 120)$; (2) 厂商雇用 5 个工人。

3. (1) 每天将投入 60 劳动小时; (2) 每天获得的纯利润为 22 元。

4. 在短期内: (1) 劳动需求曲线为 $L = 5.184 \times 10^9 w^{-2}$; (2) $L = 25$(人); (3) 劳动需求弹性为 2; (4) 该厂商年纯利润为 $\pi = 72\,000$(元)。在长期内: (1) 长期资本价格 $r = 100$(元); (2) 由于给定生产函数呈现固定规模报酬,同时要素市场又是完全竞争的,故在长期厂商的 LAC 是固定不变的,厂商的生产规模和雇用的工人人数是不定的。

5. 劳动的需求曲线: $L = \left(\dfrac{P}{2w}\right)^{4/3}$。

6. (1) 当 $w = 10$ 时, $L = 25$;当 $w = 5$ 时, $L = 100$;当 $w = 2$ 时, $L = 625$。(2) 当 $p = 0.10$ 时, $q = 500\,000$;当 $p = 0.05$ 时, $q = 250\,000$;当 $p = 0.02$ 时, $q = 100\,000$。

7. (1) $MC_L = w = AC_L = 280$, $MRP_L = VMP_L = 2\,000 L^{-0.5}$; (2) $w = 280$,厂商会雇用 51 人。

8. (1) 配置给农场 A、B 和 C 的劳动力数量分别为 3 个、1 个和 1 个,此时产量为 34,最后一个工人的边际产出为 4; (2) 工资为 4 元,利润为 14 元。

9. (1) $w = 300$(美元); (2) $w = 305$(美元); (3) 厂商和工人平均分了 10 美元的税收负担; (4) 政府征收到的总税款为 295 000 美元。

10. (1) $w = 5$(美元), $L = 500$(人); (2) 每人补贴 2 美元,新的均衡雇工量为 600 人,总补贴为 1 200 美元; (3) 劳动需求量为 400 人,失业人数为 200 人。

第九章

复习思考题与计算题

1. (1) T, (2) T, (3) F, (4) F, (5) T, (6) T, (7) T, (8) T, (9) T, (10) T, (11) T, (12) F

2. (1) 有可能存在这样的帕累托有效配置; (2) 不可能存在这样的帕累托有效配置。

3. 生产的契约曲线为: $\dfrac{2}{3} \dfrac{(200-K_Y)}{(100-L_Y)} = \dfrac{K_Y}{L_Y}$,显然是线性的。

4. (1) 为改善资源配置,要将生产衣服的劳动转向生产食物,生产食物的资本转向生产衣服,最终实现两者的边际技术替代率相等; (2) 减少食物的生产,增加衣服的生产,最终使边际替代率与边际转换率相等。

5. (1) 题目所述交换的埃奇沃思盒状图如图所示,契约曲线为对角线 $O_Z O_L$。要到达契约曲线,则李四会同时消费火腿肠和面包,而李四的效用函数是完全替代的,只有当价格比 $p_H/p_B = 4/3$ 时,李四才会同时消费两种商品,因此,均衡价格比应为 4/3; (2) 依题意,张三最初位置在 R_1,此时 $H_Z^0 = 40$, $B_Z^0 = 80$,则有 $H_Z^0 = \dfrac{1}{2} B_Z^0$,显然就在契约曲线上,这就是均衡,此时 $H_L^1 = 60$, $B_L^1 = 120$; (3) 如果张三最初在 R_2,即 $H_Z^2 = 60$, $B_Z^2 = 80$,则最终的均衡会位于交换的契约曲线上的经济核中(图中 O_zO_l 线中 R_1E_2 部分),具体在哪一点取决于双方的谈判能力;(4)如果张三(两人中较强壮的一个)不遵守交易规则,则他可使用武力破坏帕累托改进的原则,损害李四的效用而使自己效用最大化,所以最终的均衡点是张三拥有全部的 100 根火腿肠和 200 片面包,达到最大效用 100,而李四一无所有,效用为 0。

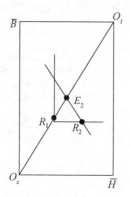

6. 若以商品 1 为计价物,价格为 1 的话,两商品达到均衡时相对价格为 $p_2:p_1=6$。

7. 以商品 x 为计价物,$p_x=1$,则竞争性均衡下两种商品价格之比 $p_x:p_y=5:1$。

8. 两人均为 $(9,4.5)$。

9. $x_A=3.2,x_B=12.8$。

10. (1)交换的契约曲线为 $20X_B=Y_B$,显然是线性的;(2)当 $X_A/Y_A=X_B/Y_B=X^0/Y^0$ 时交换的契约曲线是一条对角线;(3)效用可能性曲线 $U_B=600-U_A/2$。

11. (1)假定商品 y 的价格为 1,相对价格 $p_x=2,x_A=x_B=2,y_A=y_B=4$;(2)契约曲线为 $y=2x,0\leq x\leq 4,0\leq y\leq 8$,即契约曲线是埃奇沃思盒状图的对角线。

12. (1)该经济的效用边界为 $U_B=9\,600-80U_A^{1/2}$;(2)社会福利最大化时的资源配置为:A 的产品拥有量为 $(80,80)$,B 的拥有量为 $(40,40)$。

13. (1)当 $U_A=100,U_B=0$ 时,$W=100$;(2)当 $U_A=U_B=33.33$ 时,$W=33.33$,有最大值;(3)当 $U_A=25,U_B=50$ 时,W 有最大解为 35。

第十章

一、实时测验

实时测验 10-1
不会。

二、复习思考题与计算题

1. (1) T,(2) F,(3) F,(4) T,(5) F,(6) F,(7) F,(8) F,(9) F,(10) F

2. (1) $q=10$,$P=60$,$\pi=350$;(2) $q=20,P=\text{MC}=20$,利润 $\pi=-50$,显然与(1)相比产量增加,价格下降 40,利润减少 400。

3. (1)当 $A=0$ 时,$q=45/7,P=565/7,\pi=2\,025/7$;(2)在有广告下,$A=900,q=15,P=175,\pi=675$;(3)勒纳指数 $L=9/35$。

4. (1) $e^d=8$;(2) $q^d=360-2P$;(3) $T=12.7$。

5. (1) $q_1 = 25, P_1 = 30, q_2 = 30, P_2 = 20$,总的利润水平为 1 075;(2) $P_1 = 26.66$,$P_2 = 21.66$,利润水平为 1 058。

6. $P_F = 41, P_D = 61$,利润为 376.4 元。

7. (1) 企业的成本函数 $c = 40q$;(2) 垄断产量 $q = 9.8$,垄断价格 $p = 1 020$;(3) 当 $p < 40$ 时,厂商将停产(短期)或退出行业(长期)以避免损失,此时厂商产量和利润都是零,当 $p = 40$ 时,厂商可以选择任意的产量,它的利润恒为零。

8. $A = 1 200, B = 15$。

9. (1) $q_1 = \frac{a-c}{3b}, q_2 = \frac{2(a-c)}{3b}, p_1 = \frac{2a+c}{3}, p_2 = \frac{a+2c}{3}$;(2) $q_1 = \frac{a-c}{4b}, q_2 = \frac{a-c}{2b}, q_3 = \frac{3(a-c)}{4b}, p_1 = \frac{3a+c}{4}, p_2 = \frac{2a+2c}{4}, p_3 = \frac{a+3c}{4}$;(3) $q_1 = \frac{a-c}{(n+1)b}, \cdots, q_i = \frac{i(a-c)}{(n+1)b}, \cdots, q_n = \frac{n(a-c)}{(n+1)b}, P_1 = \frac{na+c}{n+1}, \cdots, P_i = \frac{(n+1-i)a+ic}{n+1}, \cdots, P_n = \frac{a+nc}{n+1}$。

10. 当 $A = 0$ 时,利润最大,此时 $q_1 = 30, q_2 = 20, \pi = 500$。

11. 两个市场定价为: $p_O = 24, p_Y = 10$。

12. $p_1 = 13, p_2 = 9$,总利润 $\pi = 264$。

第十一章

一、实时测验

实时测验 11-1

是的。

二、复习思考题与计算题

1. (1) F,(2) F,(3) F,(4) T,(5) F,(6) F,(7) F,(8) F,(9) F,(10) T

3. (1) $q^* = 200, p^* = 40$;(2) $e_d = 8$;(3) $q = -40p + 1 800$。

4. 主观需求曲线为 $P = 19 - 0.6Q$。

5. (1) $q = 80, p = 360$;(2) $A = 368$。

6. (1) $q_1 = q_2 = 16, p_1 = p_2 = 40$;(2) 长期均衡时厂商数量为 8,产量为 4,价格为 10。

7. 均衡时每家厂商的产量都是 20,此时的市场价格为 90,每个厂商的利润为 400。

第十二章

一、实时测验

实时测验 12-1

总销售量为 $\frac{n}{n+1} \times 120$,市场价格为 $120 - \frac{n}{n+1} \times 120$。

二、复习思考题与计算题

1. (1) T,(2) T,(3) F,(4) F,(5) T,(6) T,(7) T,(8) F,(9) F,(10) F

2. $q_A = 10/3, q_B = 7/3, P = 13/3; \pi_A = 73/9, \pi_B = 31/9$。

3. (1) $q_1 = 950 - 0.25q_1, q_2 = 368 - 0.1q_1$;(2) $q_1 = 880, q_2 = 280, Q = 1 160, P = 284$;(3) 厂商 1 的利润 $\pi_1 = 54 880$,厂商 2 的利润 $\pi_2 = 19 200$。

4. (1) $\pi=12, P=6, q_1=4, q_2=0$;(2) $q_1=3, q_2=2, P=5, \pi_1=5, \pi_2=1$;(3) 当 $P \leqslant 7$ 时厂商 1 才愿意收购。

5. 厂商 A 的反应函数为 $q_A=2q_B$,代入厂商 B 的利润函数后可得:(1) 厂商 A 的均衡产量为 13.33;(2) 厂商 B 的产量为 6.67,价格为 93.33,利润为 400。

6. (1) $q=24, p=29, \pi=576, q_1=q_2=16, p=21, \pi_1=\pi_2=256$;(3) 单个厂商的古诺解产量为 $q_i^C = \dfrac{48}{n+1}$,市场价格为 $p = \dfrac{5n+53}{n+1}$,单个厂商的利润为 $\pi_i = \dfrac{2\,304}{(n+1)^2}$;(4) 当 n 趋于无穷时,寡头市场的价格和总产量都趋近于完全竞争市场。

7. (1) A 为领导者,B 为跟随者的情况下 $q_A=93.33, q_B=26.67, p=80, \pi_A=6\,533.33, \pi_B=1\,422.22$;(2) A 为跟随者,B 为领导者的情况下 $q_A=77.5, q_B=35, p=87.5, \pi_A=6\,006.25, \pi_B=1\,837.5$;(3) A 和 B 皆为跟随者的情况下 $q_A=80, q_B=30, p=90, \pi_A=6\,400, \pi_B=1\,800$;(4) A 和 B 皆为领导者的情况下 $q_A=93.33, q_B=35, p=71.67, \pi_A=5\,755.56, \pi_B=1\,283.33$。

8. 均衡价格为 1 500 元。

9. (1) $p_1=20, p_2=16, q_1=32, q_2=40, \pi_1=\pi_2=320$;(2) $q_1=35.73, q_2=29.07, p_1=21.91, p_2=17.69, \pi_1=425.62, \pi_2=281.62$;(3) $p_1'=21.16, \pi_1'=427.52, p_2'=17.47, q_2'=28.43, \pi_2'=269.28$;(4) 厂商 1:产量为 35.21,价格为 21.74,利润为 413.37,厂商 2:产量为 31.14,价格为 17.09,利润为 283.06。

10. (1) 单个竞争性厂商的供给曲线是 $q_i=p, i=1$—50,竞争性部分的总供给曲线为 $Q_c=50q_i=50p$;(2) 领导者能够出售的产量是 500,价格是 5;(3) 在此价格下,竞争性部分的厂商提供的产量为 $Q_c=250$;(4) 行业出售的总产量为 $Q=750$。

11. (1) 领导者厂商利润极大的产量为 40.5;(2) 小厂商的产量为 164,价格为 91。

12. 价格领导者产量是 40,每家跟随者产量是 15,市场均衡产量是 70,价格是 15。

13. (1) 寡头市场中的折弯的需求曲线模型,即斯威齐市场结构;(2) 利润最大化均衡产量是 20,价格是 20,利润是零;(3) $P^*=20.75, Q^*=17, \pi^*=-4.5$;(4) 产量波动较大,但价格波动不大,说明了价格带有刚性。

14. (1) 产量为 40,价格为 8 元,利润为 $\pi=8\times40-4.5\times40=140$(元);(2) 当 SMC 变为 SMC′ 时厂商最优产量仍应为 40,价格仍为 8 元,这时利润 $\pi=100$(元)。

15. (1) MC 在 50 到 80 范围内变动都不会改变销售价格 100;(2) 当 $MR_1=80, MR_2=50$ 时,MC 从 50 到 80 都可以不改变价格,当要素价格不变时,产量上升会使成本上升,当 MC 上升到 80 时,仍可达到均衡而不改变价格。

第十三章

复习思考题与计算题

1. (1) F,(2) F,(3) F,(4) F,(5) T,(6) F,(7) F,(8) F,(9) T,(10) T

2. (1) 由于老板在决定是否克扣工资前可以完全清楚工人是否偷懒,因此这是一个动态博弈,而且是一个完全信息的动态博弈,可以用扩展形来表示该博弈;(2) 由于老板在决定是否克扣工资之前无法清楚工人是否偷懒,因此该博弈可以看作静态博弈,该博弈可以用得益矩阵表示。

3. 该博弈的子博弈完美纳什均衡是哥哥开始时就提议按(1/2,1/2)分割,弟弟接受。

4. (1) 当 $a>e$ 且 $c>g$,而 $b>d$ 且 $f>h$ 同时满足时(上,左)是占优策略均衡;(2) 只要满足 $a>e$ 且 $b>d$ 时,就存在纯策略纳什均衡(上,左);(3) 如果(上,左)是占优策略均衡,那么,它必定是纳什均衡,因为占优策略均衡的条件满足时,纳什均衡的条件必满足。

5. (1) 此种条件下该博弈没有占优策略均衡,但有两个纯策略纳什均衡和一个混合策略纳什均衡,即纯策略纳什均衡为（低档,高档）,（高档,低档）,混合策略纳什均衡为冷霸(1/3,2/3),冰王(1/3,2/3);(2) 此种条件下的博弈的均衡解为(低档,高档)。

6. (1) 该博弈有三个纳什均衡,其中两个纯策略纳什均衡为(高档,低档),(低档,高档),一个混合策略是甲乙均以 2/3 的概率选择高档商品生产;(3) 本博弈的子博弈精炼纳什均衡路径为:甲选择生产高档彩电,然后乙选择生产低档彩电,本博弈的双方得益为(1 000,700)。

7. (1) 该博弈的子博弈精炼纳什均衡为 1 选择"U",而 2 的选择是若 1 选择"D",其就选择"L";(2) 1 选择"R",2 则选择"U"。

8. (2) 该博弈不存在纯策略纳什均衡,该博弈的混合策略纳什均衡为小李和小王分别以 1/3 的概率选择每个策略。

9. (1) 纯策略纳什均衡为(保持原状,转向)和(转向,保持原状);(2) 混合策略纳什均衡为两人以 25% 的概率保持原状,以 75% 的概率转向;(4) 两个年轻人都能存活下来的概率为 15/16。

10. 该博弈的子博弈精炼纳什均衡是甲在第一阶段选择不给,乙在第二阶段选择不实施,也就是(不给,不实施)。

11. (1) 博弈矩阵的纳什均衡是(低质量,不买),经济含义是一次博弈中,博弈主体都从自身利益最大化出发,反而导致整个经济无效率;(2) $\delta>0.5$ 时厂商始终提供高质量产品;(3) 这是因为大商店相对较稳定,消费者与大商店的交易接近于无限次重复博弈,大商店提供高质量产品的可能性更高,而走街串巷的小商贩更接近于(1)中所描述的一次博弈,这时候纳什均衡就是(低质量,不买)。

12. $(w=(a+w_0)/2, q_i=L_i=(a-w_0)/(n-1))$ 是一个该博弈的子博弈精炼纳什均衡。

13. $\delta \geq 1-1/n$,当 n 趋向无限大时,δ 就趋近于 1,即时间越长,对未来越有耐心,就越可能有合作解。

14. (1) $Q^m=5 000, q_i^m=250, P^m=5, \pi_i=1 250$;(2) 由(1)中计算的价格是不稳定的;(3) 比如,如果各方采取的是古诺竞争,这种稳定的价格是存在的。

15. (1) 当 $\geq 1/2$ 时,双方采用触发策略是两厂商在无限次重复博弈中合作的条件;(2) 其实当 $\geq 1/2$ 时,两个厂商可以在边际成本到垄断价格之间的任何价格水平上实现合作,因此这种重复博弈的子博弈精炼纳什均衡显然不是唯一的;(3) 假设把本题中的重复价格博弈模型的厂商改为 n 个,则有 $\delta \geq (n-1)/n$,很显然,随着 n 的增大,贴现率的临界值也越来越大,满足这个条件的难度也越来越大,在垄断价格上合作的触发策略是子博弈精炼纳什均衡的可能性越来越小,维持垄断高价必然越来越困难。

16. 这个博弈是一个囚徒困境型的博弈,因为双方最终的均衡是双方进行古诺竞争,而非垄断合作。

17. 当 $f ≤ 52/9$ 时,企业 1 才会投资引进新技术。

18. 合作的话,$Q=60$,$q_1=q_2=30$,$P=60$,利润各为 1 800;违约的话,某厂商可以稍微降低点价格,降幅趋近于 0,可以获取全部市场份额,这样利润接近 3 600;所以我们要求 $1800/(1-\delta) \geqslant 3600$,得 $\delta \geqslant 0.5$。

19. (1) 因为市场有长期稳定性,所以可以把两寡头之间的产量博弈看作无限次重复博弈,双方都采用上述触发策略是本博弈的子博弈精炼纳什均衡,长期维持垄断产量是可能的;(2) 双方根据协议的份额生产垄断产量不是该无限次重复博弈的子博弈精炼纳什均衡,因此这种协议是肯定不可能长期维持的。

第十四章

一、实时测验

实时测验 14-1

若工资不变,因 MP_L 增加,MRP_L 将增加,所以厂商对劳动的雇佣量亦将增加,同时,因为 $MC = \dfrac{W}{MP_L}$,所以厂商产品的边际成本 MC 会下跌,结果造成该厂商产品的价格下跌,产量增加,读者可参考图 14-1 自行分析。

实时测验 14-2

否。

二、复习思考题与计算题

1. (1) T,(2) F,(3) F,(4) F,(5) F,(6) T,(7) F,(8) F,(9) T,(10) F

2. 劳动力的准经济租金为 30 000 元,该公司的经济利润为 15 000 元。

3. 这要从地租的角度来理解。是房屋价格上涨导致了土地价格的上涨,而不是土地价格的上涨导致了房屋价格的上涨。这个结论只适用于土地完全缺乏弹性的情况。

4. 演员凭自己的特殊才能取得了高额收入,这是一种经济租,关键是征税是否会影响到其供应,如果完全缺乏弹性,不会因征税而减少供应的话,就可以征税,以适当调节收入。

5. 短期看,土地是完全缺乏弹性的。从长期来看,如果对土地的派生需求很大,会刺激人们对土地的开发和改良,从而扩大土地的供应。所以,从长期来看,土地不是完全缺乏弹性的。

6. 此人当经济学教授的经济租为 –3 000 美元。如果一个人的就业去留完全看货币方面的经济租,那是非常危险的,因为人类的效用不只是金钱物质的函数,还要考虑精神层面的问题,也就是生活品质和自我价值实现等方面的问题。

7. (1) 该工厂为获得最大利润,应该雇用 150 个工人;(2) 如果政府规定最低工资为每小时 5 元,则有 150 个工人失业。

8. (1) 该厂商会生产 192 单位的产品,而产品价格是 16;(2) $AC_L = MC_L = w = 200$,$MRP_L = 20\,000L^{-0.5} - 5\,000$,$VMP_L = 10\,400L^{-0.5}$;(3) 该厂商会雇用 15 个单位的劳动力,

其工资为 200；(4) 专卖性剥削为 $\text{VMP}_L - w = 2\,504$。

9. (1) 劳动使用量为 14.67，且该厂商生产的产品价格为 417，产量为 191.5；(2) $\text{VMP}_L = 10\,425 L^{-0.5}, \text{MRP}_L = 20\,000 L^{-0.5} - 5\,000, \text{AC}_L = S_L, \text{MC}_L = 200 + 3 L^{-0.5}$；(3) $w = 207.66, L = 14.67$。

10. $L = 25, q = 10, p = 55$。

11. (1) $L = 9, W = 7\,500$；(2) $Q = 9\,000, P = 243^{1/3} \times 10^2 \times 9\,000^{-1/3}$。

12. (1) $L = 621, W = 199.84$；(2) $\text{VMP}_L = \text{MRP}_L = 5\,600 L^{-0.5}, \text{MC}_L = 150 + 3 L^{0.5}, \text{AC}_L = 150 + 2 L^{0.5}$；(3) $q = 996.8, P = 280$。

13. (1) $L_M = 400, W_M = 20/3, L_F = 500, W_F = 5$，劳动力总数 $L_T = 900$；(2) 每小时由机械所带来的利润为 3 833 元；(3) 如果男女工资相同，则 $W = \text{MRP}_L = 10$，由此，$L = 1\,000 + 900 = 1\,900$，则每小时机械所带来的利润 $= 1\,900(10) - 10(1\,000) - 10(900) = 0$。

14. 该厂商实现均衡时的产量为 42 单位，劳动雇佣量为 14 单位，劳动价格为 34 单位，产品价格为 58 单位，总利润为 1 960 单位。

15. 实现均衡时使用的可变生产要素为 25 单位，产量为 10 单位，价格为 110 单位。

第十五章

复习思考题与计算题

1. (1) F,(2) F,(3) F,(4) T,(5) F,(6) F,(7) T,(8) T,(9) T

2. (1) 风险偏好者；(2) 风险规避者；(3) 风险偏好者；(4) 风险中立者。

3. 庄家会同意他用 5 元来参加游戏。

4. 设 $U(A) = 1, U(D) = 0$，则以题中条件可得 $U(B) = 0.4, U(C) = 0.08$，所以，$A > B > C > D$。

5. (1) A 对甲、乙两彩票的效用期望值各为 15.3 和 14，A 会偏好甲彩票，购买乙彩票的风险较大；(2) A 最高愿意出 196 元来购买乙彩票，对乙彩票而言，A 对其效用期望值小于货币期望值的效用；(3) B 对两张彩票持无所谓的态度，他最高愿意出 260 元来购买乙彩票，此价格等于货币期望值。

6. 李四对 100 元的效用为 8.2。

7. (1) 效用期望值约为 9.184；(2) 张三会购买此保险；(3) 此人愿意支付的最大保费为 260；(4) 正确的保费为 300，张三不会购买此保险。

8. 依题意公平保费为 4 000 元，而该消费者愿意最多出 14 600 元参加保险，因此最后该消费者还是愿意购买保险的，该效用函数为凹函数。

9. (1) 该户居民的效用期望值为 11.46；(2) 该户居民是风险规避者；(3) 该户居民最多愿意支付保险费为 5 425.84 元；(4) 公平保费为 5 000 元，纯收入为 425.84 元。

10. (1) 此消费者为风险规避者；(2) 消费者最高愿意花 196 元买这张彩票；(3) 风险溢价为 64 元。

11. 此人愿意支付的最高保险金额为 11 004。

12. 这个人的期望效用是 3，其索取的最低价为 3。

13. (1) 因为农民种植小麦的期望效用为 9.725,小于只种玉米的期望效用 (9.734),因此,该农民会只种植玉米;(2) 该农民会选择种植一半的小麦和一半的玉米;(3) 设农民种植小麦的比例为 X,则其期望效用为 $EU = 0.5\ln(19\,000 + 9\,000X) + 0.5\ln(15\,000 - 5\,000X)$,求其极大化后可得 $X = 0.444$,即农民种小麦比例为 44.4% 时可以产生更大的期望效用,因此,该农民种植小麦的比例为 44.4% 的播种方法更好些;(4) 农民只对种植小麦买保险后的期望效用为 9.816,且大于(3)中获取的效用,因此,此时农民只会购买保险来种植小麦。

14. 该题证明的关键是要知道 $U(W^0) = U(0.5(W^0+h) + 0.5(W^0-h))$,然后利用风险规避者的定义即可证明。

15. (1) 若市场中只有优质产品生产者,生产者之间的竞争会使均衡价格降到生产成本,即 11.5 美元;(2) 若市场中只有劣质产品生产者,消费者只愿为每件产品支付 8 美元,而每件成本为 11.5 美元,因此,一件也卖不出去,不存在均衡价格;(3) 在这种情况下,竞争会把价格定在 11.5 美元,而对消费者来说,可获得的平均质量的产品至少要值 11.5 美元,即必须满足:$14p + 8(1-p) \geq 11.5$,解得 $p \geq 7/12$,而市场中存在同样多优质产品时的 $p = 0.5$,于是有 $14 \times 0.5 + 8 \times (1-0.5) = 7 + 4 = 11$(美元),因为 $11 \leq 11.5$,所以消费者不会购买产品,不存在均衡价格;(4) 由于市场是完全竞争的,每个生产者都认为自己不会左右市场价格,只会按统一的市场价格出售产品,因此,为了增加盈利,都只想选择成本为 11 美元的劣质产品生产,市场上只有劣质品,而消费者对劣质品只愿支付 8 美元,因而不可能有任何交易量,优质品和劣质品的生产都等于零,信息不对称破坏了市场效率。

17. 当市场达到均衡时,只有"次货"出售,这时每辆车的价格是 1 200 元。

18. (1)不存在所有旧车都卖出的均衡,均衡时,所有次品旧车都以 200 元到 300 元的价格出售,好的旧车退出市场;(2) 在这种情况下,存在所有旧车都售出的均衡。

第十六章

一、实时测验

实时测验 16-1

(1) 每户可饲养 24 只,相应地每户可得利润 576;(2) 总饲养羊 48 只,社会总剩余价值为 2 304。

实时测验 16-2

只有收取过路费时满足。

二、复习思考题与计算题

1. (1) F,(2) F,(3) F,(4) T,(5) T,(6) T,(7) F,(8) F,(9) F,(10) T

2. (1) $Q = 505/26$,$P = 5\,099/26$,利润为 1 762;(2) $Q = 1\,010/51$,$P = 9\,998/51$,利润为 1 761;(3) 比较问题(1)与(2)的结论,可以发现政府采取边际成本限价时,产量和价格变化不大,社会福利变化也不明显;(4) 当采用平均成本定价时,产量增加,价格下降,无谓损失减少,社会福利增加。

3. (1) 实际捕捉量为 1 190 万公斤；(2) 有效捕捉量为 920 万公斤；(3) 自由进入带来的社会福利损失为 239.6 万元。

4. (1) $A=100, H=100$；(2) $A=100, H=150$；(3) 为了使蜂蜜生产达到有效供给，对于蜂蜜的价格补贴应为 1 元，此时 $MC_H = H/50 = P_H + 1, H = 150$。

5. (1) 钢铁产量为 6，鱼产量为 3，污水排放量 4，钢铁厂和养鱼场的利润分别为 36 和 9；(2) 社会最优排污量为 2，这要低于分别决策时的排污水平；(3) 双方可以协商谈判，养鱼场通过补贴钢铁厂来降低污水排放，养鱼场补贴费用来自污水排放减少所引起的利润增加部分；通过引入第三方(如环保局)向钢铁厂征收排污费的方式来减少污水排放；直接将两家进行一体化合并，从而产生社会最优的污水排放量决策。

6. (1) $X=20, Y=10$；(2) 假定厂商间就外部性问题进行交涉，则两厂商追求利润最大化下可得两厂商最优产量为 $X=10, Y=20$；(3) 在无法规限制的情况下，π_A 和 π_B 的分配范围必须满足 $\pi_A + \pi_B = 1000, \pi_A \geq 800$ 和 $\pi_B \geq 100$，在有法规的情况下的分配满足 $\pi_A + \pi_B = 1000, \pi_A \geq 0$ 和 $\pi_B \geq 900$；(4) 税收 T 应根据 X 的大小定为 $T = 80 - 4X$；(5) 若 $Y > X$，则 A、B 的利润总和变大；若 $Y = X$，则利润总和不变；若 $Y < X$，则利润总和变小。

7. (1) $MRS_{YX}^Z = 1/2$，$MRS_{YX}^L = X_L/Y$；(2) $1/2 + X_L/Y = 1$；(3) 因为满足 $1/2 + X_L/Y = 1$，所以达到帕累托最优；(4) ① 张三私人物品为 500 元，李四私人物品为 2 500 元，公共物品为 5 000 元；② 张三私人物品为 5 000 元，李四私人物品为 1 000 元，公共物品为 2 000 元。

8. (1) $y = 0.704, x = 70.4$，此时每个人的效用为 $u^i = 0.704$；(2) $y = 5, x = 50$，从而 $x_i = 0.5$，此时每个人的效用为 $x_i^{0.5} y^{0.5} = 0.5 \times 10^{1/2}$，政府可征税率 $t = 0.1$。

9. (1) 纯公共物品；(2) 准公共物品；(3) 私人物品；(4) 纯公共物品；(5) 准公共物品。

10. (1) Y 是公共物品，两消费者对 Y 的消费量都是 6.2，Y 的市场价格是 6.2；(2) 若 Y 是私人物品，A 不会消费 Y，只有 B 一人消费，B 的消费量为 5.5，此时的市场价格为 5.5。

11. (1) 牧场净收益最大时的养牛数 $X = 60$；(2) 牧民分摊成本时养牛数为 $X = 300$，这会导致牧场放牧过度，出现所谓的"公地悲剧"。

12. 私人牧地所有人最优放羊数量为 11 只，在公共牧地的情况下，一共有 22 只羊被放养；为了控制公共牧地的过度放养问题，应该对每只羊征收 22 单位货币的许可费。

13. 公共物品的有效数量为 10 000 单位。

14. (1) 溜冰场最优面积为 100 平方米；(2) 居民都选择投票赞成建造 100 平方米的溜冰场。

15. 他们三人帕累托有效的音乐消费量是 5 小时。

16. 他们在公共物品上的支出是 14 000 元。

17. 蹦床有效数量 $t = 4$，因为两人的收入都在 10 000 元以上，所以蹦床数量可以达到帕累托有效数量 4。

第一版后记

从 1996 年起,我一直在北京大学经济学院为在校本科生讲授"中级微观经济学"课程。教学之余,完成了本书的初稿。其后,通过课堂教学的实践及教学中学生使用本书初稿的反馈信息,一直在修改和充实本教材。可以说,目前呈现在读者面前的这本《微观经济学》教材是十余年来我讲"中级微观经济学"课程的总结,它既反映了我对微观经济理论的研究逐步深化和提高的过程,也是我思考有关微观经济学教学体系的阶段性结果。①

常言道,前人植树,后人乘凉。虽然本书的结构体系和写作风格体现了作者本人的创新之处,但本书中所述的大部分理论和分析方法都是在国内外经济学界前辈们所植的微观经济学这棵参天大树下乘凉的结果,因此,在本书出版之际,理应对本书写作过程中借鉴过的著名经济学家的研究成果表示由衷的谢意。具体而言,本书的写作层次和数学方法使用程度的把握分别参考了 Walter Nicholson 著的 *Microeconomic Theory*:*Basic Principles and Extension*(8th Edition, Southwestern, 2002)和 James M. Henderson and R. E. Quandt 著的 *Microeconomic Theory*:*A Mathematical Approach*(中文版由北京大学出版社 1988 年出版)。本书中对基本原理和概念的理解和描述借鉴了曼昆《经济学原理》(北京大学出版社 2006 年版)、平狄克《微观经济学》(中国人民大学出版社 2002 年版)以及国内学者刘文忻教授撰写的《西方经济学(微观部分)》(该书由高鸿业教授主编,中国人民大学出版社 2004 年版)。特别是刘文忻教授言简意赅、透彻清晰的写作风格对本书的写作影响极大。另外,本书各章节中的理论应用部分的素材、案例以及专栏内容参考了斯蒂格利茨《经济学》(中国人民大学出版社 1996 年版)、谢登隆等《微观经济理论与应用》(智胜文化事业有限公司 2003 年版)和张金水等《应用微观经济学》(清华大学出版社 2001 年版)。

在本书的写作过程中,我试图将理论界最新的研究成果融入到本书中,但由于本书篇幅所限并考虑到本科教材对有关理论成果的成熟度要求,有些目前的理论热点,比如合作博弈、不完全信息博弈和拍卖理论都没有在本书中介绍。另外,在目前北大经济学院本科"微观经济学"课堂教学中已经进行多年的案例和实验教学的内容也没有写进本教材中。② 这些都不能不说是本书的缺憾,希望以后有机会再版时能够弥补这些缺憾。

值此本书出版之际,我要感谢我的导师范家骧教授和刘文忻教授多年来对我学业的

---

① 依据我的研究,在初、中、高级三个层次的微观经济学教材体系中,中级微观经济学属于一个承上启下的层次。目前,我已经撰写了初级层次的《微观经济学教程》(中国发展出版社 2005 年版)。本书出版后,我将着手高级层次的《微观经济学》的编写工作。希望这三本书能够自成一体,相互关联,成为一套完整的《微观经济学》教材。

② 对案例教学和实验教学感兴趣的读者,可以直接到本书辅助网站 www.econpku.com 上查找有北京大学经济学院本科生参与的"微观经济学"课程案例教学和实验教学的成果。

支持和帮助,他们对本书的有关内容提出了许多宝贵的意见和建议。我还要感谢我的同事胡涛博士和夏庆杰博士在工作中的支持。最后,我还要感谢北京大学出版社的有关编辑、排印人员的细致、负责的工作精神,没有他们认真负责的工作,本书的顺利出版是不可想象的。读者对本书有什么建议和批评,可直接与作者本人联系:zyp65@163.com。

张元鹏
2007年5月12日

第二版后记

承接第一版后记所言:前人植树,后人乘凉。在新版写作中,虽然本书的体系结构和写作风格体现了作者本人的创新之处,但本书中所述的大部分理论和分析方法都是在国内外经济学界前辈们所植的"微观经济学"这棵参天大树下"乘凉"的结果,因此,在本书再版之际,理应对本书写作过程中借鉴过的著名经济学家的研究成果表示由衷的谢意。具体而言,本书的写作层次和数学方法使用程度的把握参考了 Christopher Snyder 和 Walter Nicholson 所著的《微观经济理论:基本原理与扩展(第 11 版)》(北京大学出版社 2014 年双语注释版)。本书中对基本原理和概念的理解和描述借鉴了曼昆的《经济学原理:微观经济学分册(第 6 版)》(北京大学出版社 2012 年版)和国内学者北京大学刘文忻教授撰写的《西方经济学(微观部分)》(本书由高鸿业教授主编,中国人民大学出版社 2014 年版)。特别是刘文忻教授言简意赅、透彻清晰的写作风格对本书的写作影响极大。另外,本书各章节中的理论应用部分的素材、案例以及专栏内容参考了斯蒂格利茨的《经济学(第 4 版)》(中国人民大学出版社 2013 年版)、谢登隆等的《微观经济理论与应用》(智胜文化事业有限公司 2003 年版)和张金水等的《应用微观经济学》(清华大学出版社 2001 年版)。

目前,互联网的春风吹向各个行业,当然它对图书出版业的影响可能会更大。在郝小楠编辑的鼓励下,本书再版之际,与本书相配合的微信公众平台(微信公众订阅号:pku_micro)同时上线。这个平台既是为本教材的广大读者提供互动交流、共同探讨理论经济学学术问题的空间,也是北京大学经济学院本科生"微观经济学"课程教学的展示平台(包括课程进度预告、教学内容介绍、习题与案例、问题讨论、经济学家背后的故事与专栏等)。利用该微信平台,你可以一边阅读本教材,一边与北大学子们同步学习微观经济学的有关内容,研讨有关经济学的理论知识。因此,可以这样说,这个微信平台是北大课堂的一种延伸和拓展。感兴趣的话,欢迎您前来扫一扫,看一看!

教辅申请说明

北京大学出版社本着"教材优先、学术为本"的出版宗旨，竭诚为广大高等院校师生服务。为更有针对性地提供服务，请您按照以下步骤通过**微信**提交教辅申请，我们会在 1~2 个工作日内将配套教辅资料发送到您的邮箱。

◎ 扫描下方二维码，或直接微信搜索公众号"北京大学经管书苑"，进行关注；

◎ 点击菜单栏"在线申请"—"教辅申请"，出现如右下界面：

◎ 将表格上的信息填写准确、完整后，点击提交；

◎ 信息核对无误后，教辅资源会及时发送给您；
如果填写有问题，工作人员会同您联系。

温馨提示：如果您不使用微信，则可以通过以下联系方式（任选其一），将您的姓名、院校、邮箱及教材使用信息反馈给我们，工作人员会同您进一步联系。

联系方式：

北京大学出版社经济与管理图书事业部
通信地址：北京市海淀区成府路 205 号，100871
电子邮箱：em@pup.cn
电　　话：010-62767312 /62757146
微　　信：北京大学经管书苑（pupembook）
网　　址：www.pup.cn